독일 사회민주당의 역사와 독일 사회의 변화 **1**

독일 사회민주당의 역사

전종덕 · 김정로 지음

2018
백산서당

서 문

　150년의 역사를 가진 독일 사민당은 현재의 함부르크 강령에서도 선언하고 있듯이 1789년 프랑스혁명의 이념인 자유, 정의, 연대를 그 기본가치로 하고 이를 실현을 목표로 하고 있는 좌파 정당의 종가다. 그리고 사민당은 국제적 연대를 위하여 사회주의 인터내셔널을 결성하여 주도하면서 이의 기본가치와 정책을 세계에 전파하고 그 실현에 노력해 왔다. 최초의 정당이라는 의미에서뿐만 아니라 그 이념, 정책, 투쟁 노선, 국제주의 등 모든 면에서 종가다. 금세기 세계사의 대변혁을 가져왔던 소련 공산당 역시 1898년 러시아 사회민주노동당으로 시작하였다.

　사민당은 1863년 노동운동에 기초한 독일노동자협회 창설부터 혁명이 아닌 의회 진출에 의한 입법화를 통한 노동자계급의 권리 보장을 목표로 하였다. 이후 당내의 노선투쟁을 통해서 혁명주의 노선을 청산하면서 의회민주주의 정당임을 확인하였다. 히틀러에 의해 와해되었다가 1945년 냉전시대 분단된 서독에서 마르크스주의 정당으로 재건하면서 의회민주주의 정당임을 재확인하였으며, 1959년 고데스베르크 강령을 채택하면서 마르크스주의를 청산하고, 이를 바탕으로 집권에 성공하였다.

　의회민주주의 정당 사민당은 따라서 창당 이래로 자유, 정의, 연대라는 기본가치에 바탕을 둔 이념을 개발하고 이 이념에 근거한 정책을 발전시켜 왔다. 정의와 연대에 기초한 오늘날 세계의 노동, 연금, 보건을 포함한 사회정책, 누진세제와 교육 정책은 사민당에 의해 현실 정책으로 개발하여 발전된 것이다.

　이런 사민당의 이념 즉, 기본가치와 세계관, 이에 바탕을 둔 정책은 각 시대의 사민당의 강령으로 압축, 정리되어 있다. 노동조합운동에 조직적 바탕을 두고 있지만, 이런 강령과 정책은 자유, 정의, 연대라는 기본가치에 동의하는 지식인의 참여 없이는 불가능한 것이다. 독일 사민당은 역대 독일의 뛰어난 좌파 정치인, 노동운동가와 노동조합 그리고 기라성 같은 지식인 그리고 대중이 참여하여 만들어낸 작품이다. 그래서 독일 사민당의 주요 당대회, 강령의 채택과 변화, 정책은 좌파 정치인은 물론이고 세계 노동운동과 정책 입안자들의 관심 대상이었다. 이는 적어도 1990년 이전까지는 타당하다.

　사민당은 걸출한 인물 빌리 브란트를 앞세워 1966년 대연정에 참여하고 이를 바탕으로 1969년 자민당과의 연정을 통하여 사실상 사민당 정부를 탄생시키면서 준비해온 사회 전반의 개혁을 통해 대내외 정책을 펼쳤다. 대외정책으로 신동방정책과 대내정책으로 사회적 국가를 제도화하였다. 마치 서로가 역할 분담을 약속했던 것처럼 브란트가 신동방정책을 헬무트 슈미트가 사회적 국가를 제도화시키면서, 통일 후 지금까지 이어지는 현대 독일의 틀을 만들었다 해도 과언이 아니다.

　그러나 이후 오일 쇼크로 상징되는 전후 세계경제 그리고 통일과 공산주의 블록 해체라는 세계정치 패러다임 변화 속에서 사민당은 이념과 정책에서 표류하면서 대중의 지지는 1세기 전으로 후퇴하여 오늘에 이르고 있다. 1998년 슈뢰더가 신중도를 내세우면서 반짝 집권하였지만, 이는 사민당 역사에서 한 시절의 에피소드임이 드러나고 있다.

　동유럽 공산주의 세계에서 민주화 혁명이 정점을 향해가면서 공산주의 블록 해체가 기정사실화되고 있던 1989년 여름에 프란시스 후쿠야마가 '역사의 종언'이란 글을 발표하여 화제를 불러일으켰다. 그는 냉전 이데올로기의 대립 시대가 끝났다는 것이 아니고, 나폴레옹이 프로이센 왕국군을 굴복시켰던 1806년 예나 전투에서 헤겔이 프랑스 혁명 이상의 승리와 자유와 평등을 구현한 정부의 임박한 보편화를 보고, 역사의 종언을 이야기했던 것을 상기시켰다.

후쿠야마는 1989년을 지식인들이 예견하던 자본주의와 사회주의의 수렴이 아니라 경제적 정치적 자유주의(liberalism)의 승리의 해로 보고, 진정한 역사의 종언이라고 선언하였던 것이다. 그는 냉전의 종식이 아니라 인류의 이데올로기 진화의 종언이며 통치의 최종형태로서 서구 자유민주주의의 보편화의 완성이라는 것이었다. 그 후 13년이 지난 2012년 그는 앞의 글을 수정, 보충하여 '역사의 미래'라는 글을 쓰는데, '역사의 종언' 이후 월스트리트 자본의 폭주로 일어난 2008년의 금융파탄을 보고 쓴 이 글 속에서 좌파는 뭘 하고 있었냐라고 지적하는 내용이 있다.

"수십 년 전까지는 좌파는 경제적 변화를 겪고 있는 선진사회의 구조에 무슨 일이 일어나고 있는가에 관한 일관된 분석과 중산층 사회를 지킬 수 있다는 희망이 담긴 현실적인 의제를 제시할 수 있었다. 지난 두 세대 동안 좌파 사유의 주된 경향은 솔직히 말해서 개념적 틀이나 동원의 도구 어느 면에서나 파멸적이었다." 마르크스주의는 오래 전에 죽었고, 지난 20년 동안 좌파의 주류는 연금, 보건, 교육 같은 다양한 급부의 국가 제공을 내용으로 하는 사회민주주의 프로그램을 추종하였지만, 이 모델은 이제 탈진해 있다. 복지국가는 비대하고, 관료적이며 유연성을 상실하였다. 이런 국가는 종종 공공 부문 노동조합을 통하여 그들이 관리하던 조직의 포로가 되었다는 것이다. 선진세계 어디서나 실재하고 있는 인구의 고령화로 인하여 이런 국가가 재정적으로 버틸 수 없다는 점이다.

지난 30년간의 경험에서 불평등의 심화가 계속될 것이고, 부의 집중은 이미 자체강화의 과정을 밟고 있어서, 금융 분야는 더 과중한 규제를 피하기 위하여 로비력을 활용하고 있고, 부유한 사람들의 학교는 어느 때보다도 더 우수하며, 모든 사람들을 위한 학교는 더욱 악화될 것이라는 것이다 ("The Future of History", *Foreign Affairs*, 2012년 1/2월). 이념과 논리를 가진 민주적 대항 세력이 필요하다는 이야기다.

1990년 전후한 무렵부터 현재까지 독일 사민당의 내부 논쟁, 특히 1989년 베를린 강령과 2007년의 함부르크 강령 작업을 둘러싼 당내 논의, 슈뢰더 총리 집권 이후 당을 격론으로 몰아넣으면서 당을 분열시킨 하르츠 개혁과 아젠다 2010 논쟁 과정과 대중의 지지도 하락을 보면서 후쿠야마의 글을 생각하지 않을 수 없다. 프랑스 혁명 정신을 기본가치로 한 사민당의 성장과 혼란 그리고 기본가치에 대하여 미래를 향한 새로운 정의를 내지 못하는 현재의 표류가 좌파 정당의 종가집에 그대로 맞아떨어진다고 본다.

　새로운 이념과 이에 바탕을 둔 대안의 정책이 요구되는 시대에 지난 20년 동안 독일 사민당의 몸부림을 보면서 한편으로는 실망과 한편으로는 새로운 기대도 해보면서, 1년 전에 우리는 사민당의 중심으로 들어가 보기로 하였다. 150년 동안 단순히 정권을 잡기에 매진한 것이 아니라, 독일 사민당은 자유, 정의와 연대를 현실에 실현하기 위하여 노동운동에 기반을 둔 노동운동, 자유주의 운동의 정당이다. 현실과 이상 간의 균형을 항상 고민해온 정당이다. 이들의 강령과 논의 나아가서 당내 이념 투쟁은 이들이 지향하는 사회, 이를 바탕으로 한 현실에 대한 인식과 이런 인식 위에서 이상을 실현하기 위한 방법을 둘러싼 것이다. 이런 맥락에서 현실과 이상의 시각에서 독일 사민당 150년을 살펴보는 것은 충분한 의의가 있다고 보았다.

　독일 사민당 150년을 들여다보면서 당연히 우리의 정당을 비교해보지 않을 수 없다. 우리나라 정당은 정강정책, 당원에 기초한 조직구조 등 외형상으로만 본다면 유럽의 정당 특히 독일 사민당과 유사한 점이 많다. 그러나 외형만 비슷할 뿐 내용은 전혀 다르다. 사민당은 창당에서부터 자유, 정의, 연대라는 기본가치에 바탕을 두고 이에 대한 정의를 심화시켜오면서, 이 기초 위에서 우리나라 정당의 정강에 해당하는 강령을 결정하고, 이 강령의 토대 위에서 정책을 개발하고 발전시켜, 집권 시에는 이를 실현하여 왔다. 특히 강령 작성과 채택 과정을 보면 수년에 걸친 초안 작성, 이에 대한 당내 토론에 바탕을 둔 당론 수렴, 때로는 당 밖의 지지 세력, 특히 노동조합과 지식인들의 초안에 대한 여론 수렴 등의 과정을 거쳐 최종안을 작성한 후 당대회에서 최종적인 토론을 거친 후 표결에 의해 결정된다. 현재의 강령인 2007년에 채택된 함부르크 강령의 경우에서 볼 수 있듯이 강령 작성위원회 혹은 기본가치위원회가 작성한 초안이 기본 방향에서부터 변경되기도 한다. 이 논쟁 과정을 보면, 때로 이런 사람들이 사민당의 깃발 아래서 함께 정당을 하는 사람들인가 의심스러울 때도 있다. 그러면서도 자유, 정의, 연대라는 사민당 기본가치 아래 타협을 이루어낸다. 물론 하르츠 개혁안을 둘러싼 대립 끝에 타협에 이르지 못해 당을 떠나는 경우도 있기는 하다.

그런데 우리나라에 현대적인 정당이 출범한 이래 정당의 정강이나 정책 결정이 형식과 내용, 결정되는 절차에서 민주적인가라고 자신할 수 없다. 우리나라 정당의 경우 정당의 기본가치가 역사적으로나 논리적으로 일관성이 없다는 점은 차치하고, 당 지도부조차 자기 당의 정확한 기본가치나 정책 철학에 대하여 정확하게 이야기해 줄 수 있는지 의문이다.

더구나 지난 해 진보를 표방한 새로운 정부가 출범하였다. 이 정부가 내건 여러 슬로건과 정책은 독일 사민당의 영향에서 벗어날 수 없을 것이다. 글을 쓰면서 현재 이 정부의 정책을 둘러싼 논쟁이 과거 독일 사민당 내부와 특히 서독 시절 서독 내에서의 여러 논의와 논쟁과 흡사하기까지 하다는 생각을 하였다. 차이가 있다면, 이들의 논쟁이 역사의 길이와 깊이만큼이나 우리와 비교할 때 훨씬 내공이 있고 현실성이 있다는 점이다. 벤치마킹은 지속가능해야 한다. 지속가능하기 위해서는 그 역사적 배경과 본질에 대한 정확한 이해가 전제되어야 한다. 물론 실패 경험도 충분히 학습하여야 한다. 그렇지 않다면 실패의 확률이 더 높을 것이다. 이런 의미에서도 독일 사민당 150년은 우리에게도 시사하는 바가 크다고 판단하였다.

그리고 원고 작업이 거의 끝난 시점에 남북한 정상회담이 열렸고, 미국-북한 정상회담이 예정되는 일대 사건이 발생하였다. 평화를 향한 발걸음이 역사적 결과를 가져올 것을 기대한다. 그러면서도 사민당의 동방정책, 독일정책을 심도 있게 살펴보는 것은 우리에게 커다란 도움이 될 것이다. 이책에서는 사민당의 유럽, 독일, 평화 정책으로 그 범위를 좁히다 보니 많은 이야기는 할 수 없었다. 별도의 책에서 이 부분을 본격적으로 다루어볼 계획이다. 그러면서 사민당이 전체유럽의 평화질서 속에서 독일 문제를 접근한 것은 19세기 중반 이후부터 유럽 평화에서 독일 문제가 가져다 준 폭발력의 경험에서 나온 논리의 귀결이다. 사민당은 구체적으로 하이델베르크 강령 이래로 민족문제는 전체로서의 유럽평화질서 속에서 극복되어야 할 과제로 보았다. 이런 노선에서 현실인정을 바탕으로 한 신동방정책으로 나가 소련과의 모스크바조약, 동독과의 동서독기본조약 등의 체결로 나가면서 유럽에서의 동서화해에 기초한 평화체제 구축의 큰 발걸음 내딛었다. 그러면서도 이 체제가 가지는 약점은 1989년 동독 시민들의 민주화운동이 통일로 연결되면서 드러났다. 사민당은 1989년 11월부터 전개된 통일 과정에서 동독 주민의 정서에서 제기된 민족문제와 조기통일에 대한 답변을 내놓을 수 없었다. 자기논리의 완결성이 정서 앞에 무너지고 만 것이다. 그런 면에서 유럽 평화체제 구축 과정에서 국내외 상황을 읽어가면서 평화와 통일 문제를 풀어간 독일과 사민당의 경험은 긍정적인 면과 부정적인 면 모두 우리에게 선도자 역할을 하고도 남음이 있다.

제3자의 눈으로 독일 사민당의 현장에 들어가기로 하고, 현실의 변화와 이를 바탕으로 한 당내 논의, 이의 결과물인 강령과 선거나 중요한 결정 사안이 있는 경우 개최되는 당대회의 회의록이나 결의, 선거강령 원본과 현실적 결과로 나타나는 대중의 반응인 선거 결과와 필요한 경우 언론의 반응도 살펴보기로 하였다.

본격적인 작업에 들어가면서 내용의 일관성을 유지하기 위하여 두 사람은 역할을 분담하기로 하였다. 일단 전체적인 집필은 전종덕이 맡고 강령을 비롯한 각종 원본의 번역은 김정로가 하면서 매주 정기적으로 만나 방향을 협의하고 내용 중 불분명한 부분을 명확히 하면서 작업을 진행하였다. 우선 독일사회민주당 150년 역사를 독일사회의 발전과 관련하여 통사적으로 집필하여 제1권으로 만들었다. 그리고 이 과정에서 1869년 아이제나하 강령에서 2007년 함부르크 강령까지의 9개 강령은 좌파 정당 종가집의 역사적인 문건이고 생생한 논쟁의 결과물인 까닭에 강령 전체를 또 한 권의 책으로 내기로 하였다(제2권). 이런 결정을 하고 국내의 출판물을 점검해보니 독일 사민당에 관한 논의는 꽤 있지만, 강령 전문이 소개된 적은 없었다. 앞서도 이야기하였듯이 사민당은 지식인의 참여 없이는 불가능하며, 당대 좌파 논객과 지식인의 작업의 산물이 독일 사민당 강령이다. 따라서 한 권의 책으로 출판하는 의미가 충분하다고 판단하였다. 이에 더하여 사민당과 갈등을 겪기도 하고 협력하기도 하는 녹색당의 2002년 강령과 하르츠 개혁 반대를 계기로 오스카 라퐁텐을 비롯한 사민당 탈당세력, 68학생운동 후의 의회 밖 야당 세력 그리고 동독의 통일사회당에 뿌리를 둔 민사당이 합쳐 창당하여 사민주의의 정통성을 주장하는 좌파당의 2011년 강령도 또 한 권의 책으로 엮었다(제3권). 사민당의 관련 내용과 함께 읽어본다면, 종전 후 각 시대 독일 진보 정치세력 간의 논쟁, 기본가치에 바탕을 둔 이들이 그리는 이상적 사회, 이의 관점에서의 현실분석과 미래 전망 그리고 정책 노선을 정확하게 파악할 수 있을 뿐만 아니라 우리에게도 시사하는 바가 대단히 클 것이다.

새로운 정치의 시대에 논의의 틀이 되기를 기대하면서, 내용에 대한 판단은 전적으로 독자의 몫이다.

2018. 5.

전종덕·김정로

차 례

서 문 · 3

| 제1장 | 창 당 ··15
  1. 독일노동자협회와 사회민주노동자당 창당 · 15
  2. 독일노동자협회와 사회민주노동자당의 통합: 사회주의노동자당, 고타 강령 · 26
  3. 사회민주당(사민당): 에어푸르트 강령 · 37
  4. 수정주의 논쟁과 분열 · 46

| 제2장 | 바이마르 공화국 ································51
  1. 1차 대전 종결과 바이마르 공화국 탄생 · 51
  2. 분열과 노선 혼선: 괴를리츠 강령과 하이델베르크 강령 · 58
  3. 바이마르 공화국 정치, 경제의 불안정 · 65
  4. 나치 집권과 사민당 탄압 · 72

| 제3장 | 종전과 분단 그리고 사민당 재건 ················87
  1. 마르크주의 사민당 재건과 서독 탄생 · 87
  2. 냉전 현실의 수용과 마르크스주의 청산: 고데스베르크 강령 · 108
  3. 집권으로 가는 길 · 128
  4. 대연정 · 141

| 제4장 | 사회민주주의 15년 ···167

　1. 더 많은 민주주의 · 167
　2. 신동방정책 · 186
　　1) 신동방정책 개시 · 186
　　2) 브란트 총리 불신임 발의와 재신임 · 206
　　3) 총선 승리와 신동방정책의 완성 · 211
　　4) 당내 노선 갈등 그리고 브란트 총리 사임 · 216
　3. 복지국가: 노선의 혼란 · 236
　　1) 슈미트 정부 출범: 연속과 집중 · 236
　　2) 경제위기의 극복과 본격적인 슈미트 총리 시대 · 246
　　3) 에너지 정책: 환경운동과의 결별 · 254
　　4) 테러와의 전쟁: 진보세력과의 갈등 · 259
　　5) 이중궤도 결정: 사민당 좌파의 반발 · 265
　4. 사민당 좌경화: 슈미트 총리 무력화, 사민당의 실권과 정체성 혼란 · 281
　　1) 슈미트 총리 시대 8년 5개월의 결산 · 281
　　2) 정체성 논쟁: 브란트 대 뢰벤탈 · 293
　　3) 1982년 뮌헨 당대회: 노선의 동거 · 303
　　4) 1983년 두 차례 당대회: 좌경화 · 307

| 제5장 | 혼돈과 새로운 노선 모색 그리고 통일 ···························323

　1. 격변의 시대 · 323
　2. 브란트 당수의 퇴임과 구시대의 마감: 지도력의 혼란 · 328
　3. 베를린 강령 채택 · 335
　　1) 초안 작업: 고데스베르크 강령 재확인과 반전 · 335
　　2) 베를린 강령: 불행하고 비관적인 강령 · 342
　4. 사민당의 민족 문제와 통일 · 351
　　1) 전체로서 유럽 평화질서 속에서 독일: 극복 대상으로서 민족 · 351
　　2) 서독 사민당과 동독 사회주의통일당의 협력: 유럽 평화질서 · 356
　　3) 동독 시민혁명과 사민당의 베를린 선언: 뒤늦은 3단계 통일 방안 · 363

4) 동서독 통일: 준비되지 않은 사민당 · 374

| 제6장 | 통일 그리고 새로운 사민당 ·············393

1. 새로운 도전과 낡은 대응: 1991년 브레멘 당대회 · 393
2. 로스토크 사건과 망명권 타협 · 400
3. 오스카 라퐁텐의 재등장 · 408
4. 집권 그리고 더욱 우경화 · 416
   1) 사회적 국가의 지속 가능성 문제 · 416
   2) 슈뢰더의 신중도: 16년만의 집권 · 425

| 제7장 | 신중도 시대: 집권과 개혁 그리고 정체성의 혼미 ··········433

1. 슈뢰더 총리 정부 1기 · 433
   1) 신세대, 신중도 정부 출범 · 433
   2) 당-정 인적 청산과 신중도 개혁 개시 · 439
   3) 연금 개혁과 조세 개혁 · 446
   4) 2002 당대회: 하르츠 보고서 및 중도정치 이념 추인 · 451
2. 슈뢰더 총리 정부 2기 · 461
   1) 아젠다 2010: 독일과 사민당 기본가치 개혁 시도 · 461
   2) 하르츠 IV: 사회의 반발과 사민당 노선 갈등 점화 · 469
   3) 총선, 사민당 분열 · 476
3. 21세기의 사민당 기본가치 · 480
   1) 대연정 참여 · 480
   2) 브레멘 초안: 연대적 중도? · 484
   3) 함부르크 강령: 21세기 민주사회주의 · 487

에필로그 · 493

참고문헌 · 501
용어정리 · 517
인명 찾아보기 · 525
사항 찾아보기 · 530

| 제1장 | 창 당

1. 독일노동자협회와 사회민주노동자당 창당

프랑스 혁명과 나폴레옹 전쟁의 결과를 정리하기 위하여 열린 1815년 빈 회의 이전의 독일은 중세의 신성로마제국의 형식적 모습을 간직한 300개 이상의 봉건제후국으로 분열되어 있었다.

이런 상황에서 독일은 산업화에서 뒤떨어진 후진 지역이었다. 특히 프로이센 등 동부 지역은 농노에 바탕을 둔 봉건주의의 흔적이 짙게 남아 있었다. 이런 지리적 분열과 제도 등은 산업화를 가로 막고 있었다. 이런 까닭에 노동계급의 발전은 더 기다려야 할 상황이었다.

빈 회의에 의해 독일은 39개의 영방으로 이루어진 독일연방으로 개편되었다. 연방이라 하지만 각기 주권을 가진 국가로 연방은 좋게 표현해도 느슨한 국가연합에 지나지 않았다. 그렇지만 이는 독일의 산업화의 전기가 되었다.

프랑스의 혁명과 나폴레옹 전쟁은 유럽에 자유, 평등, 연대를 전파하였으며, 낡은 체제를 해체하고 통합하면서 민족주의를 전파하였다. 당시 유럽 지식인들의 논의의 중심은 자유주의와 민족주의였다. 합스부르크 왕가나 오스만 제국 지배 하의 지역에서는 분리 독립을 조장하였지만 독일이나 이탈리아 등지에서는 통일 논리가 되었다. 독일의 경우 오스트리아를 포함하는 대독일주의와 오스트리아를 제외한 프로이센 중심의 소독일주의가 대립하고 있었다.

그리고 1848년 3월 혁명의 결실로 자유주의자들을 중심으로 한 제헌의회격인 프랑크푸르트국민의회(Frankfurter Nationalversammlung)가 1848년에 소집되어 이듬해까지 활동하였다. 이 의회에는 단 한 명의 노동자 대표도 참여하지 않았다. 단 한 명의 농민만이 참여하였다. 그렇지만, 구 체제의 두 명의 검열관이 참석하였다. 의원의 다수는 교사, 공무원, 변호사 등 영향력 있는 소수파 전문직 출신이었다. 지주나 기업인 출신도 적었다. 기적에 가까운 선거를 통해서 의원을 선출하여 풍성한 논의 속에 각종 법률을 제정하였고 1849년 3월 입헌군주제에 기초한 연방헌법을 채택하였다. 그러나 이 의회는 권력이나 권한을 가지지 못하고 영방의 군주에게 그 채택을 개별적으로 설득하는 것 밖에 할 수 없었다. 당시의 헌법이란 통일을 전제로 한 각 영방 군주의 권한 제한을 의미하였다. 프로이센 왕이 이를 거부하였고 바이에른, 하노버, 오스트리아 같은 큰 개별국가들 역시 채택하지 않았다. 게다가 오스트리아는 체코와 헝가리 등 당시 합스부르크 왕가가 지배하던 영역을 오스트리아-헝가리 2중 제국으로 하는 새 헌법을 발표하여 통일독일을 거부하였다.

그 결과 프랑크푸르트 국민의회는 헌법 채택을 거부한 프로이센의 국왕 프리드리히 빌헬름 4세를 독일 황제로 추대하지만 그는 이를 거절하였다. 프로이센과 오스트리아가 1849년 5월 국민의회의 자국 대표에게 의회 철수를 명령하였다. 다른 국가의 군주도 이를 따라 철수를 명령하였다. 1849년 5월 말 남은 의원들은 슈투트가르트로 옮겨 국민의회를 존속시키려 하였으나, 별 성과를 거두지 못한 채 6월 18일 뷔르템베르크 군에 의해 해산당했다. 그러나 권력 분립과 기본권 관련 부분 등 헌법 정신은 살아남아서 1919년 바이마르 공화국 헌법과 1949년 독일연방공화국 기본법의 밑바탕이 되었다

이 무렵 부상하고 있던 프로이센은 농노제를 폐지하고 내각제를 도입하는 등 중앙집권적 행정개혁에 나섰다. 그리고 산업화에 나섰다. 물론 다른

영방들로 경쟁적으로 산업화에 나섰다. 1843년 프로이센 주도의 관세동맹(Zollverein)은 오스트리아와 하노버, 한자동맹 도시가 참여하지 않았지만 단일 관세율의 경제적 영토를 확장해주었다. 독일은 따라잡기 전략에 기초한 국가 주도의 산업화에 나섰다. 이는 대대적인 자본투자였다. 독일의 산업혁명은 철도에 대한 자본투자에서 시작되었다.

철도에 대한 자본투자는 1840년에 시작되어 1847년 불황으로 잠시 중단되었다가 1853년에 다시 시작하여, 1850년대에서 1860년대 사이 화물 수송량은 7배 증가하였다. 이 기간 중에 이미 독일의 철도 연장은 프랑스를 능가하였다. 그리고 이에 필요한 자본 조달을 위하여 1850년대에 은행 설립이 이어졌다.

철도 투자에 따라 철강과 기계산업을 비롯한 금속공업이 비약적으로 발전하였다. 루르 지역을 중심으로 이에 필요한 석탄 생산이 뒤따르고 소비재 산업으로 면사산업 생산 증가도 엄청났다. 그리고 생산기술 면에서도 1850년대, 60년대에 비약적 발전이 있었다. 국가 주도에 의한 위로부터의 산업화는 다른 나라와는 다른 독일 내 기업의 위계구조를 만들어냈다. 즉, 상층부에 국가주의적 중공업과 그 밑으로 자유무역을 추구하는 수출산업인 중규모의 경공업이 위치하는 체제로 이루어졌다.

1870-90년 기간 중에 독일의 산업은 고도화되었다. 프랑스와의 전쟁에 승리하여 프랑스로부터 50억 프랑에 달하는 전쟁 배상금을 받았다. 단기간에 이 거대 자금이 투입되면서 독일의 경제는 호황을 맞이하였다. 여기에 통일에 따른 거대한 시장의 형성, 중앙은행 설립, 통화의 통일로 독일 경제는 폭발적으로 팽창하였다. 새로운 산업 시설의 건설, 거대 은행의 등장, 통상과 건설 부문에서 폭발적인 경기 활성화가 이루어졌다. 그러나 1873-74년에서 시작된 장기 침체와 1878-79년 기간의 심각한 경기불황이 찾아왔다. 이에 대하여 기업은 카르텔과 트러스트 형식의 결합으로 이에 대응하였다. 그 결과 광산과 철강을 중심으로 거대기업이 출현하게 된다.

위와 같은 특징을 가지는 독일 경제에서 산업 노동자의 발전은 영국이나 프랑스에 비하여 상대적으로 늦었다. 나중에 보겠지만 1870년대의 계급의식도 상대적으로 미약하였다.

1815년 이후 독일에서 노동운동은 산업노동자 세력이 미약하였던 까닭에 영국이나 프랑스와는 다른 양상으로 발전하였다. 전대제가 확산되면서 전통적 수공업자들의 상태는 날로 악화되었다. 특히 나폴레옹의 반(反)봉건적 조치로 길드가 불법화되면서 급속히 하락한 장인들의 지위는 무산자와 다름없는 상황에 처했다. 그 결과 파업과 무력항쟁이 점차 빈발하였다.

이와 더불어 노동운동조직도 성장하여, 도제와 직인들의 상호부조협회와 지식의 확산 및 토론을 위한 교육협회들이 결성되었다. 특히 1830년대 중반 바이틀링(Wilhelm Weitling)은 의인동맹(義人同盟, Bund der Gerechten)을 설립하여 무력투쟁을 통한 새로운 사회질서의 확립을 주장했다. 그러나 그의 궁극적 목표는 전통적인 수공업자와 소생산자의 독립성 회복이었다.

1848년 2월 혁명에 힘입어 당시로선 독일 노동운동의 최대 조직인 독일 노동자우애단(Allgemeine Deutsche Arbeiterverbrüderung)이 창설됐다. 이 조직은 혁명적 투쟁보다는 보통선거에 의한 의회민주주의, 생산자 및 소비자 협동조합, 사회보장의 확충 등의 점진적 개혁과 수공업자 및 소생산자의 권익보호를 겨냥한 현실적인 운동을 지향했다. 그러나 독일의 3월 혁명이 실패로 끝나면서 일시나마 부여되었던 노동자의 단결권이 박탈됐으며, 독일노동자우애단을 비롯한 여러 진보적 단체와 조직은 정치, 법률적 탄압에 직면하여 해체되거나 순수한 비정치적 단체로 전환해야만 했다. 전체적으로 볼 때 1840년대, 특히 1848년의 경험에도 불구하고 19세기 전반의 독일 노동운동은 성숙한 계급운동과는 상당한 거리가 있는 것이었다.

18세기 전반기는 혁명적 분위기 속에서 사회주의 이론의 태동과 숙성기였다. 로버트 오웬(Robert Owen), 생 시몽(Claude-Henri de Rouvroy, comte de Saint-Simon), 푸리에(Charles Fourier)의 소위 공상적 사회주의를 거치면서 활발한 논쟁이 있었다. 앞에서 말한 바이틀링이 있었고, 블랑키(Louis Auguste Blanqui), 무정부주의자로 일컫게 되는 프루동(Pierre-Joseph Proudhon)과 바쿠닌(Mikhail Alexandrovich Bakunin) 등이 파리 등을 중심으로 활발하게 논쟁을 벌였다. 마르크스(Karl Marx)도 여기에 참가하였음은 물론이다. 이런 논쟁의 최종판이 바로 1848년 2월에 결성된 공산주의자동맹(Bundes der Kommunisten)의 강령으로 마르크스와 엥겔스(Friedrich Engels)가 작성하여 발표한 "공산당 선언"(Manifest der Kommunistischen Partei)이다. 1864년 런던에서 국제노동자협회, 즉 제1 인터내셔널이 창립되어 1866년 스위스 제네바에서 제1차 대회가 열렸다. 마르크스는 런던 창립 대회부터 참석하였고, 1870년 무렵부터는 마르크스파가 주도권을 잡았다. 그리고 이어 마르크스는 사회주의의 경제학적 기초로 자본주의 법칙을 규명하여 1867년에는 『자본론 1권』을 발간하였다.

1848년 혁명 시 독일은 아직 혁명의 목표를 인식하고 통일된 노동계급이 존재하지 않았다. 노동운동의 중심에는 무산계급화의 위협을 받고 있으면서도 여전히 부르주아에 속해 있다는 정서를 가지고 위기의 해결책을 산업사회의 조직보다는 기업과의 연계(corporate links) 복원에서 찾았다. 즉, 이들은 미래보다는 과거에 기대를 걸고 있었다. 따라서 1848년 혁명은 중상층 계급이 관세동맹 이후 경제적 위상 상승에 상응하는 정치권력을 얻으려는 시도라고 할 수 있을 것이다. 이는 앞서서 말한 프랑크푸르트 국민의회의 구성에서도 볼 수 있다. 그래서 이들은 좌파에 의한 사회적 불안 앞에서 기성의 지배계급과의 타협을 택했다. 그리고 공산당 선언이나 제1인터내셔널이 독일 내의 노동운동에 크게 영향을 주지는 않았다.

이는 이후의 노동운동에 그대로 나타난다. 1848년 혁명의 영향으로 창설된 최대 노동운동 조직이었던 독일노동자우애단(Allgemeine Deutsche Arbeiterverbrüderung)의 노선에서 그대로 드러난다. 즉, 이 조직은 혁명적 투쟁보다는 보통선거에 의한 의회민주주의, 생산자 및 소비자 협동조합, 사회보장의 확충 등의 점진적 개혁과 수공업자 및 소생산자의 권익 보호를 겨냥한 현실적인 운동을 지향했다.

이후 앞에서 언급한 1860년대 이후 독일 경제의 비약적 경제성장으로

라살레(Ferdinand Lasalle)
출처: 사민당 150년 홈페이지. www.150-jahre-sod.de

독일의 노동운동은 양적으로 팽창했다. 노동자 정당은 이를 배경으로 탄생하였다. 1863년에는 라살레(Ferdinand Lassalle)의 주도로 독일노동자협회(Allgemeiner Deutscher Arbeiterverein: ADAV)가, 1869년에는 베벨(August Bebel)과 리프크네히트(Wilhelm Liebknecht) 주도의 사회민주노동자당(Sozialdemokratische Arbeiterpartei: SDAP)이 결성되었다.

라살레가 1862년 4월 12일 베를린 오라니엔부르크 지역의 수공업자협회(Handwerkerverein)에서 가진 강연인 "노동자강령"(Das Arbeiter-Programm über den besonderen Zusammenhang der gegenwärtigen Geschichtsperiode mit der Idee des Arbeiterstandes)과 1863년 5월 23일 독일노동자대회 중앙위원회에 보낸 "공개답변서"(Offenes Antwortschreiben)를 보면 독일노동자협회의의 기본 노선을 알 수 있다.[1]

---

[1] Ferdinand Lassalle, "Das Arbeiter-Programm Über den besonderen Zusammenhang der gegenwärtigen Geschichtsperiode mit der Idee des Arbeiterstandes", 1862, 4, 12: "Offenes Antwortschreiben An das Zentralkommitee zur Berufung eines Allgemeinen Deutschen Arbeiterkongresses zu Leipzig", 1863, 5, 1; 프리드리히 에버트재단(www.fes.de)

사실상 창당 강령인 "공개답변서"에서 라살레는 노동계급은 독자적 정당을 결성하여 보통, 평등, 직접 선거를 당의 기본 슬로건으로 내세워야 하며, 독일 입법기관에 노동자 대표가 나서는 것만큼 노동계급의 정당한 이익을 정치적으로 충족시킬 수 있다고 주장하였다. 실용적인 입장에서 국가가 합법적으로 사회변화에 적극적으로 개입하여야 한다고 주장하였다.

사회민주노동자당은 1869년 8월 8일 아이제나하의 황금사자(Goldene Loewe)호텔에서 창당대회를 열고 당 강령을 채택했다. 이 강령의 주요 내용은 다음과 같다.

- 자유로운 인민국가 건설
- 노동계급의 해방을 위한 투쟁: 모든 계급 지배의 철폐
- 조합주의적 노동을 통해 현 생산양식(임금체제)의 철폐
- 노동자 계급의 경제적 해방의 전제조건으로서 정치적 자유
- 노동자 계급의 단결
- 사회민주주의의 국제주의와 제1인터내셔널의 독일 지부로서 사회민주노동당
- 20세 이상 모든 남성의 보통, 평등, 직접, 비밀 선거권
- 인민에 의한 직접 입법(제안권과 거부권)의 도입
- 모든 특권의 폐지
- 상비군를 인민군으로 대체
- 국가로부터 교회를 분리하고, 교회로부터 학교(교육) 분리
- 초등학교 의무교육과 모든 공공 교육기관의 무상교육
- 사법부의 독립, 공개 재판절차 도입
- 모든 출판법과 단체법, 노동자의 결사에 관한 법의 철폐. 8시간 노동제, 여성 노동의 제한과 아동 노동의 금지
- 모든 간접세의 철폐와 단일체계의 소득 및 상속세제의 도입
- 자유 생산협동조합 지원

마르크스주의자인 빌헬름 리프크네히트와 아우구스트 베벨이 주도하여 계급 지배의 철폐나 현 생산양식 철폐 등을 담고, 제1인터내셔널의 독일 지부임을 규정함으로써 마르크스주의에 기초하고 있음을 밝히고 있다. 그리고 간접선거로, 재산에 근거하여 3등급으로 분류하여 표의 가치를 달리하고 있는 당시 프로이센의 선거제도 개혁을 요구하고 있다.

1870년 통일 이후 몇 년 동안 비스마르크는 사회민주노동자당과 독일노동자협회를 모두 '제국의 적'으로 간주하면서 양당을 대결시켜서 이간질하려고 했다. 두 당의 대결로 정부가 기습과 수색으로 독일 전역에서 노동자 결사를 억압하기가 훨씬 쉬웠다. 비스마르크의 규제 강도가 높아지면서 독일노동자협회의 노선은 사회민주노동당의 노선에 접근해갔다. 더욱이 라살레 사후(그는 창당 1년 뒤에 사망하였다) 빌헬름 퇼케(Wilhelm Tölcke)에 이어 독일노동자협회 의장을 맡고 있던 슈바이처(Johann Baptist von Schweitzer)와 비스마르크 간의 비밀 통신 내용이 드러나면서 더욱 좌경화하였다. 그렇지만 양 당은 각자의 정책 우선수위를 고수하면서 서로 비판하였다. 즉, 개량 대 혁명(SDAP), 국가 내에서의 노동운동 대 프롤레타리아 국제주의, 협동조합 대 노동조합.

1871년 슈바이처 퇴장 후 독일노동자협회는 직공 출신으로 풍부한 현장과 언론인으로서의 선전 경험, 이론을 갖춘 하젠클레버(Wilhelm Hasenclever)가 맡게 되었다. 그의 지도 하에 독일노동자협회는 당세를 늘려갔다. 당원 수는 1871년 5,300명에서 1873-74년 19,000명 이상으로 증가하였다. 당 기관지 "신사회민주주의자"의 정기구독자는 11,000명에 달했다. 제국의회 의원을 4년 쉰 후 다시 의회로 돌아온 하젠클레버 지도 하의 독일노동자협회는 탄압 앞에 노선의 좌경화와 이런 당세를 바탕으로 사회민주노동자당과의 통합에 나서게 된다.

사회민주노동자당의 입장에서도 독일 통일에 관하여 프랑스와의 전쟁에서 승리하면서 프로이센 중심으로 통일된 독일제국의 성립으로 독일노동자협회와의 주요한 정책의 차이 하나가 없어졌다. 당시 독일노동자협회가 소독일주의를 주장한 데 반하여 사회주의 노동자당은 대독일주의를 주장하였다. 이런 차이가 없어진 것이다. 그리고 사회민주주의 탄압은 양당이 처한 공동의 과제였다. 하젠클레버와 리프크네히트, 베벨 간의 타협이 이루어지면서 양당은 최종적으로 당 강령을 작성하여 1875년 5월 22일부터 27일까지 고타에서 합동 당 대회를 열어 사회주의노동자당(SAP)으로 통합하였다. '사회주의자탄압법'이 폐지된 1890년에 사회민주당(Sozialdemokratische Partei Deutschlands: SPD)으로 명칭을 바꾸었다. 이에 따라 양파의 노동조합도 이후 독일노동조합운동의 주류가 되는 자유노동조합(Freie Gewerkschaften)으로 통합되었다.

비스마르크의 독일 정부는 채찍으로 사회주의적이거나 공산주의 성향을 가진 모든 단체를 불법화하는 '사회주의자탄압법'으로 노동계급을 중심으로 한 사회 불만 세력을 억압하는 정책을 채택함과 동시에 전체 노동 계급을 회유하기 위하여 사회보장 정책을 담은 사회입법이라는 당근 정책으로 혁명의 위험을 줄이고자 하였다. 사회입법은 1872년에 설립된 사회정책협회의 활동을 기초로 하였다.

'사회주의자탄압법'(정식 명칭은 '사회민주주의의 공익을 해칠 우려가 있는 시도에 대응하기 위한 법률 Gesetz gegen die gemeingefährlichen Bestrebungen der Sozialdemokratie)은 채찍으로서 기회를 노리던 비스마르크의 작품이다. 그는 1875년 5월과 6월 두 차례의 빌헬름 1세 황제 암살 미수 사건이 일어나자 이를 사회민주노동자당이 지시한 것으로 조작하여 이 법 통과와 이행을 강행한 것이다. 이 법의 주요 내용은 제국의회와 주 의회 밖에서 사회주의노동자당의 모든 활동과 출판 금지였다. 사회민주당과 각종 노동조합이 해체되고, 1,500여 명이 체포되었으며, 거주하던 지역에서 '선동가'라는 혐의로 추방되었다. 또한 수많은 사람들이 국외로 추방되었다. 때로는 정부가 사회민주주의자들의 거점인 몇몇 도시에 '작은 계엄령'(Kleiner Belagerungszustand)을 선포하여 탄압하였다. 그러나 비스마르크의 의도와는 달리 자유주의자들과 사회주의자들에 대한 탄압이 증가하였지만, 사회민주당 지지 세력도 동시에 증가하여, 사회주의자탄압법이 노동계급 내에 연대의 고조를 가져와서 노동자들을 정치화시켰던 것이다. 1881-90년 기간 중에 사민당은 1881년 선거에서 312,000표를 득표하였지만 1890년 선거에서는 1,410,000표 이상을 득표하여 10년 사이에 45% 이상 증가하였다. 이로 인해서 사민당은 최다 득표 정당이 되었다. '사회주의자탄압법' 폐지 후에도 계속 늘어나 1912년 선거에서 사회민주당 의석은 110석으로 늘어나 제1당이 되었다. 당근 정책으로 사회보장제도의 기반을 만든 사회입법도 이런 추세를 막지는 못했다.

1881년 11월에 빌헬름 1세는 당근 정책으로 노동자에 대한 국가적 보호와 부양 정책의 실시를 내용으로 하는 교서를 비스마르크를 통해 발표하였다. 독일은 이후 사회복지 제도의 모델이 되는 세계 최초의 사회복지 제도를 실시하였다. 1883년 '의료보험법', 1884년 '산업재해보험법', 1889년에는 '노령 및 장애 보험법'이 제정되었다. 이러한 사회복지제도는 노동자와 사용자가 공동분담을 원칙으로 하였고, '노령 및 장애 보험법'(Altersund Invaliditätsversicherung)에는 국가 보조금이 지급되었다.

앞에서 언급한 독일노동자우애단의 노선이나 독일노동자협회를 주도한 라살레나 사회민주노동자당 창당을 주도한 리프크네히트, 베벨의 생각이나 태도 그리고 당의 창당 과정 그리고 '사회주의자탄압법'에 의한 탄압 속에서도 조직을 유지하면서 세를 늘려나간 역사를 보면 향후 독일 사민당의 노선이나 노동운동과 사민당의 관계와 특징을 볼 수 있을 것이다.

라살레가 사후에 마르크스주의자들 사이에서는 독일 사회주의 운동의 창시자로서 칭송을 받고 있으며, 볼셰비키 혁명 이후에는 러시아에서 기념비가 세워진 사회주의 영웅들 가운데 한 사람으로 존경받고 있지만, "고타강령 비판"에서 마르크스가 독하게 비판하고 있듯이 그는 국가권력과의 협력을 통해 사회주의적 목표들을 달성할 수 있다고 믿었다. 그는 헤겔 철학자로서 헤겔식의 관념론적인 국가관에서 국가를 권리와 정의의 기구로 보았다. 그리고 노동조합운동에 대하여 적대적 입장을 보이면서 협동조합,

즉 생산자 협동조합을 과대평가한 협동조합론을 주장하였다. 협동조합론을 자신의 국가론과 결합하여 국가의 보조를 받는 협동조합 망을 형성해 갈 경우 이것이 점차적으로 자본주의를 대체해 갈 것으로 주장하였다. 이런 맥락에서 그는 보통선거를 주장하였다. 보통선거가 실시된다면 노동자 대표가 의회의 다수파를 차지할 것이라고 보았고, 1880년대의 사회입법과정에서 비스마르크와 타협하였다. 그리고 사민당에 대한 영향력은 통합 당시는 1864년 라살레가 사망한 지 11년이나 되는 해로 독일노동자협회는 빌헬름 하젠클레버(Wihelm Hasenclever) 지도 하에 있었지만 라살레의 영향력은 여전하여 마르크스의 통렬한 비판처럼 통합되는 정당의 고타 강령에 그대로 관철되고 있었다.

망명 생활을 하면서 마르크스의 지도를 받은 사회주의자 빌헬름 리프크네히트는 강령보다 독일에 단일한 노동자 정당을 건설하는 것이 중요하다고 판단하여 사민당 창당에 참여하였다고 주장하였다. 그리고 당시가 '사회주의자탄압법' 입법을 앞두고 있다는 점 등을 감안하면 창당과 이런 발언에서 현실주의적 태도를 볼 수 있다. 상당수의 논자들은 양파 간에는 독일 통일 문제 이외에는 특별한 차이가 없다고 주장하기도 한다. 독일 통일에 관해서 라살레 파는 오스트리아를 제외하고 프로이센 중심의 통일을 선호하는 소독일주의의 입장이었고, 아이제나하 파는 오스트리아를 포함시킨 대독일주의 입장에 있었다. 이런 차이는 프로이센 중심으로 독일 통일이 이루어진 1870년 이후에는 의미가 없어졌다.

라살레 파와 사회민주노동당, 소위 아이제나하 파는 노동조합은 노동자계급의 부분적, 현실적 이해관계를 대변하고, 정당은 노동자계급 해방이라는 전체적 이해관계를 대변한다는 논리에서 노동조합의 독자적 역할을 부정하지는 않았다. 그러면서 노동운동이 정치투쟁을 경제투쟁보다 우위에 두어야 한다고 주장하면서 양자 관계에서 당의 우위를 주장하였다. 이런 주장은 '사회주의자탄압법' 12년의 억압정책 아래서 노동운동은 중앙집권화 되었고 정치투쟁을 강화했으며, 정당의 정치적 지도를 적극적으로 받아들이면서 더욱 힘을 얻게 되었다.

　이런 노동조합에 대한 시각과 라살레의 국가관에 바탕을 둔 사민당은 이후 선거의 득표와 의석수 확보를 우선 과제로 두면서 현실주의적 입장을 취하면서 노동조합의 파업에 대해서도 대체로 부정적인 태도를 취했다. 이런 바탕에 이후의 당내 노선 투쟁과 강령에서 나타나는 마르크스주의 수용 여부와 관련된 지그재그 움직임, 계급정당과 국민정당 논의, 끊임없는 수정주의 논의가 배태되고 있었다.

2. 독일노동자협회와 사회민주노동자당의 통합: 사회주의노동자당, 고타 강령

　앞에서 이야기한 것처럼 독일노동자협회와 사회민주노동자당은 1875년 5월에 독일 사회주의노동자당으로 통합하였다. 그 후 소위 사회주의탄압법이 폐지된 1890년에 사민당으로 명칭을 변경하였다. 통합 당대회에서 채택된 강령 즉 고타 강령은 그 후 사민당의 갈 길을 밝혀준 역사적 문건이다. 또한 이는 독일노동자협회와 사회민주노동자당의 타협의 산물이다. 라살레 파는 개량주의 입장에 서 있었다. 사회민주노동자당은 마르크스주의에 기초한 아이제나하 강령에 따른 혁명적 계급 정당이었다. 양당의 타협의 산물인 고타 강령은 일반적으로 라살레파의 입장이 강하게 반영되었다고 평가된다. 이를 마르크스는 "고타 강령 비판"(Zur Kritik des Gothaer Programms)에서 신랄하게 비판하고 있다. 이 강령 하의 사민당은 16년 후인 1891년 에어푸르트에서 당 대회를 열고 새로운 강령을 채택하였다. "에어푸르트 강령"을 통하여 사민당은 마르크스주의 노선으로 복귀하였다고 평가된다. 그 16년 사이에 사회, 경제적 환경이나 당의 구조에 어떤 변화가 있었기에 당의 노선이 바뀌게 되었는가?

우선 원천적으로 통합이 이를 배태하고 있다. 통합 당대회는 마르크스의 표현처럼 '타협대회'(Kompromißkongreß)였다 양당의 기본노선의 차이 즉, 개량 대 혁명, 국가 내에서의 노동운동 대 프롤레타리아 국제주의, 협동조합 대 노동조합이라는 차이가 근본적으로 해소된 것은 아니었다. 합당 당시는 사회민주노동당에 영향을 주고 있던 제1 인터내셔널이 쇠퇴하고 있었다. 제1 인터내셔널의 경우 1864년 창립 당시에 마르크스가 결성 선언문과 규약을 작성하는 등 결성을 적극 지도했으며 1872년에 헤이그 대회를 기점으로 바쿠닌파 등과의 당내 노선 투쟁을 끝내고 마르크스파가 제1인터내셔널의 지도권을 장악하였다. 그러나 1871년 파리 코뮌 붕괴 이후 제1 인터내셔널은 쇠퇴의 길을 걷게 되었다. 제1 인터내셔널은 양당이 합당한 이듬해인 1876년에 해체되었다. 양당 내부의 사정과 파리 코뮌 붕괴 과정, 그리고 독일을 비롯한 유럽 내에서 사회주의자, 공산주의자 등에 대한 탄압이라는 외부의 상황 변화가 합당으로 나가게 했고, 타협과 강령 작성 과정에서 사회민주노동자당의 양보가 있었을 것이다.

철학적 기반을 달리하는 두 세력으로 이루어지는 사민당은 이후 현실의 변화와 또한 선거를 앞에 두고 현실에 대한 판단과 미래 전망을 두고 끊임없는 노선 투쟁이 벌어지고 때로는 일부 세력이 떨어져 나오기도 하였다.

이런 점을 염두에 두고 고타 당대회에서 에어푸르트 당대회까지 16년 사이의 내외 사정의 변화와 이를 보는 당의 입장을 담은 고타 강령과 에어푸르트 강령을 살펴보기로 하겠다.

1870년 프랑스와 프로이센 간의 전쟁에서 프로이센의 승리와 뒤 이은 파리 코뮌의 성립과 붕괴는 유럽의 진보운동에 엄청난 타격을 주었다. 기득권 세력은 사회주의와 공산주의 특히 노동계급의 부상에 공포를 가졌다. 당사자인 프랑스는 독일, 오스트리아-헝가리 제국, 네덜란드, 벨기에, 러시아 제국, 영국 등의 지원을 받아 정부군 2만 명을 투입하여 소위 '피의 1주일'(La semaine sanglante) 동안 잔인하게 진압하였다. 당시 현장에서 사망한 사람을 1~5만 명으로 추산하고 있으며, 진압 후에 10만 명이 체포되어 4만 명이 군사재판에 회부되었다. 이는 단기적으로 진보주의와 노동운동에 막대한 타격을 주었다. 제1 인터내셔널의 쇠퇴가 이를 말해주고 있다. 프랑스가 이에 연루된 인사 7,500명을 남태평양의 프랑스 해외영토 뉴칼레도니아에 종신 유배를 보내는 것을 시발로 각국은 진보주의자들에 대한 대대적인 탄압에 나섰다.

통일된 독일 역시 앞에서 언급했듯이 사회주의자탄압법으로 탄압을 법제화하기에 이르렀다. 독일의 경우는 통일이 되었다고 하지만 프로이센에 의한 위로부터의 통일로 통합에 이르지는 못했다. 더구나 통일 과정에서 보듯이 소독일주의와 대독일주의의 대립, 그리고 바덴이나 바이에른 등 남독일연맹을 중심으로 한 지역의 주민과 지식인의 프로이센에 대한 거부감 그리고 여전히 살아 있는 분리독립 세력 등 통합은 당면의 과제였다. 여기에 노동운동을 바탕으로 한 사회주의자와 공산주의자들은 사회 불안 세력으로 통일 독일의 통합 저해 세력으로 보아 비스마르크는 이들을 '제국의 적'으로 보았던 것이다. 더구나 비스마르크는 통합을 최우선 과제로 설정하였기 때문에 유럽의 강대국인 오스트리아, 프랑스와의 전쟁에서 승리하였지만 국제관계에서도 소위 '힘의 균형'을 추구하면서 국제분쟁이 전쟁으로 발전되고 독일이 개입되는 것을 피하였다.[2] 그러면서 1884년 남아프리카와 서아프리카(나미비아), 동아프리카(탄자니아·르완다·부룬디), 카메룬, 토고, 남양 군도, 뉴기니 북동부 및 부근의 크고 작은 섬, 사모아, 중국의 산동반도 등을 획득하여 명실상부한 강대국의 일원이 되었다.[3]

---

[2] 비스마르크는 3국동맹, 3제동맹 등 독일을 중심으로 종횡으로 국제적 안전장치를 취하면서 유럽 강대국의 갈등을 조정하면서 일종의 독일제국 판 '도광양해(韜光養晦)' 정책 하의 평화 속에서 독일의 민족적 통합과 독일제국의 힘을 길렀다.

[3] 우리에게 익숙한 1897년의 중국 청도(青島) 조차도 아시아 항로 안전 확보 차원에서 조차한 것이다. 물론 청일전쟁 후 일본의 요구에 대하여 삼국간섭으로 일본의 요구를 봉쇄한 대가로 조차하는 형식을 취한 것이다.

1875년 사회민주노동자당과 독일노동자협회가 사회주의노동자당으로 통합
당기: 자유(Freiheit), 평등(Gleichheit), 우애(Brüderlichkeit)와 '뭉치면 강해진다!'
출처: 사민당 150년 홈페이지. www.150-jahre-sod.de

이런 상황에서 양당은 1875년 고타에서 열린 당대회를 열고 사회주의노동자당으로 통합하였다. 당대회에서 채택된 강령 즉, "고타 강령"의 주요 내용은 다음과 같다.

- 노동이 모든 부와 문화의 원천이며, 일반적으로 유익한 노동은 사회를 통해서만 가능하기 때문에 사회에 속한다
- 노동수단은 자본가 계급이 독점하며, 이로 인한 노동자계급의 종속이 모든 형태 노예화의 원인이다
- 노동의 해방은 노동수단을 사회의 공동재화로 전화시키는 것이다.
- 노동의 해방은 노동자계급의 과업이고, 다른 모든 계급은 단지 반동적 대중이다
- 독일사회노동당은 모든 합법적 수단을 갖고 자유로운 국가와 사회주의 사회, 임금노동 체제의 폐지를 통한 임금철칙 폐지, 모든 형태의 착취의 지양, 모든 사회적 정치적 불평등의 해소를 위해 노력한다. 당장

은 국가 틀 안에서 활동하지만, 노동운동의 국제적 성격을 유지한다. 노동인민의 민주적 통제 하에서 국가의 도움을 받는 사회주의적 생산협동조합의 설립을 요구한다
- 요구
  20세 이상 남성의 보통선거권
  인민에 의한 직접 입법. 인민에 의한 전쟁과 평화에 관한 결정
  ・일반 방위력. 상비군 대신 인민군
  ・신문법, 결사법, 집회법의 폐지
  ・인민에 의한 판결. 무상 재판
  ・보편적이고 동등한 인민교육. 일반적 의무교육
  ・정치적 권리와 자유의 최대한 신장
  ・국가와 지방의 통일된 누진소득세
  ・제한 없는 결사권
  ・사회적 필요에 상응하는 정상 노동일 보장. 일요일 노동의 금지.
  ・아동노동의 금지와 건강과 인륜에 위배되는 부인노동의 금지.
  ・노동자의 생명과 건강을 위한 보호법률.
  ・감옥 노동의 규제.[4]

요약한다면, 합법적인 수단에 의한 자유로운 국가와 사회주의적 사회를 추구하며, 임노동제의 철폐를 통한 구시대적 임금법을 분쇄하고, 모든 사회에서의 착취를 지양하며, 모든 사회적 정치적 불평등의 제거하고, 이를 실현하기 위한 정당으로서 사회주의노동자당은 국가 내의 정당으로 활동한다는 것이다. 그리고 국가의 보조를 받는 사회주의적 생산협동조합 설립을 요구하며 정치에서 20세 이상 남성의 보통선거권 도입과 누진소득세제 도입을 요구하고 있다.

---

4) "Gothaer Parteiprogramm", www.fes.de

이에 대하여 마르크스는 "고타강령 비판"에서 고타 강령이 개량주의적인 독일노동자협회의 노선에 기울어져 있다고 보고 강력하게 비판하였다.[5] 즉, 노동에 대한 개념 규정이 잘못되었으며, 국제주의를 버리고 민족국가 내에서 계급의 조화를 꾀하고 있으며, 라살레가 임금철칙에 따라 노동자의 임금투쟁을 무의미하다고 보았다고 비판하였다.

노동에 대해서는 노동이 모든 부의 원천이 아니며 자연도 있다면서 노동 개념이 잘못되었다고 비판하였다. 자본가 계급이 노동수단을 독점하고 있다고 규정함으로써 토지 소유자를 제외하고 있는데, 이는 라살레가 독일의 지배계급인 토지소유 계급 즉 융커와의 우호동맹을 지키기 위한 것이라 비난하였다.

온전한 노동수익, 평등한 분배 등은 프루동의 입장과 같은 것으로 보았으며, 평등의 기준에 대해서는 2단계의 공산주의 사회로 나누어지는 것을 모른다고 보았다. "각자는 능력에 따라 일하고 각자에게는 필요에 따라 배분하는 사회"인 두 번째 단계의 사회는 노동의 성격 자체가 변해야 한다는 것이다.

노동의 해방이 노동자 계급의 사업이며 나머지 계급은 모두 반동적 대중이라 규정하는 것은 라살레가 봉건귀족과 한 편이라는 사실을 숨기기 위한 것이라고 비판하고 있다.

노동자 계급은 자신의 해방을 위하여 우선 오늘날의 민족국가의 테두리 안에서 활동한다는 것을 편협한 민족적 관점으로 후퇴하고 국제주의를 훼손하는 행위라고 비판하고 있다. 그는 라살레가 민족주의적 성향을 띤 헤겔주의자로, 헤겔의 근대적 민족국가 수립을 받아들여 갈등 없는 이 민족국가에서는 계급대립이 조화될 수 있다고 믿었다고 보았다.

모든 합법적 수단으로 자유로운 국가와 사회주의 사회, 임금철칙과 함께 임금 제도, 모든 형태의 착취의 폐지에 관해서 그는 라살레의 임금철칙이

---

5) "Kritik des Gothaer Programms", www.marxists.org

란 노동의 가치와 노동력의 가치를 구별하지 못한 사고이며 착취의 필연성을 인지하지 못하는 사고에서 나온 것이라 보았다.

독일 노동자당은 사회문제의 해결로 근로 인민의 민주주의 통제 아래에 있는 국가 보조를 받는 생산 협동조합의 설립을 요구하고 있는 것에 대하여 마르크스는 협동조합은 부르주아로부터도 정부로부터도 비호를 받지 않는 독립적인 노동자들의 창조물인 한에서만 가치를 지니며, 국가 보조는 자본가 계급의 산물이며, 과거의 생산 조건이 그대로 남아 있으며 계급적 착취를 배제하지 못한다는 점에서 의미가 없다고 비판하였다.

자유로운 국가 문제와 관련하여 그는 라살레주의자들은 국가를 정부 기관으로 이해하거나 혹은 분업에 의해 사회로부터 분리된 하나의 독자적인 유기체를 이루는 것으로 이해하고 있다. 이는 헤겔적 근대 '민족국가'를 이상적으로 설정하는 것이다. 국가의 경제적 기초로 단일한 누진소득세 등등을 요구하는데, 이러한 요구는 자본주의를 인정하고 기존의 국가제도를 보존하려는 것으로 단기적 전략으로는 가능하지만 당의 강령으로는 적절하지 않다고 보았다.

그는 국가가 교육을 지배하는 것은 계급지배를 공고화하는 길이라고 평등한 국민 교육에 반대하였다.

빌헬름 리프크네히트는 강령보다 단일 노동자 정당 건설이 중요하다고 생각하여 참여하였다고 밝혔다. 그러나 마르크스파가 공동의 적에 반대하는 행동에 합의하지 말았어야 한다는 마르크스의 주장처럼 당시 리프크네히트나 베벨 등이 그렇게 나갈 수 있는 여유 있는 상황이 아니었던 것 같다. 마르크스가 "고타 강령 비판"에서 브라케(Hermann August Franz Wilhelm Gotthard Bracke)에게 부득이 한 경우 비판 초고를 회수하라고 한 내용에서 보면 "고타 강령 비판"이 공개되지 않다가 사회주의자탄압법이 폐지된 후인 1891년에 엥겔스가 공개하였는데 엥겔스의 서문에서 출판법이 언급된 것을 보면 "고타 강령"이 작성되던 1875년 통합 당대회 무렵의 분위기, 특히 독일 국내의 상황은 매우 어려웠을 것으로 짐작된다.

1870년 통일 이후 사회민주주의자들을 탄압하는 한편으로 독일은 국가가 적극적으로 개입하는 '따라잡기' 전략으로 산업기술과 조직력을 결합하여 산업화에 총력을 기울였다. 앞에서 언급하였듯이 프랑스로부터 받은 배상금 50억 프랑을 투입함으로써 독일 경제는 호황을 구가하면서 1890년에 들어서면서 양적으로나 질적으로 고도화 단계에 진입하였다. 독일의 산업 생산은 이미 영국 수준에 도달하였고 철강, 화학, 전기의 경쟁력은 세계 최고 수준이었다.

그렇지만 독일 산업의 고도화 이면에는 사상 첫 국제적 위기(공황)라 불리기도 하는 1873년에 시작되어 1896까지 계속되는 유럽의 장기불황이 있었다. 생산은 대폭 늘었지만 가격이 폭락하면서 유럽은 물론이고 대서양 건너편의 미국도 불황의 파고가 높게 일었다. 가령 1870년부터 1890년까지 주요 조강 생산국 5개 나라의 조강 생산량은 1,100만 톤, 2,300만 톤으로 2배 이상 증가하였고, 또한 철강 생산량은 50만 톤에서 1,100만 톤으로 20배 늘었다. 철도 정비 사업도 급성장했다. 그러나 같은 기간 중 농산물을 비롯한 일부 상품 가격은 급락하였다. 1894년 곡물 가격은 1867년 수준에 비해 3분의 1까지 하락하였고, 면화 가격은 1872년부터 1877년까지 5년간 절반까지 떨어졌다. 프랑스, 독일, 미국 등은 보호무역주의 정책으로 이에 대응하였다. 철광 생산량은 1870년대부터 1890년 기간 중에 2배로 증가하였지만, 가격은 절반까지 떨어졌다. 과잉생산의 결과로, 자본주의의 기본모순인 과잉생산공황이 일어난 것이다. 이의 해결책은 생산합리화와 수요 창출이었다. 소위 열강의 제국주의 시대로 진입하게 되는 것이다. 원료기지 확보와 시장 확대를 위하여 열강은 경쟁적으로 식민지 개척에 나섰다.[6]

이런 장기 불황에 대하여 독일은 앞에서 언급한 보호무역 정책으로 대응하는 한편, 국내 정책으로 카르텔과 콘체른 등 기업결합과 합병으로 나가

---

6) 1830년대에서 제1차 세계대전 직전인 1913년 기간 중의 주요 국가의 산업 생산과 성장률에 관한 자료를 보면 1873-1890년 기간 중의 성장률 하락과 이후의 회복 및 불황기에도 제국주의적 팽창정책으로 GNP 확장은 계속되고 있음을 볼 수 있다.

면서 생산조절로 나갔다. 상법을 개정하여 이를 허용하였다. 이는 앞에서 언급하였듯이 후발 산업국가인 독일의 산업화 정책이 국가의 적극적 개입에 의한 위로부터 산업화였기에 대규모 기업과 국가의 관계는 아주 밀접하여 이런 정책 신속하게 진행될 수 있었다. 1870년대에 석탄과 철강기업에 의한 탄전 및 광산의 매점 경쟁, 생산제한 협정 등이 등장하고, 1890년대 들어서 본격화하면서 1893년 라인·베스트팔렌 석탄 신디케이트, 1896년 라인·베스트팔렌 선철 신디케이트, 1904년 독일 제강연합의 결성, 1890년대에 AEG나 지멘스 등 대규모 종합전기 기계산업이 창설되었다.

1878년에 시행된 사회주의자탄압법 역시 1873년에 시작된 장기불황에 대한 비스마르크 정부의 대응책이었다. 이 법에 의해 사회주의노동자당이 불법화되는 것은 물론이고 이 당의 기반인 노동조합 또한 극도의

산업 생산 성장률(1850년대-1913. %)

	1850년대-1873년	1873-1890	1893-1913
독일	4.3	2.9	4.1
영국	3.0	1.7	2.0
미국	6.2	4.7	5.3
프랑스	1.7	1.3	2.5
이탈리아		0.9	3.0
스웨덴		3.1	3.5

출처: Andrew Tylecote (1993). "The long wave in the world economy", Routledge, P.12

유럽 열강의 GNP(단위: 10억 U$1960년 가격)

	1830	1840	1850	1860	1870	1880	1890
러시아	10.5	11.2	12.7	14.4	22.9	23.2	21.1
프랑스	8.5	10.3	11.8	13.3	16.8	17.3	19.7
영국	8.2	10.4	12.5	16.0	19.6	23.5	29.4
독일	7.2	8.3	10.3	12.7	16.6	19.9	26.4
오스트리아-헝가리	7.2	8.3	9.1	9.9	11.3	12.2	15.3
이탈리아	5.5	5.9	6.6	7.4	8.2	8.7	9

출처: Paul Kennedy (1989). "The Rise and Fall of the Great Powers", Fontana Press. P.219

탄압을 받았다. 유리·목공·금속·제화·광산 등 전국노조 17개와 지방 노조조직 18개가 파괴되고 사회민주당이 지도했던 공제조합 330개가 해산되었다.

노동운동을 보면, 1870년대 초기에 영국, 프랑스, 미국 세 나라의 산업노동자 수는 모두 1천 3백만에 이르렀고, 그 가운데 절반은 영국 노동자들이었다. 독일의 산업노동자 수가 급증하여, 1907년에 860만 명에 달했다. 그리고 생산의 집중으로 산업노동자들이 점점 대기업에 집중되었다. 다른 산업국가에서와 마찬가지로 1천 명 이상을 고용하는 공장이 등장하게 되면서 독일에서도 1890년대 중반에 대기업에 노동자가 43만 명에 달했다. 1870년 당시의 노동조건을 보면 장시간 근로가 이를 집약하여 표현하고 있다. 1847년 영국에서 공장법에 의해 아동과 여성 노동자에 대한 10시간 노동시간 제한이 도입되었지만 1870년대 중반까지 공장제 산업에서는 대부분 10시간이 넘었다. 장시간 노동에 위생과 안전에 투자 부실로 노동조건은 말 그대로 열악하기 그지없었다.

이런 산업노동자의 확대, 제1 인터내셔널의 발전에서 나타났듯이 이론의 발전과 정비, 뛰어난 진보주의 운동가들의 등장과 활동, 노동자들의 정치적 각성, 노동조합에 기반을 둔 정당의 등장과 부상으로 탄압 받던 노동조합이 1890년대 와서는 대체로 합법화되었다.

독일의 사회주의자탄압법 폐지도 이런 맥락에서 보아야 할 것이다. 이 법에 의한 엄격한 탄압 하에서도 사민당의 정치적 기반이 확대되면서, 한시법인 사회주의자탄압법은 더 이상 발효기간을 연장할 수 없었다. 이 기간 중의 사회노동당의 기반 확대는 제국의회 선거 결과에서 확인할 수 있다. 1890년 선거에서 최다득표 정당이 되고 제1차 세계대전 전의 마지막 선거였던 1912년 선거에서는 의회 내 제1당이 되었다.[7] 사민당의 이런 성

---

[7] 당시 제국의회 선거에서 선거권자 및 피선거권자는 25세 이상의 남성이었다. 최다득표자 2명 간의 결선 투표제가 도입되었다. 1871~1918년 사이에 독일제국 내에서는 1864년 인구통계에 따라 주민 10만 명 당 제국의회 의원 1명 기준으로 397개의

장은 유럽 여타 국가에서와 마찬가지로 노동자, 노동자 계급에 기반을 둔 정당의 세 확산과 궤를 같이하고 있다.

　이런 탄압 정책 하에서 사회민주당과 노동조합의 관계는 더욱 밀접하게 되었다. 노동조합은 중앙집권화되고, 통제되고, 정치적으로 되고, 더 적극적으로 사민당의 정치적 지도를 받아들였다. 사회주의자탄압법 기간 중 사민당의 선거에서 득표 확대는 바로 여기에 직접 기인한다. 이는 사민당에 긍정적인 기여도 하였지만 후에 선거에서 득표 극대화를 추구하는 의회주의 정당으로서의 한계를 보여주게 되는 흐름의 원인이 된다. 즉, 사회주의자탄압법이 당의 모든 회합과 출판 그리고 자금모금 활동을 금지하였지만, 사회주의자들이 개인 자격으로 의회에 진출하는 것까지 금지하지는 않았으며, 의회의 토론에서 연설도 제한하지 않았다. 사회주의노동당이 그 활동을 의회 내로 제한하였기 때문에 독일 내에서 공식적인 존재로 유지될 수 있었으므로 지속적으로 자신의 정치적 영향력을 증대시켜나갈 수 있다는 의미였다. 이는 결과적으로 사회주의노동자당(SAP)은 사회주의자탄압

　선거구가 있었다. 이 당시 특히 산업화로 인해 인구 변동이 심하였는데 이런 인구 변동을 선거구 조정에 제대로 반영되지 않아 의원의 대표성에 심각한 문제가 제기되었다. 예를 들어 1890년경 샤움부르크-리페 지역에서는 11,000 명 당 의원 1명이 선출되었으며, 베를린-노르트베스트 지역에서는 22만 명 당 의원 1명이 선출되었다 ("베를린리포트" www.berlinreport.de).

　이런 선거제도 하에서 1890년 선거에서 사민당은 투표자의 19.7%를 득표하여 최다득표 정당이었지만 의석은 35석으로 원내 5번째 정당이었다. 원내 당시 1당은 18.6%를 득표한 중앙당으로 의석은 106석이었다. 제1차 세계대전 전 그리고 독일제국 마지막 선거인 1912년 선거에서 사민당은 득표율 34.8%에 전체 의석 397석 중 110석을 차지한 명실상부한 제1당이 되었다. 참고로 이 선거에서도 극심한 표의 불평등성은 그대로 나타났다. 중앙당은 16.4% 득표했지만 의석은 91석이었다. 아이제나하 강령, 고타 강령, 에어푸르트 강령 모두 국가 및 지방의 모든 선거에서 20세 이상의 모든 국민(아이제나하 강령에서는 남성)에 대한 일반, 보통, 직접 선거권을 요구하고, 특히 에어푸르트 강령에서 인구수에 따른 선거구 획정의 법정화를 요구하고 있는 것은 바로 이런 사실에 기인한 것이다.

법 하에서의 경험에서 의회활동에 제1의 의미를 부여하였던 것이다.
 이런 조건 하에서 독일에서 빌헬름 2세 황제의 등극, 비스마르크의 퇴진으로 사회주의자탄압법이 폐지되고 사민당과 노동운동에 대한 극심한 탄압은 끝이 났다. 그리고 독점자본주의를 배경으로 한 독일은 빌헬름 2세 황제의 집권으로 독일은 소위 '세계정책'(Weltpolitik)을 내걸고 대외팽창 정책에 적극 나서게 되어 19세기 말의 전형적인 제국주의 국가로 등장하게 되었다. 이제 사민당은 강력한 정당으로서 그리고 1913년에 명실상부한 제1당이 되는 정당으로서 이에 맞는 노선과 행동 지침을 가지고 전쟁으로 달려가고 있는 독일제국에서 어떤 정치적 행보를 할 것인가를 고민하게 된다.

3. 사회민주당(사민당): 에어푸르트 강령

 다시 합법화된 사회주의노동자당은 1891년 에어푸르트에서 당 대회를 개최하여 당명을 사회민주당으로 바꾸고 당 당령을 개정하였다. 이 강령 전반부의 이론-사회분석 부분은 카우츠키(Karl Kautsky)가 작성했고, 후반부의 정치적 실천 부분은 베른슈타인(Eduard Bernstein)이 담당했다. 이론부분의 특징은 마르크스주의를 사민당의 이데올로기로 받아들이고 있으며, "생산수단의 사회화"와 "사회주의 사회의 비전 수용"이 그 중심 내용이다. 실천부분에서는 당시 상황에서 노동자들의 더 나은 정치경제적 지위 보장, 그리고 국가와 사회의 민주화 요구를 담고 있다.
 당시의 강령인 에어푸르트 강령의 주요 내용은 다음과 같다.

 부르주아 사회의 경제적 발전으로 생산수단은 필연적으로 상대적인 소수의 자본가와 대지주가 독점하게 된다. 생산수단의 독점으로 대기업을 통해 변화되고, 기계화 되며, 인간노동의 생산성은 엄청나게 성장하지만,

이런 변화의 혜택은 자본가와 대지주에 의해 독점화된다. 이는 프롤레타리아트와 몰락하는 자에게는 그들 존재의 불안정과 착취의 증가다. 계급투쟁이 더욱 격화되며, 이는 자본주의적 생산양식의 본질에 따른 대규모화하고 파괴적인 공황에 의해 더욱 확대된다.

따라서 생산수단의 사적 소유는 합목적적인 발전에 맞지 않다. 생산수단에 대한 자본주의적 사적 소유를 사회적 소유로 전화시키는 것만이, 사회적 노동의 점증하는 수익성을 최고의 복지와 전면적이고 조화로운 완성으로 탈바꿈하게 만들 것이다.

이러한 변화는 전체 인류의 해방을 의미하며, 노동자계급만의 과업이다. 다른 모든 계급은 생산수단의 사적 소유의 토대 위에서 오늘날의 사회의 기초를 유지하는 데 공통된 목적을 갖고 있기 때문이다. 노동자계급의 투쟁은 필연적으로 정치적 투쟁이다. 노동자계급은 정치권력을 장악하지 않고는 생산수단을 전체의 소유로 이행시킬 수 없다. 노동자계급의 이러한 투쟁을 의식화하고 통일적으로 만들고 자신의 필연적인 목표로 증명하는 것이 사민당의 과제이다.

노동자계급의 해방은 모든 문명국 노동자 공통의 과업이다.

독일사회민주당은 계급지배와 계급 자체의 폐지를 위해 투쟁하며, 모든 종류의 착취와 억압에 반대하여 투쟁한다.

위의 논리에서 일반적인 사항으로 다음을 요구하고 있다.

1. 20세 이상의 제국주민에게 비밀선거, 보통, 일반, 직접 선거권 및 투표권 부여. 비례선거제도, 그리고 각각의 인구수에 따른 법률에 의한 새로운 선거구 획정
2. 인민의 직접 입법권. 제국, 국가, 지방과 자치단체에서 인민의 자기결정과 자기관리. 인민에 의한 관리의 선거, 관리의 책임성과 배상의무. 매년 세금에 대한 승인
3. 상비군 대신에 인민군. 인민대표에 의한 전쟁과 평화에 대한 결정.

모든 국제적 분쟁의 중재적인 방식으로의 조정.
4. 여성 차별 법률 폐지
5. 종교를 사적인 영역으로 해소할 것.
6. 교육의 보편성. 공립 인민학교(초등학교) 의무교육
7. 재판과 법률자문의 무상제공. 인민에 의해 선출된 재판관을 통한 재판. 형사재판에서 항고 혐의 없는 피고인이나 체포자, 수형자에 대한 배상. 사형제 폐지
8. 출산보조와 무상 의료제공
9. 소득세 및 재산세 누진제 도입

그리고 노동 정책으로 다음을 요구하고 있다.

1. 국내외적 노동자보호입법:
   a) 1일 8시간 노동 확립
   b) 14세 이하 아동 노동의 금지
   c) 야간작업의 금지
   d) 주당 36시간의 중단 없는 휴식
   e) 현물급여제도의 금지
2. 모든 기업 대상 노동 감독
3. 농촌노동자 및 머슴노동자 대우 법; 하인제도의 폐지
4. 단결권 보장
5. 국가 노동자보험[8]

그런데 당 대회 전 해인 1890년까지 15년 동안 런던에 살면서 엥겔스와 절친하게 지냈고 1895년 엥겔스 사후에는 그의 후계자로서 사민당 내의 마

---

8) "Erfurter Programm", www.fes.de

르크스주의 이론가로서 마르크스주의 파의 핵심에 서게 되는 카우츠키(Karl Johann Kautsky)와 1896년부터 벌어지는 당내 수정주의 논쟁의 핵심인 베른슈타인(Eduard Bernstein)이 공동으로 집필하였다는 것은 매우 흥미롭다.

카우츠키는 1914년 레닌이 사이비 마르크스주의로 낙인찍으면서 제2 인터내셔널의 파산을 선언하기까지 엥겔스 사후에 제2 인터내셔널 마르크스주의를 주도한 사람이며, 제2 인터내셔널 마르크스주의는 바로 카우츠키의 마르크스주의였다.

엥겔스 사후인 1896년에서 1898년 사이에 시리즈로 발표한 "사회주의의 문제"(Probleme des Sozialismus)로 당내에 격렬한 수정주의 논쟁을 격발시킨 베른슈타인은 1880년에서 1890년 사이에는 당내의 주요 이론가며 정통 마르크스주의자로 명성을 날리고 있었다. 그 역시도 런던에서 엥겔스와 친하게 지내면서 그의 도움을 받았다. 엥겔스와의 관계는 엥겔스의 전략적 비전에 공감하고 엥겔스의 의견에 따르면서 이런 사상에 뒤따르는 개별 정책 대부분을 수용하였다는 사실 덕이었다.

이처럼 엥겔스와 특별한 관계를 가진 두 사람이 에어푸르트 강령 작성에 함께 참여하였다는 것은 하등 이상할 것이 없다. 당시에 베른슈타인의 속마음이 어떤지는 모르지만 두 사람이 갈라지는 것은 베른슈타인이 논문을 게재한 1896년 이후이기 때문이다.

이 강령과 관련하여 제2 인터내셔널의 창립을 살펴보아야 할 것이다. 1876년에 해산된 제1 인터내셔널을 계승하여 1889년 파리에서 제2 인터내셔널이 창립되었다. 제2 인터내셔널은 1870년대에 이미 국제노동운동을 주도한 주도권을 잡게 된 마르크스주의자들이 주도하였다. 그 핵심에 엥겔스가 있었다. 이 대회는 "노동과 인류의 해방은 국제 규모에서 계급으로 조직된 프롤레타리아트의 힘으로 가능한 것이며, 이를 위해 노동자계급이 자본소유를 탈취하고 생산수단을 사회적 소유로 전환시키기 위해서 정치권력을 획득하지 않으면 안 된다"고 결의하였다. 그리고 "8시간 노동제의 입법화 요구, 아동노동 금지·연소노동자 및 여성노동 보호 요구, 야간노동과 유해작업에 대한 특별 규제 요구, 휴무일의 의무화, 임금을 대체하는 현물지급 금지, 남녀 노동자에 대한 민족 차별 없는 동일노동 동일임금, 제한 없고 완전히 자유로운 단결과 결사의 권리, 공장감독의 국가제도 수립, 상비군 폐지와 온 국민의 무장 요구" 등도 결의하였다.

정통파 이론가로 엥겔스와 특별한 관계에 있던 카우츠키와 베른슈타인 두 사람은 강령에 제2 인터내셔널의 결의를 충실히 담고 있다. 이 강령에 대하여, 고타 강령을 지배하였던 라살레주의에서 마르크스주의로의 복귀라는 것이 일반적인 평이다. 아무튼 에어푸르트 강령은 탄압 시절의 사민당의 경험, 노동운동의 고양과 엥겔스 주도의 제2 인터내셔널의 창립과 그 정신을 반영하고 있다고 할 수 있다.

"에어푸르트 강령 초안 비판"에서 엥겔스는 당시 당내의 출판물에 기회주의가 만연해 있다고 적고 있다.9) 이를 그는 사회주의자탄압법 부활의 공포 때문에 그리고 이 법이 지배할 때 성급하게 내놓았던 발언 때문에 당대회 당시의 법적 상태에서 평화적인 방식으로 당의 요구를 달성할 수 있다고 당에서 생각하고 있다는 것이다. 그래서 당은 낡은 체제의 껍질을 폭력적으로 깨뜨려야 하는 것이 아닌가를 반문해 보지 않고 "오늘날의 사회는 사회주의로 성장해갈 것이다"라고 말하는 사람들이 있으며 이는 자기기만이라고 비판하였다. 국민의 대의기관이 전권을 자신에게 집중시키고 있고, 국민의 대다수가 지지하기만 하면 바라는 것을 합헌적으로 실현하여 평화적으로 새로운 사회로 성장할 수 있다는 것으로 이해할 수 있다. 그러나 공공연하게 공화제를 요구하는 당 강령을 내세울 수 없는 (정부가 모든 권력을 장악하고 있는) 당시 독일에서 이는 환상이라는 것이다. 그래서 더 이상의 요구를 내세울 수 없다면 "모든 정치권력을 국민의 대의기관에 집중시키라"는 요구로도 충분하다는 것이다. 그리고 당시의 영방으로 분립 상태는 해소되어야 한다고 보고 위로부터의 혁명성과 통일에 역행하지 않으

---

9) "Zur Kritik des sozialdemokratischen Programmentwurfs 1891", www.mlwerke.de

면서 아래로부터의 운동에 의해 보충되고 개선되어야 한다는 내용이 있어야 한다고 비판하고 있다. 그는 우선 통일공화국이 실현되어야 한다고 보았다.10)

엥겔스의 비판과 같은 맥락에서 이 강령은 다원식 마르크스주의를 담고 있다고 비판 받게 되지만, 1921년 "괴를리처 강령"(Das Görlitzer Programm, 1921)이 나오기 전까지는 사민당의 공식적인 강령이다.

엥겔스의 이런 비판과 엥겔스가 죽은 후 1896년부터 시작된 당내의 수정주의 논쟁에도 불구하고 제국의회 선거에서 사민당의 득표율은 1890년 선거에서 19.7%를 얻어 최다득표 정당이 된 이후 제1차 대전 발발 시까지 최다득표 정당의 자리를 지키면서 계속 상승하였다.11) 그런데, 1907년 선거 결과를 보면 득표율은 약간 하락하였지만 의석수는 기존의 81석에서 43석으로 대폭 줄어들었다. 이미 제국주의 경쟁에 깊숙하게 들어간 독일제국 정부의 입장에서도 반전, 평화주의 입장의 사민당은 달갑잖은 존재였다.11)

---

10) 당시 공화제인 프랑스나 엄격한 3권분립의 대통령제 하의 미국이나 1831년 헌법에 의해 군주의 특권적 지위를 폐지한 의회 우위의 입헌군주제 벨기에나 오랜 역사를 거쳐 19세기에 입헌군주제를 정착시킨 영국과 달리 독일은 황제가 모든 권력을 장악한 소위 외견상 입헌군주국가였다. 연방의 의장은 황제 즉, 프로이센 국왕이었다(제국헌법 1871. 제11조). 구성 영방의 대표로 구성된 연방참의원(Bundesrath) 의장은 황제가 임명한 제국 총리가 맡는다(제 15조). 그리고 입법기관(참의원과 제국의회)의 소집, 개원, 정회, 폐회의 권한은 황제가 보유하고 있고(제 12조), 군사 관련 사업, 해군 관련 사업 그리고 제35조의 조세에 관한 사항의 최종결정권은 황제가 가지고 있다(제 5조). 그리고 모든 독일군은 황제의 명령에 무조건 복종하여야 한다(제63조). 결국 황제인 프로이센 국왕이 최종적인 결정권을 가지는 헌법으로 1850년 국왕의 명령에 의해 제정된 프로이센 헌법의 정신과 내용을 그대로 계승한 헌법이다. 그 전문에서 "신의 은총에 의한 프로이센 등등의 국왕 짐(朕) 프리드리히 빌헬름이 선언하고 알리노니"라고 시작되는 프로이센 헌법은 국민주권, 권력분립, 인권보장 조항이 빠진 소위 외견 입헌주의헌법이다. 이런 헌법 하의 독일제국에서 공화제를 내세울 수는 없었다; "die Verfassung des Deutschen Reiches vom 16. April 1871", www.verfassungen.de

정부는 베른하르트 폰 빌로브(Bernhard von Bülow) 총리 지휘 하에 모든 반대 세력, 특히 사민당을 비방하는 캠페인과 식민지 전쟁 지속을[12] 표방하는 국수주의적 선동으로 선거 분위기를 몰고 갔다. 사민당은 최고 득표율을 거두었지만 선거구 할당방식으로 인해 그리고 우익 정당의 결선투표 동맹으로 인하여 43석의 의석만을 확보했다.

에어푸르트 전당대회 무렵부터 독일제국은 본격적인 제국주의적 팽창정책을 취하면서 영국, 프랑스, 러시아 등 열강과 경쟁하게 된다. 앞에서 언급하였듯이 통일 이후 비스마르크 시대까지 독일은 국내 통합을 최우선 과

---

11) 제국의회 선거 결과

	득표율(순위)	의석수(순위)
1890년	19.7%(1)	35석(5)
1893년	23.3%(1)	44석(4)
1898년	27.2%(1)	56석(2)
1903년	31.7%(1)	81석(2)
1907년	29.0%(1)	43석(4)
1912년	34.8%(1)	110석(1)

출처: : www.wahlen-in deutschlande,de

12) 1884년 독일이 확보한 남서아프리카 식민지(오늘날의 나미비아)에서 1904년 헤레로족이 독일제국에 봉기를 일으켜, 독일인 농장을 습격하여 100여명을 살해했다. 이때 독일제국은 로타 본 트로타 장군과 14,000명의 병력을 파견하여 이를 진압하였다. 트로타 장군은 원주민 부족을 말살하려 했다. 그는 남녀노소를 막론하고 식민지 내의 모든 헤레로족을 처형하라는 포고와 명령을 내렸다. 1904년 워터버그 전투에서 트로타 군은 3000-5000여명의 헤레로족을 공격한 후, 생존자들을 사막 지역으로 몰아 놓고 사막을 빠져나오는 사람들을 사살하였다. 여성에 대한 강간을 자행하고 피해자를 살해하거나 사막으로 버렸다. 학살 이후, 고문, 생체 실험, 중노동, 영양부족 등으로 많은 이들이 수용소에서 사망하였다. 유엔 휘태커 보고서에 따르면 4년여에 걸쳐 자행된 대학살로 1904년 80,000여명이던 헤레로족의 인구가 1907년 15,000여명으로 급감했다. 2016년 7월 13일 (독일 현지시간), 독일 정부는 2016년에서야 1904년의 집단 살해 행위를 '인종학살(Genocide)'로 인정하고 공식 사과하기로 결정했다(wikidepia).

제로 설정하고, 독일의 국력 배양을 위하여 힘의 균형을 추구하면서 유럽의 평화를 유지하고자 노력하였다. 힘의 균형은 주로 독일의 통합과 국력 배양에 장애가 되는 프랑스를 국제적으로 고립시키는 현상유지정책이었다.

그러나 빌헬름 2세는 '세계정책'(Weltpolitik)을 표방하면서 적극적인 제국주의정책으로 나갔다. 이 제국주의 정책에서 독일 경제의 팽창과 장기불황으로 인한 해외 원료기지, 시장 및 투자 지역 확보는 해상 수송로의 안전 확보를 요구하며 이는 결국 건함 경쟁으로 상징되는 바와 같이 군사적 대립의 심화였다. 독일제국 헌법의 해군과 군사 관련 규정이 바로 이를 말해 주고 있다. 해군력 구축과 군비 지출은 사실상 황제의 직할 사항이었다.

빌헬름 2세는 1896년 1월 18일 제국 창건 제 25주년을 기념하는 한 연회에서, 해외 거주 독일인과 상선을 보호하고 식민지를 제국에 단단히 연결해야 한다면서 해군 증강을 위한 예산 증액이 필요하다고 했다. 이를 계기로 1898년 3월 28일 제국의회에서 가결된 첫 번째 해군법안에 따르면 독일 해군은 1904년까지 4억 8천 2백만 마르크 예산을 통해 근본적으로 강화될 계획이었다. 1900년 6월에 의결된 해군법은 1898년의 해군법으로 정해졌던 해군을 다시 배가시키겠다는 것으로, 대양함대를 지향하면서 영국의 함대를 따라 잡겠다는 정책이었다. 특히 1900년의 해군법은 영국을 직접 겨냥한 것이었다. 이후의 독일제국은 종전과 달리 각종 국제문제에 개입한다. 청일전쟁 후 3국간섭에 참여였으며, 1899년 제2차 보어전쟁에서 영국 반대편에 서고, 그 후 3B 정책으로 영국과 갈등을 겪게 되는 오스만 터키 문제, 동방정책에 깊이 관여하여 제1차 대전으로 나가게 된다.

한편 유럽을 중심으로 한 자본주의 사회는 국제정치적으로 이런 상황 전개와는 달리 낙관적인 분위기로 세기의 전환을 맞이하고 있었다. 프로이센과 프랑스의 전쟁 이후 전쟁은 없었다. 그 후 1873년에서 1890년 기간 중의 장기불황 속에서 유럽 강대국의 경제는 확대되었다. 당시 토목공학 기술을 과시한 에펠탑을 내세운 1889년의 파리 만국박람회가 상징하고 있듯이 상품생산을 비롯하여 과학기술 발전 또한 엄청났다. 영화, 전화 등이 발명되어 산업혁명을 뒷받침하던 과학기술이 일상적인 삶의 영역에 들어왔다. 독일의 사회보장제도 도입과 각국으로의 확산 그리고 평화와 의학의 발전에 따른 수명 연장 등 겉으로의 유럽 열강 시민의 삶은 걱정이 없어 보였다. 오늘의 걱정에서 벗어나 미래의 희망을 꿈꾸는 '좋은 시절'(belle epoque)이 도래하였다.

노동자의 삶 자체도 좋아 보였다. 이 시기가 되면서 합법화되어 활발하게 활동하는 노동조합 운동으로 노동자 역시 미래의 꿈을 꿀 수 있게 된 것 같았다. 또한 1896년 독일 사민당을 효시로 덴마크(1876년), 미국(1876년), 벨기에(1885년), 스위스(1886년), 오스트리아(1888년) 등 수십 개국에 사회민주당이 출현하여 활발하게 활동하였다. 1889년 파리에서 결성된 제2인터내셔널도 5월 1일을 노동절로 정하고 그 해 노동절 행사를 가졌다. 그리고 앞에서 언급한 창립대회 결의문의 노동조건에 관한 내용 역시 이런 맥락에서 벗어나지 않았다.

그러나 세계대회 때마다 전쟁 반대 결의를 하지만 노동운동에도 낙관주의와 함께 자신감과 기대감이 넘치는 분위기에서 전쟁 발발은 현실적인 것으로 심각하게 받아들여지지 않은 것 같다. 그리고 이런 분위기 속에서 마르크스주의가 주도권을 잡았다는 제2 인터내셔널은, 이를 주도하던 독일 사민당이 수정주의 논쟁에 빠져들자, 역시 수정주의 논쟁에 빠져들게 된다. 이런 논쟁을 해소하지 못한 채 제1차 세계대전 발발과 동시에 "프롤레타리아는 자본가의 이윤이나 왕조의 야망을 위하여 서로 싸우는 것을 범죄라고 느끼고 있다"는 반전평화주의를 기초로 공허한 바젤 선언을 끝으로 해산하고 말았다.13)

---

13) 전쟁 반대와 관련한 인터내셔널의 주요 결의는 다음과 같다.
 - 브뤼셀대회(1891): 노동자는 전쟁의 위협에 격렬히 반대하여야 한다
 - 취리히대회(1893): 전쟁공채 반대
 - 런던대회(1896): 상비군 폐지. 인민 무장
 - 슈투트가르트대회(1907): 전쟁 발발 시 전쟁을 신속히 끝내기 위하여 노력함과 동

4. 수정주의 논쟁과 분열

이런 국내외 그리고 노동운동 분위기 속에서 독일 사민당은 수정주의 논쟁에 빠져들었다. 1896년 엥겔스가 죽은 후에 앞에서 언급하였듯이 베른슈타인의 "사회주의의 문제"라는 제목의 논문 시리즈[14] 내용을 둘러싸고 에어푸르트 강령을 함께 작성한 카우츠키와 논쟁을 시작으로 노선을 둘러싼 내분에 휩싸였다. 이는 당연히 제2 인터내셔널로 확산된다.

마르크스가 구조적 모순이 곧 극대화하여 자본주의가 사회주의 사회로 넘어갈 것이라고 보았으나, 베른슈타인은 자본주의를 유기적 생명체로서 계속해서 사회주의 혁명이 곧 일어날 수 있는 단계에 이르기엔 아직 멀었으며, 사회주의 체계는 하나의 목적이 될 수는 있어도 도달할 결과로 볼 수 없다 하였다. 즉, 사회의 계속적인 변화에 따라 사회주의도 계속해서 변화하면서 적응하기 때문에 궁극적 목표란 있을 수 없다는 것이다. 또한, 사회주의는 폭력적 혁명이 아닌 선거를 통한 점진적인 적용이 가능하며 따라서 평화적으로 사회주의를 실현할 수 있다고 생각하였다. 따라서 사회주의의 실질적인 성취 방법은 보통선거라는 것이다. 결국, 베른슈타인은 자본주의의 모순을 혁명이라는 극단적 수단이 아니라 내부에서 평화적 적용을 통해 자본주의의 모순을 완화하여 사회주의가 실천될 수 있다고 보았다.

      시에 전쟁이 야기한 정치, 경제적 위기를 이용하여 자본주의를 철폐하기 위하여 최선을 다한다.
     – 바젤대회(1912): 바젤선언 – "프롤레타리아는 자본가의 이윤이나 왕조의 야망을 위하여 서로 싸우는 것을 범죄라고 느끼고 있다"

14) 특히 "Voraussetzungen des Sozialismus und die Aufgaben der Sozialdemokratie"(1899), www.marxists.org

이에 대하여 카우츠키는 로자 룩셈부르크(Rosa Luxemburg)와 공동전선을 펴면서 이를 수정주의 내지는 개량주의라 비판하였다. 카우츠키는 기존의 마르크시즘을 옹호하면서 자본주의 본질에서 나오는 과잉생산에 대하여 그는 과소소비론을 내세웠다. 기계 도입 등으로 잉여생산이 증가하지만, 노동자들의 임금수준이 낮아 그 잉여를 모두 사용할 수 없고, 자본가 역시 잉여생산물을 모두 소화하지 못한다. 이로 인하여 발생한 위기에 대응하여 잉여자본을 해외로 내보내면서, 제국주의가 출현하였으며, 그 결과 자본주의가 아직 붕괴되지 않았다는 것이다.

룩셈부르크는 자본주의를 폐쇄적인 경제체제로 보고 잉여를 창출하지 않으면, 살아날 수 없다는 것이다. 잉여자본 투자를 통하여 전자본주의적 생산양식을 자본주의적 생산양식으로 흡수, 통합하는 과정을 통하여 확대, 재생산함으로써 생명을 유지해 나가는 것이다. 자본주의가 흡수, 통합할 전자본주의적 세계가 없어지면 자본주의의 확대, 재생산은 불가능하기 때문에 자본주의가 붕괴한다는 것이다.

이런 논쟁에서 카우츠키의 주장이 사민당의 공식 노선으로 채택되지만 이미 당의 분위기는 베른슈타인의 주장으로 기울고 있었다. 사민당과 제2 인터내셔널 내의 수정주의 논쟁이 1896년 엥겔스 사후에 일어났다는 것은 흥미로운 일이다. 1896년 이후의 상황이 그 이전 시기와 달라진 것이 있는가? 1896년이 수정주의 논쟁의 시발점이 되는 해가 된 원인은 무엇일까? 그리고 이 논쟁도 그리 오래 가지는 않고 공식적으로 카우츠키의 노선이 승인되지만 베른슈타인 노선으로 당이 기울고 있는 원인은 무엇이었을까?

크게는 마르크스주의를 상징하는 인물인 엥겔스의 죽음과 무관하지 않을까? 비록 엥겔스가 비판하긴 하였지만 그가 주도하여 창설한 제2 인터내셔널의 취지를 에어푸르트 강령이 비교적 충실하게 따르고 있다. 그런데, 그 강령의 공동 작성자로서 엥겔스 생전에 그의 후계자로 인정받고 있던 베른슈타인이 수정주의적 글을 공개하고 이를 둘러싸고 몇 년 동안 논쟁이 벌어진 원인은 무엇일까? 그가 살아 있을 때는 그의 발언이 최종적 유권해석이었을 것이다.

또 한편으로는 사회주의자탄압법 속에서도 살아남았을 뿐만 아니라 오히려 조직 기반을 공고히 하여 1890년 대 이후 선거에서 최다득표 정당으로서 의회민주주의 제도에서 정치적 주도권을 가지고 평화적인 개혁을 달성할 수 있다는 자신감에서 수정주의가 나온 것은 아닐까? 혹은 엥겔스가 사회주의탄압법의 부활을 두려워한 나머지 당 내에 기회주의가 만연해 있다고 비판하고 있듯이 탄압의 두려움도 있었던 것은 아닐까? 실제로 제국 정부가 적극적으로 개입한 1907년 의회선거 결과를 보면 이런 분위기도 짐작할 수 있다. 정부와 의회 내의 보수정당에 포위되어 있었던 것은 아닐까? 또한 1차 대전을 예견하게 하는 1898년, 1900년 해군법에 대하여 사민당은 소극적인 반대밖에 할 수 없었다.

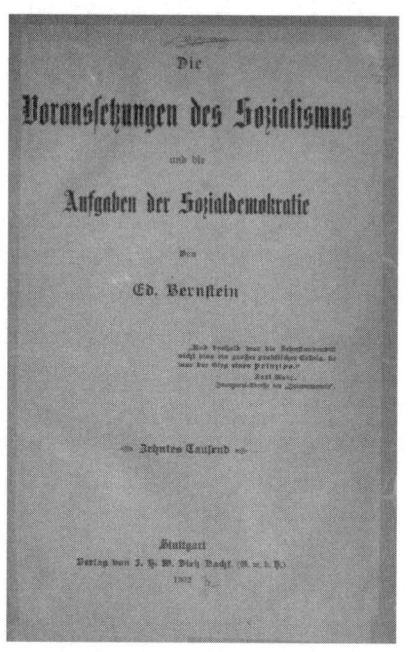

1899년에 출간된 에두아르트 베른슈타인의 "사회주의 전제와 사민주의의 과제"(Die voraussetzungen des sozialismus und die aufgaben der sozialdemokratie)의 1902년 판 표지
출처: 인터넷 아카이브
(Internet Archive:archive.org)

그런데 카우츠키 역시도 "사민당은 혁명적 정당이지만 혁명을 일으키는 정당은 아니다"라고 말하면서 1905년 이후부터는 폭력 혁명을 거부하고 평화주의자로 방향을 전환하였다. 그는 총파업 등을 통해 자본주의의 모순이 심화되고 노동자의 계급의식이 발전한다는 생각을 포기하고 참여가 보장된 의회에 사회주의자들이 진출하여 다수당이 되면 정권을 장악하여 광범하고 장기간에 걸친 개혁을 할 수 있다고 보았다.

이런 낙관과 평화 속에 제국주의는 충돌경로를 향해 돌진하고 있었다. 보스니아를 방문한 오스트리아의 페르디난트 대공(Archduke Franz Ferdinand)이 1914년 6월 28일 수도 사라예보에서 세르비아인 프린치프(Gavrilo Princip)의 권총에 맞아 사망하면서, 그 누구도 미증유의 세계대전으로 발전할 지 예상하지 못하던 전쟁이 발발하고 동맹국 독일제국은 전쟁에 참여하게 된다.

1914년-1917년 기간 중 사민당 내에서는 1차대전 참가를 두고 논쟁이 벌어졌다. 그러나 수정주의 논쟁을 거친데다, 노선의 주도권을 잡은 카우츠키마저 평화주의를 표방한 상태에서 결론은 뻔했다. 사민당 다수파는 "1. 우리는 평화 유지에 최선을 다했고, 상대가 우리에게 전쟁을 강요했다. 2. 지금 전쟁이 발발한 이상 우리는 스스로를 방어해야 한다. 3. 이 전쟁에서 독일 민족의 모든 것이 위험에 처해 있다"고 선언하고 노동조합과 함께 '성내 평화'(Burgfriede)를 선포하여 정부에 협력하여 전쟁을 지원하기로 결정하였다. 1914년 8월 4일 50억 마르크의 군사예산을 둘러싼 국회 심의 때에는 사회민주당 의원단 전원이 군사예산과 공채 발행에 찬성투표를 하였다.

이에 따라 프롤레타리아 국제연대에 입각한 마르크스주의자들의 이탈은 시간 문제였다. 결국 리프크네히트와 룩셈부르크 등은 전쟁 참가를 반대하여 스파르타쿠스단을 조직하였고, 1918년 공산당을 결성하였다. 그리고 전쟁이 장기화되면서 성내평화에 금이 가게 되었다. 사회민주당은 1917년 2월 전쟁 찬성파와 반대파로 나누어지고 반대파는 독립사회민주당(Unabhängige SPD)을 결성하여 떨어져 나갔다.

국제연대를 내세우면서 반전평화 노선을 내세운 제2 인터내셔널도 바젤 세계대회에서 소위 "바젤선언"을 발표하였지만, 세계대전 발발과 함께 각국 사민당은 뿔뿔이 흩어졌다. 프롤레타리아 국제연대를 버리고 조국방어 논리를 내세우면서 제 인터는 1916년 해산하고 만다.

전쟁공채 포스터(1917)
출처: Deutsches Historisches Museum

| 제2장 | **바이마르 공화국**

1. 1차 대전 종결과 바이마르 공화국 탄생

제1차 세계대전 종결은 사민당의 입장에서 개운치 못했다. 최다 득표 정당이며 원내 1당인 사민당은 조국방위 논리로 정부, 노동조합과 함께 '성내평화' 타결을 짓고 전쟁에 협력하였다. 그런데, 전쟁은 1918년 독일제국 해군의 가장 중요한 해군기지인 키일 항 수병의 반란에 뒤따른 소위 11월 혁명에 의해 종결되었다. 퇴임을 거부하던 빌헬름 2세 황제는 혁명 세력이 베를린을 점령하자 어쩔 수 없이 퇴임하고 네덜란드로 망명하였다.[1] 전쟁의 궁극적 책임자는 망명하고 전후 처리는 남은 자들이 하면서 그 부담은 독일 국민이 떠맡게 된다.

그리고 1917년 2월 러시아에서 볼세비키 혁명이 일어나서 낡은 동방의

---

[1] "황제의 퇴임 칙서
  짐은 이 문서를 통해 프로이센 왕위에 대한 향후의 모든 권리를 포기하고, 이로써 이와 연결된 독일 황위에 대한 권리도 포기한다. 동시에 짐은 독일 제국과 프로이센의 모든 공무원들 및 해군과 프로이센 육군·충성 서약 국가의 연방 할당 군대의 모든 장교와 하사관이 짐을 그들의 황제이자 왕, 최고 군통수권자로서 섬기는 것을 면제한다. 짐은 그들이 독일 제국의 새 질서가 잡힐 때까지 독일의 실질적 통치권의 소유자를 도와 독일 국민들을 무정부 상태, 기아 상태, 그리고 외국 통치의 위협적인 위험으로부터 보호해주기를 기대한다.
  친필로 서명하고 황제의 인장을 찍어 문서화함."
  아메롱겐에서, 1918년 11월 28일

전제왕조를 무너뜨리고 소비에트 정권을 세웠다. 마르크스-레닌주의를 기초로 한 계급혁명이 성공한 것이다. 혁명을 꿈꾸는 급진적 진보주의 운동가들 사이에 후진적 사회인 러시아에서 혁명을 성공시킨 지도자 레닌의 이름이 우뚝 솟았다.

1914년 이전부터 일체의 제국주의 전쟁에 반대했던 레닌은 제1차 세계대전 전시 동안 제2인터내셔널에 소속된 유럽 사회주의 정당들이 전쟁 전의 결의를 무시한 채 제각기 제국주의 전쟁에 가담한 자국 정부를 지원하는 것을 '사회배외주의'(social chauvinism)라 규정하고 강하게 비판하면서 1914년 제2 인터내셔널의 결렬을 선언하였다. 이에 더하여 유럽의 마르크스주의자들은 후진적인 자본주의 사회인 러시아에서의 혁명 가능성을 부정해 왔었는데, 레닌이 이끄는 러시아 볼세비키 세력이 혁명에 성공하고 소비에트 정권을 수립한 이제, 제2 인터내셔널까지 사회주의를 이끌면서 마르크스주의에 바탕을 둔 진보주의 정치를 주도해온 독일 사민당 시대는 끝났다. 이제 혁명은 이론이 아닌 러시아의 역사적 경험이 모델이 된다. 이후 벌어지는 스파르타쿠스단의 봉기와 비극적 최후는 이의 에필로그일 것이다.

그런데 독일제국과 전쟁을 승계한 볼세비키 정부는 전쟁을 계속하기가 어려웠다. 국내의 분열과 전쟁의 피로감 때문이었다. 볼세비키 정부는 독일제국과 휴전 협상 끝에 1918년 3월 3일 브레스트-리토프스크 조약에 서명하여 독일의 가혹한 제국주의적 요구를 거의 다 수용하였다.

개전 초기 독일인들은 전쟁이 조기에 종결될 것으로 예상하였다. 해군 강화 정책에서 보았듯이 1890년부터 준비해온 전쟁으로 특히 개전 10년 전인 1905년에 작성을 완료한 "슐리펜 계획"(Der Schlieffenplan)에는 42일 만에 프랑스를 굴복시키기로 되어 있었다. 그러나 8월 3일 프랑스에 대한 선전포고 후 1달 만인 9월에 마른에서 발목이 잡히면서 지루한 참호전에 들어갔다. 이는 '성내평화'를 내세우며 전쟁공채 발행에 의원 거의 전원이 찬성하면서 전쟁에 협력하기로 한 사민당의 기대에 어긋났다. 사민당을 비롯한 대부분의 정당은 전쟁이 조기에 종결될 것으로 예상하였던 것이다. 전쟁이 장기화하면서 이 성내평화에 금이 갔다. 초기에 민족주의 열기로 군복무 지원 대열에 섰던 대중들은 물자 부족으로 인한 혹독한 생존의 문제로 헐떡이게 되었다. 사회민주당은 1917년 2월 전쟁 찬성파와 반대파로 갈라지고, 카우츠키, 베른슈타인, 칼 리프크네히트, 룩셈부르크 등 반대파는 고타에서 독립사회민주당(Unabhängige Sozialdemokratische Partei Deutschlands, USPD)을 창당하였다. 사회민주당뿐만 아니라 중앙당 등의 정당도 정부의 전쟁 정책에 대하여 비판하게 되었다. 1917년 7월 제국의회는 강제적인 영토 획득이나 정치적, 경제적, 재정적 강제 수단을 사용하지 않는 인민들 간의 영구적인 화해와 상호 이해에 기초한 평화를 요구하는 평화결의안을 결의하였다. 이런 분위기에서 1917년 전비 조달을 위한 공채의 의회 승인은 무산되었다. 이후 소련과 휴전협정 등이 있었지만 독일제국은 국내 대중의 반발과 정치적 불안에 시달리게 된다.

그럼에도 불구하고 독일제국은 전쟁을 계속하겠다는 결의를 다졌지만 식량 배급 줄에 늘어선 대중들의 참다못한 봉기와 파업이 이어졌다. 1917년 8월 군항인 빌헬름스하펜에서 수병들이 반란을 일으켰다. 그리고 이듬해인 1918년 11월 3일 해군의 모항인 키일 항의 수병들이 봉기하고 항구 일대의 노동자들이 파업하면서 혁명이 발발하였다. 이들은 볼셰비키 혁명의 예를 따라 '노동자·병사 소비에트'를 결성하였다.[2]

---

[2] 독일의 패전이 확실해진 1918년 10월 초 새로 구성된 폰 바덴 총리 내각이 휴전교섭을 진행했다. 그런데 10월 말 해군지도부가 공격 명령을 내렸다. 이에 반발한 수병들이 봉기하였다. 이에 노동자들도 호응하면서 '노동자·병사 소비에트'가 구성되어 11월 4일 키일의 실권을 장악했다. 재미있는 일은 수병 봉기 시에 신임 총리 막스는 협상을 위해 후에 스파르타쿠스단 봉기를 무자비하게 진압하는 '자유군단' 지휘를 맡게 되는 사민당 보수파인 구스타프 노스케를 키일로 파견한 일이다. 봉기 수병들은 사민당의 노스케가 자신들을 지지하러 와 준 것으로 보고 그를 환영하면서 소비에트 의장으로 추대했다. 지도자가 된 노스케는 며칠 안에 장교들의 권위를 회복하고 봉기자들을 설득하여 업무에 복귀시켰다.

빌헬름스하펜 수병들의 반란(1918. 11.6)
출처: Deutsches Historisches Museum

혁명의 불길이 독일 전역으로 번져나갔다. 바이에른에서는 왕정이 타도되고, 뮌헨에서 사민당-독립사민당-농민동맹이 공화국을 선포하였다. 11월 9일 빌헬름 2세 황제가 퇴임하고 네덜란드로 망명하였다. 제국의 마지막 총리인 막스 폰 바덴(Max von Baden)은 직권으로 사민당 당수 프리드리히 에버트(Friedrich Ebert)에게 총리직을 맡아줄 것을 요청했다. 에버트가 이를 수락하고, 베를린에서 공화국을 선포하였다. 독일제국과 독일에서 오랜 왕정이 드디어 종언을 고했다. 그리고 11월 11일 휴전협정이 조인되었다.

에버트 총리는 사민당과 독립사민당으로 인민대표위원회를 구성하였다. 그러나 이는 대표성이 없이 자의적으로 구성된 집합체였다. 그와 사민당은 소비에트식 혁명에 반대하였다. 이들은 의회민주주의를 지향하여 빠른 시간 내에 선거를 통하여 공화국 정부를 구성하고자 하였다. 그가 그리는 정부는 사회주의 정부가 아니라 균형 있는 연립정부였다. 이에 반발한 칼 리프크네히트와 로자 룩셈부르크는 독립사민당을 탈당하고 그 해 12월에 독일 공산당을 창당하였다. 그리고 이들은 제헌의회 선거(1918년 1월 19일)를 며칠 앞둔 1월 5일 봉기하였다. 소위 스파르타쿠스단 봉기였다. 이에 대하여 에버트와 사민당은 볼셰비키식 혁명에 반대 입장을 가지고 있었다. 의회민주주의, 그것도 연립정부 수립을 선호하던 이들은 구체제와 타협하여 이 봉기를 분쇄하기로 하였다. 에버트는 제국의 정규군을 설득하여 참여시키고 임시정부에서 국방을 맡고 있던 구스타프 노스케(Gustav Noske)에게 자유군단(Freikorps)을 맡겨 진압하도록 하였다. 1주일 만에 이 봉기는 진압되었으며 지도자인 룩셈부르크와 리프크네히트는 잔인하게 살해되었다.

1월 19일 바이마르 공화국을 창설할 제헌의회 선거가 실시되었다. 처음으로 비례대표제가 도입되고 여성의 참정권이 인정되었으며, 선거연령이 25세에서 20세로 낮아졌다.

이 선거에서 사민당은 37.7%의 득표에 의석 165석을 확보하여 397석 의회의 원내 1당이 되었다. 그리고 중앙당 19.6%(91석), 독일민주당 18.5%(75석), 독일국민당 10.2%(44석), 독립사민당 7.6%(22석)를 득표하여 제2, 3, 4, 5당이 되었다. 이 선거 결과 사민당이 1당이 되지만 독립사민당을 합쳐도 45.3%로 과반수에 미달되어 사회주의 헌법을 제정할 수 없게 되었다. 구체제의 보수세력과의 타협이 불가피하게 되었다. 에버트의 의도대로 85%를 득표한 흑(중앙당) - 적(사민당) - 황(민주당)의 연합 세력에 의해 이 의회에서 이원집정제의 의회민주제 헌법, 즉 바이마르 공화국 헌법이 제정되었다. 현대 민주주의 헌법의 모델이라 불리는 이 헌법은 결국 사민당, 진보적 지식인 그룹, 카톨릭계 중앙당의 타협의 산물인 것이다.

헌법 제정에 이어 의회는 공화국 대통령으로 에버트를 선출하였다. 사민당 정부의 바이마르 공화국이 탄생한 것이다. 봉기의 후유증이 남아 있어서 베를린이 아닌 바이마르에서 소집된 의회에서 채택되었기 때문에 바이마르 헌법, 바이마르공화국이라 불리게 된다. 험난한 바이마르 공화국의 앞길을 말해주는 것 같다.

그 해에 독일인에게 치욕을 주고 삶을 옥죄게 되는 제1차 대전의 평화조

바이마르에서 개원한 의회에서 연설하는 에버트: 바이마르 공화국 출범(1919. 2. 6)
출처: Bildarchiv Preußischer Kulturbesitz

약인 "베르사이유 조약" 체결이 있었다. 협정은 1919년 6월 28일 프로이센이 독일제국을 선포하여 프랑스에게 치욕을 안겨주었던 베르사유 궁전 거울의 방에서 서명되고, 1920년 1월 10일 공포되었다.

이 조약에서 독일에게 특별한 의미를 가지는 것은 영토, 군, 배상금, 해외 식민지 관련 내용이었다. 즉, 독일은 프랑스, 벨기에, 덴마크, 특히 새롭게 탄생하는 폴란드에게 15%의 영토와 10%의 국민을 잃었다. 영토에 관한 주요 내용은 다음과 같다: 프랑스에 알자스-로렌 반환; 외펜과 말메디 벨기에 편입; 독일 북부 덴마크 영유는 주민투표에 의해 결정(1920년 주민투표에 의해 아펜라에, 쇠네르보르, 퇴네르와 그 주변이 덴마크에 귀속); 자를란트는 15년간 국제 사회 감독 후 주민투표로 결정; 독일 동부의 중요 지역이 새로운 폴란드에 귀속되며 몇몇 지역의 최종 지위는 위원회나 해당 지역의 주민투표로 결정. 단치히(그단스크)의 자유 도시화; 해외 식민지의 포기.

군에 관해서는 독일의 무장을 이렇게 제한하였다. 독일 대포 5,000문, 비행기 25,000대, 장갑차 일부 및 모든 함정 양도 외에 육, 해군을 합친 군

병력 10만 명으로 제한, 항공 전력 금지; 새로운 전차의 개발 및 배치 금지; 라인 강 왼쪽 지역, 코블렌츠, 마인츠, 쾰른 비무장화. 그리고 독일인의 삶에 직접적 영향을 주는 경제에 관해서는 프랑스와 벨기에 배상금을 지불하기로 하고 그 금액이 1921년 결정되었는데 1,320억 독일 제국 마르크였다.

이어서 1920년 6월 6일 의회선거가 실시되었다. 그러나 공화국 수립을 주도했던 사민당, 중앙당, 민주당의 흑-적-황 연합이 과반을 차지하지 못하고 패배하였다. 사민당의 득표율은 1년 전 제헌의회 선거의 37.7%에서 21.65%로 대폭 감소되었고, 의석수도 165석에서 102석으로 줄었다. 민주당은 18.5%에서 8.28%로 지지가 대폭 줄어들었다. 이에 비하여 독립사민당은 7.6%(22석)에서 17.9%(84석)로 괄목할 만한 지지율과 의석 증가를 보았다. 제1당인 사회민주당이 독립사회민주당과의 연정 수립에 실패하면서, 중앙당을 중심으로 독일민주당, 독일인민당의 소수연정으로 페렌바흐(Constantin Fehrenbach) 내각이 성립했다.3) 이 소수 연립정부는 공화국 초기의 혼란을 헤쳐 나가게 되며, 정부에 참여하지 못한 사민당과 독립사민당이라는 좌파와 나머지 난립한 우파 정당의 협공을 받게 되었다.

불과 1년 만에 사민당의 지지가 무려 16% 가까이 줄고 독립사민당 지지율이 거의 2.5배나 늘었다. 한편으로는 두 당을 합한 지지율이 과반에 육박한 45.3%에서 40% 이하인 39.55%로 떨어졌다. 그리고 4년 후인 1924년 선거에서는 공산당까지 합친 지지율이 이보다 더 하락한 34%로 더 떨어진다.

---

3) 스파르타쿠스단 봉기의 발단이 된 독립사민당이 당원인 베를린 경찰청장을 사민당 당국이 해임한 것과 이에 대한 항의 시위가 무장 봉기로 발전되었으며 이를 수습하기 위하여 공산당이 임시혁명위원회에서 빠지고 독립사민당이 에버트 정부와 협상을 시도하지만 실패하고 유혈 진압 당하게 되었다. 이로 인하여 공산당과 독일 사민당은 불구대천의 원수가 되었다. 이런 상황에서 독립사민당이 사민당과 연정에 쉽게 합의할 수 있었을까? 그리고 독립사민당 내에도 공산당과 가까운 마르크스주의자들이 있었을 것이다. 두 당이 손을 잡아야 43.5%에 기초한 연립 정부 구성을 강하게 밀고 나갈 수 있었을 것이다. 보수 정당 역시 갈등을 겪고 있는 좌파 정당 어느 하나와 쉽게 손을 잡을 수 없었을 것이다.

전반적인 좌파의 위기인가 아니면 사민당의 위기인가? 대중 불만의 탄압과 베르사이유 조약이 가져다 준 치욕과 특히 배상금 지급이 가져오게 될 대중들의 삶의 불안에서 나온 반응일 것이다. 탄압과 조약 체결 모두 사민당 주도의 이 정부의 몫이었다.

대중 불만의 탄압에 대해서는 스파르타쿠스단 봉기와 진압이 증명하고 있다. 그 전 해 수병 봉기 진압을 거부하다 해임된 독립사민당 당원인 베를린 경찰청장 에밀 아익호른(Emil Eichhorn)의 요청에 따라 독일 공산당, 독일 독립사회민주당 등의 반 사민당 세력이 시위를 준비하였다. 1월 5일, 항의 시위가 시작되자, 참가자는 당초 예상을 훨씬 넘는 규모였다. 현 상황에 불만을 가진 수십만 명의 노동자들이 무장하여 모이면서 시위는 무장봉기로 변했다. 이들은 시가지를 장악하고 임시혁명위원회를 구성하였다. 50만 명 이상의 노동자들이 이에 호응하여 파업에 들어갔고 일부는 봉기에 가담하였다. 제2의 볼세비키 혁명 성공이 도래할 것 같았다. 그러나 임시혁명위원회 내부의 혁명 세력과 개혁 세력 간의 알력 수습이 실패하고 러시아와는 달리 정규군을 가담시키려는 시도가 실패하고 키일의 수병들도 중립을 선언하였다. 그리고 무자비한 사민당 정부 주도의 유혈 진압이 뒤따랐다.

2. 분열과 노선 혼선: 괴를리츠 강령과 하이델베르크 강령

스파르타쿠스단 봉기 진압 후 곧 실시된 제헌의회 선거에서 사민당이 선거판을 압도하지 못한 것도 이런 사정이 한 원인이겠지만, 그 선거는 진압 후 불과 1주일 후에 실시되어 사민당의 체면은 살려주었다. 그리고 이듬해인 1920년에 실시된 선거에서 사민당의 지지가 급락하고 독립사민당의 지지율이 급상승하여 사민당 턱밑까지 올라왔다는 것이 이런 사정과 베르사이유 조약이 독일 측 당사자인 사민당에 대한 실망의 표현이 아닐까? 그러나 1920

년에 독립사민당이 코민테른에 가입하면서 당은 분열되어 좌파 그룹은 공산당에 입당하였다. 진보 진영의 이런 어수선한 상황 하에서 이제 사민당은 다시 현 상황을 점검하고 향후 진로를 재정립하여야 할 때가 온 것이다. 1921년 괴를리츠에서 당대회를 개최하여 괴를리츠 강령을 채택하였다.

강령의 주요 내용은 다음과 같다.

- 사민당은 도시와 농촌에서 노동하는 국민의 당이다.
- 자본주의 경제는 경제적 불평등을 강화하여 프롤레타리아 해방을 위한 계급투쟁을 역사적 필연성과 인륜적 요구로 만든다.
- 세계전쟁과 평화조약은 이를 더욱 악화시켰다. 자본 집중을 가속화하고, 자본과 노동, 부자와 빈자 간의 격차를 더욱 확대하였다. 산업과 은행제도에서 합병과 통합, 카르텔화와 트러스트화의 새로운 시대가 도입되었다.
- 고도자본주의 발전으로 세계경제를 제국주의적 권력 확대 아래 지배하려는 시도는 더욱 강화된다.
- 세계전쟁은 낡은 지배체제를 파괴하였고, 정치적 변혁은 대중에게 사회적 상승을 요구하는 민주주의 권리를 제공하였다. 자본주의에 필적하는 적대자로서 등장한 노동운동이 더욱 강력해질수록, 자본주의 체제 극복 의지는 프롤레타리아의 국제적 결합과 국가 간의 법적 질서 창출을 통해, 전쟁 앞에 인류를 보호하려는 동등한 민족들의 진정한 연대의 창출을 통해 더욱 높아졌다. 이러한 의지에 길을 보여주고 창조적 대중의 필요한 투쟁을 의식화하고 통일된 조직으로 만드는 것이 사회민주당의 과제다. 사회민주당은 민주공화국을 역사적 발전을 통해 거역할 수 없이 주어진 국가형태로서 간주하며, 민주공화국에 대한 모든 공격을 인민의 생존권에 대한 반역으로 간주한다.
- 전체의 복지를 위한 경제는 자본지배에서 인민을 해방하고 생산력을 증가시키고 경제적 인륜적 공동체의 더 높은 형태로 인류 도약의 필

요한 수단이다.
- 사민당은 에어푸르트 강령에서 확인된 신조를 새롭게 한다.
- 경제정책
  카르텔, 트러스트에 대한 통제. 국가와 연방 주 소유의 기업, 공공기관 소유 기업의 점진적 폐지. 관료제 없는 민주적 관리. 비영리 협동조합 설립. 사회 및 경제정책에서 노동자, 사무원, 공무원의 이익을 대표하는 경제회의제도 구성.
- 사회정책
  노동권. 단결권의 확보와 노동보호: 1일 8시간 노동 법제화. 야간작업 제한. 여성과 청년 야간작업 금지. 사회보험을 일반 국민보험으로의 이전. 이러한 토대 위에서 국제적 노동보호의 요구.
- 재정
  소득세와 재산세, 상속세의 확보와 추가.
- 헌법과 행정
  민주공화국의 보장. 통일의 확보. 유기적으로 분리된 통일국가.
- 지역행정정책
  통일적인 지역행정제도의 창출.
- 문화정책과 학교정책
  문화적 유산에 대한 모든 인민의 권리. 민족공동체의 최상의 교육권.
- 국가와 교회의 분리.
- 민족관계와 인터내셔널(국제적 관계)
  노동자계급의 국제적 연합.
- 민족자결. 국제적 군비축소 식민지와 보호령의 국제연맹 통치
- 경제적 부담완화와 민족 생활권의 인정 의미에서 베르사유 평화조약 개정[4]

---

4) "Görlitzer Programm", www.fes.de

전쟁을 막고 평화를 위한 방안으로 사민당은 국제적 노동자 연대와 제 민족의 연대를 제시하면서 에어푸르트 강령을 새로이 한다고 밝혔다. 마르크스주의로의 복귀라고 평가되는 에어푸르트 강령과 선을 그은 베른슈타인이 초안을 작성한 강령으로 수정주의적 경향이 뚜렷한 강령으로 평가받고 있다. 특히 사민당을 노동자 계급정당에서 국민정당(Volkspartei)으로 규정한 것은 강령사적으로 큰 의미를 가진다.5) 강요된 평화 체제인 베르사이유 조약의 핵심에 관한 규정은 당시 독일의 일반적인 인식이었다.

앞서 언급한 것처럼, 러시아 혁명 성공으로 국제 노동운동 주도권은 이미 볼세비키로 넘어갔다. 러시아 10월 혁명 성공 후인 1919년 3월에 창설된 제3 인터내셔널이라 불리는 공산주의 인터내셔널(코민테른)은 과거에 사회주의 인터내셔널을 독일 사민당이 주도하였던 것에 반해서 러시아 공산당이 주도하게 된다. 그리고 이들은 "무장 군대를 포함하여 모든 가능한 수단을 동원해 세계의 부르주아의 타도와 완전한 국가 철폐의 과도기적인 단계로서의 세계 소비에트 공화국의 창립"을 창설 목표로 제시하고 있다. 또한 코민테른에 가입하기 위한 공산당의 21개 요건(Conditions of Admission to the Communist International) 중에 개량주의자들과 중도주의적 의견 지지자들 제거와 체제전복 임무를 위한 불법(합법적인 것을 포함한) 조직 창설이 포함되어 있다. 1914년 레닌이 제2 인터내셔널을 민족속물주의로 타락했다고 비난하면서 결렬을 주장한 것과 같이 독일 사민당 주도의 사회주의 인터내셔널과의 분리를 분명히 하고 있다. 합법적인 의회민주주의를 지향하는 개량주의적 사회민주당과는 길이 다름을 분명히 하였다. 그리고 독일 사민당은 11월 혁명과 스파르타쿠스단의 봉기 진압을 통하여 폭력적 혁명에 반대하는 정당임을 행동으로 보여주었다.

이런 사정을 고려하면, 공허한 노동자의 국제연대나 개량주의적 계급투

---

5) 아마도 노동자 계급의 이탈을 겨냥하여 에어푸르트 강령을 재확인하여 정통성을 주장하고자 한 것으로 보이며, 농촌을 거론하여 농민으로의 지지 확대를 목표로 한 것일 수도 있고 보수 정당과의 유대를 보여주고자 한 것일 수도 있다.

쟁을 담고 있는 괴를리츠 강령은 혁명과는 분명하게 선을 그은 사민당의 노선을 말해주고 있는 것이다.

독립사민당 잔류파는 1922년 사민당에 입당하였다. 이렇게 분열된 독립사민당 세력 일부를 보강하고 괴를리츠 강령 하에 치러진 1924년 5월 총선에서 1당의 위치는 고수하였지만 사민당의 득표율과 확보 의석은 그 전 선거에 비해 오히려 줄어들었다. 독립사민당 좌파 그룹을 받아들인 공산당은 그 전 선거에 비하여 크게 성장하였다. 이들 좌파의 득표율 전체는 지난 선거 때보다 하락하였다. 이 선거 후 정부 수립에 실패하자 그 해 12월에 다시 선거가 치러진다. 이 선거에서 사민당 지지율은 6% 늘어나지만 공산당은 오히려 6% 하락한다. 이후의 선거에서 1919년 제헌의회 당시의 수준으로 회복하지 못한 채 나치스 정권 수립 직전까지 가게 된다.

1924년 총선 결과 정부 구성이 실패하자 정치적 혼란이 이어지면서 그 해 12월에 다시 치러진 선거에서 사민당의 득표가 소폭 상승하였다. 그리고 코민테른 지부가 된 혁명노선의 공산당 지지율 하락 결과를 앞에 두고 사민당은 새로이 진로를 모색하여야 했다. 그리고 1차 대전 전후하여 사민당을 지도해왔던 에베르트 대통령이 1925년 3월에 사망하였다. 그리고 그 해 있었던 대통령 선거에서는 1차 투표(2월 28일)에서도 제1당 사민당의 오토 브라운 후보가 10%의 득표 차이인 29% 득표로 인민당의 칼 자레스 후보에 밀려 2위를 차지하였고, 결선투표에는 왕당파 힌덴부르크를 지지하여 출마하지 않은 자레스 후보에 이어 사민당도 후보를 내지 않았다. 결국 왕당파를 대통령으로 선출하였다. 이에 1925년 9월 사민당은 하이델베르크에서 당대회를 열고 불과 4년 만에 괴를리츠 강령을 개정한 하이델베르크 강령을 채택하였다.

이 강령 초반부는 카우츠키(Karl Johann Kautsky)가, 후반부는 힐퍼딩(Rudolf Hilferding)이 작성을 주도하며 형식과 내용면에서 에어푸르트 강령으로 복귀라고 평가된다.[6] 형식면에서도 에어푸르트 강령처럼 이론-사회 분석 부분과 정책-실천부분으로 나누어져 있고 내용 면에서는 "노동자계급의 투쟁"과 "자본주의적 사적 소유를 사회적 소유로 전환", "국가형태로 민주공화국" 등을 요구하고 있다. 실천강령에는 권력을 획득하기 위해서는 중산층의 지지를 획득해야 하는 것으로 보고 이를 정치적 목표로 제시하고 있다. 이외에 현재의 유럽연합과 같은 "유럽합중국 창설" 요구가 포함된 점은 의미가 있다 할 것이다. 그리고 이 강령은 나치당의 집권과 사민당 탄압, 지도부의 망명과 2차 대전을 거친 후 복원된 사민당이 1959년 고데스베르크 강령을 채택하여 새로운 노선을 정립할 때까지 사민당의 강령으로 여러 사정이 있지만 강령 중 가장 오랜 34년간 당의 노선을 규정해온 강령이다. 강령의 주요 내용은 다음과 같다.

- 현 사회경제 상황: 소수 자본가의 생산수단 독점화. 사무원과 지식인의 수 증가와 이들의 특권적 지위 상승 기회 상실과 여타 노동자 계급과의 이해의 일치. 노동생산성의 거대한 성장에 비해 프롤레타리아와 중간 계급의 분배 불평등. 자본의 결합과 단일 자본집단의 경제 지배. 금융자본 국가권력 이용하여 제국주의적 대외 팽창과 프롤레타리아의 국제적 연대 필요
- 노동자 계급의 목표는 생산수단의 자본주의적 사적 소유에서 사회적 소유로 전환함으로써 달성.
- 노동계급의 투쟁은 경제적 투쟁이며 정치적 투쟁. 민주공화국에서 국가 형태의 유지와 건설은 노동자의 해방투쟁의 필요조건. 사민당은 프롤레타리아 국제연대의 책임을 완수할 것임.
- 정치: 민주공화국은 사회주의 실현의 유리한 토대로 사민당은 공화국을 지지하며 그 수립에 참여할 것임.
- 강력한 중앙정부와 법적으로 통일된 지방 행정.
- 단결권과 파업권의 보호. 노동에서 남녀동등권. 아동 노동 금지. 8시간

---

6) 카우츠키는 1917년 사민당을 탈당하여 독립사민당 결성에 참여하였다가 독립사민당이 분열될 때 잔류하였다. 그 후 1922년 잔류파들과 함께 사민당으로 복귀하였다.

노동
- 무상교육
- 근원적이고 포괄적인 재정개혁
- 토지, 에너지생산에 기여하는 천연자원과 동력자원 공동체 서비스
- 경제조직에 대한 노동자계급의 공동결정권을 관철하기 위해 경제적 대표회의체의 구성. 자본주의적 이해공동체, 카르텔과 트러스트에 대한 제국의 통제.
- 사회주의 인터내셔널의 구성원으로서 사민당은 제국주의적이고 파시즘적 공격에 반대.
- 유럽 경제통합 창출 지지. 유럽합중국 창설7)

　사민당은 바이마르 공화국을 지지하며 정부 수립에 참여하겠다는 의지를 밝히고 있고, 이를 부정하고 있는 파시즘 반대를 밝히고 있다. 그렇지만 인터내셔널의 구성원임을 선언하면서 공산당과 코민테른과 궤를 달리함을 분명히 하고 있지만, 인터내셔널은 이미 해산하였고 당시에 프롤레타리아 국제연대의 주도권은 코민테른이 장악하고 있었다. 그렇지만 사민당의 지지율은 독일 공산당의 지지율과 상관이 있음을 선거를 통하여 확인되었기 때문에 이런 노선이 필요하였을 것이다.
　그런데 1924년 레닌 사후 트로츠키파와의 투쟁에서 승리한 스탈린이 권력을 장악한 처음으로 코민테른 제6차대회가 개최되었다. 이 대회는 "공산주의 인터내셔널 강령"을 처음으로 채택한 대회였다.8) 이 대회에서 스탈린은 독일이나 영국처럼 사회민주주의 정당이 강력한 곳에서는 파시즘이 "사회파시즘(social fascism)이라는 특수한 형태를 취한다"고 주장하였다. 이에 따른 결의에서 사회민주주의와 파시즘을 위기에 처한 자본주의를 구하려

---

7) "Heidelberger Programm.", www.fes.de

8) "The Programme of the Communist International", www.marxist.org

는 부르주아의 2개의 반동적 대응 형태로, 특히 오스트로-마르크스주의 등에 의해 대변되는 좌파 사회민주당을 사민당 중 가장 위험한 분파로 규정하고 혁명의 시대에 대비하여 사회민주당에 가차 없는 투쟁을 전개하고 밑으로부터의 통일전선을 강화할 것을 요구하였다. 결국 힐퍼딩이 주도한 하이델베르크 강령의 노선을 당 노선으로 채택한 독일 사민당을 가장 위험한 분파로 규정하고 투쟁할 것을 요구한 것이다. 이런 노선에 따라 1929년 독일 공산당은 독일 사민당을 주적으로 규정했다.[9]

3. 바이마르 공화국 정치, 경제의 불안정

잦은 선거와 혼란 그리고 총선에서 드러난 유권자의 불안 심리는 당시 독일 대중의 삶과 직접 관계가 있을 것이다. 바이마르 공화국 수립 후 대공황이 발생하는 1929년까지 독일 대중은 물가 급등과 실업에 시달렸다.

베르사이유 조약에 의해 독일이 지불하여야 할 배상금은 1,320억 마르크(금본위제도를 취한 구 독일 화폐 기준)로 당시 독일 국가재산의 3배를 넘는 금액이었다. 당시 정부의 재정적자의 많은 부분이 전쟁 배상금 지불에 의한 것이었다. 정부는 단기채권을 발행하고 이를 충당하기 위하여 중앙은행은 화폐를 발행하였다. 이런 사정에서 독일은 금본위제를 폐지하였으므로 마음만 먹으면 얼마든지 지폐를 찍어낼 수 있었다.

앞에서 언급하였듯이 바이마르 공화국의 정치적 상황은 불안정하였다.

---

[9] 독일 사회민주주의자들과 코민테른의 충돌은 오래된 것으로 이는 진보주의 정치운동과 노동운동의 주도권에 관한 것이다. 1920년 코민테른 제2차 세계대회에 독립사민당 대표단을 이끌고 참석한 아르투르 크리스피엔(arthur Crispien)은 레닌이 제시한 코민테른 참가 조건 21개조 수락을 거부하였다. 그 후 크리스피엔은 1922년에 사민당에 재입당하고 1933년까지 지도부의 구성원이었다.

확실한 과반수 지지율을 가진 정당 없이 정당이 난립하고 있었다. 1933년 나치 집권 후 모든 나치당을 제외한 모든 정당이 해산되기 전까지 의회에 의석을 가진 정당이 10개가 넘었다. 게다가 공산당은 볼셰비키 혁명을 모델로 삼고 있었다.

폐허와 사회 불안 속에 막 출범한 정부가 미처 자리 잡기도 전에 베르사이유 조약에 따른 전쟁 배상금이 1921년에 결정되었다. 1922년이 되면서 독일은 사실상 디폴트(지불불능) 상태에 빠졌다. 배상금 지급이 지연되자 프랑스의 입장은 단호했다. 그런 와중에서 독일이 현금 대신 배상금으로 연합국에게 지급하기로 했던 석탄과 목재 공급이 6개월 가까이 지연되자 프랑스는 벨기에와 함께 1923년 1월 병력을 동원해서 루르 지방을 점령하였다. 독일인들의 반발이 커졌다. 에버트 대통령은 국민적 반대와 루르 지역의 총파업을 지지했다. 군사점령은 저지되었지만, 파업으로 인한 경제 위기로 실업자가 양산되고, 물가는 엄청나게 뛰었다.10)

이에 정부는 통화 발행으로 대처하였다. 물가는 불에 기름 붓듯이 치솟

---

10) 1918~1923년 기간 중 독일의 초인플레이션.

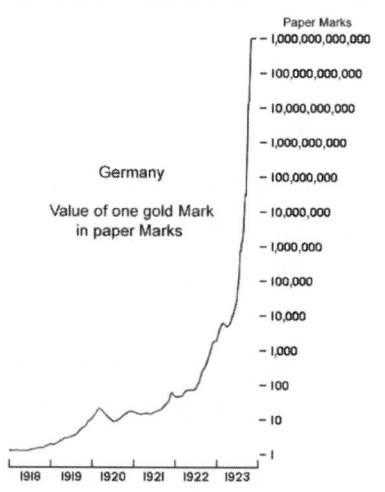

출처: W Fischer, "Hyperinflation in the Weimar Republic" (researchonline.jcu.edu.au, 2011)

1923년에 발행된 5천만 마르크 지폐(미화 1달러 상당)
출처: commons.wikimedia.org

았다. 1922년 1월 미화 1달러에 100마르크를 좀 넘던 환율이 1923년 10월에는 1조 마르크를 넘었고 연말에는 10조 마르크에 가까웠다. 그리고 그해 말이 되면 100조 마르크에 근접하게 된다. 미국 관광객이 준 팁 1달러를 받은 식당 종업원이 1달러를 어떻게 사용할까를 놓고 심각한 가족회의를 열었다는 이야기가 실감나는 상황이었다.

당시 화폐 증발로 모든 독일인들이 고통당한 것은 아니었다. 채무자들의 경우 화폐가치 하락은 실질 채무의 감소였다. 결국 대 채무자인 대기업, 금융계나 정치계의 거물들은 혜택을 보고 있었다. 노동자들을 비롯한 대중들의 삶은 절망적이었을 것이다.

종전 후인 바이마르공화국 초기는 군수물자 생산 중단과 독일군의 붕괴로 700만 명의 참전군인들이 노동시장에 쏟아져 들어옴으로써 대량실업을 초래하였으며, 이런 사정으로 노동자들이 1918년, 1919년의 파업과 스파르타쿠스단 봉기에 참여하였던 것으로 보인다. 아무튼 불과 몇 년 사이에 100억 배 뛰어오른 물가와 실업은 대중의 삶을 극도의 궁핍으로 몰고 갔으며, 또한 정치적 불안을 항상적인 것으로 만들었다. 그래도 당시의 실업은 다가올 대공황 이후와 비교하면 견딜만한 것이었다.

아무튼 루르 지방 점령과 이에 이은 독일 노동자들의 총파업, 극심한 인플레이션으로 독일은 거의 빈사 상태에 빠졌다. 이런 시점에서 당시 연정에 참여하고 있던 인민당의 슈트레제만(Gustav Stresemann)이 1923년 8월 총리에 취임하였다. 우선 그는 노동자들의 현업 복귀를 설득하였다. 그리고 그는 당면의 경제 문제인 하이퍼인플레이션 잡기와 사회 불안의 근본원인이 되는 베르사이유 조약 개정에 몰두하였다.

1924년 독일의 배상금 지불 조건 경감과 차관 제공을 내용으로 하는 미국 재무장관 도스안(案)이 나오고 유럽 강국들도 이를 받아들이게 되고 독일이 이를 수용하면서 인플레이션 문제는 숨통이 트이게 되었다. 사실 미국의 입장에서도 독일의 디폴트는 심각한 문제였다. 1차 대전으로 유럽은 미국에 당시 기준으로 100억 달러라는 막대한 부채를 지고 있었다. 영국 46억 달러, 프랑스 40억 달러였다. 게다가 미국 하원은 1919년 4월 8일, 233명의 의원 이름으로 거액의 배상금을 독일에 요구하라는 결의문을 채택했다. 그리고 프랑스 등 유럽 국가는 독일로부터 배상금을 받아 미국 부채를 갚아가는 구조였다. 따라서 독일의 배상금 지불 불가능이란 미국을 비롯한 유럽에 심각한 문제를 제기하는 것이었다. 이런 구조에서 프랑스와 벨기에의, 루르 지방 무력 점령에 대하여 당시 에버트 대통령과 독일 정부의 강력한 반대와 노동자 총파업 유도는 배상금 경감과 베르사이유 조약 개정을 겨냥한 승부수라는 평가도 있다.

도스안 승인 후 독일 정부는 독일 렌텐방크가 렌텐마르크라는 새로운 화폐를 임시로 발행하여 1조 마르크(지폐)를 1 렌텐마르크 비율로 교환해주었다. 그리고 약 1년 뒤에 다시 라이히스마르크라는 새로운 법정통화를 발행하여 구 마르크를 모두 바꾸었다. 물가가 잡히고, 도스안에 따른 미국 차관이 독일에 투입되면서 독일 경제는 다시 돌기 시작하였을 뿐만 아니라 '황금의 20년대'라 일컬어지는 호황기에 들어갔다. 1923년에 급증하여 1924년에 백만에 육박하였던 실업자도 1923년 이전 수준으로 줄어들었다. 이런 안정 속에 1925년 프랑스와 벨기에 군은 루르 지방에서 철수하였다. 1926년에는 독일이 국제연맹에 가입하여 상임이사국이 되었다. 더구나 1929년에는 도스안이 이보다 더 경감된 영안(Young Plan)으로 대체되어 전쟁 배상금은 3/4인 358억 금태환(金兌換) 마르크로 감액 확정하고 59년 동안의 독일이 지불할 수 있는 능력의 범위 내에서 연부(年賦) 지불을 내용으로 한 것이었다. 사실상 탕감된 것이나 다름없었다. 미국의 자금에 절대적으로 의존하는 것을 제외하면, 바이마르공화국 아래서 모든 것이 1차 세계대전 이전 수준으로 회복된 것 같았다.

그런데 나치당이 움직이고 있었다. 1919년에 베르사이유 체제, 새로운 체제에 불만을 가진 자들이 독일노동자당을 창당하여, 1923년 11월 뮌헨 폭동을 일으켰다. 물론 이 때 히틀러는 당 지도부에 있었다. 그리고 이 폭동으로 히틀러는 반역죄로 투옥되고 이 당은 한 때 불법화되었다. 당시 히틀러는 감옥에서 『나의 투쟁』(Mein Kampf)을 저술하였다. 독일노동자당은 이후 국가사회주의노동자당(Nationalsozialistische Deutsche Arbeiterpartei)으로 당명을 바꾸었다. 독일 정치판의 새로운 주자가 몸을 풀기 시작하였다. 전체적으로 좌파의 지지율이 줄고 소수 연립 내각이 들어서서 정부가 안정되어 있지 못하지만 아직 대중들의 정치적 성향은 전통적인 추세에서 벗어나지는 않았다. 사민당의 괴를리츠 강령도 당의 전통적인 테두리 내에서의 선택이었을 것이다.

1923년 말을 기점으로 경제는 안정되어 가는 것처럼 보였다. 미국 자본이 들어오자 경제는 호황으로 돌입하였다. 그렇게 보였을 뿐 이는 버블에 의한 것이었다. 낮아졌던 실업률이 호황에 접어들던 1926년에 급증하면서 1924년의 배가 되는 200만 명에 달했다. 노동자와 대중들은 다시 동요하기 시작하였다.

1925년에 사민당 출신 바이마르 공화국 초대 대통령 에버트가 사망하고, 그 해 3월에 대통령 선거 1차투표, 4월에 2차 투표가 치러졌다. 당시 대통령 선거제도는 결선 투표제로 후보들이 후보를 양보할 수 있었고, 1차 투표 때 입후보하지 않은 사람도 원한다면 결선투표에 참여할 수 있었다. 1차 투표에서 인민당의 칼 자레스가 38.8%로 1위, 사민당의 오토 브라운(Otto Braun)이 29%로 2위였다. 그리고 공산당의 에른스트 텔만(Ernst Thälmann)이 7%로 3위였다. 결선투표를 앞두고 1차 대전 탄넨베르크 전투의 영웅인 왕당파 파울 폰 힌덴부르크(Paul Ludwig von Beneckendorf und von Hindenburg)가 망명 중인 빌헬름 2세를 만난 후 군부 등의 지지를 얻어서 무소속으로 출마하였다. 이에 자레스 후보가 힌덴부르크 지지를 내세우며 사퇴하였다. 그러자 1차 선거에서 미미한 득표를 했던 독일국민당, 바이에른 인민당 등 보수 정당 후보들이 그를 지지하며 사퇴하였다. 이에 바이마르 연합, 사민당, 중앙당, 독일민주당이 연대하여 힌덴부르크에 맞서기로 하고 중앙당의 빌헬름 마르크스(Wilhelm Marx) 전 총리를 단일후보로 내세워 양대 구도를 만들었다. 그렇지만 공산당의 에른스트 텔만 후보는 2차 투표에도 참여하였다. 선거 결과는 힌덴부르크 48.3%, 빌헬름 마르크스 45.3%, 공산당의 에른스트 텔만 6.4%로 힌덴부르크가 당선되었다. 결국 반힌덴부르크 후보 단일화에 실패함으로써 왕당파 힌덴부르크를 당선시켜 이후 독일 역사의 폭주를 막을 수 없게 된다. 그리고 사민당과 공산당의 관계는 도저히 서로 섞일 수 없는 관계임을 다시 한 번 입증하였다. 그리고 힌덴부르크의 복고주의적이고 보수적인 성격, 그리고 사민당 등이 옹립한 마르크스 후보와의 사실상 맞대결 등의 선거 과정의 결과로 힌덴부르크는 사민당을 불신하였다.

　기대와 달리 힌덴부르크 대통령이 왕정복고에 관심이 없었지만 입헌 군주제에서 규정된 군주에 비교될 정도로 바이마르 공화국 대통령의 권한은 막강하였다. 대통령은 행정부와 총리의 임면권을 가지고 있었고, 법관을 임명하고 국군을 통수했다. 의회 해산권(제25조)을 가지며, 계엄을 선포할 수 있으며 이 경우 기본권을 제한할 수 있다(소위 비상대권. 바이마르 헌법 제48조). 과반수 지지와 의석을 가진 정당이 없이 난립해 있는 당시로서 대통령의 역할은 막중한 것이었다.

대통령 선거에서 바이마르 공화국 정치의 불안정성을 다시 확인하였고, 실업자가 늘어나면서 경제의 먹구름이 몰려오고 있던 1928년에 총선이 있었다. 사민당은 괴틀리츠 강령을 수정하여 마르크스주의를 기초로 한 하이델베르크 강령을 들고 나갔다. 지금까지 이야기한 것처럼 1921년 괴틀리츠 당대회에서 하이델베르크 당대회 사이에 독일 사회에서는 많은 일이 일어났다. 그리고 대통령 선거에서 패배하였을 뿐만 아니라 사민당의 지지율도 확인하였으며 그 지지율이 한계임을 인식하였기에 결선투표 후보로 자당의 오토 브라운 후보를 고집하지 않았을 것이다. 이런 현실에 처하여 노선을 수정하여 총선에 임했다. 29.8%로 지난번 총선 26.2%, 대선 1차 선거 29%를 약간 상회하였지만 종전보다 의석은 22석 늘어난 전체 의석 491석 중 153석을 차지하여 예상대로 1당의 자리를 지켰다. 그 결과로 1919년 바이마르 공화국 수립 후 11번째 정부인 민주당, 중앙당, 인민당과 연립정부를 수립하였다.

그런데 이번 선거에서 국가사회주의독일노동자당(Nationalsozialistische Deutsche Arbeiterpartei), 즉 나치당이 2.6% 득표하여 12명의 의원을 처음으로 의회에 진출시켰다. 당명에서는 라살레의 국가사회주의, 아이제나하에서 창당되었던 사회주의노동자당 그리고 볼세비키 혁명과 1차대전 전후로 독일 변화의 주력군으로 성장한 노동운동의 냄새를 풍기면서 진보주의를 망라하고 있는 것 같았다. 안톤 드렉슬러(Anton Drexler), 아돌프 히틀러(Adolf Hitler), 고트프리트 페더(Gottfried Feder), 디트리히 에카르트(Dietrich Eckart)가 작성하여 1920년 2월 24일 뮌헨 호프브로이하우스(Hofbräuhaus)에서 열린 독일 노동자당 집회에서 아돌프 히틀러가 발표한 나치당의 24개 조 강령을 살펴보면 민족주의, 베르사이유 조약 폐지, 반유대인, 반이민, 산업국유화, 반유물론을 내세우고 있다. 노동자당이면서 노동운동에 대한 언급은 없다. 당시 일반 대중의 불만을 담고 있다. 1928년 선거는 대공황 발생 1년 반 전에 치러진 선거로 이후 나치당의 본격적인 등장의 예고편이다.

1924년 이후 독일 경제는 짧은 호황기를 거쳐 1928년을 정점으로 성장률은 하향하기 시작하며 늘어난 실업은 줄어들지 않고 있었다. 미국 자본 유입으로 활발하였던 투자는 1926년에 들어서면서 마이너스로 돌아섰고, 1927년 5월 주식시장이 붕괴 직전까지 갔다. 1928년 말 라인-베스트팔렌 지역의 철강산업 지역에서 공장 폐쇄가 잇달았다. 이런 상황에서 1928년 선거로 11번째 정부 구성이라는 것이 말해주듯이 평균 1년을 못 넘기는 단명한, 더구나 과반수를 넘지 못하는 허약한 연립정부는 장기적 정책을 내놓을 수 없었다. 나치당의 의회 진출도 이런 정치, 경제적 불안과 무관하지 않았을 것이다.

4. 나치 집권과 사민당 탄압

1929년 10월 24일 미국의 주식 대폭락을 기점으로 시작된 대공황은 허약한 독일 경제에 결정적인 타격을 가했다. 실업률은 1928년 10.4%에서 증가하기 시작하여 히틀러가 집권하게 되는 1932년 33.23% 그리고 그 이듬해인 1933년 34.36%로 절정에 달했다. 숫자 면에서도 1929년 190만 명에서 600만 명으로 늘어난다. 이런 변화는 정치와 대외정책 그리고 사회를 혼란으로 몰고 갔다. 이런 혼란 속에서 1928년 총선으로 출범한 헤르만 뮐러(Hermann Müller. 사민당) 정부가 붕괴하고 그 해 3월에 중앙당 소속의 하인리히 브뤼닝(Heinrich Aloysius Maria Elisabeth Brüning) 총리 정부가 들어섰다.

헤르만 뮐러 총리의 정부 구성 자체도 어렵게 이루어진 것이었다. 인민당 내부에 사민당과의 연정에 반대하는 세력이 많았다. 1928년 6월에 총선이 있었지만 인민당 대표 슈트레제만(Gustav Stresemann)의 노력으로 1929년 봄에 가서 비로소 사민당과 민주당, 인민당, 바이에른인민당, 중앙당이 참여하는 대연정이 구성되었다. 이렇게 구성된 정부는 초기부터 사민당과 인민당의 갈등으로 난관에 봉착한다. 거의 뮐러와 슈트레제만의 개인적 관계에 의해 연정이 지속됐다.

당시 이슈는 전쟁 배상금의 조정과 동맹국이 점령한 라인란트 문제였다. 국내 문제로 장갑 순양함 건조를 둘러싼 갈등도 있었다. 사민당은 선거운동 과정에서 '군함 대신 어린이 급식'(Kinderspeisung statt Panzerkreuzer)이라는 구호를 내세운 바 있어, 찬성하기 쉬운 일이 아니었지만, 연정 붕괴를 막기 위해 뮐러 총리는 순양함 건조에 찬성한다. 그러나 사민당의 원내 다수파는 해당 법안을 의회에서 거부하도록 의원들을 압박하면서 사민당 소속 장관들이 군함 건조에 반대하였다. 뮐러 총리는 이런 갈등으로 정치적 기반이 많이 약화되었다. 1928년 가을 루르 철강파업 대책을 둘러싸고, 기업 입장에 섰던 인민당과 갈등을 겪었다. 뮐러 총리는 이 문제를 성공적으로 조정한다.

전쟁 배상금과 관련해서 앞에서 언급한 것과 같이 1929년 6월 7일 독일의 배상금 문제를 완전하고 최종적인 해결안으로서 도스안을 수정한 영안(案)이 제출되었다. 연립정부가 극우세력이 제기한 영안(Young Plan)에 관한 국민발안과 국민투표를 모두 잘 해결하였다. 그러나 실업급여와 예산 문제에 관해서는 더 이상 타협점을 찾지 못했다. 게다가 인민당의 슈트레제만 의장이 10월 3일 사망하였다. 그리고 3주 후에 뉴욕 증권거래소가 붕괴되었다. 세계대공황이 시작된 것이다. 독일에서 미국 자본을 비롯한 외국 자본이 빠져나가고 실업이 급증하였다. 불과 3달 만에 실업자가 130만 명에서 200만 명을 넘어섰다.

당시 연정 파트너였던 인민당 내부에서는 슈트레제만 사후 언론계 거물 알프레드 후겐베르크(Alfred Wilhelm Franz Maria Hugenberg)가 목소리를 높였다. 그의 신문들은 의회주의, 마르크스주의, 사회민주주의에 반대하였다.

경제계 특히 중공업계에서 마르크스주의 반대 전선의 사고가 세력을 얻고 있었다. 이는 의회의 다수파에 근거하는 정부를 통치할 수 있는 권위에 의해 해체하여야 한다는 생각이었다.

불안한 연정은 그 지속이 더 어렵게 되었다. 우파 정당들은 비밀리에 사민당 장관들을 정부에서 축출하고자 하였다. 연정의 지속을 위해 뮐러 총리는 많은 양보를 하였다. 사민당 소속 재정부 장관이던 루돌프 힐퍼딩을 해임하기까지 하면서 연립정부를 지키고자 하였다. 그러나 1930년 3월 27일 실업급여에 대한 연정 타협안에 사민당이 반대하면서 뮐러 총리가 사임하였다. 실업보험은 공황 발생 전에 이미 거덜 나 있었다. 뮐러 총리의 사민당은 실업보험 회생을 위하여 기업 분담금과 긴급기금 인상안을 내놓았다. 경제계 지도자들이 이 계획에 강력하게 반대하였다. 인민당은 이들의 주장에 따랐다. 그런 결과로 나온 타협안은 결정의 연기였다. 사민당이 이 타협안에 동의하지 않았다. 연정은 해체되었다. 재무장관 힐퍼딩은 후에 이 연정 해체를 "죽음을 두려워한 자살"이라고 표현하였다. 이 연정 해체 후 독재, 공포정치, 전쟁, 학살과 독일의 분단이 이어지게 된다.

뮐러 총리는 힌덴베르크 대통령이 긴급조정권을 이용해 총리직에 머물 수 있게 해 줄 것을 희망했다. 그러나 대통령은 중앙당의 하인리히 브뤼닝에게 정부 구성을 요청하였다.

브뤼닝은 '전쟁 배상금 및 외채 상환에 의한 독일 경제의 부담 완화'를 국정 운영 목표로 제시했다. 이에는 긴축 재정 및 임금 상승 억제 등 대중에게 인기가 없는 정책 실시가 필요하였다. 브뤼닝 총리는 뮐러 총리 정부의 정책을 이어받아서 이 계획을 수용하고 이를 지불하기 위한 경제정책을 채택하고자 한 것이다.

그런데 브뤼닝 정부가 들어섰을 때는 대공황의 절정기였다. 의회는 이런 브뤼닝 내각의 제안을 거부하였다. 책임 분담을 하지 않겠다는 것이었다. 그리고 나치당은 대폭 경감한 영안(Young Plan)의 배상금 지불 자체를 강력하게 반대하면서 이 정책에 반대하였다. 이런 결과를 두고 힌덴부르크 대통령은 이를 의회정치의 실패로 규정하고 헌법 제24조에 따라 의회를 해산하고 선거를 실시하도록 하였다. 이에 따라 1930년 9월 총선이 치러졌다.

영안의 수락 여부가 선거 이슈 중 하나였던 이 총선 결과는 나치당의 약진이었다. 사민당은 1928년 총선 29.8%(153석)에서 24.53%(143석)으로 득표율이 하락하는 등 대부분의 정당 득표는 줄어들었다. 반면에 나치당이 2.6%(12석)에서 18.25%(107석)로 제2당으로 우뚝 솟았고 공산당은 10.6%(54석)에서 13.13%(77석)으로 나치당에 이어 제3당이 되었다. 공산당은 제1차 세계대전 자체를 제국주의 전쟁으로 규정하고 배상 자체를 부정하였다. 바이마르 공화국을 지키려는 정당이 패배하고 바이마르 공화국을 부정하는 극단주의적 두 정당만이 승리한 것이다. 나치당과 공산당 의석수가 늘어나면서 기존 정당 간의 연립정부가 들어서기 어렵게 되었다. 더구나 공산당은 나름대로 정치불안이 장기화되면 체제 전복이 쉽다고 보고 새로 성립하는 내각마다 불신임안을 냈다. 나치당이 이에 동조하면서 정치적 불안이 일상화하였다. 당시 독일공산당은 사회민주당이 제시한 '상호불가침' 원칙을 맹렬하게 거부하면서 앞에서 언급했듯이 '사민주의는 사회 파시즘이다'라는 논리에 근거하여 사민당을 주적으로 규정하여 사민당을 공격하였다.11) 공산당은 근본적으로 공화국을 부르주아 체제의 산물로 혁명 대상이라고 보았던 것이다. 극우를 중심으로 한 우익은 바이마르 공화국을 연합국의 '강요'로 이뤄진 체제로 보고 이에 대하여 부정적이었다. 극단의 공산당과 나치당은 이 지점에서 공감대를 찾을 수 있었던 것이다.

이런 상황에서 브뤼닝 총리는 헌법 제48조의 대통령의 비상대권을 활용하여 집권을 계속하면서 의회를 우회하여 정책을 수행하고자 하였다. 이른바 대통령 내각이 출현하였다. 비상대권의 남용인데다 대통령과 이견이 발

---

11) 1933년 나치 집권 후 사회민주주의자들이 독일 공산주의자들과 연대해 반-나치 레지스탕스 운동을 펼치려 했으나, 당시 코민테른의 주도자 요시프 스탈린은 "사회민주주의자들은 사회주의의 탈을 쓴 파시스트들이며, 국제 노동운동을 배신한 배신자들이다"라고 하였다.

생할 경우 대통령은 총리나 장관을 해임할 수 있었다. 이런 우려가 현실이 되어 대통령이 장관을 해임하면서 브뤼닝 총리 정부는 궁지에 몰리게 되었다. 사민당 뮐러 총리의 연정 붕괴에 일조한 중앙당의 브뤼닝이었지만 총선 후 오토 벨스(Otto Wells)와 아르투르 크리스피엔 등 사민당 지도부는 당에 브뤼닝의 소수연정 지원을 요청하였고 이 정부 붕괴 시까지 사민당은 이 정부를 지지하였다. 그럼에도 불구하고 몰리던 브뤼닝은 나치당의 지원이 필수적으로 되어 나치당과 협상을 벌였지만 히틀러는 총리와 단독 집권을 요구하고 있었기 때문에 실패로 돌아갈 수밖에 없었다. 이런 시점에서 임기 7년의 대통령 임기 종료를 앞두고 대통령 선거가 있었다.

출마를 원치 않던 80세 고령의 힌덴부르크 대통령은 나치당의 히틀러에 맞서서 공화국을 지키겠다는 정파의 요청에 의해 재출마하였다. 이들에게 달리 대안이 없었다. 1차 투표와 결선투표를 거쳐 힌덴부르크 대통령이 재선되었다. 결선투표에서 53%를 획득하였지만 히틀러는 1차 투표 30.1%, 결선투표 36.8%를 획득하여 2년 전 총선에서 나치당이 얻은 18.25%의 2배 넘게 득표하였다.

"민주공화국을 역사적 발전을 통해 거역할 수 없이 주어진 국가형태로 보고, 민주공화국에 대한 모든 공격을 인민의 생존권에 대한 반역"으로 보는 사민당이 바이마르 공화국을 지키기 위하여 힌덴부르크 대통령 재선에 협력하였다. 총선과 대통령 선거가 히틀러와 나치당에게 선전 무대를 제공한 것에 일조했음은 틀림없는 사실이다.

대통령 선거 후 사민당의 지원에도 불구하고 약화된 브뤼닝 정부는 대통령 선거에서 표현된 양극단의 나치당과 공산당의 협공에 더 이상 견딜 수 없게 되었다. 그 해 5월 31일 정부가 붕괴되었다. 힌덴부르크 대통령은 측근인 프란츠 폰 파펜(Franz Joseph Hermann Michael Maria von Papen zu Köningen)을 총리로 지명하여 정부를 구성하게 하였다. 그는 대통령의 측근이라는 점 이외에는 아마 아무런 정치 기반이 없었던 것 같다. 그의 이름이 긴 데서 알 수 있듯이 귀족 출신인 그는 특별한 정치적 고려 없이 예민한 시기에 최상류층으로 정부를 구성하였다. 장관 11명 중 7명이 귀족이어서 '남작 내각'이라는 별칭을 얻었다. 나머지 2명은 재벌회장이었고, 1명은 역시 대통령 측근인 국방장관 슐라이허 장군이었다. 정치 현실과 동떨어진 그는 악마와 손을 잡으려 하였다. 그는 히틀러와 접촉하여 비밀 합의를 하게 된다. 그는 힌덴부르크 대통령의 헌법상 권한을 활용하여 바이마르 공화국 붕괴에 중요한 길을 열어주는 이른바 프로이센 쿠데타를 일으켰다.

독일 영토의 3분의 2를 차지하고 있는 프로이센 주는 1920년대부터 사민당이 주도한 중앙당 및 민주당의 연립 정권 즉 '바이마르 연립정부'에 의해 안정되어 있었다. 그리고 프로이센 경찰은 대체로 사민당 소속의 경찰청장에게 복종하였다. 베를린에서 공산당 주도 시위대를 향한 발포로 25명의 사망자가 발생하였던 1929년 메이데이(피의 5월) 이후로 베를린 경찰은 모든 시위를 금지하였다. 따라서 프로이센 주정부는 나치와 공산당의 주된 표적이었다.

그러나 여기도 대공황과 이에 따른 인플레이션과 대량 실업으로 '바이마르 연립정부'가 이제는 다수파가 되지 못했다. 일요일이면 거리에서 나치와 공산당의 준군사 조직이 유혈 충돌하였다. 양당 모두 공화국을 끝내고자 하였으며 이런 충돌이 내전을 앞당길 것으로 생각하였다. 사민당 지도부는 다른 분야에서와 마찬가지로 내전을 피하고자 모든 것을 하였다. 법과 질서를 고집하였다.

1931년 공산당은 주민투표로 주의회를 해산하겠다는 나치당의 계획을 지지하였다. 그러나 이 계획은 실패하였다. 1932년 4월 파펜 총리는 중앙당 소속의 브뤼닝 총리가 금지했던 나치당의 돌격대(SA)와 친위대(SS)의 활동 금지를 풀어주었다. 결과는 나치당과 공산당 간의 충돌, 특히 노동운동의 거점이었던 루르, 함부르크, 베를린에서 충돌의 증가였다. 1932년 7월 이런 충돌의 결과 86명이 살해되었다. 알토나에서는 17명의 사망자가 발생하였다. 나치 돌격대가 함부르크 시 인근 알토나의 '붉은' 거점을 도발적으로 행진하였다. 알토나는 당시 프로이센에 속한 지역이었다. 19명이 사망하였으며 많은 사람이 경찰의 발포에 의해 사망한 것이었다.

7월 10일 파펜 총리 정부는 헌법의 대통령 비상대권에 기초하여 오토 브라운 프로이센 주지사를 해임하고 그 자신이 프로이센 경찰청장에 취임하였다. 그리고 프로이센 내무장관 칼 세베링(Carl Severing)을 에센 시장 프란츠 브라하트(Franz Bracht)로 교체하였다. 프로이센 쿠데타 후 거의 대부분 지방 정부에서 사민당은 축출되었다. 이제 히틀러의 나치당 돌격대와 친위대는 프로이센 경찰을 두려워할 이유가 없어졌다.

그러나 이런 상황에서 사민당은 법과 유권자의 감시에 매달렸다. 프로이센 쿠데타를 대담한 위헌적 행위로 보고 대법원에 제소하였다. 그러면서 7월 31일의 총선거에 기대를 걸었다. 사민당이 지도하고 있는 주류의 노동조합은 당의 파업 지시를 기다렸지만 사민당의 지시는 없었다. 결국 대법원의 판결, 총선 결과를 기다려 보자는 것이었다. 그리고 그 해 7월 31일 총선 후 가을에 대법원은 오토 브라운의 프로이센 정부를 복귀시켰다. 그러면서 대통령의 긴급명령은 정당하다고 결정하였다. 저물고 있는 바이마르 공화국에서 코메디 같은 판결이었다.

그 달 31일 총선거가 실시되었다. 국가사회주의노동자당 즉 나치당이 37.27%로 1당이 되어 의석 230석을 확보하여 제1당이 되었다. 나치당은 바이마르 공화국 선거 사상 최다득표와 최다 의석 확보를 과시하였다. 역대 최고는 1919년 제헌의회 선거에서 사민당이 거둔 37.75%, 165석이었다. 바이마르 공화국의 역대 총선거에서 1당의 지위를 빼앗겨 본 적이 없는 사민당은 지난번 선거 때보다 득표율이 감소한 21.58% 득표에 133명의 의석으로 2당이 되었다. 그리고 공산당은 지난번 선거보다 득표율과 의석 모두 늘어난 14.32% 득표에 89석 확보의 성과를 거두었다. 나치당과 공산당을 합치면 득표율과 의석 모두 과반수가 넘는다. 대중들이 양극단을 선택한 것이다. 이들 대중은 바이마르 공화국 수립 이래로 정당이 제대로 정부를 구성하지 못하였고 그리고 최근 몇 년 동안은 그나마도 정당 간 타협에 이르지 못하여 약체의 대통령 내각이 아무 것도 못하는 것을 보아왔다. 그리고 지난 선거까지 1당을 유지해온 사민당이 지도력을 발휘하여 정국을 주도하지 못하고 연정 유지에만 급급해온 것을 목도한 것이다. 그런 가운데 경제는 절망적으로 빠지면서 거리에는 실업자와 정치 세력 간의 폭력이 난무하고 있지 않는가?

그렇지만 이런 선거 결과를 각 정당은 달리 해석하면서 연립 정부 구성에 성공하지 못했다. 당시로서 이상적인 것은 사민당을 중심으로 한 좌우 온건 소수 연립정부였겠지만 쉽지 않는 상황이었다. 그리고 제1당 나치당은 지난 선거에 이어 수직상승하고 있어서 다음에는 단독집권이 틀림없다고 확신하고 있는데 연립정부 구성에 참여하겠는가. 실제로 나치당은 단독 정부 구성을 주장하고 있었고 우파 정당은 나치당에 등을 돌리고 있어서 실제 나치당이 정부 수립에 나선다 해도 실현은 불가능했다. 사민당을 주적으로 삼아 공격하고 있으며 역시 상승세에 있는 공산당이 사민당 중심의 연립정부 구성에 응할 리가 없었다. 결국 9월에 공산당이 파펜 총리 정부 불신임안을 제출하였고 이에 나치당이 동의하면서 과반수를 훨씬 넘게 되어 그 해 11월에 다시 총선이 치러졌다.

이 때 힌덴부르크 대통령은 측근 파펜을 보호하고자 의회 해산 안을 제출하도록 하였다. 대통령 비상대권으로 통치하고자 하였던 것이다. 그러나 당시 괴링 의장이 먼저 제출된 의회 해산안을 무시하고 불신임안을 처리하여 파펜 정부는 절차상 문제를 제기하여 정부가 해산되지는 않았다. 쿠르트 폰 슐라이허(Kurt Ferdinand Friedrich Hermann von Schleicher)는 힌덴부르크에게 의회에서 압도적으로 불신임한 총리를 해임하고, 의회를 해산한 뒤 재선거 없이 비상대권으로 통치하면 곳곳에서 폭동이 벌어질 것이고, 병력이 10만에 불과한 독일국방군(Reichswehr)은 이를 방어할 능력이 없다고 조언하였다.

그런데 공산당과 나치당의 이런 행동은 두 당 간의 전략 합의에 따른 것이 아닌가라는 의심이 들 정도다. 작센 주의회 공산당 의원 쿠르트 알프레드 진더만(Kurt Alfred Sindermann)은 "볼셰비즘과 파시즘은 자본주의와 사회민주당 파괴라는 공통의 목표를 가지고 있다"라고 선언하기까지 하였다.

1932년 가을 공산당의 울브리히트와 나치당의 괴벨스가 공동으로 조직한 베를린 운수노동자 파업
출처: 사민당 150년 홈페이지(www.150-jahre-spd.de)

그런 흐름에서인지 그 해 가을 공산당 베를린 책임자 울브리히트(Walter Ulbricht)[12] 와 나치당의 요제프 괴벨스(Josef Goebbels)가 함께 베를린 운수노동자 파업을 요청하였다. 사민당의 표현처럼 바이마르 공화국에 대한 돌격이며 사회민주주의에 대한 투쟁이었다. 두 당은 바이마르 공화국과의 투쟁이 최종 단계에 와 있다고 판단하고 있었다. 당시 파펜 정부의 경제 위기 중 임금 삭감 계획에 따라 베를린 교통공사(BV)에서 시간 당 임금 삭감 계획을 수립하였다. 이를 기회로 양당이 공동 투쟁 본부를 개설하여 파업에 나섰던 것이다. 파업 참여자 3명과 일반인 여성 한 명이 사망하였다. 공산당은 모스크바에 긴밀한 연대의 증거로 인사 메시지를 보냈다. 나치당의 괴벨스는 노동자들에게 나치당이 진정한 국가사회주의자라는 확신을 주고자 하였다.

파업은 실패로 끝났지만 공산당은 '붉은 금요일'을 자축하면서 11월 6일의 총선을 기대하였다. 양당의 총선 전 이벤트가 끝난 것이다.

---

12) 동독 창건자

1932년 11월 6일 치러진 선거는 나치당의 대패로 끝났다. 물론 33%의 득표율로 여전히 높은 성과를 내기는 했으나, 히틀러의 비현실적인 야망으로 더 이상의 집권희망이 사라졌다고 판단한 유권자들, 그리고 무엇보다도 후원자들이 이탈하기 시작했다. 히틀러가 떠오르는 스타였지만 결국 나치당은 근본적으로 군소정당이었다. 2%의 득표율을 37%로 불리고 300만 돌격대를 키우느라 나치당은 단시간에 막대한 비용을 사용했으며, 특히 3년간 대선 총선 도합 4번이나 선거를 치르면서 빚이 잔뜩 늘어났다. 아무리 자금 지원을 해도 집권하지 못하자 후원이 줄어들었다. 후원이 줄어들자 선거자금 투입이 예전만 못하고 자금을 제대로 투입하지 못하니 득표가 줄어드는 것이다.

공산당은 파업에서 조직을 동원하여 힘을 과시한 결과 이번에도 약진하였다. 14.32%, 89석으로 득표와 의석 모두 증가하였다. 사민당은 공산당과 나치당 양당의 협공에 의한 것인지 대중들이 기득권 세력으로 본 것인지, 아니면 실업이 절정으로 치닫고 있는 사회정치적 불안 상황에서 아무런 대안을 제시하지 못하고 무기력하게 현실에 끌려 다닌 탓인지 4달 만에 치러진 선거인데 득표와 의석 모두 감소하였다.

총선 전에 힌덴부르크는 히틀러에게 나치당이 의회 과반수를 획득하면 총리에 임명하고 그렇지 못할 경우 대통령 명령으로 파펜을 총리에 임명하고 부총리에 임명하겠다고 제안했다. 히틀러는 이 제안을 거부하였다. 의회 과반수 확보 정당이 없는 이 총선 결과로 쿠르트 폰 슐라이허 총리 정부가 탄생하였다.

슐라이허 총리는 정부에 참여하는 여러 까다로운 세력들을 통합하여 의회의 지지를 확보하고자 하였다. 그래서 그는 사민당 계의 노동조합, 기독교 노동조합, 그레고어 슈트라써(Gregor Strasser)가 이끄는 나치당의 좌파 그룹과도 접촉하였다. 당시 슈트라써 세력은 나치의 집권이 무망하다고 보고 이런 접촉에 적극적으로 나섰지만 이들은 이미 당 내에서 히틀러 세력에게 밀려나 있었다. 결국 슐라이허 총리는 양 측으로부터 외면당하고 파펜 전 총리의 이야기에 귀를 기울인 힌덴부르크 대통령의 불신도 받게 되었다. 대통령은 자신이 싫어하는 사민당과의 접촉과 의회 내 세력과의 비밀 접촉 등에 관하여 총리를 의심하였다.

슐라이허의 임기 중에 프로이센 동부의 토지귀족들이 대통령에게 몰려와서 총리의 농업 보조금 삭감 정책에 항의하였다. 의회에선 대통령 측근들 농업보조금 스캔들이 터졌다. 이런 어수선한 분위기 속에서 전총리 파펜은 힌덴부르크 대통령에게 인민당과 연대하여 히틀러를 총리 임명을 촉구하였다. 파펜은 히틀러 밑에서 부총리를 지낸 것을 보면 히틀러와의 결탁이 있었던 것으로 보이며 힌덴부르크는 적어도 나치를 제어할 수 있다고 보았던 것 같다. 그리고 나치당의 지지도 1932년 7월 총선을 정점으로 내리막길을 가고 있다고 보았을 것이다. 파펜의 주선으로 슐라이허 몰래 힌덴부르크와 히틀러는 비밀리에 만났다. 그리고 힌덴부르크는 의회를 다시 해산하자는 슐라이허의 요청을 거부하고 1933년 1월 30일 대통령은 슐라이허를 해임하고 히틀러를 총리에 임명하였다.

그러나 이 정부는 나치당과 인민당 등의 우파 연립정부였다. 이 정부에 나치당은 총리 히틀러를 포함해 장관이 3명뿐이었다. 프리크(Wilhelm Frick)가 내무장관, 헤르만 괴링이 무임소장관 및 신설되는 항공교통장관, 프로이센 주 내무장관을 겸직했다. 히틀러와 나치로서는 지지율 하락과 재정적 어려움 그리고 베를린 파업에서 속내를 드러낸 상황에서 정치적 생존을 위해서 정부 참여가 필요했다. 그리고 파펜의 입장에서는 총리로서 정부를 구성하는 경우 불신임이 예상되는 상황에서 양자 간의 정부 수립은 쉽게 타협을 본 것 같다. 이런 약체 정부 구성을 앞에 두고 제2당 사민당이나 제3당 공산당도 힌덴부르크 대통령이나 파펜 모두 히틀러와 나치당을 과소평가 하고 통제가 가능하다고 보았던 것 같다. 그러나 이들은 프로이센 쿠데타에서 교훈을 얻지 못하였다. 중앙정부의 내무부 장관, 프로이센 주의 내무부 장관의 위력을 제대로 파악하지 못했던 것이다.

빠르게 권력 장악에 나선 나치당은 집권과 동시에 의회를 해산하고 총선을 통하여 권력 강화를 노렸다. 선거를 불과 1주 앞둔 2월 27일 네덜란드 출신 공산주의자가 독일 국회의사당에 불을 질렀다. 의회 의장 괴링은 화재가 공산주의자들의 소행이라고 선언했다. 히틀러 총리는 이 기회를 놓치지 않고 힌덴부르크 대통령에게 헌법 상 인권 조항 대부분을 폐지하는 의회 방화에 관한 법령(즉 비상사태법)에 서명할 것을 강요하였다. 이어서 에른스트 텔만 공산당 당수를 포함한 공산당 간부 4,000여명을 체포하였다. 이런 비상사태 하에서 선거 결과는 뻔한 것이었다. 그리고 선거운동 기간 중 나치당의 호소는 이 선거의 목적을 분명히 하였다. 나치당은 독일에 공산주의 혁명이 임박했으며, 이를 막아낼 수 있는 유일한 '전권위임법'을[13] 제정하여 이를 시행하는 것뿐이라고 주장했다. 즉, 전권위임법 제정을 위해 나치당의 의석을 늘려달라는 것이었다. 전권위임법은 총리가 의회의 동의 없이 비상입법권을 가지는 것으로 헌법 개정에 해당하는 사항으로 의회 재적의원 3분의 2출석에 3분의 2의 찬성이 필요하였다.

---

13) 전권위임법(수권법: Das Ermächtigungsgesetz)은 5개조로 구성되어 있으며 내용은 다음과 같다.

제1조 제국법은 헌법에 정해진 절차 이외에 제국 정부에 의해서도 제정될 수 있다. 이는 제국 헌법 제85조 2항 및 87조에 규정된 법률에도 적용된다.

제2조 제국 정부가 제정하는 법률은 동법이 제국의회와 제국참의원의 조직에 관하여 영향을 주지 않는 한 제국 헌법에 합치하지 않을 수 있다. 제국 대통령의 권한에는 변함이 없다.

제3조 제국 정부에 의해서 제정되는 법률은 제국 총리가 제정하고 제국 내각이 이를 공포한다. 동 법률은 다른 규정이 없는 한 공포 당일, 그 효력이 발생한다. 제국 헌법 제68조에서 제77조의 조항은 제국 정부가 제정하는 법률에 영향을 주지 않는다.

제4조 제국이 제국 법률에 영향을 주는 외국과의 조약 체결 시 입법부의 동의를 요하지 않는다. 제국 정부는 동 조약의 시행에 필요한 명령을 제정한다.

제5조 본 법은 공포 당일에 시행한다. 본 법은 1937년 4월 1일 또는 현 제국 정부가 다른 정부로 변경될 때 그 효력을 상실한다.

제5조에 따라 형식상 이 법률은 1937년 1월 1차 연장, 1939년 1월에 2차 연장, 1943년 5월에 총통령으로 무기한 연장되었다. 1945년 9월 20일, 연합국 관리위원회에 의해 폐지되었다

그런데 1933년 3월 6일 총선에서 나치당이 3분의 2는커녕 과반수도 확보하지 못했다. 즉, 43.91% 득표에 233개 의석 확보였다. 나치당은 국민당과 연립정부를 수립하였다. 그리고 예정대로 전권위임법안을 제출하였다. 표결은 3월 23일에 있었다. 공산당 의원은 체포되고 26명의 사민당 의원들은 연금되거나 잠적하여 표결에 참석할 수 없었다. 제복의 나치 돌격대가 회의장 길에 늘어서서 공포 분위기를 조성하였다. 표결에 참석한 94명의 사민당 의원 외 모든 정당 소속 의원들이 전권위임법안에 찬성하였다.

사민당 대표 오토 벨스가 동료 의원들을 향해 반대연설을 하였다. "우리 독일 사회민주당은 이 역사적 순간에 휴머니즘과 정의, 자유, 사회주의 원칙을 엄숙하게 밝힌다… 전권위임법이 여러분들에게 영원불멸의 이념을 없앨 수 있는 힘을 주지는 못한다… 우리의 목숨을 뺏을 수는 있어도 우리의 명예는 빼앗지 못한다."

전권위임법 시행으로 모델 헌법인 바이마르 헌법의 효력이 정지되고 바이마르 공화국은 종언을 고했다. 힌덴부르크 대통령 사후 히틀러가 법을 초월하는 전권을 장악한 총통으로 취임하고 광기의 제3제국이 열리고 제2차 세계대전으로 치달았다.

여하튼 바이마르 공화국을 지켜내지 못한 사민당에게는 고통의 세월이 찾아왔다. 저항의 기반을 없애기 위하여 여러 달에 걸쳐 수천의 사민당원들이 테러 당했다. 나치당 친위대는 정치적 반대자를 잡아가둘 수용소를 설치하였다. 5월 10일 사민당 기구가 해체되고 6월 21일 모든 정치활동이 금지되었다. 그리고 7월 14일 사민당은 해산 당했다. 당원들은 납치되어 투옥되고 살해되었으며, 일부는 해외로 망명하였다. 전후 사민당을 재건한 지도자 쿠르트 슈마허도 망명을 거부하고 1933년~1945년까지 12년간 뮌헨 외곽의 '다하우 수용소'에서 8년을 포함해 10년을 감옥에서 보냈다.

1934년 1월 24일 프라하에서 오토 벨스, 한스 포겔과 루돌프 힐퍼딩이 망명 사민당 지도부를 구성하고, 망명 사민당 강령인 "프라하선언"[14]을 발

1934년 1월 24일 면도 포장지로 위장한 망명 사민당의 프라하선언
출처: 사민당 150년 홈페이지(www.150-jahre-sod.de)

표하였다. 반파시스트 투쟁 선언이었다.

"국가사회주의 독재는 독일을 야만과 야수로 몰아넣었다. 독일 국민은 극한 치욕에 휩싸여 있다. 그러나 히틀러의 통치는 수치일 뿐만 아니라 독일에 대한 위협이며 모든 다른 국가 국민의 자유와 문명에 대한 폭력적 위협이다. 독재는 종족적 우월감과 힘의 추구 속에 독일 민족주의를 끓어오르게 하였다. 이는 젊은이들을 군사주의적 공격성으로 오염시키고, 모든 정신적, 물질적 자원을 광적인 재무장에 이용하고 있다…"

"파시스트 야만에 반대하여 우리는 인류의 위대하고 영원한 이념을 위한 투쟁을 지도한다. 우리는 중세적 구속을 극복한 이래 위대한 역사적 발전의 담당자이고, 우리는 르네상스와 인본주의, 영국과 프랑스 혁명의 영

---

14) "Prager Manifest, Grundsatzprogramm der SPD", www.fes.de. 독일사민당SPD의 기본강령은 1934년 1월 28일자 당 기관지 "새로운 전진 Neuen Vorwärts"에 게재되었으며, 면도기 화물 속에 위장하여 파시스트 독일에 불법적으로 밀반입되었다. 위장용 문서의 머리글과 마무리 글귀는 이탤릭체로 되어 있다. 선언은 "자기면도의 기술, 남성미용의 새로운 길"(Dic Kunst des Selbstrasierens Neue Wege männlicher Kosmetik)이란 위장으로 시작된다.

원한 전승의 유산이다. 우리는 자유 없이 살기를 원하지 않으며, 우리는 자유를 쟁취할 것이다. 계급지배 없는 자유, 인간에 대한 인간의 모든 착취와 모든 지배를 완전히 지양하기 위한 자유!"

"희생의 피는 헛되이 흘리지 않았다!"

"독일 노동자여, 당신들이 잃어버릴 것은 노예의 사슬밖에 없다. 하지만 자유와 사회주의의 세계를 얻을 것이다!"

"독일 노동자여, 민족사회주의 독재를 타도하기 위한 혁명투쟁에서 하나가 되자!"

"사회주의를 위한 자유를 통해서, 자유를 위한 사회주의를 통해서!"

"독일의 혁명적 사회주의여 영원하라, 인터내셔널이여 영원하라!"

2차 대전이 일어나 체코슬로바키아가 나치 독일에 점령되자 망명 사민당은 1938년 파리로 그리고 파리 함락 이후 런던으로 갔다.

| 제3장 | 종전과 분단 그리고 사민당 재건

1. 마르크주의 사민당 재건과 서독 탄생

　1945년 5월 8일 나치스 독일이 무조건 항복함으로써 끔찍스런 제2차 세계대전은 끝났다. 1933년 전권위임법 통과와 그 이후의 탄압과 정당 해산으로 독일 국내에서 종전까지 12년 동안 정치는 없었다. 전쟁과 패전을 책임져야 할 히틀러와 그의 측근들은 살아남은 독일인들에게 폐허와 절망을 남겨둔 채 자살하였다.

　공산당은 1925년 대통령 선거에서 반 힌덴부르크 후보 단일화에 반대하여 에른스트 텔만이 출마하여 1차 투표 및 결선투표까지 참여하여 힌덴부르크의 당선에 그리고, 1932년 대선에서 역시 끝까지 참여하여 히틀러의 부상에 기여하였다. 그리고 1932년 공산당은 나치당에 협력하여 파펜 내각을 몰아내고 11월 총선으로 나가게 하였고 총선에 앞서 나치당과 함께 베를린 교통공사 파업을 주도 하면서 나치당, 히틀러의 집권의 길에 주단을 깔아주는 역할을 했다 해도 과언이 아니다. 공산당은 1920년 나치당의 24개조 강령에 반유물주의를 분명히 내세우고 있고 1930년 총선에서 공약으로 공산주의 척결, 반유대주의, 베르사이유 조약 파기를 내걸고 있던 것을 잊었던가?

　나치당 집권 후 제일 타겟은 공산당이었다. 앞에서 언급하였듯이 전권위임법 표결 의회에는 의회 방화 사건으로 공산당 의원은 체포된 상태에서 열렸다. 공산당 지도자 텔만도 그 때 4,000명의 공산당 당원들과 함께 체포

되어 11년간 독방에 감금되었다가, 1944년에 히틀러의 명령으로 부헨발트 강제수용소에서 총살되었다.[1]

사민당 세력의 중심지는 세 군데였다. 첫째는 쿠르트 슈마허(Kurt Schmacher)가 창설한 사무국(Büro)이 위치한 하노버였고, 둘째는 1946년 2월까지 독일로 귀국하는 허가를 받지 못한 에리히 올렌하우어(Erich Ollenhauer)를 대표로 하는 당집행위원회의 망명지였던 런던, 그리고 마지막은 1933년에 불법화된 당의 합법적인 후계자임을 주장했던 오토 그로테볼(Otto Grotewohl)의 '중앙위원회'가 있는 베를린이었다.

베를린의 중앙위원회는 당 내 분규의 중심이 되었다. 슈마허는 베를린 중앙위원회의 당 전체에 대한 대표성을 인정하지 않고 소련 점령지역의 대표성만 받아들였던 것이다. 이런 당내 싸움에서 슈마허가 승리하였다. 그나마 그로테볼이 소련 점령 당국의 요구에 따른 사민당과 공산당의 합당에 동의하면서 동독 내 사민당이 소멸하면서 베를린 중앙위원회는 없어졌다.

이런 과정과 투쟁을 통하여 1차 대전 참전 용사로 한 쪽 팔이 절단되었으며, 나치 치하에서 8년 동안 투옥을 포함하여 모진 고생을 겪은 불굴의 투사 슈마허는 이제 서부 독일에서 누구도 감히 이의를 제기할 수 없는 사민당의 지도자가 됐다. 하노버에서 열린 1946년 5월의 재건당대회에서 그는 위원장으로 선출됐고, 런던에서 돌아온 올렌하우어가 부위원장이 되었다. 망명 사민당은 프라하, 파리, 런던에서 활동하였지만 10여년의 세월이 가면서 많은 지도부 인사들이 사망하였다. 전권위임법 표결 시 반대연설을 하였던 오토 벨스는 1939년 파리에서 사망하였다. 그리고 아르투르 크리스피엔도 이미 70의 고령으로 그는 1946년에 사망하게 된다. 그리고 프로이센 쿠데타 당시 주 지사였던 오토 브라운은 1933년 의사당 방화사건 당시

---

1) 부헨발트(Buchenwald)는 바이마르에 있다. 나치 치하의 최대 강제수용소가 있었다. 아이러니 하게도 제2차 나치당 전당대회가 열린 곳이 바이마르였고 바이마르 공화국을 잠재운 후에 나치 반대 정치인을 가두는 최대의 강제수용소도 바이마르의 부헨발트에 있었다.

망명하여 오스트리아, 파리를 거쳐 전후에 스위스에 살고 있었다.

아무튼 슈마허의 사민당은 불법화되기 이전 1933년의 기초 위에 재건되었다.

그런데 종전 후 독일은 모스크바회담, 얄타회담에서의 합의에 따라 최고통치권은 전승 4대국 연합군 관리위원회가 가지는 4개국의 분할 점령 하에 들어갔다. 그리고 독일 점령에 관하여 미국, 영국, 소련 정상이 모여 합의한 포츠담 협약에 따라 '전체로서의 독일과 베를린 문제'에 대해서는 전승국인, 미국, 영국, 프랑스, 소련의 4대국이 최종결정권을 가지기로 하였다. 영토는 축소되었다.[2] 그러나 구체적으로 어떻게 통치할 것인가에 관해서

---

2) 1945년 2월 4일부터 2월 11일까지 소련 흑해 연안에 있는 크림 반도의 얄타에서 미국의 프랭클린 루스벨트 대통령, 소비에트 연방의 요시프 스탈린 서기장, 영국의 윈스턴 처칠 총리가 모여 나치 독일의 제2차 세계 대전의 패전과 그 관리에 대하여 의견을 나누었다. 여기 독일의 미국, 영국, 소련, 프랑스 4개국 분할 점령, 전범재판 설치 등이 합의, 결정되었다. 영토에 관해서는 몰로토프-리벤트로프 조약에 규정된 폴란드 동부 대부분 소련에 병합, 그 대신 폴란드에게는 독일 동부 지역 일부를 주기로 합의하였다. 우크라이나, 벨로루시가 각각 폴란드 동부 영토 일부를 얻게 되었다. 이 때 결정된 독일 전체와 베를린에 관한 4대국 최종결정권은 독일 통일 때까지 살아 있었고, 이 때 정해진 영토는 통일 후에 그대로 인정되었다. 구체적 사항은 독일 점령 후 1945년 7월 17일부터 8월 2일까지 포츠담에서 열린 회의(포츠담 회담)에서 결정되었다. 요시프 스탈린, 윈스턴 처칠, 클레멘트 애틀리에, 그리고 신임 미국 트루먼 대통령이 참석하였다. 여기서 합의된 독일 관련 사항은 다음과 같다.

연합군 소위 4-D 정책 즉 비무장화(Demiliterization), 비나치화(Denazification), 민주화(Democratiztion), 카르텔 해체(Decartelization) – 어떤 논자들은 카르텔 해제 대신 탈중앙집권화(Decenralization)을 들기도 한다 – 등의 독일 점령 정책 원칙에 관한 성명서 발표.
- 독일과 오스트리아 얄타 합의에 따라 4개 구역으로 분할점령, 각국 수도인 베를린과 비엔나 4개 구역으로 분할점령
- 나치 전범 재판
- 국경 변경
  주데텐, 알자스-로렌, 오스트리아와 폴란드 서부 등 1차 대전 후 독일에 의한 병합 취소

는 구체적으로 합의된 것이 없었다. 다만 유럽의 평화를 헤치는 진원지인 독일의 힘을 약화시키는 데는 모두 합의하였다. 얄타회담에서 기본 원칙에 합의하고 전후에 포츠담에서 열린 회의에서 재확인하고 이를 구체화하였다. 동부의 영토 일부를 떼어 폴란드에 주고 서부의 알자스-로렌을 프랑스에 귀속시켜 나치 독일이 대외 침략으로 나오기 전인 1937년의 영토에서 25%를 줄였다. 그리고 독일의 경제력을 약화시켜 독일인의 생활수준의 유럽 평균 이하로 유지하고 군수산업으로 전환될 수 있는 조선을 비롯한 중공업을 해체하고 독일을 경공업과 농업 중심의 국가로 전환하기로 합의하였다.

전승 4대국이 독일을 접수하면서 독일 국가를 없애는 것은 아니라고 했지만 언제 어떻게 어떤 형태로 독일 국가를 구성할 것인가에 관해서는 일체 합의된 바가 없었다. 문제는 냉전의 싹이 자라나고 있다는 것이었다. 이전에도 전승 4대국 간에는 점령을 대하는 입장이 서로 달랐다. 소련은 2차

독일 동부 국경은 오데르-나이세선으로 후퇴(1937년 국경 대비 약 25% 감소). 새 국경의 동쪽 지역 동 프로이센, 실레지아, 서부 프로이센 및 포메라니아의 2/3로 구성. 독일의 새로운 동쪽 국경 너머의 독일주민의 "질서 있고 인도적인" 추방. 폴란드, 체코슬로바키아, 헝가리에서 유고슬라비아를 제외한 소련에 대한 독일의 점령지에서의 전쟁 배상. 독일 평화 경제에 불필요한 서부지역의 산업 역량의 10%는 2년 안에 소련에 이양.
- 독일인의 생활수준을 유럽 평균 이하 유지. 이의 유지를 위한 해체 대상 산업 종류와 규모 추후 결정.

독일 산업 중 군사 잠재력을 가진 모든 산업의 파괴 또는 통제. 모든 민간 조선소 및 항공기 공장을 해체 혹은 폐기. 금속, 화학, 기계 장치 등과 전쟁 잠재력과 관련된 모든 생산 능력은 연합국 관리위원회에 의해 결정되는 최소 수준으로 감축. '잉여' 생산 능력은 배상이나 다른 방법으로 폐기. 모든 연구와 국제 무역 통제 경제 분산. 또한 농업과 평화로운 국내 산업에 중점을 두는 경제로 재구성.
독일 경제는 농업과 경공업 중심 경제로 전환.
수출은 전전 수출의 대부분을 차지하는 중공업 제품에서 석탄, 맥주, 완구, 직물 등으로 대체.

세계대전으로 2,700만 명이 희생된 나라였다. 1차 대전, 혁명 후 열강의 무력간섭을 겪은 국가로 국가의 안전은 어느 나라보다도 절실하였다. 무엇보다도 1919년 이후 코민테른을 주도하면서 프롤레타리아 세계혁명을 주도하고 있는 국가였다. 이미 동유럽 대부분을 점령하고 있었다. 후에 드러나지만 그 연장선상에서 독일의 동부 지역을 점령하고 있었다. 무엇보다도 최대의 희생자를 냈다는 것이 소련의 발언권을 뒷받침하였다. 스탈린그라드 전투에서 보듯이 이런 희생으로 나치 독일 무력을 동부

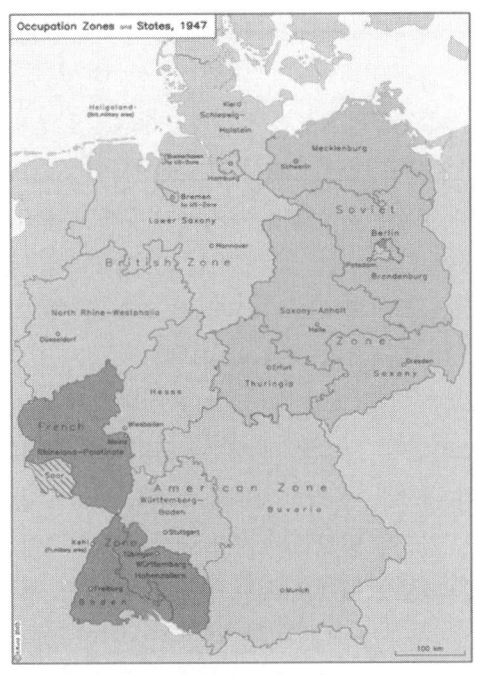

전승 4강국의 독일의 분할 점령
출처: IEG-Maps, Institute of European History, Mainz / © A. Kunz, 2005

전선에서 묶어두고 끝내는 격파하였기 때문에 유럽의 2차 대전 승리에 기여한 소련의 발언권을 누가 막을 수 있었겠는가?

전승국이라지만 프랑스는 승전국에 포함되기에는 어폐가 있는 나라지만 1870년 이후 3번째로 독일의 침략을 받았다. 독일의 힘이 팽창한 경우 늘 첫 희생자에 가까웠다. 그리고 그 때마다 알자스-로렌 지방을 빼앗겼다. 그리고 근대 이후 유럽의 사상과 문화의 발신지로서의 자부심에 번번이 상처를 받았다. 나라의 안전을 위하여 독일과 관계를 어떻게 끌고 가야 할 것인가가 독일 통일 이후 프랑스 대외 정책의 첫째 과제였다.

영국은 대륙국가가 아니다. 대륙 문제에 개입하지 않는 것이 가장 바람

직하였다. 그렇지만 1차 대전 전까지는 확실한 패권국가였다. 영국의 경제적 이익에 유리하게 세계 정치를 관리할 수 있었다. 그러나 19세기 말 특히 20세기에 들어오면서 동방문제라는 이름의 지중해 동부 지역 문제에 직접 개입하여 때로는 전쟁에도 참여하였다. 결국은 1차 대전, 2차 대전 두 차례의 세계대전 발발을 저지하지 못하고 전쟁에 참여하여 영국으로서는 생각조차 할 수 없는 피해를 입고 패권도 미국에 양도하여야 했다. 유럽을 대표하여 유럽의 안전을 위하여 점령에 참여하였다.

미국은 유럽 국가도 아니다. 어떻게 보면 유럽에서 일어난 전쟁의 수혜자다. 인명 피해는 있었지만 1차 대전을 통하여 확실한 강대국 클럽에 가입하였다. 그리고 바이마르 공화국의 안정화와 붕괴 과정에서 보았듯이 유럽은 모두 미국의 채무국이었다. 뒤늦게 참전하였지만 소련까지 미국의 무기 원조를 받았듯이 전장 어디서나 미국의 돈 냄새를 맡을 수 있었다. 막강한 자본을 배경으로 한 진정한 해방자로서 미국은 독일 점령에 참여하였다. 이렇듯 2차 대전 마무리의 주역은 미국과 소련이었다. 이런 사정은 얄타회담, 포츠담에서 확인되었다.

얄타회담과 포츠담회담 합의 사항은 전쟁의 직접 피해자인 소련과 프랑스의 피해 회복과 안전보장을 위한 사항이 많이 반영되었다. 그런데 영토 변경, 산업 해체, 전범재판 등 독일 향후 위협 요인을 제거하였다고 하지만 이는 과거의 행위에 대한 단죄다. 유럽과 세계의 안전보장과 세계평화를 위하여 독일의 미래에 관한 합의는 없었다. 크게는 포츠담이나 얄타회담 그리고 발족될 국제연합에서 논의되고 그 시행에 관해서는 구체적으로 연합국 즉 전승 4대국 관리위원회가 결정하고 집행하는 구조인데 이런 구조에 문제가 생기기 시작한 것이다.

1946년 2월 소련의 정책을 분석한 주 모스크바 미국 대사관 참사 조지 케넌(George F. Kennan)의 소위 "긴 전보"(The Long Telegram)[3]가 소련의 대

---

[3] 미국의 소련 포위 정책의 근거가 되는 후에 1947년 7월에 'x'라는 필명으로 "포린 어페어스"(Foreign Affairs)에 게재된 논문 "소련 행동의 원천"(The Sources of Soviet

외 정책에 대하여 경계경보를 울리고, 그 해 3월 미국을 방문한 처칠이 풀턴에 있는 웨스트민스터 대학에서 명예박사 학위를 받는 자리에서 트루먼 대통령 앞에서 행한 연설에서 "유럽에 '철의 장막(Iron Curtain)'이 드리워졌다"고 주장하면서 소련의 팽창을 저지하기 위하여 "영어 사용 국민들 간의 형제애적 단결"을 호소하였다. 냉전 아니 미국과 소련의 대립이 수면 위로 부상하고 있었다. 1947년 3월 미국이 '전체주의 정권들'을 상대로 자유국가의 방위를 지원해야 한다는 원칙을 담은 "트루먼 독트린"이 발표되었다. 소련은 트루먼 독트린을 소련 지배지역 및 소련 확장에 대한 미국의 공공연한 위협으로 간주했다.[4] 미국을 중심으로 하는 자본주의와 소련을 중심으로 하는 공산주의의 대립구도가 분명해지고 있었다.

실제 소련은 2차 대전 후 동유럽을 점령하면서 소련에서 데리고 온 공산주의 인사들을 중심으로 공산주의 국가를 수립하였다. 폴란드의 경우 소련의 지원을 받고 있던 폴란드 인민해방위원회가 런던에서 나치스 독일을 상대로 투쟁을 벌여온 폴란드 망명정부를 밀어내고 1947년에 공산당 정부를 세운 후 1948년에 폴란드인민공화국을 수립하였다. 1947년에 헝가리인민공화국, 1948년에 체코슬로바키아인민공화국 등 전 지역에서 공산당 정부가 수립되었다.

Conduct)의 바탕이 되는 글이다. 이 전문은 다음의 내용을 담고 있다. 소련의 세계에 대한 시각은 "소련은 여전히 장기적으로는 영구적인 평화 공존이 있을 수 없는 대립적인 '자본주의 포위' 속에 살고 있다"는 것이다. 그리고 "소련과 이의 해외 벗의 노력은 자본주의 강대국 간의 이견과 갈등을 심화시키고 이를 이용하는 것을 목표로 해야 한다… 이런 이견과 갈등이 깊어져서 끝내 '제국주의' 전쟁으로 간다면, 이 전쟁은 여러 자본주의 국가 내에서 혁명적 격변이 될 것이다… 해외의 '민주주의적 – 진보적' 분자들을 최대한 이용하여 자본주의 정부에 소련의 이익에 맞는 노선을 취하도록 압력을 가하게 해야 한다… 해외의 사회주의 및 사회민주주의 지도자들에 대한 가차 없는 전쟁을 벌여야 한다…"

4) 해리 S. 트루먼 대통령이 1947년 3월 12일 의회에 보낸 교서: 주한미국대사관 (https://kr.usembassy.gov)

포츠담 회담(1945. 7. 17.- 8. 2.)
에틀리 영국 총리, 트루먼 미국 대통령, 스탈린 소련 서기장
출처: Bundesarchiv, Bild

아시아에서는 1948년 8월 15일 미군이 점령하던 한반도의 남쪽에 대한민국이 출범하고 9월 9일 소련군이 점령하던 북쪽에 조선민주주의인민공화국이 출범하면서 분단과 대립의 관계가 설정되었다. 그리고 1949년 10월 내전에서 승리한 모택동이 이끄는 중국공산당이 중화인민공화국 수립을 선포하였다.

그리고 1949년 1월에 소련은 서방의 마셜 플랜에 대항하기 위하여 상호경제원조회의 즉 코메콘(COMECON)을 결성하였고, 4월에는 미국 주도의 북대서양조약기구 즉 나토가 창설되어 소련 세력권과의 군사적 대립 관계를 설정하였다. 세계적인 냉전구도가 일단 완성되었다. 그리고 이듬해인 1950년 6월 25일 한국동란이 발발하여 양 진영이 무력대결을 벌였다.

이런 미국과 소련의 대립 기조 아래서 독일은 분단으로 나가게 된다.

1947년 1월 1일부터 미국과 영국의 점령지가 바이존(Bizone)이란 명칭으로 통합되었다. 이 통합지역을 미국 점령군 사령관 클레이(Lucius D. Clay) 장군이 서독이라 불렀다. 그리고 4월 경제통합을 논의하기 위하여 모스크바에서 열린 연합국 외무장관 회담이 결렬되면서 통합 지역에 경제위원회가 구성되었다. 이 위원회는 기독교민주연합(CDU) 20명, 사민당 20명과 군소 정당 출신 위원으로 구성되어 프랑크푸르트에 상주하면서 경제, 우편, 재정, 농업 관련 법률을 제정하였다.

1948년 3월 미국, 영국, 프랑스가 단일 경제권을 구축하기로 합의하였다. 이에 반발하여 소련은 공동관리위원회에서 철수하였다. 이 해 6월에 서독 지역에 독일마르크(DM)화가 발행되었다. 이 마르크화의 베를린 반입에 반발하여 6월 24일 소련은 베를린으로 진입하는 모든 육로를 막아버리는 이른바 '베를린 봉쇄조치'를 취하였다. 이 봉쇄는 이듬해 5월 12일 풀렸다. 이제 분단은 돌이킬 수 없었다.[5]

---

5) 참고로 이런 분단화 과정을 한반도의 경우와 비교하면 양자가 아주 유사하다는 것을 알 수 있다. 1945년 8월 15일 일본의 무조건 항복으로 2차 대전이 끝나면서 미국과 소련이 한반도를 분할 점령하였다. 그 해 12월 모스크바에서 한반도 정책을 위한 미국, 소련, 중국 3국 외무장관이 회담을 열고 신탁통치 후 독립시키기로 합의하였다. 이를 구체적으로 협의하기 위하여 1946년 3월 미소공동위원회가 열리고 그 후 우여곡절 끝에 1947년 10월 이 위원회는 성과를 내지 못한 채 해산되고 말았다.
미소공동위원회가 휴회한 사이인 1946년 8월 24일 남조선과도입법의원의 창설이 발표되고 그 해 12월 12일 민선의원 45명, 지명의원 45명으로 구성된 남조선과도입법의원이 개원하였다. 독일에서처럼 미군정은 남한에서도 관선을 통하여 좌우의 균형을 갖추고자 하였다. 당시 소속 정당 별 구성을 보면 다음과 같다. 보면 좌파/온건파 31명(당선의원 0, 지명의원 31), 인민당 23명(당선의원 21, 지명의원 2), 독촉국민회의 16명(선출의원 13, 지명의원 3), 한독당 10명(선출의원 6, 지명의원 4), 무소속/친우파 10명(선출의원 5, 지명의원 5). 미군정이 당시의 남한의 정세를 고려하여 의원 지명을 통하여 균형을 맞추려고 한 것이다. 선거에서 좌우 양측의 협공을 받은 데다, 개원 후에도 협공과 혼란 속에 서독 지역과는 달리 제대로 역할을 하지 못했다.
북한 지역에서도 1946년 2월 8일 김일성 주도의 조선노동당 중심의 북조선임시인민위원회(1947년 2월 북조선인민위원회로 개칭)가 설립되었다. 1946년 3월 8일부터 그리고 베를린 봉쇄가 계속되는 동안인 1948년 7월 서방 측 점령당국이 서독 지역의 11개 주지사들에게 서방 3국 점령지구에 포츠담협정에 근거하여 헌법 제정을 위한 제헌의회 소집권한을 부여한다는 일명 프랑크푸르트 문서인 "독일의 장래 정치 발전을 위한 문서"(Dokumente zur künftigen politischen Entwicklung Deutschlands: Frankfurter Dokumente)를 전달하였다.6) 이에 근거하여 주 의회에서 선출되어 1948년 9월에 회의를 시작한 제헌의회는 기민련/기사연(CDU/CSU), 27명, 사민당(SPD) 27명과 3개 군소정당(독일당 DP, 공산당 KPD, 중앙당 Zentrum) 각 2명의 의원으로 구성되었다. 여기서는 통일을 염두에 두고 헌법(Verfassung)이란 용어 대신 기본법(Grundgesetz)이란 용어를 쓰기로 하고 제헌의회도 의회평의회(Parlamentarischen Rat)란 용어를 사용하기로 하였다. 의장으로는 기민련의 아데나워가 선출되었다. 기본법은 1949년 5월 23일 공포되었다. 독일연방공화국 즉, 서독 탄생은 새 정부와 점령국 당국과의 관계를 규정하는 "점령조례"가 발효된 9월이었다.7) 그리

북조선 임시인민위원회는 토지개혁과 주요 산업들을 국유화 등을 단행하기도 했다. 이렇듯 남북한은 각기 국가 창설로 나가서 남쪽에는 1948년 8월 15일 대한민국, 북한에서는 같은 해 9월 9일 조선민주주의인민공화국이 세워져 분단으로 나가게 된다.

6) "Dokumente zur künftigen politischen Entwicklung Deutschlands(Frankfurter Dokumente)", 1. Juli 1948; www.1000dokumente.de

7) 1949년 4월 6일 워싱턴에서 개최된 서방측 점령 3국 외무부장관회의에서 "새로 성립되는 서독 정부의 국가기관의 권한은 제한되며, 연합국은 비무장화, 비군사화, 루르 지방에 대한 배상, 복구, 카르텔 해체, 외교업무, 대외무역에 관한 통제권을 유보한다. 프랑스 점령지역은 미국과 영국 점령 지역에 통합된다"는 내용의 서방 점령 3개국의 권한과 새로이 수립되는 독일연방정부와 관계에 관한 "점령조례"(Besatzungsstatut)가 제정되었다. 이 점령조례에 따라 미국·영국·프랑스가 독일 내에서의 군대의 유지, 외교정책, 배상, 군축 등의 문제에 대한 통제권과 서독정부가 제정한 법률에 대한 거부권을 갖고 있었기 때문이다; "장래 독일정부와 연합국 통제당국 간의 권한과 책임 구분에 관한 점령조례"(Besatzungsstatut zur Abgrenzung der Befugnisse und Verantwortlichkeiten zwischen der zukünftigen deutschen Regierung und der Alliierten Kontrollbehörde, 10. Mai 1949); www.1000dokumente.de

고 그 해 10월에 독일민주공화국(Deutsche Demokratische Republik: DDR) 즉 동독이 창설되면서 독일 분단이 법제화되었다.

이런 전후 점령과 분단의 흐름 속에서 사민당 인사들이 당 재건을 위하여 움직이게 된다. 앞에서 언급하였듯이 점령 초기에는 전승 4대국의 점령정책이 명확하지 않았다. 모든 것이 통제되었다. 이 통제 정책 속에 정치와 정당 활동 금지도 포함되어 있었다.

소련 점령 당국은 일찍이 1945년 6월 10일 점령 지역에서 정당 활동을 허용하였다. 이는 앞에서 언급하였듯이 서방측과 달리 미리 점령 정책을 수립하였던 것으로 보인다. 이에 비하여 영국 점령지구에서는 1945년 8월 중순, 미국 점령지구의 경우 9월, 프랑스 점령지구에서는 12월에 정당의 활동이 공식적으로 허용되었다.

소련 점령지구에서는 사민당 지도자 쿠르트 슈마허의 맹렬한 반대에도 불구하고 오토 그로테볼(Otto Grotewohl) 주도로 1945년 6월 베를린에서 중앙위원회 형식으로 사민당이 재창당될 수 있었다. 그로테볼은 공산당과의 통합만이 사민당을 구할 수 있다고 판단하였다. 그는 원래 제1차 세계대전 후에 독일 독립사회민주당의 당수와 브라운슈바이크 자유주의 장관으로서 정치적 경력을 시작하였다. 1922년 독립사회민주당원의 다수가 사회민주당에 가입할 때 그로테볼도 사민당에 가입하였다.

그러나 서독지역의 경우 1945년 10월이 되어야 쿠르트 슈마허(Kurt Schumacher)를 중심으로 하노버(Hannover) 근처에서 독일 전체 사민당 임원들의 첫 회의를 소집할 수 있었다. 이미 여름에 재창당을 위한 강령 등을 마련하였고 이를 통해 공산주의자들과의 통일전선에 대해 경고를 하는 등 활동을 하고 있었다.

소련 점령지구에 독일 공산당 지도자 빌헬름 피크(Wilhelm Pieck)와 발터 울브리히트(Walter Ulbricht) 등이 망명에서 돌아왔다. 이들의 당면의 과제는 사민당의 해체였다. 코민테른의 주도자 요시프 스탈린은 "사회민주주의자들은 사회주의의 탈을 쓴 파시스트들이며, 국제 노동운동을 배신한 배신자들이다"라고 하였다. 그래서 독일 공산당은 바이마르 공화국 시절 사민당을 주적으로 설정하지 않았던가?

동독 지역 내에 재건된 그로테볼의 사민당 내부의 이런 흐름에 맞추어 1946년 12월 소련 점령 당국과 공산당은 같은 수의 사민당 대표를 참여시켜 양당의 통합을 의결하였다. 이어서 그로테볼의 사민당은 노동운동 통합 명분으로 1946년 3월 31일 베를린에서 공산당과 사민당 통합을 위한 사민당원의 찬반투표를 추진하였다. 이때 소련 당국이 동베를린 지역을 폐쇄하여 서베를린 지역에서만 투표가 실시되었다. 23,755명의 당원이 참여하여 19,529명이 양당의 즉각적 통합에 반대하였다.

이런 찬반투표 결과에 관계없이 피크와 울브리히트는 양당을 통합하여 '사회주의통일당'(Sozialistische Einheitspartei Deutschlands: SED)을 창당하였다. 이 당은 소련 공산당을 모델로 한 간부정당이었다. 이후 소련 점령 지역에서는 사회민주주의자에 대한 탄압이 뒤따랐다. 토지개혁이 실시되는 등 공산주의 국가 건설을 위한 길로 가고 있었다.

서방 지역 내에서는 슈마허를 중심으로 사민당은 1946년 5월 하노버에서 재건 당대회를 열고 당의 재건을 공식적으로 알렸다. 앞에서 언급하였듯이 쿠르트 슈마허가 당수로 선출되고 올렌하우어가 부당수로 선출되었다. 새로운 강령의 채택은 없었다. 당의 불법화 이전인 1925년 하이델베르크 강령이 여전히 유효하다고 본 것이다. 여기서 채택된 노선도 이와 맥을 같이 하고 있다. 즉, 다원주의 세계관에 바탕을 둔 민주주의 실현을 당의 목표로 하고 마르크스주의를 방법론 중의 하나로 규정하였다. 석탄, 철강, 은행 등 주요 산업의 국유화를 주장하였다. 그리고 강력한 중앙집권화를 추구하였다.

그런데 1945년 10월 슈마허가 키일에서 행한 연설 내용을 보면 슈마허 지도 체제 하에서 사민당의 노선을 알 수 있다. 사회주의는 노동계급만의 관심사항이 아니라 노동자와 농민, 소상인, 기업인, 그리고 전문지식인을 위한 것이다. 현재에 처해있는 경제적 이익에 관련된 기준에 따라 계획되고 운영되는 공익경제가 필요하다. 이를 위하여 경제에서 대규모 산업과 금융의 국유화, 그리고 대규모 토지의 재분배가 절대적으로 필요하다. 독점자본이 히틀러를 권력에 앉혔듯이 독일에서 자본주의와 민주주의는 공존할 수 없다.8) 그리고 그는 1946년에 공산주의와 결별을 선언하였다. 러시아의 민족주의적이고 제국주의적인 정책에 반대한다. (사민당과 공산당의) 통합은 오직 자주적인 당사자 사이에서만 가능한데, 독일 공산주의자들은 자주성을 상실하고 러시아의 애국자가 되었고, 독일과 사회주의의 뿌리는 2차적인 관심사항이 되었다. 그리고 사민당은 전승국의 외교정책을 위해 자신을 희생시킬 생각은 없다고 선언하였다.

이런 과정을 거쳐 당을 재건한 사민당은 메이저 정당으로서 앞에 언급한 제헌의회 즉 의회평의회에 참여하여 기본법 제정에 참가하였다. 여기서 슈마허의 사민당은 복지예산을 염두에 두고 강력한 중앙집권 국가 수립을 강력하게 주장하였다. 보수정파는 미국이 주장하는 연방정부안에 대체로 동의하였다. 국가 체제에 관하여 미국은 주에 가능한 한 많은 권한을 부여하여 중앙정부에 의한 전쟁 재발을 막고자 하였다. 또한 냉전이 틀을 잡아가는 상황에서 사회주의에 대한 이해도가 낮은 미국은 장차 사민당의 집권 시 사회주의화를 우려하여 연방국가를 강하게 원했다. 타협에 의하여 기본법 제15조에 "토지, 천연자원 및 생산수단은 사회화를 목적으로 보상의 종류와 정도를 규정하는 법률에 의하여 공유재산 또는 공동관리경제의 다른 형태로 전환될 수 있다"고 규정하였다. 말하자면 생산수단의 사회화는 허용하였지만 일반적인 사회화는 언급하지 않았다.

기본법 초안 작성 과정에서 슈마허는 아데나워에 대하여 독일의 이익을 무시하고 연합국의 대리인 노릇을 하고 있다고 비난하였다. 사민당의 노선이나 자본주의적 민주주의는 양립할 수 없다거나 사민당이 절대 전승국의

---

8) 슈마허는 재건이 아닌 새로운 창당을 원한다(Was wollen die Sozialdemokraten? Neubau, nicht Wiederaufbau!)고 말했다; Kurt Schumacher, "Was wollen die Sozialdemokraten? Neubau, nicht Wiederaufbau!", www.fes.de.

외교정책을 위해 자신을 희생시킬 생각이 없다는 그의 주장 등에서 보면 당연할 것이다. 그러나 냉전이 본격화하고 두 개의 독일이 정해진 당시에 그리고 점령군의 통치를 받고 있으며 헌법도 점령 당국의 승인을 받아야 하는 조건에서 슈마허와 사민당의 주장은 미래를 위한 유보였다.

이런 상황에서 마르크스주의를 완전히 청산하지도 않고, 주요산업 국유화를 고수하는 사민당은 집권과는 거리가 멀었다. 재건 사민당은 건설적인 야당으로 머물 수밖에 없었다. 이런 이미지는 부정적으로 과격한

쿠르트 슈마허(Kurt Schumacher)
출처: 프리드리히 에버트 재단
(www.fes.de)

반대를 위하여 반대하는 야당의 이미지였다. 그리고 의회평의회에서 나왔듯이 사민당이 추구하는 사회주의에 대한 미국의 의심은 끊임이 없었다. 한 예로 국유화 요구가 사민당의 강력한 근거지였던 헤센과 브레멘의 2개 주와 라인-베스트팔렌 주 헌법에 채택됐으나 연합국의 반대로 실현되지 않았다.

당시 사민당의 노선은 이렇게 요약할 수 있다. 아데나워식 독일 정책은 분단 영구화 정책으로 반대하며 신속한 재통일을 추구하였다. 그들은 동독 내의 민족적 공산주의자들과의 통일 논의가 가능하다고 보았다. 이 점도 혼란스러운 것이었다. 공산당과의 역사적 경험과 소련 공산당 주도의 코민테른은 여전히 사민당에 대하여 적대적이었다. 그리고 불과 3년 전 사민당과 공산당의 통합에 의한 사회주의통일당 출범 그리고 슈마허의 공산당과의 결별선언 등을 놓고 보면 혼란스럽다고 표현할 수밖에 없다. 이는 그

후의 당의 노선의 혼란에 그대로 반영된다. 분단과 냉전, 나토 창립으로 예상되는 서독의 재무장에 반대하였다. 그리고 주기적으로 나오는 서방의 전력을 흐트러뜨리려는 의도의 소련의 중립화 통일 논의 공세는 사민당의 전열을 흔들었다. 특히 1952년 스탈린의 노트는 사민당을 흔들어놓기에 충분하였다. 당시 스탈린은 독일의 중립화 재통일 방안을 서방 언론에 흘렸다. 외국군이 철수하고 민주적 정당과 기구의 자유로운 활동을 보장하며, 나치 연루자 전원을 사면하고, 중립국 독일의 자국 군대 보유를 허용한다는 것이었다. 이에 대하여 슈마허는 분단 문제 해결을 위한 4강국 회의 개최를 주장하고 유럽안보 협약을 공격하였다. 이런 슈마허가 1952년에 죽은 이후 사민당은 중립주의자, 평화주의자를 표방하면서 소련 및 동구권과의 협상을 요구했다.

냉전의 산물로서 독일연방공화국 즉 서독이 탄생하였다. 전후 독일의 초석을 깐 아데나워 총리는 냉전의 바탕 위에서 서독을 서방에 편입시켰다. 1950년 한국동란 이전 시기까지 독일 특히 서독 경제는 전승국의 제약으로 피폐 상태였으며 주민의 생활은 궁핍 그대로였으며, 정부 출범 직후인 1950년에 닥친 혹심한 서독 경제의 위기는 6월 25일 극동의 한반도에서 발발한 한국동란으로 극복이 가능했을 뿐만 아니라 소위 라인강의 기적의 원인이 되었다. 패전국 독일에 지워졌던 각종 경제 제약이 없어지고 1953년 런던에서 개최되었던 채무 회의에서 독일의 배상금을 62%나 탕감해주었다. 이는 한편으로 서독을 자본주의 서방체제의 일부로 완전히 편입시켰을 뿐만 아니라 군사 전략상 유럽 최전선으로 만들었다. 통일은 먼 미래에나 생각해 볼 수 있는 상태가 되었다.

분단과 냉전 속에서 탄생한 서독에서 마르크스주의의 원칙과 개혁주의의 실천의 혼합을 재건 당대회에서 당의 노선으로 채택한 사민당을 대중들은 어떻게 받아들일까? 기본법이 발효되면서 이에 따라 전후 최초로 1949년 8월 14일 독일연방공화국 총선거가 실시되었다. 사민당의 집권 기대와는 달리 사민당의 패배였다. 결과는 기민련/기사연(CDU/CSU) 31.01%(155

석), 사민당 29.22%(131석), 자민당(FDP) 11.92%(52석)이었다.

사민당은 대연정 제안을 거부하였다. 이에 따라 기민연/기사연, 자유민주당, 독일당의 우파 연립정부가 수립되고, 콘라트 아데나워 기민련 당수가 독일연방공화국 초대 총리로 선출되어 신생 서독 국가 기초 작업에 나섰다.

사민당 패배의 원인은 대체로 다음 내용을 들고 있다. 즉, 루트비히 에어하르트(Ludwig Erhard, 기민련 경제협의회 의장)의 주도에 의한 서독 지역의 경제재건 성공과 아데나워의 강력한 반공주의적이고 친서방적인 태도 그리고 사민당의 강력한 지역 기반이 동독으로 편입되고 그리고 유세 과정에서 유럽의 재건을 위한 미국의 마셜 플랜을 "미국의 제국주의 정책"이라는 비판과 중공업 등 주요산업의 국유화와 계획 경제 실시 주장 등 사민당의 네오마르크스주의적인 선거 유세가 유권자들에게 어필하지 못한 것이었다.

이 패배 후에도 슈마허의 사민당의 입장은 요지부동이었다. 즉, 슈마허 당수는 서독의 유럽이사회(Council of Europe)와 유럽석탄철강위원회(European Coal and Steel Community) 가입에 반대하였다. 자본주의 국가가 이런 기구를 지배하게 될 것이고 서독이 이런 유럽 통합 기구에 깊이 편입되면 독일의 재통일되는 것은 점점 더 어려워질 것을 우려했기 때문이었다. 그런데 이는 1925년 하이델베르크 강령에서 제시하였던 '유럽합중국 창설' 제의와 사민당이 선언한 '국제주의' 성격에 배치되는 것이었다. 사민당은 1950년 서방의 동맹체제 내에서 서독 재무장을 반대했는데, 이 또한 점령 4강국인 소련의 동의가 필요한 독일의 재통일에 대한 모든 기회를 차단시킬 것으로 보았기 때문이었다.

1950년 6월에 발발한 한국동란은 경제위기에 빠진 독일에 구세주가 된 한편 외교와 국방에 새로운 문제를 제기하였다. 또 이에 대한 소련의 대응이 서독 국민과 정계, 특히 사민당에 혼란을 가져다주었다. 앞에 언급한 것처럼 서방은 서독의 철강과 조선의 생산 쿼터를 없애주었다. 그리고 배상금도 대폭 탕감해주었다. 당초 전승국은 독일 경제를 농업과 경공업 중심으로 묶어두어 다시는 군수산업을 넘볼 수 없게 하려고 하였다. 한국동란으로 세계적으로 민수용 철강과 선박이 부족하게 되자 서독을 활용하기로 한 것이었다.

그리고 미국을 비롯한 유럽 등 서방은 나토의 틀 안에서 독일을 동맹으로 보려고 했다. 트루먼 미국 대통령이 나토 틀 안에서 서독 국군 창설 준비를 승인하였다. 이를 바탕으로 뉴욕에서 1950년 9월 전승 3국 외무장관 회의가 열렸다. 서독 외무부 설치와 해외 공관 설치를 허용해주었다.

아데나워 총리는 뉴욕 외무장관 회의에 고무되어 나토 주관 하에 서독군 창설 계획을 담은 "힘메로트 비망록"(Himmeroder Denkschrift)을 작성하였다. 이에 의하면 25만 병력의 12개 기갑사단으로 구성되는 육군, 항공기 825대의 공군, 함정 202척과 항공기 204대의 해군으로 총병력 50만의 독일 국군을 창설을 추진하겠다는 것이었다.

이 비망록이 완성되기도 전에 구스타프 하이네만(Gustav Heinamann) 내무장관이 반발하여 내무장관에서 물러나고 기민련을 탈당하였다. 그리고 그는 서독의 재무장은 재통일을 불가능하게 한다는 논리에서 오직 재무장 반대만을 강령으로 내세운 전독일인민당(Gesamdtdeutsche Volkspartei: GVP)을 창당하였다.

그리고 이 비망록이 공개된 후 사민당의 재무장 반대 주장은 이미 이야기한 바와 같다. 여기에 나치 장교 출신과 극우 세력은 비무장을 국가적 수치라고 보면서도 서독 국군이 외국인의 지휘를 받는다는 것에 반발하였다. 여기에 전쟁 자체에 반대하는 그룹까지 끼어들면서 시끄러웠다. 이는 실현되지 못했다. 이런 내용을 다음 유럽방위공동체조약(European Defence Community Treaty)이 1952년 5월에 서명되었지만 프랑스 의회가 이의 비준에 동의하지 않았기 때문이다.

이 과정에서 서독 국내를 혼란시켜 이를 저지하고자 하는 스탈린 노트가 등장하였다. 소련과 동독은 독일 전체에서 선거를 통한 통일 공세를 폈다. 여기서 등장한 독일 통일 방안이 스탈린 노트다. 소련은 1951년 8월에 초안을 제시한 후 여러 차례의 수정과 기본 개념의 변경을 가한 노트 공세를 폈다. 최종안인 "독일문제 해결에 관한 외교노트"를 안드레이 그로미코 (Andrei Gromyko)가 1952년 3월 서방 측 점령 당국 대표에게 보내서 4강국 회담을 열자고 제의하였다. 그 내용은 다음과 같았다.

- 독일과 전쟁 참가국 간의 평화조약은 통일된 단일 독일 정부와 협의되어야 한다. 연합국은 이 정부 구성에 합의하여야 한다.
- 독일은 포츠담 회담 조항에서 정해진 경계선 안에서 통일된 국가로 재건하기로 한다.
- 모든 점령 세력은 조약 발효 후 1년 이내에 철수하기로 한다.
- 독일은 집회의 자유, 언론의 자유, 복수 정당 체제를 가질 자유 등 민주적 권리를 가진다.
- 탈나치화는 종결된다. 이에 더하여 전범으로 소추된 자를 제외한 전 독일군인 및 나치당원은 평화적이며 민주적 독일 설립에 참여할 수 있다.
- 독일은 공식적으로 중립국이 되며 그 무력이 독일에 대항한 전쟁에 참여한 일체의 나라를 상대로 한 여하한 연합이나 군사동맹 관계에 들어가지 않는다.
- 독일은 세계시장에 접근할 것이며 이 시장 접근에 어떠한 제약도 없을 것이다.
- 독일은 자국 방어를 위한 군대 보유와 이 무력을 위한 군수품 제조가 허용된다.[9]

요컨대 독일 재통일, 외국군 철수, 민주적 정당과 자유로운 활동 허용,

---

[9] "독일과의 평화조약에 관하여 미국, 영국, 프랑스 정부에 보내는 소련의 비망록"(Note der Sowjetregierung an die Regierungen der USA, Großbritanniens und Frankreichs über den Friedensvertrag mit Deutschland, 10. März 1952; www.1000dokumente.de

나치 추종자 전원 사면, 자국 군대를 보유하는 중립국으로의 통일 방안인 셈이다. 그리고 소련에 대항하는 연합이나 군사동맹 반대였다.

서방측과 아데나워를 비롯한 보수 진영은 이의 진의를 의심하고 이를 거부하였다. 사민당과 슈마허는 당연히 이에 긍정적이었다. 슈마허는 분단 문제 해결을 위하여 소련이 제의한 4강국 회의 개최를 주장하고 유럽방위공동체조약을 비판하였다. 그런데 이 노트가 나오기 전인 1950년 10월 소련이 점령군 철수를 위한 4강국 외무장관 회담을 제의하고 영국과 프랑스가 이에 관심을 보이면서 이듬해 3월에서 6월까지 파리에서 예비회담이 열리지만 아무런 합의나 진전이 없이 끝나고 만다. 이 때 슈마허는 아데나워 총리를 전적으로 지지하여 이 회담이 서독의 이익을 손상시키지 않도록 하였다.

유럽방위공동체조약, 스탈린의 중립화 통일 공세를 둘러싼 논란과 혼란 속에서 서독이 서방 진영에 깊게 편입되면서 서방 점령 3개국과 서독 간의 관계 재설정 작업이 진행되고 있었다. 지금까지 1949년의 "점령조례"가 이 관계를 규정하면서 서독의 주권을 제약하였다. 1952년 5월 26일 서독은 미국, 영국, 프랑스와 반년 동안 협상해 온 "독일조약"(Deutschlandvertrag)에 서명하였다.10)

이 조약의 목적은 냉전 구도 하에서 서독의 주권을 회복하여 국제연합 및 나토에 가입시키려는 것이었다. 그러면서 베를린과 전체 독일에 관한 점령 3강국(4강국)의 최종결정권 보유를 인정하고 있다. 소련과 동독 역시 이 흐름에 맞추어 1954년 3월 소련이 다른 주권국가와 동일한 관계를 동독

---

10) 이 조약의 정식명칭은 "독일연방공화국과 4강국 간의 관계에 관한 조약"(Vertrag über die Beziehungen zwischen der Bundesrepublik Deutschland und den Drei Mächten) 이다. 1952년 5월 26일 서명되었지만 효력은 비준서가 기탁된 1955년 5월 5일 효력이 발생되었다. 이는 "유럽방위공동체조약"과 짝이 되어 동시에 발효될 예정이었으나 프랑스 의회의 비준 동의 거부로 1954년에 체결된 "독일 점령체제 종결에 관한 의정서"의 독일조약 효력발생에 관한 규정에 따라 의정서 서명 4개국(미국, 영국, 프랑스, 서독)이 비준서 또는 승인서의 서독정부 기탁일인 1955년 5월 5일 발효된다.

과 수립하겠다는, 즉 동독이 주권국가임을 선언하는 정부 성명서를 발표하고 1955년 9월 2일 소련과 동독은 기본조약을 체결하였다. 국제적으로 분단이 확인된 것이다.

'유럽방위공동체조약'과 관련하여 사민당의 슈마허가 이를 공격한 것은 서독의 재무장에 대한 반대가 아니라 서독에 대한 요구가 너무 많다는 시각에서였다. 아데나워가 서방측에 매달린 것과는 달리 슈마허는 서방측이 유럽의 재건과 방어를 위하여 서독의 영토와 자원을 필요로 하기 때문에 독일은 이에 대한 대가를 받아야 하며 독일 국군은 외국군의 통제를 받지 않아야 한다는 것이었다. 냉전의 최전방에 서 있는 서독이 이에 따른 충분한 대가를 받아야 한다는 생각이었다. 그러나 그의 이런 생각은 "재무장하게 되면 독일 통일은 사실상 불가능하다"면서, "독일의 국방 문제는 나토에 맡겨야 한다"는 그의 주장과 때로는 모순되기도 하였다.

전후 사민당을 재건하여 이끌어온 거인 슈마허가 1952년에 타계하였다. 모든 서독 사람들이 그의 죽음을 애도하였다. 그의 유언에 따라 하노버에 묻혔는데 장례식은 본에서 있었다. 본에서 하노버까지의 그의 영구차 뒤를 수십만이 뒤따랐다. 한 시대가 끝났다. 종전 후 타계까지 누구도 거역할 수 없는 사민당 지도자로서의 그의 발언과 행동이 때로는 모순적으로 보이기도 하였다.

슈마허는 민족주의자임과 동시에 사회주의자였다. 이어 점령국의 통치 정책을 날카롭게 비판하면서, 독일이 더 많은 자결권을 행사해야 한다고 주장했다. 또한 그는 기본법 제정 과정에서도 사민당 소속 위원들에게 독일의 권익이 충분히 보장되지 않으면 기본법을 거부하라고 했다. 이와 같은 슈마허의 태도에 대하여 점령 4개국은 그를 매우 싫어했다. 소련과는 이미 사민당 재건과 동독 사민당과 공산당 통합 과정에서 틀어졌다. 그리고 그는 공개적으로 공산주의와의 결별을 선언했다. 프랑스는 그가 너무 오만하고 지나치게 독일적이란 이유로 기피하였다. 미국이나 기민련(CDU) 등 보수 정당 입장에서는 재통일을 염두에 두고 일방적인 서방 편입에 줄

기차게 반대한 그를 좋아했을 리 없다. 더구나 '사회주의자'인 그에게 호감을 가질 수 없었을 것이다. 다만 영국의 노동당 정부의 애틀리(Clement Richard Attlee)총리만이 다소 그를 옹호했다. 사민당 지도부가 프라하, 파리를 거쳐 런던으로 망명하였을 때 영국 노동당이 이들을 지원하였던 만큼 애틀리는 이들을 이해하고 있었다.

그의 권위와 열정이 서독 대중의 지지를 얻어내지는 못하였다. 실제로 1947년에서 1950년 사이에 당원의 숫자가 약 25% 가량 줄어들었다. 이런 흐름 속에서도 개혁적이고 실용적인 소장파 인물이 성장하고 있었다. 함부르크, 브레멘, 서베를린 등의 사민당이 집권한 지역의 시장을 비롯한 소장파 집단이 당 정책의 방향수정을 모색하고 있었다. 과거의 사민당에서 성장하고 바이마르 공화국, 나치당 통치와 박해를 경험한 당 관료들은 당의 과거 전통과 원칙의 고수 그리고 마르크스주의의 연장선상에 있는 이데올로기 문제에 관하여 유연하지 못했다. 그리고 당의 공식 강령은 마르크스주의에 기초한 1925년의 하이델베르크 강령이었다.

이런 의미에서 쿠르트 슈마허의 타계는 사민당 역사에서 한 시대를 마감하고 새로운 시대를 여는 전환점이 된다. 그러면서 이런 모순을 많이 지닌 슈마허가 전후에 한 정말 역사적인 역할은 무엇이었을까를 생각해 보지 않을 수 없다. 비이성적인 냉전 시대에 분단 서독에서 마르크스주의에 기초한 정당 그리고 좌파정치를 지켜낸 것이 그의 최대 업적이 아닐까? 주권이 유보 당한 패전국 독일에서 점령 4강국은 정말 말 그대로 무소불위였다. 그리고 베를린이 봉쇄되고 점령 지구 경계선이 닫히기 전까지 마르크스주의를 비롯한 좌파 정치인, 지식인들은 소련 점령지구로 갈 수 있었다. 여러 비판이 있지만 그의 절대적 권위로 그로테볼의 동독 지역 사민당, 이들과 공산당이 통합한 통일사회주의당과 절연하면서 서독 지역의 사민당과 좌파 정치를 지켜낼 수 있었다고 생각이 된다. 더구나 당시 사민당은 보수 정당이 나치당과의 관계 등으로 지리멸렬한 상태에서 불법화되기 전과 마찬가지로 독일에서 강력하게 조직된 최대의 정파였다. 소련이 공산당과 사민당의 통합에 노력을 기울인 것도 바로 이런 이유에서였다. 적어도 러시아 혁명과 코민테른 결성 전까지는 세계의 노동운동을 주도하고 세계 진보 정치의 종가였다. 그런 사민당과 공산당의 통합은 세계 노동운동과 공산주의 운동에서 명실상부한 정통성을 확보하게 되는 것이었다. 이런 흐름을 그는 지켜낸 것이다.[11]

2. 냉전 현실의 수용과 마르크스주의 청산: 고데스베르크 강령

거인 슈마허가 자신의 역사적 역할을 다해 지켜낸 사민당의 장래는 이제 새로운 세대에 맡겨졌다. 슈마허의 타계 시기는 2차 대전 후의 체제인 미국과 소련 2개의 패권국가를 중심으로 양극 체제가 거의 완성 단계에 있던 시기였다. 한국동란은 승패를 가르지 못한 채 마무리 단계에 들어가면서 양 진영은 매사에 날카롭게 대립하였다. 독일을 통합하려는 여러 노력에도 불구하고 분단은 부정할 수 없는 현실이 되었다. 그리고 1870년 통일과 독일제국 성립에서 2차 대전 종전까지 독일은 적어도 유럽 열강의 하나로 독립변수였다. 물론 1차 대전 패전 후 바이마르 공화국 시절 어려움을 겪었지만 이처럼 완전한 종속변수는 아니었다. 그리고 사민당은 창당 이래 1933년 나치당 정권에 의해 불법화되기 전까지는 세계 노동운동과 진보좌파 정치의 종가였다.

미국 중심의 자본주의 블록 안에서 여전히 주권 일부가 제약 받고 있는 서독의 위상이라는 이 현실, 그리고 소련 블록의 위성국가 동독을 어떻게 규정하고 어떻게 변화시켜나갈 것인가가 사민당의 과제이고 새로운 지도

---

11) 이 점에서 우리의 해방 공간에서 진보 정치인과 지식인들이 진보좌파의 공간을 지켜내지 못한 것은 아쉽다.

세대의 과제였다. 슈마허 사후 당수직을 승계한 올렌하우어(Ehrich Ollenhauer)는 그런 의미에서 당의 과도기적 지도자였다. 그의 명망성이나 투쟁 경력은 슈마허에 비할 바가 못 되었다. 더구나 무미건조하고 연설이 서툰 그는 사민당 밖의 사람들과의 관계가 편치 않은 사람이었다.

그러나 올렌하우어는 슈마허가 갖추지 못한 국제 감각을 가지고 있었다. 슈마허가 망명을 거부하고 국내에서 역경을 겪으면서 투쟁하는 동안 올렌하우어는 오토 벨스의 오른팔로서 망명 사민당 지도부에 참여하면서 해외 조직 활동을 하였다. 이런 그를 사민당 기관지 "전진"(Vorwärts)은 그를 '세계시민(Weltbürger)'이라 칭했다. 그의 이런 배경은 재건 사민당의 부대표로서 슈마허에게 커다란 도움을 주었으며 슈마허의 와병 중에는 대표를 여러 차례 대신하였다. 그리고 그의 큰 장점은 빌리 브란트 등 소장파 개혁 세력에게 매우 우호적이었다는 점이다. 이런 올렌하우어가 슈마허 사후 만장일치로 그의 후계자로서 당 대표에 선임되었다. 그리고 앞에서 언급한 그의 성격 탓에 외부에 크게 부각되지 않았지만 그는 23년의 브란트에 이어 11년 동안 당대표로서 전후 사민당을 이끌었다.

슈마허가 타계하고 꼭 1년 후에 치러진 총선거의 결과는 당의 근본적인 노선 변경 없이, 그리고 대표 스타 없이 선거에 나선 사민당의 패배라기보다는 아데나워 총리의 기민련(CDU)의 압승이었다. 기민련은 지난 선거의 25,19%(115석)에서 36.4%(197석)로 득표와 의석에서 모두 괄목한 승리를 거두었다. 여기에 자매당 기사연(CSU)의 8.8%(52석)을 합치면 45.2%(242석)로 1949년 선거에 비해 득표율 14.2% 상승, 의석 105석 증가였다. 반면에 사민당은 의석은 24석 증가하여 162석을 확보하였지만 득표율은 소폭이지만 0.4% 줄어들었다.

서독의 11개 주 중에서 베를린, 함부르크, 브레멘, 헤센, 니더작센 등 5개 주에서 집권하고 있어서 사민당이 승리할 것으로 기대하였던 1949년과 1953년 총선에서 연이은 패배로 사민당은 새로운 방향을 모색하지 않을 수 없게 되었다. 물론 1953년 총선에서 아데나워 총리 진영의 압승은 우선 눈

부신 경제성장을 들 수 있다. 1950년의 경제 위기 후 마셜 플랜의 집행과 한국동란을 계기로 각종 규제가 풀리면서 1950-1955년 기간 중 연평균 성장률 9.5%가 말해주듯이 독일 경제는 급상승하였다. 경제의 성장은 실업률을 낮추어주었다. 1950년대 8.3%에서 정점을 찍은 실업률은 지속적으로 낮아지고 있었다.12) 더욱이 산업노동자의 실질임금이 1948년에서 1953년 사이에 80%나 늘어났다.

그리고 1953년 6월에 동베를린에서 일어난 노동자의 봉기는 동독 당국에 의해 처리되지 못하고 소련군의 전차에 의해 유혈 진압되었다. 작업할 당량(Norma)을 인상한 데 불만을 가진 건축노동자의 반발을 동독 당국이 당초에는 유화책으로 무마하려고 하였으나 반발이 확산되자 소련군이 출동한 것이었다. 스탈린과 소련이 내세웠던 중립화 독일 통일 방안이 허구라는 것이 드러났던 것이다.13) 이에 더해 5월에 아데나워 정부가 서방 측

12)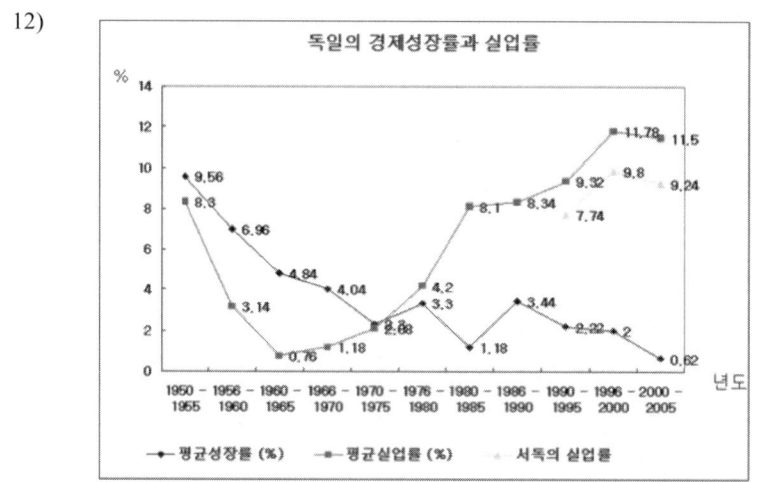

* 출처: 독일 통계청 통계연감

13) 당시 하이네만이 창당한 전독일인민당은 중립화 독일 통일에 목표를 두고 소련과의 협상을 내세우면서 같은 주장을 하고 있는 독일인연합(Bund der Deutschen)과 선거연합을 결성하여 선거에 임했지만 1.2% 득표로 참패하였다. 사실이 아님이 밝혀졌지만 독일인연합은 동독의 사회주의통일당(SED)과 연계되어 있다는 의혹을 받았

점령 3개국과 점령을 종결하는 "독일조약"을 체결하였다. 이런 조건이 아데나워에게 승리를 가져다주었다.

득표율까지 하락한 상황에서 당내에는 새로운 당 강령 채택이 논의되기 시작하였다. 그 이전에도 강령 개정이 거론되었지만 슈마허는 이를 단호히 물리쳤었다. 그에게는 정부의 정책, 특히 독일 문제와 외교 정책에서 대안 마련이 더 중요했다. 그의 사고와 연설은 마르크스주의 개념이 지배하고 있었다. 바이마르 공화국과 2차 대전 경험에 따르면 많은 사회민주주의와 마찬가지로 그에게 사회 형식으로서의 사회주의와 사회화는 시대의 명제였다.

당 대표로서 슈마허는 당 내부에 의회주의와 국가를 각인시키고 대내외적으로 독일인의 제약 없는 자유의 유지를 주장하였다. 이 점에서 그와 사민당은 아데나워의 연방 정부와 대비되었다. 그는 연방 정부가 서독과 서방측과의 연대에 기울어서 독일의 민족 통일을 포기했다고 비난하였다. 이런 맥락에서 그는 유럽의회와 같은 서유럽의 공동 정치기구 설립 구상에 반대하였다. 전체적으로 보아 그는 전후 서독의 중요한 정치적 노선 설정에서 연방 정부에 예리하게 대립하는 사민당의 이미지를 만들었다. 이는 한편으로 집권과는 멀어진다는 의미이기도 하였다. 이는 이어지는 1957년 총선에서도 그대로 나타났다. 비록 사민당의 득표율과 의석이 늘어났지만, 기민련/기사연이 과반수를 넘는 50.2% 득표로 단독 집권하게 된 것이다.[14]

당 재건에 너무 골몰한 탓인지 아니면 여전히 사회주의 승리를 믿는 낙관주의 때문인지 사민당 지도부는 사회 환경의 변화에 제대로 대응하지 못한 것 같다. 1925년 하이델베르크 강령이 채택되었을 때와 종전 후 1950년대까지 사회환경은 너무도 많이 변화하였다.

사민당의 기반인 산업노동자의 비중이 상대적으로 줄어들고, 사무직 노

다. 이후 하이네만은 전독일인민당을 해산하고 1957년 사민당에 입당하였다.

14) www.wahlen-in-deutschland.de

동자, 지식인의 비중이 크게 늘어났다. 하이델베르크 강령과 같은 마르크스주의 이념에 바탕을 두고 있는 공산당은 확실히 다른 길을 가고 있었다. 바이마르 공화국 시절 사민당은 의회민주주의를 절대 신봉하였지만 공산당은 이를 프롤레타리아 혁명의 수단으로 설정하였다. 실제로 독일 공산당은 의회민주주의를 뒤엎기 위하여 나치당과 협력하여 나치당의 집권과 세계 대전으로의 길을 열어주지 않았던가? 그리고 전후 소련 점령지역에서 사민당과의 통합과정 그리고 그 후의 분단과 냉전화 과정에서 그들의 역할과 행태가 그대로 드러났다. 동독 공산주의자들은 공산주의 조국 소련을 지키는 소련 공산당 하부 조직에 지나지 않았다. 그리고 공산 제국주의의 출현을 보았다. 또한 사민당은 대립하고 있는, 더구나 한국동란으로 한 차례 열전을 치른 적대적인, 양 블록 중 자본주의 블록에서의 정당으로서 살아가야 했다.

이런 세계적인 사회환경 변화에 맞추어 1951년 6월에서 7월 3일까지 프랑크푸르트에서 사회주의 인터내셔널이 창립대회가 개최되었다. 여기서 채택된 창립선언문은 이런 변화를 정리하고 다음과 같이 사회주의 정당의 기본 방침을 채택하였다.

> 사회주의 인터내셔널은 사회민주주의의 목적과 임무를 사람들을 생산수단을 소유하거나 통제하는 소수의 종속으로부터 해방시켜 경제적 권력을 전체로서 사람들에게 귀속시켜서 자유로운 인간이 평등하게 함께 일하는 사회를 만드는 데 두고 있다. 사회주의 인터내셔널의 목표는 사회정의, 더 나은 삶, 자유와 세계평화 체제 실현이다.
> 정치적으로 민주적 수단에 의한 자유로운 새로운 사회를 건설하며, 자유가 없이 사회주의는 있을 수 없고, 민주주의는 사회주의에 의해서만 완전히 실현될 수 있다. 사회주의는 인권을 위하여 투쟁해 왔으며 유엔 인권선언은 모든 나라에서 실현되어야 한다. 민주주의는 다당제와 반대의 권리를 필요로 한다. 정치적 민주주의의 보전은 경제적, 사회적 민주주의 실현의 조건이다.

경제적으로 사회주의는 자본주의를 공공의 이익이 사적 이익에 우선하는 체제로 대체하고자 한다. 이를 위하여 생산은 전체로서 국민을 위하여 계획되어야 한다. 이런 계획은 소수에 의한 경제력의 집중과는 양립될 수 없으며 이에는 효과적이고 민주적인 결정의 통제가 필요하다. 따라서 이는 자본주의적 계획이나 모든 형태의 전체주의적 계획을 반대한다. 사회주의적 계획을 위하여 공공 소유의 범위와 계획의 형태가 결정되어야 하며, 공공 소유에는 기존의 콘체른의 국유화, 시 혹은 지역 기업, 소비자 혹은 생산자 협동조합의 형태를 취할 수 있다.

국제정치적으로 유엔의 설립은 국제사회를 향한 중요한 걸음으로 보며 유엔 헌장 원칙의 엄격한 이행을 요구하고 있다. 모든 형식의 제국주의에 반대한다.15)

특히 사회주의 인터내셔널은 공산주의와의 분명한 금을 그었다. 즉, 볼셰비키 혁명 이래로 공산주의는 국제 노동운동을 분열시켜서 많은 나라에서 사회주의 실현을 수십 년 후퇴시켰다는 것이다. 이는 마르크스주의의 비판적 정신과 양립할 수 없는 완고한 신학 위에 건설되었으며, 오직 일당 독재 실현을 위하여 계급분열을 날카롭게 하려 한다고 주장하였다. 그리고 국제 공산주의는 새로운 제국주의의 도구로서 공산주의가 권력을 잡은 곳에서는 어디나 자유나 자유를 얻을 수 있는 기회를 파괴하여 왔다. 이는 군사주의적 관료제도와 공포주의적 경찰에 기초하고 있다고 주장하였다.

이런 국내외적인 사회환경의 변화와 선거 결과에 따라 1950년대 초에 당 일각에서 강령 개정 논의가 시작되었다. 특히 사회주의 인터내셔널의 실용주의적 원칙이 많이 거론되었으나 당내 분위기는 대체로 부정적이었다. 그런 가운데서 빌리 아이홀러(Willi Eichler)를 위원장으로 하는 위원회가 구성되어 강령 초안 작업에 들어갔다. 1952년 9월에 열린 도르트문트 당대회에서 이 초안은 행동강령으로 만장일치로 승인되었다. 이듬해 총선에 대비한

---

15) 사회주의 인터내셔널 홈페이지(www.socialistinternational.org)

최초안은 당료들 관점에서 선거홍보 요건을 거의 충족하지 하지 못해서 당 대회 전에 대폭 수정되었다. 강령은 "국민경제적 계획과 개별적인 경쟁을 결합하여 경제의 재조직을 위하여 노력한다"라는 경제정책을 제시하여 기민련의 루드비히 에어하르트(Ludwig Erhard)의 사회적 시장경제(Soziale Marktwirtschaft)와 흡사하였다. 그러나 채택된 안도 외부의 충격이나 대중의 관심도 이를 자극하지 못했다. 이른바 도르트문트 행동강령(Dortmunder Aktionsprogramm)으로 알려진 강령 수정 노력은 성공을 거두지 못하였다.

1953년 총선 패배 후 신임 당수 올렌하우어를 중심으로 한 당 지도부는 새로운 강령 작성 노력을 배가할 수밖에 없었다. 먼저 1954년 4월까지 연구팀이 이른바 "멜레머 테제"(Mehlemer Thesen)를 작성하였다. 이는 1954년 7월 베를린 당대회에 대비한 도르트문트 행동강령 수정 작업이었다. 당 대회는 이 수정안을 통과시켰다. 여기서는 사회주의를 '인류의 목표'지만 최종 목표가 아니라 영원한 과제라고 규정하였다. 기독교, 고전철학, 인본주의가 사회주의의 뿌리라고 규정하였다. 1954년 이 당대회에서 이미 노동자가 당원과 유권자의 핵심이지만 사민당은 순수한 노동자당에서 국민 정당으로의 전환한다는 것이 언급되었다. 칼 쉴러(Karl Schiller)가 경제정책 분야에 결정적인 영향을 주어서 '계획과 경쟁' 부분에 '가능한 한 시장에, 필요한 만큼의 계획을'이라는 구호가 들어갔다. 이처럼 사민당은 시장과 계획의 우선순위를 바꾸었다. 즉, 이제부터 시장이 계획에 우선한다는 것이었다.

1954년 베를린 당대회는 새로운 강령을 본격적으로 작성하기로 하고 이번에도 아이흘러를 위원장으로 하는 34명의 강령 위원을 지명하였다. 작업은 더뎠다. 첫 번째 문제가 시대의 분석을 어떻게 할 것인가 여부였다. 지루한 논의였다. 헤르베르트 베너(Herbert Wehner), 프리츠 에를러(Fritz Erler), 빌리 브란트 등 소장파는 이 단계에서 위원직을 사임하고 대신 조직과 인적 개혁에 집중하였다. 핵심적 목표는 당료기구의 개혁이었다. 이들에게는 당 행정업무만 맡기고 정치적 방향은 당 자체가 결정하여야 한다는 것이었다. 1958년 슈투트가르트 당대회에서 이 개혁이 이루어졌다.

당 중심으로 당지도부에 소장파를 선임함으로써 월급 받는 당료의 영향력을 뒤로 물리쳤다. 베너와 발데마르 폰 크뇌링겐(Waldemar von Knoeringen)이 지도부에 선출되었다.

이미 1957년 10월에 개혁파가 승리를 거두었다. 사민당 의회 의원 대표단에 에르빈 쇠틀레(Erwin Schoettle)와 빌헬름 멜리스(Wilhelm Mellies) 대신 베너와 에를러, 슈미트가 자리를 차지하였다.

이런 당 개혁 과정 중에 1957년 총선거 결과가 당에 충격을 주었다. 기민연/기사연 연합이 절대다

기민련 총선 포스터: 모든 마르크스주의의 길은 모스크바로 통한다(Alle Wege des Marxismus führen nach Moskau)(1953)
출처: Bildarchiv Preußischer Kulturbesitz

수를 확보하여 아데나워 총리의 단독 정권이 출범한 것이다. 기민연/기사연은 지난 선거보다 5.1% 증가한 50.3% 득표에 277석의 의석을 확보하여 전체 519석의 과반수를 훨씬 넘어섰다. 사민당도 득표와 의석이 다소 증가하였다. 즉, 득표에서 3.2% 늘어난 32% 그리고 의석수가 19석 증가하였지만 아데나워 총리에게 절대다수를 허용한 것이었다.

아데나워의 인기는 절정에 달했다. 이번에는 주민투표를 통하여 자를란트가 연방에 재편입되었다. 경제는 이제 기적이라 부를 만큼 본격적인 성장궤도에 올랐다. 또한 국제적으로 1956년 10월 헝가리에서 대중봉기가 일

어났다. 봉기를 수습하면서 개혁파 인사 너지 임레(Nagy Imre) 총리 정부가 탄생하였다. 너지 총리 정부는 정치범 석방, 비밀경찰 폐지, 소련군의 부다페스트 철수를 발표하고 헝가리의 바르샤바 조약기구 탈퇴와 중립화를 선언했다. 그러자 소련은 이번에도 탱크를 동원하여 너지 정권을 무너뜨렸다. 너지는 1958년 부다페스트 감옥에서 처형되었다. 국내외 사정 모두 아데나워에게 승리를 가져다주는데 기여하고 사민당에게는 부정적인 영향을 주었다.

사민당 지도부에는 미래에 대한 비관주의가 돌았다. 영원히 집권에서 멀어지고 연방공화국이 일당이 통제하는 국가가 되는 것이 아닌가? 파시즘의 망령을 떠올리기까지 하였다. 결과적으로 이 총선 결과가 새로운 당 강령 작성 작업에 박차를 가하게 하였다.

1958년 4월 아이흘러가 소위원회 작성 초안을 당대회에 제출하였다. 여름에 슈투트가르트에서 열린 독회에서 논의가 시작되어 당내에서 넓고도 심도 있는 논의가 진행되었다. 많은 당원들 평이 강령 초안이 너무 길다는 것이었다. 그래서 편집위원회를 구성하여 길이를 줄였다. 그리고 무엇보다도 편집위원회는 과격한 표현을 제거하고 말 많은 시대 분석을 제외시켰다. 1959년 6월 언론인 출신의 편집위원 프리츠 생거(Fritz Sänger)가 수정본을 당 대표에게 제출하였다. 아이흘러, 싱거, 올렌하우어, 칼 카우츠키의 아들 베네딕트 카우츠키(Benedikt Kautsky) 네 사람이 손을 보았다. 법률 전문가인 아돌프 아른트(Adolf Arndt)가 당의 기본법 인정을 더 분명하게 표현하도록 하였고, 방위 전문가 에를러가 국방에 관한 입장을 도입하도록 하였다. 그리고 시대 분석은 싱거와 하인리히 브라우네(Heinrich Braune)가 작성한 서문으로 대신하였다. 1959년 9월 3일 당 위원회는 이렇게 마련한 최종안을 1959년 11월 고데스베르크 임시 당대회에 제출하기로 하였다.

1959년 11월 13일에서 15일까지 고데스베르크의 공회당에서 열린 임시 당대회는 오직 당 강령 문제를 다루기 위한 회의였다. 회의에서 당의 좌파 쪽에서 초안을 비판하였지만 이들은 소수였고 이들은 자제하였다. 강령안의 두 가지 문제에 대하여 격렬한 논쟁이 있었다. 다수의 대의원들이 '재산권과 권력' 부분의 변경을 요구하였다. 바크낭 지부는 핵심 산업의 공동소유로의 이전을 요구하였으며 69명이 대의원이 이에 동의하였다(대의원 총수는 340명). 89명의 대의원들은 보다 더 정당한 사회질서에 장애가 되지 않는 한에서 사적 소유권 보호를 원하는 헤센 남부 지구 입장에 동의하였다. 그리고 교회와의 관계에 관한 새로운 강령안이 또한 커다란 논란의 대상이었다. 강령안은 '자유로운 연대'를 언급

고데스베르크 당대회(1959. 11. 13-15) "시대와 함께 가자, 사민당과 함께 가자"
출처: www.fes.de

하였는데 많은 대의원이 이보다 더 나갔다. 많은 당원과 당료들은 교회 및 교회 대표들과는 전통적으로 긴장 관계를 유지해왔다. 더욱이 적잖은 사민당원들이 자유사상운동에 참여하고 있었다. 그러나 당의 결속 호소가 먹혀들었다.

324 대 16으로 당 강령이 통과되었다. 이 결과는 특히 두 사람의 공이 컸다. 헤르베르트 베너는 마르크스주의적 사고와 결별하여야 한다며 새로운 강령의 채택을 강력하게 촉구하였다. 그리고 올렌하우어 당 대표에 대한 충성에서 많은 대의원들이 모든 점에서 동의하지 않을지라도 새로운 강령에 동의하였다. 이런 과정을 거쳐 34년 간 당의 기본원칙이었던 하이델베르크 강령은 역사적인 고데스베르크 강령으로 대체되었다.

고데스베르크 강령은 7개 부문으로 나누어져 있다. 즉, 서문, 기본가치,

기본요구, 국가 질서와 방위, 경제 및 사회정책, 문화생활, 국제공동체, 회고와 전망으로 구성되어 있다. 그 내용을 간략하게 살펴보면 다음과 같다.

'우리 시대의 모순'이라는 제목의 서문에서 원자력의 평화적 이용과 동시에 핵전쟁의 위험에 노출되어 있는 것이 우리 시대의 모순이라고 규정하고 있다.

자유, 정의, 연대가 사회민주주의자가 추구하는 기본가치다. 사회민주주의의 이념적 뿌리는 기독교 윤리, 휴머니즘 그리고 고전철학이라고 규정하고 있으면서 종전의 모든 원칙에서 결정적인 역할을 해온 마르크스주의는 언급하지 않고 있다. 인간의 신념상의 결단을 존중하기 때문에 사민당은 그 어떤 궁극적 진리도 선언하지 않는다. 당을 묶어주는 연대는 기본가치와 사회민주주의의 공동의 목표다. 사회주의는 역사발전의 궁극적 목표가 아니라, "자유와 정의를 해방하고 보전하는" 영원한 과제다.

기본요구에서 정책 수단으로서 전쟁을 거부하고 있다. '국제적 법질서'가 모든 국민의 공존을 규율하여야 한다. 사회주의는 민주주의에 의해서만 실현될 수 있기 때문에 공산 정권을 거부한다. 민주주의가 공산주의에 의해서만 위협받는 것은 아니다. 경제력을 포함한 모든 권력은 공적으로 통제되어야 한다. 그렇지 않다면 민주주의는 이에 의해서도 위험에 처하게 된다. 그래서 사회민주주의는 새로운 경제적, 사회적 질서를 추구해왔다.

국가질서와 방위에서 사민당은 독일연방공화국 기본법 준수를 선언하고 있다. 사민당은 민주주의를 선언하며 다른 정당과 동등한 자격에서 경쟁한다. 이 기본법 정신에 따라 사민당은 자유가 보장되는 민족 통일을 옹호하며 국가 방위에 헌신한다. 분단은 평화를 위협한다. 사민당은 핵무기와 대량파괴 수단의 제조와 사용 금지를 요구하고 있다. 또한 전반적으로 통제되는 군비축소와, 개별적인 국가방위를 해소하게 만들 힘의 수단을 갖춘 국제적 법질서를 추구한다.[16]

'경제 및 사회질서'를 다루고 있는 4번째 부분은 강령 중 가장 긴 부분이다. 정책목표로 끊임없는 복지 증진, 모든 사람이 공정하게 소득 분배에 참여하고 착취가 없는 자유로운 생활을 설정하고 있다. '가능한 한 시장, 필요한 만큼의 계획(so viel Markt wie möglich, so viel Planung wie nötig)'이라는 쉴러의 명제가 경제 및 사회질서에 관한 기본원칙으로 설정되었다. 지속적인 경제성장과 모든 사람의 일반적인 번영의 기회는 제2차 산업혁명에 의해 확보될 것이다. 국가의 경제정책 과제는 국가의 경제계정과 예산에 기초한 미래지향적 경제정책을 통하여 이런 번영을 실현시키는 것이다. 그러나 시장에 대한 지나친 영향력 행사는 피해야 한다. "자유경쟁과 자유로운 기업가의 창의가 사회민주주의 경제정책의 중요한 요소"이기 때문이다. 사적 경제권력이 경쟁과 민주주의를 위협하게 된다면, 투자 규제, 반트러스트법과 민간 및 공공 기업의 경쟁을 통한 공공 규제가 필요하다. "경제권력 관계의 건강한 질서"가 보장되지 않을지라도 공동소유제도는 정당화될 것이다. 그런데 고데스베르크 강령은 사회화를 언급하고 있지 않으며 또한 1년 전 광산 위기 시 당이 제기하였던 광산업 사회화 요구도 강령에는 빠졌다. 노동자의 공동결정 참여를 강조하고 있지만 여기서도 더 많은 참여 기회가 주어져야 한다고 주장하고 있다. 즉, "종업원은 경제적 시민이 되어야 한다"는 것이다. 사회정책은 개인의 자유롭고 자기책임적인

---

16) 사민당은 강령 채택으로 종래까지 유지해오던 중립화 독일통일 방안을 사실상 포기하였다. 그 해 3월 18일 사민당은 최초의 독일통일방안(Deutschlandplan)을 발표하였다. 이 방안은 사민당 하원 외교 및 통일 실무팀을 이끌고 있던 헤르베르트 베너가 중심으로 작성한 것이었다. 이 방안은 중부 유럽에 미국과 소련이 보장하는 비무장, 비핵지대 설치를 예상하고 있으면서 3단계 독일 통일 방안을 제시하고 있다. 첫 단계는 동서독이 함께 참여하는 '독일 회의' 개최준비다. 그러나 이 방안은 미국이나 소련의 동의를 얻지 못했고 사민당 내에서도 논의가 되지 못했다. 그가 소련의 베를린 최후통첩 후 위기의 책임을 간접적으로 서방 강대국에게 돌렸기 때문이다. 그는 불과 1년 후에 손을 들고 1960년 6월 30일 베너는 연방하원에서 사민당은 이 방안을 추진하지 않겠다고 선언하였다. 결국 그는 서독의 서방화 노선을 인정한 것이다.

발전을 위한 기초를 구축하여야 한다.

문화생활에서는 먼저 사민당과 교회 간의 관계 변화에 관해 언급하고 있다. 양자 간의 관계에서는 '자유로운 동반자' 입장에서 "상호 관용"이 제의되었다. 이에 더하여 "사회주의는 결코 종교의 대용물이 아니다"라고 밝히고 있다.

여섯 번째 부분에서 강령은 '국제공동체' 개념을 제시하고 있다. 그리고 사민당이 끊임없이 강조해온 평화 확립과 자유 보장이 국제공동체의 가장 시급한 과제임을 강조하고 있다. 이를 위하여 전면적 군비축소와 긴장완화의 첫걸음으로 지역안보체제가 국제연합의 테두리 안에서 구축되어야 한다. 재통일 된 독일은 모든 권리와 의무를 가지는, 유럽 안전보장체제의 일원이 되어야 한다. 유엔은 효과적인 평화의 보증기관이 되어야 한다. 그리고 개발도상국은 연대와 부유한 나라로부터 비이기적인 도움을 받을 자격이 있다.

마지막으로 회고와 전망은 '우리의 길'(Unser Weg)이란 제목을 가지고 있다. 먼저 노동운동사에 할애하고 있다. 과거에 "지배계급의 착취 대상"이었던 노동자는 수십 년의 투쟁에 의해 동등한 시민으로서 지위를 확보하였다. 노동운동의 투쟁은 모든 사람의 자유를 위한 투쟁이었다. 그래서 사민당은 "노동계급의 정당"에서 "국민의 정당"으로 발전하였다. 그러나 사회민주주의의 과제는 아직 완수되지 않았다. 자본주의 세계가 아직 "정치적, 개인적 자유와 자기결정, 경제적 안전과 사회정의의 새로운 질서를 담은 우수한 강령으로 잔인한 공산주의의 도전에 대응할 수" 없기 때문이다. 개발도상국가의 해방을 위한 연대적 지원 요구도 충족하지 못하고 있다. 그래서 "세계의 희망(die Hoffnung der Welt)은 사회민주주의의 기본가치 위에 궁핍과 공포로부터 자유롭고, 전쟁과 억압으로부터 자유로운 인간적인 사회(eine menschenwürdige Gesellschaft)를 세우려는 질서에 있다."[17]

---

17) "Das Godesberger Programm", www.spd.de

요약한다면 고데스베르크 강령은 계급에 바탕을 둔 노동자의 정당에서 국민정당(Partei des Volkes)으로의 전환, 마르크스주의와 결별, 독일연방공화국의 기본법 체제 인정, 반공주의 노선, 평화적 핵사용 인정, 계획보다 시장 우선, 유엔의 권능 인정과 집단안보체제의 승인을 특징으로 하고 있다. 아직 나토의 인정까지는 가지는 않았다. 그러나 1962년 사회주의 인터내셔널 오슬로 대회에서 나토를 인정하고 승인하게 된다는 흐름을 보면 고데스베르크 강령도 이를 예비하고 있다고 보아야 할 것이다.[18]

그리고 대립적 관계에 있던 교회와의 관계를 상호 관용에서 자유로운 동반자 관계로 설정하였다. 이는 국민의 정당으로 가기 위하여 교회와 타협을 보여준 것이며 또한 장차 보수정당과의 연정도 가능하다는 신호가 아니었을까 생각된다. 독일의 교회는 헌법상의 보조금 제도와 교회의 독자적 과세권이 인정되는 세계에서 유례를 찾아볼 수 없는 특권을 누리고 있었다. 국가로부터 혜택은 받으면서 국가의 정치적 권위는 인정하려고 하지 않았다. 기본법에 따라 교회의 업무 처리에서 국가로부터 일체의 간섭을 받지 않았다. 인사 문제에서도 가령 나치 협력 전력이 있어도 교회가 아무런 간섭 없이 독자적으로 인사를 할 수 있었다. 그러나 종전 후 교회 구성도 변하고 있었다. 카톨릭과 개신교의 교세가 비슷하게 되었다. 카톨릭 교회의 위력이 상대적으로 줄어들었다. 사민당은 전통적으로 반교회적이었다. 교회와의 타협적 관계로의 전환에는 앞에서 언급한 기민련을 탈당하여 전독일인민당을 창당하였다가 해산한 후 1957년 사민당에 입당한 구스타프 하이네만 전 내무부장관의 영향도 크다. 그는 개신교 신도로서 정치적 영향

---

[18] 이 대회 선언문에서는 사회주의 인터내셔널은 핵무기 및 재래식 무기 모두의 완전한 철폐를 지지한다고 선언하면서도, 사회민주주의자들은 항구적인 평화만을 추구하지만 굳건히 자유를 지킬 것이다. 따라서 민주주의가 일방적으로 군축하여야 한다는 생각은 거부한다고 밝혔다. 그리고 서방의 민주주의 국가 대부분이 참여하여 나토동맹을 창설하였다. 동맹국의 사회주의자들은 이를 평화의 강력한 방벽이라 간주하고 이를 지지하는 강력한 결의를 선언하였다. www.socialistinternational.org

력을 가진 정치인이었다.

강령안 토론에서도 나왔지만 당내의 비판은 전통적으로 마르크스주의를 주장하는 소수 그룹에 한정되었다. 아벤트로트(Abendroth)는 전통적인 마르크스주의의 기본 사상에서 벗어났다고 비판하였다. 새로운 강령에 사회와 국가에 대한 비판적 분석이 완전히 빠졌다. 핵심적인 운동 법칙과 모순이 빠지면서 당의 목표와 전략, 전술이 사라졌다는 것이다. 사민당은 계급의식을 진작시키는 교육 과제와 의무를 외면했다고 비판하였다.

피터 폰 외르첸(Peter von Oertzen)도 새로운 강령과 거리를 두면서 당이 의회주의적 논쟁에 치우쳤다고 비판하였다. 노동자의 계급적 상황과 계급 이익을 혼동하고 있고 이런 맥락에서 독립적 중간계급에 대한 제의는 의문시 된다. 더욱이 외르첸은 강령 전체가 거의 정당화하기 힘든 경제적 낙관주의를 바탕으로 하고 있음을 지적하였다. 그에 의하면 강령 작성자들은 심각한 경기 후퇴를 생각하고 있지 않다는 것이다.

기민련은 사민당의 새로운 강령이 진정한 의도, 즉 마르크스주의적 권력 장악이라는 전략적 목표의 위장 술책이라고 비난하고, 사회민주주의의 전통적 반교회적 태도를 부각시키려고 하였다. 그리고 아데나워 총리는 당내의 긍정적 시각에 단호한 입장을 표명하였다. 자민당(FDP)은 국가의 규제와 국방에 관한 사민당의 입장 변화는 긍정적으로 보았지만 경제 정책에 관해서는 의혹을 거두지 않았다. 언론의 반응은 대체로 긍정적이었지만 경제정책에 대해서는 통제 경제에 대한 의구심을 보였다.

당의 새로운 방향 설정으로 대중들은 사민당을 다시 보게 되었다. 타협이 불가능한 구닥다리 야당에서 젊어진 믿을 수 있는 정당으로 보기 시작하였다. 막스 바우어(Max Brauer), 빌헬름 카이젠(Wilhelm Kaisen), 힌리히 빌헬름 코프(Hinrich Wilhelm Kopf), 게오르그 아우구스트 진(Georg-August Zinn), 빌리 브란트(Willy Brandt) 등 대중적으로 인기가 있는 사민당의 지도적 인사들이 이런 이미지를 주는데 기여하였다.

아데나워 정부의 반개신교적 태도에 대한 반대로 재무장 및 핵에 의한 죽음의 반대를 둘러싸고 전독일인민당과의 공동운동이 성공을 보았다. 구스타프 하이네만(Gustav Heinemann), 요하네스 라우(Johannes Rau), 에어하르트 에플러(Erhard Eppler)는 부르주아 출신의 개신교도들이 사민당을 함께 행동할 수 있는 대상으로 보았던 것이다. 그러나 고대하던 카톨릭 노동자들 속으로 들어가는 것은 더디게 진행되었다. 1960년대 중반에 시작된 철강산업 위기가 시작되어서야 비로소 가능하게 되었다.

강령을 새로이 하고 개혁적 소장파를 전면에 내세운 사민당은 집권의 길로 나선다. 먼저 연방 차원에서 불타협의 야당이 아니라 집권을 위해 경쟁하는 정당으로 나아가고자 하였다. 정부와도 공동의 기초를 마련할 필요성을 강조하면서 공동의 정책에 관해서도 언급하기 시작하였다. 이런 신호탄으로 1960년 6월 30일 연방하원 연설에서 베너는 사민당이 적극적으로 서방화를 추진하고 독일정책에서 기민련(CDU)과 공조하겠다는 의사를 밝혔다.

사실 새로운 강령 작성 작업을 하던 50년대 중반 특히 1955년부터 1957년까지의 기간은 사민당에게 결단을 요구하는 시기였다. 카리스마로서 사민당을 이끌던 슈마허 사후는 독일뿐만 아니라 세계정세 역시 새로운 국면으로 들어가기 시작하였다. 소련에서는 후르시쵸프가 1953년 스탈린이 죽으면서 당내 투쟁 끝에 1958년에 완전히 권력을 장악하였다. 권력 투쟁으로 적극적인 대외정책으로 나서기 어려운 시기였다. 반면에 미국을 중심으로 한 서방 블록은 서방 결속을 위한 적극적인 정책으로 나왔다. 이런 정책의 연장선상에서 나토 강화와 서독 국군 창설, 서독 내 미군 핵무기 배치 정책 등이 나왔던 것이다. 그리고 이에 맞선 소련은 공세로 내부 투쟁에 필요한 시간을 벌기 위하여 유화적인 평화 공세로 나왔다. 이를 두고 해빙 기류라 평하기도 하지만 이처럼 소련 내부의 사정이 있었던 것이다. 이런 유화 정책의 결실이 1955년 중립국화를 전제로 오스트리아의 4대국 점령이 종료되었다.

이런 분위기에서 카리스마가 사라진 사민당 내에는 중립주의 평화주의자들이 부상하였다. 1952년까지 일련의 스탈린 노트 공세에다 사후의 소련의 유화적 태도는 이들에게 희망을 주었다. 어떤 면에서는 슈마허의 유산일 수도 있지만 이들은 중립화 통일을 내세우면서 소련과의 협상을 요구하였다. 이들이 주도하면서 서독의 재무장과 서독 내 미군 핵무기 배치에 반대하였다. 당시의 핵심 이슈는 국가안보로 이는 결국 서방체제에 확실하게 편입하느냐의 문제였다.

그러면서도 서독 국군 창설과 관련하여 사민당은 나토 하의 종속적인 국군 창설에는 반대하면서도 국군을 보유한 중립국 통일독일이라는 스탈린 노트에 동의해서 그런지 1956년 3월 국군 창설을 전제로 한 징집을 위한 기본법 개정에는 찬성하였다. 1958년 초 사민당은 서독군의 핵무장 저지와 서독 내 미군 핵무기 철수를 목표로 반핵투쟁(Kampf dem Atomtod)에 나서기로 하고, 독일전국동조합연맹(DGB)이 조직을 동원하여 가세하였다. 이들은 1958년 4월 함부르크에서 15만 명을 동원한 반핵시위를 주도하였다. 또한 사민당은 자기 당이 집권하고 있던 함부르크, 브레멘, 프랑크푸르트 등의 지방정부를 통해 해당 지역에 비핵지대 설치 법안을 상정하였다. 아데나워 총리 정부는 이는 외교 및 국방 정책은 연방정부의 고유권한으로 이들 법안은 기본법 위반이라고 헌법재판소에 제소해 승소하면서 이 투쟁도 맥이 빠졌다.

연이은 선거 패배와 투쟁의 방향을 잃으면서 사민당은 혼란에 빠진 것 같아 보인다. 그런데 이런 사민당의 문제를 해결해준 것은 이들이 협상 대상이라 생각하던 소련이었다. 1956년의 헝가리와 폴란드 봉기 시 소련이 무력 진압하였으며, 제2차 베를린 위기가 발생하였다. 1958년 11월 소련의 후르시쵸프가 서방측에 소위 베를린 최후통첩을 선언하고 공세를 취하면서 시작되었다.

베를린 최후통첩에 따른 소련의 주장은 다음과 같다: 서베를린과 동베를린을 통합하여 동독에 귀속시킨다. 서베를린 시민의 재산권과 자유를 존중하기 위하여 베를린을 자치권을 가진 자유도시로 만들며, 동서독 모두 이 자유도시에 대해 개입하지 않는다. 소련은 향후 6개월간 서방 점령국 3국의 서베를린-서독 지역 간의 군사적 수송을 현 상태로 둘 것이다. 이 기간 중 모든 당사자들이 베를린 문제 해결을 위해 노력해야 한다. 성과가 없다면 소련과 동독이 협약을 통해 준비된 조치를 취할 것이다.

이에 따라 4대국과 동서독이 옵저버로 참석하는 제네바 외무부장관 회담이 열렸지만 성과를 만들어내지 못했다. 사실 이는 후르시쵸프가 권력을 장악하면서 내놓은 소련의 서방 시험 정책이었다. 이런 위기 고조 속에 사민당이 내놓은 정책안이 바로 앞에서 언급한 비핵지대 설치 법안과 연계된 1959년 3월의 독일통일 방안이었다. 그러나 동서 양진영 간의 접촉이 성과 없이 끝나면서 소련과 동독은 베를린 장벽을 세워 베를린 봉쇄에 나섰던 것이다. 이는 결과적으로 사민당으로 하여금 중립화 통일방안이 허망한 몽상이었음을 알려준 최후통첩이었다.

이런 평화 공세와 사민당의 안보투쟁 속에서 1957년 총선에서 아데나워 총리 진영이 과반수 득표와 의석 확보의 압승으로 단독 정부 구성에 성공하였음은 앞에서 언급하였다. 이 총선 후 사민당의 카를로 슈미트(Carlo Schmid) 연방하원 부의장의 고백을 보면 당의 변화가 얼마나 절실하였던가를 알 수 있다.

"우리가 민심을 그렇게 몰랐던가?... 우리가 독일 통일을 위하여 더 잘 싸울 수 있다는 것을 유권자들은 왜 모를까?... 정부의 정책이 기득권자들에게 우선적으로 봉사한다는 것을 유권자들이 잊었단 말인가?... 불확실성의 시대에 상대를 무경험한 세력으로 몰아 부치는 것보다 더 강력한 영향력을 발휘하는 것은 없다… 유권자들은 자기가 가진 것을 지켜줄 세력을 선호할 수밖에 없다…"[19]

결국 고데스베르크 강령 채택은 사민당이 비현실적인 환상에서 탈피하였다는 것을 의미한다. 총선을 앞두고 열린 사민당의 1960년 11월 하노버 당대회에서 총리 후보로 선출된 빌리 브란트 베를린 시장은 여기서 더 나

---

19) Bark, Dennis L., "Gress, David R., A History of West Germany", 2nd. Ed., Blackwell, 1993(서지원 역, 『도이치 현대사 2: 변화와 모색』, 비봉출판사, 2004, pp.139-140)

갔다. 그는 서독군의 핵무장은 반대하지만 '반핵투쟁'식 접근방식에도 반대한다고 밝혔다. 그리고 아데나워의 외교정책 범위 내에서 움직이면서 정부의 기존 외교정책을 수용하겠다는 뜻을 표명하였다. 그는 사민당의 국방정책은 현실을 바꾸기 위하여 현실을 받아들인다는 것이라고 소개하면서 서독은 나토의 보호를 필요로 하며 회원국으로서 의무를 다하겠다고 약속했다. 그리고 고데스베르크 강령의 방향 결정에 결정적인 영향을 준 베너는 당대회에서 사민당은 나토가 유럽 평화의 보증인임을 인정하며, 자유선거가 독일 통일의 첫걸음임을 수용한다고 밝혔다.

이제 사민당은 좌파 청산에 나섰다. 좌파와의 관계에서는 마르크스주의를 내세우고 있는 1961년에 독일사회주의학생동맹(SDS)을 축출하였다.[20] 이어서 이들을 지지하던 학자들에게 지지 철회를 요구하였으나 거절하자 이들을 출당시켰다. 마르크스주의와의 본격적인 결별 신호였다. 여기에는 마르크스주의 입장에서 새로운 강령을 비판하였던 볼프강 아벤트로트(Wolfgang Abendroth) 교수와 그의 동료 학자인 오시프 플렉트하임(Ossip K. Flechtheim) 그리고 오랫동안 노동운동에 영향을 주어온 빅토르 아가르츠(Viktor Agartz)가 포함되었다. 아벤트로트는 아네나워와 서방연합국 그리고 서독의 자본주의자들이 독일 분단의 장본인들이라고 비판해왔었다. 이후 사민당은 고데스베르크 강령을 인정하는 학생조직을 지원하기로 결정하였다.

마르크스주의를 청산한 현실적 노선의 강령을 채택하고 당내 마르크스주의자들을 출당시켜 인적 청산을 마무리한 사민당은 이제 집권을 위한 길로 나섰다. 당 내외에서 인기 있는 소장파 지도자인 서베를린 시장 빌리 브란트를 총리 후보로 내세워 1961년 총선에 나섰다. 노선과 인물을 시험대 위에 올린 것이다.

---

20) 독일사회주의학생동맹(SDS: Sozialistischer Deutscher Studentenbund)은 1946년 함부르크에서 사민당 학생지부로 창설되었다. 1950년대에 특히 당의 서독 재무장 지지를 둘러싸고 당과 SDS 간의 긴장이 표면화되었다. 1961년 사민당은 모든 SDS 회원을 당에서 축출하였다.

베를린 장벽 설치(1961. 8. 13)
출처: www.150-jahre-spd.de

그런데 총선은 9월 17일로 예정되어 있는데 8월 13일 이른 아침 동독의 경찰, 인민군과 투쟁그룹이 서베를린으로 통하는 모든 통로를 폐쇄하고 시멘트 장벽을 쌓기 시작하였다. 며칠 후 브란트 시장은 연방하원에서 감동적인 연설을 했다. "사건은 엄청난 불의 이상의 것입니다. 전체를 이루던 것이 더욱 서로 찢어지고 잔인하게 부서졌습니다." 동독 지도부가 분단을 시멘트 장벽으로 굳혀버렸다. 아무도 장벽을 건설할 생각이 없다는 동독 울브리히트의 확언은 역사상 가장 뻔뻔스런 정치적 거짓말이 되었다. 브란트가 장벽 건설을 막을 수는 없었다. 베를린의 연합군과 연방 정부도 소련과 전쟁을 원치 않았다. 그렇지만 브란트는 사람들의 단절을 막기 위해 최선을 다했다. 그의 베를린시와 동독 간에 체결된 통행협정에 의해 2년 후에 처음으로 서베를린 시민들은 가족을 만나러 동베를린을 방문할 수 있게 되었다.

총선을 한 달 앞둔 시점에서 벌어진 베를린 사태가 총선에 어떤 영향을 주었을까? 냉전과 분단의 상징이 된 베를린 장벽을 유권자는 어떻게 받아들였을까? 분단 후 300만 명 이상의 동독 주민이 서베를린을 통해서 서독으로 이주하는 등 인력 유출이 심하고 삶의 수준 등 여러 가지가 대비되어서 이를 봉쇄하였다고 하지만 하필 총선 한 달 전에 이런 일을 일으켰을까? 동독의 공산주의자들이 과거 1932년 나치당 협력하여 정부 불신임을 성공시키고 총선을 앞두고 사민당을 압박하고자 나치스당과 협력하여 베를린 교통공사 파업을 일으켰던 사건이 상기된다. 이번에도 총선에서 사민당에게 타격을 주고자 이 시점에 이를 강행한 것은 아닐까?

총선에서 사민당은 제1당으로 올라섰다. 득표율 36.2%로 지난 총선보다 4.2% 상승하고 의석은 22석 늘어난 203석을 확보하였다. 반면 기민련/기사연은 45.4%, 254석으로 과반수 확보에 실패하였다. 유권자들은 사민당의 새로운 노선, 새로운 인물에게 지지를 보냈던 것이다. 이 선거 결과 아데나워 총리의 기민련/기사연은 단독 집권하지 못하고 자민당(FDP)와 연립정부를 구성하게 되었다.

3. 집권으로 가는 길

마르크스주의와 결별하고, 계급정당을 지양하고, 국민정당으로 전환하여 서독의 민주주의체제를 인정하면서 경쟁을 통하여 집권하겠다는 결의를 표명한 것이 고데스베르크 강령이었다. 이를 실천하기 증명하기 위하여 당내에서 마르크스주의 세력을 청산하였다. 그리고 이듬해인 1960년 하노버 당대회에서 당수가 아닌 소장파 지도자 빌리 브란트 서베를린 시장을 필승 카드 총리 후보로 선출하여 1961년 총선거에서 최선을 다했다. 비록 집권은 못했지만 희망에 넘치는 성과를 거두었다. 그리고 당시에 당의 브레인 베너는 보수 정권에 대연정을 제안하였지만 북부의 개신교 세력의 반대로 실행으로 가지는 못했다.

당시 선거 결과에 대하여 물론 사민당의 노선 변경과 떠오르는 스타를 내세운 선거운동이 효과를 거두었다는 평이 일반적이다. 당시 브란트는 베를린 장벽 건설로 이어지는 제2 베를린 위기에 대하여 소련과 동독에 대한 반대를 분명히 하였다. 그리고 선거운동에서 브란트, 베너, 에를러는 서독군의 핵무장은 반대하지만 나토를 지지하며, 서독의 서방과의 유대 강화 및 안보협력에 대한 사민당의 지지를 선언하였다. 사민당의 친서방화 인상을 확산시켰다.

반면에 아데나워는 베를린 위기에 대한 서방측의 대응 자제를 요구하여 사민당, 브란트와 대비되었다. 그리고 85세 총리의 장기집권에 대한 대중의 피로감도 분명했다. 경제적 번영이 대중들에게 삶에 대하여 새로운 생각을 할 수 있는 여유를 주었다. 실제로 1949년에서 1961년 사이에 서독의 국민총생산(GNP)은 두 배로 늘어났고 1인당 실질소득도 두 배 이상 증가하였다. 그리고 나치당과 2차 대전에서 자유로운 전후 세대의 성장 또한 무시할 수 없는 변화 요구의 요인이었다. 전전 세대에게는 물론이고 전후 세대에게 비치는 보수 정치에서 나치의 그림자가 어른거리는 것은 피할 수 없는 것이었다. 변화가 필요한 때가 온 것이다.

국민의 변화 욕구는 단독 집권 여당의 지지율 하락과 사민당의 상승 외에도 자민당(FDP)의 상승에도 확인할 수 있었다. 자민당은 지난 선거보다 득표율이 5.3% 늘어난 12.8%를 기록하였다. 이는 사민당의 증가율을 상회하는 것이었다. 당초 자민당은 기민련/기사연의 카톨릭 성향을 싫어하는 자유시장 지지자들과 민족적 자유주의자들이 모인 정당으로 출범하였다. 1950년대의 재무장 논쟁 등을 거치면서 당내에 청년당원을 중심으로 중립화 평화주의자들의 세가 커지고 있었다. 말하자면 아데나워 총리 기피 세력이 늘었다는 것이다. 이런 분위기 속에서 '슈피겔'지의 발행인 아우크슈타인(Augstein)은 사민당과 자민당의 연정을 추진하기도 하였다. 실제로 1961년 총선 결과 두 당의 연정이 가능한 상태였으며 자민당 내의 좌파는 이를 원했다. 그러나 당내의 다수 세력인 민족적 자유주의자들의 지지로 자민당은 아데나워 총리와의 연정에 참여하였다.

선거 결과를 평가하고, 이제 집권을 위한 과제를 정리하고, 사민당의 새로운 모습을 보여주면서 사민당이 주도하여야 할 이슈를 만들어 내야 할 때가 왔다.

다음에 언급하겠지만 독일사회주의학생동맹(SDS) 축출과 아벤트로트 교수 등 마르크스주의 지식인 정리는 불과 몇 년 후에 사민당에게 결단을 요구하는 부메랑으로 돌아오게 된다. 이는 분단 그리고 사민당의 간판정책인 '동방정책'과 연계된다.

베를린 장벽 구축이 상징하듯이 1960년대 들어오면서 양대 블록은 말하자면 집짓기가 대체로 끝났다. 1957년 베트남 디엔비엔푸에서 프랑스군이 항복하면서 북위 17도선을 경계로 잠정적으로 세력 경계가 설정되었다. 1962년 쿠바 미사일 위기로 한 번 갈등 국면이 있었지만 세계적으로 대체로 안정 단계에 진입하였다. 양 진영의 종주국 미국이나 소련 모두 현상을 인정하는 조건에서 모두 공존을 모색하게 되었다.

이런 상황에서 중립화 통일 방안이나 자유선거 혹은 힘에 의한 통일은 모두 비현실적인 것으로 되고 말았다. 그리고 점령조례, 독일조약 등에 의해 전승 4강국이 전체로서의 독일과 베를린 문제에 대한 최종 결정을 가지고 있어서 주권이 제한 받고 있는 독일에서 미국이나 소련을 배제한 통일 논의는 불가능한 일이었다. 그리고 소련 블록에서 1953년 동베를린 봉기, 1956년 헝가리 사태 시 소련군의 탱크에 의해 진압되었듯이 블록 이탈은 용납될 수 없는 것이었다.

사민당은 탈마르크스주의 친서방화의 고데스베르크 강령을 채택하였고 베를린 위기 시에 브란트 시장은 강력한 반공주의를 표방하였다. 그리고 국방 문제에 대해서는 서독군의 핵무장을 제외하고는 재무장과 나토 동맹 체제를 인정하였다. 후에 동방정책이 모습을 드러내면서 적어도 1960년대, 70년대는 보수당보다 더 친미적이라는 이야기가 나올 정도로 분단 현실을 인정하고 미국의 정책과 호흡을 같이하게 된다.

반면에 아데나워와 기민련/기사연 정부는 서방으로의 통합 정책과 '힘의 우위 정책'(Politik der Stärke)에 입각한 '단독대표 원칙'(Alleinvertretungsanspruch)과 동독을 국가로 인정하지 않는 입장에 큰 변화가 없었다.21) 동독의 조속한 붕괴만이 유일한 관심사였다. 말하자면 '전부 아니면 무'(Alles oder Nichts) 정책이었다. 이 정책은 그 후 사민당과의 대연정 시에도 유지하였다.

이런 아데나워 총리 정부의 완고한 대결정책은 미국의 공존정책에 장애물이 되기 시작하였다. 베를린 장벽이 세워진 지 한 달 후인 1961년 9월 25일 유엔 총회 연설에서 케네디 미국 대통령은 베를린에서 벌어지고 있는 위기에서 절대 양보하지 않을 것이라는 단호한 의지를 표명하면서도 유럽의 안전보장에서 다른 측의 '역사적이고 정당한' 이해관계를 인정하며 서베를린의 자유와 연합군의 주둔 및 베를린 통행을 위한 평화적 합의가 가능할 것이라고 말했다. 소련과 동독의 관계는 역사적이고 정당하다는 것이다. 분단과 상대방의 실체를 인정한 토대 위에서 평화적 합의가 가능하다는 것이다. 이어서 11월 25일 케네디는 소련의 "이스베스챠"와의 인터뷰에서 소련이 독일 통일 허용 의사가 없다는 것을 알았으며 중부 유럽의 평화는 소련과 서방이 베를린에 관한 합의에 도달하면 가능할 것이라 발언하였다. 독일을 둘러싼 환경은 빠르게 변화하고 있었으며 이는 또한 독일의 변화를 요구하고 있었다.

아데나워 총리와 그의 정권의 추락을 재촉하는 사건인 슈피겔 사건이 발생한다. 발단은 1962년 10월 10일자 "슈피겔"에 실린 "제한된 방어 태세"

---

21) 정치적으로 민주화되고 경제적으로 안정된 또한 NATO와 굳게 결속된 서독이 '힘의 정책'(Politik der Stärke)에 기초하여 자석처럼 동독을 흡수할 수 있다는 것이 소위 아데나워 총리의 '자석이론'(Magnet-Theorie)이다. 그리고 아데나워 총리 정부는 1955년부터 독일의 유일한 합법 정부는 독일연방공화국이라는 원칙 하에 동독과 외교관계를 맺으려는 행위는 비우호적인 행위로 서독과 이미 외교관계를 맺은 국가인 경우 단교할 수도 있다는 '할슈타인원칙'(외교차관이던 발터 할슈타인의 이름을 딴 원칙)을 적용하였다.

라는 기사였다. '펠랙스 62'라는 이름으로 그 해 가을에 실시된 나토와 독일군의 대규모 합동 군사작전을 예리하게 분석하고 독일 국방 전략의 문제점을 비판한 기사였다. 여기에 대하여 검찰이 잡지사를 수색하고 발행인 등을 체포하고 아데나워 총리까지 연방하원에서 슈피겔지에 대해 '반역'의 징조를 본다고 말하였다. 내막은 당시 차차기 총리를 노리던 프란츠 요제프 슈트라우스(Franz Joseph Strauss) 국방장관과 슈피겔 발행인 아우크슈타인(Rudolf Augstein)과의 오랜 갈등에서 비롯된 것이었다든가 기사 출처가 소련이었다는 등의 내막에 관한 많은 이야기가 있지만 이 사건의 언론의 자유 문제로 서독 전역을 강타하였다. 엄청난 시위가 벌어지고 언론과 사민당은 정부와 슈트라우스의 대응을 나치의 검열에 비유하면서 정부가 법치의 위기를 조성하고 있다고 비난하였다.

연정 파트너 자민당이 장관들을 사임시키면서 물러나자 아데나워 총리는 슈트라우스를 비롯한 장관을 교체하고 자민당을 회유하여 사태를 수습하였다. 결국 이듬해에 아데나워 총리가 사임하고 에어하르트(Ludwig Wilhelm Erhard) 총리가 취임하였다.

그런데 재미있는 사실은 당시에 사민당이 보수 정부를 비난하면서도 기민련/기사연과 사민당의 대연정 움직임이 있었다는 것이다. 실제로 사민당의 베너와 여당 간의 연립정부 구성 협상이 있었다. 이 협상은 심지어 대연정 구성 후 소선구제를 도입하여 자민당을 없애버리자는 데까지 합의하였다. 이는 1961년 선거 후부터 계속되어 온 당내 브레인인 베너의 일종의 국내판 '포용정책'이었다. 이 합의가 자민당을 극도로 자극한데다 정적 아데나워의 집권 연장에 도움을 줄 수는 없다는 점 그리고 특히 슈피겔 사건의 부담이 커서 연정은 실현되지 못했다. 사민당은 보수 정당과 연립정부 구성도 가하다는 입장을 보여주면서 이후 자민당과의 연정 가능성도 열어두게 되었다. 한편 사민당과의 연정 구성 실패로 아데나워의 정치적 생명은 급격하게 단축되었다. 아데나워는 1963년 사임을 약속하고 어렵게 자민당과 연정을 수립하였다. 그리고 에르하르트 총리 정부가 들어섰던 것이다.

전후 서독을 이끌어온 보수 진영에서도 한 시대가 마감되었다.

새로운 시대의 판을 어떻게 짤 것인가에 관해서 사민당이 더 미래지향적이고 현실적인 준비를 하였다. 고데스베르크 강령 채택으로 마르크스주의를 청산하였다. 그리고 당내 마르크스주의들을 청산하는 한 편으로 1961년 48세의 서베를린 시장 브란트를 총리 후보로 내세우는 등 소장파를 전면에 배치하면서 세대교체에 성공하였다. 1961년 총선 후 기회 있을 때마다 연정협상에 참여하여 국내정치적 '포용정책'을 보여주었다. 그리고 분단 현실을 인정한 바탕 위에서 국제적인 데탕트 정세에 맞춘 동장정책을 개발하여 밀고 나갔다.

이에 비하여 슈피겔 사건 처리에서 볼 수 있듯이 아데나워 총리 정부와 보수당은 1950년대식 극단적 대결의 냉전 시대의 구태의연한 방식으로 나서다 오히려 센 역풍을 맞았다. 분단과 통일 문제에 대해서도 완고한 대결 정책 일변도였다. 89세에 사임한 아데나워의 후임 에어하르트도 66세로 이미 황혼이었다. 보수 진영에서 차차기 총리를 노리던 기사연의 슈트라우스가 브란트보다 2살 적은 소장 세력이었지만 슈피겔 사건에서 드러난 구시대적 언론자유 탄압의 장본인 이미지가 고착된 데다 하원에서의 거짓 증언으로 지도자 후보에서는 멀어졌다.

이런 양 대 정치 세력의 현실이 향후 10여년의 서독 정치의 향방을 결정짓게 된다.

앞에서 언급하였지만 1960년대에 들어오면서 동서 양 진영의 관계는 현실을 인정하는 바탕에서 공존을 모색하는 데탕트 국면으로 빠르게 전환되고 있었다. 후르시쵸프의 평화 공세는 물론이고 케네디 미국 대통령의 발언은 종전에는 상상할 수 없는 미국 대통령의 발언이었다.

이런 흐름에 맞추어 사민당 내의 대 동독 정책 전환 분위기를 이끌고 있던 사람은 당의 브레인 베너였다. 물론 당내에 분단 정책의 방향을 놓고 당 내에 뜨거운 논쟁이 있었음은 물론이다. 사민당 그리고 브란트의 '동방정책'이 수면 위로 부상한 것은 1963년 7월 15일 바이에른 슈타른베르크

호수에 있는 투칭(Tutzing)의 개신교 아카데미에서 브란트의 측근인 에곤 바르(Egon Bahr)22)의 강연에 의해서다.

당시 회의는 통일 방안에 관한 것으로 바르는 브란트와 함께 참가하였다. 바르의 발제 전에 브란트의 발언이 있었다. 브란트의 연설 중 좀 막연하게 말한 부분에 대하여 보충

접촉을 통한 변화(1963. 7. 15): 에곤 바르(Egon Bahr)
출처: www.fes.de

하는 형식으로 바르는 "접촉을 통한 변화"(Wandel durch Annäherung)라는 제목으로 다음과 같은 요지의 강연을 하였다.

---

22) 알게마이네 차이퉁(Allgemeine Zeitung)과 데어 타게스슈피겔(Der Tagesspoiegel)의 기자로 활약하던 바르는 1956년 사민당에 입당한 뒤인 1960년 빌리 브란트가 1960년 서베를린의 시장으로 당선되었을 때, 브란트는 바르를 공보 담당관으로 임명했다. 1969년 10월 사민당 집권 후 빌리 브란트와 연방 총리실 정무장관을 맡은 바르는 서독과 소련과 공산주의 국가들 간의 조약을 맺는 등의 교류의 문을 여는데 핵심적인 역할을 했다. 1970년 1월 바르는 소련 외무장관 안드레 그로미코와의 협상을 맡아 서독이 동독의 존재를 인정하는 대신 '자결권'을 소련으로부터 인정받은 모스크바 조약 체결의 발판을 마련하였다. 1970년 동서독 간의 첫 정상회담이 열렸고 1972년 당시 특수 담당 연방 장관인 바르는 동독 특수 담당 연방 장관 미하엘 콜과 만나 동독과 서독 사이의 운송에 관한 방대한 양의 조약들을 성립시키면서 동서독 기본조약 체결의 길을 열었다. 통일 문제를 정권을 뛰어넘는 사안이라 생각한 바르는 사민당 소속이었지만 1982년 기민련/기사연의 헬무트 콜 총리가 집권하자 그에게 옛 소련에 있던 자신의 비선 정보까지 다 넘겨주고 조언을 아끼지 않았다. 투칭에서의 강연 당시 그는 41세였다.

통일정책을 가능한 한 선입관에 사로잡히지 않고 새롭게 두루 생각해야 할 때가 되었다. 새로운 통일정책은 베를린 문제가 따로 해결될 수 없을 뿐만 아니라 독일문제가 동서 대립의 일부라는 것에서 출발해야 한다. 소련이 잘 무장된 20 내지 22개 사단으로 보호하고 있는 한 동독 정권은 무너지지 않는다. 따라서 통일의 길은 소련을 승인하는 것으로 이어져야 한다. 이의 인식이 "분노할 정도로 불편하고 우리의 정서에 반하지만", 이것이 논리적이다. 동시에 이는 소련의 동의 하에 '지역'(Zone)을 변형시켜야 한다.

이런 의미에서 통일은 외교 정책 문제로 내독부(Bundesminister für innerdeutsche Beziehungen)가 아닌 외무부가 통일 문제를 담당하고 있다는 건 현실적인 상황과 일치하는 것이다. 그렇다고 해서 동독 인정을 의미하는 것은 아니다.

미국의 평화전략은 공산주의 지배 제거가 아니라 변화다. 즉, 현상을 유지함으로써 궁극적으로 현상 극복에 기여한다는 것이다. 우리 세계가 더 좋다는 사실에 대한 믿음에서 지금까지의 동독 해방 관념으로의 복귀를 생각할 수 있게 하였다.

평화전략을 독일에 적용할 때 첫째 결론은 모두 아니면 무(無)라는 정치를 버리는 것이다. '자유선거 아니면 무', '전체 독일의 자결권 아니면 아니요', '선거 아니면 거부', 이런 모든 것은 비현실적이고 평화전략에서 아무런 쓸모가 없다. 오늘날에 분명한 것은 "통일이란 어느 역사적인 회담에서 역사적인 어느 날 어느 한 역사적인 결의로 한꺼번에 완성되는 한 번의 행위가 아니라 수많은 발걸음과 수많은 단계를 수반하는 과정이다." 다른 쪽의 이익도 역시 인정하고 반영해야 한다는 케네디의 말이 옳다면 소련은 분명 동독이 서구의 역량 강화를 위하여 사용될 수 있도록 빼앗기는 걸 가만두고 볼 수 없다. 동독은 소련의 동의 아래 형상을 바꿔 나가야 한다. 소련의 동의를 얻을 수 있게 된다면 우리는 통일을 향한 큰 걸음을 내디뎠었다고 할 수 있을 것이다.

우리는 베를린 장벽이 약함의 표시라고 말했다. 그래서 이는 공산정권의 두려움과 자기보전의 표시라고 말할 수 있다. 문제는 정권에 대한 이런 정당한 배려를 통하여 경계선과 장벽이 느슨해질 가능성이 있느냐 여부다. 이는 '접촉을 통한 변화'(Wandel durch Annäherung)라고 간단하게 말할 수 있는 정책이다.

마지막으로 그는 서독이 환상을 가지지 않고 자신 있게 이런 정책을 추진할 수 있다는 것을 확신한다고 말했다.[23]

후에 에곤 바르를 비판하는 사람들은 그를 울브리히트와 비밀리에 목표를 같이하는 동독 정권의 하수인이라고 그를 비하하였다. 그의 정책은 동독의 승인과 분단에 기초한 것이라는 것이다. 또 외교적인 승인으로 동독을 주권국가로 인정하게 되면서 폴란드와의 국경도 인정하게 된다는 것이다. 이에 대하여 에곤 바르는 울브리히트 정권의 범죄와 동독지역에 대한 독립된 국가 승인의 당연한 거부에 관해서 분명하게 언급하고 있다.

사민당 당내에서도 당의 브레인으로 후 당에 막강한 영향력을 행사하고 있는 베너도 동독과의 접촉과 관련한 브란트의 정책에 반기를 들고 브란트의 동방정책을 노골적으로 공격하였다. 사실 사민당 내에는 베너, 에를러 그룹과 브란트, 바르 소장 그룹 간에는 통일정책이나 노선 상의 의견 차이가 있었다.

한편 지지자들은 접근을 통한 변화 정책이 두 개의 독일 국가 인정하는 것임을 부인하지 않으면서도 이는 불가피하다고 주장하였다. 동독의 존재 부인은 현실을 인정하지 않는 것이며, 이는 유럽의 긴장 완화 흐름에서 스스로를 유리시킬 따름이라고 주장하였다. 그리고 오랫동안 동 유럽 국가와의 화해를 주장해온 "슈피겔", "디 차이트" 등의 언론도 이런 정책 변화를 환영하였다.

바르는 강연에서 미국의 평화전략을 언급하고 있다. 실제로 투칭에서의 강연이 있기 불과 3주일 전 6월 26일 케네디 미국 대통령이 베를린 명예시민증을 받은 베를린 자유대학 학생들과 교수들 앞에서 연설을 했다. 이제

---

23) "접촉을 통한 변화"(Wandel durch Annäherung), www.fes.de

베를린 시민과 독일 정치인은 현실에 주목해야 한다는 취지의 연설이었다. 그는 가정이나 소망이 아니라 현실적으로 문제를 해결하도록 해야 한다고 역설하였다. 동서 베를린과 동서독의 평화적 재통일은 급속히 이루어지지도 않을 것이고 쉽지도 않을 것이다. 우리는 상대가 자신의 진정한 이익이 어디에 있는가에 대해 더 잘 이해하고 알 수 있도록 하는 방향으로 인도해 나가야 할 것이다. 장기적으로 서방의 강한 힘(Stärke)이 현 상황, 즉 철조망으로 조성된 인위적인 경계에 개의치 않고 독일인들의 자유로운 상호왕래가 가능하게 돼 독일민족과 독일국민이 명실 공히 하나가 되는 상태가 반드시 관철되고 말 것이라는 것이었다.

새로운 정책을 주장하는 바르의 강연 그리고 분단 현실과 동독의 실체 인정, 그리고 동서 화해는 동서블록 특히 미국의 대외 정책 흐름이었다. 정책 전환이 필요한 시기였던 것이다. 그리고 바르의 강연에는 경험이 묻어 나오고 있다. 그는 베를린 장벽 설치 이후 브란트 시장의 서베를린 시정부의 전권위원으로서 동독 공산당 정권의 대표자들과 함께 서베를린 주민의 동베를린 방문에 관해서 비밀협상을 했다. 비록 연방정부는 아니지만 서베를린 시의 동독 당국과의 구체적인 의제를 가진 실질적인 접촉과 협상은 분할 점령 그리고 동서독 국가 수립 이후 처음이었을 것이다. 이 협상을 통하여 상호주의 원칙에 바탕을 두고 인도주의 일환으로 통행협정이 체결되었던 것이다. 이 협정에 따라 서베를린 주민은 1963년 크리스마스 때 베를린 장벽 구축 후 처음으로 동베를린에 거주하는 친척과 친지를 방문할 수 있게 되었다.

그리고 동독 정권 수립 후 동독 정권의 국가 승인을 통하여 분단 현실을 국제적으로 인정받고자 하는 소련의 입장에서도 현실을 인정하는 '접촉을 통한 변화' 정책이 살아남아서 서독 정부의 정책으로 채택되기를 바라고 있었다. 성공 여부는 불문하고 이를 위한 공작이 있었다고 한다. 나중에 브란트 총리의 사임 원인이 된 동독 스파이 기욤도 이 공작에 동원되었던 인물로 알려지고 있다. 그리고 몇 년 후의 이야기이긴 하지만 1968년 체코슬로바키아 사태 진압 후에 동독의 울브리히트가 동독 정책을 강경노선으로 돌리려고 하였지만 브레즈네프 소련 공산당 서기장의 제지로 실패하고 오히려 소련에 의해 실권을 박탈당하게 되었다.[24]

24) 1960년대를 전후하여 동서 블록의 경계선상에 있던 국가에서 쿠데타 등 정변으로 정권 내지는 지도자가 바뀐 것은 흥미롭다. 블록 내에서의 이탈 방지와 정책 전환에 따른 장애물 제거 작업이 아니었을까? 좀 이른 시기이긴 하지만 1953년 이란에서는 민족주의적 모사데크 총리 정부가 미국과 영국 정부기관 지원에 의한 쿠데타로 무너지고 친미 팔레비 왕조가 복위되었다. 한국에서 1961년 북진통일을 주장하던 강경 반공주의자 이승만 대통령을 실각시킨 4.19와 민주당 정권을 엎은 5.16 군사 쿠데타가 있었음은 물론이다. 친미반공을 표방하였지만 박정희 정부의 정책이 힘의 대결보다는 선경제 후통일 정책이었음은 눈여겨 볼만하다. 1960년 터키에서 군사 쿠데타에 의해 중도우파 정권이 붕괴되었다. 1960년 월남에서 응오딘지엠 정권을 상대로 쿠데타가 발생하였다. 이 때 응오딘지엠은 미국의 구원을 요청하였지만 거절당했다. 응오딘지엠은 쿠데타 군에게 피살당했다. 1963년 이라크에서는 쿠데타와 역쿠데타 등이 반전에 반전을 거듭하고 내전까지 겪은 끝에 1966년에 안정화되었다. 1965년 인도네시아에서 공산당 주도의 쿠데타가 있었으나 역쿠데타에 의해 국부(國父) 수카르노 대통령이 실각하고 수하르토 친미 군부 정권이 들어섰다. 이 때 수카르노는 미국의 개입을 의심하였으며, 역쿠데타군의 공격으로 공산당을 포함한 민간인 50만 명이 사망하였다. 1967년 그리스에서 요르요스 파파도풀로스의 주도의 쿠데타로 그리스 사회주의 정부가 무너지고 군부정권이 들어섰다. 1953년 동독 봉기 이후인 1956년에 헝가리에서 봉기가 일어나 임레 총리의 개혁정부가 들어섰지만 소련 전차 부대에 의한 시위대 유혈진압에 이어 임레 정부는 무너지고 임레 총리도 그 후 총살되었다. 1968년 체코슬로바키아에서 봉기가 일어나고 개혁적 두브체크 정부가 들어섰다. 이에 대하여 체코슬로바키아의 개혁이 냉전기 소비에트 블록의 위상을 약화시킬 것이라는 우려에서 8월 3일, 소련, 동독, 폴란드, 헝가리, 불가리아, 체코슬로바키아의 대표단이 브라티슬라바 선언을 체결하여 마르크스-레닌주의와 프롤레타리아 국제주의에 성실할 것을 확인하고, '부르주아' 사상과 모든 '반사회주의' 세력에 결연히 투쟁할 것을 선언하였다. 이어서 1968년 8월 20~21일 바르샤바 조약기구 4개국(소련, 불가리아, 폴란드, 헝가리)군이 체코슬로바키아를 침공하였다. 이는 소비에트 블록에서는 개별 국가의 이익보다 블록 전체의 이익이 더 우위에 있으며, 동구권의 개별 국가가 자본주의로 전환할 것으로 보일 경우 소비에트가 개입할 권리가 있다는 브레즈네프 독트린에 따르는 것이었다. 두브체크 정부는 무너졌

1963년 약속대로 아데나워 총리가 사임하고 에어하르트가 총리에 취임하였다. 자민당과의 연립정부로 전독부(Bundesministeriums für gesamtdeutsche Fragen) 장관은 자민당의 멘데(Erich Mende)가 맡았다. 강경한 반공산주의 보수당 정부 하에서 전독부는 그다지 중요한 부서가 아니었다. 그러나 이런 변화하는 환경에서 자민당은 할슈타인 원칙과 기민련/기사연의 동독 대결정책 포기를 포함한 전반적인 내용을 검토하였다. 그러나 이런 정책은 기민련/기사연-자민당 연정 붕괴까지 아무런 변화가 없었다. 1963년 12월 17일 에어하르트 정부 하에서 베를린 통행협정이 체결되었다 하지만 이는 연방정부 차원에서 이루어진 것이 아니라 브란트 시장이 이끄는 서베를린 차원에서 이루어진 것이었다.

그러나 이 통행협정 체결에 대하여 서베를린 당국은 상징적 대가를 치러야 했다. 방문 시에는 동독 비자가 필요하며 여기에 동베를린을 '독일민주공화국(DDR) 수도'(Berlin (Ost)/Hauptstadt der DDR)로 표기함으로써 베를린의 소련 점령지구를 동독의 수도로 공식적으로 인정할 수 없다는 불문율이 깨진 것이다. 말하자면 동독을 사실상 승인해 준 것이다. [25]

동독 공산당 또한 1963년 3월 "민족문서"를 통하여 "동독에서 사회주의 승리가 민족 문제 해결의 전제"라고 선언하였다. 동독은 서독과의 적화통일을 통일로 정의하면서 이는 장기적인 전망을 규정하고 당분간은 두 개의 독일 국가의 평화 공존할 것임을 선언하였다.

이렇듯이 1963년 6월 10일 워싱턴에서 케네디가 소련과의 군축협상을

다. 1968년 서독 브란트 총리 정부가 신동방정책을 강력하게 추진하면서 소련을 비롯하여 동 유럽 공산주의 정부를 상대로 활발한 외교 활동을 벌이고 있었던 상황에서 발터 울브리히트 공산당 총서기가, 강경 정책으로 회귀하면서 소련과 갈등을 일으키자, 소련은 울브리히트를 실각시키고 호네커를 총서기로 세웠다. 울브리히트의 실권도 소련 블록 내의 정책 전환의 장애물 제거 작업의 일환으로 보인다.

[25] "베를린 행정당국과 독일민주주의공화국 정부 간의 통행협정"(Die Passierschein-vereinbarungen des Berliner Senats mit der Regierung der DDR)

염두에 두며 제시한 '평화전략'은 냉전 대결의 조정을 위한 새로운 계기를 마련한 것이었다. 소련의 니키타 흐루시쵸프(Nikita Khrushchyov) 서기장도 '새로운 정신'을 내세워 이에 조응했다. 미국과 소련 그리고 동독에서 분단의 현상 유지와 공존의 메시지가 거듭나오고 있었다. 유럽의 안정 그리고 동서독 관계의 안정은 소련에게 평화를 보장해주고 그들의 정당한 안보상 이익을 존중함으로써 유지될 있다는 것이었다. 이는 유럽 내 동서 진영 간 힘의 균형과 동서독 간 힘의 불균형이라는 이중적 차원의 독일 분단의 구조적 특수성에서 요청되는 것이었다.

이렇듯이 동독에 대한 정책에서 완고한 반공주의적 정책을 고수하고 있는 기민련/기사연 보수 정당보다 사민당이 미국의 정책에 조응하면서 유연한 입장을 취해가고 있었다. 베를린 통행협정 역시 이런 흐름에서 양자 간의 타협이 가능했던 것이다.

그러나 사민당이 너무 나갔는지 재미있는 일도 벌어졌다. 1964년 당시 미국은 나토 내에 다국적군(MLF)을 두자는 제안을 내놓았다. 장차 독일, 영국, 프랑스가 지휘권과 통제권을 나누어 가지는 핵으로 무장한 유럽군을 만들자는 구상이었다. 1964년 11월 칼스루에에서 열린 사민당 당대회에서 프리츠 에를러는 서독의 유럽 다국적군 참여를 공식적으로 승인 받았다. 그런데 1964년 12월 존슨 미국 대통령이 이 제안을 슬며시 거두어드림으로써 사민당이 머쓱해졌다. 아무튼 당시 사민당은 보수당보다 훨씬 더 친미적 자세를 취하고 있었다. 집권이 다가오고 있다고 확신했기 때문인가?

사민당이 다시 한 번 국가적 의사 결정에 결정적 역할을 할 수 있는 기회가 왔다. 1964년에 연방 대통령 선거가 있었다. 기민련/기사연의 뤼프케(Karl Heinrich Lübke) 대통령이 재선 후보로 나섰다. 서독은 대통령 선출만을 위하여 소집되는 연방총회에서 과반수 득표자가 대통령으로 선출되는 독특한 방식을 택하고 있었다. 연방총회는 하원의원과 16개의 각 주에서 인구비례로 임명된 선거인단이 함께 참여하는 형식이다. 1964년 당시 사민당은 연방 하원과는 달리 지방에서 강세를 보이고 있어서 사민당의 의사가 결정적이었다. 보수당은 사민당의 베너를 상대로 협상을 벌였다. 이에 사민당은 자기 당 후보를 내지 않고 뤼프케의 재선에 협조하였다. 그 동안 있었던 보수당 상대 연정 협상의 연장과 같았다. 그리고 사민당은 니더작센 주에서 1965년에 기민련과 연정을 구성하였다. 지방에서 이미 보수당과 연정 경험을 쌓고 있었던 것이다.

미국의 나토 내 다국적군 제안을 거두어들이는 등의 일관되지 못한 국면도 있었지만 서독을 둘러싼 환경은 서독 보수 정권의 의도와는 다르게 움직이고 있었다. 아랍의 거센 반대에도 불구하고 1965년 5월 서독이 이스라엘과 수교한 다음날 리비아, 튀니지아, 모로코를 제외한 아랍 국가 전부가 서독과 단교하였다. 할슈타인 원칙에 따르자면 그 해 3월 이집트와 동독이 수교하였을 때 서독이 이집트와 단교하여야 했다. 아랍판 할슈타인 원칙에 서독이 당한 것이다. 당한 것이 아니라 할슈타인 원칙은 이제 구시대의 유물로 폐기 대상이 되고 있었던 것이다. 기민련/기사연 보수 정당도 노선 변경이 필요한 때가 도래하고 있었다.

4. 대연정

그 동안 기적의 성장을 보였던 1966년 서독 경제는 극심한 침체에 빠졌다. 1950년대 연평균 7%의 고도성장, 특히 1952년부터 1958년 사이 연 7-13%의 경제성장률을 보이면서 경제규모가 1천 370억 마르크에서 2천 320억 마르크로 급성장하고 산업생산이 약 2배 증가하였다. 실질임금도 1964년, 1965년 각각 9% 상승하였다. 그러나 1959년부터 1962년까지 경기 과열 현상을 보이던 서독 경제는 1965년 말부터 급격한 경기둔화가 찾아왔다. 1966년 실질 경기 성장률이 2.3%로 떨어졌다.[26] 이에 따라 재정적자가 확대되었다. 이에 대한 정책으로 연정 파트너인 자민당은 재정지출 축소를 주장하고, 에어하르트는 증세 정책으로 재정적자를 줄이자고 하였다. 양당 간에 절충이 이루어지지 못하고 자민당 장관이 정부에서 철수하였다. 결국 에어하르트는 11월 30일 사임하였다. 사민당과 기민련/기사연의 대연정의 길이 열렸다.

기민련/기사연과 자민당의 연정 붕괴의 원인이 재정적자 해소책을 둘러싼 양 정당간의 의견에 의한 것만은 아니었다. 이는 연정 붕괴의 계기가 되었을 뿐이었다. 1966년을 전후하여 급진 좌파가 등장에서 볼 수 있듯이 1945년 종전과 점령 그리고 자본주의 체제로의 편입 과정인 시장경제에 바탕을 둔 전후 복구 기간 중에 지나쳐온 사회 기초에서 모순이 드러나기 시작하였다. 앞에서 말했듯이 1960년대에 들어오면서 수치상 서독 경제는 이제 자본주의 사회에서 가장 강력한 경제 중 하나가 되었다. 패전국 국민으로서 숨죽이던 대중들이 주변을 둘러볼 수 있게 되었다. 그리고 특히 역사적 짐에서 자유로운 전후 세대의 눈에 권위주의적 기득권 체제가 보이기 시작하였다. 이들은 신좌파 프랑크푸르트 학파의 사회학자 그룹 막스 호르크하이머(Max Horkheimer), 테오도르 아도르노(Theodor W. Adorno)와 위르겐 하버마스(Jüirgen Habermas) 그리고 후에 허버트 마르쿠제(Herbert Markuse)와 접촉하게 된다. 이들을 접목해준 사람들이 1961년 사민당에서 축출된 아벤트로트 교수 등이었다.

새로운 좌파 즉 신좌파는 프롤레타리아트가 내면화된 탄압을 부수고 사회변화를 고무할 수 있다는 구좌파의 생각에 동의하지 않았다. 마르쿠제 등은 노동계급이 존재하는 말없는 다수의 요구를 강화하고 그들의 잠재의식의 사슬에서 대중을 해방시킬 수 없다고 느꼈다. 그리고 루디 두치케 등 동독이나 동유럽에서 서베를린으로 온 젊은 그룹은 소련 위성국의 현실을 몸소 체험한 사람들이었다.[27] 이들은 기득권 체제에 대한 거부를 외치게

---

26) 1967년에는 0%로 더 떨어졌다.

된다. 또한 이런 움직임은 미국의 베트남전 반대운동을 계기로 68학생운동이란 이름으로 전 세계 특히 서유럽으로 급속히 확대되고 서독에서는 사민당의 대연정 참여를 계기로 폭발적으로 확대되었다.

사민당이 고데스베르크 강령 채택 이후 마르크스주의 노선과 마르크스주의자 청산 이후 사회주의학생동맹(SDS)을 비롯하여 문화계 사람들이 세를 모으고 있었다. 특히 1950년대 말부터 문학계에는 '그루페 47'(Gruppe 47)에 서독의 정치체제에 깊은 불신과 회의를 가진 사람들이 모였다. 그들은 서독에서 일반 국민의 민주주의적 가치관이 성숙되지 않은 채 권위주의적이고 계급적이며 실업계의 이익이 지배하는 사회가 되살아나고 있다고 보았다.

이들과 비판적 지식인들은 '슈피겔 사건'에서 언론의 자유를 억압하는 기득권 체제의 구시대적 사고와 행동을 목격하였다. 이제 사민당과 기민련/기사연 대연정을 이들은 신뢰하지 않았다. 우선 이게 무슨 민주주의냐는 반응이었다. 그도 그럴 것이 연방하원 재적의원 518명 중 468명이 여당이고 50석의 자민당만이 야당인 의회에서 어떤 민주주의를 기대할 수 있느냐는 것이었다. 좌파 언론은 이를 "민주주의 원칙을 저버리는 야합"이라 비판하였다. 분노한 학생들과 청년 당원들이 "동지들에 대한 배반과 기만-사민 연합정권"에 대해 항의하여 본에 있는 사민당 당사를 습격하였고, 급기야는 경찰과 군인이 배치되어 사민당 당사를 보호하는 사태까지 연출되었다. 심지어는 브란트의 아들 페터 브란트까지 시위를 주동하다

---

27) 서베를린은 1945년에서 1990년 독일 통일 시까지 외교와 통화, 행정을 서독 정부가 대행한다는 협정에 따라 서독의 통화가 통용되고, 서독 국적의 사람이 많이 거주하고 있었고, 시장과 시의원들도 서독의 정당에 소속되어 있었으므로, 사실상 서독의 영토로 취급되었지만 서독의 영토가 아닌 미국, 영국, 프랑스가 점령한 특수한 지위를 가진 지역이었다. 이런 특수한 지위에서 서독에서 시행되고 있던 징병제가 서베를린에서는 시행되고 있지 않았기 때문에 징병제를 싫어하던 많은 서독의 젊은이들이 서베를린에 이주해서 살고 있었다. 이런 환경에서 1960년대 말 서베를린이 과격한 신좌파 서독 학생운동의 중심이 될 수 있었다.

체포되었다. 앞으로 살펴보겠지만 그들은 '비상사태법' 제정과 베트남 전쟁에 대하여 미국의 입장 지지, 중거리 탄도미사일 배치 결정에서 이를 확인하였다. 그러나 대연정 협상을 주도하는 베너 등은 단독 집권으로 가기 위한 안전한 우회로로 대연정을 택하였고 당내의 비판을 물리치고 이를 성사시켰다. 그러나 대중들의 좌절과 사민당에 대한 실망은 급진과격파의 무장투쟁으로 나가기도 하지만 '의회 밖 야당'(Außerparlamentarische Opposition: APO)의 결성, 녹색당 그 후의 좌파당 결성으로 나가게 된다. 사민당의 친서방화와 집권에 대한 도전 또한 엄청난 과제다.

연정 협상은 순조롭게 진행되어 기민련의 바덴뷔르템베르크 주지사 키징거(Kurt Georg Kiesinger)를 총리로 선출하기로 합의하였다. 그리고 브란트가 부총리 겸 외무부 장관, 베너가 전독부장관(Gesamtdeutsche Fragen), '가능한 한 시장, 필요한 만큼의 계획' 논리의 칼 쉴러가 경제장관, '슈피겔 사건'의 장본인 슈트라우스가 재무장관이 되었다. 키징거 총리, 슈트라우스 장관 등 처음부터 전력이 문제시 되는 사람들과 사민당은 동거하게 된다.

키징거 총리는 1933년 나치당(NSDAP)에 가입했고, 일 년 뒤 나치 수송대에서 근무하였다. 그 후 전쟁 중에는 외무부 라디오 정책국 부국장 자리에서 활동을 하였다. 전쟁이 끝난 뒤에는 루트비히스부르크 수용소에서 약 일 년 반 동안 수감 생활을 하였으나, 단순 가담자로 판단되어 무죄 판결을 받고 1947년 출소한 전력을 가지고 있었다. 그의 총리 취임에 대하여 노벨문학상 수상자 귄터 그라스는 이성을 거스르는 자가 총리가 되어서는 안 된다고 선언하였고 보수주의 철학자 칼 야스퍼스도 그의 총리 취임은 조롱과 비방의 대상이 될 것이라고 비판하였다. 베아테 클라스펠트(Beate Klasfeld)라는 여성이 독일 의회에서 과거 나치 당원이었던 게오르크 키징거 총리에게 "당신은 나치다"라고 소리쳤고, 그 후 1966년 11월 기민당 전당대회에서 연설 중인 키징거 총리에게 뛰어올라가 그를 때리기도 했다.28)

---

28) 그녀는 남편인 세르주 클라스펠트와 함께 나치 전범을 추적하고 반유대주의에 반대하는 활동을 펼쳤다. 부부는 볼리비아에서 은신해 있던 '리용의 도살자'로 유명한

대연정(1966. 11. 26): 사민당의 빌리 브란트(Willy Brandt)와 기민련의 쿠르트 키징거(Kurt Georg Kiesinger)
출처: www.150-jahre-spd.de

이 때문에 징역형을 선고 받고 4개월을 복역한 일이 있었다. 이렇듯 그에게는 나치 전력의 꼬리표가 붙어 있었고 나치에 부역하고 매사에 권위주의 적이라는 기성세대의 전형이었다. 그리고 슈트라우스 재무부 장관은 슈피겔 사건의 장본인으로 이미 본색을 보였던 인물이다.

어울릴 것 같아 보이지 않는 경제부장관과 재무부장관이 손발을 맞추면서 예산과 재정이 안정되면서 경제는 급속히 회복되었다. 1968년에 실업률은 1% 아래로 떨어지고 산업생산은 12%나 증가하였다.

이는 칼 쉴러 경제장관 주도 하에 1967년에 제정된 '경제안정 및 성장촉진법'(Stabilitäts und Wachstumsgesetz)에 따른 정부, 노동조합, 사용자 단체 간의 '조화적 행동'(Konzierte Aktion)의 성과였다. 칼 쉴러는 아데나워 시대의 경제장관 그리고 총리였던 에어하르트가 오이켄(Walter Eucken)의 '질서 정책'(Ordoliberal)경제를 케인즈주의 총수요 관리정책과의 통합 정책으로 전환시켜 그의 '가능한 한 시장, 필요한 만큼의 계획'에 따라 정부가 일정

게슈타포(나치 비밀경찰) 대장 클라우스 바르비(Klaus Barbie)의 정체를 찾아내서 프랑스에 인도되어 재판 후 종신형을 받게 하기도 하였다.

정도 개입하는 정책을 추진하였다. 실제로는 질서정책보다도 케인즈 식의 재정, 금융 정책적 수단이 광범위하게 동원되었다. 즉, 국가가 경제여건에 따라 경기부양책 또는 경기억제책을 시행하는 등 적극적으로 시장에 개입하는 정책을 실시했다 이를 위한 법적 토대로 마련된 것이 '경제안정 및 성장촉진법'이었다. 이는 물가, 실업, 국제수지 균형과 지속적 성장 간의 균형을 추구하였다. 이들 목표는 경제정책의 마법의 4 요소로 알려져 있다. 이 4 요소가 갈등 없이 성취될 수 없기 때문이다. 이들 목표를 고려한 경제 정책 결정을 위하여 이를 위하여 정부, 노동조합, 사용자 단체 및 연방은행이 경제정책안을 토의하여 합의에 이르도록 노력하여 결정하여야 한다는 것이었다. 이를 성공적으로 끌어내면서 연립정부는 전후 최초의 경제불황에서 벗어날 수 있었다.[29]

---

[29] 기적이라 일컬어지는 서독 경제의 성장 원인에 관해서는 여러 가지 요인을 들고 있다. 마샬플랜에 의한 미국의 자금 지원, 한국동란, 2차 대전 전에 보듯이 과학기술, 인적 자원, 생산운영 능력 등이 세계 최고수준에 있었다는 점, 그리고 이런 요소를 잘 활용한 발터 오이켄 교수의 질서경제에 바탕을 둔 아데나워 정부에서 경제를 맡은 에어하르트의 사회적 시장경제 정책 결과라는 것이 일반적이다. 그런데 마샬플랜의 최대 수혜자는 서독이 아니다. 1948년에서 1951년 사이에 서유럽 각국의 자금 지원액을 보면 영국이 32억9천7백만 달러로 가장 많고, 다음이 프랑스 22억9천6백만 달러, 독일 14억4천8백만 달러, 이탈리아 12억4백만 달러, 네덜란드 11억2천8백만 달러다. 얄타, 포츠담 회담에서 독일 경제에 관하여 전승국이 합의한 내용은 독일이 전쟁을 다시 일으키지 못하도록 농업과 경공업 중심 국가로 유도하고 소득 수준이 유럽 평균 이하로 유지하도록 하며 이를 위하여 중공업에는 생산한도 즉, 쿼터를 설정하기로 하고 실행에 옮겼다. 그러나 한국동란 발발로 주요국가의 아직 전후 복구가 끝나지 않은 주요국가의 산업이 무기 생산으로 돌면서 민수 부분, 그리고 군수나 민수에 필요한 철강, 기계류의 공급이 부족하면서 서독의 생산 쿼터를 전면 해제해주고 런던 회담에서 배상금도 거의 대부분 탕감해주었다. 서독 경제기적의 계기는 한국동란이며 서독이 이를 잘 활용하였던 것이다. 동아시아의 일본 역시 한국동란을 계기로 비슷한 양태를 보였다. 여기에 미국 주도로 서둘러 1951년 샌프란시스코 강화회의 개최하여 태평양 전쟁을 종결지었다. 중국은 초청받지도 않았고 소련은 미국이 내놓은 조건 반대하였다. 사할린 등 소위 북방영토 문제, 지금 문제가 되

1966년 2%로 떨어졌던 서독 경제성장률은 1968년과 1969년의 대연정 정부의 적극적인 역할로 7~8% 수준으로 회복되었다. 60만 명에 달했던 실업자는 1969년 봄에 20만 명 선으로 떨어지면서 실업률은 1% 미만으로 완전고용에 가까워지면서 노동력 부족 겪게 된다. 사실 서독은 1950년대의 경제기적이 정점에 달하면서 노동력 부족 현상을 겪고 있었으며 이의 많은 부분이 동독으로부터의 이주 노동자들로 채워졌다. 그러나 1961년 베를린 장벽 설치로 동독으로부터의 유입이 차단되면서 노동력 부족을 부분적으로 외국인 노동자들을 받아들여 해결하게 되었다. 1960년, 그리스, 스페인, 1961년 터키, 1964년 포르투갈, 1968년 유고슬라비아 정부와 차례로 노동자 모집 및 고용에 대한 협약을 맺었다. 우리나라의 광부와 간호사 파견도 이 무렵인 1963년에 체결된 "한독근로자채용협정"(Anwerbeabkommen zwischen der Bundesrepublik Deutschland und Südkorea)에 따라 이루어진 것이었다. 외국인 노동자(Gastarbeiter)와 그 가족은 1973년 모집 중단 시까지 400만 명에 달했다.

이제 '비상사태법'(Notstandsgesetze)이 사민당을 기다리고 있었다. 비상사태법은 말 그대로 비상사태에 대처하는 법을 말한다. 외부로부터의 위기가 조성되거나 내란이 일어나는 것과 같은 비상사태가 벌어지면 정부는 동원령과 함께 우편물의 통제, 전화의 도청, 직업 선택 및 거주지 선택의 자유를 제한할 수 있는 내용을 담고 있었다. 생산·배급·가격·저장의 통제·자가용차의 징발도 가능하며 일반시민 20만 명을 후방근무의 '민병'으로 소집하고 그 대원 양성을 위해 12개월 이내의 훈련을 실시할 수도 있다. 이 밖에도 비상사태법은 군, 경의 동원, 비상사태 아래서의 의회활동 등 전쟁·내란·대재해가 일어나는 경우 상상 가능한 모든 사태에 대한 대비책을 규정하고 있다.

고 있는 동중국해 등의 도서 영유권 문제가 당사자 간의 합의가 이루어지지 않은 상태에서 일방적으로 결정되었다. 그리고 독도 문제는 영토 조항에 누락되어 그 후 분쟁의 불씨가 된다.

이 법의 논의는 1955년부터 시작되었다. 1954년 조인된 "독일조약"에 따라 점령국 미·영·불 3국은 서독에 전쟁·내란·재해가 발생하면 필요한 경우 '비상사태'를 선언하고 이에 필요한 대책을 취할 수 있었다. 1955년 5월 "서독연방의 점령체제 종결의정서" 발효에 의해 서독이 주권을 회복하였지만 점령시대의 유산 중 하나인 이에 대체할 근거법을 갖추지 못하고 있었다.30) 위의 조약에서 서독 정부가 국내 입법으로 '비상사태'에 대처할 권한을 갖게 되는 경우 '본 협정'에 규정된 점령국의 권한은 소멸된다고 규정되어 있었다. 즉, 이에 따라 비상사태법 논의가 시작된 것이다.

1956년의 법률안(Schröder안)과 1963년 법률안(Höcher안)이 의회에 제출되었지만 통과되지 못하였다. 그렇지만 1965년 8월까지 11개 법안으로 구성된 비상사태법 중 4개의 보전법(경제·교통·식량·물) 및 2개의 방호법(자기 방호·방공호 건설)을 포함한 7개 법안은 이미 통과되었다. 그러나 나머지 부분은 기본권을 제한하는 것이어서 개헌 사항으로 '제17차 기본법 개정안'으로 상정되었다. 즉, 의회 재적 3분의 2의 찬성이 필요했던 것이다. 대연정이 수립되면서 비로소 가능하게 되었다. 대연정을 앞두고 보수 집권당이 사민당의 동의를 이끌어낸 것이다.

당시 서독 정부는 주권의 완전한 회복을 통한 국가 위신을 명분으로 반대 세력을 설득하려고 나왔지만 반대는 예상보다 거셌다. 히틀러에게 권력을 내준 바이마르 공화국 당시 헌법의 비상대권을 연상시켰던 것이다. 이에 대한 반대에는 '사회주의학생동맹'(SDS)을 비롯하여 사회주의학생동맹 축출 후 사민당이 지원하던 온건한 학생 조직인 '사회주의대학연합'(SHB) 등 중도세력과 노동조합, 대학교수들을 비롯한 지식인들이 참여하였다. 이

---

30) "독일조약"은 유럽방위공동체조약과 동시에 4개국 국회 비준동의를 통하여 발효될 예정이었다. 그러나 프랑스 의회가 유럽방위공동체조약 비준동의를 거부하였기 때문에 즉시 발효되지 못하고 대신 "서독연방의 점령체제 종결의정서"를 통하여 1955년 5월 5일 발효되었다.

들 '민주주의비상사태위원회(Kuratorium Notstand der Demokratie)를 결성하였다. '쿠라토리움'은 이후 이 법 반대와 미국의 전략 핵무기의 도입에 반대 운동을 전개하였다. 1968년 2월에 약 300,000명이 참가한 부활절 시위를 조직했다. 노동조합도 쿠라토리움을 지지했다. 파업을 금지하고 시위에 대해 군대를 이용할 수도 있다는 우려에서 비상사태법에 반대했다. 그 운동은 1968년 5월 11일에 본에서 있었던 시위(Sternmarsch)에서 절정을 이루었다. 본 시위는 전후 독일에서 가장 커다란 시위 가운데 하나였지만, 이를 정점으로 하여 또한 비상사태 법 반대운동 세는 하향하기 시작하였다.[31]

사민당은 비상사태 시 정부의 권한을 최소화할 수 있도록 하는 현실적 타협안을 제시하여 노동조합의 쿠라토리움 참여를 막았다. 당초 기민련/기사연은 연방하원과 협의 없이 정부가 비상사태를 선포할 수 있도록 하고, 심각한 국내 소요도 비상사태에 포함시키려고 하였다. 사민당이 타협하여 통과시킨 개정 내용에는 연방하원 혹은 합동위원회만이 비상사태를 선포할 수 있고 이도 실제로 외국의 침략이 발생한 경우로 국한시켰다. 이런 타협안을 통하여 노동자와 좌파 학생운동의 동맹은 불발로 끝나게 되고 이후 서독에서의 68학생운동은 프랑스와 다른 양상을 보이면서 고립되었다. 그리고 1968년 5월 30일 의회에서 이 법이 통과되었다.[32]

---

31) 1967년 이전의 서독의 학생운동은 대체로 베를린에 국한되어 있었다. 1967년 6월 2일 이란의 샤의 서베를린 방문 반대 시위 중에 베를린 공과대학의 베노 오네조르크(Benno Ohnesorg)가 경찰의 총에 맞아 죽는 사건이 발생하였다. 오네조르크의 장례를 계기로 서독 전역으로 확산되어 1968년 5월 11일 본에서의 시위로 절정에 달했다. 당시 서베를린 시장은 사민당의 하인리히 알베르츠(Heinrich Albertz)였다. 오네조르크의 죽음에 대하여 '사민주의대학연합'(SHB)은 사민당 시장이 이란의 독재자 영접에 엄청난 대가를 치르면서 이란에서의 억압을 칭송하면서 시위를 비난하고 오네조르크의 죽음을 정당화하고 있다고 비난하면서 그의 사임을 요구하였다. 비상사태법과 오네조르크의 죽음을 계기로 루디 두치케는 보수 언론 재벌 악셀 슈프링거(Axel Springer) 추방으로 운동을 확대시키게 된다. 그 해 8월에 서베를린 시장과 경찰 책임자 두 명이 사임하였다. 이를 발판으로 고등교육 개혁으로 나가면서 이들은 대안대학 등을 시도하였다.

비상사태법 통과로 사민당은 1969년 총선 후 자민당과의 연정을 통하여 메이저 연정 파트너로 집권하면서 장기 집권의 기반을 마련하였지만 '사회주의학생동맹'(SDS)을 비롯한 좌파와 완전히 결별하는 진통을 겪게 된다. 본 시위가 이별 파티인 셈이다. 이들은 독일 정치적 전통에 따라 그 동안 의회 내에서 문제 해결을 추구해왔다. 비상사태법에 대한 사민당의 타협안 역시 이를 제도 속으로 끌어들이려는 노력이었을 것이다.

---

32) 최종적으로 통과된 '비상사태법'(제17차 기본법 개정)의 주요 내용은 다음과 같다. 방위상 긴급사태, 위기사태, 국내 비상사태 및 재난의 경우에 기본권은 제한된다. 방위상 긴급사태 시 연방하원 소집이 불가능한 경우 합동위원회가 연방의회 기능을 하며, 합동위원회는 연방하원 의원 3분의 2와 연방상원 의원 3분의 1로 구성된다. 다만 합동위원회는 기본법을 개정할 수 없다.
- 기본권 제한
자유민주주의 헌법 보호를 위하여 서신, 우편, 전신의 비밀(기본법 제10조)의 제한: 이는 오직 의회의 통제에 의해서만 가능.
이동의 자유(기본법 제11조)
- 심각한 자연재해
경찰과 함께 연방군 및 연방 경찰이 배치될 수 있음(기본법 제35조). 여러 주에 걸치는 자연재해의 경우 연방정부가 주정부에 명령을 내릴 수 있음
- 연방군
연방정부는 연방 또는 주의 존립 및 자유민주적 기본질서에 대한 절박한 위험을 방지하기 위하여 연방정부는 일정 조건 하에서 연방군을 동원할 수 있음. 연방의회 또는 연방상원의 요청이 있을 때는 배치를 중지하여야 함. 노동쟁의에 대하여 이런 조치가 취해질 수 없음
※ 저항권: 비상사태법 비판을 달래기 위하여 기본법 제20조에 4항을 삽입하여 최후수단으로 독일 국민에게 저항권을 부여하였다.
(기본법 제20조 4항)모든 독일 국민은 이러한 [자유민주적 헌법질서] 질서를 폐지하려고 기도하는 자에 대하여 다른 구제수단이 없는 경우에 저항할 권리를 가진다.
그리고 이에 더하여 기본법은 이에 관한 헌법소원을 헌법재판소 조항에서 이를 보장하고 있다 (기본법 제93조 1항 4a).

비상사태법 반대시위(1968. 5. 11)
출처: Bildarchiv Preußischer Kulturbesitz

그러나 그들은 대연정에 대하여 야합으로 비판하였듯이 사민당도 기득권 체제의 일부로 보았다. 나치 전력이 따라다니는 키징거와 연립정부를 구성하고 나치당 집권의 길을 열어준 바이마르 공화국의 비상대권을 연상시키는 비상사태법 통과에 찬성한 사민당이 그들에게 이렇게 비친 것은 당연하였다.

1960년 후반의 서독 학생운동을 비롯한 반체제 운동은 반기득권을 표방하고 있었다. 마르쿠제의 부정의 부정에 호응한 이들의 거부 대상에는 사민당도 당연히 포함되었다.

'의회 밖 야당(APO)' 등장에서 보듯이 이들은 기득권 세력이 모인 기존의 의회와 정치판을 거부하였다. 강령과 조직에서 마르크스주의 청산, 비상사태법 찬성 그 후의 미국의 중거리 탄도미사일 서독 배치 동의 등은 사민당의 질서 잡힌 친미, 친서방화 노선 설정에 의한 19세기 중엽 창당 이후 최초의 단독 집권을 향해 가는 길을 다져주었지만 당의 노선 선택의 폭을 협소하게 만들었다.

제3장 종전과 분단 그리고 사민당 재건

본 시위 이후 학생운동 세력을 비롯한 비상사태법 반대와 반핵 기치로 결집되었던 좌파 세력의 하향세는 절대적 숫자의 감소라기보다는 비상사태법 통과와 노동운동과의 결별을 계기로 한 향후 운동방향을 달리하는 세력으로의 분화였다. 의회 밖 야당세력 일부는 사민당 합류, 일부는 후에 녹색당 그리고 통일 후에는 좌파당 등 새로운 정치세력으로 분화하게 된다. 그러면서 과격파는 총을 들고 거리로 나섰다. 바더-마인호프단이었다. 이들은 기득권 체제를 상대로 전쟁을 선포하였다.33)

---

33) 재미있는 것은 적군파(일명 바더-마인호프단)의 주역으로 1975년대에 슈탐헬름(Stammheim, Stuttgart) 감옥에서 자살한 울리케 마인호프((Ulrike Meinhof)와 함께 수감되었던 안드레아스 바더(Andreas Baader), 구드룬 엔슬린(Gudrun Ensslin)은 독일 전형적인 중산층 가정에서 자란 사람들이라는 것이다.

울리케 마인호프는 1934년 올덴부르크에서 예나대학 박물관장을 지낸 미술사학자 베르너 박사(Werner Meinhof)와 예나대학 강사인 잉게보르그 박사(Ingeborg Meinhof) 사이에서 태어났다. 울리케는 마르부르크대학과 뮌스터대학에서 교육학, 독일문학, 철학 등을 공부하고 '사회주의학생동맹'(SDS)에 참여하면서 반핵운동에 가담하였다. 칼럼리스트로 학생신문인 "콘크레트"(Konkret)에 기고한 지식인이었다. 그 뒤 루디 두취케의 암살 미수 사건 이후 과격해졌다. 1972년 6월 24일 체포되었을 때 그녀의 혐의는 살인 4건, 54건의 살인 미수, 1건이 범죄단체 구성이었다. 1976년 자살했다.

안드레아스 바더(Berndt Andreas Baader)는 1943년 뮌헨에서 역사학자인 베른트 박사(Berndt Phillipp Baader)의 아들로 태어났다. 아버지는 2차 대전 중 징집되어 동부 전선에 참전하였다. 러시아군에 포로가 되었지만 전후에 돌아오지 못했다. 안드레아스는 맹목적인 어머니, 고모, 할머니 밑에서 자랐다. 고교를 중퇴하고 후에 적군파에 가담하였는데 그는 적군파 중 몇 안 되는 대학을 다니지 않은 사람이었다. 그 역시 1977년에 자살하였다.

구드룬 엔슬린(Gudrun Ensslin)은 1940년 생으로 아버지는 개신교 목사였다. 학교 다닐 때 구트룬은 모범생이었다. 18세 때 미국으로 가서 펜실베니아의 워렌에서 고등학교에서 1년 유학하였다. 귀국하여 고등학교 졸업한 후 튀빙겐 대학에 진학하여 영문학과 독문학을 공부하였다. 그 후 베를린 자유대학에서 독문학을 공부하고 박사학위 논문으로 독일민족재단(Studienstiftung des deutschen Volkes)의 장학금을 받았다. 그녀는 동료들과 함께 출판사를 설립하여 반핵 시집을 냈다. 1965년 총선에서 브란트 캠프에서 일했다. 1967년 루디 두취케의 암살 미수 사건 이후 안드레아스 바더와 알게 비상사태법 통과 과정을 통하여 좌파 급진주의와 결별한 사민당은 신동방정책으로 나가게 된다. 이는 사민당의 문제만은 아니었다. 기민련/기사연의 키징거 총리 역시 새로운 시대의 흐름에 맞는 정책 변화를 모색하고 있었다. 그 역시도 동방정책을 들고 나왔던 것이다. 1966년 12월 13일 그는 총리 취임사에서 자신이 1955년 모스크바를 방문하여 소련과의 외교관계 수립을 강력하게 주장하였던 사람이라는 것을 상기시키면서 소련과의 관계에 관해 말했다. 소련에게 독일 통일 문제는 문제가 될 것임을 알고 있으며 이의 해결이 소련에게 어려워 보일 것이다. 정치적 통찰력과 모든 관련 당사자를 이해하려는 긴 안목에서의 의지에 의해 이런 어려움은 극복될 수 있다. 이것이 키징거 총리의 신념이며, 서독 정부는 이 신념에 기초해서 움직일 것이다. 그리고 국경 문제를 언급하면서 폴란드와의 화해에 대한 강한 희망을 표명하였다. 그리고 환경이 허락한다면 동유럽 국가와 외교관계를 수립하겠다고 하여 기민련/기사연이 종래까지 고수해온 할슈타인 원칙을 바꿀 수도 있다는 의중을 보였다. 동독과의 관계에 관해서는 평화적 합의에 의하여 문제를 해결하겠다는 것이 진정으로 서독이 원하는 것이라고 밝혔다. 동서독의 접촉이 필요하지만 이는 동독의 승인이 아니라고 하면서 그는 동독을 여전히 동독에 대한 서독의 공식적 지칭인 '독일의 다른 부분'(anderen Teil Deutschlands)으로 불렀다.34)

되면서 적군파에 가담하였다. 그 후 체포되어 감옥에서 1977년 자살하였다.

울리케 마인호프는 '항의에서 저항하라'고 이렇게 말했다: "항의는 내 맘에 들지 않을 때 하는 것이다. 저항은 내 맘에 들지 않는 것이 다시 일어나지 않게 할 때 하는 것이다." 이들이 이런 정신에서 체제와 전쟁을 선포하고 처단한 사람들에는 드레스덴 은행장 위르겐 폰토(Jürgen Ponto), 독일 연방검찰총장 지크프리트 부바크(Siegfried Buback), 서독 경제인연합회장 한스 마르틴 슐라이어(Hanns Martin Schleyer) 등이 있다. 레이건 정부에서 국무장관을 지낸 나토 사령관인 미국 육군 대장 알렉산더 헤이그도 바더 마인호프에게 살해당할 뻔했다.

34) "Die Regierungserklärung von Kurt Georg Kiesinger", 콘라드-아데나워 재단

'힘의 정치'를 추구하던 서독 아데나워 총리의 기민련/기사연의 동독과 소련에 대한 정책 변화를 본격적으로 보여주었다. 물론 동독을 국가로 승인하겠다거나 정식 명칭으로 부르지는 않았지만 분단의 현상을 인정한 바탕에서 정책을 추진할 것임을 표명하였다. 그의 정부는 이런 정책에 따라 취임 연설에서 밝힌 대로 1967년 2월 소련에 상호 무력사용 포기 선언 초안을 보냈으며 4월에는 서독이 핵무기를 보유할 의사가 없다는 것을 밝혔다.[35] 이어서 1967년에 루마니아와 외교관계를 수립하였다.

기민련/기사연의 입장에서 에어하르트 총리 정부의 외무부장관이 동 유럽 공산국가는 "태어나면서부터 동독과 외교관계를 수립하였다"는 발언에 따라 이미 할슈타인 원칙을 탄력적으로 적용하면서 동 유럽 공산국가와 외교관계를 수립하겠다고 선언한 이후의 성과였다. 이듬해인 1968년에 유고슬라비아와 외교관계를 수립함으로써 할슈타인 원칙은 사실상 폐기되었다. 그렇지만 두 나라와 외교관계 수립은 이 두 나라가 소련에서 벗어나서 독자노선을 추구하고 있었기 때문에 가능하였다. 소련과 동독이 동독 국가 출범 이후 계속 요구하고 있는 동독의 국가 승인 없이 동유럽 공산국가와의 외교관계 수립은 계속될 수 없었다.

근본적인 정책 변화 없는 공세는 오히려 소련 블록의 반발을 야기할 뿐이었다. 1967년 4월 유럽의 공산당 대표들이 체코슬로바키아의 카를스바트에 모여 회의를 열고 공동성명서를 발표하였다. 1950년 이후 소련이 주장해오던 것으로 유럽 집단안보체제 구성, 오데르-나이세 선(Oder-Neiße-Grenze)의 독일-폴란드 국경 인정, 두 개의 독일 국가 인정, 서독의 핵무기 포기, 군사력 사용을 금지하는 유럽 조약 체결 등을 그 내용으로 한 것이었다. 독일에 국한해 본다면 현상 인정과 동독의 국가

(www.kas.de)

35) 서독은 핵무기 제조를 포기하였으며 이를 관련 국제 통제에 맡겼다. 우리는 어떤 핵무기의 관리와 이런 무기의 보유를 추구하지 않을 것이다.

승인 요구였다. 다른 무엇보다도 동독의 국가 승인 문제는 보수당 주도의 대연정에서 풀기 어려운 과제였다.

한편, 1966년 선거에서 득표와 의석수에서 후퇴하고 대연정에서 소외된 50석의 유일한 야당 자민당은 제반 정책을 점검하면서 동방정책 대안을 적극적으로 마련하고 있었다. 당내에서는 당수 멘데 중심의 민족적 자유주의자 그룹이 퇴조하고 겐셔(Hans Dietrich Genscher)를 중심으로 한 실용주의 그룹이 세를 모았다. 이들은 당의 노선 변경에 앞장섰다. 지금까지의 외교정책과 동방의 영토에 대한 토의가 이어졌다. 1968년에 민족적 자유주의 그룹 출신인 발터 쉘(Walter Scheel)이 당수로 선출되어, 그는 유럽 지향적 자유주의자로서 겐셔와 빌리 마이어(Willi Weyer)와 함께 당을 이끌었다. 이들은 신중도정책 노선을 표방하면서 특히 동방정책에 적극적인 태도를 취했다.

후에 사민당 및 기민련/기사연과의 연정 및 에서 쉘과 겐셔가 계속 외무부장관을 맡고 겐셔가 최장수 외무부장관(1974-1992)을 맡아서 통일 문제까지 해결한 데서 볼 수 있듯이 자민당은 동방정책에 대하여 확실한 입장을 확립하고 이를 실천하였다. 이들 그룹은 동독 승인과 오데르-나이세 선의 국경 인정을 받아들였다. 1968년 당 대회에서 이들의 신중도노선이 승인되고 쉘이 당수로 선임되었다. 동방정책에 관해서는 사민당의 브란트와 같은 입장에 서게 되면서, 보수 및 진보 진영 어느 세력과도 연정을 구성할 수 있게 되었다.

이런 당 노선 변경에는 볼프강 숄베르(Wolfgang Schollwer)라는 인물이 빠질 수 없다. 브란트와 사민당에 에곤 바르가 있듯이 자민당에는 볼프강 숄베르가 있었다. 그는 1945년에 전역 장교라는 이유로 소련 점령 지역인 포츠담에서 의사 면허 취득이 거부되면서 자민당에 참여하였다가, 점령군, 통일사회당과 갈등을 겪다가 체포 직전에 서독으로 탈출한 인물이다. 그는 점차 신념을 가진 반공주의자에서 평화적 공존 옹호자로 변했다. 이에 관하여 1962년과 1967년에 당내 전략보고서를 작성 제출하면서 그의 실제적 정치적 비중이 커진다. 그리고 1969년 사민당과의 연정에서 그는 자민당의 대외정책 변화를 준비하였다. 그리고 1970년 외무부 기획팀에 참여하여 1987년 은퇴할 때까지 근무하였다.

1967년 정책 페이퍼("독일정책과 외교정책" Deutschland und Außenpolitik)를 통하여 그는 동서독의 재통일과 정치적 연합 포기라는 혁명적인 구상을 제시하였다. 대신 두 개의 독일이 주권을 포기하지 않는 상태(Verklammerung)로 있는 것이 가장 합리적이라고 제안하였다.36) 그리고 오데르-나이세 선의 인정과 동서독 비무장도 담고 있다. 이는 평화를 통일보다 우위에 두는 동방정책이었다. 지금까지 자민당의 서독의 유일대표성과 국경선의 유보정책과 기민련/기사연의 민족국가적 해결방식인 독일정책을 지지하였지만 이제 완전한 재검토가 필요하다고 적었다. 서독의 서방에 통합, 동독의 소련권으로의 통합은 독일 민족국가에 대한 분명한 거부였다. 자유로운 질서를 가진 독일제국의 중부 독일과 동부 독일의 평화적 통일이 지금까지 독일의 가장 중요한 목표였다. 그 동안 독일과 유럽의 정책 전개는 이를 넘어섰다. 그래서 전 유럽의 항구적인 평화질서 창출과 유럽의 분단 및 독일의 분단 극복이 궁극적 목표며, 모든 국내 및 대외 정책 노력은 무엇보다도 이의 달성에 기울여야 한다는 것이었다.

그러나 이런 당의 노선 변경은 자민당 내에서 논란이 이어졌다. 특히 사민당과의 연정 구성 이후 1970년 7월 11일 노르트라인-베스트팔렌, 니더작센, 자를란트 주 지방선거에 패배하고, 하노버와 자르브뤼켄에서 의회에 진출이 좌절되면서 논란이 불거졌다. 1주일 후 열린 당대회에서 당 지도부의 노선과 쉘 당수는 재신임되었지만, 당의 우파가 당의 좌파 자유주의 노선과 쉘 지도부 종식을 목표로 조직이 만들어졌다. 이런 소동 속에 재무장관 묄러(Alexander Möller), 슈타르케(Heinz Starke), 전 당수 멘데(Erich Mende)

---

36) 그는 이미 1962년 정책보고서 "페어클레머룽과 재통일"(Verklammerung und Wiedervereinigung)에서 이를 제시하였다. 적어도 국민들은 종래의 통일 정책이 실현될 수 있는가에 대하여 의심하게 되었다고 그는 적었다.

등이 탈당하고, 멘데는 그 후 기민련에 입당하였다. 37)　이로서 자민당 내분은 끝나고 사민당과 협력하여 동방정책에 적극적으로 참여할 수 있게 되었다.

여기서 일단 동독의 지금까지 민족 문제에 대한 정책과 입장 변화를 한번 살펴보고 가는 것은 의미 있는 일이라 생각한다.

1949년에 제정된 동독 헌법은 바이마르헌법과 1936년 소련 헌법을 모방한 헌법으로 통일 관련 조항을 두고 있지 않았지만, 제1조에 "독일은 분할할 수 없는 민주공화국으로 오직 하나의 국적만을 인정한다"고 규정하여 전체로서의 독일을 대표하고 있음을 밝혔다.

1953년 9월 울브리히트 서기장은 두 개 국가론을 제시하면서 동서독이 상호 국제법적으로 인정해야 한다고 주장함으로써 분단을 기정사실화 하는 것처럼 보였다. 그러나 1955년 9월 소련과 체결한 동독 주권조약 전문에서는 "양국은 독일통일 실현을 위해 공동 노력할 것"이라고 명시함으로써 상반된 태도를 보였다.

그러나 그 후 발표된 동독의 통일노선을 보면 표면적으로는 통일을 내세우지만, 실제로는 동독을 서독과 별개의 주권국가로 인정받는데 주력하고 있다는 것을 알 수 있다. 1957년 1월 개최된 사회주의통일당(SED) 제30차 중앙위원회에서 채택된 국가연합 통일방안은 서독, 동독 및 서베를린으로 구선되는 국가연합은 통일을 위한 과도기적 과정으로서 주권을 가진 복수의 국가가 각기 주권을 보유하면서 협의체 기구를 두는 것을 말한다. 소련은 이에 대하여 서로 다른 사회경제질서 속에 살고 있는 두 개의 독일 국가가 평화조약을 체결하고 국가연합을 실시하는 것은 통일에서 불가피한 조치라고 이를 지지하였다.

1966년 12월 울브리히트 서기장은 다시 동서독 간의 국교정상화와 불가침조약 체결, 유럽의 현 국경선 인정, 모든 유럽국가와의 국교정상화 등을

---

37) 1971년 프라이부르크 테제에 의해 자민당의 외교정책과 사회정치적 노선 변경이 이루어졌다. 자민당은 '사회적 자유주의'와 사회개혁을 공약하였다.

전제로 하는 "국가연합을 위한 10개항의 정책선언"을 발표했다. 그러나 1967년 1월 제7차 사회주의통일당 전당대회에서 통일은 국가목표지만 사회주의 하에서의 통일만이 가능하다고 선언함으로써 국가연합 통일방안을 사실상 포기했다.

그리고 평화공존의 내외 환경에서 1968년에 개정된 헌법에서는 동독을 '독일민족의 사회주의 국가'로 규정하고 있다. 이 헌법에서는 독자적인 국적을 가진 국민의 개념인 '사회주의 국민'과 민족 개념인 '독일민족'을 구분하여 동독과 서독을 국제법적으로 분리하였다. 제8조에 "민주주의와 사회주의에 기반한 통일을 성취하기 위하여 두 개의 독일 국가는 노력한다"라고 규정했다.

그런데 소련과의 관계에서 볼 때 1953년 울브리히트의 두 개 국가론은 대체로 소련 스탈린의 중립화 통일 방안 메모 공세와 비슷한 시기에 나온 것으로 당시부터 소련은 서독과 서방에 대하여 분단 현실 인정과 동독의 국가 승인을 주장해 왔다. 앞서 말한 1966년 울브리히트의 10개항 선언이나 소련이 주도하고 동독 공산당도 참가한 동독 헌법 개정 전인 1967년의 카를스바트 공동선언도 동독의 국가 승인을 요구하고 있었다. 이는 그 후 동서독 기본조약 체결 전에 합의된 소련과 서독 간의 모스크바조약 협상에서도 주요 현안이 동독의 국가 승인이었다. 이런 제반 사정에서 볼 때 1950년 중반 이후 동독의 통일정책이라기보다 대 서독 정책은 분단을 인정한 바탕에서 국가 승인이었다. 그리고 이는 기본조약 체결 이후 동독은 '2민족 2국가'론 전개로 나가면서 통일 정책의 완전한 폐기에 이르렀다.

국제적 흐름뿐만 아니라 이처럼 서독 내의 정치 세력의 동방정책에 대한 변화의 흐름에 맞추어 사민당은 대담하게 동방정책으로 나갈 수 있게 되었다. 그렇지만 앞에서도 언급했듯이 보수당이 주도하는 대연정에서 실질적인 성과를 보기는 어려운 한계를 가지고 있었다. 키징거 총리는 정부가 사민당의 이익을 지나치게 대변하고 있다는 비난과 더불어 기민련 내 근본주의자 등의 비난을 의식하지 않을 수 없었다. 심지어 기민련의 보수정치인들은 사민당에 대하여 '소련군 7중대'가 아니냐고 이념공세를 퍼부었다. 사민당과 브란트 부총리 겸 외무부장관의 여러 가지 제안과 선언은 향후 사민당 주도 정부에서의 실질적인 행보의 예비인 셈이다.

이런 상황에서 1967년, 68년 기간 동안 브란트 외무부 장관은 명분 축적용 대화 제의를 계속하면서 자신과 사민당의 신동방정책의 본질 즉, 분단 현실의 인정과 동독의 국가적 실체 인정에 한 걸음씩 다가갔다. 1967년 8월 브란트는 서독 외무부 장관으로서 처음으로 동독을 '독일민주공화국(DDR)'이란 정식 명칭으로 불렀다. 그리고 1968년 뉘른베르크에서 열린 사민당 대회에서 브란트는 "우리는 동독을 외국으로 볼 수 없지만… 통일이 국제정세 상 여의치 않은 이상, 국민의 이익과 평화를 위하여 두 부분의 독일의 공존과 협력 관계를 정립할 필요가 있다"라고 말했다. 당대회에서의 입장을 그 해 6월의 나토 장관급 회의에서 브란트는 서독의 외교정책의 목표를 '통제된 평화공존'이란 표현으로 사민당의 동방정책을 다시 한 번 확인해주었다.[38]

그러나 사민당과 브란트의 과감한 발언에도 불구하고 동서독 간의 의미 있는 대화나 접촉은 없었다. 그러면서도 동독의 통일 정책에서 잠시 살펴보았듯이 동독은 헌법 개정과 2국가론의 발전을 통하여 국가 승인 준비에 나서고 있었다.

---

38) 여기서 브란트가 발언한 내용은 다음과 같이 요약할 수 있다.
 - 베를린과 전체로서 독일에 대하여 4대 강대국이 최종적 결정권
 - 독일 국민의 장래에 관한 4대 강대국 합의의 지속적 적용
 - 2개의 독일 당국이 모두 민족통일을 존중하고 평화적 통일 위해 노력할 것임을 천명한 사실
 이에 따라 양 당사자 간의 합의할 내용은 다음과 같다
 - 평화적 수단에 의한 민족 문제 해결
 - 힘에 의한 상대방의 사회구조 변화 추진하지 않겠다는 합의

1968년 8월 바르샤바군의 체코 침공과 민주화 진압 그리고 이어져 나온 '브레즈네프 독트린'으로 동서간의 데탕트 분위기가 전반적으로 주춤하였지만, 양 진영이 모두 체코 문제가 데탕트 움직임에 영향을 주지 않는다는 의중을 서로 확인하였다. 더구나 미국은 베트남 전쟁이 확전되면서 여기에 집중하여야 할 필요가 있었다. 그러나 새로운 동방정책은 서독 국내 사정 그리고 나중에 살펴보겠지만 동독의 내부 사정으로 준비를 하고 있었지만 외견상으로는 말잔치로 끝나고 사민당 주도의 다음 정부를 기다려야 했다.

사민당은 집권을 위하여 국내 정치에서 현안 문제 하나를 해결하여야 했다. 자민당의 외교정책과 동독 정책 전환으로 사민당과의 연결 고리가 마련되었다. 그런데 보이지 않는 장애물은 사민당이 대연정 구성 시에 기민련/기사연과 합의한 사항 중에 '비상사태법' 통과 외에 국내정치 제도 개혁으로 선거제도 개혁 합의가 있었다. 소선거구제로의 선거제도 변경이 핵심이었다. 양당 중심제를 추구하는 것으로 최악의 경우 자민당의 정치권 퇴출이었다.

사민당 내 중도 우파는 소선구제를 선호하였지만 이 제도에서는 당선 가능성이 떨어지는 좌파는 이에 반대하였다. 대연정 협상을 앞두고 베너 당 정책위원장은 장기적 관점에서 사민당 제1당, 집권을 목표로 대연정 협상 성공에 무게를 두고 선거제도 개혁에 합의하였다. 그는 사민당의 집권이 서독과 전체로서의 독일 문제 해결에 최선의 길이라고 확신하고 있었다. 그러나 당론이 확정적으로 정리된 것은 아니었다. 대연정 협상 시에 선거제도 개혁을 약속하였지만 연정 성립 후 사민당은 이와 관련된 별다른 조치를 취하지 않았다. 모호한 태도를 취하면서 후일에 자민당을 연정에 끌어들이기 위한 수단으로 삼고 있는 것이 아닌가라는 의혹을 사고 있었다.

아무튼 사민당 지도부의 의중과는 달리 당 내외에서 소선구제 반대 여론이 높아지고 있었다. 학생운동과 지식인들의 운동이 확산되면서 당내에서 세를 얻고 있는 당내 좌파 세력이 이에 반대하였다. 이 제도 실시 시에 이들 세력의 당선이 어려워질 것이라는 현실적 판단도 있었다. 그리고 일부 연구에서 소선구제 실시 시에 사민당 자체가 몰락할 것이라는 예측이 나오고 있었다.

자민당의 반발은 예상한 대로였다. 자민당은 이 제도가 실시된다면 정계에서 퇴출될 것이라는 예측이 많았다. 좌우파 소수 정당뿐만 아니라 학생과 좌파 지식인들 역시 이에 반대하였다. 이들은 대연정 자체를 반대하였다. 이념을 포기한 사민당과 보수세력의 야합으로 비난하면서 무너진 바이마르 공화국 재현을 우려하였던 것이다. 이들에게 소선거구제는 이런 야합의 제도화로 비쳐졌던 것이다.

그리고 현실적인 문제로 극우 성향의 국가민주당(Nationaldemokratische Partei Deutschlands: NPD)이 부상하고 있었다. 1964년에 창당하여 1965년 총선에서는 2.0% 득표로 의회 진출에 실패하였지만, 대연정 협상이 진행 중이던 1966년 지방선거에서는 헤센주에서 7.9%, 바이에른주 주에서 7.4% 득표하여 주의회에 진출하였다. 1967년에는 브레멘와 라인란트팔츠, 니더작센, 슐레스비히홀슈타인 주의회 진출에 성공하고 연정 막바지인 1968년 4월 바덴-뷔르템베르크 주의회 선거에서 9.8%를 득표하여 약진하고 있었다. 바이마르 공화국 몰락을 연상할 만한 득세였다.[39]

이런 분위기 속에서 사민당은 11월로 예정 되었던 선거법 개정을 위한 당 대회를 1968년 3월 뉘른베르크에서 개최하여 선거법 관련 사항은 대충 넘어갔다. 선거법 개정은 사실상 없던 일이 되어 버렸다.[40] 당 조직에게 장래의 연정에 관한 발언을 자제해 줄 것을 요청하여 새로운 연정에 대비

---

39) 1968년 뉘른베르크에서 열린 사민당 당 대회는 국가민주당의 민주적 신뢰성에 강력한 의문을 제기하고 모든 정치적, 법적 수단을 동원하여 투쟁할 상대라고 규정하였다.

40) 사민당의 관련 문건에는 제대로 된 기록도 없다. 기민련/기사연 내부에서 파울 뤼케(Paul Lücke) 내무부 장관이 항의 표시로 사임하는 등 당내에서 소동이 있었다.

하고 있었다.

사민당과 기민련/기사연의 대연정은 이제 시한부였다. 첫 신호는 1968년 10월 뤼프케 대통령이 다음 해 봄에 사임하겠다고 발표하면서 1968년 3월에 실시된 대통령 선거였다. 기민련/기사연은 우여곡절 끝에 게하르트 슈뢰더(Gehard Schröder) 전 외무부장관을 후보로 내세웠고, 사민당은 하이네만 연립정부 법무장관을 지명하였다. 하이네만이 1표 차이로 당선되었다. 자민당의 당론에 따른 지지가 있었다. 9월에 실시될 총선 후 사민당-자민당의 연정 예고탄이었다. 그리고 미국 달러화 추락 대책을 위하여 모인 1968년 1월 선진 10개국(G-10)회의에서 독일은 미국을 비롯한 여타국의 독일 마르크화 평가절상 요구를 거부하였던 슈트라우스 재무장관과 실러 경제장관의 팀워크에 금이 가기 시작하여 봄에 실러는 마르크화 평가절상 검토를 주장하고 나섰던 것이다.

그리고 사민당 당내 역시 시끄러웠다. 1968년에 절정에 달했던 학생운동과 지식인들의 반기득권 체제 운동에서 사민당은 자유로울 수가 없었다. 고데스베르크 강령 채택 후 당내 마르크스주의자들을 출당시키고 사회주의학생동맹(SDS)을 축출하면서 당내 좌파가 정리된 것 같았지만 그렇지 않았다. 뉘른베르크 당대회에서 전후 세대가 구세대가 만든 타협을 받아들이지 않지만 이들 세대를 잃어서는 안 된다고 하였다. 또한 월맹 폭격 중단을 지지하면서 사민당은 이 문제에 대한 젊은 세대의 정치도덕적 참여를 환영하지만 원초적 반미를 내세우면서 서독을 전복하려는 좌, 우 극단주의 세력과는 경계를 그었다.

미국 또한 사민당이 서독을 이끌어갈 수 있는가를 점검하였다. 미국은 1968년에 강경 반공주의자로 알려진 닉슨이 대통령에 당선되었다. 그 이전 케네디에서 존슨 정부까지 기민련/기사연보다 더 친미적이라 불릴 정도였던 사민당으로서는 신경 쓰이는 문제였다. 더구나 닉슨과 그의 안보보좌관 키신저는 사민당이 과거 주장하였던 독일 중립화 주장 등을 놓고 사민당에 미심쩍은 생각을 가지고 있었다. 1969년 2월 닉슨은 키신저와 함께 서독을 방문하였다. 방문 시에 키신저는 브란트, 베너 등 사민당 지도부와 심도 있는 대화를 나누었다.41) 이들은 사민당에 대한 의구심을 거두어들였다. 1968년 봄 실러 경제장관의 마르크화 평가절상 검토도 사민당의 미국 정책에 대한 협력 의사 표명이 아니었을까? 실제로 총선 후인 1969년 10월 24일 브란트 총리는 서독 마르크화의 미국 달러화 대비 8.5% 평가절상을 발

---

41) 브란트 등은 닉슨이 베트남전쟁을 끝내겠다는 그의 공약 자체도 의심하였다. 그러나 닉슨은 서독을 비롯한 서유럽 방문 후인 7월 25일 미국령 괌에서 "닉슨독트린"을 발표하였다. 이의 주요 내용은 다음과 같다.
 1. 미국은 앞으로 베트남 전쟁과 같은 군사적 개입을 피한다.
 2. 미국은 아시아 여러 나라와의 조약 상 약속을 지키지만, 강대국의 핵무기에 의한 위협의 경우를 제외하고는 내란이나 침략에 대하여 아시아 각국이 스스로 협력하여 그에 대처하여야 할 것이다.
 3. 미국은 '태평양 국가'로서 그 지역에서 중요한 역할을 계속하지만 직접적, 군사적 또는 정치적인 과잉개입은 하지 않으며 스스로의 의사를 가진 아시아 각국의 자주적 행동을 측면 지원한다.
 4. 아시아의 각국에 대한 원조는 경제중심으로 바꾸며 여러 나라 상호 원조 방식을 강화하여 미국의 과중한 부담을 피한다.
 5. 아시아의 각국이 5~10년의 장래에는 상호안전보장을 위한 군사기구를 만들기를 기대한다.
 이의 구체적인 실천이 '베트남전의 베트남화(Vietnamization of the Vietman War)'로 미군의 베트남 철수였다. 이 정책의 일환으로 1970년 주한 미군 감축 계획이 발표되었고, 한국과 미국 간의 협상을 거쳐 미국은 한국군 장비 강화와 현대화 및 군사원조 대신 5천만 달러 경제원조를 약속하고 1971년 3월 주한 미군 63,000명 중 7사단 20,000명을 철수시키고 2사단을 전방에서 철수시켜 후방에 배치하였다.
 그 후 닉슨은 1972년 중국을 방문하여 외교관계를 수립하고 몇 개월 뒤인 5월 22일 소련을 방문하였다. 당시의 기본 흐름은 소위 '현실정치(Realpolitc)'에 기초한 데탕트였다. 1872년 5월 미국과 소련 간에 2차 대전 후 최초의 군축협정인 "전략무기 제한 협정"(SALT Ⅰ)조인이 있었다. 그리고 서독과 소련 간에 1972년 12월 12일체 체결된 "동서독기본조약" 협상이 진행되고 있었다. 미국과 소련 간에 독일 문제에 관한 논의가 있음직한 대목이다. 당시 브란트는 서독에서 미군 감축을 예상하고 소련과의 상호불가침 조약 체결 등을 추진하였다는 이야기도 있다.

1969. 9. 28 총선 포스터: "독일인들이여, 우리는 우리나라를 자랑스러워 할 수 있다. 빌리 브란트에 투표하자"; "우리는 현대적인 독일을 창조할 것이다"
출처: www.150-jahre-spd.de

표하였다.

국내 문제는 어떻든 간에 사민당에 유리한 국제적 환경 속에서 사민당은 총선에 들어갔다. 즉, 닉슨은 서독 방문 후에 "…베를린 하면 '도발'을 떠올리는 상투적인 발상에서 벗어나… 베를린을 지난 시대의 긴장 종식의 출발점으로 보도록 하자"라고 말했다. 데탕트의 현장으로 만들자는 취지였다. 그리고 소련도 서방이 체코 사태를 테탕트의 장애로 보지 않는다는 메시지를 받았다고 밝혔다.

1969년 9월 28일 총선이 실시되었다. 사민당은 1965년 총선보다 3.4% 증가하여 사상 처음으로 40%를 넘는 42.7%에 237석을 확보하여 승리하였다. 기민련/기사연은 46.1%, 250석으로 소폭 하락하였다. 자민당이 지난 총선보다 저조한 5.8%, 31석이었다. 이 선거에서 우려하던 것과는 달리 다행스럽게도 국가민족당(NPD)는 5% 득표 미달로 의회 진출이 좌절되었다. 자민당이 캐스팅 보트를 지게 되었지만, 특히 1967년 숄베르 정책보고서를 통하여 동방정책 노선이 사민당에 접근하였고 대연정 기간 동안 연정을 위한 접근을 한 결과 비교적 수월하게 사민당-자민당 연정에 합의하면서 브란트 총리의 연립정부가 탄생하게 되었다.42) 역사가 파울렌바흐(Bernd Faulenbach)가 지칭하게 되는 '사회민주주의 10년'이 열린 것이다.43)

---

42) 비교적 수월하다고 했지만 쉽게 성립된 것은 아니었다. 기민련/기사연도 자민당 상대로 연정 제안을 하고 접촉도 하였다. 자민당은 대통령 선거 시 사민당의 하이네만 대통령 후보에게 당론으로 지지하고 사민당이 소선거제도 개혁안을 거두어들이는 등 자민당과의 연립을 염두에 둔 행보를 취해왔다. 그렇지만 선거 결과를 두고 사민당 내에서 자민당과의 연립에 반대하는 의견이 있었다. 자민당과의 연립을 주창하는 브란트에 슈미트는 쉽게 동의하였지만 브란트, 슈미트와 함께 사민당을 이끌어가던 베너는 부정적이었다. 그는 브란트의 지도력에 신뢰하지 못하였던 데다 무엇보다도 자민당과의 연립 정부의 지속성에 확신을 가지지 못했다. 그는 서독이 아니라 전체로서의 독일을 사민당이 이끌어 가야 한다는 신념을 가지고 있었다. 그런데 자민당과의 연립의 경우 연립여당의 의석은 겨우 18석이 많을 뿐이어서 자민당의 변심이 있으면 언제든지 무너질 수 있다는 점을 베너는 우려하였다. 아무튼 전반적인 당내 의견과 "슈피겔" 등 언론의 분위기 조성으로 베너도 어쩔 수 없이 자민당과 연정에 동의하였다. 선거 다음 날인 9월 29일 사민당 집행위원회는 만장일치로 자민당과의 연정을 결의하였다. 당시 기민련/기사연에서 자민당과 연립을 적극적으로 추진하던 사람은 독일 통일을 이끌게 되는 헬무트 콜(Helmut Kohl)이었다.
43) 역사가 파울렌바흐(Bernard Faulenbach)는 2011년에 출판된 자신의 저서 "사회민주주의 10년: 개혁의 행복에서 새로운 복잡함으로. 사민당 1969-1982(1945년 이후 독일 사민당)"(Das sozialdemokratische Jahrzehnt: Von der Reformeuphorie zur neuen Unübersichtlichkeit. Die SPD 1969-1982 (Die deutsche Sozialdemokratie nach 1945)에서 사민당의 빌리 브란트와 헬무트 슈미트가 집권했던 이 10년을 서독 시절 사민당은 물론이고 독일 사회에 가장 큰 변화를 가져다 주었던 시절로 보고 있다. 이 시대의 키워드를 그는 1차 오일쇼크 이후의 세계경제의 전개, 시위, 군비증강, 신동방정책, 테러리즘 등으로 보았다.

|제4장| 사회민주주의 15년

1. 더 많은 민주주의

보수당 정권을 시대를 마감한 사민당과 자민당의 연립정부는 1969년 10월 21일 출범하였다.

10월 28일 신임 총리 브란트는 의회에서 가진 취임 연설에서 과감한 개혁 정책을 펼치겠다고 포부를 밝혔다. 이에 따라 사민당 주도 연립정부는 동서공존에서 교육, 환경, 건축에 이르기까지 모든 공공 분야의 개혁에 손댔다. 즉, 브란트의 새로운 동방정책은 유럽을 변화시켰고 종국에는 베를린 장벽을 무너뜨렸다. 대연정 시절에 이미 시작된 형사제도 개혁은 새로운 인간상에 기초한 것으로 스스로에게 책임지는 시민이 신민을 대체한 것이다. 서독 군인은 제복 입은 시민으로 보게 되었다. 선거 연령이 낮추어지고, 정책의 중심에 교육이 있게 된다. 결국 분단 현실에서 분단 저편을 사실과 규범에서 인정한 바탕에서 공존을 추구하는 새로운 동방정책, 새로운 인간관에 바탕을 둔 사법제도, 교육제도 그리고 이를 뒷받침할 사회경제 정책이라고 요약할 수 있을 것이다.

이런 맥락에서 새로운 출발을 선언하고 있는 브란트의 취임사(Regierungserklärung) "우리는 더 많은 민주주의를 원한다"(Wir wollen mehr Demokratie wagen)를 살펴보는 것에서 사민당 집권시대에 대한 고찰을 시작하는 것은 의미가 있다고 생각한다. 이 연설문은 고데스베르크 강령과 총선 전에 발표한 일종의 공약인 "선거강령"(Bundeswahl 1969 Regierungsprgram m)¹⁾과 함께 사민당의 주요 문건이다.²⁾

이미 사민당은 "우리는 현대 독일을 창조할 것이다"(Wir schaffen das moderne Deutschland)를 선거 슬로건으로 사용하였다. 선거강령과 브란트의 개혁 포부는 독일을 개조하겠다는 것이다.

취임연설에서 브란트는 먼저 이 정부의 정책은 연속성과 개혁(der Kontinuität und der Erneuerung)을 특징을 가지고 있다고 말하면서, 서독이 지난 20년 동안 자랑할 만한 길을 걸어온 것은 누구보다도 콘라트 아데나워 전총리, 쿠르트 슈마허 전 사민당 당수와 함께 하였기 때문이라고 두 사람 이름을 거명하였다. 그리고 이 번 선거에서 극단주의 정당(독일국가당)이 국민들에 의해 거부 된 것은 자유주의적 기본질서의 안정성이 확인된 것이며, 극단주의와의 투쟁은 계속되어야 한다고 했다. 의회민주주의에 바탕을 둔 사민당 노선을 우선 강조하고 있다. 지난 20년, 100년의 독일 자유민주주의를 회고하고, 70년대의 민주적 질서는 비상한 인내심을 가지고 상대방의 의견을 듣고 서로를 이해하기 위하여 비상한 노력을 기울여야 한다고 말했다. 그래서 더 많은 민주주의를 원한다고 선언하였다. 즉, 의회뿐만 아니라 모든 시민이 국가와 사회의 개혁에 참여할 수 있는 기회를 주겠다는 것이다.

> 부모들의 부담을 짊어지지 않으면서 평화 속에 자라난 젊은 세대는 우리에게 약속을 지킬 것을 원한다. 그렇지만 이들도 국가와 사회에 대한 의무가 있다는 것을 이해해야 한다. 그래서 선거 및 피선거 연령을 낮추는 법안을 제출하겠다.

---

1) 정식 명칭은 "사민당 선거강령 1969"(Regierungsprogramm der Sozialdemokratischen Partei Deutschlands 1969)로 1966년 대연정에 참여하여 성공적으로 국가의 위기(경제 불황)를 극복하여 집권 능력을 증명하였다는 것을 전제하고 집권 시의 정책을 브란트 당수 명의로 제시하고 있다.

2) "브란트 취임사"(Regierungserklärung), "사민당 선거강령"(Bundeswahl 1969 Regierungsprgramm); www.fes.de

장래에는 사회의 모든 분야에서 공동결정과 공동책임이 동력이 될 것이다. 완전한 민주주의를 만들어낼 수는 없지만 더 많은 자유를 제공하고 더 많은 공동책임을 요구하는 사회를 원한다. 신 정부는 교회, 예술계, 과학계, 기업 혹은 사회의 어떤 분야든 간에 책임 있는 주체와 비판적인 동반자 관계를 추구할 것이다. 노동조합의 신뢰할 수 있는 협력은 특히 중요하다.

신 정부가 원하는 사회는 이웃에 대한 연대감에서 스스로 봉사하는 사회다. 특히 노령자와 장애자들은 물질적 지원뿐만 아니라 인간적 연대를 필요로 하는 데에 공동의 과제가 있다고 본다. 자국은 물론이고 개도국에서 사람들에게 봉사하면서 교회와 사회단체의 활동은 정치적 행위와 만나게 된다. 신 정부는 사회의 여러 세력의 정당한 원망과 정부의 정치적 의지를 결합시키기 위하여 끊임없이 노력할 것이다.3)

그리고 나서 그는 동방정책 문제를 거론하였다.4)

---

3) 고데스베르크 강령(1959)은 사회주의 기본 가치에서 이렇게 규정하였다: 사회주의자들은 모든 사람들이 자신의 인격을 자유롭게 발전시키고 공동체에 봉사하는 구성원으로서 인류의 정치적 경제적 문화적 생활에 책임 있게 참여할 수 있는 사회를 만들기 위해 분투한다. 자유는 정의의 조건이며, 정의는 자유의 조건이다. 인간의 가치는 자기의 책임을 주장함과 동시에 그의 국민들이 자기의 인격을 발전시키고 동등한 조건을 갖고 사회의 구성에 동참할 권리를 인정하는 데 존재하기 때문이다. 자유, 정의, 연대, 즉 공통된 연대에서 나오는 상호 의무와 책임은 사회주의자가 추구하는 기본가치이다.

4) 대체로 동방정책(Ostpolitik)은 통일정책 내지는 대 동독 정책인 독일정책(Deutschenpolitik)과 구분하여 소련을 비롯한 동유럽, 특히 2차 대전 당시 나치 독일에 의한 지배, 전쟁을 통하여 피해를 입은 국가들에 대한 정책으로 일반적으로 유럽 공산 진영에 대한 정책을 일컫는다. 소련 비롯하여 이들 국가와는 2차 대전을 종결짓는 평화조약 문제가 미결로 남아 있었다. 폴란드와 체코슬로바키아와의 관계에서 볼 수 있듯이 국경 문제와 전전에 발생한 난민 문제, 전쟁 책임 등 등 예민한 문제들이 남아 있었다. 더구나 분단으로 책임져야 할 주체 문제 등도 완전히 해결된 것은 아니었다. 브란트 정부의 동방정책은 굳이 말한다면 신 동방정책이다. 그리고 후에 "동서독기본조약" 등을 통하여 동독의 국가적 실체를 사실상 인정하면서 독일정책

2차 대전과 히틀러 정권으로 인하여 야기된 문제는 유럽 평화질서 내에서만 해결될 수 있다. 그리고 독일인도 자결권을 가지고 있다는 것이 부인될 수 없다. 앞으로의 정치적 과제를 양 독 간의 긴장을 해소하여 민족의 일체성을 유지하는 것이다. 독일인은 언어와 그리고 영욕의 역사로 이어져 있을 뿐만 아니라 모두의 고향이다. 그래서 독일과 유럽에 대한 공동의 과제를 가지고 있으며 책임을 공유하고 있는 것이다.

이어서 그는 공식적인 연설에서 지금까지 총리가 사용해온 '다른 쪽 독일' 등의 표현 대신 동독의 정식 국호인 '독일민주공화국'(Deutsche Demokratische Republik: DDR)이란 칭호를 사용하여 독일연방공화국과 독일민주공화국이 수립된 지 20년이 지난 지금 신 정부는 독일민족의 또 다른 분열을 막고 상호 협력을 추구할 것이라고 말했다. 이 모든 것은 동독 당국의 태도에 달려 있으며 서독 정부는 동서독 간의 교역과 문화교류가 줄어들지 않기를 바란다고 말했다.5)

그리고 브란트 총리는 신 정부는 1966년 12월 당시의 키징거 총리와 정부가 발의한 정책을 계승하여 다시 협상할 것을 '독일민주공화국' 각료회의에 제안하였다. 정부 수준의 협상을 통하여 조약에 의해 합의된 협력으로 발전할 수 있다. 그렇지만 서독 정부에 의한 '독일민주공화국'의 국제법상 승인은 고려될 수 없고 독일에 '두 개의 국가'(zwei Staaten in Deutschland)가 존재한다 할지라도 양 국의 관계는 서로 외국이 아닌 특수한 관계다. 말하자면, '1민족 2국가'론을 밝히고 있는 것이다.6) 이어서 브란트 총리는

은 신 동방정책에 사실상 통합되었다. 그리고 뒤에서 보겠지만, 소련, 폴란드-체코, 베를린, 동독 문제는 밀접하게 관련된 하나의 패키지에 가깝다.

5) 고데스베르크 강령에서 "독일의 분단은 평화를 위협하고 있으며, 분단의 극복은 독일 민족에게는 절대적으로 필요하다. 통일된 독일에서 비로소 전체 독일 민족은 자유로운 결정을 통해 국가와 사회의 내용 및 형식을 구성할 수 있을 것이다"라고 규정하고 있다.
6) 연설 중 이 부분에서 기민련/기사연 의원 쪽은 소란스러웠다. 2개의 국가를 받아들

전임 총리의 정책에 따라 '독일민주공화국'에 무력 사용이나 이의 위협을 포기하는 구속력 있는 협정을 체결할 의지가 있음을 선언하고, 4강국의 특별한 책임 하에 있는 베를린의 상황을 개선하기 위하여 미국, 영국, 프랑스가 소련과 협의를 계속해 줄 것을 요청하였다. 그리고 베를린의 특별한 지위는 유지되어야 한다고 했다. 즉, 4강국의 특권을 인정한다는 내용이기도 하다.

분단과 통일 문제를 관장하는 부처 명을 전독부(全獨部, 전체 독일문제부: Ministerium für gesamtdeutsche Fragen)에서 내독부(內獨部, 독일 내부 관계부: Ministerium für innerdeutsche Beziehungen)로 바꾸었다고 밝혔다. 독일 양 지역 간 관련 정책은 정부 전체의 항구적 업무로 여기에는 분단 독일에서 민족의 일체성과 관계를 유지하는 노력을 비롯하여 외교정책, 안보 및 유럽정책도 포함되어 있기 때문이다. 통일 문제 전담 부처를 없앤 것이다.

이어서 브란트 총리는 전반적인 개혁의 필요성을 언급하면서 필요한 개혁의 이행과 번영의 확대는 경제 성장과 건전한 재정에 의해서만 가능하다고 말했다. 그리고 10월 24일 독일 마르크를 달러 대비 8.5% 평가절상 했다고 밝히고 대연정 시 불황 극복을 위하여 제정한 '경제안정 및 성장촉진법'(Stabilitäts-und Wachstumsgesetz)에서 정한 요건을 충족시켜 안정과 성장을 유지하겠다고 말했다. 거시경제적 균형이 위험하게 될 때 정부가 개입

이기 어렵다는 반응이었다. 앞에서 언급하였듯이 당시 동독은 1민족 2체제 2국가론을 주장하고 있었으며 1968년 개정 헌법에서 이를 명시하고 있었다. 즉, 동독은 '독일민족의 사회주의국가'(sozialistischer Staat deutscher Nation)로 규정하고 있었다. 반면에 보수 정권 하에서 서독은 1민족 1국가론을 고집하고 있었다.

그러나 사민당은 동독의 국가 승인 문제에 관해서는 여전히 유보적인 태도를 취했다. 즉, 선거강령에서 "독일사회주의통일당(SED)과 독일민주공화국(DDR)의 지도부가 독일 관계의 정상화에 관한 구체적인 행동을 아직 한 번도 시도하지 않은 사실과 관련하여, 독일민주공화국(DDR)정부의 승인 요구는 양독관계의 규범화에 건설적인 기여도 할 수 없을 것"이라는 것이다. 그러면서도 "서로 외국이 아닌 독일 양 부분의 규범적인 교류를 보장하는 포괄적 협정을 추구"를 정책으로 내세우고 있다.

하겠다는 의지를 표명하였다.7)

　신 정부의 목표는 경기 침체 없는 안정이다. 이에는 ① 국내 시장에 상품 공급의 점진적 재조정을 포함한 재정 정책, ② 마르크화 평가절상 이후의 상황에 맞춘 충분한 통화 공급에 관하여 연방은행과의 추가 협의, ③ 농민 대표도 참가하게 될 '조화적 행동'(Konzertierten Aktion) 틀 내에서의 노동조합 및 기업협회와의 좋은 관계 지속과 강화, ④ 연방정부, 주, 및 지역 정부와의 협력 강화, ⑤ 유럽공동체 회원국 내의 더 강력한 경제 및 통화 정책 조정과 세계 통화체제 발전에 서독 정부의 적극적 참여, ⑥ 마르크화 평가 절상으로 농업 소득의 형평화가 요구되지만 농민에 대한 공약과 로마조약과의 조화가 포함된다.

　경제정책을 정리하면서 그는 지속적인 경제 발전이 사회 진보의 최상의 기반이라고 발했다. 정부는 민간이 주도하고, 위험을 받아들일 준비가 되어 있으며 효율적인 환경을 만들겠다고 하였다. 그러면서 일자리를 보호하고 물가 상승으로 인하여 가계가 고갈되기 전에 소득의 상승과 저축의 증대를 보장하겠다고 했다. 이런 경제정책 방향은 고데스베르크 강령에서 이미 선언하고 있는 당의 노선에 비교적 충실한 내용이다.8)

---

7) 경제 문제와 관련하여 대연정의 파트너였고 칼 실러가 경제장관이었음에도 불구하고 브란트 총리는 지난 정부의 경제정책을 비난하였다. 즉, '경제안정 및 성장촉진법'이 지난 의회의 주요 개혁 조치 중 하나인데 이 법에서 요구하는 정부의 의무가 1969년 봄부터 무시되어 왔다. 정부가 적기에 대처하여 마르크화를 평가절상 했다면 물가 상승도 막고 더 좋은 성과를 거두었을 것이다. 그런데 마르크화 평가절상에 G-10회의에서 미국 등 여타 국가의 요청에도 불구하고 슈트라우스 재무장관과 실러 경제장관은 이를 거부하는데 의견을 같이 했었다. 실러가 평가절상 의향을 밝힌 것은 그 후 대연정이 금이 가면서였다.

8) 고데스베르크 강령에서 사민당의 공식적인 경제 정책 노선은 '지속적 성장'으로 안정된 통화를 기초로 한 완전고용 확보, 국민경제의 생산성 제고와 전반적인 복지 향상이다. 선거강령은 여기에 자영업자의 경제적 생존 보장을 추가하고 있다.

브란트 총리와 사민당이 경제 정책 중 가장 강조하고 있는 것 중 하나가 아마도 기업 결합과 시장에서의 불공정 경쟁 방지 정책일 것이다.[9] 그래서 안정과 성장은 경제적 질서가 기능할 때만 가능하다고 선언하고 경쟁이 경제성과의 가장 안전한 보장판으로 국내외에서의 모든 보호주의적 경향을 거부한다고 밝혔다.

많은 분야에서 기업 집중은 필요하지만, 그렇다고 이로 인하여 효과적인 경쟁이 없어져서는 안 된다. 따라서 예방적인 기업합병 규제가 필요하다. 독립된 독점위원회 설립은 중요한 수단이 될 수 있다. 시장 지배적 지위와 시장에서 강한 지위의 남용 규제는 확대되어야 하지만, 중소기업 간의 협력은 용의해져야 한다. 중소기업은 경쟁에서 동등한 출발 기회와 차별적 관행으로부터 효과적인 보호의 권리를 가져야 한다. 기업 합병 규제는 언론에도 적용되어야 한다.[10]

그리고 특히 노동자들의 재산 형성 정책에 중점을 둘 것이며 이 정책은 또 주식 투자뿐만 아니라 자본 형성을 용이하게 하는 방향으로 입안 될 것이다.[11]

선진 사회에서 항구적인 안전은 변화를 통해서만 가능하다. 항구적인 경제 및 사회의 변화는 우리 모두에 대한 도전이며 이는 개인의 주도에 의해서 가능하다. 이를 위하여 신 정부는 특히 교육, 훈련, 연구 및 혁신을 강력하게 추진할 것이다.

---

9) 고데스베르크 강령에서도 "대기업의 힘을 억제하는 것은 자유로운 경제정책의 중심과제"라고 규정하고 있다

10) 사민당은 기업 집중뿐만 아니라 선거강령의 "민주국가의 토대로서 자유와 질서 확립"이라는 라는 관점에서 언론의 기업합병 규제 문제를 다루고 있다. 즉, 출판사의 소유관계를 공개하고 합병을 규제하는 등 경제 및 재정정책의 틀을 통해 언론의 다양성을 보장하겠다는 것이다.

11) 고데스베르크 강령에서 소득 증가를 통하여 재산 형성이 가능한 생활조건을 만들겠다고 선언하고 있다.

그리고 브란트 총리는 다시 한 번 건전성이 재정정책 노선이라고 강조하였다.12) 아마 대연정 붕괴의 원인이 양당의 재정정책 노선의 근본적인 차이 때문이라고 판단한 것은 아니었을까? 중기 재정 계획을 의회에 제출하겠다고 했다. 요지는 지난 정부의 1968-1972년 재정 정책에 많은 대책이 결여되어 있다는 것이었다. 그리고 정부 수립 후 바로 취한 마르크화 평가절상과 대비시키면서 평가 절상 지연으로 예산에 특별한 부담이 발생하였다고 말했다. 즉, 평가 절상을 하지 않았던 결과로 공공 서비스에서 추가 보조금과 농업에 대한 더 높은 보상비용이 발생하였다.

신 정부는 지난 의회에서 발표된 조세제도 개혁을 이행함으로써 사회적 법치국가를 만드는데 필요한 헌법상의 요구를 충족시키겠다. 목표는 공정하고 단순하며 운영 가능한 조세제도의 창출이다. 합리적인 운영과 현대적 비용절감 방식 채용으로 담세율을 높이지 않고도 늘어나는 재정 수요를 충당할 수 있다. 1964년 이후 변동이 없는 종업원 부담액을 1970년부터 2배로 인상하며, 추가 과세 소득 하한선 역시 2배 인상하겠다.13)

정부부터 개혁에 나서야 한다. 이미 정부 부처 숫자가 줄어들었다. 내무부, 교통부는 한 사람의 장관이 관장하게 될 것이고, 우편, 통신 분야에 대한 정부 부처의 감독은 정치적 필요에 한정되며 우편 업무는 새로운 법적 형식을 갖게 될 것이다.

그리고 이산가족업무부(Vertriebenenministerium)는 내무부로 통합될 것이다.14) 이와 관련하여 서독 정부는 이산가족, 난민, 전쟁 희생자들에 대

---

12) 고데스베르크 강령에서 사회적 생산물의 3분의 1 이상이 정부의 손을 거치기 때문에 재정 정책은 합목적여부가 아니라 누구의 이익을 위해 수행되는가가 중요하다는 것이다. 그렇지만 본질적으로는 경제에 간접적인 영향을 미치는 방법에 그쳐야 한다고 했다.

13) 경제 정책 특히 재정 정책 관련 연설 부분에서 야당 즉, 기민련/기사연 의원석의 소란과 이의 제기가 많았다.

14) 분단과 통일 문제를 관장하는 부처 명이 '전독부'(전체 독일문제부: Ministerium für gesamtdeutsche Fragen)에서 '내독부'(독일 내부 관계부: Ministerium für innerdeutsche

한 책임을 인식할 것이며, 필요한 통합 대책을 완수할 것이다. 그리고 이는 전쟁 피해 배상과 입법화를 종결시킬 것이며, 동독의 문화적 성과와 가치의 보전과 발전을 위한 모든 합리적인 노력을 촉진할 것이다.

정부 개편에도 새로운 동방정책을 염두에 두고 있다는 이야기다. 동독의 문화적 독자성을 인정하겠다는 뜻을 밝히고 이산가족의 문제는 동서독 통합의 문제가 아니라 서독 내부의 통합 문제라는 것이다.

행정 개혁과 공공 서비스 개혁은 결합되어야 하며, 공무원 인사 개혁은 성과 원칙에 더 중점을 두어서 인사관리를 더욱 유연하게 만들고 인사 관련 업무를 더욱 투명하게 만들겠다.

이어서 그는 하이네만 대통령이 법무부 장관 시절에 착수한 사법제도 개혁을 계속하겠다고 말했다.

먼저 사법행정을 보다 더 투명하게 할 것이며 시민들은 좋고도 신속한 사법 서비스를 제공받을 것이다. 결정적인 것은 판사들이 주어진 업무를 수행할 수 있어야 한다. 이들에 대한 교육과 훈련을 재고하고, 예를 들면 단독재판 폐지를 통한 책임감을 강화시키고, 법원 자체 문제에 참여를 개선하고, 이들에게 헌법상 지위에 상응하는 보수를 제공하며, 재판에 현대적 기술이 사용될 수 있는 기회를 열어 주어야 한다. 헌법 재판관은 어떠한 경우라도 다수 의견과 다른 자기의 의견을 공표할 수 있는 권한이 주어져야 한다.[15]

Beziehungen)로 바뀐 것과도 관련된 것으로 새로운 동방정책의 일부다.
  참고로 동독에서 서독으로 이주한 사람 숫자는 베를린 장벽을 세우기 전인 1961년까지 최소 12만9천 명(1949년), 최대 33만1천 명(1953년)이었으나, 장벽이 세워진 후 브란트 총리 취임 전에 1968년까지는 매년 1만6천 명에서 4만여 명 수준이었다.
15) 고데스베르크 강령에 의하면 법관은 국민의 이름으로 재판에 임하기 위하여 내외로부터의 독립이 요구된다. 무보수의 명예 법관도 소송에 대등한 자격으로 참가할 수 있다.

민법과 형법 개혁에 관해 언급하고 그는 국방 개혁으로 나아갔다.16)

일반적인 국방개혁을 언급한 후 그는 서독군이 사회의 일부라는 점을 이해하여야 한다고 하면서, 국방부 내의 관료주의적 절차 제거, 적절한 교관, 부대, 전문가 육성, 의회 내의 국방위원회의 활동에 대한 신뢰 등 5 가지 방침을 밝혔다. 여기에는 특히 의무 복무자에 대하여 동등하게 대우할 것이며-병역 면제자는 축소되고 있다- 그리고 양심적 병력 거부자의 권리를 존중하며 그들에게도 동등한 대우 원칙을 적용할 것이라고 했다.17)

[교육 정책에서],18) 교육과 훈련, 과학과 연구가 신정부의 개혁의 첫 번째 대상이다. 교육제도의 4개 주요 분야-학교, 대학, 직업훈련, 성인교육-의 조정이 불가능함으로써 전체 교육 제도에 심각한 혼란이 일어났다. 특히 중요한 것은 향후 15 내지 20년 동안의 장기적 교육계획이다. 신 정부는 연방의회와 주 의회에 이를 제출할 것이다. 동시에 5 내지 15년의 국가 교육 예산이 수립되어야 한다. 포괄적인 교육 계획의 목표는 항구적인 교육 과정을 통하여 자신의 사회적 존재의 조건을 인식하고 이에 따라 행동할 수 있는 비판적이고 판단력 있는 시민을 교육하는 것이다.

이를 위하여 교육 연한 10년이 필요하고 18세까지 최대한 많은 사람들

---

16) 민법 개혁에 관해서는 특이하게도 불행한 결혼 생활을 하는 사람들의 고통을 제거해 줄 해결책을 찾아야 하고 이혼 시의 여성과 자녀가 겪게 되는 사회적 고통 방지하는 것이 필요하다는 것을 언급하였다. 아마도 이혼을 어렵게 만들고 있는 독일의 특수한 상황에서 나온 것으로 보인다.

17) 고데스베르크 강령에서 군인을 '군복을 착용하고 있는 시민'(Der Soldat bleibt auch in Uniform Staatsbürger)이라고 규정하고 있으며, 양심적인 이유에서 무기나 대량파괴 수단을 거부하는 시민을 보호하겠다고 했다.

18) 고데스베르크 강령에서 교육의 목적을 이렇게 규정하였다. 청소년은 학교에서 자유의 상호 존중, 자주, 사회적 책임, 민주주의와 세계 이해의 이상의 정신 하에서 이념과 가치 체계가 다양한 우리 사회에서 이해와 관용, 협력 정신과 태도를 성취할 수 있도록 교육되어야 한다고 규정하고 모든 학교 교과 과정에 시민교육이 고려되어야 한다. 그리고 10년 의무교육과 공립학교 및 대학의 무상교육을 선언하고 있다.

에게 차별화된 교육을 받을 수 있게 하여야 한다. 모든 시민들에게 균등한 기회를 제공하여야 한다는 기본법의 핵심적 과제의 인식이 이 정부의 지침이 될 것이다.

고등교육법을 제출할 것이며 여기에는 전반적인 고등교육 제도 내에서 기존 전문대학의 상황을 고려할 것이다. 그리고 교육 개혁에는 대학, 연구소에 관해서는 효과적인 위계질서 구조 극복, 대학을 비롯한 고등교육기관 시설 확장. 주 정부의 주요 분야 입학 정원 문제 해결 지원이 포함된다. 교육, 직업훈련, 연구는 시민의 교육 권리와 고급 전문가와 연구 결과에 대한 사회의 수요가 동시에 고려되어야 한다. 컴퓨터 과학과 컴퓨터 언어의 개발에 더 많은 예산을 사용하겠다. 컴퓨터 기술공학은 전체 과학, 기술의 발전과 산업 생산에 촉매 효과에 기여할 것이다. 현대의 연구사업은 세계적으로 서로 연결되어 있다. 이 분야에서 국제, 특히 유럽에서의 작업을 진작시킬 것이다.

[경제 구조 조정], 신 정부는 성장 지향의 구조 조정 정책을 강력하게 추진할 것이며, 베를린과 접경 지역 우선 정책을 유지하면서 구조 정책은 핵심은 농촌의 효율성 강화며, 이는 농촌 현대화다.[19] 산업 경제는 저렴한 에너지와 원자재의 공급에 달려 있다. 신 정부는 석탄 채굴을 회복시키고, 석유류 생산을 보장하며 새로운 에너지원을 위하여 시장을 개설하고 전력 분야의 경영을 개선할 것이다.

1970년대에는 환경과 생활 조건이 더욱 급속하게 변할 것이다. 특히 공간 배치 계획, 도시 개발, 주택 건설 분야에는 체계적인 전망과 계획이 점점 더 중요해지고 있다. 첫 단계로서 도시계획촉진법이 조속히 통과되어야 한다. 이 법률은 토지 관련법을 개혁하여 지역정부가 계획을 적절하게

---

19) 고데스베르크 강령에서 사민당은 농업경영에서 가족경영(Familienbetriebe) 보호강화를 강조하고 있으며, 농가소득 보장을 언급하고 있다.
  선거강령에서는 "농업구조를 개선하며, 이의 대안으로서 새로운 일자리 창출 특별한 행동프로그램" 개발을 제시하고 있다. 시장지향적이고, 사회의식적이고, 소득추구적인 농업정책이 사민당 농업정책의 지침이라 하여 고데스베르크 강령 채택 이후의 사회조건 변화, 특히 유럽공동체 내에서의 독일 농업정책 방향을 모색하고 있다.

수행하고 토지 투기를 방지할 수 있게 해 줄 것이다.[20] 그러면서도 사유재산의 분산 촉진과 농토 보전이 필요하다는 사실도 염두에 두어야 한다.

주택 대책으로 신 정부는 사회적 주택 건설 계획을 수립하여 주 정부와 협력할 것이다. 구조조정 정책 수단, 지역 경제 개발, 도시 및 주택 건설이 공간 계획 사업에서 의미를 갖게 될 것이다.[21]

자연과 휴식 공간 보호 및 동물 보호에도 주의를 기울여야 한다.[22]

브란트 총리는 경제구조 개선에는 효율적인 교통이 필요하다며, 교통 분야에서의 경쟁 환경 조성에 노력을 기울이겠다고 말했다. 연방 철도를 민간 기업에 비견될 수 있는 경영 원칙에 따라 움직일 수 있도록 조직운영을 개혁하고, 고속도로망도 연장하고 개선하겠다고 말했다.

이어서 사민당이 역점을 두는 사회복지 등의 분야에 관해 언급하였다.

신 정부는 '사회적 법치국가'(sozialen Rechtsstaat)를 약속하였다. 기본법상 과제 실현을 위하여 혼동을 주는 노동법을 단순화하겠다. 사회 관련법

---

[20] 고데스베르크 강령에서 토지투기는 금지되며 토지 매매로 얻은 부당이득은 회수되어야 한다고 규정하고 있다. 선거강령에서도 투기를 방지하고 정당하지 못한 토지에 대한 투기에서 발생한 이득은 세금으로 환수하겠다고 하였다.

[21] 주택임대료 상승 등과 관련 주택 정책으로 사민당은 선거강령에서 충분히 많은 주택 공급, 땅투기 금지 정책, 건설비용을 인하하기 위한 건설업 합리화를 제시하고 있다.

[22] 환경정책은 이미 1961년 브란트가 언급하였다. 1961년 총선에서 브란트는 "루르의 하늘을 다시 푸르게"(Der Himmel über dem Ruhrgebiet muss wieder blau werden!)라고 말했다. 그의 이 말은 환경정책의 발견을 표현하고 있다. 이 구호는 루르와 라인 일대에서 회자되었다. 생태학(ecology)이 아직 생소하던 1961년 총선에서 사민당은 맑은 공기, 맑은 물, 적은 소음을 요구했다. 이는 완전히 새롭고도 유토피아적인 것이었다. 체르노빌 사건 2년 전인 1984년 에센에서 열린 당대회에서 사민당은 "핵 에너지 없는 에너지 공급" 정책을 채택하였다. 현행의 함부르크 강령에서는 "우리는 지속 가능한 발전, 경제적 활력(Dynamik), 사회정의, 환경에 대한 책임을 결합하고자 한다"라고 언급되어 있다.

을 시대의 요구에 맞추는 작업을 시작할 것이다. 사회적 급부의 투명성을 높이기 위하여 사회복지 예산을 사회 및 경제 정책 결정의 기초로 격상시킬 것이다.

지난 회기 때 도입된 법안을 기초로 기업기본법과 종업원대표법의 개혁 작업이 수행 될 것이다. 공동결정위원회 보고서가 검토되고 논의될 것이다. 신 정부는 모든 사람이 확대된 공동책임과 공동결정에 대한 자기 생각을 가지고 사회에 기여하는 그런 사회를 원한다.[23]

의료 복지에 관해서는 이 시대의 주요 질병의 여러 분야에 걸친 표적 검진과 조기 진단을 위한 충분한 기반을 제공할 사회의학연구소를 설립할 것이다. 암 연구와 암 예방에 특별히 중점을 둘 것이다. 공기와 수질 오염 및 소음 공해로부터 충분한 보호를 위한 적절한 법률이 제정될 것이다. 환자에게 최선의 기회를 제공하기 위하여 의학 교육을 개혁하고 현대화하는 것과 함께 효율적인 병원 제도의 경제적 보장을 위한 법률을 제출할 것이다. 의사의 자유로운 선택과 자유로운 처방 원칙을 지킬 것을 약속한다. 의약품의 최대한 안전을 국가와 생산자가 공동책임을 지도록 할 것이다. 1970년에 제출될 식품보호법은 최대한의 소비자 보호, 광고와 표시에서 투명성과 진정성에 관한 것이다.

아동수당, 세액 공제 및 기타 가족에 대한 물질적 지원은 상호 조정되어야 하며 직업훈련 장려 제도 확대와 연계되어야 한다. 불충분한 개인적 지원, 특히 취업주부에 대한 불충분한 지원은 개선되어야 한다. 사회정치적 개혁과 민주적인 산업국가 건설에 역대 정부는 여성의 강력한 참여를 원할 것이고 이는 필요하다.

합리화와 자동화가 노동력을 희생시키기보다는 사회적 진보를 촉진시킨다는 사실에 주목할 것이다. 경제, 노동, 교육 정책은 필요한 구조조정

---

[23] 공동결정(Mitbestimmung)에 관해서 고데스베르크 강령은 이런 논리를 전개하고 있다. 노동자와 고용자들은 경제의 성과에 결정적인 역할을 하고 있지만 지금까지 효과적인 공동결정에서 배제되어 왔다. 민주주의는 기업과 전체로서의 경제에 노동자들의 참가를 요구한다. 종업원은 (공동결정 참가를 통하여)경제의 노예가 아니라 경제적 시민이 되어야 한다.

시에도 일자리의 안전을 확보할 것이다. 신 정부는 협상 당사자들의 상응하는 노력을 지원할 것이다. 기술적 진보와 경제적 발전은 모든 취업자들의 이동성 문제를 항상 제기하여 왔다. 그래서 교육 휴가제도 도입이 매우 중요한 과제라고 생각하게 되었다. 작업 안전과 건강보호가 확대되고 있으며 신 정부는 임금협상의 자율성을 보장하고 강화하겠다. 호황과 완전고용에도 불구하고 연령과 질병 및 경제구조의 변화에 따라 어려움을 겪게 될 수밖에 없는 시민들을 특별히 보호하고 장애인의 취업과 사회생활 대책을 강화할 것이다.

1970년부터 연금이 인상되며 경제발전에 따라 매년 조정될 것이다. 고정된 연금 지급 연령을 폐지하고 유연화할 것이다.[24]

체육 진흥에 특별한 주의를 기울일 것이며 뮌헨과 키일에서 개최될 20회 올림픽은 세계에 현대 독일을 보여줄 기회다.

이어서 브란트 총리는 평화 문제로 다시 주제를 바꾸었다.

평화만이 세계를 안전하게 만들 것이지만 평화는 안보 기초 위에서만 확산될 수 있다. 서독은 유럽에서 독일의 특별한 책임 인식에 독일의 몫을 다할 것이다. 또한 위기와 전쟁으로 찢어진 세계의 평화에 기여할 것이다. 동반자 정신(Geiste der Partnerschaft)으로 아프리카, 라틴 아메리카 및 아시아 국가와 협력을 확대할 것이며, 매년 11%씩 증액하여 공적 원조 목표를 달성하고자 한다. 개발도상국으로부터의 수입 상품에 대하여 최혜국 대우를 할 것이다.

신 정부의 외교정책은 1966년 3월 "평화문서"(Friedensnote)[25]와 1966년

---

24) 연금 문제와 관련하여 선거강령에서 사민당은 건전한 재정운영을 통하여 조성되는 풍부한 연방 보조금과고 적절한 분담금을 통해 역동적인 연금을 보장할 것을 약속하였다.

25) 1966년 3월 25일 에어하르트 정부는 각국 주재 독일 공관을 통하여 바르샤바조약기구 회원국을 포함한 각국 정부에 이 문서를 전달하였다. 이 문서의 핵심 요소는 동 유럽 국가에 상호 무력사용 포기를 선언하자는 제안이었다. 독일 재통일 정책은

12월 13일 키징거 총리 "취임 연설"(Einführung Kurt Georg Kiesinger, Regierungserklärung der Großen)26)과 연계되어 있다. 그리고 이 정책은 당시

> 재확인하였지만 이는 평화적 수단을 통해서 추구할 것이며, 핵무기 보유 포기 선언을 강조하고 이의 감시를 위한 국제통제 시스템 설치에 동의하고, 동유럽 국가들과의 근본적인 관계 개선에 관심을 가지고 있으며, 동유럽 국가에 대하여 상호 무력사용 포기 선언을 제의하여 긴장완화 대화 가능성을 열어두는 것을 주요 내용으로 하고 있다. 이 노트에 대한 비판은 1937년 국경을 협상의 기준으로 하고 있고, 재통일을 요구하고 있고 동독 정권을 이 노트의 대상에서 제외하고 있다는 것이었다. 하지만 에어하르트 정부의 동구권에 대한 긴장완화 정책 첫 시도였으며 제2의 독일 국가와의 분쟁 문제를 여타 동유럽 국가와의 대화의 전제조건으로 보지 않았다는 점이다, 콘라드 아데나워 재단(www.kas.de).
> 이에 대한 1966년 소련의 대응은 동독 승인 요구였다.

26) 이 취임 연설에서 키징거 총리는 그의 동방정책을 이렇게 밝혔다.
- 무기통제, 군비감소와 군비축소 제안에 참여 및 핵무기 생산 포기와 국제적 통제 이행
- 소련과 외교관계 수립. 동유럽 국가와 교류 및 가능한 경우 외교관계 수립
- 폴란드와 화해. 다만 통일 독일과 폴란드와의 국경 문제는 통일된 독일과의 협정에 의해서만 가능
- 체코슬로바키아와의 소통. 체코슬로바키아 국가조직 파괴를 목적으로 한 히틀러의 정책 전면 부정 국적법 문제를 해결하여야 하며, 주데텐의 독일 주민 보호 의무 인식
- 지난 20년 동안의 미국의 원조를 잊지 않겠음. 미국 및 기타 나토 회원국과의 조약은 현재 및 미래에도 긴요함
- 유럽의 경제적 및 정치적 통합은 유럽 및 미국에 이익이 됨을 확신하며 언젠가는 소련에게도 이익이 되길 희망. 유럽공동시장에 영국과 유럽자유무역(EFTA) 회원국이 가입한다면 환영할 것임.
- 유럽 미래를 위한 결정적인 역할은 독일과 프랑스 관계의 발전이며, 동서가 바라는 유럽의 평화질서는 독일과 프랑스 간의 긴밀하고도 신뢰할 만한 관계를 빼놓고는 생각할 수 없음.

현재 조건에서 양 국민과 국가 사이에 특별히 높은 정도의 이해 일치
미국의 가장 오랜 동맹국인 프랑스와 함께 서독은 자유롭고 단합된 유럽과 미국 간의 굳건한 동맹은 없어서는 안 된다고 믿고 있음

의 의회에서 모든 정파의 승인을 받았다. 따라서 반복 없이 연속적이고 더 발전된 정책 추구가 가능하다. 그의 새로운 동방정책은 전임 정부의

역사적으로 성장한 유럽인 가족의 부활 추구
프랑스와 독일의 협력은 어느 국민이나 어느 나라에도 반하지 않는 유럽 통합을 목표로 하는 정책의 핵심
동유럽 국가와의 관계 개선을 위하여 가능한 한 많은 분야에서 프랑스와 독일의 협력은 중요함
모든 이유에서 서독은 양 국의 정책 협력을 위한 1963년 1월 22일의 독-불 조약에 따른 기회를 최대한 활용할 것임
지금까지의 정치적 상황은 독일이 통일을 막고 있으며 통일이 언제 가능할 지 분명하지 않음. 서독은 평화적 합의에 의해 유럽의 분단이기도 한 독일 분단의 혼란을 제거하고 우리 상호간 그리고 세계와의 평화를 회복하길 바람. 서독 정부는 자유롭게, 합법적이고도 민주적으로 선출된 따라서 전체 독일인들을 대표할 자격을 갖춘 유일한 독일 정부이지만, 자유로운 선택이 불가능한 다른 쪽 독일의 동포들을 후견하겠다는 것을 의미하지 않으며 국민의 두 부분이 떨어져 살아가는 것을 막고자 함. 긴장완화를 원하며, 그래서 다른 쪽 동포와의 인도적, 경제적, 정신적 유대를 증진시키고자 함. 연방공화국과 독일의 다른 쪽 간의 접촉 허용이 필요한 경우, 이것이 두 번째 독일 국가(zweiten deutschen Staates) 승인이 아니며 서독 정부는 이를 사안별로 다룰 것임
연방정부는 베를린의 귀속 유지를 위하여 최선을 다할 것임
- 종전 이후 아시아, 아프리카에 신생국가가 많이 탄생하여 현재 국내 질서와 경제 정착을 위해 노력하고 있으며, 서독은 이들 국가의 경제 및 정치 건설에 최선을 다해 지원할 것이며, 라틴 아메리카도 지원할 것임. 서독은 지난 전쟁 후 서독과 기타 유럽 국가들이 마샬 플랜을 통하여 받은 대규모 원조를 기억하고 있음.
- 10개 아랍 국가와 외교관계를 갖지 못하고 있으나 상호 이익이 되는 전통적인 좋은 협력이 곧 재개되어 발전될 것이라 믿고 있음.
- 우리 국민의 이름으로 유대인에게 끔찍한 범죄가 자행되어, 이스라엘과의 관계를 문제 가 많고 어렵게 만들었음. 외교관계 수립으로 이는 개선되고 고무되고 있으며 연방 정부는 이 길을 계속 나갈 것임
- 연방 정부는 재정, 경제, 외교, 통일 정책에서 새로운 것을 이야기하고자 함; 기민당 홈페이지(www.cdu-geschichte.de)

정책을 계승한 것으로 정책의 연속성 입장에서 추진하겠다.[27]

그리고 평화적 협력에 대한 서독의 의지를 공감하는 세계의 모든 국가와 외교관계를 유지하겠으며, 평화공존을 끊임없이 위협하고 있는 차별, 억압, 외국에 의한 지배에 반대한다고 하였다.

이어서 그는 과거 정부와 마찬가지로 서독의 안보를 나토의 틀 내에서 그리고 미국과의 유대 속에서 추구할 것임을 확인하였다.

> 20년 동안 그 존재 가치가 증명된 나토는 앞으로도 서독의 안보를 보장할 것이다. 나토의 결속은 유럽에서 긴장완화의 전제조건이다. 신 정부가 고려하고 있는 두 방향의 안보정책은 동시에 그리고 대등한 군비축소와 군비통제의 지속적 노력이나 충분한 독일연방공화국 안전보장이다. 연방정부는 균형과 평화유지가 안보정책이라고 이해하고 있다. 마찬가지로 서독이 속한 동맹의 작동과 동서 진영 간의 힘의 균형에 대한 우리의 기여 부분을 대외적 안보라고 이해하고 있다. 서독은 안보를 위하여 우방과 동맹국이 필요하다. 신 정부는 지금까지의 정책을 계속 추진해 나갈 것이다. 그리고 나토가 방어 동맹이듯, 동맹에 기여하는 서독군도 방어용이다.
> 서독과 미국 간의 긴밀한 유대는 조약과 유럽, 독일연방공화국, 베를린에 대한 신념에 따라 미국이 맡은 의무의 성격에 관한 서독 측의 어떠한 의심도 배제하고 있다.
> 연방정부는 동맹국들과 함께 유럽에서의 군사적 대결을 줄이기 위하여 노력할 것이며, 동서 진영의 동시에 그리고 균형적인 군비제한과 병력 감축을 위해 노력할 것이다.[28] 이에 금년(1966년) 9월 헬싱키 의정서의 입장을 다시 확인한다.[29] 이런 회의는 동서 유럽 간의 더 적은 무기와 진보를

---

27) 사민당 역시 고데스베르크 강령을 통하여 전면적 군비축소와 국제관계의 긴장완화에 도달하는 일보로써 지역적 안보보장체제가 국제연합의 테두리 안에서 구축되어야 하여 나토 체제를 수용하였다.

28) 1968년 6월 25일 나토의 외무장관 회의에서 당시 브란트 외무장관은 이런 취지의 "레이캬비크 시그널"(Reykjavik Signal)에 동의하였다.

담은 안보 증대에 다가가는 걸음이 될 수 있다.

중동 분쟁에 대하여 특별한 우려를 나타내면서 브란트 총리는 유엔 안전보장이사회 결의에 따라 해결하는 것이 관련 국민들의 이익이 될 것이라고 말했다. 지역의 모든 국가와 좋은 관계를 갖기를 원하면서 긴장 지역에 대한 무기공급 중단 결정을 확인한다고 밝혔다.

유럽공동체에서 독일과 프랑스의 균형이 결정적이다. 그리고 유럽공동체는 영국을 비롯하여 가입을 원하는 모든 국가가 필요하며, 유럽에서 영국이 빠질 수는 없다. 영국이 유럽을 필요로 하고 있다는 정책을 계속하고 있다는 사실에 만족하여 왔다.

연방정부는 더 긴밀한 유럽의 정치적 협력 증진에 노력할 것이며, 서독의 국가적 이익에 의해 서독은 동서 진영 사이에 있을 수는 없다. 서방과는 협력과 협의(Zusammenarbeit und Abstimmung)를 필요로 하고 동유럽과는 이해(Verständigung)를 필요로 한다. 독일 국민은 소련 인민 그리고 모든 동유럽 국가 인민들과의 평화를 필요로 하고 있다.

그러나 기망적인 희망에 빠지지는 않을 것이다. 이해관계, 힘 관계 그리고 사회적 상이점은 단 칼에 해결될 수 없으며 무시될 수도 없다. 그러나 대화 상대는 유엔 헌장에 규정된 자결권이 독일인들에게도 적용된다는 것을 알아야 한다. 이 권리와 이를 주장하는 의지는 협상의 대상이 될 수 없다.

화해 작업은 과정이며, 이제 이 과정을 추진할 때가 왔다. 전임자의 정책을 이어가면서 신 정부는 무력의 사용이나 사용 위협을 상호 포기하는

---

29) 1969년 5월 핀란드 대통령이 미국과 캐나다 및 전 유럽 국가에 의정서를 보냈다. 이 의정서에서 핀란드는 유럽안보회의와 모든 예비회담을 주관할 의지가 있다는 것을 언명하였다. 서방 일부에서는 소련의 음모에 의한 것이라는 의혹이 있기는 하였다. 소련의 유럽안보회의 제의에는 동서독의 대등한 자격에서의 참여가 포함되어 있었다. 브란트는 외무부 장관으로서 9월 12일 서독이 참가하겠다는 의사를 표명하였으며 신 정부가 이를 재확인한 것이다.

구속력 있는 협정 체결을 위하여 노력할 것이다. 이는 '독일민주공화국'에
도 해당된다. 국경을 맞대고 있는 체코슬로바키아와는 과거를 넘어서 협
정을 체결할 준비가 되어 있다. 그리고 무력포기 정책에는 각국의 영토권
존중이 포함되어 있다.

그는 단기적으로 연방정부가 기존 정책을 지속적으로 추진할 의지가 있
다는 것을 보여주기 위하여 다음과 같은 결정을 해 나갈 것이라고 말했다.
첫째, 헤이그 회의에서 유럽공동체의 공고화와 확대 및 정치적 협력 강
화를 위한 효과적인 정책 도입을 위한 노력[30]
둘째, 독일의 산업적 성과를 제한적인 우주 탐험 분야에 참여해달라는
미국의 제의 수용
셋째, 북대서양조약 회의가 설치한 현대사회문제 위원회에 적극적 참여
넷째, 가까운 장래에 무력 사용 포기에 관한 소련의 비망록에 대한 답변
과 모스크바에서의 협상 일정 제의
다섯째, 폴란드 인민공화국 정부에 회담 참여 제의 - 1969년 5월 17일
블라디슬라프 고물카(Wladyslaw Gomulka)의 발언에 대한 답변[31]
여섯째, 핵확산금지조약(NPTA) 서명.
폴란드 관련 언급에서 시작된 야당 측의 소란이 핵확산금지조약 서명 부
분에 와서 커진 후 얼마간의 언쟁이 있은 후 브란트 총리는 연설이 마무리
를 향해 갔다.
그는 시민과 국가 그리고 자신의 정부와의 관계에서 많은 변화가 일어날

---

30) 영국의 가입 문제를 둘러싼 드골의 반대와 서독 에어하르트 정부의 어정쩡한 태도
등이 겹치면서 논의가잘 진행되지 않던 유럽 공동체가 드골의 사임을 계기로 헤이
그에서 정상회담을 열고 영국의 가입을 포함한 회원국 확대를 결정하고 정치적 통
합 추진을 재확인하였다. 여기서 정치적 통합은 초국가적인 형태가 아닌, 각국의 이
해관계를 우선적으로 절충하는 범위의 정치통합 기본방향이 명시되었다.
31) 1964년 2월 고물카는 중부 유럽에서 핵무기를 동결하자는 제안을 내놓았다. 그리
고 1965년 1월에는 유럽안보회의 소집을 제안하였다.

때에만 이런 목표가 달성될 수 있을 것이라고 말했다. 시민의 민주적 참여 속에 수행될 때만 정부는 민주주의 속에서 성공적으로 활동할 수 있다. 맹목적인 지지는 필요 없다. 숭배자를 찾지도 않는다. 이 정부는 비판적으로 생각하고, 공동결정하며 책임을 공유하는 국민을 필요로 한다. 이 정부의 자부심은 관용으로 인정될 것이라 하였다. 이 정부는 비판에서 나온 연대를 가치 있게 볼 것이다. 이 정부는 선택된 것이 아니라 선출된 것이기 때문이라는 것이다.

그는 서독이 국내외에서 좋은 이웃이 되는 국민이 되기를 바란다는 말로 연설을 끝냈다.

2. 신동방정책

1) 신동방정책 개시

사민당 정부 15년을 브란트 총리 시대와 슈미트 총리 시대로 나누어 살펴보는 것은 편의적으로 시기를 구분하는 것이 아니다. 브란트 총리 시대는 새로운 동방정책 추진으로 소련, 폴란드, 체코슬로바키아 등과의 전후 관계 정리를 통한 동서독 기본조약 체결로 큰 범위에서 새로운 질서가 완성된다. 화려한 결과에 가려지지만 그러나 이 과정에서 거의 그의 실각이 예상되던 브란트 총리에 대한 건설적 불신임, 총선 등이 암시하듯이 신 동방정책 추진은 험난한 과정이었다. 1974년 기욤 간첩 사건으로 브란트 총리가 사임하기까지 신 동방정책에 대한 개인적 열정도 있었지만 그는 신 동방정책에 몰두할 수밖에 없었다. 100년 전 창당 이래 사민당이 추구해오던 복지국가의 제도적 완성은 브란트 총리가 아닌 그의 후임 슈미트 총리에게 그 완수의 책임이 넘어갈 수밖에 없었다. 그래서 사민당 정부 - 물론 자민당과의 연립정부 – 15년은 브란트 총리의 동방정책과 슈미트 총리의 복지국가로 나누는 것은 의미가 있다고 본다.

  1945년 종전과 함께 4강국의 분할 점령이 시작되었고, 당시 4강국의 분할 점령 정책의 기본방침이 4D 정책이었다는 것은 앞에서 언급하였다. 탈나치화(Denazifacation), 탈군사화(Demilitarization), 카르텔 해체(Decartelization), 민주화(Democratization)로 구성된 4D 정책은 결국의 유럽의 평화와 안전보장에서 독일의 위험을 제거하겠다는 것이었다.

  그러나 냉전의 시작과 미국과 소련의 대립, 유럽에서 북대서양조약기구(NATO)와 바르샤바조약기구(WATO) 간의 대립 구도 속에서 1940, 50년대 독일은 유럽의 최전선이었다. 유럽의 평화와 안전보장에서 독일의 위험은 잠시 유보되었다. 그리고 독일의 3분의 2 지역을 점하는 서독은 마샬플랜에 따른 미국 자본 유입과 한국동란으로 철강 등 주요 산업의 생산 쿼터가 해제되면서 서독 경제는 60년대에 들어서서는 세계 3위권으로 진입하였다. 더욱이 1954년 파리조약으로 서독의 탈군사화 정책은 폐기되었다. 당시 재무장에서 핵, 화학, 생물학 무기 보유는 제외되었다. 1955년에 서독이 나토에 가입하였다. 주권을 제한하면서 경제를 일정한 선에서 묶어둠으로써 독일의 강대국화를 막겠다는 당초의 구상은 냉전이 본격화하면서 과거지사가 되고, 그 해에 창설된 바르샤바조약기구와 나토는 독일에서 대치하게 되었다.

  서방의 입장에서도 마찬가지였다. 특히 1870년에 이어 20세기에 들어서 두 차례나 독일에게 점령당한 프랑스에게 서독의 부상은 고민스러운 것이었다. 나치 독일에 점령당하고 비시정권의 나치 협력으로 프랑스는 2차 대전 종전 시 4대 전승강국이라 불리기에는 어폐가 있었지만 독일 문제는 프랑스의 안보와 직접 관계가 있었기 때문에 독일과 베를린 분할 점령에 참여하여 독일 특별한 지위를 가지게 된 것이었다. 프랑스는 서독의 재무장에 철저히 반대하였다. 한국동란을 계기로 서독의 재무장이 논의되면서 점차 서독군 창설이 불가피하게 되었다. 프랑스의 의도는 서독군을 소련군보다는 강하게, 프랑스군보다는 약하게 만드는 것이었다. 이런 입장에서 총리 르네 플르방(Rene Pleven)이 소위 "플르방 계획"을 내놓았다. 이에 따르면 서독군 부대를 더 큰 규모의 비 서독군 부대에 작은 단위로 나누어 배치함으로써 유럽군 군복을 입은 서독군 병사 집단으로 만들자는 것이었다. 이 안에 따르면 최대 규모의 서독군 단위는 천 명 정도의 대대급이었다. 대대장급 이상의 서독군 장교는 두지 않는 것이었다. 물론 국제적 환경의 발전이 그런 방향으로 가지는 않았지만 프랑스의 의심과 우려는 계속되었다.

소련과 동유럽 국가의 입장에서 독일과의 역사적 경험은 참혹하였다. 2차 대전의 가장 많은 인명 피해를 본 나라는 소련이었다. 2천만 명 이상이 희생되었다. 그리고 폴란드는 2차 대전에서 600만 명이 희생 되었을 뿐만 아니다. 나치 독일과 소련의 불가침조약에 의해 동부 지역 영토가 소련에 편입되고 2차 대전 후에는 과거 독일인 동프로이센 영토가 폴란드에 편입되었다. 독일의 부활은 폴란드에게는 국경 문제와 영토 문제의 제기였다. 그리고 체코슬로바키아는 과거 히틀러 정권 장악 후 첫 대외 진출이 체코슬로바키아의 주데텐 합병이었다. 모두 예민한 영토 문제가 걸려 있었다. 그리고 여타 동유럽은 1차 및 2차 대전 독일 내지는 독일-오스트리아의 점령 경험을 가지고 있었다. 소련과 바르샤바 조약 기구 회원국이 서독의 무력사용 포기를 끊임없이 요구했던 것은 정치적 공세가 아니라 이런 역사적 경험에서 나오는 것이었고 1960년대 세계 3위 경제 대국으로 부상한 서독은 사실 이들에게 현실적인 위험이었다. 더욱이 이들은 서독의 핵무기 보유 야망을 극히 우려하였다.

그러나 블록화의 대체적인 그림이 그려지고 미국에 이어 핵무기를 보유한 소련과 미국이 1960년대에 들어서면서 서로의 영향권을 인정한 바탕에서 즉, 현상유지를 전제로 한 세력 균형을 바탕으로 한 공존, 말하자면 동서화해(데탕트)의 움직임을 본격화하면서 독일 문제가 장애로 등장하게 되었다. 유럽 전체의 안전보장 문제와 독일 문제는 떼어놓을 수 없는 것이었다.

1955년 동독과 소련이 조약을 체결 한 이후 소련은 현상유지와 데탕트를 추구하여 왔다. 동서 대결로 인한 소련과 블록 내 국가의 군비 증강에 따라 재정투자 우선순위에서 민생 부문이 뒤로 밀리면서 대중의 삶의 질에 문제가 발생하였다. 이는 동독, 헝가리, 폴란드 그리고 1968년 체코슬로바키아에서 발생한 소요와 독자화 요구의 근본 원인 중의 하나였다. 그리고 이의 진압에 필요한 소련을 비롯한 바르샤바조약기구 병력 동원과 주둔은 추가 재정을 필요로 하였다. 소련에게도 역시 현상유지를 전제로 한 군축의 필요성이 현실적인 문제로 등장하였다.32)

현상유지에는 현재의 동독과 폴란드, 서독과 체코슬로바키아의 국경 인정과 동독의 국가 승인이 포함되어 있었다. 데탕트에는 군비통제와 군축에 바탕을 둔 동서화해였다. 이를 소련은 유럽 국가 전체가 참여하는 다자간 안보기구인 집단안보협력회의 소집과 독일 문제를 결부시켜 해결하려고 하였다. 특히 독일 문제의 경우 동독을 서독과 대등한 자격으로 다자기구에 참가시켜 국제적으로 국가 승인을 받으면서 현상 유지를 확보하겠다는 것이었다.

소련과 바르샤바조약기구는 1965년 1월 폴란드 고물카의 유럽 안보회의 제안, 1966년 3월 소련공산당 23차 당대회에서 브레즈네프의 유럽안보회의 소집, 1966년 7월의 바르샤바조약기구 회의에서의 전유럽 집단안전보장협력회의 소집을 내용으로 한 부카레스트 선언, 1969년 부다페스트에서의 바르샤바조약기구 정치자문회의 시 유럽 안보회의 소집 제의 등을 통하여 나토와 유럽에 대하여 유럽 안보회의 소집을 위한 대화를 끊임없이 제안하였다.

나토 역시 일면으로는 선전 공세라 거부하면서도 이를 검토하였다. 1966년 6월 레이캬비크 시그널(Reykjavik Signal), 바르샤바조약기구의 제안에 대

---

32) 모스크바조약 조인을 하루 앞 둔 1970년 8월 11일 셸 서독 외무장관은 소련이 경제적인 동기에서 서독과 조약을 체결하려는 것이 확실하다고 생각한다는 과거 자신의 발언을 확인해주었다.

한 대응을 연구한 하르멜 보고서(Harmel Report)를 통하여 데탕트 준비를 해왔다. 그러나 1960년대는 드골의 프랑스와 미국의 불화, 그리고 힘의 정책에 바탕을 둔 아데나워 총리와 그 영향 하의 서독 정부의 동방정책 그리고 체코 사태 등 소련 진영 내부 사정으로 동서 화해를 위한 대화는 현실적으로 진척되지 않았다.

그러나 1969년에 들어오면서 특히 서방 주요 국가의 지도자 교체로 데탕트 추진에 유리한 환경이 조성되었다. 미국에서는 베트남전 종식을 내세운 닉슨이 대통령에 취임하여 '협상의 시대'가 열렸다고 선언하였다. 그리고 프랑스에서는 1965년 나토로부터 프랑스군을 철수시켰던 드골이 지방제도 및 상원 개혁에 관한 국민투표에서 패배하여 사임하고 퐁피두 대통령이 취임하였다.33) 그리고 서독에 사민당의 브란트 정권이 탄생하였다.

베트남 전쟁 종결은 내건 닉슨 당선에도 기여하였지만 미국에서는 베트남 전쟁으로 인하여 재정이 악화되면서 의회에서 유럽 주둔 미군 감축 압력이 가해지고 있었다. 영국의 경우도 1966년 파운드화 위기로 서독 주둔 영국군 감축 문제가 제기되면서 실제로 병력을 축소하였다.34)

이런 상황에서 미국과 소련 양 진영은 1960년대에 들어오면서 현상유지와 데탕트에 서로 공감을 하면서 그 방안을 모색하게 된다. 여기서 독일문제가 장애물로 등장하게 되었다. 그 동안 소련 진영의 다자간 유럽안보회의 소집에 대한 서방 측의 거부 명분 중의 하나가 독일 문제였다. 아데나워 총리 정부와 이를 계승한 에어하르트 및 키징거 정부는 분단 현실과 동독

---

33) 1968년 낭트 대학에서 시작된 학생운동이 프랑스 전역으로 확대되고 5월에는 전체 노동자의 3분의 2가 참여한 총파업으로 절정에 달했다. 당시 드골 정부는 군사력을 동원하였다. 정부는 붕괴 직전이었고 드골은 서독 바덴-바덴의 공군기지로 피신하기까지 하였다. 의회를 해산하고 6월 23 실시된 총선에서 드골당은 세를 더 얻었지만 이듬 해 실시된 국민투표에서 패배하면서 물러났다.

34) 이 때 영국은 서독에 영국군 주둔 비용을 요구하였으며 이를 '비용상계 문제'(offset problem)라 한다.

의 국가적 실체 부인이었다. 이런 서독의 태도로 데탕트 과정에서 서독의 고립화의 기미도 보였다. 핵무기와 관련하여 1966년 7월 미국과 소련이 핵확산금지조약(Non-Proliferation Treaty: NPT)에 대체적으로 합의하였다.[35] 독일 문제와는 독립된 성격 때문에 미국과 소련 간의 타협이 이루어질 수 있었지만, 데탕트의 흐름에서 서독의 배제 가능성도 시사하는 것이었다. 실제로 에어하르트 총리는 이를 두고 미국은 더 이상 서독의 통일정책을 지지하지 않는다고 말했다.

다자간 데탕트가 추진되기 위해서는 독일 재통일이 실현되든가 두 개의 독일 국가 존재라는 현실이 받아들여지든지 결론이 내려져야 했다. 여기에 대하여 브란트의 사민당은 '접촉을 통한 변화'에서 이야기하였듯이 소련의 동의와 협력이 없으면 가까운 장래에 독일 통일은 실현될 가능성이 극히 적다는 결론 하에 후자의 입장을 택했다. 사민당은 이런 입장을 기회가 있을 때마다 표명해왔다. 대연정 기간 중에 브란트는 외무부 장관 자격으로 동독을 정식 국호인 '독일민주공화국'이라고 부른다거나 다자간 안보회의에 대하여 긍정적인 입장을 발표하였다.

1968년 6월 25일 나토 회원국 외무장관회의에서 레이캬비크 시그널(Reykjavik Signal)[36]을 승인하면서 브란트 서독 외무장관은 '독일의 다른 편'을 어떤 단계에서 참여시켜야 한다는 것을 인정하고 '상호 그리고 균형 있는 병력 감축 선언'을 승락한다고 말했다. 그리고 1969년 5월 중립국 핀란드 대통령의 유럽안보회의와 모든 예비회담을 주관할 의지가 있다는 제

---

35) 핵무기 보유국인 서명국 전부와 나머지 40개국의 비준을 필요로 하는 이 조약의 실제 발효일은 미국과 소련이 비준서를 유엔에 기탁한 1970년 3월 5일이다.

36) 소련 진영의 다자간 유럽안보회의 와 군축 제안 공세에 대한 나토의 일종의 대응안이기는 하지만 나토 회원국의 다자간 안보회의에 대한 회원국의 합의를 구한 것으로 이후 헬싱키 의정서에 응하여 나토가 바르샤바 진영과 유럽안전보장협력회의(CSCE) 합의로 나가는 토대가 된다. 당시에 프랑스는 양자 협의를 고집하면서 이를 받아들이지 않았다.

의에 긍정적인 입장을 표명하였다. 그는 총리 취임사에서 사민당의 입장, 대연정 당시 외무부 장관으로서의 입장 표명에 대하여 실천에 옮기겠다는 의지를 밝혔다. 즉, 소련과 동유럽에 대하여 무력사용포기 협정을 체결하자고 제의하였으며, 4강국 협상을 기초로 한 서베를린 문제 해결을 위하여 4강국에 협상을 주문하고, 핵확산금지조약에 서명하겠다는 의사를 보였다. 그리고 레이캬비크 시그널과 헬싱키 의정서에 대한 자신의 입장을 재확인하면서, 분단과 동독의 국가적 실체 인정 의사를 밝혔다. 현상을 인정하여 독일 문제를 유럽의 안전보장과 평화 문제의 맥락에서 접근하겠다는 입장을 밝힌 것이다.[37]

이제 브란트 정부는 새로운 동방정책 실천에 나섰다.[38] 서독과 동독, 폴란드 및 체코의 협상이 동시에 진행되었다. 그리고 이는 미국과 소련 간의 전략무기통제협정 추진, 4강국의 서베를린 협상 등이 전체적인 유럽의 데탕트 구조 속에서 한 패키지로 추진되었다.

우선 새로운 동방정책에서 체결되는 모든 조약의 서론이 되는 소련과의 협상에 들어갔다. 소련과 대화의 첫 성과는 1970년 1월 소련과 서독 업계 간의 가스공급협정이었다.[39] 1970년 1월 에곤 바르가 소련 상대와 협상에 들어갔다.[40] 이 결과 2월에 서방 3강국이 베를린에 관한 소련의 4자 회담

---

37) 당시에 동유럽 국가는 서독의 핵무기 보유 열망을 심각하게 우려하고 있었다. 서독의 핵확산금지조약 서명은 서독이 핵무기를 제조하거나 보유하지 않겠다는 약속을 증명하는 조치 중 하나였다. 서독은 브란트 총리 취임사 후 1달 후에 이 조약에 서명하였다.

38) 이에 앞서서 총선 직후에 사민당은 베너의 지시에 따라 서베를린에 있는 사민당 동부사무소(Ostbüro)를 폐쇄하였다 동부사무소는 그 때까지 동베를린 내의 사민당 지하 조직과 접촉을 유지하고 있었다.

39) 협정의 내용은 소련은 1973년부터 20년간 52억 입방미터의 천연가스를 서독의 루르가스에 공급하며, 이를 위하여 만네스만사가 120만 톤의 강철 파이프를 공급하고 도이체방크를 비롯한 서독 은행 컨소시엄이 파이프 판매를 위한 전대차관으로 12억 마르크를 제공하며 이를 서독 정부가 보증한다는 것이었다.

동서독 수뇌의 공식적 만남(1970. 3. 19): 서독의 빌리 브란트 총리와 동독의 빌리 슈토프 (Willi Stoph) 각료회의 의장
출처: Bundesarchiv(www.bild.de)

제안을 받아들인다는 것이 발표되었다. 이 무렵 브란트의 신동방정책의 상징이 되는 이벤트가 하나 있었다. 나중에 기술하겠지만 브란트 총리가 분단 후 처음으로 동독 지역인 에어푸르트를 방문하여 동독의 슈토프 각료회의 의장과 회담을 가졌다.

1970년 5월 바르는 그로미코와의 그 동안의 회담을 통하여 서독과 소련 간 조약(모스크바조약) 초안을 마련하였다. 7월 들어서 셀 장관과 그로미코 장관 간에 마지막 협상이 있었다. 역시 쌍방 간에 이견이 있었다. 서독은 독일 통일 문제, 서베를린 통행 자유 보장에 대한 소련의 확답을 받으려고 하였고, 소련은 동독과 폴란드의 현 국경선인 오데르-나이세 선을 포함한 동유럽국경선 인정과 서독의 동독 승인을 서독으로부터 확답 받고자 했다. 대체로 이 점은 타결을 보게 된다.

그리고 8월 6일 서독 정부는 다음 내용의 "독일 통일에 관한 서한"을 보냈다: "…독일연방공화국은 이 조약이 독일 국민이 자유로운 자결권에 따

---

40) 당시 에곤 바르는 연방 총리실 정무장관이었다.

라 통일을 다시 달성하여 유럽의 평화를 달성하려는 독일연방공화국의 정치적 목표와 모순되지 않는다는 것을 선언한다." 그리고 서한은 조약에 첨부되었다. 말하자면 서독은 이 조약에도 불구하고 통일 정책을 계속 추구하겠다는 것이다. 이 서한이 조약 부속문으로 첨부되었다는 것은 국내에서 분단 현실을 인정하고 통일 목표를 포기했다는 비난 방패용으로 활용된다. 이 서한을 소련이 받아들였다는 것이다. 원래 그런 목적의 서한이 아니었을까?

아무튼 이런 과정을 거쳐 그 해 8월 12일 모스크바의 크레믈린 궁에서 브란트 서독 총리와 코시긴(Aleksey Kosigin) 소련 정부수반이 서명하고 셀 서독 외무장관과 그로미코(Andrei Gromyko) 소련 외무장관이 부서했다.[41]

모스크바조약은 전문과 5개 조항의 짧은 조약이지만 브란트 정부의 신동방정책과 소련이 요구해오던 내용의 기본을 모두 수용하고 있었다. 즉, 국제평화와 화해 도모가 목적임을 밝히고, 모든 유럽 국가와 정치적 관계를 발전시키며 현 상황에서 진전시키기로 한다고 1조에 규정하고 있다. 서독은 현상 유지를 바탕으로 유럽 모든 국가와 관계를 수립하겠다는 것에 동의한 것이다. 그리고 2조에서 무력 위협 및 무력사용 포기를 규정하고 있다. 3조에서는 유럽 모든 국가의 영토 보전을 존중하고, 현재는 물론 장래에도 영토 주장을 하지 않을 것이며, 폴란드의 서부 국경이며 동서독 간의 국경인 오데르-나이세 선을 포함 모든 유럽의 현 국경선의 불가침 선언에 합의하였다. 동독 승인 문제는 명시적으로 표현하고 있지 않지만 그 동안 소련이 요구해온 무력사용 포기, 2차 대전 후에 형성된 동유럽의 현 국경선 인정 등 거의 모두 수용하였다. 현재의 상황을 모두 인정한 것이다. 결론적으로 모스크바조약은 서독과 소련, 양국 간의 조약에 그친 것이 아니고 새로운 동방정책을 여는 큰 대문이다. 이는 에곤 바르의 노트라는 이름으로 일부 알려졌지만 공식적인 조약 공개에 앞서서 그로미코와 바르 간

---

41) "Vertrag zwischen der Bundesrepublik Deutschland und der Union der Sozialistischen Sowjetrepubliken"["Moskauer Vertrag"]; www.documentarchiv.de.

의 협상에서 합의된 것으로 양자 간에 비밀로 유지된 내용을 보면 알 수 있다. 1970년 5월 20일자의 10개 항의 노트의 중요 내용은 다음과 같다:

서독과 소련은 현행 국경선을 건드리지 않는 경우에만 유럽의 평화가 유지된다는 데 합의하고, 현 국경선 내의 유럽의 모든 국가의 영토권을 완전히 존중하기로 한다. 현재나 장래에 영유권을 주장하지 않기로 선언하고 폴란드인민공화국의 서부 국경이며 독일연방공화국과 독일민주공화국 간의 국경인 오데르-나이세를 포함한 유럽 모든 국가의 국경이 현재 및 장래에 불가침이라고 본다.
서독과 소련 간에 체결될 조약은 서독과 다른 사회주의 국가 특히, 독일민주공화국, 폴란드인민공화국, 체코슬로바키아사회주의공화국과 체결될 조약과 '통일적인 전체'(einheitliches Ganzes)가 되는 것에 합의한다.
서독은 독일민주공화국과 조약을 체결할 용의가 있음을 선언하고, 이 관계는 완전한 평등, 비차별, 각자의 국경 내의 권한에 영향을 주는 문제에 관하여 양국의 독립 존중을 기초로 할 것이다. 체코슬로바키아와의 협상에서는 뮌헨협정의 무효와 관련된 문제를 상호 받아들일 수 있는 방법으로 해결되어야 한다는 것을 서독과 소련은 합의한다. 그리고 소련이 제안한 유럽안보회의 계획을 양국이 환영한다.

새로운 동방정책의 기본에 합의한 것이다. 이제 새로운 동방정책의 빗장은 벗겨졌다. 다른 모든 협상은 탄력을 받게 되었다.[42)]
1970년 2월 폴란드와의 협상이 시작되어 12월에 조약은 마무리 되었다. 바르샤바조약으로 불리는 이 조약의 정식명칭은 "독일연방공화국과 폴란드인민공화국의 관계 정상화 기본조약"(Vertrag zwischen der Bundesrepublik und der Volksrepublik Polen über die Grundlagen der Normalisierung ihrer gegenseitigen Beziehungen)이다.[43)] 전문과 5개 조항으로 이루어진 것으로

---

42) 베를린 4강국 회담과 미국과 소련 간의 전략무기제한 협상도 이 흐름에 따라 순조롭게 진행되었다.

전문에서 "2차 대전 전쟁의 첫 희생자는 폴란드며 전쟁은 유럽인에게 엄청난 고통을 가져다주었다"고 한 뒤 독일과 폴란드의 초미의 관심사인 국경 문제에 관해서 "현재의 경계선 내에서 유럽의 모든 국가의 국경의 불가침성, 영토의 완전성 및 주권 존중을 인식하고서"라고 선언하여 이 조약의 지향하는 바를 분명히 하였다.

그리고 제1조 1항에서 1945년 8월 2일 포츠담 의정서 부록 4장에 따른 현행 경계선이 폴란드인민공화국의 서쪽 국경선임을 확인하고[44], 2항에서 현 국경선에 대한 현재 및 장래의 불가침성을 확인하고 3항에서 영토권을 제기하지 않을 것임을 언명하였다. 2조에서는 무력 사용 위협과 무력 사용 포기를 선언하였으며 4조에서 이 조약이 여타 조약의 영향을 받지 않는다고 규정하고 있다. 모스크바조약에서 소련과 서독이 합의한 내용을 다시 한 번 확인한 것으로 볼 수 있을 것이다. 한편으로는 폴란드의 서쪽 국경선은 동독과 접한 국경선이지만 서독이 이를 재확인해주고 있으며 어떤 면에서는 서독이 전체로서 독일을 대표한다는 의도로 흘린 것으로 볼 수 있을 것이다. 아무튼 그 동안 폴란드가 주장하던 것을 서독이 그대로 수용한 것이다.

조약 서명은 1970년 12월 7일 바르샤바에서 있었다. 세계를 놀라게 하면서 감동을 준 브란트의 새로운 동방정책의 예정에 없던 또 다른 이벤트가

---

43) "Vertrag zwischen der Bundesrepublik und der Volksrepublik Polen über die Grundlagen der Normalisierun ihrer gegenseitigen Beziehungen", www.documentarchiv.de. 조약의 상대는 과거의 폴란드가 아닌 현재의 폴란드인민공화국이다. 현 국경선이란 과거 폴란드의 국경선이 아닌 현 폴란드인민공화국의 국경선이란 의미다.

44) 2차 대전으로 사실상 없어진 폴란드 영토는 포츠담 회담에서 소련을 비롯한 연합국에 의해 자의적으로 획정되었다. 여기서 폴란드 망명정부의 의사는 전적으로 무시되었다. 과거 폴란드공화국의 동부 영토는 소련이 떼어가고 2차 대전 전의 프로이센의 동부 지역을 떼어내어 폴란드 영토로 하여 폴란드인민공화국을 만들었다. 오데르-나이세 선 국경문제는 결국 1990년 독일 통일 후 최종적으로 확정된다.

있었다. 바로 바르샤바의 과거 유태인 강제거주지에서 봉기 기념탑 앞에서 브란트 총리가 무릎을 꿇은 사건(Kniefall in Warschau)이었다. 이를 독일 사민당은 이렇게 적고 있다. "흐린 날씨였다. 브란트 총리가 바르샤바 봉기 희생자 기념 제단에 도착하였다. 텔레비전 카메라가 모든 걸음을 따라갔다. 브란트 총리가 꽃다발을 올렸다. 그리고는 총리가 갑자기 무릎

바르샤바에서 유대인 봉기기념탑 앞에서 무릎 꿇은 브란트(1970. 12. 7)
출처: bundesarchiv(www.bild.bunde)

을 꿇었다 - 갑작스런 행동으로 바로 옆의 수행자들도 예상하지 못하던 일이었다. 나중에 브란트 총리는 측근인 에곤 바르에게 꽃다발로는 충분하지 못하다고 느꼈다고 말했다." 브란트 총리가 우중충한 날씨 속에 무릎을 꿇고 있는 이 흑백 사진은 전 세계를 감동시켰다.[45]

바르샤바조약의 비준은 1972년 6월에 이루어졌다. 그리고 체코슬로바키아사회주의공화국과의 조약("독일연방공화국과 체코슬로바키아사회주의공화국 간의 상호 관계에 관한 조약": Vertrag über die dier gegenseitigen Beziehungen zwischen der Bundesrepublik und der Tschechoslowakischen Sozialistischen Republk. 프라하조약)은 1970년 10월에 협상이 시작되었지만 다른 협상에 밀린 탓인지 지지부진하게 진행되다가 1973년 2월에 들어서서 다시 시작되어 짧은 기간에 타협을 보아 6월에 가조인되고 1973년 12월 11일에 정식으로 조인되었다.[46]

---

45) 사민당 150주년 기념 홈페이지(www.150-jahre-spd.de)

46) "Vertrag über die dier gegenseitigen Beziehungen zwischen der Bundesrepublik und der Tschechoslowakischen Sozialistischen Republk", www.documentarchiv.de

독일, 즉 서독과 체코 간의 관계 정상화의 장애물은 역시 영토와 국경에 관한 것이었다. 1938년 9월 28일 히틀러의 무력시위 하에 주데텐 할양을 내용으로 한 뮌헨협정(Münchener Abkommen)47) 무효화와 영토 보전 및 국경선에 대한 확약이었다. 프라하조약 역시 6개조의 짧은 조약이었지만 그동안 체코슬로바키아가 요구해온 내용을 서독이 모두 수용하고 이를 조약화한 것이다. 먼저 전문에서 "뮌헨협정은 1938년 9월 29일 나치 정권의 협박 하에 강요된 것으로 인식"한다고 선언하고 1조에서 뮌헨조약을 무효라고 간주한다고 규정하였으며, 3조에서 모스크바조약, 바르샤바조약과 마찬가지로 무력 사용 위협이나 무력 사용 포기를 규정하고, 4조에서 국경의 불가침성, 무조건적인 영토적 완전성 존중과 현재 및 장래에 영토권 주장을 하지 않겠다는 것을 명백히 한다고 규정하고 있다. 그리고 서독 국내에서 논란이 되었던 뮌헨협정 무효에 따라 점령 기간 중의 독일인들의 법률행위 무효를 주장하는 체코슬로바키아의 요구에 대한 타협을 보아 프라하조약 2조에서는 독일 점령 기간인 1938년 9월 30일-1945년 5월 9일 기간 중의 주데텐 지역에서의 독일 국적의 자연인과 법인의 법률 행위에 영향을 주지 않는다고 규정하여 이 기간 중 독일 법률에 의한 행위가 유효하다는 것을 규정하여 각종 혼란을 막았다.

새로운 동방정책의 기본이 되는 모스크바 조약을 비롯하여 바르샤바 조약, 프라하 조약(정식 조인은 뒤에 이루어졌지만)이 마무리되면서 이제 동서독 관계에 관한 협상에 들어가야 했다.

---

47) 1939년 9월 히틀러는 '생활공간'(Lebensraum)을 요구하면서 체코슬로바키아 국경에 병력을 배치하였다(뮌헨 위기). 이탈리아와 영국이 중재하여 전쟁은 막았다. 9월 29일 뮌헨에서 히틀러, 이탈리아의 무솔리니, 영국의 네빌 체임벌린(Arthur Neville Chamberlain) 총리, 프랑스의 에두아르 달라디에(Édouard Daladier) 총리가 만나 체코슬로바키아에게 강요하여 독일계 주민이 거주하는 주데텐을 독일에게 할양하는 조약을 체결하도록 하였다. 체임벌린은 평화가 구출되었다고 선언하였고 많은 유럽 사람들이 감격했다(뮌헨 평화). 그러나 6개월 뒤인 1939년 3월 15일 독일군이 프라하에 입성하였다.

그런데 이런 흐름에 앞서서 브란트 총리 정권이 들어서면서 동독과의 회담을 어떻게 개시할지 고민할 필요도 없이 1969년 12월 동독의 울브리히트 국가평의회 의장이 서독의 하이네만 대통령에게 '외교관계를 기본으로 한 기본 관계 수립'을 위한 조약 초안을 보내왔다. 이에 대하여 하이네만 대통령은 상호 무력 사용 포기와 인도주의적 원조를 위한 협상을 하자고 제의하면서 에곤 바르를 대표로 지명하였다. 이에 따라 1970년 2월 브란트 총리의 동독 방문과 빌리 슈토프 동독 총리의 서독 방문이 성사되었다.

브란트 총리의 동독 방문에 대하여 울브리히트는 서베를린을 경유하지 말고 오라고 요청하였다. 초청장은 에곤 바르가 소련과의 협상을 위하여 모스크바를 방문하고 베를린에 관한 4강국의 회담이 시작된 직후였다. 서베를린이 서독과 관계없다는 취지였을 것이다. 1970년 3월 19일 브란트 총리의 동독 에어푸르트 방문은 새로운 동방정책 최초의 이벤트였다. 당시 브란트 총리 숙소 주변에서 많은 동독 주민들이 빌리를 환호하였다.

에어푸르트는 사민당으로서 역사적인 장소였다. 1890년 사회주의자 탄압법이 폐지된 후 독일 사회주의노동자당에서 사회민주당으로 당명을 바꾸고, 1891년 에어푸르트에서 당 대회를 열고 유명한 에어푸르트강령을 채택했다. 또한 나치 치하에서 독일 진보 진영 인사들이 처형되거나 수감되어 고통을 겪은 부헨발트 수용소가 있는 곳이다. 여기서 브란트의 빌리 슈토프 동독 총리와 2차례 회담을 가졌다. 동독의 실권자는 국가평의회 의장 발터 울브리히트였다. 아무튼 양측은 동상이몽으로 만났다. 서독이 독일연방공화국 총리 자격으로 브란트 총리가 다른 편 독일을 공식 방문하여 동독의 존재 인정한다는 의미였다. 동독은 두 개의 독일 국가간의 공식 회담으로 슈토프는 외무부 장관을 대통하고 회담에 임했다. 반면에 서독은 독일 국가 내부의 문제라는 입장에서 내독부 장관이 함께 참석하였다. 오전, 오후 2차례의 정상회담을 가진 후 브란트 총리는 부헨발트 수용소를 방문하였다.

회담에서 슈토프는 분단 이후 서독이 동독을 가난하게 하여 그 손해가

1천억 마르크에 달한다고 주장하였다. 브란트 총리는 서독이 무력에 의한 통일 의사가 없다는 것을 강조하면서 동독의 주권에 위협을 가하는 행동은 하지 않겠다고 밝혔다.

이어서 5월 21일 서독의 카셀에서 2차 정상회담이 열렸다. 슈토프는 보불전쟁에서 항복한 나폴레옹 3세가 포로 생활을 한 슐로스호텔(Schlosshotel)에 머물면서 회담을 가졌다. 밖에서는 극좌파와 극우파의 시위가 있었다. 여기서 브란트 총리는 20개 항을 제의하였고 슈토프는 동독에 대한 전면적인 국가 승인을 회담의 전제조건으로 내세웠다. 이처럼 카셀 회담은 쌍방의 입장만 제시한 것으로 끝났다.

브란트 총리가 제시한 20개 항은 5월 20일 서독 각의에서 결정된 내용이었다. 이 내용은 다음과 같다; ① 독일연방공화국과 독일민주공화국은 독일 내의 두 개의 국가 간의 관계를 규율하는 조약을 체결한다; ② 조약은 헌법에 정한 형식으로 양 국 입법기관에 제출하여 동의를 받는다; ③ 양측은 인권, 평등, 평화공존을 기초로 관계를 정립한다; ④ 무력 사용 위협이나 무력 사용을 포기하고 양 측간의 모든 문제는 평화적인 수단으로 해결한다; ⑤ 양국의 국내적 주권을 존중한다; ⑥ 어느 쪽도 상대를 대표하지 않는다; ⑦ 조약 당사자는 독일 영토 내에서 다시 전쟁이 일어나서는 안 된다는 것을 명백히 한다; ⑧ 양 국민의 평화공존을 파괴하는 일체 행위를 자제할 것을 약속한다; ⑨ 유럽의 안전보장을 위한 군축과 무기 통제를 위하여 모든 노력을 기울일 것을 재확인한다; ⑩ 같은 민족에 속한다는 것을 서로 인식한 독일인에 의한 조약이다; ⑪ 베를린과 전체로서 독일에 대하여 특별한 권리를 가지는 4강국 각각의 권리에는 영향을 주지 않는다; ⑫ 베를린과 독일에 관한 4강국의 합의는 존중될 것이며, 동시에 서베를린과 서독간의 유대에도 적용된다. 베를린 상황을 정상화하려는 4강국의 노력을 지원하여야 한다; ⑬ 양 측의 법률 간의 충돌로 인한 국민의 불이익이 없도록 하고, 주권은 각자의 영역 내로 한정된다; ⑭ 이동을 확대하고 임시이주의 목적 달성에 노력한다; ⑮ 이산가족 문제 해결이 모색될 것이다; ⑯ 경계선을 같이 하는 지방에서 발생하는 문제를 해결할 것이다; ⑰ 각 분야의 협력을 확대할 것이다; ⑱ 교역은 더 확대될 것이다; ⑲ 양측은 장관급 특명전권대사를 임명하고 상주대표부를 설치한다; ⑳ 국제기구 가입과 협력을 조절하기 필요한 대책을 강구한다.

브란트 총리가 제시한 20개 항의 내용은 외교적 승인을 제외하고는 대부분 동독이 주장해오던 것으로 이후의 협상을 통하여 기본조약에 수용된다. 그러나 카셀 회담은 별 진전 없이 끝났다. 이후 동독 내부 사정 등으로 10월까지는 소강상태에 빠졌다. 그 사이에 서독과 소련 간의 모스크바조약은 서명까지 이루어졌다.

문제는 울브리히트를 비롯한 동독의 기존 집권 세력이었다. 동서독 기본조약을 둘러싸고 서독에서도 1972년 가을 냉전시대의 기득권 세력인 보수 정치세력의 브란트 총리 불신임안 제출, 부결, 그리고 총선에서 사민당-자민당 연립 정부 세력 승리 등의 정치적 소용돌이가 있었듯이 동독 역시 공산주의 보수세력의 데탕트 거부 움직임이 있었다. 이들은 동독판 냉전 세력인 셈이다. 이들에게 동서공존이란 세력의 기반을 무너뜨리는 상황의 전개였다. 브란트 총리 집권 후의 신동방정책의 공세에 대하여 울브리히트 등은 재통일 주장을 반복하면서 국가연합 통일론을 되풀이하였다. 동서독 정상회담의 물꼬를 튼 울브리히트가 서독의 하이네만 대통령에게 보낸 외교관계를 기본으로 한 기본관계 수립 요구 서한은 바로 이런 맥락에서의 공세였던 것이다. 모스크바 조약의 급진전 등 이후의 사태 진전은 이들의 예상을 앞서나가면서 이들이 장애물로 등장하였다. 일종의 독자노선 경향까지 보였다.

소련이 작용하였는지 급기야 동독 사회주의통일당(SED) 정치국은 1971년 1월 21일 소련공산당 서기장 브레즈네프 앞으로 발터 울브리히트 사퇴를 지원해달라는 서신을 보냈다. 이들은 경제와 대외정책에서의 그의 과오를 지적하면서 그의 사퇴가 필요하다고 주장하였다.

1970년 중반 이후 울브리히트는 동독의 실제 상황과 맞지 않는 문제를 끊임없이 제기하여 왔으며, 정치국은 국내 문제와 복잡한 대외정책 문제가 당의 완전한 주의와 힘을 요구하고 있는 시점에서 당의 정치적, 조직적 지도력의 약화를 우려하고 있다는 것이었다. 그런데도 울브리히트는 정치국에게 초미의 과제 해결이라는 구체적 작업을 방해하는 토론 참여를 지속적으로 강요하여 왔다. 정치국은 1970년 9월 8일 모스크바에서 이루어진 협약을 완전하고도 지속적으로 이행하려는 노력을 기울여왔다. 이에 따라 독일민주공화국의 상황을 안정시키기 위하여 1970년 9월 8일 이미 근본적인 결정을 내렸다. 그러나 울브리히트는 정치국 외부에서 많은 대중들 앞에서 이 결정을 반대하는 발언을 거듭하여 왔다. 제14차 중앙위원회(1970년 12월 9-11일)의 국내 발전과 이에 따른 목표 평가 승인 폐막사에서 울브리히트는 당의 노선과 다른 논조의 발언을 하여 정치국은 이의 공개를 막았다. 이런 일이 반복되고 있다고 주장하였다.

특히 그는 독일연방공화국에 대한 당의 정책에 관하여 독자적인 노선을 추구하고 있다. 이는 소련 공산당과 동독 사회주의통일당 간에 조율된 행동의 신뢰 있는 행보 및 독일연방공화국과의 합의 사항을 끊임없이 방해하는 행위다. 이런 의견의 차이는 서방에도 알려졌다. 이는 78세라는 인간적, 신체적 문제이기도 하다.

자신의 무오류성에 대한 감정에 이끌린 발터 울브리히트가 사회주의 우방공동체 내 다른 정당이 제시하지 못하는 미래의 10년에 대한 정치적으로 다른 예측들을 2000년까지 내놓겠다는 경향을 점점 더 드러내놓고 있다 울브리히트가 자신을 마르크스, 엥겔스, 그리고 레닌과 동열에 서고 싶어 한다는 것이 분명해지고 있고 여러 분야에서 마르크스-레닌주의의 '창조적 발전'을 자신의 최대 과업으로 보고 있다.

많은 노력을 기울여왔지만, 이 문제 해결에는 **빠른 시일 내에** 사회주의통일당 제1서기 직과 동독 국가평의회 의장직을 분리하고 울브리히트를 국가평의회 의장직으로 제한시키는 것이 포함될 수 있다는 의견에 도달했다는 것이다. 그리고 국가평의회 의 인위적으로 확대된 권위를 제한하여 정치국 통제 하에 두는 것이 바람직할 것이다. 공식적 의료 의견은 울브리히트가 하루에 4시간 만 업무를 보고 수, 토, 일요일에는 쉬어야 한다는 것이다.

가장 시급하고도 동독 사회주의통일당 정치국에 최대한 도움을 줄 수 있는 것은 브레즈네프가 수일 내에 울브리히트와 대화를 가져서 그가 사회주의통일당 중앙위원회에 본인의 사임을 요청하는 것이다. 그리고 이 서신에는 호네커를 비롯한 정치국원들의 연명 서명이 첨부되었다. 48)

신 동방정책과 관련하여 모스크바조약의 합의 사항 이행이나 동서독 협상 진전에 울브라이트가 장애물이 되고 있으니 그의 사임에 협력해주고 그를 국가평의회 의장직으로 국한 시키고 그 권한도 축소할 뿐만 아니라 정치국 산하에 두도록 해달라는 것이다.

결국 울브리히트는 1971년 5월 3일 건강을 이유로 제1서기직을 사임하였다. 그런데 1970년 후반 동독과의 교섭이 주춤한 상태고 폴란드와의 바르샤바조약 조인이 늦어지던 무렵 소련의 그로미코 외무장관은 에곤 바르에게 폴란드와 동독에 대해서 너무 걱정하지 말라는 언질을 주었다. 울브리히트 사임도 동서독 교섭이 교착 상태에 빠지면서 이를 해결하기 위한 과정의 일환으로 보아야 할 것이다. 그리고 바르샤바조약 조인은 1970년 12월 7일에 있었다.

셸 외무장관이 베를린이 상황 개선에 대한 합의가 이루어지지 않으면 모스크바조약의 비준이 어려울 것이라고 언명하였듯이 4강국의 베를린 협의는 신동방정책 실현의 중요한 전제조건이었다. 1970년 겨울 4강국 대사들은 베를린에서 협의를 계속하여 1971년 봄에 기본적인 사항은 타결을 보았다. 베를린에 관한 4강국의 합의는 3단계로 구성되어 있었다. 첫째, 통신과 출입에 관한 4강국의 합의, 둘째, 독일 내부 즉 동서독의 합의, 셋째, 합의사항 전체를 발효시키는 최종의정서로 구성되어 있었다. 1971년 9월 3일

---

48) 서신 원문; germanhistorydocs.ghi-dc.org

베를린에 관한 4강국 협정(Four Power Agreement on Berlin. Quadripartite Agreement on Berlin)이 서명되었다. 이는 1949년 베를린 봉쇄 이후 4강국이 베를린에 관해 처음으로 합의한 것이다.

소련이 처음으로 서베를린의 경제와 정치적 생존에 필수적인 3가지를 인정하였다. 방해 받지 않는 출입과 입국, 그리고 통신에 관하여 합의를 보았다. 그러나 4강국의 협정에서 동독이 정식 국호(독일민주공화국: German Republic)가 사용되었다는 점과 서베를린 통행에 관하여 소련이 동독과 협의하여 3개국에게 통보해줄 것으로 합의하여 동베를린이 동독의 수도임을 묵시적으로 인정하고 있다는 점, 그리고 서독과 서베를린의 유대를 인정받은 대신 소련과 동독이 요구해온 서베를린에서 서독 대통령 선거나 공식적 행위(constitutional or official acts)를 하지 않기로 양보한 것은 후에 분단을 영구화한 것이며 지나치게 양보했다는 논란의 근거가 된다. 이 협정이 장벽을 철거시키지도 못했고, 서베를린이 서독의 일부가 아니라는 것을 재확인하고, 재통합에 관한 아무런 합의도 없이 소련 관할 지역을 동독에 편입시켰을 뿐이었다.

4강국이 긴장 완화를 위하여 노력을 기울이고 이 지역에서 무력 사용 위협이나 무력 사용이 있어서는 안 되고 분쟁은 평화적 수단에 의해서만 해결되어야 한다고 합의하였지만, 베를린의 안전은 소련이 보장할 때만 가능한 것이었다. 모스크바조약과 함께 베를린 협정은 크게는 현상인정에 의한 유럽의 평화공존, 좁게는 분단 현실을 인정한 바탕에서 동서독의 평화공존의 첫 번째 관문인 셈이다. 이는 통행과 통행에 관한 세부 사항은 동서독 간의 합의에 맡기고 그 합의에 따라 최종의정서 조인 시에 4강국 협정이 발효한다고 명시하여 동서독 간의 협상을 예정하고 있다는 점에서 확인할 수 있다.

이어서 9월 17일 브란트 총리는 바르를 대동하고 얄타 근처의 휴양지 오레안다(Oreanda)에서 브레즈네프와 비밀 회동을 하였다. 브레즈네프의 제의에 의한 것으로 브란트는 미국에 자기 의사를 알려주었다.[49] 정확한 내용은 알려지지 않았지만, 4강국의 베를린 협정 체결 후속으로 5월의 카셀 양독 총리 회담 이후 소강상태에 빠진 동서독 양자간의 협상에 관한 논의가 있었을 것으로 보인다. 귀국 후 브란트 총리는 소련이 제안한 유럽안보협력회의 지지 의사를 표명하였으며, 서독에 공산당 합법화 조치를 취했다.50) 동서독 간 협상의 걸림돌이 되던 울브리히트 사임, 베를린 4강국 협정 타결과 동서독 협상 지원 약속에 대한 성의표시였을 것이다. 사실 동서독의 교섭은 그 해 10월로 접어들면서 속도가 더해졌다.

우선 베를린에 관한 4강국 협정 2장에 따라 동서독 양자 간의 부속협정이 체결되었다. 이 부속협정은 4강국 협정 이행을 위한 세부 사항을 정하는 것으로서 큰 문제는 없었다. 1971년 9월 30일 우편협약, 12월 17일/20일 서베를린 출입, 서베를린에서 동독 출입 협약의 타결을 보았다. 그리고 협약에서 고립된 경계선 부근의 자투리땅은 교환에 의해 해결하기로 한 것에 따라 서베를린과 동독 당국은 교환에 합의하고 동독이 내준 땅이 더 넓다는 주장에 따라 400만 마르크를 지급함으로써 이 문제를 종결하였다. 양자 간의 부속협정의 효력은 최종 의정서 조인에 따르는 것으로 베를린에 관한 협정과 동서독 간 부속 협약의 1972년 6월 3일 최종의정서 조인으로 효력을 발하게 되었다.

---

49) 모스크바조약 협상을 마치고 서명을 앞 둔 시점에서 에곤 바르는 "서독이 서방 동맹의 보호를 받지 못하고 미국, 영국, 프랑스의 승인 하에 협상하지 않았다면 소련과의 어려운 협상이 성과를 내지 못했을 것"이라고 말했다. 결국 미국과의 긴밀한 협의 속에 신동방정책이 추진되고 있음을 말하고 있다.

50) 서독 공산당(Kommunistische Partei Deutschlands: KPD)은 1951년 아데나워 총리 정부의 해산 심판 청구로 1956년 서독 헌법재판소의 결정에 의해 해산되었다가 1968년 재창당되었지만 아직 합법화되지 못했다. 브란트 총리와 브레즈네프 서기장의 회담 후 당명을 독일공산당(Deutsche Kommunistische Partei: DKP)으로 바꾸어 합법화되었다.

2) 브란트 총리 불신임 발의와 재신임

이제 신 동방정책의 결정판이며 마지막으로 남아 있는 동독과의 기본조약 협상이 남아 있었다. 그런데 4강국 협약 서명에 앞서서 모스크바조약과 바르샤바조약 비준 동의라는 국내 절차가 남아 있었다. 말하자면 모스크바조약 비준동의를 통하여 신 동방정책의 첫 관문을 열어야 했다. 연방의회는 1972년 2월 23일부터 두 조약 비준 토의를 시작하였다. 그렇지만 이를 두고 앞에서 언급하였듯이 서독 국내 정치가 소용돌이 속으로 치닫고 있었다.

야당인 기민련/기사연, 연립정부 파트너인 자유당의 민족주의적 보수파의 반대가 있었고 사민당 내부에서도 일부 동요가 있었다. 이들은 당내에서 혁명적인 사회개혁 사상을 가진 마르크스주의자와 급진좌파가 득세하고 있다고 생각하였다. 당시 모스크바조약과 바르샤바조약에 대하여 야당이 내세운 반대 논거는 대체로 다음의 4가지로 서독 기본법 위반이라는 것이다.

첫째, 이들 조약에서 국경에 관한 합의는 서독 기본법 상의 재통일 의무 위반이다. 둘째, 독일 동부 영토의 서독 기본법 적용을 배제하기 때문에 기본법 위반이다. 셋째, 폴란드의 서부 국경이 오데르-나이세라고 규정하고 있는데 이는 기본법 개정에 의해서만 가능한 영토 양도의 의미다. 넷째, 동부 영토에 거주하고 있는 독일인의 선택권에 대한 합의가 없다. 기본법 16조를 위배되는 것으로 이에 의하면 독일인의 국적은 박탈될 수 없다.

이에 대하여 서독 정부는 기본법에 1937년 국경에 따른 재통합 규정이 없고, 평화조약이 없는 한 전체로서 독일에 대한 책임은 4강국이 보유하고 있으며, 따라서 서독은 서독 영토 밖의 국경과 영토에 관한 최종적인 결정을 할 수 없다는 입장이었다. 그리고 국적 문제에 관해서는 두 조약에 국적에 관한 내용이 없다는 것이었다.

야당은 그 때까지 민감한 동독의 국가적 실체 인정 문제까지는 거론하지 않고, 두 조약이 서독 기본법 상의 통일 의무, 영토 조항을 위반하고 있다는 논지의 비판 공세를 취했다. 이에 대하여 정부는 통일 의무에 대하여 국가는 통일을 위하여 독일인들이 자결권을 행사할 수 있는 조건을 만들 의무를 가지고 있으며, 국경과 영토 문제에 관해서는 점령 4강국이 최종결정권을 가지고 있다고 피해갔던 것이다.

　아무튼 기민련/기사연 야당은 사민당-자민당 세력의 불안한 과반수를 흔들면서 건설적 불신임을 통한 정권 탈환을 시도하였다. 앞에서 언급하였듯이 사민당과의 연정에 반발한 자민당의 전 당수 멘데를 비롯한 3명의 의원이 탈당하여 기민련에 입당하였으며, 1972년 1월 슐레지엔 출신의 헤르베르트 후프카(Herbert Hupka) 의원이 사민당을 탈당하였다. 4월에 들어오면서 자민당의 크누트 폰 퀼만-슈툼(Knut von Kuelmann-Stumm), 게하르트 킨바움(Gerhard Kinbaum) 두 의원이 당적은 보유하면서 불신임안에 찬성하겠다고 약속하고, 빌헬름 헬름즈(Wilhelm Helms) 의원도 기민련으로 당적을 옮기겠다고 발표하였다. 사민당-자민당의 과반수 의석이 무너졌다. 뮌헨 출신 사민당의 귄터 뮐러(Günter Müller)도 동요했다. 여기에 4월 당시 서독의 바덴-뷔르템부르크 주의회 선거에서 4년 전보다 8.7% 늘어난 52.9%로 기민련의 압승 분위기가 한 몫 하였다. 4월 24일 야당은 브란트 총리를 불신임하고 라이너 바르첼(Rainer Barzel) 의원을 총리로 선출하겠다는 불신임동의안을 제출하였다. 서독 역사상 최초의 건설적 불신임동의안이었다.

　브란트 총리는 의회에서 야당을 '권력에 혈안이 된 사람들'(Machtgier)이라 비난하면서 의회에서 연설했다.

　　동서독 간의 통행협정 협상이 아직 착수되지 않았다는 것이 우려되지만, 협상자들이 양 정부에 결과를 제출할 수 있는 단계에 도달했다. 동독 측은 독일 양 지역의 국가와 여기에 거주하는 사람들의 공존에 근본적이고 중요한 문제를 논의할 의지가 있다. 협약의 자세한 내용은 아직 작업

중이다. 그런데 야당은 통행협정에 관해 묻고 싶을 것이다. 이를 통하여 무엇을 얻으려고 하느냐고. 그래서 나는 묻겠다. 당신들은 통행협정을 원하느냐 아니면 위험에 빠지길 바라는가라고. 이에 대하여 나는 상상할 수 없다고 말했다.

[새로운 동방정책을 내걸었던 대연정 정부의 전총리 키징거에 대하여] 계속 이야기만 할 것인가 아니면 베를린과 사람들에 대하여 그리고 동서 유럽의 관계 변화를 위하여 무엇-전체 독일 국민들에게 좋은 미래의 기회를 제공할 무엇을 하여야 할 것인가? 이것이 유일한 길이다. [키징거 총리 정부 당시의 외무장관 슈뢰더에 대하여] 여행이 그렇게 중요하다면, 중국 만리장성에서 독일 통일의 열쇠를 찾을 수는 없을 것이다.

야당이 의도하지 않았더라도 서독을 고립시키는 위험을 가지고 놀고 있다. 평화는 말로만 되는 것이 아니다. 상황의 전개가 독일을 우회하거나 지나가지 않을 때만 독일의 이익은 알 수 있게 될 것이다. 이것을 모두 알아야 한다.[51]

노동조합과 학생운동은 브란트를 지지했다. 불신임안이 통과되면 노조는 총파업을 하겠다고 선언하고 학생들과 지식인들은 가두시위에 나섰다. 야당이 제출한 불신임동의안이 기본법에 근거한 정당한 합헌적인 행위임에도 불구하고 부정의한 행위로 보였고 브란트 총리가 야당을 권력에 혈안이 된 자들이라고 비난하였듯이 사민당은 이를 활용하였다.

의회 표결은 4월 27일에 실시되었다. 두 표 차이로 불신임동의안은 부결되었다. 당시에 사민당 원내대표 헤르베르트 베너는 매수에 의한 변절을 막기 위하여 사민당 의원들에게 표결에 참여 말라고 지시하였다. 겉으로 보기에 야당 의원 두 사람이 반대표를 던진 것이다. 기민당 소속의 율리우스 슈타이너 의원이 사민당 원내총무 칼 뷔난트 의원으로부터 매수되었다는 주장이 있긴 했지만, 이와 관련해 1973년 구성되었던 조사위원회에서 밝혀진 것은 없었다. 또한 동독 슈타지(Stasi. 국가보안부(Ministerium für

---

51) www.germanhistorydocs.ghi-dc.org.

불신임투표 부결 후의 브란트 총리(1972. 4. 27.)
출처: bundesarchiv(www.bild.bundesarchiv.de)

Staatssicherheit: MfS)의 관여설도 있다. 표결이 있던 다음날 에곤 바르가 브란트 총리와 셸 외무장관에게 보낸 비밀 문건의 동독이 서독 총선 전에 동서독 관계의 기본에 관한 조약을 현 정부와 체결할 용의가 있다는 내용을 보면 있음직한 이야기다. 당시에 소련이나 동독 모두 사민당 정부와의 조약 체결을 바라고 있었다.52) 아무튼 브란트 총리 불신임동의안 문제는 소

---

52) 월간조선 2009년 9월호-2010년 1월호에 연재된 후베르투스 크나베(Hubertus Knabe. 독일연방정부 슈타지 문서 연구소 연구원)의 저서 "침투당한 공화국 – 서독 내 슈타지"(Die unterwanderte Republik. Stasi im Westen. Propyläen, Berlin, 1999. Taschenbuchausgabe)에 의하면 서독 의회 내에도 슈타지의 첩자들이 활동하고 있었다고 쓰고 있다. 이에 의하면 서독 연방검찰청이 당시 슈타지의 대외선전담당 책임자 책임자 마르쿠스 볼프(Markus Wolf. 그는 30년 이상 슈타지의 넘버 3 인물이었다)가 불신임 결의안에 반대표를 던지는 조건으로 기민당의 슈타이너(Julius Steiner) 의원에게 5만 마르크를 주기로 결정했다는 사실을 밝혀냈다는 것이다. 볼프는 자민당에 기민련으로 당적을 옮긴 자민당 전 당수 에리히 멘데 의원에게도 접근, 오래 전 국가안전부와의 모종의 관계를 들먹이며 불신임동의안에 반대표를 던지도록 압력을 가했다는데 실제로 멘데가 반대표를 던졌는지는 확인되지 않았다. 또한 1995년,

련이나 동독은 물론 동서 데탕트을 향해 가고 있던 동서 진영 모두의 초미의 관심사였다.

불신임의 고비는 넘겼지만 야당의 공세는 계속되었다. 불신임동의안 부결 다음날인 4월 28일 연방 총리실 예산안이 부결되었다. 이에 브란트 총리 측은 모스크바조약과 바르샤바조약에 대한 원내의 모든 정당의 동의를 얻고자 특별위원회를 구성하였고, 그 결과 5월 17일 연방의회의 선언문이 나왔다. 이 선언문을 첨부하여 두 조약을 비준동의 표결에 부쳤지만 야당은 표결에 참여하지 않아서 사민당-자민당 표만으로 비준되었다. 이 선언문은 비준 문서와 함께 소련에 전달되었지만 소련은 이 선언문이 조약의 일부가 아님을 분명히 하였다.53)

그리고 이 두 조약 비준을 기점으로 동서독간은 물론이고 유럽 지역에서의 데탕트 흐름은 다시 궤도에 올랐다. 5월 26일 모스크바에서 닉슨 미국 대통령과 브레즈네프 소련 공산당 서기장 간에 미국과 소련 간의 전략무기 제한협정(SALT Ⅰ) 조인이 있었다. 그리고 6월 3일에는 4강국이 베를린 최종의정서에 서명함으로써 베를린에 관한 4강국 협정이 발효되었다. 동서독 간의 조약 협상을 수면으로 올릴 수 있는 국제적 환경 마련되고 모스크바조약 비준으로 대문이 활짝 열린 것이다.54)

한 전직 소련 정보요원은 동독 주재 소련 KGB 책임자였던 이반 파데이킨 중장이 1972년 4월, 자기에게 100만 마르크의 매수자금을 내놓으면서 이를 동방정책 입안자이자 브란트 총리의 최고 참모였던 에곤 바르에게 넘겨주도록 지시했지만 에곤 바르가 돈을 받지 않아 실패했다고 폭로했다. 그런데 표결 당시 매수 장본인으로 등장했던 비난트(Karl Wienand) 의원은 슈타지에 '슈트라이트'라는 이름의 비공식 정보요원으로 등록되어 있었으며 통일 후 실제로 간첩죄가 인정되어 2년 6개월의 금고형에 100만 마르크가 넘는 벌금형을 선고 받았다.

53) 주) 41의 모스크바 조약에 첨부되어 있다.
54) 1972년 12월 21일 동서독 기본조약 서명을 앞두고 동독의 미하엘 콜(Michael Kohl) 국무장관의 성명에서 동서독 기본조약은 모스크바조약과 바르샤바조약을 포함하는 평화를 위한 "상호보완적인 조약체계의 중요한 한 요소"(an important element of the

이미 1972년 1월부터 에곤 바르 서독 정무장관과 미하엘 콜(Michael Kohl) 동독 국무장관 간에 본격적인 협의가 진행되었다. 먼저 동서독간의 교통에 관한 협의에 들어가서 5월 26일 본에서 "통행조약"(정식 명칭은 독일연방공화국과 독일민주공화국 간의 통행 문제에 관한 조약이다: Vertrag über Fragen des Verkehrs zwischen der Bundesrepublik Deutschland und der Deutschen Demokratischen Republik)이 조인되었다. 베를린에 관한 4강국 협정을 보완하는 성격의 것이지만, 사상 최초로 동서독 간에 체결된 조약으로 서로 정식 국호를 사용하고 있다는 점에 그 역사적 의미가 있다 할 것이다. 이 조약과 관련하여 사민당과 브란트 총리 정부는 두 가지 근본 문제-양국이 상호 관계에서는 외국이 아니라는 점, 평화조약의 유보와 4강국의 권리와 의무에는 영향을 주지 않는다는 점은 다루지 않고 철도, 도로, 수상 교통에 관한 기술적 문제를 다루었다고 한다. 그러나 동서독이 정식 국호를 사용한 조약이라는 사실은 변함이 없다.

3) 총선 승리와 신동방정책의 완성

모스크바조약과 바르샤바조약 비준에서 표결에 참여하지 않고, 총리실 예산을 부결시킨 야당의 태도는 동서독 간의 기본조약 비준 시에 야당이 험난한 장애물로 등장할 것임은 충분히 예상할 수 있었다. 이에 브란트 총리는 승부수를 던졌다. 의회 해산과 조기 총선이었다. 9월 22일 브란트 총리는 총리 신임동의안을 국회에 제출하였다. 그리고 집권당은 각료로 입각

---

system of complementary treaties)라고 말했듯이 두 조약 특히 모스크바조약에 기본 내용은 다 포함되어 있었기에 이 두 조약 발효로 동서독 간에 크게 의견 차이가 나는 사항은 별로 없었다. 콜의 성명에서 서독의 비준 절차에 속도를 내기 바란다는 내용에서 보듯이 기본조약 체결과 조인 및 비준에서 문제가 되는 것은 서독 정치권 내부 사정이었다.

한 의원들을 표결에 불참하도록 하여 이를 부결시켜 국회 해산의 길을 열었다. 총선은 11월 19일로 예정되었다.

이는 여론을 등에 업고 야당을 압박함은 물론이고 동독 정부에 대해서도 이 정부와의 협상을 서두를 것을 재촉한 것이었다. 국제적인 압박도 이에 더해졌다. 미국, 영국, 프랑스, 소련 정부 대표는 그 해 10월 23일에서 11월 5일까지 베를린 4강국 관리위원회 사무실에서 회합을 갖고 동서독이 유엔 가입 신청서 제출 시에 이를 지지하기로 합의했다고 선언하였다. 분위기 조성용인 동시에 양 측의 조약 합의 재촉용 성명이었다. 또한 앞에서 언급한 전략무기제한협정 서명을 위하여 모스크바를 방문했던 닉슨 미국 대통령은 미국이 유럽안보협력회의에 참석하겠다는 약속을 브레즈네프에게 하면서 동독도 대등한 자격으로 이 회의에 참가하게 해 달라는 브레즈네프의 요청도 받아들였다.

1969년 12월 울브리히트가 서독의 하이네만 대통령에게 보낸 "동서독 간의 동등한 관계 수립을 위한 조약 초안"과 1970년 5월 카셀에서의 2차 동서독 총리회담에서 브란트 총리가 제시한 20개항, 그리고 무력 위협이나 무력 사용 포기, 영토 보전, 현 국경선 인정 등을 규정하고 있는 모스크바 조약과 서독과 소련의 접촉에서 합의된 바르 노트로 알려진 소련의 동독의 외교적 승인 등의 요구 수용 등을 통하여 기본조약의 토대는 다 마련되어 있었다. 양 측은 이견이 있는 부분은 의정서 형식으로 뒤로 미루면서 협상을 서둘렀다. 협상이 타결되어 조약 문안이 완성되었을 때 3조의 양측 영토 경계선 표지 재조사 내용을 비롯하여 협력 촉진에 관한 7조 규정의 추가사항 11개항 등 많은 내용이 추가의정서에 규정되어 있었다. 또한 국적 문제를 포함한 민족의 정의 등 양측의 이견이 있었지만 합의에 도달하지 못한 사항은 전문에 언급하거나, 기록에만 남기고 조약 문안에는 포함시키지 않았다.

조약은 추가의정서와 함께 11월 8일 가조인되었다. 동독 정부와 서독 사민당-자민당 정부가 서독 총선을 의식하여 11월 19일 총선 전에 가조인하고 내용을 공개하여 총선을 통하여 유권자들로부터 심판을 받겠다는 의도였을 것이다.

조약은 전문과 본문 10개조 및 추가의정서로 구성되어 있다. 주요 내용은 다음과 같다.[55]

전문에서 현존 국경선을 기준으로 한 모든 유럽 국가의 영토 보전과 주권 존중, 국경 불가침이 평화의 전제조건이라고 규정하고, 동서독 간의 무력 사용이나 무력에 의한 위협 포기를 선언하였다. 그리고 국적 문제 등 견해 차이는 상호협력 조건을 만들어 가기로 한다고 선언하였다. 1조에서는 대등한 권리를 기초로 선린관계를 발전시킨다고 규정하고, 2조에서는 유엔 헌장에 따른 모든 국가의 주권 평등, 독립성, 자주성, 영토 보전 존중, 인권 보장, 차별대우 금지를 추구한다고 규정하고, 3조에서 다시 독일연방공화국과 독일민주공화국은 무력 사용 포기와 현재와 장래에 현존 경계선의 불가침성을 확인하고, 상호 영토 보전을 완전히 존중할 것을 확인한다고 규정하고 있다. 4조에서는 상호 유일 대표성을 주장하지 않는다고 규정하고, 5조에서는 유럽의 안전보장과 협력에 참여할 것을 규정하고 있다. 6조에서는 주권이 각국(beiden Staaten) 영토 내에서만 행사될 수 있고, 국내외 문제에서 각국의 독립성과 자주성을 존중한다고 규정하고 있다. 7조는 다방면에서 협력하기로 하고, 그리고 8조에서 상대방의 정부 소재지에 상주대표부를 설치한다고 규정하고 있다.

10개조 모두 "독일연방공화국(Buderepublik Deutschland)과 독일민주공화국(Deutsche Demokratische Republik)은…"이라고 양국의 정식 국호를 사용하고 있으며, 주권 존중과 영토 보전 존중을 통하여 서독은 동독의 국가적 실체를 인정하고 있다. 소련이나 동독이 주장해온 동독의 외교적 승인을

---

[55] 조약의 정식 명칭은 "독일연방공화국과 독일민주공화국 간의 관계의 기본에 관한 조약"(Vertrag über die Grundlagen der Beziehungen zwischen der Bundesrepublik Deutschland und der Deutschen Demokratischen Republik): 일명 "기본조약"(Grundlagenvertrag)이다; www.1000dokumente.de.

수용한 것이다. 영토 보전과 함께 현존 경계선의 불가침성과 현재 및 장래에 국경선의 존중 내용은 모스크바조약 및 바르샤바조약 내용과 일치하는 것으로서 분단 현실 인정에서 한 걸음 더 나가서 동독에 대한 사실상 국가 승인이다. 다만 울브리히트의 초안에서는 양국이 외교관계에서 베를린과 본에 각기 대사관을 둔다고 한 것에 비하여 상주 대표부를 둔다고 규정하여 국가 간의 외교관계 수립은 피한 것으로 보인다. 그렇지만, 10조에 이 조약은 비준을 거쳐야 하며 비준각서를 교환한 날로부터 효력을 발생한다고 규정하여 주권 국가 간의 정식 조약임을 보여주고 있다.[56][57]

11월 총선의 이슈는 당연히 새로운 동방정책과 불신임 결의로 인한 정국 혼란 책임 문제였다. 야당은 지난 3년 동안의 브란트의 경제 정책과 외교 정책을 비판하였다. 선거 결과는 투표율 91.1%로 전후 최고였고, 사민당-자민당은 54.2%의 득표에 284석(사민당 242석, 자민당 42석)으로 234석의

---

[56] 실제로 조약의 비준절차 이외에도 서독 의회는 1976년 6월 6일 기본법의 조약에 관한 규정에 따라 동서독 기본조약에 관한 법률을 제정하였고 동서독 정부는 이를 유엔 사무처에 기탁하여 이의 조약으로의 성격을 더했다.

[57] 전문과 25개조로 구성 있는 1992년 12월 13일 '대한민국 국무총리'와 '조선민주주의인민공화국 정무원 총리'가 정식으로 서명한 "남북 사이의 화해와 불가침 및 교류·협력에 관한 합의서"(남북기본합의서)는 "동서독 기본조약"과 비교할 때 형식이나 그 내용에서 훨씬 더 국제적 조약에 가깝다고 할 수 있다. 효력 발생에 관해서 동서독 기본조약이 비준을 거쳐야 한다(제10조)고 규정한 반면에 남북기본합의서는 발효에 필요한 절차를 거치도록 규정하고 있다(제25조). 당시 정부는 국무회의 의결과 관보 게재로 절차를 끝냈다. 이의 법적 성격과 규범성을 애매하게 만들었다. 기본조약 체결과 관련하여 바이에른 주정부가 이는 기본법상 재통일 과제를 위반한 것으로 기본법 위반이라고 헌법재판소에 위헌 심사를 제기한 것에 대하여 서독 헌법재판소는 합헌이라고 결정하였다. 즉, 동서독 기본조약이 기본법이 정한 재통일 과제를 포기한 것이 아니고 동독을 국가로 승인한 것이 아니라는 것이다. 이 조약은 이중적인 성격을 가진 것으로 국제법상의 조약이지만 그 특수한 내용에서 볼 때 독일 내부관계를 규율하는 조약이라고 결정하였다; 최창동, "분단국가의 법적 지위" (법률행정연구원, 1996)

야당을 압도하였다.

　1972년 12월 21일 동베를린에서 브란트 총리와 셸 외무장관이 참석한 기본조약 서명 행사가 있었다. 이 조약은 조약 본문과 추가의정서 및 서독 정부가 동독 정부에 보낸 서한으로 구성되어 있다. 추가의정서는 앞에서 언급한 그대로다. 다만 서한은 "…독일연방공화국은 이 조약이 독일 국민이 자유로운 자결권에 따라 통일을 다시 달성하는 유럽의 평화를 달성하려는 독일연방공화국의 정치적 목표와 모순되지 않는다…"는 것을 그 내용으로 하고 있다. 이는 1970년 8월 6일 모스크바조약 조인 시에 서독 정부가 소련 정부에 보낸 내용과 같다. 당시 조약에도 이 서한이 첨부되었다. 당시와 마찬가지로 이 서한도 국내 정치용으로 보인다.

　1973년 5월 11일 야당의 반대 속에 동서독 기본조약은 비준되고, 6월 6일 조약에 관한 법률이 제정되어 효력을 발하였다. 그런데 이를 두고 바이에른 주정부가 헌법재판소에 이 비준법의 합헌성 심판을 청구하였다. 이에 대하여 헌법재판소는 신속하게 심의하여 1973년 7월 31일 만장일치로 이 법률이 기본법에 합치한다고 결정하였다. 이때 바이에른 주정부는 법률의 효력금지 가처분 신청을 두 번이나 냈지만 헌법재판소는 이 청구를 기각하였고 조약은 조약법의 공포일 다음날인 6월 7일에 발효하였다. 연방정부는 서두르고 바이에른 주정부는 이를 지연시키고자 한 것은 동서독 동시 유엔 가입과 관련이 있었다. 물론 근본적으로야 동독의 실체를 인정하지 못하겠다는 서독의 전통적인 부수 세력의 입장에서 나온 것이지만, 당면한 것은 6월 21일로 예정된 유엔 안전보장이사회의 가입 신청 토의였다. 동독만 신청서를 제출하고 서독이 신청서를 내지 못하여 동독만 가입된다면 서독으로서는 낭패스런 처지에 몰리게 될 것이기 때문이다. 아무튼 그 해 동서독은 유엔에 동시 가입하였다.

　그리고 그 해 12월 11일 체코슬로바키아사회주의공화국과의 조약도 정식 조인되면서 새로운 동방정책의 제도적 토대 구축은 완료되었다. 고데스베르크 강령에서 기본방향을 설정하고 1969년 총선에서 제시했던 사민당의 집권계획에서 구체화되고 브란트 총리의 취임연설에서 선언했던 새로운 동방정책이 국내외적 제도적 기초를 마련한 것이다. 더구나 앞에서 언급하였듯이 자민당의 새로운 강령 상의 동방정책도 사민당의 것과 별 차이가 없어서 양당의 공조 속에 거침없이 진행될 수 있었다.

4) 당내 노선 갈등 그리고 브란트 총리 사임

이제 국내로 관심을 돌려 브란트 총리가 제시하였던 국내 개혁에 나서야 할 때가 왔다. 그러나 외부적인 요인에 의한 것이라 하지만 1973년 10월 1차 오일쇼크를 계기로 세계 경제가 불황에 빠지고 서독도 이를 피할 수는 없었다. 1973-74년 기간 중에 경제위기가 찾아왔다. 위기 앞에서는 그 원인과 대안을 놓고 논쟁과 갈등이 발생하는 것이 일반적이다. 이미 1971년에 들어서면서 당내 노선 투쟁이 재연되었다. 새로운 동방정책을 놓고 벌어진 브란트 총리에 대한 불신임 동의를 놓고 당이 권력 상실 위기에 놓여 있던 봄에 이런 당내 갈등은 표면화되었다. 그리고 11월 조기총선을 앞둔 임시 당대회에서는 일단 봉합되었다. 이후 1973년 하노버 당대회에서 당의 분열이 노골화되었다. 이후 1974년 기욤 사건을 계기로 브란트 총리의 총리직 사임과 엄격한 보수주의자로 평가되는 슈미트 총리의 등장도 이와 무관하지 않다.

1968년 비상사태법 반대 투쟁에서 총파업이 실패하면서 서독에서 학생운동은 좌절을 겪게 되었다. 이로 인하여 따라 학생운동에 기반을 두고 있던 '의회 밖 야당'(APO)은 새로운 방향을 모색하게 된다. 아무튼 이런 사회 상황 변화로 독일사회주의학생동맹(SDS)은 1971년 붕괴되었다.

이런 환경 속에서 대연정을 거쳐 사민당 중심의 사민당-자민당 정부가 출범하였다. 1969년에서 브란트 총리가 사임한 1974년 기간 중 새로운 동방정책의 성과를 가져다 준 온건한 개혁 프로그램은 사민당에게 새로운 세대를 품을 수 있는 기회를 가져다주었고, 사민당은 이를 잘 활용하였다. 1972년 조기총선에서도 투표율이 전후 최고 수준이었고, 사민당은 45.8% 득표로 전후 처음으로 제1당의 자리에 올랐다는 사실이 보여주듯이 브란트 정부의 새로운 동방정책은 대중의 호응을 받았다. 여기에는 투표연령이 18세로 낮아진 결과 젊은 층의 사민당 지지가 큰 몫을 한 것도 사실이다. 이는 당원수나 사민당 청년조직인 사회주의청년단(JUSOS Jungsozialisten)의 조직원수 변화를 보면 쉽게 알 수 있다. 당원수는 1968년 73만 2천 명에서 1974년 99만 1천 명으로 증가하였고, 사회주의청년단 회원은 같은 기간 중에 15만 명에서 35만 명으로 늘어났다. 학생운동의 붕괴, 의회 밖 야당 세력의 분화, 즉 폭력화와 분해의 기회를 사민당이 적절하게 이용한 결과다. 뿐만 아니라 1969년 뮌헨 당대회 이후 사회주의청년단은 사민당 내의 사회주의 조직을 자처하게 되었다. 그리고 이들의 급진적 민주주의의 잠재력은 사민당이 내세운 참여민주주의의 기초가 되었다.

　새로운 정부의 사회개혁 정책에 이들 세력의 지지를 받는 사람들의 목소리가 커졌다. 이는 공공 부문의 대대적인 예산 지출 확대를 가져왔다. 더구나 대연정 구성의 계기가 되었던 1966년의 불황은 1년 만에 극복되고 서독 경제는 다시 탄력을 받아서 1969년 경제 성장률이 7.5%인 상황에서 공동정부 내에서 공공 부문 예산 지출 확대에 제동을 걸기 어려운 분위기였다. 연방총리실 규모만 보아도 짐작이 가능하다. 신 정부 출범 전 125명이었던 총리실이 출범 후에 389명으로 대폭 확대되어 모든 정책을 사전 조정하였다. 1969년에서 1973년 기간 중에 연방정부의 부채는 320억 마르크로 추산되었다. 1949년에서 1969년 기간 중의 누적부채가 400억 마르크였던 것에 비하면 엄청난 증가였다. 1971년에는 강한 서독 마르크화와 강력한 경제 상황에서 약화된 미국 달러 자금 600억 달러가 서독에 유입되었다. 여기에 공공지출과 임금 인상으로 사회에는 돈이 넘치고 있었다. 당연히 물가 상승이 뒤따랐다. 1969년 2%였던 물가는 1972년 5.3%로 뛰었다. 이런 상황에서 1971년 2차 중기계획(1972-1975년)[58] 수립을 위한 전망에서 재정적자 확대가 예상되었다.

이에 뮐러 재무장관은 긴축정책과 예산 적자 축소를 주장하였다. 이에 대하여 실러 경제장관과 슈미트는 오히려 재정확대를 주장하였다. 실러는 고데스베르크 강령의 경제정책 노선을 주도한 인물로 '가능한 한 시장, 필요한 만큼의 계획'이란 슬로건을 만든 장본인으로 소연정 때부터 경제장관을 맡고 있었다. 브란트 총리를 비롯한 당 지도부가 실러의 손을 들어주자 뮐러 장관은 그 해 5월 사임했다.

이어서 실러 장관과 세제개혁위원장인 에플러 간의 대립이 이어졌다. 실러 장관과의 대립이라기보다는 고데스베르크 강령 이래의 사민당의 노선과 당내 좌파 그룹의 반발과 개혁 노선의 대립이었다. 에플러(Erhard Eppler)는 도덕과 평등, 평화의 새로운 공화국 건설을 희망하고 있었다. 이들은 직접세의 대폭 인상을 내용으로 하고 있는 세제 개혁을 추진하고 있었다. 이런 환경에서 1971년 11월 본에서 세제개혁안 결정을 위한 임시 당대회가 개최되었다. 여러 갈등은 봉합되고 에플러와 좌파의 개혁안이 승인되었다.[59]

이런 분위기에서 열린 임시 당대회에서 브란트 총리는 사민당은 고데스베르크 강령의 기본가치를 살리고 이를 심화시켜야 한다고 말했다. 취임사에서 선언한 '더 많은 민주주의'는 난폭한 집단이익 표출의 방종에 대응하여야 한다는 의미라고 말했다. 그리고 모든 극단주의 집단의 폭력에 단호히 대처해야 한다.

경제 문제에 관해서 그는 물가 상승이 지나치게 높다, 경기 냉각 정책은 경기의 전환이 되고 이 중 어떤 것은 익숙하지 않을 뿐만 아니라 고통스러울 것이다, 국제 통화 위기는 불확실성을 가져다주고 있다. 이를 과소평가

---

58) 물가, 균형재정, 국제수지 안정 등을 목표로 하여 소연정 기간인 1966년에 제정된 '경제안정 및 성장촉진법'(Stabilitäts- und Wachstumsgesetz)에 의해 연방정부는 4년마다 중기 재정계획을 수립하여야 한다.

59) "Nov. 1971. Außerordentlicher Parteitag", www.fes.de

해서는 안 된다, 모든 노력을 기울여 어려움에 대처하겠다고 말했다. 서독 국민들은 알고 있다는 것이다. 즉, 독일 마르크는 세계에서 가장 강한 통화며, 다른 나라의 물가는 우리보다 더 높다. 많은 다른 나라에서는 실업률이 높지만 2백만 명의 외국인 노동자가 있는 서독에서는 실업 이야기가 없다. 지난 2년 동안 전후 최고의 실질임금 상승이 있었다. 비판에도 불구하고 수출은 호조며 서독 경제는 강한 내부 저축을 활용하고 있다. 당이나 집단 이기주의에서 불확실성과 불안을 유포하는 사람은 무책임한 사람들이다.

그는 실업은 경제정책 수단이 아니며 노동조합을 위협하는 채찍이 아니라고 말했다. 그리고 정부는 누구도 높은 임금 상승이 전체로서 경제가 받아들일 수 없다는 어떠한 우려도 하지 않도록 하겠다. 정부는 임금 협상 자율을 진지하게 받아들이고 현재의 임금 움직임에 개입하지 않고 있다. 과도한 징세 예고가 돈을 가져오지 않는다. 강제될 수 없을 뿐만 아니라 신뢰를 희생시킬 수 있기 때문이다.

브란트 총리는 사민당이 시장경제를 더욱 밀고 나가겠다는 것을 강조하였다. 그리고 그는 사민당 각료가 대의원들의 결정을 모두 실천에 옮길 수 없다고 말하고, 당 지도부에 대하여 당이 셀과 자민당 장관들이 결정하여야 할 사항을 결정할 수는 없다고 경고하였다.

이어서 슈미트는 중기계획의 목표는 다양한 분야의 공공복지 요구를 고려하여 방향을 제시하는 자료 제공이라고 지적하였다. 그리고 공동체 수요에 대한 장기 계획은 국가에 더 좋은 재정과 인력을 공급한다는 요구로 나가야 한다.

세제개혁에 관하여 에플러는 이렇게 말했다. 삶의 질의 민간 소비에 대한 의존도는 점점 낮아지고 공공 재정의 급부와 투자에 대한 의존도는 점점 높아진다. 정부의 세입이 민간 소비보다 더 빨리 증가하여야 한다. 구체적인 세제개혁의 초점은 고소득과 자산에 대한 세율 인상을 비롯한 직접세였다. 부가세 인상은 다른 세원이 모두 고갈되고 공동체가 원할 때까지 고려되어서는 안 된다는 입장이었다.

세제개혁에 관해서는 696개의 제안이 제출되었다. 일부 제안에 관해서는 여러 대의원과 당 집행부 간에 날카로운 논쟁이 있어서, 연방정부를 위하여 당 집행부가 작성한 여러 제안이 당대회에서 거부되고 보다 급진적인 안으로 대체되었다.

법인세에 관한 논의가 많았다. 브란트 총리는 근본적인 증세 주장자들에 대하여 이렇게 경고하였다. "우리는 많은 일을 위하여 젖소의 젖을 짠다. 소의 상태가 좋게 유지되어야 한다. 더욱 중요한 것은 소가 초원이나 마구간에 있어야 하지 다른 곳에 갖다 놓아서는 안 된다." 이에 대하여 요헨 슈테펜(Jochen. Steffen)은 주어진 조건 아래서 구조적 개혁정책을 추진하고자 한다면 과감하게 부하 한계를 시험해 보아야 한다고 대답하였다. 베너는 사회적 정치적으로 진보적인 결정이 의도와는 달리 정치적 우파를 도와줄 수 있다는 점을 지적하였다. 우파의 공세와 유럽공동시장 내에서의 기업 이전에 대응하기 위해서는 부담 능력보다는 충분한 명분이 중요하다는 것이었다. 당대회는 다수결로 현행 법인세를 52%에서 56%로 인상하기로 결정하였다.

재산세는 장기적 관점에서 시가 기준-1964년 대비 단위 당 1.4배로 산정하기로 하였다. 또한 결정된 사항은 다음과 같다; 지가에 대한 실현 및 미실현 이득 과세; 거래세 유지; 4등급으로 구분한 마력수 기준 자동차세; 환경오염 방지에 점차 증액하여 사용될 세금의 입법화; 브랜디, 담배, 석유세 인상; 작가 및 공공운수회사의 판매세 면세.

이외에도 언론에서 의견의 다양성 유지를 위하여 경제 및 언론 권력은 통제되고 제한되어야 한다는 관점에서, 신문과 잡지 출판은 등록 대상이다. 그 시장 점유율이 표현과 정보의 자유를 위험하게 하거나 손상시키는 언론 기업의 분할은 부결되었다.

낙태에 관해서는 임신 후 3개월 이내에 여성의 동의 하에 의사에 의해 임신중절 수술이 행하여진 경우에는 처벌받지 않는다는 원칙에 따라 개정되어야 한다고 결의하였다.

사회개혁을 뒷받침할 사민당의 세제개혁은 현실성 여부와는 관계없이 당위적 입장의 진보적 그룹의 안이 대체로 승인되었다.

새로운 동방정책은 동서기본조약 가조인으로 거의 완성 단계에 있는 상황에서 그리고 대연정을 실현시켰던 1966년의 경제불황은 단숨에 극복한 1969년 집권한 브란트 총리의 사민당-자민당 연립정부는 대내외적으로 유리한 상황에서 승부수를 던져서 1972년 총선에 승리하여 재집권에 성공하였다.

앞에서 언급하였듯이 화려한 새로운 동방정책의 화려한 성과, 경기의 상승, 실질임금의 상승 등의 조건 하에서 사민당, 특히 브란트의 지지율 상승 수면 밑에서는 당내 노선 투쟁이 전개되고 있었다. 1971년의 세제개혁안 결정을 위한 본에서의 임시 당대회나 1972년 조기총선을 앞두고 열린 도르트문트 임시 당대회는 노선 투쟁을 봉합하는 데 그쳤다. 결국 총선 구호는 한 마디로 빌리 브란트에게 투표하자였다. 당대회의 구호도 '빌리 브란트가 총리를 계속 맡아야 한다'(Willy Brandt muß Kanzler bleiben)였다. 빌리 브란트가 평화정책과 내부 개혁을 추진할 수 있도록 과반수로 밀어 달라는 것이었다.[60]

총선으로 감추어졌던 내부 투쟁이 총선 승리 후 다시 표면화하였다. 이번에는 경제장관 실러와 슈미트의 갈등이었다. 뮐러 사임으로 경제장관과 재무장관을 겸임하고 있던 슈퍼 장관 실러는 1972년 예산 25억 마르크 삭감을 주장하고 있었다. 브란트, 베너와 함께 당 지도부를 이루고 있으며 당시 국방장관이었던 슈미트가 강력하게 반발하였다. 25억 마르크 삭감 안에는 국방 예산 8억 마르크가 포함되어 있었다. 결국 6월 28일 실러가 사임하였다. 슈미트가 재무장관을 맡으면서 정작 실러의 25억 마르크 예산 삭감 정책을 그대로 추진하였다. 브란트 총리의 지도력이 예전 같지 못하다는

---

60) 사민당 선거강령, "평화, 안정 그리고 더 좋은 삶의 질을 위하여 빌리 브란트와 함께"(Wahlprogrammder SPD. Mit Willy Brandt für Frieden, Sicherheit und bessere Qualität), www.fes.de

사정을 그대로 보여준 것이다.[61]

사민당-자민당 집권 후 새로운 동방정책 추진과 함께 모든 분야에서 대대적인 개혁 정책을 추진하여 왔지만 연방, 주, 지자체의 공공 지출 증가만큼 내용 면에서 생각대로 진척되지 않았다. 그리고 1970-72년 기간 중 1차 테러 파동이 몰려오고, 국내 치안에 문제가 생기면서 급기야는 1972년 9월 5일 브란트 총리가 자신 있게 이야기하던 뮌헨 올림픽에서 아랍 테러단이 이스라엘 선수단 숙소를 습격하여 인질 사건을 벌인 끝에 이스라엘 선수를 포함한 9명이 사망하는 사건이 발생하였다. 국내 안전에 문제가 있었던 것이다. 연이어 1974년까지 2차 테러 파동이 서독을 괴롭혔다.

개혁 정책 추진 상황을 살펴보아야 할 것 같다. 브란트 총리 취임사, 선거강령, 1971년 임시 당대회 및 1972년의 임시 당대회에서 밝히고 결의한 개혁 정책은 국내 정책 모든 분야에 걸친 것이었다. 새로운 동방정책에서 보듯이 연정 파트너인 자민당과도 많은 부분에서 호흡을 맞추어 갈 수 있었다. 말하자면 전후 체제를 청산하고 브란트 총리가 말한 미래를 향한 인간다운(bürgerdig), 사회적 법치 국가(sozialen Rechtsstaat)의 구축이 목표였다. 대외적 상황, 그리고 집권하던 해인 1969년의 서독 경제성장률이 7.5%에 달했고, 그 후의 경제도 낙관적인 사회적 환경에서 사민당-자민당 연립정부는 야심찬 개혁정책을 추진하였다.

세제개혁은 앞에서 살펴본 바처럼 사민당의 친 시장적 정책에 반하며, 중도층 유권자가 이탈할 것이라는 실러 장관의 경고에도 불구하고 직접세 인상안이 채택되었지만, 이후 오일쇼크와 경제 위기로 크게 후퇴하게 된다. 그나마 1974-5년 기간에 가서 일부 실현되었다.

복지를 포함한 사회적 법률 개혁은 사민당이 가장 중점을 둔 분야였다. 더구나 당시의 사민당 분위기는 기회평등보다는 결과의 평등에 중점을 두

---

61) 이 충격으로 실러는 정계를 은퇴하고, 브란트 총리의 경제정책을 비판하면서 그 해 가을 사민당을 탈당하였다. 그 해 총선에서는 기민련의 에어하르트 선거운동에 참여하여 시장경제를 방어하였다. 1980년에 다시 사민당에 입당하였다.

고 있었다. 소득재분배 정책으로 조세제도 개혁과 함께 사회복지 분야는 국내 정치에서 첫 번째 과제였다. 1970년에 표준사회보장 법령을 정비하기 위한 특별위원회를 설치하였지만 전문가들은 이에 대하여 실현 불가능하다는 반응이 많았다. 1972년 연금법을 개혁하여 납입금액에 상관없이 연금을 지급하기로 하였다. 건강보험, 실업보험의 개선이 있었다. 그리고 '인간적인 일터 만들기'를 슬로건으로 하여 산재보험 보강과 작업장 환경 개선이 추진되었다.

노동 분야에서는 1971년에 노사관계법 개정하면서 브란트 정부는 종업원 대표의 역할을 강화하여 노사협의회에 노동자와 사용자의 평등한 관계를 정착하고자 하였다. 사민당이 오랜 동안 추구해온 노사공동결정제도는 슈미트 총리 정부 때인 1976년에 종업원 2,000명 이상의 650개 대기업에 도입되었다.[62]

교육 개혁을 위하여 1971년 교육진흥법을 입안하였다. 교육 기회균등을 그 내용으로 하고 있는데 사민당 내의 좌파 그룹은 교육을 급진적 사회변혁의 도구로 보았다. 차력별 교육을 지양하여 기회균등의 보편적 교육을 목표로 하는 종합학교(Gesamtschule)로 유도하면서, 한 편으로 대학 등의 시설 보강과 설립에 나섰다. 그러나 교육은 주 정부의 자치권의 주요한 사항이었다. 교육개혁은 특히 보수당 집권 주 정부의 자치권 박탈로 비춰지면서 정치이념 논쟁 대상이 되고 1971년 교육개혁 관련법은 연방상원에서 부결되고, 이후의 노력에도 불구하고 소기의 성과를 거두지 못했다.

형법 개혁 중 낙태 관련 사항은 1971년 임시 당대회에서 결의가 있었지만, 의회 밖 야당 세력 등 진보적 그룹의 여성운동과 관련이 있다. 당초 사민당은 낙태 문제에 대하여 산모의 건강상 이유로 보수적인 입장에 가까운 태도를 취했지만 진보그룹의 여성운동 그리고 자민당의 자유 낙태 입장에

---

[62] 당시 독일노동조합연맹(DGB)의 80%가 사민당 소속으로 이는 전체 노동조합의 3/4를 차지하며, 노사협의회에 참여하는 종업원대표자회의 구성원의 2/3으로 사실상 DGB가 모든 결정을 내릴 수 있었다.

응하여 1974년 야당은 3개월 이내에 낙태를 자유롭게 허용하는 형법 개정안을 의회에 제출하였다. 이에 대하여 기민련 집권의 주 정부가 헌법재판소에 위헌심판 청구 소송을 제기하였다. 헌법재판소는 1975년 2월 생성 중인 생명 보호 의무 위반이라는 이유로 위헌 결정을 내렸다. 이에 따라 사민당과 정부는 종래의 입장으로 복귀하였다.

앞에서 본 것처럼 뮐러 재무장관, 고데스베르크 강령 채택 이래로 사민당의 경제노선을 주도해온 실러 경제장관의 사임을 불러온 당내 노선 갈등의 근저에는 개혁의 당위성 문제와 현실의 충돌이 있었을 것이다. 또 한 가지 문제로 실러 장관의 경우 친 시장주의자로 보수적인 슈미트 장관과 궤를 같이 한다고 볼 수 있었다. 그런데 1972년 6월 실러 장관의 사임은 브란트 총리의 지도력이 크게 흔들리고 브란트 총리 이후 체제에 대한 문제가 불거진 것이었을 것이다.

당내의 좌파 세력이 반발하는 상황이 연출되었다. 테러 공격 증가에 대응하여 연방정부와 연방 주의 지사들은 1972년 1월 28일 '극단주의자 처리 지침'(Radikalenerlass)을 발표하여 이를 시행하기로 하였다. 공무원이 되려는 사람에게 기본법 정신의 자유민주질서 준수 확약 의무를 부과하는 조치였다. 이에 더하여 공무원은 근무 시는 물론이고 근무 중이 아닌 때에도 적극적으로 이런 기본질서 보전에 나서야 한다는 것이었다. 다음의 기준에 따라 사안은 개인별로 심사되며 결정되는 것으로 하였다; ① 반헌법적 활동을 개설한 지원자의 공직 임용 금지; ② 반헌법적인 목적을 가진 조직 내에서의 활동이나 구성원에 기초하여 공무원법에 규정된 요건을 충족하지 못한 공무원에 대해서, 각 사안 별로 취해야 할 조치, 특히 면직 심사 결정; ③ 유급 고용직에 대해서도 같은 기준 적용

말하자면 공직 지원자에게 기본법 상의 '자유민주주의 질서'에 대한 충성 확약을 의무화하고 앞으로 충성 검증을 통과하지 못한 사람들을 면직시키겠다는 것이었다. 이 지침 아래서 급진적 견해를 가지고 있다고 생각되는 사람, 특히 그런 정당의 당원이라면 그 사람은 공직 취임이 금지되었다.

이 공직에는 교사와 같은 여러 분야가 포함되어 있었다. 명분상으로 이 지침은 적군파의 테러 대응책으로 선포되었다. 이를 직업 선택의 자유와 사상의 자유를 제한하는 '공직채용금지법'(Beruftverbot)이라 부르면서 좌파는 물론이고 사민당과 자민당의 많은 당원들이 확대되고 있는 참여 문화에 역행하며, 공공 부문을 위축시킨다는 등의 이유로 이에 반대하였다. 실제로 이의 적용 과정에서 우연히 시위 현장에 있던 사람도 시위자로 간주하는 등 부작용이 나타났다. 그러나 1975년 5월 서독 헌법재판소는 헌법질서에 위배되는 정당 가입 사실만으로도 공직취업 거부 사유가 된다고 이 지침을 헌법에 합치된다고 결정하였다.63) 이의 합헌성 여부와 관계없이 장래 당내 갈등의 또 하나의 지뢰가 매설된 것이다.

1972년 5월 불신임동의안 제출에서 11월 총선까지 거의 반년 동안 서독 정치 시스템의 마비, 1972년 1월의 극단주의 지침으로 인한 좌파와 당내의 반발, 재정경제 정책을 둘러싼 당내 갈등과 재무장관, 경제장관의 교체, 두 차례 임시 당대회에서 노출된 당내 노선 갈등과 표결 등 사민당은 어수선한 분위기 속에서 1972년을 보냈다. 전방위적으로 개혁을 추진하였지만 이런 상황 속에서 만족스런 성과를 내기는 힘들었다. 더구나, 총선 이후 동서독 기본조약을 비롯하여 모스크바조약 등의 비준이 거의 동시에 이어지면

---

63) 이 지침은 1979년 이후 불규칙하게 적용되었으며, 여러 주에서 관련 법률을 폐지하였지만, 바이에른 주 같은 곳에서는 여전히 이 지침을 적용하고 있다. 적어도 한 사건(Vogt v. Germany)에서 유럽 인권법원은 적극적인 독일 공산당원인 면직된 시민에 대하여 독일이 유럽 인권협약 10조의 표현의 자유권과 11조의 집회 및 결사의 자유권에 대한 책임을 위반했다고 보았다.

또한 1972년의 이 공직채용 금지 조치와 오일쇼크 후인 1975년의 빌(Wyhl), 1976년의 브로크도르프(Brokdorf) 원자력발전소 건설과 1979년의 고를레벤(Gorleben) 핵 폐기장 건설로 사민당과 '의회 밖 야당'(APO) 간에는 적대전선이 형성되었다.

결국 극단주의자 처리 지침에 반발한 반권위주의적 동기와 반핵 운동에 의한 대중적 지지 확대 – 1972년에 결성된 연방환경동맹(BBU)은 그 후 확대되어 회원수가 30만 명에 달했다 – 로 APO의 '제도권 속으로의 대장정'은 새로운 국면을 맞이하면서 1980년 녹색당(Die Grünen) 창당으로 나간다.

서 개혁성과는 가려지고, 당내 갈등은 물 밑에서 더욱 심화되고 있었다.

이런 상황에서 1973년을 맞이하였다. 이어서 그 해 4월 11일 하노버에서 당대회가 열렸다. 지난 해 총선에서 사민당 역사상 최고의 성과를 올린 당대회 분위기는 고양되어 있었다. 이런 분위기 속에서 좌파는 희망에 불탔다. 이들은 '사회적 권력 관계의 실질적 변화와 사회생활의 질적 향상'을 요구하였다. 이들은 근본적인 체제변화(Systemveränderung)를 요구하였다.[64] 그리고 당시 이런 흐름을 주도하던 쇠프베르거(Rudolf Schöfberger)나 엥홀름(Björn Engholm), 아른트(Rudi Arndt) 등이 모두 사회주의청년단(JUSO) 출신이었다. 이는 앞에서 언급하였듯이 1960년대 말 학생운동의 쇠락과 그 이후 사민당이 열어놓고 활용한 진보적 청년 정치공간의 직접적인 성과지만 또한 사민당에게는 새로운 극복 과제이기도 한 것이었다.

당대회 결의는 반반의 승리라고 타협적인 평가가 일반이지만, 당대회에서 브란트 당수와 차기에 당을 지도할 슈미트의 연설에서 당의 고민을 읽을 수 있다. 이런 미봉책은 기회가 있으면 언제든지 활성화되어 당의 새로운 노선 정립 혹은 분열로 갈 수 있는 가능성을 덮어두는 것이다.

개막사에서 슈미트는 총선은 사민당에게 도덕적, 정치적 과제를 위임하였을 뿐만 아니라 동시에 이를 위한 제도적 수단을 주었다고 말했다. 이런 수단이 불충분하고, 잘못된 목적에 사용된다면, 우리는 길에서 벗어나 신뢰를 잃을 수 있다고 말했다.

당대회에서 브란트는 시민의 참여에 역행한다고 극단주의자 처리 지침에 반대하는 당내의 좌파 그룹을 겨냥하여 "시민의 민주적 참여, 공동결정,

---

64) 사회주의청년단(JUSOS)은 3월에 고데스베르크에서 회합하여 전당대회에서의 자기들의 입장을 정리하여 3단계 점진적인 개혁안을 마련하였다. 1단계에서 기존의 권력관계와 경제력 집중이 국가 정책에 미치는 영향을 분석하고, 2단계에서 국가가 은행과 기간산업을 접수한 뒤, 3단계에서 중소기업까지 전면적으로 사회주의화하고, 이후 국가가 생산과 소비를 결정한다는 것이었다. 당시의 경제적 상황과 총선 결과에 고무된 이들은 민주주의 체제가 그 후에도 지속 가능하다는 낙관적인 분위기에서 이런 합의를 내놓을 수 있었다.

공동책임에는 법의 지배 확보가 필요하다. 민주주의 국가는 권리뿐만 아니라 반헌법적인 행위를 방지하고 반헌법적 범죄를 범한 사람들을 공직으로부터 배제할 의무가 있다"고 말했다. 그리고 민주주의에서 폭력을 정치적 수단이라고 옹호하고 대의제 민주주의를 부정하는 사람은 사민당 당원이 될 수 없다고 했다. 당시 당내 좌파 그룹의 주장에 대하여 이렇게 말했다.

소유권의 변화가 인민의 삶을 개선시키는 핵심적 수단이라는 신념은 새로운 것이 아니다. 그러나 이는 고데스베르크 강령의 신념이 아니다. 고데스베르크 강령은 소유권의 변화가 사회주의적인 획기적 전환으로 발전될 것이라든가 혹은 생산수단의 사적 소유의 폐지가 자동적으로 인민에게 더 많은 자유를 줄 것이라는 환상을 털어냈다.

시장 작동원리를 이해하는 사람은 시장경제 과정을 위험에 빠뜨리지 않을 것이다. 사회적 시장경제라는 구호가 손실의 거친 사회화, 즉 제한적인 책임만 지는 것으로 사용되어서는 안 된다. 이 용어가 또한 특권의 불가침의 명분으로 오용되어서도 안 된다.

또한 [슈미트가 사전에 구성하여 당 노선 안을 작성할 장기위원회(Die Langzeit-Kommission)] 실무그룹이 당 내의 당이 되어서는 안 되며, 여러 분파 내에서 분파의 압력은 당의 내부 질서에 배치된다. 사민당 당원에게는 누구나 자유롭게 논의하고 투표할 권리가 보장되어 있다. 그렇지만 이 권리가 충성 투쟁을 초래하거나 음모적 행위의 원인이 되어서는 안 된다.

사민당은 변함 없이 노동자의 정당이며 이를 바꿀 생각이 없다. 근로자(Arbeitnehmer)는 그가 어떤 직업을 추구하든 간에 누구나 우리 당에서 편하게 느껴야 한다. 관용 - 당 내에서도 - 이 이해의 가장 중요한 수단이다.

'새로운 중도'(neue Mitte)라는 용어는 현재 당의 위치가 아니라 사민당-자민당 연립의 위치와 그 역사적 기능을 표현하고 있다. 중도를 차지하지 못하면 민주주의에서 과반수를 확보할 수 없다. 중간층을 잃은 사람들은 집권할 수 없다. 당은 기업과 작업장에서 제기되는 문제, 새로운 사회주의적 문제 제기와 해결하려는 노력, 현대의 자유주의의 추진력, 사회적 가톨릭의 생산적 조언과 기독교의 사회윤리에 대하여 개방적으로 나가야 한다.

이 당대회에서는 실무그룹이 작성한 새로운 당 노선 초안을 보완하기 위한 새로운 위원회가 구성되어 차기 당대회까지 작업하기로 하였다.

고데스베르크 강령은 유효한 기본 강령이며, 사민당의 정치적 원칙은 내정 개혁과 대외적 평화유지 정책 노선에 따르는 것이다. 새로운 노선의 틀은 고데스베르크 강령을 대체하는 것이어서는 안 된다고 결의하였다.

이외에 결의된 내용은 다음 내용이 포함되어 있다:

공공투자와 서비스의 실질적인 증대가 당의 목표 달성의 전제조건이다. 성장은 그 자체가 목적이 아니라 정책 실현의 수단이다. 삶의 자연적 기초를 보전하고 보다 더 인간적인 작업장을 만들기 위하여 어떤 환경에서는 생산과 소비가 감축되어야 한다.

일관된 사회개혁은 경제성장 없이는 불가능하다. 경제성장이 없다면 우리의 정책은 실패할 것이다.

사민당의 목표는 대기업의 권력을 제어하고 노동자의 경제적, 물질적 종속을 해체하는 것이다. 동시에 기업 역할의 사회적 중요성과 필요성을 오판하지 않는다.

고데스베르크의 기본강령은 투자 규제, 공기업에 의한 경쟁과 필요한 경우 대기업 분야에서의 공동소유를 경제권력을 제한하면서도 소비의 자유로운 선택, 자유경쟁 및 자유로운 기업가적 창의력과 양립할 수 있는 수단으로 보고 있다.

많은 논의를 거친 후에 대의원 과반수는 위헌적 활동에 대항한 투쟁에서 공직 지원자와 공무원에 대한 합헌적이고 적법한 처리가 보장되어야 한다고 결정하였다. 따라서 금지되지 않은 정당이나 조직의 구성원의 공공 서비스 참여가 배제되어서는 안 되며, 단 하나의 의혹도 주의 깊게 점검되어야 한다.

그리고 민간 중개업자의 아파트 및 토지 중개 금지, 지가의 과도한 상승에 대한 과세 등 부동산 투기 근절 대책이 결의되었다.

지도부 선거에서 진보 그룹 출신이 대거 당선되었다.

브란트는 폐막사에서 다시 한 번 사민당은 고데스베르크 정당이며 앞으로도 그럴 것이라고 선언했다. 그리고 사민당은 광범위한 근로자층(Arbeitnehmerschaft)에 기초하고 있으며, 민주주의는 공동체에 필요한 것이며 사회주의는 변함없이 민주주의를 의미한다고 생각하는 사람들에게 개방된 포용적인 대정당이라고 말했다. 그리고 당대회에서 일정한 어려움이 있었지만 당을 분열시킬 수 있는 정도는 아니었다. 마지막으로 당 대회는 이론적 기초와 정치적 행동 사이에 격벽이 있을 수 없다는 것을 명확히 하기 시작했다는 것이다.

이번에도 당내 노선 갈등을 봉합 내지는 다음 당 대회로 미루었다. 사회변화와 인구변화에 따른 새로운 노선 요구를 제대로 수용하지 못하고 당대회는 끝났다.65) 당 지도부는 고데스베르크 강령을 고수하면서 당의 노선에 관한 논의는 위원회에 맡기면서 자르브뤼켄에서 열릴 다음 당대회로 미루었다. 당의 기존 지도부의 지도력 약화가 노정되었다. 그리고 지도부 구성에서 새로운 세력이 대거 입성하면서 강력한 새로운 노선 갈등을 예고하고 있었던 것이다. 더구나 진보적 세력과의 접촉 강화는 이를 더욱 심화시키게 된다.66)

이런 환경에서 사민당의 당원 수는 증가하였고, 브란트 당수는 '의회 밖 야당'(APO) 세력 일부를 사민당에 통합시키는데 성공하기까지 하였다.67) 그리고 노동조합과의 관계도 심화되었다. 1973년 독일전국노동조합연맹의

---

65) 당시 브란트는 "당원이 재구성되고 있다… 10년도 안 되는 사이에… 고참 당원 비중이 3/1로 감소하고, 나머지 2/3을 학자, 학생, 사무직 노동자 등 새로운 당원이 채우고 있다"라고 말했다.

66) Hanover Parteitag 1973, www.fes.de

67) 그러나 주)131에서 언급하였듯이 극단주의 처리자 지침 그리고 핵발전소 건설 강행으로 APO와 사민당은 다시 적대관계로 돌아간다.

메이데이 포스터에 브란트 총리, 금속연맹, 화학, 종이 및 요업 연맹 위원장인 헤르만 라페(Hermann Rappe)의 사진이 함께 실린 것이 이를 상징하고 있다.68)

그리고 9월에 동독과 서독은 유엔에 동시 가입하였다. 뉴욕의 유엔 본부에서 브란트 총리는 이렇게 말했다. "우리 인민은 두 나라에 살고 있지만 한 국민이란 인식을 버리지 않고 있다."

물밑에서는 비록 노선 갈등이 진행되고 있었지만 겉으로는 적어도 1973년 10월까지 서독은 모든 면에서 낙관적이었다. 브란트 총리 정부 역시 마찬가지였다. 모스크바조약을 비롯한 동서독 기본조약 체결과 비준, 동서독 유엔 동시가입으로 현실 인정을 바탕으로 한 유럽에서의 긴장완화와 동독의 국가적 실체 인정이란 새로운 동방정책의 규범적 틀이 완성되었다. 뿐만 아니라 미국과 소련 간의 전략무기제한협정이 체결되었고, 유럽안보협력회의도 합의를 위한 시동에 들어갔다. 그리고 아시아에서는 1971년 닉슨 미국 대통령이 중국을 방문하여 국교를 회복하였다. 베트남 전쟁은 종전을 공약으로 내세운 닉슨의 미국 대통령 당선과 이후 닉슨 독트린 선언 등으

---

68) 1966년 대연정 시기 사민당 출신 칼 실러 경제장관 주도 하에 제정된 '경제안정 및 성장촉진법'(Stabilitäts- und Wachstumsgesetz)에 규정된 조화적 행동에 보조를 맞추어 노동조합은 임금인상 요구를 자제하는 등 협조적 노사관계를 유지하였다. 경제회복과 사민당 집권 후인 1969년부터 노동자들은 보상적인 임금인상을 요구하였다. 이들은 지도부가 인정하지 않는 '비공인파업'(Wilder Streik)을 벌이면서 반발하기 시작하였다. 조합원의 이탈을 심각하게 받아들인 노동조합 지도부는 공격적인 임금협상에 나서고 때로는 파업에 나서기도 하였다. 1971년 바덴뷔르템베르크 지역에서 금속노조의 파업이 있었다. 노조는 11%의 임금 인상을 요구하고 사용자연합은 4.5%의 인상안을 고집하여, 협상이 결렬되고 파업으로 발전되었다. 그 후 조정안을 사용자연합이 받아들이지 않자, 자동차 공장을 중심으로 파업에 나서고 사용자 측은 직장폐쇄로 맞섰다. 30만 명이 휴업하게 되었다. 브란트 총리와 실러 경제장관이 중재에 나서 12월 10일 7.5% 인상하는 조정안을 노사 양자가 수용함으로써 노사간의 갈등은 종결되었다. 이후 사민당은 노동조합과의 관계 강화에 나섰다. 이후 노동자들의 실질임금은 1969년 1.4%에서 1970년 5.5%, 1974년 3.0%로 인상되었다.

로 종전으로 치달아 1973년 1월 27일 파리 평화협정 조인이 있었고, 이어서 1월 29일 닉슨 대통령이 베트남 전쟁 종결을 선언하였다. 그 해 3월 29일 미군은 베트남에서 완전히 철수하였다. 이런 국제적 흐름은 브란트 정부의 동방정책이 규범뿐만 아니라 현실에서 실현된다는 의미였다.

더구나 아직 구체적 성과는 없지만 사회적 법치국가를 목표로 한 내정개혁에 대해서도 브란트 정부와 사민당은 낙관하고 있었다. 총선에서 국민들의 절대적 신임을 받았고, 이에 힘입어 노동계와의 관계도 강화하고, 제도 밖의 진보적 그룹으로도 지지기반을 확대해 나가고 있었다. 이를 바탕으로 선거강령(Wahlprogramm)에서 기민련/기사연을 대안 없이 개혁과 평화를 반대하는 세력으로 몰아부쳤듯이 이제 야당을 고립화시키면 내정개혁은 성공할 것으로 보았다.

그런 낙관적 분위기에 취해 있는 동안에 1973년 10월 1차 오일쇼크가 세계 경제를 강타하였다. 서독 역시 여기서 벗어날 수 없었다. 이스라엘 지원국가인 서독이 석유 금수 대상 국가에서 빠질 수 없었다. 이전에 이미 브란트 정부 하에서 공공지출 확대[69]), 임금 인상, 달러 유입으로 물가는 빠르게 상승하고 있었다. 물가가 1969년 1.9%에서 1972년 5.5%로 껑충 뛰었다. 예산을 둘러싼 당내 갈등에서 보았듯이 이미 세입 부족의 압박을 받고 있었다.

이런 상황에서 일어난 1차 오일쇼크는 서독 경제에 심각한 위기를 가져다주었다. 경제성장률은 1974년 0.2%, 1975년 -1,4%로 침체하였다. 여기에다 물가는 1974년에 7.0%로 급상승하고, 실업률은 1970년 0.7%, 1971년 0.8%, 1972년 1.1%에서 1972년 4.7%로 상승하였다.

경제 위기 대응 준비가 전혀 없었던 서독 정부는 오일쇼크 발생 한 달 후에 석유 소비 감축을 위한 '자동차 운행 관련 행정명령'(Wortlaut der Verordnung über Fahrverbot für Motorfahrzeuge)을 내리는 등 미봉책을 낼 뿐

---

69) 1972년 총선공약에서 밝혔듯이 교육 부문만 보아도 브란트 정부의 1970-72년 예산 지출은 139억 마르크로 이전 정부 3년간의 69억 마르크의 2배에 달했다.

이었다.[70] 이런 와중에서 1974년 2월 공공 부문에서 임금협상 타결이 실패하자 파업이 일어났다. 주와 기초 자치단체의 경우, 노조가 타협하고 들어왔지만, 연방정부는 생산성과는 관련 없는 11%의 인상 요구에 굴복하고 말았다. 브란트 총리는 독일전국동조합연맹(DGB)에 강력한 영향력을 행사하고 있던 사민당 총재이기도 하였다. 그런데 연방정부가 무기력하게 굴복하고 만 것이다. 브란트 총리의 경제 위기 극복 능력에 의문이 제기되기 시작하였다.

당내 갈등이 다시 수면 위로 올라왔다. 이번에는 당 지도부였다. 브란트, 베너, 슈미트 사이에서 브란트의 노선과 지도력을 놓고 갈등이 벌어졌다.

베너의 경우는 그 이전부터 브란트의 지도력에 의문을 표시하였다. 1969년 자민당과의 연정도 취약한 과반수로 자민당 내의 일부 세력만 변심해도 무너질 수 있다는 우려에서 처음에는 반대하였다. 이런 우려가 현실로 된 1972년 총리 불신임 동의안 처리에는 사민당의 의원의 기권을 지시하여 매수를 방지하였다. 그런 한 편으로는 야당 의원 매수에 나섰다. 당시에는 입을 다물고 있다가 1980년 한 TV와의 대담에서 당시 불신임동의안 저지 성공이 합법적으로만 이루어진 것은 아니라고 이를 간접적으로 시인하였다. "…정치는 더러운 것이다. 정파 지도자는 어떤 일이 일어나고 있고 정부가 딛고선 바닥을 빼내기 위하여 어떤 일이 시도되고 있는가를 알아야 한다. 정부가 이 모든 것을 알 필요는 없다."

이런 베너는 1972년 하반기 총선 이후 동방정책이 완성되고 개혁이 정체된 이후 브란트 정부를 탐탁하지 않게 보기 시작하였다. 1973년 9월 기민련의 바이체커 의원 등과 함께 모스크바를 방문했을 때 기자들에게 브란트 총리의 지도력 부재를 언급하였다.

10월 8일 슈피겔지는 "정부에 머리가 없다"(Was der Regierung fehlt, ist ein

---

70) 행정명령의 내용에는 4번의 일요일에 연속적인 자동차 운행 금지, 고속도로에서 100km 속도 제한, 대중교통 수단 이용 확대와 위반 시 에너지 안보법에 의한 처벌 등이 포함되어 있다.

Kopf)는 제목의 기사로 사민당 내의 갈등을 보도하였다. 이에 의하면 브란트 총리와 사민당 원내 대표이며 당내 전략가인 베너 사이에는 더 이상 할 이야기가 없다는 것이다. 모스크바에서 베너는 정부의 동방정책과 브란트 총리의 자질을 공개적으로 비판하였다. 심지어 베너는 12월에 당내 선거를 원한다고 말하고 있다.[71]

브란트 총리의 강한 반론은 단기적 효과 밖에 없고, 베너의 쿠데타를 잠재울 힘이 없다는 것이다. 베너와 사민당 내 다수파는 과거처럼 과반수의 지지를 배경으로 필요한 경우에는 자민당의 반대를 물리치면서까지 중요한 사회정치적 개혁을 강력하게 밀고 나갈 수 없다고 보았다. 심지어 베너는 브란트 총리가 사민당보다 자민당과의 연대를 더 우위에 두고 있다고 보도하였다.

모스크바에서의 베너의 발언이나 슈피겔 지 보도의 취지가 어떻든 간에 브란트 총리의 인기는 떨어지고 있었다. 사민당 내분의 공개화와 브란트 총리의 인기 하락은 선거에 바로 영향을 주었다. 1974년 3월 3일 실시된 함부르크 주 의회 선거에서 44.9%를 득표하여 사민당은 1974년 3월 선거의 득표율 55.3%보다 10% 이상 하락하였다.

오일 쇼크에 대한 무방비, 2월의 공공 부문 파업 시의 브란트 총리 정부의 무기력함 그리고 3월 함부르크 지방선거에서 득표율 대폭 하락으로 브란트 총리의 퇴진은 임박해 보였다. 마지막으로 당내 지도부의 갈등을 봉합하기 위하여 브란트 당수, 베너 사민당 원내대표, 슈미트 부당수, 하인츠 휜(Heinz Hühn) 부당수가 회합을 가지고, "중도를 차지하지 못하면 민주주의에서 과반수를 확보할 수 없다. 중간층을 잃은 사람들은 집권할 수 없다. 사회민주주의를 실천하려면 중도를 장악하여야 한다"는 4월 테제를 발표하였다.[72] 이는 당내 갈등이 결국 노선 갈등이었음을 입증하는 것으로서

---

71) *Der Spiegel*, 41/1973, 1973, 10, 8.
72) 이는 1973년 4월 하노버 당대회에서 결의되었던 내용으로 새로울 것이 없다.

고데스베르크 강령이 사민당 노선이라는 것을 다시 확인하는 것이었다. 3월에 사회주의청년단(JUSOS)이 고데스베르크 강령을 "대자본과의 유착 제의"라고 비난하면서 "반자본주의 정책"을 확실히 하라고 주장하였다.

이는 그 동안 베너가 모스크바나 베를린 방문 시에 나온 브란트 비판은 결국 브란트의 죄경화에 대한 비판이었으며, 슈미트가 브란트 이후를 목표로 움직이면서 보수적인 입장을 분명히 하여 브란트 노선과 대비시켰던 데서도 알 수 있다.

이렇게 노선 갈등은 봉합되고 사민당의 흔들리던 노선이 중도로 복귀하고 당 지도부가 다시 안정을 되찾으면서 브란트 총리 정부는 경제위기에 맞서면서 내정개혁으로 나갈 것이라 생각되었다. 그러나 그 해 4월 24일 브란트 총리의 수행비서인 귄터 기욤(Günter Guillaume)이 동독의 국가보안부(슈타지) 요원 혐의로 체포되면서 상황이 급변하여 브란트 총리는 결국 5월 6일 사임하였다.

사실 기욤의 혐의는 1년 전인 1973년 5월 연방헌법수호청(Bundesamt für Verfassungsschutz)[73]이 이 사실을 겐셔 내무장관에게 보고하였고, 겐셔 장관은 이를 총리에게 보고하였다. 그러나 총리가 특별한 조치를 취하지 않음으로써 1974년 4월 24일 기욤이 체포되고 총리의 사임으로까지 나갔다.[74]

---

73) 동독과 동구권 국가의 공산주의 확산 움직임 방지를 위하여 1950년에 설립된 서독의 정보기관.

74) 기욤 사건의 진상은 독일 통일 후에도 정확하게 밝혀진 것이 없다. 앞에서 언급한 후베르투스 크나베가 동독 슈타지의 서독 정계를 비롯한 각 분야 침투 사실을 적고 있지만, 그의 이야기에서도 동독 붕괴 시 동독 내의 슈타지 관련 자료가 모두 파기되었기 때문이다. 슈타지가 상황을 판단하고 실수한 것인지 아니면 크나베의 글에서처럼 서독의 당시 보수 야당과 헌법수호청 등이 협력하여 간첩망을 들어내기 위하여 1년 동안 총리 옆에 그를 그대로 두었는지 정확하게 밝혀진 것이 없다. 동독이나 소련이 브란트를 제거할 이유할 이유는 없었다. 오히려 브란트 총리의 새로운 동방정책에 반대하던 울브리히트 동독 통일사회당 서기장은 소련에 의해 실각되었고,

언론과 야당의 비판 포화 속에서 1974년 5월 6일 브란트 총리는 사임서를 제출하였고, 5월 16일 헬무트 슈미트가 셸 대통령에 의해 총리 지명을 받아 총리에 취임하였다.

기욤 체포 후 베너가 적극적으로 움직였다면 브란트 총리가 위기를 극복할 수 있었을 것이라는 이야기도 있다. 베너의 관심은 브란트 총리가 아니라 사민당의 집권이었다. 앞에서 살펴 본 것처럼 총선 후 브란트 총리의 무기력, 동요하는 노선 등을 보고 브란트의 시대가 끝난 것으로 보고 적극적으로 나서지 않은 것 같다.

그리고 만일 브란트가 계속 집권했더라도 훌륭한 총리라는 평가를 받을 수 있었을지는 의문이다. 완전고용, 재정 안정, 물가 안정을 경제정책 기조로 삼고, 공동결정제도 도입을 통한 대등한 노사관계와 복지정책을 주된 내용으로 한 사회적 법치국가의 기치를 내세운 브란트 총리 정부는 공공투자를 통한 경기 부양과 일자리 창출에 나서야 했다. 브란트의 집권 2기 성립 직후 오일쇼크, 스태그플레이션에 빠진 서독경제, 노조의 임금인상 요구 등 악재가 겹친 데다 재정적자 문제가 이미 심각했다. 공공 부문 노동자 파업에 대한 대응이나 오일쇼크 직후의 대응, 당내 노선 갈등에서 나타난 지도력 부재 등에서 볼 때 이를 헤쳐 나가면서 내정개혁을 추진할 수 있었을 것 같지 않다.

아무튼 전후 서독의 기틀을 세운 아데나워가 냉전시대의 거인이라면, 냉전의 대립 시대를 허물고 현실 인정 바탕 위에 유럽의 데탕트와 동서독 관계에 새로운 장을 연 거인 브란트의 시대는 끝나고 사민당은 슈미트 총리와 함께 새로운 시대를 맞이하게 된다. 1969년 집권 후 사민당은 새로운 동방정책을 완성하면서 종전 후 서독 사회를 운명처럼 짓누르고 있던 분단 현실을 인정하고 화해와 공존이라는 새로운 외부 조건을 만들어 새로운 시

브란트 총리의 데탕트는 미국과 소련의 지원 하에 추진되었으며, 동방정책 관련 여러 조약 체결 등으로 제도적으로 완성된 후에 세계적인 데탕트 흐름에 역류가 없었기 때문에 기욤 사건은 미스테리다.

대를 열었다. 그러나 1세기 동안 품어온 사민당의 가치를 실현하겠다는 내정개혁은 의욕만큼 진척되지 않았다. 브란트의 표현처럼 이론적 기초와 정치적 행동 사이에 격벽이 있어서는 안 된다는 것을 절실히 인식하였다. 1972년 총선 후 1년 반은 어떻게 보면 당의 혼란기이기도 하지만 새로운 이론과 정치적 행동을 위한 휴지기이기도 하다.

3. 복지국가: 노선의 혼란

1) 슈미트 정부 출범: 연속과 집중

극심한 경제 불황, 당내 노선 갈등과 국내 및 당내 지도력 부재라는 어렵고도 많은 문제를 앞에 두고 헬무트 슈미트 정부가 출범하였다.

슈미트는 지금까지의 전후 사민당 지도자들과는 다른 인물이었다. 나치스 치하에서 다하우 수용소에서 8년 동안 모진 어려움 속에서 살아남아 사민당을 재건한 쿠르트 슈마허, 프라하, 파리, 런던에서 2차 대전을 보낸 후 귀국한 망명 사민당 지도부의 올렌하우어나 노르웨이와 스웨덴으로 망명하여 2차 대전을 보낸 빌리 브란트, 독일 공산당원으로 나치스 치하에서 망명 생활 후 모스크바로 가서 스탈린의 대대적인 숙청을 목격하고 독일로 돌아와서 피크스의 독일공산당 정치국에서 출당 당한 후, 사민당에 가담한 헤르베르트 베너와 같은 투쟁 경력이나 노동계급에 바탕을 둔 사민당 당원으로서 노동운동 경력도 없었다.

교사의 아들로 태어나 괜찮은 교육을 받고 나치 치하에서 독일군에 입대하여 포병 장교로 종전 직전 영국군에게 잡혔다. 1946년에 사민당에 입당하였다.

1974년 빌리 브란트가 조지 케넌(George Kennan)에게 보낸 편지에서 그의 동반자이자 라이벌인 슈미트에게 관한 표현 그대로의 인물이 슈미트다. "그는 적절하게 분석할 수 있는 지성과, 무엇을 실행할 수 있는가를 아는데 충분한 이성과 경험을 가지고 있다. 그리고 이를 실행할 수 있는 힘을 가지고 있다." 이 표현 그대로 슈미트는 일반적으로 현실주의 정치인으로 평가되고 있다.

마르크스주의에 바탕을 둔 강령인 하이델베르크 강령을 대체하여 사민당의 집권의 길을 연 현실적인 노선 고데스베르크 강령 채택을 주도한 베너, 브란트를 포함한 3인 지도자 중의 한 사람이었다.

브란트가 워낙 큰 보폭으로 전후 서독의 기존의 방향과 질서를 흔들어 놓고 방향을 틀고 슈미트가 이를 실현시키고 정착시킨 것을 대비시켜 보면 브란트가 과도기적 인물이 아닌가라는 생각이 든다. 전후 패전국으로서 4강국 그리고 냉전 시기에는 한편으로는 서방 특히 미국의 힘에 눌려 있는 종속국으로서 다른 한편으로는 유럽의 최전선에서 소련의 위협 속에 살면서 운신의 공간을 확보 못하던 독일이었다.

아데나워 시대를 거치면서 세계 3위의 경제대국으로 경제적으로는 전쟁 전의 위상을 되찾고, 브란트의 동방정책으로 유럽 및 세계 정치에서 운신의 공간을 넓히면서 데탕트의 분위기 속에서 어려움을 극복하고 패전국 서독을 사민당이 내걸었던 사회적 법치국가를 모든 면에서 단단한 기반 위에 올려놓은 것은 슈미트 정부로 보아야 할 것이다. 말 그대로 인간다운 삶이 가능한 사회를 만들어놓은 것이다.

우선 슈미트 총리 정부가 헤쳐 나가야 할 것은 1차 오일쇼크로 인한 서독 경제의 불황 타개였다. 그리고 이어지는 2차 오일쇼크는 잠시 살아났던 서독 경제에 다시 불황을 가져다주었다. 슈미트 총리의 재임 8년 반은 다른 무엇보다도 불황 타개와 서독 경제의 질적 전환이었다.

경제적 어려움이 한편으로는 일단은 봉합된 당내 노선 갈등 표출을 덮을 수가 있었다. 사회개혁 프로그램은 착실하게 추진되고 있었지만, 브란트 총리 시대처럼 떠들썩하게 나갈 수는 없었다. 물가, 실업, 재정적자 등이 대담한 발걸음을 붙잡았다. 그렇지만 당내 갈등은 휴화산이 아니라 활화산이었다. 내부에서 끓고 있으면서, 분출 기회를 노리고 있었다. 60년대의 학생운동과 지식인 운동을 이끌던 신좌파는 사회의 변화와 함께 에너지를 축적하고 있었다. 핵발전소 반대와 결합한 환경운동, 적군파 테러에 강력하게 대처하는 슈미트 정부의 국내 치안 정책에 대한 반대운동 그리고 1980년대에 들어오면서 유럽의 중거리 핵미사일 배치를 둘러싼 안보논쟁으로 평화운동은 외부에서 사민당 당내의 노선 갈등에 연료를 공급해주게 된다. 결국 노선 갈등은 폭발하게 되고 이는 연정을 파탄시키고, 슈미트 총리의 실각, 사민당의 정권 상실 그리고 독일 통일 후 집권하게 되는 1998년까지 16년 동안 이어지게 된다.

앞에서 서술한 것처럼 노선 갈등을 미봉하면서 사민당 당수로서 당권은 브란트가 잡기로 하고 1974년 5월 16일 헬무트 슈미트가 독일연방공화국 총리에 취임하였다. 취임사에서 슈미트 총리는 특별한 정책을 내세우지 않았다. 브란트 총리가 워낙 큰 담론을 제시하였기 때문에 그리고 당면의 경제난과 당내의 노선 갈등으로 정착 전환을 추진할 개제가 아니었다. 그리고 슈미트에게 그럴 의도도 없었던 것 같다. 그는 사회개혁 추진과 새로운 동방정책이 열어놓은 데탕트 정책을 계승하겠다는 약속을 하였다.

그는 신 정부의 키워드가 '연속과 집중'(Kontinuität und Konzentration)이라고 말하면서, 1년 전인 1973년 1월 18일 브란트 총리 정부가 발표한 사민당-자민당 연립정부의 정책 노선을 그대로 유지할 것임을 밝혔다. 화려하고 의욕이 넘치던 브란트의 1기 및 2기 총리 취임사와 비교하면 밋밋하기조차 하였다. 당면의 에너지 위기, 경제 위기 극복이라는 과제가 워낙 큰데다, 재정 사정도 여유가 없었기 때문일 것이다.

'연속과 집중' 노선에 따라 그는 지난 정부의 개혁 정책의 성과와 향후 개혁 계획을 밝혔다. 개혁보다는 지난 브란트 정부의 치적을 내세우고 있지만 긴축재정정책을 제시할 수밖에 없었다. 우선, 조세 개혁제도와 아동수당 개혁에 대하여 언급하였다. 재산세와 상속세 개혁이 있었으며, 소규모 자산에 대해서는 상당한 정도의 세금 부담을 덜어주었다는 것이다.

보다 사회정의적이고 단순한 소득세법으로 개혁하고자 한다. 1975년부터 발효되면서 중간 및 저소득층 세금을 경감해주면서 이들의 실질 소득이 증가할 것이다.

노동자와 주주 간의 동등권에 기초한 공동결정제도는 사민당-자민당 연립정부의 가장 중요한 사회정치적 자산 중 하나다. 사회는 공동결정과 공동책임이 없으면 생각할 수 없는 사회적, 경제적 진보를 원한다. 기업기본법(Betriebsverfassungsgesetze)과 종업원대표법(Personalvertretungsgesetze)의 채택으로 공장, 기업, 관리 부문에서 개별 노동자의 지위를 강화해주었다. 이제 기업의 의사결정 기구에 종업원의 참여를 추진할 때다. 공동결정제도를 통하여 종업원에게 근로와 생활 조건 창출에 더 많은 영향력 행사할 수 있는 권리와 기회를 주고자 한다. 1975년 초에 이 법이 발효할 것이라고 확신한다.[75]

---

75) 공동결정제도는 새로운 제도가 아니다. 독일의 오랜 노동운동에서 요구해온 것으로 1919년 바이마르헌법에서 임금 및 근로조건 규율과 생산력의 개발에서 노동자의 동등한 권리를 인정하고 있다. 아데나워 정부 하인 1951년 6월 7일 오랜 갈등과 협의를 통해 타협한 광산과 철강산업의 감독이사회와 이사회에서 공동결정권을 정한 '광산공동결정법'(Montan-Mitbestimmungsgesetz)이 발효하였다. 사민당은 확대 적용을 위하여 이 법 개정에 나섰던 것이다. 독일전국노동조합연맹의 요구 제1 순위였다. 그러나 이 개정안이 나왔을 때 사용자연합은 '시장경제냐, 아니면 노조국가냐'와 같은 캠페인 통해 이에 반대하였다. 이런 상황에서 자민당의 반대에도 불구하고 사민당은 이 법안을 일부 수정하여 슈미트 총리의 희망보다 1년 늦은 1976년 3월 18일 의회에서 통과되었다 신공동결정법은 적용 대상을 2,000인 이상의 대기업으로 하고, 감독이사회의 과반수를 노동자대표에게 할당하고 있다. 그러나 광산공동결정법과 달리, 노동자 이사에는 사무직과 중간관리자 포함되고 위원장은 자본가대표들이 선임하도록 정하였다. 이에 대하여 노동조합은 실망감을 표시하였다. 사용자 또한 반빌하여 헌법재판소에 위헌 심사를 청구하였지만 헌법재판소는 이를 받아들이시 않았다.

이어서 그는 토지 관련법을 언급하였다. 건축법 개정으로 개발에 따른 이익 일부를 공동체가 공동체를 위하여 사용할 수 있게 될 것으로 이는 토지 가격 상승을 억제하고, 투기를 막을 것이며, 광범위한 국민 층의 자산 취득을 용이하게 할 것이라고 말했다.

환경보호에 관해서는 환경 보호뿐만 아니라 오일쇼크가 환경보호에 관하여 종전보다 더욱 더 긴급한 문제를 제기하였다고 말했다. 이어서 직업 훈련에 관하여 언급하고 사회보장 제도로 나아갔다.

1972-1974년 3년 기간 동안 연금이 44% 증가하였으며 물가를 고려한 은퇴자들의 실질구매력은 19% 상승하였다. 그리고 전쟁희생자 연금 인상이 있었고, 1975년 1월부터 농업 노령수당이 대폭 인상될 것이다. 업종 전환이나 파산에 따른 연금이 천2백만 노동자들에게 장차 추가로 보장될 것이다.

직업보건안전법이 노동생활 인간화(Humanisierung des Aebeitslebens)를 위하여 제정될 것이다. 또한 건강보호법 보강 더 좋은 의료 서비스를 위한 병원재정법, 의학 연구, 형법의 낙태 조항 개정에 등에 관하여 말했다.

계약 해지로부터 임차인을 보호하는 내용을 민법에 포함시킨 새로운 임대차보호 제도로 지난 2년 동안 임대인의 요구에도 부응하면서 임차인 보호를 효과적으로 크게 개선하였다. 이에 더하여 임대인에 대한 재정지원도 강화되어 오늘날 1969년 대비 3배 많은 주택수당을 받고 있으며, 거의 백5십만 명이 이의 혜택을 받고 있다.

[교육 개혁에 관해서는] 1973년 가을 연방과 주 정부가 교육계획을 채택하였다.[76] 경쟁과 소비자보호를 강화하겠다. 국내 치안정책은 법치를 강화하고 있으며, 이에는 비용이 소요되지만, 안전과 민주질서 확보에 기

---

76) 앞에서 말했듯이 사민당의 의욕에도 불구하고 교육은 주의 고유 업무로 주의 자치권 침해 문제로 주와 갈등을 일으키면서 원하는 성과를 거두지는 못했다.

여하고 있다.
　외교안보 정책은 변함이 없을 것이라고 말했다. 평화를 위한 힘의 균형 유지에 전과 마찬가지로 적극 참여하겠다. 유럽의 정치적 통합, 특히 미국과 협력하면서 이의 통합을 지지한다. 대서양조약은 여전히 서독 안보의 근본적인 기초며, 서독의 긴장완화 노력의 필수불가결한 정치적 틀이다. 세계의 힘의 균형과 유럽의 안보는 장래에도 군사적으로 그리고 정치적으로 미국의 유럽 참여에 의존할 것이다.
　서독은 동맹국과 함께 무기통제와 군비축소 정책을 지지할 것이다. 이런 맥락에서 바르샤바조약 내의 무력 증강 노력에 우려하지 않을 수 없다. 서독은 미국과 소련 간의 전략무기 제한 협상이 성공하기를 바란다.
　북대서양조약의 굳건한 동맹을 기초로 서독은 소련 및 바르샤바조약 국가들과의 좋은 관계를 유지하고 있다. 서독은 제네바 유럽안보협력회의(CSCE)를 신뢰한다. 우리의 목표는 유럽의 데탕트에 더 구체적인 결과에 도달하는 것이다. 의회에서 비준된 모스크바조약, 바르샤바조약 및 프라하조약은 국제적 긴장완화 노력의 결과다.
　특히 동서독 기본조약 체결을 포함한 이런 조약 정책은 독일의 규범에 따른 공존의 길을 열었다. 모든 어려움과 뒷걸음질에도 불구하고 서독은 상호 관계 개선에 노력할 것이며 양자 간의 관계는 특수한 종류의 관계다. 중대한 간첩 사건은 이 조약의 정신과 양립할 수 없는 것으로 지금 동서독 사람들을 크게 혼란스럽게 하고 있다.
　[당면의 세계경제의 위험과 유럽공동체 문제와 관련하여] 미국과 서독은 세계경제에서 최대 무역국이다. 그렇지만 미국은 국민총생산의 4%만을 수출하고 있는 반면에, 서독은 22%를 수출하고 있다. 따라서 서독은 세계경제의 어떠한 혼란에도 취약하다. 서독의 일자리는 세계 경제에 의존하고 있으며 그 수치는 5분의 1 이상이다. 우리나라는 생산량, 투자금액, 생산성, 생활수준, 물가, 모든 것이 세계경제의 영향을 가장 많이 받고 있는 나라다. 우리에게는 안정된 세계경제가 필요하다.
　보호주의는 막다른 골목이다. 그래서 서독은 통화 협력의 강화와 관세 및 무역에 관한 일반 협정(GATT)이 정의하고 있는 세계무역의 규칙 강화와 공고화를 지지하고 있다.

현재 유럽공동체 및 과거 유럽자유무역협정(EFTA) 국가와의 무역이 서독 전체 무역의 약 3분의 2다. 그래서 유럽공동체와 경제협력 요소가 잘 돌아가게 하는 것이 서독으로서는 중요하다. 세계경제의 혼란, 전체 서부 유럽 경제에 긴요한 원자재 가격은 급등, 물가 안정과 생산성 제고에서 유럽공동체 개별 회원국가의 매우 상이한 정책이 유럽 협력과 공동시장 폐쇄로 이어질까 우려하고 있다. 유럽의 연대는 확보되어야 한다. 서독은 서독의 효율성과 안정에 부응하는 기여를 하겠다. 이미 설정된 경제 및 통화 동맹 달성 방법을 검토해보아야 한다.

그리고 현재 서독의 사회경제적 상황은 좋다고 말했다.

세계적인 경제 혼란은 서독이 어떻게 할 수 없는 에너지와 원자재 분야에서 가격 급등에 의한 것이다. 1년 만에 원유 가격은 3배, 원자재 가격은 두 배 뛰었다. 완제품을 포함하여 수입 상품 가격은 35% 상승하였다. 그렇지만 서독의 소비자 물가는 전년과 거의 변동이 없다. 현재 7.1% 상승으로 1년 전 상황과 대체로 같다. 훨씬 빠르게 급상승하는 다른 나라에 비해서 성공적이며 대다수 시민은 이를 알고 있다. OECD 발표 자료에 의하면 지난 12개월 동안 24개 국가 중에서 우리의 성적이 제일 좋다.

우리는 고수준의 고용 노력을 계속 할 것이다. 우리의 일자리는 안전하고, 임금은 인상적이며, 정신적 안정을 유지하고 있다. 노동자와 사무직 근로자 및 노동조합의 업적은 물질적인 것을 넘어선다. 우리나라에서 민주주의가 공고화되었다면, 이는 노동자들이 이 공화국의 일부라는 사실에 기인한다. 이런 한, 우리의 민주주의는 안정될 것이다. 경제적 어려움과 대량실업이 바이마르공화국을 태워버린 불을 발화시켰다. 모든 정부는 이의 교훈을 따라야 한다. 정부의 임무는 이런 사회적 안전과 정의를 진보적으로 실현하는 것이다.

1973년에도 실질임금은 2% 증가하였고, 1974년에도 증가하였다. 1975년만 해도 소득세와 아동수당 개혁으로 자녀 둘을 가진 전형적인 근로자

가정의 순소득은 4% 증가할 것이다. 그러나 경제의 구조 조정, 상품 가격 급등, 교역조건 악화 모두가 실질소득 증가에 한계를 설정할 것이며, 이는 극복하기 어려운 한계다. 독일 마르크의 거듭된 평가절상이 서독이 다른 나라에 비해 세계적 어려움과 가격 인상을 잘 극복하는데 도움이 되었다.

브란트-셸 정부의 성과에 대한 객관적 평가는 서독이 현재 주요 선진국에서 주요 경제적 목표 - 고 수준의 취업률, 물가안정, 경제성장 - 에 가장 근접해 있다는 결론이다. 여기에 나는 한델스블라트지의 기사를 인용하여 몇 가지를 추가하겠다; '사회안정, 사회정의'

소득 분배에 관하여 국민소득에서 차지하는 임금소득의 비율이 1969년 이후 65%에서 70%로 늘었다. 근로자 수 증가를 감안하면 1969년 61%에서 1973년 63%로 증가하였고 기업과 자신 소득은 35%에서 30%로 줄어들었다. 이는 대단한 분배정의의 성과로 1%의 변동은 80억 마르크의 변화라는 것이다. 한편으로 한계도 보아야 한다. 충분한 이윤은 경제에서 필요한 투자의 전제조건이기 때문이다. 투자가 감소하면, 전체로서의 경제나 노동자 개인 모두 보상받을 수 없다.

생활수준을 향상시키고 시민에 대한 국가의 서비스 제공 능력을 확보하고 향상시키기 위해서는 민간과 공공 부문에서의 충분한 투자가 필요하다. 투자가 없으면, 성장이 없다. 투자가 없으면, 일자리의 안전도 없고, 높은 수준의 임금도 없으며, 사회적 진보도 없다.

점진적인 통화의 안정을 위하여 현재의 경제 및 재정 정책을 유지하겠다. 즉, 변동환율에 기초한 통화정책을 유지하겠다는 것이며 통화 공급을 엄격하게 관리하겠다. 제출된 1974년 예산안을 통하여 과도한 고용 위험에 대응할 것이다. 지금은 불가피한 경우로 한정하여 안정 정책 부담을 가능한 한 적게 가져가야 한다. 그래서 중소 상인 지원 정책을 되살리고 확대하며, 특별히 구조적 문제를 가지고 있는 지역에 9억 마르크의 추가 공공 투자와 조달 사업을 추진하겠다.

안정을 위하여 특정 사회 집단의 책임을 면해주지 않을 것이다. 기업과 노동조합에게 동등하게 적용할 것이다. 임금협상에서도 전체를 위한 책임은 긴요한 전제조건이다. 이 과정에서 연방상원과 하원에서 야당은 세금 감면과 예산 지출을 요구하고 있다. 긴급한 공공정책을 수행하는 동시에 지속적인 안정정책 지원이 이 번 회기 하반기의 주된 재정정책의 임무다. 재무장관의 이 임무 이행을 지원할 것이다.77)

서독의 경제 상황은 다른 나라와 비교해서 양호하지만 재정상의 한계가 있다. 조세와 아동 수당 개혁의 이행은 1975년에 여타 부분에 대한 국가의 여력에 제약을 주고 있다. 이는 연방, 주, 지자체 모두에게 해당된다. 1975년에 100내지 120억 마르크의 세금 감면은 어렵다. 재정 상황에 의해 단기간은 말할 것도 없고 통상을 넘어서는 높은 비용은 부담하기 어렵다. 그래서 그는 1975년에 연방, 주, 지자체에게 긴축정책을 펴도록 하기 위하여 헌법상 그리고 정치적인 모든 권한을 행사하겠다. 조세와 내정 개혁으로 인한 세금 부담 경감에는 모든 지자체 당국의 연대가 요구된다. 최후의 수단인 부가세율은 인상시킬 생각은 없다.

재산형성을 위한 입법노력을 계속하겠지만 법적, 기술적 어려움 때문에 부처간 협의체를 운영할 것이다. 부동산 세제와 상속세 및 부유세 개혁은 1974년에 발효되었고, 소득세제는 1974년, 법인세제는 1978년에 발효될 것이지만, 실현 가능한 것에 대한 현실적이고도 진지한 고려가 필요하다고 말했다. 1973년에 토지가격 상승분에 대한 과세 준비에 들어가겠다고 정부가 발표하였지만 이번 회기 중에 완료하기 어렵다.

슈미트 총리는 서독 경제 현대화와 관련하여 지난 1년 동안에 일어난 상황 변화에 관하여 언급하였다.

에너지 위기, 원자재 부족과 가격 변동으로 해결하여야 할 새로운 과제를 앞에 두게 되었다고 그는 말했다. 1973년 여름에 서독 정부는 장기적인 에너지 공급 안보 개념을 마련하였으며, 이 예방적 조치는 금년으로 넘어오면서 극히 유용하다는 것이 입증되었다. 장기적으로 서독 전체 에너지 공급에서 석유 비중을 줄이고 천연가스, 핵에너지, 석탄과 갈탄 등 다른 에너지원을 더욱 적극적으로 개발하는 정책을 펴나가겠다. 신규 발전소

---

77) 1기 내각의 재무장관은 사민당의 한스 아펠(Hans Apel)이었다.

건설 시 합법적 환경보호 요구가 고려되어야 한다. 정부는 핵에너지 육성도 강력하게 추진하겠다.

농업구조 개혁 정책에서는 일반적 지역 정책과 긴밀하게 통합을 추진하겠다. 농업정책은 농촌에서 일하거나 휴식과 안정을 찾는 사람 혹은 농업이 필요한 모든 국민을 대상으로 하는 정책이기 때문에 사회정책의 중요한 일부다.

상업과 수공업에서 자영업자는 서독 경제에서 없어서는 안 될 분야다. 장기적으로 효율성 있는 이들 중소기업 없이는 경쟁이 불가능하다. 그래서 이들을 지원하는 것이다. 경쟁은 경제적 진보의 기초다. 국가가 정한 틀 안에 통합된 시장경제체제는 어떤 경제체제보다도 문제를 잘 풀어나갈 수 있다. 그래서 서독 정부는 경쟁력 강화와 촉진 정책을 계속 추진해 나갈 것이다. 이런 맥락에서 물가와 임금 동결에 반대한다.

서독의 민주주의는 책임 있게 생각하고 결정에 발언권을 가지는 시민의 참여로 살아가고 있으며, 시민은 투표일만 존재하는 것이 아니다. 시민 자신이 모든 사람의 자유와 권리의 수호자인 국가를 옹호할 때만 국가가 집단의 일방적인 이기주의에 대항하여 모두의 이익을 위하여 시민의 자유와 권리를 지키고 집행할 수 있는 힘을 가질 수 있다. 이런 맥락에서 공직금지 정책은 정당하다. 자유민주주의의 기본질서에 반대하는 사람은 공직에 나가서는 안 된다. 또한 자유는 적에 대하여 법치에 의해 지켜져야 한다. 서독 정부가 주 정부와 협력하여 제의된 법령을 조기에 채택할 것이다. 그래서 [야당이 다수당인] 연방상원의 필빙거(Filbinger) 의장의 전날 협력 제의를 환영한다.

그리고 슈미트 총리는 이렇게 취임사를 마무리하였다. 연립정부는 연속적인 사민당-자민당 정책의 단단한 기반 위에 있기 때문에, 서독 경제는 양호하며, 서독 국민은 사회적 안전과 평화 속에 살고 있고, 국내외 평화는 확립되어 있으며, 서독은 세계에서 명성과 친구를 가지고 있으며,
 - 서독 경제 상황은 양호하다.
 - 서독 국민은 사회적인 안전과 자유 속에 살고 있다.

- 국내와 평화는 확립되어 있다.
- 서독은 세계에서 명성과 친구를 가지고 있다.

어떤 정부도 무에서 출발하는 것이 아니라, 과거 정부의 작업 위에 수립되며, 어떤 정부도 기적을 만들어낼 수는 없다. 그렇지만 전력을 다하여 가능성을 실현하여야 한다. 정부는 오늘날에 본질적인 것, 즉, 오늘날에 가능한 것에 힘을 집중하기 위하여 새로운 접근방식을 택하고 있다.[78]

2) 경제위기의 극복과 본격적인 슈미트 총리 시대

1974년에 출범한 슈미트 정부의 당면 과제는 1차 오일쇼크에 이은 경제위기 극복이었다. 1973년 10월 1차 오일쇼크의 상황은 이미 언급한 그대로다. 특별한 대응을 못한 상태에서 슈미트 총리는 서독 경제를 이어 받았다.

그래도 1차 오일쇼크는 서독 정부 경제 운용에 지금까지와는 다른 대응을 심각하게 고민하게끔 하였다. 원유를 비롯한 원자재의 급격한 가격 상승과 함께 공급 부족이라는 상황이 벌여졌다.[79] 그리고 국제교역이 정치화하고 블록화하였다. 에너지 정책에 대한 근본적인 전환을 요구하고 있었다. 성장촉진법에 따른 정부, 노동조합, 경영자 단체 간의 '조화로운 행동'(Konsertierten Aktion)으로 단기적으로 서독은 잘 대응하였다.[80] 슈미트

---

78) "Erklärung der Bundesregierung", 독일 연방의회자료실(dipbt.bundestag.de)
79) 1, 2차 오일쇼크의 충격을 원유도입과 관련하여 보면 다음과 같다.

	원유도입량(백만 ton)	금액(억DM)	비 고
1972년	140	108	
1973년	140	328	1차 오일쇼크
1979년	148	490	2차 오일쇼크
1980년	134	648	

출처: 독일통계청, OECD

총리가 취임사에서 말한 대로 1974년 시점에서 서독은 물가와 실업률의 상승, 그리고 경제성장률의 하락이 있었지만, 다른 선진국에 비하여 상대적으로 양호한 상태였다. 그러나 사민당-자민당 연립정부 4년 동안 의욕적으로 펼친 사회정책 개혁으로 인한 늘어난 복지비 지출로 정부의 경기부양책은 한계를 가질 수밖에 없었다. 총리가 밝힌 대로 불황에 대응하기 위한 공공 부문 지출을 늘려야 하지만 야당의 동의를 얻어 선택적으로 할 수 밖에 없었다.

국내 총생산에서 차지하는 복지비 지출은 1960년 17.1%에서 1975년 27.8%로 증가하였다. 이를 포함한 공공부문 비중이 1970년 37.9%에서 1981년 48.4%로 증가하였다. 정부투자는 12%(1970년)에서 7.5%(1981년)로 하락했고, 조세부담률은 22.7%(1970년)에서 24.5%(1981년)로 증가하였다. 투자 비율은 GNP 대비 26%(1970년)에서 22%(1982년)로 하락하여 1953년 이래 최저치를 기록하였다.

반면에 불황으로 세수는 부진할 수밖에 없었다. 1975년에 전후 서독은 150억 마르크의 적자예산을 운용하였다. 이에 따라 고육책으로 슈미트 정부는 공공부문 지출을 줄이면서 긴축정책을 실시하기 위하여 '예산구조에 관한 법률'(Haushaltungsgesetz)을 제정하였다. 이 법률을 통하여 1976년부터 많은 분야에서 지출을 삭감하고 대대적인 긴축정책으로 나갔다.

어떻든 간에 슈미트 총리 정부의 단기적 대응은 성과를 내면서 서독은 1차 오일쇼크를 잘 극복한 것으로 평가되었다. 이런 성과와 사민당-자민당

---

80) 다른 나라와 비교하였을 때 상대적으로 잘 대응하였지만, 지표를 보면 서독 경제는 과거 고성장시대가 끝나면서 완전고용과는 거리가 먼 실업률을 보여주고 있다. 독일통계청 자료나 OECD 자료를 취합해 보면, 다음의 결과를 볼 수 있다.

	경제성장률(%)	실업률(%)
1951-1960	7.5	5.72
1961-1970	6.0	0.7
1971-1980	2.7	3.9
1981-1990	2.6	8.22

연립정부의 지난 7년의 사회개혁의 성과를 바탕으로 1976년 10월 총선에 들어갔다. 당시 기민련/기사당은 헬무트 콜을 내세웠고, 당연히 선거 이슈는 인플레이션, 실업, 복지, 경제 문제였다.

집권당으로서 방어에 나선 사민당은 총선 선거강령(Regierungsprogramm 1976-1980)에서 그 동안의 치적을 대대적으로 내세우면서 "더욱 더 독일 모델을 추진하겠다"(SPD weiter arbeiten am Modell Deutschland)는 캐치워드 하에 슈미트 총리가 취임사에서 밝힌 정책의 '연속성' 지지를 호소하였다. 적어도 그 동안의 성과에 대하여 자신감에 충만하였다. 물가, 고용, 건전재정 등 모든 분야에서 다른 나라에 비하여 상대적으로 양호하다는 것을 내세웠다.[81] 사민당의 모델은 성공적이고, 업그레이드할 수 있고, 확장 가능한 자본주의와 공산주의의 대안이라고 자신 있게 주장하였다.

그리고 법치를 내세우면서 바다-마인호프단 검거와 새로운 법률에 의한 테러 대책을 제시하였다. 대외정책에 관하여 국제협력을 강조하였다. 즉,

---

81) 사민당의 1976년 선거강령(Regierungsprogramm 1976-1980)에 제시된 주요한 성과는 다음과 같다:

생활수준이 높은 나라(1인당 국민소득(1975))

스위스	21,278DM
미국	20,630
스웨덴	19,304
덴마크	17,368
서독	16,950
프랑스	16,333
벨기에	16,138
노르웨이	16,099
네덜란드	14,745
오스트리아	12,630
일본	10,500
영국	9,280
이탈리아	7,049

"국민국가(Nationstaat)만으로는 자유와 복지가 보장될 수 없다. 이는 국경을 넘는 공동체에서만 가능하다. 사민당은 50년 전 하이델베르크 강령에서 유럽합중국(Vereinigten Europa)을 구상하였다. 이는 지금도 유효하다. 우리의 경제발전, 외교 및 안보상 이익, 평화에 대한 우리의 책임은 하나의 유럽을 요구하고 있다." 유럽 통합 정책을 계속 밀고 나가겠다고 밝혔다. 안보정책

근로자의 순소득 1966년 이후 100% 증가(근로자의 평균 월 순 급여)

연도	금액(DM)	평균 증가율(%)
1966	683	5.9
1967	703	2.8
1968	737	4.8
1969	792	7.5
1970	888	12.2
1971	975	9.7
1972	1063	9.0
1973	1150	8.3
1974	1264	9.9
1975	1355	7.2

선진국 중 가장 안정된 물가(전년 대비 소비자물가 증가(%))

국가	1974년	1975년	1976년(월)
서독	7.0	6.0	5.0(5월)
스위스	9.8	6.7	2.2(4)
오스트리아	9.5	8.5	7.7(4)
미국	11.0	6.1	9.1(3)
덴마크	15.2	9.6	9.0(3)
네덜란드	9.8	9.9	9.0(3)
캐나다	10.9	10.8	9.0(3)
스웨덴	9.9	9.8	10.7(2)
프랑스	13.7	11.3	9.7(3)
벨기에	12.7	12.6	9.7(4)
일본	24.5	11.9	10.3(2)
이탈리아	19.1	17.0	13.9(3)
영국	16.1	24.2	21.2(3)

으로는 세계적 전략적 균형의 테두리 내에서 동맹과 협력하는 바탕에서 기

적극적인 고용정책(1976년 실업률(%))

스웨덴	1976.5.	1.8
오스트리아	1976.3.	2.8
서독	1976.5.	4.2
영국	1976.3.	5.5
네덜란드	1976.3.	5.2
프랑스	1976.3.	5.5
이탈리아	1976.1.	6.2
캐나다	1976.3.	7.6
미국	1976.3.	8.1
벨기에	1976.3.	8.4
덴마크	1976.2.	12.6

건전한 재정 운용(국가 및 지방 정부 부채의 국가별 비교), 1975

	GNP 대비(%)	주민 1인당(DM)
프랑스	14	2,430
일본	19	2,150
서독	23	4,000
스위스	26	6,060
스웨덴	39	7,670
네덜란드	39	5,860
이탈리아	50	3,680
미국	51	9,480
영국	75	6,630

증가하는 재정 수요를 거의 조세수입으로 충당

	순 부채(10억DM)	잉여(10억 DM)	차액
1970	1.1	1.5	+0.4
1971	1.4	1.0	−0.4
1972	4.0	−	−4.0
1973	2.7	3.7	+1.0

존의 안보정책을 계속하겠다는 것이었다. 군사력의 균형에 기초한 긴장완화 정책의 대안은 없다고 강조하였다. 동독과 베를린 정책에 대해서는 재통일을 약속했던 보수당 정부의 일방적인 '힘의 정책'(Politik der Stärke)은 실패했다고 주장하였다. 규범에 따른 공존과 객관화된 선린 관계를 추구하겠다고 했다. 결국 정상화가 단계적으로(Schritt für Schritt) 발전되어야 한다는 전제 하에서 두 개의 독일 국가 정책을 밀고 나가겠다는 것이었다. 그리고 변함없이 사민당이 지지하는 가치로 "자유와 민주주의, 정의와 연대, 평화와 사회적 형평"을 내세웠다. 마지막으로 선거강령에서 사민당은 "독일연방공화국에서 넓은 계층의 독일 국민을 위한 정치를 바라고 이를 실현하고자 하는 모든 민주적 세력과 협력할 것이다. 우리에게 공산주의자들과 마찬가지로 반동 세력과의 협력은 있을 수 없다"고 밝혔다.

선거 결과는 사민당(48.9→42.6%, 242석→224석)-자민당(4.8→7.9%, 42석→40석)이 득표율은 줄어들었지만 과반수를 확보하여 재집권에 성공하였다. 그러나 사민당의 득표율은 1969년 총선 수준으로 후퇴하였다(1969년 42.7%). 물론 슈미트 총리 정부의 상대적인 선방 과시에도 불구하고 경제위기로 인한 물가 상승, 실업률 상승, 1975년의 마이너스 경제성장 그리고 경제성장률 하락으로 인한 세수 문제와 사회복지비 지출 증가에 따른 재정 부담으로 인하여 기대에 이르지 못한 사회보장과 개혁 약속 등 원인은 여러 가지 있을 수 있겠지만, 1972년부터 있었던 사민당 내의 갈등도 득표율

사회적 안정(근로자 1,000명당 노사분규로 인한 노동손실일), 1974	
네덜란드	2
서독	52
덴마크	95
벨기에	167
프랑스	201
영국	650
이탈리아	1,283

하락에 기여하였을 것이다.[82]

선거로 재신임 확보에 성공한 슈미트 총리 정부는 대내적으로는 물가와 임금 통제 정책에 반대하는 개방적 시장경제 체제를 유지하기로 하고 임금 협상은 노사 자율에 맡기며 물가는 수요와 공급에 의해 결정하기로 한다. 물론 시장경제라 하지만 완전고용, 안정과 건전재정을 목표로 정부가 개입하고 조정하는 독일식 경제 모델의 유지만 슈미트 총리 정부는 과도한 정부 개입과 조정을 자제하였다. 또한 취임사나 총선 프로그램에서 밝혔듯이 경제 분야에서도 대외협력을 강화하면서 서독 경제의 글로벌화를 추진하였다.

이에 따라 서독은 외환시장에 개입하지 않고 마르크화의 강세를 그대로 두었다. 독일 마르크는 1969년 브란트 총리 취임 직전 평가절상 이후 지속적으로 정상되었다. 오일쇼크 이후 원유를 비롯한 달러 표시 수입 원자재 가격 상승에도 불구하고, 정부의 환율 개입 자제로 마르크화는 지속적으로 상승하였다. 슈미트 총리 취임 전해인 1973년의 연평균 환율이 1달러 대 2.65 마르크였던 것이 슈미트 총리가 물러나던 1982년에는 2.43 마르크로 상승하였다. 이를 통하여 달러 표시 원유와 원자재의 가격 상승을 다른 나라와 비교하여 상대적으로 잘 흡수할 수 있었다.

그러나 미국의 달러 공급 축소를 통한 강한 달러 정책이 서독의 대 미국 교역에 도움을 주었지만 1979년의 2차오일 쇼크로 서독 경제에 타격을 주

---

[82] 물가, 실업률, 경제성장률

	인플레이션	실업률	경제성장률
1972	5.5	1.1	4.3
1973	7.0	1.2	4.7
1974	7.0	2.5	0.0
1975	5.9	4.6	−1.1
1976	4.3	4.5	5.5

출처: Dieter Grosser, Stephen Bierling und Beate Neuss(Hg.,), "Deutsche Geschichte in Quellen und Darstellung, Bd., 11: Bundesrepublik Deutschland und DDR 1969-1990", Stuttgart 1996, S.84-85 u. 137.

었다. 주)79 표에서 보듯이 서독의 원유 수입비용이 45%나 상승하였던 것이다. 이와 함께 수출에도 영향을 주어 무역흑자국인 서독의 무역수지가 1978년 185억 마르크 흑자에서 1979년 95억 마르크, 1980년 290억 마르크 적자로 돌아섰다.

그리고 대외적으로는 경제의 국제화에 맞추어 국제협력 강화 정책에 따라, 슈미트 총리와 지스카르 데스텡 프랑스 대통령은 통화 안정을 위하여 유럽통화제도(EMS) 창설에 합의하여 1979년 1월에 가동에 들어갔다. 이는 후에 유럽공동체의 정치통합 강화 후 유럽연합 단일통화인 유로로 발전된다. 이에 앞서서 슈미트 총리는 포드 미국대통령을 설득하여 선진국 경제 정상회담을 열게 된다. 1975년 11월 15일 프랑스 파리 근교 랑부이에서 사상 처음으로 미국과 유럽 경제선진국 6개국이 참가한 경제회담이 열려, 오일쇼크 이후 불황에 빠진 세계경제 회복 방안을 협의하였다. 에너지, 경제 전망과 대책, 국제무역, 통화문제, 개발도상국들과의 관계, 국제화해와 동서관계 등 광범한 내용이 논의되었다. 이 회의를 정례화하기로 합의하여 이듬해인 1976년에 캐나다를 참가시켜 선진 7개국(G7) 정상회담이 탄생하게 되었다.

앞에서 말한 국내 정책과 국제적인 협력을 바탕으로 서독 경제는 1970년대의 불황에서 대체로 벗어날 수 있었다. 그리고 국제협력 속에서 미국, 일본에 이은 제3위의 경제력을 가진 서독이 빠진 유럽 경제 그리고 세계경제는 생각할 수 없게 되었다.

그러나 뒤에서 말하겠지만 슈미트 총리 치하의 8년 동안 서독 경제는 명실상부하게 G-7의 일원이 되었지만 사민당의 노선에 심각한 문제를 제기하였다. 슈미트 총리의 경제위기 대응책은 부의 공정한 분배와 불평등 해소를 목표로 하여 전체로서의 경제를 계획하고, 개입하며 때로는 지시하는 독일식 모델에 대한 도전으로 비쳐질 수 있었다. 이는 1970년대 경제위기 속에서 대두하고 있던 세계화를 지향하는 신자유주의와의 갈등을 예고하고 있으며, 이런 갈등은 사민당 내부에서 심각한 경제 상황 속에서 잠복해 있다가 슈미트 총리 말년의 노선 투쟁으로 나타나게 된다.

3) 에너지 정책: 환경운동과의 결별

취임사에서 슈미트 총리는 에너지 정책을 전환하겠다고 밝혔다. 우선 공급 면에서 석유 비중을 줄이고 다른 에너지원을 적극 개발하며, 에너지 효율을 높이는 등 전체적으로 에너지 수요를 줄이겠다고 했다. 그리고 핵에너지 육성도 강력하게 추진하겠다는 입장을 밝혔다.

수요 면에서의 에너지 정책은 단기적으로 그 효과가 나타나는 것은 아니지만 서독 정부의 지속적인 정책 추진으로 그리고 석유 가격을 시장에 맡김으로써 고유가 정책이 유지되면서 수요는 축소 효과는 2차 오일쇼크 후인 1980년부터 나타나기 시작하였다. 주)79의 표에서 보듯이 1980년의 원유 도입량은 전해에 비하여 10% 이상 감소하였다. 석유류 소비는 1979년 1억6천3백2십만 톤을 정점으로 한 후 매년 감소하여, 1980년 1억4천7백3십만 톤 그리고 콜 총리 치하인 1986년에는 1억3천3백3십만 톤 가장 최근인 2016년에 1억1천3백만 톤으로 대폭 줄어들었다.

이런 정책 결과 서독의 생산설비와 공정은 고도화되었다. 그 결과물로 서독의 대표적 산업인 자동차 산업에서 서독은 고연비의 자동차를 들고 나오게 되었다.

그런데 에너지원의 다양화 정책을 추진하면서 취임사와 총선 강령에서 밝힌 대로 핵발전소 건설에 나서게 되었다. 핵발전소의 경우 환경운동과 부딪히게 된다. 제4장의 주)63 내용과 같이 빌(바덴-뷔르템베르크), 브로크도르프(엘베강 하구), 골레벤(니더 작센)에서 있었던 세 개의 핵발전소 건립계획에 대한 반대 투쟁은 힘을 모으면서 끝내 전국 정당인 녹색당 출범으로 발전되는데 사민당 내 역시 이런 반핵 운동에 빨려 들게 되었다. 핵발전소 건설을 2년간 유예하자는 당내 결의가 있었다. 1979년 12월 베를린 당대회에서 유예 해제를 결의하였다. 당시 초청된 독일전국노동조합연맹(DGB) 의장은 충분한 안전 보장을 조건으로 이에 동의하였다. 여기서는 발전소 건설 노동자들이 일자리를 포기해야 한다는 것은 상식 밖이라는 논리도 나왔다. 이를 논의하기 위한 당내의 '에너지, 일자리, 환경' 실무그룹 회의에서 당내 좌파의 대변인인 에플러(Erhard Eppler)는 경제사회연구소(WSI)의 칼 펠덴구트(Karl Feldengut)의 "환경보호가 일자리를 파괴한다"는 글을 인용하면서 사실은 그 반대라고 주장하였다. 환경보호가 파괴하는 일자리보다 더 많은 일자리를 창출한다는 것이었다. 아무튼 다음날 표결에서 60대 40으로 유예 해제가 결의되었다.[83]

브란트 총리 시대에 사민당과 노동운동의 밀월관계를 과시하였지만, 사민당이 도입한 공동결정제도 내용에 대한 불만, 오일쇼크 이후의 실업 사태, 1976년 총선에서 5% 실업률보다는 인플레이션 5%가 더 낫다는 사민당의 입장 등을 두고 노동조합은 사민당과 거리를 두었다. 1970년대 후반기로 오면서 사민당의 좌파가 힘을 얻으면서 1979년 당대회에 독일노동총동맹 위원장이 초청되어 개막 첫날 첫 순서로 축하 연설을 하면서 독일노총의 입장을 표명하고, 핵발전소 건설과 관련한 노동총동맹의 일자리 지키기 주장이 슈미트의 보수적 입장과 맞아떨어지면서 유예 해제 결의로 이어졌다.

한편으로 이는 의회 밖 야당(APO)과 사민당 간에 확연한 금을 긋는 계기가 되었다. 브란트 시대의 사민당의 '녹색 하늘'과는 결별하게 되는 것이다. 이런 것들이 의회 밖 야당 세력의 녹색당 창당이 계기가 되고, 1979년 베를린 당대회에서 핵발전소 건설에 반대 입장을 밝힌 에플러를 비롯한 당내 좌파의 힘의 축적 계기가 되면서, 사민당 내에서의 노선 투쟁의 한 요소가 되는 것이다.

핵발전소 반대운동을 중심으로 하는 환경운동(Die grüne Bewegung)은 중

---

83) Der SPD-Parteitag in Berlin vom 3. bis 7. Dezember 1979, www.fes.de

빌(Wyhl)의 핵발전소 건설 현장을 보호하고 있는 경찰(1977)
출처: Bildarchiv Preußischer Kulturbesitz

거리 미사일 배치 반대 운동을 중심으로 결집되는 평화운동과 결합되어 녹색당 창당 등으로 발전된다. 이는 전후 지금까지 기민련/기사연, 사민당, 자민당 3당이 주물러온 서독 대의제 민주정치의 구도를 근본적으로 바꾸어놓게 된다. 이 당시의 환경운동을 살펴보는 것이 필요할 것이다.

1970년대 전반기에 핵발전소 반대운동에 집결된 서독의 환경운동은 지역의 자조운동이 지식인, 여성운동가들과 결합하면서 세를 크게 모으고 정치화 되었다. 이들 지식인과 여성운동가들은 1968년 학생운동과 이어지는 세력이었다. 정치적 성향은 지역의 개혁운동가에서 극단적 민족주의자에 이르기까지 폭이 대단히 넓었다. 1977년 8월 5일 차이트(Die Zeit)지 기사에서 그 회원 수가 정당의 당원보다 많은 220만 명이 넘는다고 추산된다고 보도되었다.

최대 조직은 산하에 950개의 하부 조직과 30만 명의 회원을 보유하고 있던 진보 성향의 연방환경동맹(BBU: Bundesverband Umbeltschutz)이 있었다. 여기에 보수 성향인 4만 회원의 서독자연환경보호연맹(BNU: Bund für Natur und Umweltschutz. 후에 BUND - Bund für Umwelt und Naturtschutz로 명칭을 변경하고 '지구의 친구' 서독지부가 된다)이 있는데 이들은 대부분 보수당 당원으로 제도와 국가에 순종적이었다. 여기에 서독 공산당 계열(K-Gruppen)의 조직이 있었다.

폭력 사용을 서독자연환경보호연맹은 부정하였는데, 공산당 계열은 할 수 있다면 무장투쟁을 하겠다는 입장이었다. 그런데 연방환경동맹 내부는 입장이 정리되어 있지 않았다. 이런 까닭에 이들이 폭력적인 대중운동의 일부가 될 수 있다는 의혹을 받아왔다. 상당한 세력은 엘리트 의식과 사명감에서 비타협적인 이들은 자기들이 확신하고 있는 더 큰 정당성을 근거로 적법성의 경계를 넘을 수 있다고 생각하였다. 바로 슈미트 총리가 말하는 폭력을 정치의 수단이라 생각하고 있었다.

기존 정치권과의 관계에서 이들은 사민당을 포함한 기성 정당, 그리고 기정 정체체제에 깊이 실망하고 있었다. 이런 입장은 1977년 당시 연방환경동맹(BBU)의 의장대리인 슈마허(Hans Günter Schumacher)의 정당과 당시 정치체제에 관한 언급에서 잘 드러난다. "당내 분쟁, 음모, 정당 정치인의 추문, 정실주의, 모든 사안에 관한 정당 간의 대결… 지금 국민 정당이란 말은 기민련/기사연이나 사민당 모두에 맞지 않다. 국민의 정치적 의사 형성에 이바지하라는 헌법상 의무를 잘못 해석하고 있다. 이 기여가 권력 추구로 변질되었다. 시민에게 접근한다는 것은 점점 더 시민으로부터 멀어지는 것, 아니 시민에 대한 적대로 나타나고 있다. 지역 개혁, 연금 사태, 국철 철도 철거계획, 보건 분야의 비용 폭증, 에너지 정책의 무정견 외에 다른 많은 실례가 공공생활이 얼마나 관료화 되었는가 그리고 정부와 그 기관이 얼마나 독단적인가를 더욱 분명하게 보여주고 있다."[84]

과거 1968년의 경우 운동의 하향세에서 젊은 층이 현실에 무관심하게 되었지만, 이번에는 환경보호, 핵발전소 반대를 중심으로 결집하게 되었다. 1970년대 말에 이들 환경운동은 핵발전소 반대를 넘어서 에너지, 성장, 경제정책 등 다양한 분야에 관심을 가지게 되었다.

---

84) *Die Zeit*, 1977. 8. 5.

이 운동에는 기존 정당 조직원들도 참여하고 있었다. 보수당은 소수였고, 연립여당인 자민당은 좌파가 참여하고 있었고, 사민당은 사회주의청년단(JUSOS)를 중심으로 많은 당원이 참여하고 있었다. 내부적으로 정당화를 원하는 흐름이 점차 커지고 있었다. 학생운동 출신의 '의회 밖 야당' 세력과 반핵 세력이 결합되면서 기존의 정치판, 특히 사민당에게 타격을 줄 수 있을 것으로 예상되었다.

이미 1979년에 지방선거에서 브레멘 녹색명부(Bremer Grünen Liste)라는 단체 명칭으로 후보자 명부를 제출하고 브레멘 주의회선거에 참여하여 성과를 거두었다. 이를 두고 1979년 당시 사회주의청년단 의장 슈뢰더(Gerhard Schröder)는 다음과 같이 경고하였다:

사민당이 환경 문제를 더 진지하게 받아들이지 않는다면, 경쟁 정당의 부상이 예상된다. 사민당에는 이에 관한 전략이 없으며, 이들이 1980년 총선에 참여한다면 현실이 될 것이다. 녹색운동 세력의 잠재력과 기존 정당 간의 힘의 관계에 관한 분명한 입장이 있어야 한다. 환경 문제에 의해 움직인 유권자들은 대체로 높은 수준에서 정치화되어 있다. 이들 중 3분의 2는 젊은 유권자인데 사회민주주의자다. 그런데 정부의 정책은 이들을 소외시키고 있다. 이런 소외가 결코 되돌릴 수 없는 것은 아니다. 이들 유권자는 전국적으로 전체 유권자의 2% 정도다. 사회주의 좌파 세력과의 공개적인 대화가 시작되어야 한다. 이 대화가 핵에너지와 정치적 민주주의에만 국한될 수는 없다. 국내외 정책 전반에 걸쳐야 한다. 이는 사회주의청년단이 주도하여야 한다. 15만 명이 집결한 본에서의 핵발전소 반대집회에서 사회주의청년단이 소수집단이 아님이 증명되었다. 양자 간에는 상당한 정도의 공감대가 형성되어 있다. 당을 만들려는 녹색 운동 지도부는 정부 정책에 실망한 가능한 많은 사회주의청년단 단원을 끌어들이려고 할 것이다. 사민당 내의 핵에너지 반대 세력이 다음 베를린 당대회에서 자기주장을 하지 못할 것이다. 당 지도부는 총선을 위하여 총리나 핵심 정책에 반대하지 못할 것이다. 노동운동 역시 마찬가지다. 베를린 당대회 이후 녹색당 창당 지도부가 희망한다면, 사회주의청년단 대중이 사민당을 떠날 수 있다면 것이 현실과 완전히 동떨어진 것이 아니라는 것이 드러날 것이다.[85]

4) 테러와의 전쟁: 진보세력과의 갈등

뮌헨 사건 이후 서독 정부의 테러 대응은 테러 전담 부대의 창설과 형사 관련 법률의 개정과 집행이었다. 테러 전담 부대 창설은 단순히 특수한 임무를 가진 부대 창설이 아니라 주의 형사기구와 국가의 의사결정기관에 직접 접근할 수 있는 권한을 가진 통합 부대의 창설이었다. 이런 무력과 권한

---

85) 1975년, 1979년, 1983년 브레멘 주의회 선거결과를 보면 1983년 사민당, 기민련의 네가티브 운동전략이 유효했는지 양당의 득표율/의석은 오히려 늘었고, 자민당이 득표에 실패하여 5% 미만 득표로 의석을 확보하지 못하여, 브레멘 주의회는 사민당, 기민련, 녹색당으로 구성되게 되었다. 아래 표에서 1979에는 녹색당이 창당 전으로 브레멘 녹색명부(BGL: Bremer Grünen Liste)로 선거에 참여하였다. 1980년 창당 후인 1983년에는 녹색당에 참여하지 않은 사람들이 여전히 BGL이란 명칭으로 선거에 참여하였다. 브레멘 주의회 선거는 1983년을 분수령으로 사민당의 득표율은 하락하여, 사민당이 연방정부의 여당이던 1999년, 2003년 42%대로 회복되었던 것을 제외하고는 30%대의 득표밖에 하지 못하였다. 기민련 역시 사정은 같다. 자민당은 주의회 진입과 탈락을 거듭하였다.

브레멘 주의회 선거결과

	1975		1979		1983	
	득표율	의석(증감)	득표율	의석(증감)	득표율	의석(증감)
사민당(SPD)	48,7	52 (−7)	49,4	52 (+0)	51,3	58 (+6)
기민련(CDU)	33,8	35 (+1)	31,9	33 (−2)	33,3	37 (+4)
자민당(FDP)	13,0	13 (+6)	10,7	11 (−2)	4,6	0 (−11)
녹색당(GR NE)					5,4	5 (+5)
BGL			5,1	4 (+4)	2,4	0 (−4)

("독일의 선거"(Wahlen in Deutschland: www.wahlen-in-deutschland.de)의 자료를 바탕으로 작성)

부재는 뮌헨 올림픽 당시 이스라엘 인질극 사건에서 서독의 무기력한 대응에서 여실히 드러났다. 그런데 당시 서독 기본법은 실질적으로 모든 경찰에 관한 권한을 연방주에 부여하였고, 역사적으로 서독은 연방경찰에 큰 권한 부여를 꺼렸었다.[86] 1951년에 창설된 내무부 산하의 연방경찰청(Bundeskriminalamt)은 규모도 적고 조사권만 가지고 있었다. 법 개정을 통하여 1973년에 경찰의 예방적 기능은 주의 경찰이 맡지만, 연방경찰청이 국제적 성격의 중요한 범죄, 공무원과 외교관 상대의 범죄와 주나 권한 있는 연방정부 당국의 요청이 있는 경우의 범죄에 대한 관할권을 가지게 되었다. 그러면서, 경찰청이 정보 수집, 분석, 전파 업무에 중점을 두면서, 대(對) 테러 전술 집행은 내무부 산하의 정예 부대인 국경경찰대(Bundesgrenzschutz)가 맡았다.

이후 1972년 6월, 7월에 걸쳐 울리케 마인호프를 제외한 적군파(Rote Armee Fraktion) 핵심 인물들이 모두 체포되면서 서독에서의 과격파에 의한 테러 1파는 진정되었다. 그런데 1974년 수감 중인 홀거 마인스(Holger Klaus Meins)가 단식 중 사망하였다. 이에 대한 보복으로 그 해 11월 적군파가 드렌크만(Günther von Drenkmann) 베를린 고등법원장을 납치하여 살해한 것을 시작으로 테러 2파가 서독을 덮쳤다. 1975년 2월에는 기민당 베를린 시장 후보 페터 로렌츠(Peter Lorenz)가 '6월 2일 운동"(Bewegung 2. Juni: 1967년 6월 2일 벤노 오네조르크 사망일)에 의해 납치된다. 인질 석방 조건으로 수감 중인 테러리스트 석방을 요구하였다. 정부가 석방 요구를 받아들이면서 로렌츠는 풀려났다. 국가와 법질서에 대한 정면 도전이었으나 로렌츠 후보를 살리기 위하여 정부가 타협하였던 것이다.

그러나 이후 서독 정부의 강력한 대응으로 5월 바더, 마인호프, 에슬린 등 적군파 핵심 세력이 모두 체포되어 기소되었다. 그런데 1976년 5월 9일

---

86) 1972년 9월 올림픽 기간 중 '검은 9월단'에 의한 이스라엘 선수 11명을 인질로 억류하고 있을 때 여기에 투입된 것은 바이에른 주 경찰이었다. 이들은 전혀 준비되지 않은 일반 경찰로 제대로 대응하지 못하여 인질 9명이 살해되는 참사가 발생하였다.

마인호프가 감방에서 숨진 채로 발견되었는데 타살에 대한 의혹이 제기되었다. 그러자 1977년 4월 7일, 독일 연방검사장 지크프리트 부박(Siegfried Buback)이 두 명의 적군파에 의해 사살되었다. 1977년 10월 5일 독일전경련(Bundesverband der Deutschen Industrie: BDI) 회장 겸 독일사용자연합(Bundesvereinigung der Deutschen Arbeitgeberverbände, BDA) 회장 슐레이어(Hans-Martin Schleyer)가 납치되고, 수감된 적군파 핵심세력 석방을 요구 하였다. 10월 13일, 적군파 2명이 마요르카 발, 프랑크푸르트 행 여객기를 납치하여, 수감된 적군파 석방 및 1천 5백만 달러를 요구하였다. 이에 서독 정부는 타협하지 않고 10월 17일, 모가디슈 비행장에 테러진압부대를 투입하여, 여객기 납치극을 끝내면서, 테러리스트를 모두 사살하였다. 10월 18일, 수감된 감옥에서 뮐러를 제외한 적군파 핵심 세력 모두 숨진 채 발견되었다. 그런데, 뮐러는 칼에 온몸을 찔린 채 발견되었으나, 경찰은 집단 자살이라고 해명하였다. 뮐러의 진술과 엇갈리면서 의혹이 제기되었다. 이에 대한 보복으로 10월 19일 납치되었던 전경련 회장이 사살된 채 발견되었다. '독일의 가을'(Deutsche Herbst)이 이렇게 지나간 이후 서독 정부가 적극적으로 대응하고, 진보세력이 녹색당을 결성하는 등 제도권으로 편입되면서, 서독이 정치사회적으로 안정되었다. 이후 간간히 테러가 발생하였지만 테러는 잠잠해졌다.

서독 정부의 대응에는 앞에서 언급한 테러 전담 부대의 확대와 보강 그리고 형법 등 관련 법률 개정이 있었다.

먼저 전담 부대에 관해서는 1975년에 국경경찰대에 새로이 2개 부대 – 특수부대(Staatschutz) 및 테러진압부대(Terrorismus)가 추가되었다. 테러진압부대가 핵심 전력으로 테러 활동에 대한 조사를 통하여 테러의 추가 발생 예방과 영장 하에 수배자 체포와 기소를 그 임무로 하고 연방 정부의 헌법수호청과 협력하면서 연방의 결정권자들과 직접 접촉할 수 있도록 하였다.

1977년 슐레이허 전경련 회장 납치 사건 후 슈미트 총리는 조정 기능을 한 단계 격상하여 '위기 대책팀'을 만들었다. 이 팀은 '작은 팀'(Kleine Lage)

- 매일 총리 주재 회의가 열렸다 - 과 '고위 팀', 두 조직으로 구성되어 있었다. 고위 팀은 집권당(사민당, 자민당), 야당, 테러범들을 수감하고 있는 4개 주 - 테러리스트들은 이들의 석방 노력을 벌이고 있었다 - 의 지사, 내각과 경찰청 및 헌법 수호청 등의 고위 대표로 구성되어 있었다. 슈미트 총리의 위기 대책 팀은 결재 과정 없이 직접 의사 결정 과정으로 연결되었다. 결국 연방 차원에서의 테러 대응 법 집행을 신속하고도 정확하게 유지할 수 있게 해 주었다.

이와 함께 여러 차례에 걸쳐 형사 관련 법률을 개정하면서 보완하였다. 이에는 형법, 형사소송법, 테러 범죄 유죄자의 수감에 관한 행형법, 변호사법 등의 일련의 관련법이 포함된다. 이전까지 서독 형법은 기소자의 범죄와 기소자에 대하여 극단적으로 구체적인 특정화를 요구하고 있었다. 일반적인 증거에 바탕을 둔 범죄 행위가 구체적으로 밝혀지지 않으면 절차가 시작될 수 없었다. 범죄를 경찰에 신고할 의무도 없었고, 범죄 가담자가 당국에 정보를 제공할 의무도 없었다. 그리고 국가에 대한 범죄의 정의도 매우 제한되어 있었다.

1971년에 형법 개정이 있었다. 광범위한 테러 대책 채택보다는 특정 테러 행위 예방에 초점을 맞춘 것으로 민간 항공기 공격, 인질 등에 대책에 문제점을 보이면서 뮌헨 올림픽 테러 사건에 그 허점이 그대로 드러났다.

테러 2파가 발생한 후인 1976년에 상당히 넓은 범위에서 형법 개정이 있었다. 그렇지만 크게는 테러 범죄 중 위협, 정보 전파와 선전 등에 초점을 맞추고 테러 정책에 관해서는 테러 단체 구성에 관한 129조a 한 조항만 추가되었다. 지도자에 대한 형량 인상 그리고 테러 예방을 위하여 당국에 협력한 자에 대한 형량 경감 등을 규정하고 있다.

이와 더불어 소송절차를 정한 형사소송법이 개정되었다. 1974년 이전에는 단식투쟁 등 의도적으로 재판에 나오지 않는 경우에 재판이 연기되었다. 그러나 1976년 법률 개정으로 재판 진행 여부에 관하여 법원이 재량권을 가지게 되었다. 또한 테러 단체 구성원의 체포가 쉬워졌다. 개정법에서는 테러 단체 구성원이 관련되었다는 의심만 있으면 구금이 가능하게 되었다. 1978년의 개정법은 수색영장, 경찰 검문소, 변호인의 행위를 다루고 있었다. 판사는 전체 건물에 대한 수색영장을 발부할 수 있게 되었다. 경찰이 필요하다고 판단하면 도로를 봉쇄하여 검문을 할 수 있도록 하였다. 그리고 개인이 자신의 신분을 증명할 수 없으면 경찰이 그를 구금할 수 있게 되었다.

의뢰인과 변호사 관계에 관해서도 제한을 가했다. 원칙적으로 구금된 혐의자와 변호사 간의 통신에는 어떠한 제한도 없다. 이런 조건 하에서 테러 혐의자의 변호사는 이들의 목적에 동조하고 모든 기회를 활용하여 재판을 지연시키고, 여러 테러리스트를 변호사가 간접적으로 연결시키면서 단식투쟁 등 법정투쟁의 규모와 기간을 무한정 늘리는 등 재판을 방해하였다.

슐레이허 납치 사건 후인 1977년 9월 연방하원은 변호사의 접촉 금지 개정 법률(Kontaktsperregeset)을 통과시켰다. 이전에도 테러 단체 구성에 관한 재판에서는 모든 문서 통신 모니터가 가능했지만, 법률 개정으로 정부(주 정부 포함)가 수감된 테러범죄자와 변호사와의 서면 또는 구두 통신을 포함하여 일정 기간 동안 외부와 접촉을 차단할 수 있게 하였다.

그리고 경찰의 피고인, 증인 혹은 전문가의 조사에 변호인이 입회할 권한도 없어졌다. 수사 기관이나 판사 심문 시나 판사의 증인이나 전문가 심문 시에 변호사가 입회할 수 있지만, 법원은 재량으로 변호사를 배제할 수 있게 되었다. 변호사가 범죄 가담, 협력 혹은 사주 혐의가 있으면 형사 정차 상 어떤 단계에서도 변호사는 배척될 수 있게 되었다.[87]

이렇게 테러 대책 틀을 갖추고 슈미트 정부는 테러에 강력하게 대처하였다. 일반적으로 정치인과 전문가들은 이들 대책의 효율성을 상찬하고 일부 서방 국가는 이를 모델로 자체 테러 대책을 수립하였다.

그러나 서독 내에서 보수 야당은 불충분하다고 비판한 반면에, 일부는

---

87) 법적 대응에 관해서는 Kevin G. Horbatiuk, "Anti-Terrorism: The West German Approach", Fordham International Law Journal, Volume 3, Issue 2 1979 참조.

이런 대책이 기본권 침해로 이어질 수 있다는 것을 우려하였다. 독일은 역사적으로 기본권에 관해서 예민하지만 테러에 대해서도 예민하였다. 법무장관 포겔은 인권 보장, 반대파와 시민 행동 단체의 활성을 보장하는 적절한 대책이라고 말했다.[88] 슈미트 총리는 모든 것이 기본법이 정한 법치의 테두리 내에서 이루어진 것임을 반복하여 강조하였다.

1976년 보다 더 강력한 법률 개정 이후 슈미트 총리 정부의 강력한 반테러 정책에 대한 반발이 소리를 높여가기 시작하였다. 표현의 자유 침해 등 인권 침해의 우려가 제기되고, 테러의 동기와 의견에 대한 법원의 주관적인 해석 우려 등을 근거로 제기되었다.[89] 그리고 테러 전담 기구에 의한 좌파 서점과 출판사 습격이 이어졌다. 특히 루프트한자 여객기 공중납치에 대하여 앞에서 언급한 국경경찰대가 투입되어 진압한 모가디슈 공항 기습작전, 슈탐하임 교도소에서의 적군파 핵심인물의 죽음과 변호사 접촉 금지법이 통과된 1977년은 반테러 정책 반대의 분수령이 되었다.

전담기구 설치, 운영 등 일련의 제도 정비와 법률 개정 그리고 모가디슈 공항 기습작전처럼 정부의 강력한 테러 대응이 효력을 보여준 반면에 서독의 좌파는 1977년 이후 사민당이 배신했다고 비난하면서 사민당에 대한 지지를 철회하였다. 이후 이 세력은 선거에서 녹색당을 지지하게 된다.

슈미트 총리는 1976년 선거 강령에서 약속한 인질, 항공기 납치 등을 형

---

[88] 포겔(Hans-Jochen Vogel)은 소위 브란트의 '손자 세대'다. 슈미트 총리 불신임동의 가결 후 사민당 총리 후보로 총선에 나서고 1983년 11월 사민당 당대회에서 미국의 퍼싱-II 미사일 서독 내 배치 반대를 주도하였다. 당 대회는 슈미트를 고립시키고 반미노선에 가까운 퍼싱-II 미사일 배치 반대를 거의 만장일치로 결의하였다. 1986년 뉘른베르크 당대회에서는 원자력 발전에 반대하였다. 1987년 브란트 당수 사임 후 그의 자리를 승계하였다. 이런 성향의 포겔이 법무장관으로서 형사 관련 법 개정을 주도하는 등 테러 대책에 앞장서고 이런 발언을 했다는 것은 흥미로운 대목이다.

[89] 실제로 이런 우려는 현실이 되어 나타났다. 그 한 예가 서독 공산주의연맹 구성원인 대학생 자우트만(Hans Heinrich Sautmann)은 국가모독죄로 체포, 기소되어 유죄 판결을 받았다. 그의 재판은 폭력의 옹호가 아니라 정치적 비판 표명에 대한 것이었다.

법에 포함시키며, 변호사와 구금 중인 테러범 간의 접촉을 차단하여 범죄 협력 금지하는 등 새로운 도전에는 새로운 법률로 대응하겠다는 것을 실천하였다. 그리고 함께 법치를 확보하고 자유를 지키고자 하는 세력과 협력하겠다고 한 반면에 좌파의 지지를 상실한 셈이다. 그리고 이는 당내 좌파에 직접적 영향을 주면서 슈미트의 실용주의 노선 고립의 또 하나의 빌미가 되었다.

전술한 바처럼 역사적 경험에서 서독의 많은 자유주의자들은 '법과 질서'를 경시하고 있었다. 더구나 1968년 학생운동을 비롯한 지식인 운동이 기득권을 반대하는 반권위주의 운동이란 점에서 보면 이런 흐름은 충분히 이해된다. 이런 흐름 속에서 1960년대 서독에서 사민주의와 독재적 공산주의, 개량주의와 전투주의, 개혁과 혁명 간의 구분이 모호해졌다. 좌파 사이에서는 경찰 손에 당하기 전에 '울리케 마인호프를 구하자'는 운동까지 일어났다. 그리고 노벨 문학상 수상자인 하인리히 뵐(Heinrich Böll)은 한 때 유태인을 사냥했듯이 악랄하게 마녀 사냥을 하고 있는 것에 흥분하고 있는 6천만 독일인으로부터 울리케 보호를 위한 공식적인 안전통행권을 요구하였다. 물론 뵐의 발언은 마인호프를 파시즘의 희생자로 그린다는 것으로, 파시스트에 맞서 투쟁하다 죽은 사람들에 대한 모독이라는 귄터 그라스의 1977년 발언과 대조적이다.

이런 흐름에서 1977년에 법치를 주장하면서 1960년대에 그들과 맥을 같이 하던 적군파 테러에 대하여 강력하게 대처하는 사민당을 좌파 진보세력은 기득권 세력으로 보고 이들과 선을 그었다.

5) 이중궤도 결정: 사민당 좌파의 반발

사민당이 집권하기 시작한 1969년 이후 1970년대 초반은 1972년 동서독 기본조약 체결, 1973년 동서독 유엔 동시 가입, 1973년 미국과 소련 간의 전략무기제한 협정(SALT-Ⅰ) 조인, 미국과 소련의 1970년 핵확산방지조약(NPT) 비준, 1975년 미국과 소련 그리고 중립국이 참가하여 유럽의 지역 안보협력 체제를 구축을 목표로 하는 '유럽안보협력회의'(CSES)를 개최하자는 헬싱키 의정서에 35개국 서명 등 동서 진영 간 데탕트는 불가역적인 국제정치의 흐름으로 보였다.[90] 그리고 미국과 소련은 현상 인정을 바탕으로 한 동서독 기본조약의 체결과 이행을 서로 보장하고 있는 것 같았다.

2차 대전 후 독일과 한반도의 분단 그리고 한국동란 이어진 냉전의 격화는 서로 상대를 인정하지 않는 불안한 공존 속에서 항상 열전의 가능성을 등에 지고 가는 상황을 연출하고 있었다. 이런 세계적인 진영 분할 속에서 각 진영 내의 개별 국가 내에서는 서방의 종주국 미국의 매카시즘 광풍이나 종속국의 쿠데타, 동유럽의 반체제운동에 대한 유혈 진압처럼 국내의 분열과 갈등 그리고 정신적 피폐가 심화되고 있었다. 분단 독일에서 시작된 동서 데탕트의 전개는 바로 이런 숨 막히는 세계적 상황에 숨통을 열어주고, 현상 인정 그리고 균형과 억지에 바탕을 둔 양자 간 혹은 다자간 조약과 합의로 이어지는 동서화해의 규범화와 이의 실천은 인류에게 세계평화에 대한 희망과 확신을 가져다주었다.

이런 미국과 중국 관계가 정상화하고, 중화민국을 축출하고 중국이 유엔 안전보장이사회 상임이사국으로 국제 정치에 본격적으로 등장한 것 역시 중국 대륙과 12억 인구를 통치하고 있는 현실을 인정한 것으로 환영 받았다. 도덕적으로도 비판 받으면서 미국의 국론을 분열시키고 북대서양조약기구 회원국 내에서도 반미 분위기 고조의 계기가 되고 있던 베트남 전쟁 종결도 이런 맥락에서 볼 수도 있었다.

이제 세계는 그리고 서독은 비록 군사력의 균형과 억제력에 바탕을 둔 공존이지만 2차 대전 후 근 25년 만에 찾아온 평화적 분위기를 반기면서 이런

---

[90] 동서 간의 신뢰 구축 수단으로서 1977년 최종의정서에 바스켓Ⅲ에 이동의 자유, 동서 간 커뮤니케이션 등 인권 보장 조항이 포함되어 있다. 이는 이후 서방의 동유럽 민주화운동 지원 근거가 된다.

유럽안보협력회의 최종협정(헬싱키 협정)에 서명하는 슈미트 총리와 동독의 호네커 서기장 (1975. 8. 1)
출처: bundesarchiv(www.bild.bundesarchiv.de)

평화와 화해를 굳히기 위한 진지한 방안을 모색할 때가 왔다고 믿었다.

그러나 베트남 전쟁의 종결은 미국의 패배고, 공산 중국의 국제정치 무대 등장은 미국의 공산권 분열을 통한 소련 견제 정책의 일환으로 보였다. 미국의 재정적자와 국제수지 적자로 인한 1969년 미국 달러화 대비 서독을 비롯한 주요 국가의 통화 평가절상, 1971년 미국의 달러화 금태환 정지 조치 등은 2차 대전 후의 미국의 압도적인 경제력을 바탕으로 한 미국의 경제패권의 체제인 브레튼 우즈 체제의 쇠락 즉, 미국의 경제력 상대적인 약화를 보여주는 것이었다. 세계는 베트남에서 미군의 철수와 전쟁의 종결, 미국과의 수교를 통한 공산 중국의 국제 정치 무대 등장은 바로 미국의 힘의 약화로 보았다. 실제로 키신저를 참모로 하는 닉슨-포드 시대가 막을 내리는 1977년 미국은 국방비를 감축하였다.

1977년 인권을 내세운 카터 정부의 등장은 미국의 약화뿐만 아니라 미국의 신뢰도의 추락을 의미하였다. 미국과 소련 간의 힘의 균형과 견제를 전제로 대외정책을 수립해오던 나라의 정부를 당황스럽게 만들고 때로는 정권의 몰락을 초래하였다. 1978년 이란에서 대규모 시위가 발생하였지만 팔레비 국왕 정권의 후견인 미국은 이를 외면하였고, 시위는 혁명으로 발전하여 팔레비 왕이 1979년 1월에 망명하고 이슬람공화국이 수립되었다. 사태는 여기서 끝나지 않고 450여명의 대학생들이 테헤란의 미국 대사관을 점거하여 외교관들을 인질로 억류하였다. 이에 카터 미국 정부는 특공대를 투입하여 이들 구출에 나섰지만 실패하고 70여명의 인질은 444일 동안 억류되었다가 1981년 1월 미국이 이란의 요구를 다 수용하는 수모를 당하고 풀려나면서 미국의 위상 추락을 그대로 보여주었다.

미국의 이런 무기력과는 반대로 1979년 12월 친(親)소련 공산주의 정권이 반정부 세력의 무장 투쟁으로 흔들리자 소련은 5만여 병력을 아프가니스탄이 보내 정권을 교체하고 저항세력 진압에 나섰다. 그런데 베트남을 비롯하여 1975년 앙골라에서 미국은 미국의 현지 파트너에 대한 배려 없이 손을 떼고 물러났다.[91]

이처럼 1970년대 초반에 세계적 흐름일 줄 알았던 데탕트는 1970년대 중반이 되면서 뒷걸음치기 시작하여, 1970년대 말에는 도처에서 미국이 대리자를 내세워 대결 국면으로 들어가고 있었다. 이런 변화의 시기와 기간

---

91) 1974년 포르투갈의 살라자르 군사독재 정권이 정변으로 무너지면서 식민지인 앙골라 독립 방침을 발표한 뒤, 민족해방투쟁을 펼쳐온 3개 조직(친소련 마르크스주의 성향의 앙골라 해방인민운동(MPLA)과 반공주의의 민족주의파인 앙골라 해방민족전선(FNLA), 앙골라 완전 독립 민족 동맹(UNITA))이 서로 주도권을 놓고 내전에 돌입하였다. 이 무렵의 아프리카 여느 곳에서처럼 소련 지원의 MPLA와 미국과 중국의 지원을 등에 업은 연합 세력 간의 내전으로 좁혀졌다. MPLA가 상대를 압도하였으나 남아프리카공화국(당시의 남아프리카공화국은 아파르트하이트 정책을 내세운 친미 백인 정권의 국가였다) 군대의 개입으로 정세는 역전되었다. 1976년 앙골라의 어떠한 단체나 정당에 대해서 의회의 승인 없이는 어떠한 종류의 지원도 금지하고 있는 '클라크 수정안'(무기수출통제법)에 따라 미국이 손을 떼면서 소련을 대신하여 쿠바가 5만 명의 군대를 파견하고, 남아프리카공화국 군이 철수하면서 친 소련 정부가 수립되었다. 쿠바군은 1989년에 국제적으로 합의된 계획에 따라 단계적인 철수를 시작하여 1991년에 완전히 철수하였다. 이후에도 선거와 내전 등으로 혼란이 계속되다가 2001년 UNITA의 지도자가 정부군과 교전 중 전사하고 휘하의 반군 5만 명이 무장해제한 후에 종결되었다.

은 대체로 서독의 슈미트 총리의 취임과 재임기간과 거의 맞아떨어진다.

1970년대 초반 서독의 좌파는 이런 일련의 데탕트의 진전을 서방이 제국주의적 태도를 버린 것이라 생각하고, 부유한 착취 세력 북방과 가난한 피착취 세력 남방이라는 개념을 개발하였다. 사민당은 대외 정책, 특히 제3세계 개발원조에 '남-북 정책'(Nord-Süd-Politik) 개념을 활용하였다.92) 말하자면, 동서독 간의 관계 그리고 유럽에서 데탕트로 아무튼 평화체제가 구축되고 있거나 구축되었다는 판단 하에 서독의 경제적 힘에 맞는 개발원조에 나선 것이다. 1976년 총선 선거강령에서 1975년이 개발도상국에 대한 원조와 수출에서 기록적인 해였다고 자랑하고 있다. 정무장관 비셰스키(Hans-Jürgen Wischnewski)는 팔레스타인 해방기구(PLO), 평화 중재를 위한 니카라과 내전 시기의 산디니스타와의 접촉 등으로 이름을 날렸다. 한편에서는 이들 세력을 지원했다는 비판도 있다.93)

서독 내의 이런 분위기와 슈미트 총리 정부의 자세와는 달리 소련이나 동독은 다른 입장을 취하고 있었다.

동독은 1970년 가을부터 소위 '분계정책'(分界政策, Abgrenzung Politik)을 내세우면서 서독, 즉 자본주의의 영향을 차단하고 주권국가로서의 독일민주공화국의 위상 정립에 나섰다. 브란트 총리의 새로운 동방정책이 가까운 장래에 독일 민족, 즉 하나의 민족으로서의 재통일 가능성이 현실적으로 없다는 전제 하에 추진되고 있던 시점인 1970년에 사회주의통일당 서기장 울브리히트는 동베를린에서 기자회견을 빌어서 "아직도 단일 민족이라는 것은

---

92) 그러나 불황으로 인한 일자리 문제로 생각만큼 쉽지는 않았다. 일례로 1979년 베를린 당대회에서 특히 서독 섬유산업노동조합의 아렌스(Willi Arens)는 특히 남북 정책 기조에 따른 제3세계에 대한 서독 섬유시장 개방에 대하여 노조의 입장을 들어 이를 '완전 자유화'로 오해하고 있다고 반발하면서 국내 산업에 영향을 주는 구조적 문제를 고려하고 전향적인 구조정책을 통한 노동자 보호를 위하여 '규제된 개방'(geregelte Öffnung)을 요구하였다.

93) 브란트 총리 정부 하에서는 에어하르트 에플러, 슈미트 총리 정부 하에서는 에곤 바르가 경제협력부 장관을 맡았다. 모두 당내 좌파 지도자였다.

픽션"이라고 말하면서 "동독은 사회주의적 독일 민족 국가인데 반하여 서독은 자본주의적인 나토 국가'라고 말했다. 울브리히트를 이은 호네커도 1971년 통일사회당 8차 당대회에서 동독은 "사회주의적 독일 민족으로 창설된 사회주의 국가"라고 규정하면서 2민족 2국가론을 분명히 하였다.[94)

이런 노선 선상에서 가본조약 협상이 진행되고 있던 1971년 통일사회당 8차 당대회에서 동독은 노동자, 농민의 권력 수립으로 새로운 유형의 민족인 사회주의 민족이 탄생하였다고 선언하였다. 반면에 서독에는 부르주아와 노동 대중 간의 계급모순을 가진 부르주아 민족이 존속하고 있다는 것이었다.[95) 이후 동서독 기본조약 효력 발생과 유엔 동시가입 후인 1974년

---

94) 이 무렵 동독의 모든 신문이나 정치 잡지에는 "오늘날의 세계에는 사회주의와 제국주의 간에 접근이나 화해는 있을 수 없다. 진보와 반동은 화해할 수 없기 때문이다"라는 내용의 기사를 거의 매일 게재하고 있었다. 같은 민족 내에서의 상이한 사회체제 간의 간격은 같은 정치적 진영 내의 서로 다른 민족 간의 차이보다 더 넓어질 수 있다는 분계이론을 소련도 활용하고 있었다. 당시 자본주의 진영과의 갈등도 있었지만 공산 중국과의 갈등은 심각하였다. 이에 소련 공산당은 이 이론을 중국에 대항하는 공동전선 구축을 위한 소련 공산당 지도 하의 공산주의 국가의 단결 논리에 활용하였다.

공산 진영 단결을 진전시키고자, 모든 평화운동과 안전 및 긴장완화 노력과는 별도로 '제국주의'와 대립 첨예화 논리가 개발되고 있었다. 말하자면 이념 전선을 더 넓혀가는 것이었다. 이의 근거를 제공한 것이 자본주의의 일반적 위기 이론이었다. 동독의 경제학자 쿠친스키(J. Kuczynski, 1904-1997)는 생산 감소, 실업 증가와 함께 물가가 계속 상승하고 있으며, 인플레이션, 통화 그리고 에너지 위기는 자본주의에 항상 수반되는 현상이라는 것이었다. 전 단계의 위기와는 달리 현 단계의 성격은 식민지의 해방과 함께 제국주의 국가로부터 개발도상국의 경제적 해방의 확대에 의해 결정될 것이라고 말했다. 당시 닉슨 독트린, 베트남 전쟁에서 미국의 패퇴는 미국을 대표로 하는 제국주의, 자본주의의 약화를 입증하는 것으로 보았다. 쿠친스키에 대해서는 김정로의 연구 참고.

95) 이들은 민족을 재정의하였다. 이론가들은 자본주의 타도로 부르주아 민족은 사회주의 민족으로 대체된다는 스탈린의 이론을 원용하였다. 언어, 문화, 역사 등 모든 유사성은 중요하지 않는 것으로 묵살되었다. 사회주의 민족 형성을 결정하는 것은

동독은 헌법을 개정하였다.

동독 최초의 헌법 전문에서는 공산주의 주도 하의 통일을 규정하고 있었고, 1968년 개정헌법에서는 동독(독일민주주의공화국)을 '독일 민족의 사회주의 국가'로 규정하고 있었다. 그러나 1974년 개정헌법에서는 동독을 '노동자, 농민의 사회주의국가'(sozialistischer Arbeiter- und Bauernstaat)로 규정하여 민족에 관한 언급은 삭제하였다. 이에 대한 해석은 대체로 종래의 1민족 2국가에서 2민족 2국가로의 민족 및 통일 문제에 대한 논리 전환으로 보고 있다. 국가 성립 이래 동독이 서독에게 요구해온 국제법상의 국가 승인 요구를 헌법상으로 뒷받침하고 있는 것으로 해석된다. 이는 모스크바조약 협상에서 소련의 요구, 동서독 기본조약에서 동독의 요구를 국내적으로 규범화한 것이다. 그리고 이는 협상 과정에서 브란트 총리의 서독 정부의 입장과도 부합하는 것으로 볼 수 있다. 결국 동서독 특수관계란 서독 내의 국내 정치 상황 그리고 국가의 재통일 과제를 규정하고 있는 서독 기본법의 규정과 정신을 우회하기 위한 논리가 아닌가 판단된다.

아무튼 동독은 2국가 논리와 동서독 기본조약에 의해 그리고 유엔 동시가입으로 서독 및 국제 사회로부터 국제법상 국가 승인이 있었다는 근거에 따라 1974년부터 동서독이 상주 대표부를 설치할 때 서독에 외교부 소속의 대사를 파견하였다. 동독은 독일 민족이 사회주의 민족과 자본주의 민족으로 분리되었으며, 따라서 해결되지 않은 독일 문제, 즉, 재통일 문제는 더 이상 존재하지 않는다는 논리를 발전시켜 2민족 2국가 논리를 통일 때까지 주장하게 된다.

사회주의 혁명, 생산수단의 사회와, 자본주의적 착취의 폐지 그리고 이념과 문화의 변혁뿐이라는 것이다. 이는 동독 주민의 정체성 문제에 혼란을 가져왔다. 이에 대하여 당시 호네커 당 서기장은 동독 주민의 국적은 '독일민주공화국'이지만 민족 문제에 관해서는 Nation 대신 Nationalität 개념을 사용하였다. 두 개념 간의 구분은 애매하며 오히려 혼란을 가중시켰다. 이런 혼란을 앞에 두고 동독의 한 평론가는 이렇게 말했다. "우리는 독일인임을 자랑스럽게 생각한다. 독일 역사에서 모든 좋은 것은 우리에게 있다."

이에 더 나가서 동독은 1975년 10월 소련과 "우호, 협력 및 상호원조 조약"을 체결하였다. 이 조약 전문에서 양국은 "포츠담 조약 원칙을 이행해 온 독일민주공화국은 독립된 사회주의 주권국가로서 완전한 유엔 회원국이 되었다"라고 선언하고 있다. 자본주의 위기에 따른 제3세계의 반제국주의 투쟁을 지원하기 위하여 양국은 "모든 형태의 식민지를 종식시키고, 식민지적 억압에서 해방된 신생 국가를 지원"하기로 합의하였다(제5조).[96] 소련의 세계전략 목표에 따라 1970년대 후반에서 1980년에 걸쳐서 이를 근거로 동독 슈타지가 에티오피아와 니카라과의 비밀경찰 창설을 지원하였다.

서독 국내외의 이런 상황 하에서 소련의 중거리 미사일 배치 문제가 등장하였다. 1974년부터 서독과 유럽을 겨냥한 사정거리 5,000km인 소련의 신형 중거리 핵미사일인 SS-20(나토에서 붙인 명칭)이 바르샤바조약기구 회원국인 동독을 비롯해 동유럽 국가에 배치되기 시작하여 해를 거듭하면서 배치 속도를 늘려갔다. 이 미사일은 미국과 소련 간에 서명된 전략무기제한협정(SALT-Ⅰ)에서 정한 제한 대상이 아니었다. SS-20 중거리미사일은 유럽과 아시아는 공격할 수 있으나, 미국을 위협할 수는 없었다. 소련이 이를 배치하는 의도는 미국과의 군축협상에 영향을 받지 않고, 서유럽에 대한 군사적 우위를 확보하는 것이었다.

이에 대하여 미국의 반응은 거의 없었다. 카터 정부는 오히려 전략무기제한협정Ⅱ 협상에서 중거리 미사일을 제외시키려고까지 하였다. 군사력의 균형과 억제를 바탕으로 한 평화공존과 서독의 동방정책의 근저가 흔들릴 우려가 있었다. 이런 상황에서 1977년 10월 슈미트 총리는 런던의 국제전략연구소(IISS: International Institution for Strategic studies)에서의 특강(The 1977 Alastair Buchan memorial lecture)에서 SS-20 중거리 미사일 배치를 둘러싼 미국과 소련 간의 군비통제 협상이 여의치 않을 경우 유럽 나토 회원

---

96) "Vertrag über Freundschaft, gegenseitigen Beistand und Zusammenarbeit zwischen der Deutschen Demokratischen Republik und der Union der Sozialistischen Sowjetrepubliken", www.verfassungs.de

국에 배치된 미국 핵무기의 질적 개선이 있어야 한다고 말했다. 말하자면 SS-20 배치로 유럽에서 힘의 균형이 무너졌다는 것이었다. 균형을 회복하기 위하여 미국의 중거리 핵미사일(INF)이 배치되어야 한다고 말했다. 이에 대하여 미국은 중성자탄을 생산하여 유럽에 배치하기로 하였다.

그런데 정작 서독 내 특히 사민당 내에서 이에 대한 반대 운동이 일어났다. 중성자탄이 "건물은 그대로 두고 사람만 죽이는" 비인간적인 무기라는 것이었다. 사민당 내에서 이 운동의 시발점은 다름 아닌 브란트의 새로운 동방정책의 실무 주역 에곤 바르가 당 기관지 전진(Vorvärtz)에 게재한 '중성자탄'(Die Neutronenbombe)이라 제목의 글이었다. 이 글에서 그는 중성자탄 개발, 배치는 "모든 가치체계의 저울을 뒤집는 것"이라고 비판하면서 중성자탄은 "사고 전도의 상징"(Symbol der Perversion des Denkens)이라고 말했다. 그러나 이 글이 반대 논의의 직접 도화선이 되지는 않았다. 아직까지는 미국과 소련 간에 제네바에서 전략무기제한 협상이 진행되고 있었다. 평화운동은 물론 사민당 내부는 이 협상에 희망을 두고 있었기 때문이었다.

이런 상황에서 슈미트 총리는 내각을 설득하여 이견 없이 내각에서 미국과의 배치 합의에 대한 지지를 끌어냈다. 그렇지만 카터 행정부가 1978년 4월 중성자탄 생산 일정을 연기함으로써 유럽의 나토 회원국과 슈미트 총리 정부를 실망시켰다. 그리고 이 결정은 곧 이어서 벌어지는 나토의 2중 궤도 결정과 서독 정부의 지지에 대한 항의에서 출발한 평화운동을 고무시키는 계기가 되었다.

유럽의 우려를 무마하기 위하여 나토의 권고를 받아들인 미국은 크루즈 마사일과 퍼싱Ⅱ 탄도미사일을 배치하기로 하고 나토 정상회담에서 최종 결정하기로 하였다. 이에 따라 1978년 5월 나토 회원국 정상회담이 개최되어 미국의 안을 받아들이기로 하였다. 이어서 1979년 12월 12일 브뤼셀에서 열린 나토 회원국 외무장관 및 국방장관 특별회의에서 소위 "나토 2중 궤도 결정"(NATO-Doppelbeschluß)이 발표되었다. 그 내용은 나토 회원국은 소련의 SS-20배치로 무너진 유럽에서 힘의 균형을 달성하기 위하여 전략 핵무기의 현대화와 무기통제라는 두 가지 병행적이고 보완적인 전략을 추구하기로 하고, 전략 핵무기 현대화를 위하여 미국의 퍼싱I-A를 대체할 108기의 퍼싱II와 464기의 지상 발사 순항미사일을 배치하기로 결의하였다는 것이다.[97]

데탕트의 퇴조 혹은 사실상 소멸을 결의한 것이다. 이 결의 2주일이 채 못 되어 소련이 아프가니스탄을 침공하면서 동서 관계는 대립 국면을 되돌아가고 만다. 그 후 1980년 11월 레이건이 미국 대통령 선거에서 승리하면서 동서 대립이 본격화를 예고하였다. 이어서 그 해 미국 상원은 전략무기제한협정 2라운드(SALT-II)가 미국의 전략 핵무기 열세를 문서화한 것이라는 이유로 비준을 거부하였다. 레이건은 취임 후인 1981년 7월 오타와 선진 7개국(G-7) 정상회담에서 슈미트 총리에게 서독과 소련 간의 천연가스 공급 계약이 소련에게 지나치게 유리하고 고급 기술 유출 우려가 있다고 말했다. 그리고 12월에는 폴란드의 '솔리데리티(연대)' 운동에 대응한 폴란드의 계엄령 선포 배후에 소련이 있다고 소련을 상대로 한 경제제재를 발표하였다. 이처럼 동서화해 분위기는 냉각이 아니라 소멸 상태로 들어가고 있었다.

어떻든 서독 각료회의는 이 이중궤도 결의를 수용하기로 결정하였다. 이에 바르가 점화한 도화선에 불이 붙기 시작하였다. 제로 옵션(Null-Lösung)에 바탕을 두고 수용한 2중궤도 결정의 전제와 논리 근거가 사라진 것이다. 사민당 내의 좌파 지도자인 베너, 에플러, 바르 그리고 라퐁텐(Oska Lafontaine), 보이크트(Karsten Voigt), 슈뢰더 등의 소장파가 소련이 배치한 SS-20은 방어용이라 주장하면서 이에 반발하였다. 이에 브란트까지 가세하여 냉전적 사고에서 탈피하라고 요구하였다. 그러나 1980년 총선을 앞두고 열린 1979년 12월 베를린 당대회에서는 최종결정은 다음 당대회에서

---

[97] "Kommunique der Sondersitzung der Außen- und Verteidigungsminister der NATO in Brüssel, 12. Dezember 1979", www.nato.int.

결정하기로 하고 이 문제를 둘러싼 당내의 노선 갈등을 봉합하였다.98)

1980년 10월 서독 총선에서 연립 여당인 사민당과 자민당이 승리하였다. 2차 오일쇼크로 인한 경제불황, 핵발전소 건설에 반대하여 세를 결집시킨 녹색운동과 2중궤도 결의로 인한 국내의 소란으로 여당에게 악재가 많았지만, 1976년 총선보다 사민당은 득표율에서 0.4% 상승과 4개 의석 추가를, 자민당은 2.7% 상승과 14석 추가의 성과를 거두었다. 당시 선거에 대한 평가는 야당의 말 많은 슈트라우스 총리 후보로 인한 여당의 어부지리라는 평가가 일반적이었다.

이런 선거 결과를 바탕으로 슈미트 총리 정부가 받아들이기로 한 중거리 미사일 배치가 순조로울 것 같았는데 사정은 그렇지 못했다.

2중궤도 결정을 계기로 평화운동이 세를 모으고 있었다. 평화운동은 1970년대 초, 중반에 핵발전소 반대에 나선 녹색운동과도 결합하게 된다. 이 운동은 나토 결의에 따른 미사일 보강을 중단하고 일반 군축을 안보정책의 기본으로 삼을 것을 요구하였다. 이런 내용을 담은 가장 강력한 문건 중의 하나로 꼽히는 1980년 11월 16일의 "크레펠트 호소문"(Krefelder Appell)이 발표되었다.99)

이 호소문은 11월 15, 16일 이틀 동안 크레펠트에서 열린 평화포럼의 일종의 결의문이었다. 이 호소문은 정치적으로 다양한 성향에서 나온 평화주의자들과 군비증강 반대주의자들이 도달할 수 있는 최소한의 합의로 소련의 SS-20 배치와 대대적인 군비증강에 대해서는 언급이 없었다. 이 호소는 동독과 공산진영의 서독 평화운동에 대한 마지막 침투의 흔적도 있다는 주장도 있다.100)

---

98) 뒤에서 논의하겠지만 2중궤도 결정을 둘러싼 당내 논쟁은 사민당이 추구하는 근본 가치에 대한 논쟁이었다.

99) "Krefelder Appeal (November 1980)", Deutsche Volkszeitung, special issue, January 1981.

100) 앞에서 언급한 글에서 후베르투스 크나베는 평화운동에 동독의 슈타지가 깊이

2중궤도 결정 반대 본 평화 시위(1981. 10. 10)
출처: Bildarchiv Preußischer Kulturbesitz

이의 주요 내용은 다음과 같이 요약될 수 있다: 이중궤도 결정과 미국의 새로운 당선자(레이건)가 이미 서명된 미국과 소련 간의 전략무기제한협정(SALT II)이 상원으로의 비준 회부를 거부하면서 군비증강이 가속화되고 미국의 퍼싱II가 배치되면서 유럽은 핵 전쟁터가 될 것이다. 이에 따라 서독 정부의 중부 유럽 내 퍼싱II 배치 승인을 철회할 것을 호소한다. 여론의 압력으로 중부 유럽을 미국의 핵무기 배치무대로 만들 군비증강을 거부하고, 억제력보다 군축을 중시하며, 서독의 무기 개발을 이 목적에 맞춰나가도록 하자.

이 호소문은 서독 사회에 강력한 영향을 주어서 1982년 4월 27일 그 서명자가 270만 명을 돌파하였다.

관여하고 있다고 주장하고 있다. 이런 주장의 연장에서 그는 크레펠트 호소문의 최초 서명자 중 한 사람인 마르틴 니묄러(Martin Niemöller) 목사와 슈타지 연계를 강력하게 주장하고 있다. 그리고 이 평화운동의 목표는 서독의 안보 기반을 붕괴시키고 미군의 서독 주둔을 최대한 불편하게 만든다는 것이라는 것이다.

이런 가운데 1981년 10월 9일 나토의 2중궤도 결정에 대한 승인을 위하여 서독 연방의회가 개최되었다. 12일 본에서의 대규모 항의 시위가 열리기 이틀 전이었다. 토론에서 슈미트 총리는 자기 정부의 군비 증강 정책을 강력하게 옹호하였다. 그는 소련의 군비 증강이 이에 대응한 나토의 군비 증강의 방아쇠였음을 강조하였다. 그는 사민당 유명 인사들이 지도부에 참가하고 있는 12일의 시위대에게 자신의 국내 정책의 기초를 무너뜨림으로써 정책의 추진을 방해하려는 의도를 가진 것이 아니냐고 물었다. 그는 다른 나라[동독]의 수족을 자처하고 있다면서 사민당원이 공산주의자들과 함께 하는 것을 비난하였다.

그는 또 소련이 유감스럽게도 자신과 브레즈네프가 군사 분야에서 '대체적인 균형 정책'(ungefähren Gleichgewichts)을 취하기로 약속한 1978년 5월의 공동성명을 지키지 않는다고 비판하였다. 소련이 중거리 무기 관련 합의를 지키지 않는 것이 오늘의 주제인 나토의 2중궤도 결정의 원인이라는 것이었다. 11월 30일 개시될 전략무기제한협상은 제로 베이스에 바탕을 둔 균형 합의라고 말했다. 이상적 결과는 소련의 군비증강을 폐지에 의한 제로 옵션 합의라고 말했다.

슈미트 총리는 시위자들을 모두 폭력을 정치의 수단으로 보는 사람으로 보지는 않지만, 의심스러운 사람들이 시위대 옷자락에 매달려 있다는 것을 생각해보길 촉구했다. 이들에게 이용당해서는 안 된다. 핵무기를 가진 모든 사람들에게 핵무기를 감축하라고 요구하고, 소련에 대해서도 요구할 것을 잊지 말라고 촉구하였다.[101]

같은 날 연방의회 연설에서 브란트는 총리와는 대조적인 내용의 발언을 하였다. 그는 젊은 사람들이 평화를 위하여 거리로 나온 것보다 더 험한 것을 경험하였기 때문에 평화를 위한 시위를 걱정하지 않는다고 하면서, 당원들은 공산주의 단체와 협력해서는 안 된다고 선언하였다. 그러면서도

---

101) "연방의회 의사록"(Plenarprotokoll 9/57), 1980.10.9.

이는 소수의 공산주의자들이 포함된 시위 참가와 구분되어야 한다고 말했다. 그는 시위자들의 평화에 대한 염원을 존중하며, 사민당이 해야 할 일은 이런 평화의 염원을 정책으로 전환하는 것이라고 말했다.

야당 지도자인 콜(Helmut Kohl)은 사민당 지도부 내에 두 개의 세계가 있다고 말하면서 슈미트와 브란트의 연설이 이 상이한 세계를 반영하고 있다고 했다. 브란트는 독일과 국제 정치에 새 판을 만들었으며, 이것이 사민당 내 소란의 원인이라고 말했다. 콜이 느끼기에 슈미트 총리의 발언 중 많은 부분이 사민당 내의 주류의 지지를 더 이상 받고 있지 못했다. 실제로 총리의 연설 중 여러 대목에서는 기민당의 박수가 있었던 반면에 당내 반대 그룹은 박수를 보내지 않았다. 슈미트 총리가 더 이상 결정적인 정책에서 과반수의 지지를 받을 수 없다는 증거였다.

콜은 브란트가 사민당원과 공산주의자의 협력을 금지하면서도 이를 토요일 시위에 적용하지 않는 것은 앞뒤가 맞지 않는다고 말했다. 이 시위에는 만여 명의 사민당원과 그 지지자들이 참가할 것이며, 사민당 지도부의 에플러와 자민당 집행위원인 보름(Wilhelm Borm)은 시위에서 연설하면서 소련에 대한 군사력 우위 동결 정책을 요구할 것이라는 것이었다. 그는 서독이 나토의 2중궤도 결정에서 빠지라는 시위대의 주장은 바로 서독의 나토 회원의 기초를 겨냥한 것으로 이는 지난 30여 년에 걸쳐서 건설해온 서독의 기반 자체를 문제 삼는 것이라고 했다.

슈미트 총리는 사민당에 대하여 2중궤도 결정을 지지해주지 않으면 사임하겠다고 배수진을 쳤다. 동의안은 271 대 218로 가결되었다. 당시 의석 분포는 연립여당인 사민당 228, 자민당 54, 야당 237석이었다. 여당 의원 2명이 기권하였다.[102]

---

[102] 크레펠트 호소문이 나올 무렵(1980년 12월) 사민당 내에서 평화운동에 공산주의자가 침투하였다는 혐의와 거리를 두면서도 크레펠트 호소문과 거의 같은 내용의 빌레벨트 호소문(Bielefelder Appell)이 발표되었다. 10년 전의 사민당의 평화와 데탕트의 원래 의도로 돌아갈 것을 촉구하고 있다. 연방하원의 사민당 의원과 총리에게

의회의 토론과 결의가 있던 주의 토요일인 1981년 10월 12일 본에서는 나토의 2중궤도 결정에 반대하는 '평화와 군축위원회'(Komitee für Frieden und Abrüstung) 주최의 25만 내지 30만 명이 집결한 대규모 시위가 있었다. 이는 당시까지 독일 역사상 최대의 집회였다. 이날 주된 행사 중 하나는 연설회였다.

참석한 유명인사로는 사민당의 에플러(Erhard Eppler) 의원, 소설가 하인리히 뵐(Heinrich Böll) 퇴역장군 게라트 바스티안(Gerd Bastian), 기사연으로부터 제명 위협을 받고 있는 군사 이론가 알프레트 메히터샤이머(Alfred Mechtersheimer), 교수인 골비처(Gollwitzer), 배우이자 가수인 미국의 해리 벨라폰테(Harry Belafonte), 마르틴 루터 킹 목사의 미망인인 코레타 킹(Coretta King) 등이 있었다. 녹색당 의장단의 페트라 켈리(Petra Kelly)는 슈미트 총리의 사임을 요구하고 에플러가 다음 총리라고 선언하였다.

에플러 의원은 연단 뒤에서 인터뷰를 가졌다. 그는 "사민당 지도부가 5주 전에 회합을 가졌다. 나는 이 집회에 참석하겠다고 그들에게 말했다. 헤르베르트 베너를 포함하여 어느 누구도 이를 문제 삼지 않았다"고 말했다. 하인리히 알베르츠(Heinrich Albertz) 목사는 그를 사민당에서 나온 새로운 좌파당의 당수감이라고 말했다. 에플러가 가장 중요한 연사였다. 자민당의 빌헬름 보른의 연설은 에플러! 에플러!란 연호에 막히기까지 하였다.

이처럼 동서독 기본조약 체결 이후 동독과 서독이 다른 시각과 입장에서 서로를 바라보면서, 1980년대를 맞이하게 되었다. 물론 양자 간의 경제교류란 면에서 서독과의 교류가 없는 동독 경제는 생각할 수 없게 되었다. 그리고 통행협정 발효 후 동서독 간의 인적 교류는 단순 숫자만으로도 엄

서부 유럽에 중거리 미사일 배치는 나토 결정 취소에 의해 저지될 것임을 확실히 할 것을 요구하고 있다. 미국이 세계적 대결로 돌아가길 원한다고 사민당의 데탕트 정책이 퇴보해서는 안 되며, 슈미트 총리가 말하는 '미래를 위한 용기'란 미국의 요구를 거부하고 과감하게 군축을 하면서 체제 간의 평화적인 경쟁에 나가나가는 것으로 이해하고 있다고 선언하고 있다. 이런 분위기가 의회 의결로 나타난 것이다.

청나게 늘었으며 서독인들이 동독 방문 시 의무적으로 동독 마르크로 교환하여 동독 내에서 소비한 것의 경제 효과 또한 대단하였다.[103] 그렇지만 접근을 통한 변화 정책에 대하여 동독은 분계정책으로 변화를 저지하고자 하였고, 2민족 2국가론으로 민족통일을 비현실적인 것으로 만들었던 것도 사실이다. 신동방정책은 동독과의 관계에서는 결국 현실 인정을 바탕으로 한 평화공존 정책이었다. 그리고 소련을 정점으로 한 소련과의 관계에서는 군사력의 균형에 의한 억제를 바탕으로 진영 간 평화공존 정책이었다. 그리고 이는 현실태(Sein)였지 이상태(Sollen)는 아니었다. 따라서 현실의 균형이 무너질 때는 새로운 논리와 이에 근거한 새로운 균형이 필요한 아주 불안한 공존이었다.

미국의 힘의 약화를 목격한 서독과 유럽을 겨냥한 소련에 의한 SS-20 중거리 핵미사일의 배치는 이런 불안정한 현실의 균형을 흔들면서 미국과 나토 회원국의 대응은 새로운 논리 개발과 균형을 모색하게 되는 것이 나토의 2중궤도 결정인 것이다. 이는 힘의 균형에 의한 억제력에 바탕을 둔 평화공존을 이상태로 생각해오던 서유럽의 지식인과 대중들을 불안하게 만들고 이들을 거리로 나오게 하였다. 이들의 움직임은 당연히 사민당에 영향을 줄 수밖에 없었다. 진보주의 정당인 사민당이 이에 예민한 것은 당연한 것이었다. 이는 빌레펠트 호소문, 1981년 10월의 나토 2중궤도 결정 승인을 위한 연방하원에서의 토론과 표결, 본 평화운동 시위에서 에플러 등 사민당 인사의 참여 등에서 볼 수 있듯이 사민당은 기민련 당수 헬무트 콜의 말처럼 사실상 두 개의 당으로 나누어지게 되었다. 이제 슈미트 총리의 퇴장뿐만 아니라 당 노선의 펜들럼이 반대 방향을 향해 요동치고 있음이 분명해지고 있었다.

---

103) 기본조약 발효 후 동서독 간 방문자 수는 연간 400만 명을 넘었다. 동서독 간의 물적 및 인적 교류에 관해서는 페터 가이, "1949-1989 독일연방공화국과 독일민주공화국의 경제교류"(프리드리히 에버트 재단, 2003) 참조

4. 사민당 좌경화: 슈미트 총리 무력화, 사민당의 실권과 정체성 혼란

1) 슈미트 총리 시대 8년 5개월의 결산

그러나 1981년 10월 연방하원에서 2중궤도 결정이 승인되면서 슈미트 총리 정부는 이를 바탕으로 미국의 서독 내 중거리 미사일 배치를 밀어부치면서 취임 시 그리고 총선에서 제시한 정책 실현에 적극적으로 나설 수 있게 된 것 같았지만, 사정은 그 반대로 돌아갔다. 의회에서의 토론과 표결에서 나타났듯이 사민당 내의 반발이 커지고 있었다. 기민련 당수 콜이 이를 노골적으로 표현할 수 있을 정도였던 것이다.

서독을 둘러싼 사정은 브란트 후임 슈미트 총리가 데탕트와 동서독 기본조약에 바탕을 둔 평화의 장미 빛은 시들고 있었다. 소련의 SS-20 중거리 핵미사일 배치, 아프가니스탄 침공, 카터 정부 하의 나토의 2중궤도 결정에 따른 퍼싱II배치 추진과 이어 등장한 레이건 정부의 전략무기제한협정 비준 절차 거부 등으로 세계는 다시 동서 대결구도로 복귀하였다. 이의 결과는 군비경쟁의 가속이었다. 여기에 소련과 각을 세우면서 공산 진영의 주도권을 주장하는 공산주의 중국까지 가세하여 상황을 복잡하게 만들고 있었다.

세계 경제는 1차 오일쇼크에서 완전히 회복도 되지 못한 상태에서 1979년 2차 오일쇼크로 스태그플레이션의 앞길은 보이지 않는 상태였다. 미국의 만성적인 무역수지와 경상수지 적자로 인한 주기적인 달러 위기는 세계 경제는 항상 불안정 속에 놓이게 만들었다. 이는 제3세계에서는 대중들의 삶을 압박하면서 대중의 불만 폭발과 이에 대한 지배계급의 대응으로 1970년대 중반 이후 남아메리카의 군사정권을 비롯한 반인권적 억압정권 등장이 일반화되었다.

그런 한편으로 1979년 영국에서 신자유주의 정책을 내세운 보수당의 대처가 총리에 취임하면서, 재정지출 삭감, 공기업 민영화, 규제 완화와 경쟁 촉진 등을 목표로 2차 대전 이후의 케인즈주의에 바탕을 둔 경제정책의 일대 전환을 추진하였다. 이어서 1980년 11월 역시 신자유주의를 표방한 레이건이 미국 대통령에 당선되면서 레이거노믹스, 대처리즘으로 대표되는 신자유시대가 열렸다. 전후 자본주의 경제질서의 기본인 케인즈주의가 1970년대의 세계적인 불황의 해결책을 제시하지 못한데 대한 대안의 성격도 가지는 신자유주의는 그러면서도 1970년대에 시작된 세계화에 그 기반을 두고 있다고도 할 수 있을 것이다. 세계경제에 대해서 신자유주의 정책은 시장개방 특히 자본시장 개방과 국제적 분업을 주장하고 있다. 국내외적 불평등 확대 등의 비판에도 불구하고 신자유주의 정책은 영국과 미국 경제가 수치상으로 1970년대를 짓눌러온 불황에서 탈출하였다는 것을 보여주었다.104)

슈미트 총리의 사민당-자민당 연립정부 집권 기간은 1,2차 오일쇼크로 인한 경제위기와 함께 가던 기간이었다. 물가안정, 완전고용, 건전 재정을 뒷받침하던 고도성장은 옛 이야기가 되었다. 저성장이 일반화되고, 물가와 실업률 상승이 일반화된 8년이었다. 그러나 브란트 총리 시대에 시작된 분배의 정의 실현을 목표로 한 사회정책은 슈미트 총리가 여러 차례 밝혔듯

---

104) 1970년대의 영국 경제는 1976년에 IMF 관리를 받았을 정도로 심각하였다. 1975년 24.3%에 달하고 총선이 있던 1979년에도 17% 대였던 영국의 물가는 대처 정부 출범 후 대체로 5% 전후한 수준으로 안정되었다. 15% 대의 실업률 그리고 성장률도 1979년 마이너스 성장에서 이후 3-4% 대로 회복하였다. 미국의 경우도 레이거노믹스의 효과가 나타나기 시작한 1983년 이후 성장률, 실업률, 소비자물가지수 모두 좋게 나타났다. 물가의 경우 1981년 10% 대였던 것이 1984년 이후에는 4% 이하로 안정되었고, 실업률은 1982년 11% 대에서 1984년 8%, 그의 재임 마지막 해인 1989년에는 5% 대로 떨어졌다. 성장률 역시 1982년 -2%대에서 그의 재임 기간 내내 4% 전후로 양호하였다.

이 법에 의해 보장된 사회적 급부는 중단 없이 확대되어왔다.

그렇지만 1980년 총선에서 슈미트 총리가 5% 이하의 실업률 유지보다는 5% 이하의 물가 유지가 낫다고 말했듯이 사민당-자민당의 사회경제 정책의 재검토가 불가피하게 되고 있었다. 앞에서 언급하였듯이 이미 급증한 공공지출 확대가 한계에 부딪히면서 긴축이 요구되고 있었다. 또한 1974년 취임사에서 슈미트 총리가 말했듯이 이미 국민총생산의 22%를 무역에 의존하고 있는 세계 제3위의 서독 경제가 1960년대식의 내포적 발전 모델일 수도 있는 성장촉진법에 근거한 '조화로운 행위'로 국내 경제의 안정만을 목표로 한 정책을 펼 수도 없게 되었다. 이는 1969년 미국의 요청에 따른 달러 인정을 위하여 서독 마르크 평가절상에서 이미 시작되었다. 그리고 슈미트 총리의 업적일 수도 있는 세계경제 안정을 협의하기 위한 선진 7개국(G-7) 정상회담, 유럽 통화 안정을 위한 유럽통화체제(EMS) 구축 등은 서독의 보호부역주의 반대와 개방경제 구축에 대한 서독의 적극적 기여의 결과인 것이다.

이런 조건 하에서 1979년 2차 오일쇼크를 계기로 서독 경제 지표는 악화되고 있었다.[105] 1981년의 실업자 수는 백만 명을 돌파하여 1,271천 명이었고, 1982년 1,833천 명, 1983년 2,258천 명으로 늘어났다. 이 수치는 계속 늘어나서 서독만으로는 1985년 8.9%로 정점에 달한 후 약간 개선되었

---

105) 물가, 실업률, 경제성장률

	인플레이션	실업률	경제성장률
1978	2.7	4.1	3.4
1979	4.1	3.6	4.1
1980	5.3	3.6	0.9
1981	6.3	5.1	0.0
1982	5.2	7.2	-1.1
1983	3.3	8.8	2.1

출처: Dieter Grosser, Stephen Bierling und Beate Neuss(Hg.,), "Deutsche Geschichte in Quellen und Darstellung, Bd., 11: Bundesrepublik Deutschland und DDR 1969-1990", Stuttgart 1996, S.84-85 u. 137.

다가 통일 후 계속 늘어나서 2005년에 500만 명에 육박하면서 11.7%까지 늘어났다. 이처럼 슈미트 총리 시대를 거치면서 완전고용의 시대는 끝난다. 그리고 이런 상황에서 청년실업이 늘어나는 것은 당연하다. 1971년 5% 미만이었던 20-24세 대의 실업률이 계속 상승하여 1983년에는 13%를 상회한다.

이는 전후 서독 경제를 반석에 올려놓은 질서정책에 바탕을 둔 '사회적 시장경제'의 약효가 다한 것일 수도 있다.106) 말하자면 성장촉진법에 근거하여 이해 당사자들이 참여하여 정책을 결정하는 '조정적 시장경제'가 국제화 시대와 맞지 않는 것일 수도 있다. 케인즈주의자인 슈미트 총리는 재정확대를 통한 불황 타개를 추진하여왔지만, 그 효과가 신통치 않음을 지표가 보여주고 있는 것이다.

한편으로 사실 중거리 미사일 배치를 둘러싸고 폭발하기 시작한 평화운동이 국가, 국가가 지향하는 가치, 안전보장, 사회 등에 대한 가치를 둘러싼 문제일 수도 있지만 1981년 10월 본에 30만 명을 집결시킬 수 있었던 바탕에는 이런 경제적 상황의 근본적 변화 그리고 종전 후 서독을 받쳐온 사회구조의 변화가 크게 기여하였을 것이다.

패전국으로 정신과 물질 모두 피폐한 사회에서 출발한 서독이 1970년대를 거쳐, 세계 3위의 경제대국 서독 없이 자본주의 사회를 이야기할 수 없게 되는 동안 서독의 사회구조는 엄청난 변화를 겪었다.

1970년대부터 베이비 부머 세대가 본격적으로 사회에 진출하기 시작하

---

106) 질서경제에 바탕을 둔 '사회적 시장경제'는 아데나워 총리 시대부터 서독 경제정책의 기본이었다. 나치스 시대의 국가 통제 경제를 시장 주도의 경제로의 전환을 이론적으로 뒷받침하고 있다. 사적 소유권, 계약, 경쟁의 질서를 핵심 요소로 하고 있다. 사민당과 노동운동에서는 그들이 표방하는 민주사회주의와 상충되는 것으로 받아들이지 않았다. 1959년 칼 실러가 '시장은 가능한 한 확대하고, 계획은 필요한 만큼'이란 캐치워드로 케인즈주의와 결합을 시도하여 고데스베르크 강령에서 채택하여 이후 사민당 경제정책의 기본노선이 되었다. 이를 법제화한 것이 1966년의 '경제 안정 및 성장촉진법'(Stabilitäts- und Wachstumsgesetz)이다.

여, 1980년대에 들어서는 이들이 사회에서 가장 두꺼운 층을 형성하게 된다. 그리고 이들 세대 이전이라도 2차 대전 중에 어린 시절을 보낸 이들은 기성세대와는 달리 2차 대전과는 절연된 세대다. 1968년 학생운동의 주역이 이들 세대라는 것도 이런 정서에서 출발한 것일 것이다. 대학 졸업자의 숫자를 보면 1970년 졸업시험 통과자가 5만 1천 명에서 1980년 12만 4천 명으로 늘어났다. 이들은 대체로 1968년 학생운동을 경험한 사람들이었다. 이들 세대는 기성세대와는 다른 물질적 기반에서 성장하였으며, 2차 대전 후 서독의 교육은 서독을 점령한 승전국의 탈나치화 민주화의 방침에 따라 연방정부의 획일적인 교육 방침에서 벗어나 주 정부 중심의 탈권위주의적 교육을 받고 자란 세대다. 19세기 독일 근대화 과정에서 설정되어 나치 치하에서 더욱 강화되었던 국가주의적, 권위주의의 교육에서 처음으로 해방된 교육을 받은 세대였다. 이들이 1968년 학생운동과 그 후의 녹색운동, 평화운동에서 반권위주의적 주장과 분위기에 쉽게 동화될 수 있었던 것도 바로 이런 정서에 기인하고 있다 할 것이다.

또한 사민당의 대연정 참여 이후 대학교육의 대중화의 길이 열리고 브란트 총리의 사민당-자민당 연립정부는 사회 변혁의 기반으로서 교육의 기회 균등 정책을 강력하게 추진하면서 위의 수치처럼 대학 교육 이수자는 폭발적으로 늘었다. 더구나 이들은 1968년부터 서독 대학을 풍미한 신좌파의 이념 세례를 흠뻑 받으면서 대학을 다녔던 것이다.

그리고 브란트 전총리가 서독은 서비스 사회로 바뀌었다고 말했듯이, 취업자 중 서비스 산업 종사자의 비중이 커졌다. 통계로도 1960년에 2차 산업 종사자는 12,807천 명에서 1980년에 12,174천 명으로 줄어든 반면에 3차 산업 종사자는 1960년 9,846천 명에서 1980년 13,263천 명으로 대폭 늘어났을 뿐만 아니라 2차 산업 종사자를 넘어섰다. 독일전국노동조합연맹(DGB) 조합원수는 같은 기간 중에 6,379천 명에서 7,883천 명으로 23.6% 늘어났다. 이 기간 중에 독일사무원노동조합(DAG: Deutsche Angestelltengewerkschaft)원은 450천 명에서 495천명으로 독일공무원노동조합(DBB: Deutscher Beamtenbund)원은 650천 명에서821천 명으로 증가하여 각각 10%, 26.3% 증가하였다.

사회안전망의 확충 그리고 1976년 발효된 공동결정제도의 대폭 확장 등으로 사민당-자민당 연립정부의 노동현장 인간화 정책은 가시적 성과를 보여주었지만, 노동조합조직률은 1980년 38.3%를 정점으로 하고 점차 하락한다. 이는 완전고용을 지향하는 사민당의 정책노선에 따른 일자리의 안전을 최고의 정책으로 내세우는 슈미트 총리 정부의 정책은 그의 재임 기간 중의 경제위기로 앞서 말했듯이 우선순위에서 물가안정에 밀려나게 된다. 이는 여느 사회에서나 보듯이 노동조합원인 취업근로자(Arbeitsnehmer)의 일자리 지키기로 나타나며, 이는 기득권 보호로 비치게 된다.

독일노동운동이 요구해온 공동결정권의 대폭 확대에 대한 반대급부로 노동조합연맹은 정치적인 고비마다 사민당을 지지하였다. 일자리 지키기와 사민당의 정책 지지는 대표적인 예가 1979년 사민당의 베를린 당대회에서 독일노동총동맹의 핵발전소 건설 2년 유예 해제 지지였다. 그 논리는 안전 보장을 전제로 하고 있지만, 결국 일자리 보장이었다. 평화운동의 대대적 고양에 이어 1980년 녹색당이 창당되면서 사민당의 좌파 진보주의의 독점이 깨지는 과정에서 사민당은 기득권 세력으로 규정되었다. 독일노동조합연맹을 정점으로 하는 기존의 노동운동 역시 기득권 세력으로 비판 받게 되었다. 다른 부문과 마찬가지로 역시 전후 세대인 청년세대들이 주축이 된 노동운동 내부의 '신사회운동'(Neue Sozialbewegungen)은 기존의 노동운동을 체제유지 세력으로 낙인찍었다.

이런 조건 하에서 1968년 학생운동과 같은 맥락에 있으면서 녹색운동과 평화운동을 주도해온 의회 밖 야당 세력을 중심으로 1980년 녹색당이 창당되었다. 앞에서 말했듯이 창당 전에 이미 브레멘 주의회 선거에 참가하여 지방 단위에서 의회 진출에 성공하였다. 이들은 기득권 체제에 반발하는 전후 세대를 중심으로 세를 불리고 있었다.

사민당의 연정 파트너 자민당은 이런 사회환경의 변화 속에서 사민당과 연정 지속에 회의를 가지기 시작하였다. 1980년 총선에서 사민당의 지지율 하락, 세를 더하는 평화운동, 사민당 내의 좌파의 세 확장과 2중궤도 결정을 계기로 한 노선 투쟁과 슈미트 총리의 고립 현실을 보고 고민하기 시작하였다. 그 결과로 나타난 1981년 5월 10일 서베를린 지방선거의 결과는 사민당에게 충격을 주었을 뿐만 아니라 자민당의 사민당과의 결별 결심에 커다란 영향을 주었다.[107]

사민당 당내 사정상 자민당이 요구하는 긴축정책 채택 전망도 밝지 않았다. 그런데 더하여 자민당의 정치자금 스캔들이 터지는데, 이는 회계 과정의 문제로 여느 정당도 같은 문제를 안고 있었지만 사민당은 이 사건과 관련하여 자민당과 거리를 두었다. 이러저러한 사정이 겹치면서 위기의식을 가지게 된 자민당의 겐셔 당수 겸 외무장관과 람스도르프(Otto Graf Lambsdorff) 경제장관은 사민당이 과도한 공공 부문 지출을 억제하지 않으면 연정을 깨겠다고 공공연하게 발언하였다. 실제로 1981-1982년의 경제 전망은 5%의 인플레이션과 26년만의 최고인 170만 명의 실업자 발생이 예상되고 있었다. 그리고 1982년 예산은 실업 관련 지출 급증으로 노동사회 부문 22.37%, 군비증강에 따른 국방 부문 18.38% 증가한 것이었다.

이런 자민당의 공공 지출 억제 요구에 대하여 목소리를 키우고 있는 사민당 내의 좌파도 반발하고 있었다. 좌파가 득세하기 시작한 사민당은 1982년 예산에서 복지예산 지출을 확대하고 제조업을 지원하기 위한 지출 확대를 요구하고 있었다. 케인즈주의자인 슈미트 총리 역시 재정지출 확대를 통한 불황 타개를 선호하고 있었다. 자민당의 공공지출 억제는 자민당의 주장으로 끝날 공산이 컸다. 사민당과 자민당 연립정부는 이런 어수선

---

[107] 서베를린에서 당시 사민당 출신 시장 슈토베(Stobbe)의 스캔들로 인하여 조기선거가 실시되었는데, 사민당 38%(1979년 42.7%), 자민당 5.6%(8.1%), 기민련 48.4%(44.4%), 녹색당 7.5%(3.7%)로 전후 처음으로 사민당-자민당의 연립정부는 무너지고 연방정부와는 달리 기민련-자민당 연립정부가 구성되었다. 자민당은 녹색당에게도 밀린데다 간신히 턱걸이로 주의회에 남게 되면서 충격을 받았다.

한 상황에서 1982년을 맞이하였다.

1981년 10월에 현재화한 당내 갈등, 자민련과의 갈등 속에서 몰린 슈미트 총리는 다시 한 번 승부수를 던졌다. 1982년 2월 그는 연방의회에 신임투표를 요청하였다. 2월 5일 자민당 의원의 지지로 신임은 확보했지만, 이미 모든 것이 쉽지 않다는 것이 드러났다. 자민당은 의원회의에서 심각한 논의를 거친 끝에 아직은 연립정부를 파기할 때가 아니라는 판단 하에 슈미트 총리를 지지하기로 결정하였다.

그러나 그 해 4월 뮌헨에서 열린 사민당 당대회는 적극적인 구조 개혁을 위하여 세계적인 경제위기를 활용하여야 하며, 생산자본의 소유에 노동자 참여에 더 많은 관심을 기울이기로 한다는 등 좌파가 주도하였다. 자민당의 결심은 굳어가고 있었다. 드디어 그 해 9월 10일 이혼장이라 불리는 람스도르프 페이퍼가 공개되었다. 람스도르프 페이퍼는 신자유주의로 선회하고 있는 자민당 내 우파의 경제개혁안이었다.

"성장 약화와 실업 극복을 위한 정책 개념"(Konzept für Eine Politik zur Überwindung der Wachstumsschwäche und zur Bekämpfung der Arbeitslosigkeit) 이란 제목의 이 문건의 내용은 1970년대에 시작된 케인즈주의적 수요관리에서 신자유주의적 공급관리로의 자민당의 경제정책 노선 전환을 담고 있다.[108]

슈미트 총리는 연정 지속이 불가능하다고 판단하고 소수정부를 구성하기로 하고 자민당 의원의 사임을 요구하였다. 자민당 역시 사민당과의 연정이 불가능하다고 판단하고 이미 야당과 연정 협의를 진행하고 있었던 터에 모두 장관직에서 물러났다. 슈미트 총리는 자민당 의원이 철수한 장관자리를 사민당 출신으로 채웠다. 기민련이 자민당과 연정 구성을 합의하자 정부 운영이 어려워졌다. 1982년 9일 슈미트 총리는 의회에 신임투표를 제안하고 기본법 68조에 따른 조기총선을 요구하였다. 10월 1일 야당의 거부

---

108) "lamsdorf-papier", 1982, 프리드리히 나우만 재단(www.freiheit.org)

로 실현되지 못하고 건설적 불신임 동의안이 의결되어 헬무트 콜을 총리로 하는 기민련/기사연-자민당 연립정부가 출범하였다. 이 직후에 콜 총리는 재신임을 묻겠다고 선언한 후 의회를 해산하고 조기 총선을 실시하게 된다. 이 총선에서 사민당은 서베를린 시장 출신 한스 요한 포겔을 총리후보로 내세워 총선에 임했지만 1980년 총선보다 거의 5%나 감소한 38.2% 득표에 26석이나 줄어든 의석 228석 확보로 대패하면서 야당으로 돌아갔다. 자민당도 득표와 의석에서 대폭 뒤로 밀렸지만 연립정부에 참여하였다.[109]

앞에서 언급한 사회구조의 변화는 당연히 사민당에도 미칠 수밖에 없었고 그 규모는 엄청난 것이었다. 마르크스주의에 바탕을 둔 노동자 계급의 정당에서 마르크스주의를 청산한 국민정당으로 고데스베르크 강령 채택 이후 당원 구성에도 커다란 변화가 있었다. 종래의 숙련 노동자 중심에서 서비스 산업, 사무직, 공공 부문 종사자가 대폭 늘어났다. 그리고 당원 구성에서 특히 68세대의 '의회 밖 야당' 세력의 '제도 속으로의 장정'(Marsch durch die Institutionen)에 당의 문호를 개방하면서 젊은 지식인 세력의 비중이 크게 늘어났다. 1970년대 당시 30만 명이 사민당에 입당하였다. 그 결과는 1970년대 사민당 당원은 100만 명에 달했다. 당은 젊어지고 지식인화하였다. 1972년 불신임 동의안 부결 이후 실시된 총선에서 브란트 총리의 사민당이 거둔 승리는 이런 젊은 당원 증가와 당 밖의 청년 유권자의 지지에 힘입은 것이었다.

당이 문호를 개방하면서 당내에 다양한 실무그룹(Arbeitsgemeinschaft)이 조직되어 각 사회집단의 관심과 이슈를 다루었다. 이들 중에 노동과 사회 정의를 주요 관심사로 가지는 헤르베르트 베너가 조직한 '노동문제 실무그룹'(Arbeitsgemeinschaft für Arbeitnehmerfragen), 성 평등을 주요 목표로 하는 '사회민주주의 여성그룹'(Arbeitsgemeinschaft Sozialdemokratischer Frauen)과

---

109) 이 총선에서 페트라 켈리를 앞세운 녹색당은 지역구에서 4.1%, 비례대표에서 5.6%를 득표하여 28석의 의석을 확보하여 제4당으로 연방의회 진출에 성공하였다. 이후 통일 후인 1994년 총선에서는 자민당을 밀어내고 제4당이 된다.

'사회주의 청년단'(Arbeitsgemeinschaft der Jungsozialistinnen und Jungsozialiste: Jusos) 등이 있는데, 청년 당원의 급증과 함께 사회주의 청년단의 노선과 역할이 주목을 받게 된다. 특히 사회주의 청년단은 1969년 이후 좌경화하면서 당의 노선 투쟁에 큰 영향을 미치게 된다. 이들 연구그룹의 관심과 목적이 때로는 상충되기도 하였다.

슈미트 총리 추임 이후 당은 브란트 당수와 슈미트 총리로 2원화하였지만 초기에는 그다지 문제점이 드러나지 않았다. 그리고 슈미트 총리 취임이 1차 오일쇼크로 인한 경제위기 시, 재정 문제로 사민당-자민당 연립 정부의 사회정책에 제약이 가해져도 당내의 노선 갈등은 현재화하지 않았다. 1975년 공공지출 억제와 긴축재정을 내용으로 하는 '예산구조에 관한 법률'(Haushaltungsgesetz) 제정도 당은 대체로 이견 없이 이를 받아들였다.

그런데 핵발전소 건립에 반대하는 녹색운동이 일어나고 30만 명의 회원을 거느린 서독환경동맹(BBU)이 출범하고, 1977년 이러저러한 환경운동 회원이 220만 명이 넘는다는 차이트(Die Zeit)의 보도가 나오는 무렵에 사정은 달라지기 시작하였다. 테러와의 전쟁에서 '공직금지'(Berufsverbot) 조치나 형법 등 관련 법률 개정도 당 밖에서 사민당의 배신이라고 선언하고 당 내의 반발도 있었다. 젊은 층을 중심으로 서독 사회 흐름의 변화가 현재화하기 시작하였다.

1970년대에 들어오면서 젊은 세대는 대체로 정치나 사회문제에 무관심하였다. 그러나 오일쇼크 이후 경제위기는 일시적인 것이 아니라는 것이 드러나기 시작하였다. 이전의 고도성장기와는 달리 서독 경제는 저성장이 소위 '신 정상상태'(Neue Normalität)가 되었음이 드러나고 있었고 때로는 마이너스 성장도 있었다. 고물가에 실업률이 치솟으면서 완전고용은 전설이 되었다. 그리고 1973년 공공 부문 임금협상에서 드러났듯이 숙련 노동자 중심의 노동조합은 기득권 세력의 일원임을 명확히 하였다.

이런 조건 하에서 '의회 밖 야당'을 중심으로 한 신좌파 세력은 슈미트 정부가 석유 대체 에너지원으로 설정한 핵발전소 건립 반대를 내세우면서 세를 모으고 있었다. 여기에 반테러 정책은 이들 세력에게 세 확산을 위한 동력을 제공하였다.

사민당 내도 좌경화한 사회주의 청년단을 중심으로 목소리를 내기 시작하였다. 당 지도부의 에플러가 이들의 지도자로 등장하였다. 이런 흐름에서 사민당은 1977년 핵발전소 건설을 2년 유예하기로 결정하였다. 그리고 '에너지, 일자리, 환경'을 모토로 한 1979년 베를린 당대회에서 독일노동조합연맹의 지지를 바탕으로 이 유예 해제가 결정되었다. 에플러가 노동조합연맹의 "환경보호가 일자리를 없앤다"는 주장에 대하여 "환경보호가 없애는 일자리보다 더 많은 일자리를 창출한다"는 논리로 반발하였지만 대체로 슈미트의 중도적 실용주의가 승리를 거둔 것 같았다. 1979년 나토의 2중궤도 결정이 있었지만 1980년 총선을 앞 둔 상황에서 당내 노선 투쟁은 일단 잠복하게 되었다.

기민련의 콜이 사민당 내에 두 개의 정당이 있다고 할 정도로 심각한 사민당의 노선 갈등은 지방선거에서의 연패에서 드러난 지지층의 이탈과 당원 수 감소 등은 사민당에게 심각한 문제를 제기하고 있었다. 이의 근저에는 바로 정체성(Identität) 문제가 있었다.

당시 당내에는 좌익에 '레버쿠젠 그룹'(Leverkusener Kreis), 우익에 '운하 노동자그룹'(Kanalarbeiter) 그리고 중도에 '고데스베르크 파'(Godesberger Flügel)로 크게 나누어져 있었다. 중도와 우익은 거의 같이 움직인다고 볼 수 있을 것이다. 슈미트 총리는 이런 중도와 우익 노선 상에 있다고 볼 수 있다. 이 계파는 독일 노동조합연맹에 기반을 두고 있으며, 슈미트 총리 정부 하에서 오일쇼크 이후의 경제정책, 핵발전소 건립, 2중궤도 결정을 지지하였다. 1980년대 이후의 일이지만 이 노선의 그룹은 녹색당과의 연립에 반대하고 당내 좌파와는 달리 독일 통일을 정책 목표로 삼는데 반대하지 않았다.

좌파 그룹은 사회주의 청년단이 좌경화하면서 내용이나 인적인 면에서 강화되었다.[110] 그리고 이들은 전후 세대가 그렇듯이 반권위주의적이었다.

이는 당내에서 1970년대 초반까지만 해도 당내의 갈등은 당 지도부가 조정하여 해결함으로써 당의 결속을 유지하였다. 1954년에 시작되어 5년에 걸친 당내 논의 끝에 1959년에 채택된 고데스베르크 강령이 이의 대표적 사례라 할 것이다. 이제 이들이 당대회 등에서 목소리를 내기 시작한 것이다.

좌경화한 사회주의 청년단은 1969년부터 주요산업의 사회화를 옹호하였다. 이런 흐름에서 1972년에 조직된 레버쿠젠 그룹은 1980년 총선 후 의회 내 좌파 그룹(PL: Parlamentarische Linke)으로 발전되며, 엥홀름(Björn Engholm) 등의 인물이 이에 속한다. 1970년대의 좌파 그룹은 반교조주의적인 '개혁적 사회주의 파'(Refos: Reform Sozialistische)와 마르크스주의 노선에 바탕을 둔 레닌의 국가독점자본주의 논리에 근거한 '국가독점자본주의 파'(Stamokap: Staatsmonopolistischer Kapitalismus)와 '반수정주의 파'(Antirevisionistischer Flügel) 두 분파가 있었다. 국가독점주의 파는 사회민주당 정부를 독점자본주의의 앞잡이로 보았다. 이들은 반독점자본주의 연대로서 공산당과의 협력을 지지하였다. 게하르트 슈뢰더(Gerhard Schröder)는 '반수정주의 파'로 사회주의 청년단 의장으로 선출되었지만, 개혁적 사회주의 파와 협력한다는 이유로 반수정주의 파에서 배제되었다. 이들은 당초 '국가독점주의 파'와의 협력을 기대했었다.

노선에 따른 이런 당내 파벌을 배경으로 1981년 10월 12일 본 시위에서 당내 노선 투쟁의 결정적인 방아쇠가 당겨진 것이다. 결국 당의 정체성에 관한 문제였다. 즉, 중도 우파 정당이냐 아니면 좌파 정당이냐의 문제인 것이다. 이후 2차례의 당대회에서 좌파가 압도하면서 당은 좌경화하고 노선의 혼란을 겪은 후 통일을 눈앞에 둔 시점인 1989년 12월 베를린 당대회에서 새로운 강령이 채택되었다.

---

110) 1973년 사회주의 청년단은 68세대 30만 명을 받아들임으로써 최전성기를 맞이하였다. 당시 당원의 30%에 달하여 많은 사회당 내의 위원회를 사실상 접수하였다.

2) 정체성 논쟁: 브란트 대 뢰벤탈

노선 투쟁의 쟁점은 1981년 10월 본에서의 시위 후인 그 해 10월 21일 아이흘러[111] 서거 10주년 기념 심포지움에서 "사회민주주의의 정체성"(Sozialdemokritsche Identität) 제목의 브란트 연설과 당시 사민당 기본가치위원회(Grundwertekommission) 부위원장이자 슈미트와 같은 중도우익의 뢰벤탈(Richard Löwenthal)이 작성한 문건인 "사민당의 정체성과 미래"(Identität und Zukunft der SPD) 내용을 살펴보면 보면 잘 알 수 있다. 두 사람 모두 사민당은 고데스베르크 강령 채택 이후 숙련 노동자를 중심으로 한 노동자의 정당에서 숙련 노동자, 사무직 노동자, 서비스산업 및 공공 부문 종사자가 참여하는 국민정당으로서 정체성 위기에 빠져 있다는 것을 출발점으로 논리를 전개하고 있다. 고데스베르크 강령 이후의 당의 변화 그리고 이후 권력 상실과 15년 야당으로 돌아가는 계기가 되는 당내 노선투쟁의 표면상 대치를 보여주고 있기 때문에 두 개의 문을 좀 자세히 살펴볼 필요가 있다.

우선 브란트의 연설문을 살펴보기로 한다:

고데스베르크에서 가장 중요한 전환점은 아이흘러가 말했듯이 결정론적 역사관(Geschichtsdeterminismus)과 결별한 것이다. 이는 확실성의 포기다. 사민당은 노동자 계급의 정당(Partei der Arbeiterklasse)에서 국민정당(Partei des Volkes)으로 바뀌면서 자명한 정체성을 포기하였다. 이후 사민당은 사회적 세력 연합의 정당이다. 따라서 그 정체성을 끊임없이 재확인

---

111) 아이흘러(Willi Eichler)는 1954년 베를린 당대회에서 강령위원회 위원장으로 선임되어 1959년 고데스베르크 당대회에서 "고데스베르크 강령"으로 채택되기까지 사민당 강령 개정 작업을 관장하였다.

하여야 하며, 정체성의 결정은 사민당의 필연적이고도 끊임없이 계속하여야 할 과제다. 당은 오늘날도 정체성을 찾고자 분투하고 있다.

사민당의 사회구조에 비추어서 브란트는 베를린에서의 한 연설에서 언급했던 두 가지 점을 다시 이야기하였다.

첫째, 사민당은 국민정당, 통합정당(Integrationspartei)이다. 50% 이상의 유권자들이 사회적인 연합을 공고히 하고자 하는 정당이다. 숙련 노동자, 기술 지식인과 새로운 집단으로서 서비스 산업, 사무직, 공공 부문 종사자들의 연합이다. 사민당은 개방을 원해왔고, 이것이 성공한 원인 중 일부며, 따라서 과거 지향과 싸워야 한다.

노동계급이 당원과 지지 투표자의 핵심이며, 사회주의의 첫째 관심사는 그들이지만, 우리의 활동은 통치와 교육에서 특권을 원하지 않는 모든 사람들의 이익을 위한 것이다. 따라서 사회정의와 정신적 진보를 소중하게 여기는 사람은 모두 사회주의자의 동맹자다. 매우 상이한 사회적 상황과 경험을 같이하면서 모든 사람에게 공통된 신념을 가진 사람들의 당이지만, 당내에서 종종 충돌이 발생한다. 그렇지만 사민당은 일관성과 창의력을 가지고 상이한 이익과 요구를 모순되지 않게 대변하여 왔다.

핵심 지지자와 새로운 지지층을 대립시키려는 반대 정파의 시도나 사민당이 주변부 집단의 유권자를 얻고자 노동자를 방기하려고 한다는 과장된 문제 제기에 현혹되어서는 안 된다. 노동자의 이익을 옹호한 적이 없는 이들은 노동조합 국가를 두려워하여 사민당 내에 다른 집단에 대립시켜서 노동자들을 보호하려는 것처럼 하고 있다.112)

둘째, 사민당은 상이한 사람들과 집단을 결속시킬 수 있어야 한다. 새로운 사민당의 이익과 정치적 선언은 특히 젊은 사람들-학생과 젊은 노동자 및 새로운 녹색 층을 사로잡고 있는 넓은 사회적 흐름의 표현이자 결과다.

---

112) 공동결정제도 확대 추진에 반대하던 독일사용자연합(BDA: Bundesvereinigung der Deutschen Arbeitgeberverbände) 산하 경제연구소(IDW)는 1974년 "독일은 노동조합국가로 가고 있는가?"라는 책자를 발간하였다.

사회민주의자들이 이런 흐름을 좌파로 부르지는 않지만, 이 흐름이 그렇다고 사민당에 적대적으로 될 수 있는 보수적인 흐름은 아니다. 이 흐름에 선 사람들은 자연과 보전되어온 삶의 형식을 파괴하는 무절제한 기술의 개선행진으로부터 스스로를 지키고 있다. 일부는 익명성과 대규모 구조의 비인간성과 관료주의에 대항하여 자기를 지키고 있으며, 일부는 삶과 경험을 복원하려고 한다. 이들은 함께 살아가는 새로운 방식, 일과 여가를 연결시키는 새로운 방식, 일과 문화의 결합을 찾고 있다. 이것이 바로 사민당의 목표가 아닌가?

이런 말썽쟁이 젊은이들은 사회적, 공공 생활의 다양한 분야에 관심을 가지고 참여하고 있다. 이들은 참여의 권리를 요구하고 있다. 1969년 브란트가 채택한 '더 많은 민주주의'(Mehr Demokratie wagen)와 연관이 없을까?

사민당은 평화주의자라 자처하고 있는 사람들에게 명분과 사람 때문에 거짓으로 양보해서는 안 된다. 결국은 우리를 필요로 할 사람들에 맞서서는 안 된다. 1981년 10월 10일 본 시위의 본뜻을 잘못 판단한다면, 우리는 정부를 돕지 않을 것이다. 이들은 우리의 적이 아니라 친구다. 달아난 적을 간과하지도 않고 그들의 영향력을 과대평가하지도 않는다. 콜의 비난은 말도 안 된다.113) 젊은 기민련/기사연의 날(Deutschlandtag der Jungen Union)이 보여주듯이 야당도 이 문제를 피해나갈 수 없다.

문제는 이런 흐름이 유권자들을 사민당으로부터 이탈시키고 있다는 것이다. 달아나는 사람들을 당이 쫓아갈 수는 없다. 그렇지만 일부 젊은이들이 사민당의 것과 충돌하지 않는 목표를 위하여 사민당 밖에서 스스로 조직하고 있는 것을 그대로 내버려둘 수는 없다.

더욱 중요한 것은 이들이 사민당이 기민련 정부를 대체했을 때처럼 우리의 연합 협력세력이 아니라 대체로 사민당을 그냥 지나쳐버린다는 것이다. 이유가 무엇인가? 이들의 명분, 경험과 불만이 무엇인지 알아보아야 한다. 목표가 양립 가능한가, 통합 의지가 있는가 만으로는 충분하지 않다. 이들 집단이 사민당과 의견합치에 반대한다면 이미 때는 늦다. 가능

---

113) 콜은 1981년 10월 9일 연방하원에서 10월 10일의 평화운동 시위에 사민당원들이 공산주의자들과 함께 시위할 것이라 비난하였다; "Willy Brandt Ausgabe", p.535.

하면 빨리 이들이 제기하는 문제를 알아내서 우리 자체의 해답을 찾아내야 한다. 조속히 중요한 문제에 대한 정확한 해답만이 사회민주주의 길이 될 수 있다.

간략하게 문제를 정리해보면 다음과 같다. 복지국가의 대안(對岸: andere Ufer)과 공공의 책임은? 사회정책이 지나치게 일방적이지 않는가? 공공 서비스의 개혁과 개선에서 누구도 원하지 않는 방향으로의 대규모화와 관료화로 진행된 것은 아닌가? 물질 지향적으로 진행되어온 정책이 충족시켜줄 수 없는 가치와 감성지향적인 것에 대한 수요가 늘어나고 있는가? 특히 지방 단위에서 사물에 대한 도덕적 평가, 도덕적 참여에 대한 상시적 요구 특히 젊은이들 사이에 이에 대한 수요가 있는 가? 거주와 삶의 새로운 형식이 상시적으로 생겨나고 있는가? 청년, 문화 및 교육 정책에서 고려되어야 할 자체조직화, 특히 젊은 사람들 사이에서 이의 조직화에 대한 정당한 수요가 늘고 있는가?

이런 질문이 있는 것이라 인정할 때, 당은 이에 대응할 수 있는 힘을 찾을 수 있다. 제한된 재정 속에서도 실현 가능한 필요한 개혁을 준비할 수 있으며, 가치와 의미를 찾는 것도 어느 정도 주도할 수 있다.

단순한 구조적 개혁에 대한 비판이 노동력의 큰 부분의 이익을 무시하는 것은 아닌가? 사민당의 노동 계급의 이익 대변은 분명해야 한다. 노동조합과의 연대는 더 심화시켜야 하며, 정책 결정에서 노동자의 권리가 뒤로 밀려나게 해서는 안 된다. 이것이 삶의 질에 대한 다른 요구, 특히 새로운 계층의 요구를 배제하는 것은 아니다. 이 두 가지 목표는 서로를 보완해 줄 수 있다. 환경정책 강화가 투자를 위축시키고 일자리를 위험하게 만든다는 것은 전혀 사실이 아니다. 환경친화적 정책은 노동집약적일 수 있다.

민주화, 분권화, 자치 부여에 비용이 발생된다는 것도 사실이 아니다. 사회정책에서의 예방 원칙, 자체조직 수준의 향상, 자조 지원이 비용 급증을 막고 사회적 '참여의 생산력'을 동원할 수 있을 것이다. 더 깨끗한 환경, 노동 생활과 사회생활의 더 인간적인 형태의 옹호, 심지어 동서 진영의 군비경쟁이 주변부 집단 혹은 '시민'만의 문제라는 것도 사실이 아니다. 이는 노동계급운동의 원래 목표다.

사회민주주의의 정체성? 우리의 정책을 묶어주던 힘이 좀 약화되었다. 많은 참여 세력이 우리를 더 이상 신뢰하지 않는다. 신뢰를 회복하고 이를 정당화하여야 한다. 우리 개혁 요구가 더 명확해져야 한다. 방법은 우리가 찾아야 한다. 사람들이 어떻게 경험, 불평, 바람과 희망을 을 어떻게 표현하는지 경청하여야 한다. 그리고 이를 실현 가능한 가치지향적 정책으로 바꾸어야 한다.

브란트의 연설에 대응하는 글로 발표된 뢰벤탈의 글을 살펴보면 사민당 내 대립하는 두 개 노선 간의 차이를 알 수 있을 것이다.[114] 그의 글은 다음과 같이 요약할 수 있다:

사민당은 모든 여론조사에서 하강세를 보여주고 있으며, 이는 베를린, 헤센, 니더작센의 지방선거에서 확인되었다. 주목할 만한 사실은 젊은 유권자들이 이탈하고 환경 관련 단체가 녹색당 지지 아니면 기권으로 사민당에 등을 돌리고, 숙련 노동자와 도시 지역에서의 소위 고정 지지 유권자(Stammwähler)들이 기민련 지지 혹은 기권으로 돌아섰다는 것이다. 이는 사민당을 과반수 득표가 가능하게 만들었던 상이한 이익을 가진 지지층의 연대 해체의 원인이 되면서 정체성 위기를 야기하였으며, 이는 당의 내부 투쟁을 심화시키고 있다.

앞의 글에서 브란트가 "사민당이 주변부 집단의 유권자를 택하면서 노동자들을 버렸다"는 것을 과장이라고 하면서 이를 기민련과 이와 가까운 언론 탓으로 돌렸다. 그리고 브란트는 고데스베르크 강령 채택 이후 사민당이 순수한 노동자 정당이 아닌 사무직, 서비스 산업과 공공 부문 종사자를 받아들임으로써 국민정당이 되었고, 여기에 비판적인 젊은 세력에게 문호를 개방한 모범적 정당이 되었다고 말했다. 이들의 근본적인 인간적 목표와 사민당의 목표가 양립할 수 있기 때문에 저항하는 젊은 세력 주력

---

114) 두 글 모두 "Die Neue Gesellschaft", Jg. 28, 1981에 게재되었다.

의 수용은 필요하고도 지속적이라고 말했다. 그런데 1970년대 초 사민당의 개방과 현재의 젊은 유권자들의 사민당 이탈은 비교가 어렵다.

학생운동 당시 사민당이 상승세 있었던 것은 전후의 계몽주의적이고 권위주의적인 기민당 정부를 비판하고 있었기 때문이다. 이런 점이 민주적 좌파의 상승에 기여하였다. 그리고 학생운동의 한 요인은 혁명적 환상이었다. 사민당의 개방은 사민당이 반대하던 혁명의 환상이 진정되는 한도에서 효과가 있었고 젊은 사람들은 사민당-자민당 연립정부 구성을 그들은 살아남을 수 있는 개혁의 한 방법으로 보았다.

1969년 연립정부 구성은 그런 개방의 결과가 아니라 선결조건이었다. 이는 1972년 총선에서 브란트 총리에게 승리를 가져다주었고, 제도 속으로의 장정(Marsch durch die Institutionen)에 나선 사람들의 수용이 가능했다. 그러나 사민당의 흡인력을 상실하게 만드는 오늘날의 젊은이들의 봉기는 과거의 학생운동과는 완전히 다르다. 인간적인 동기를 가지는 이들은 사회의 혁명을 바라지 않고, 희망이 없는 사회로부터 벗어나서 스스로를 지킬 수 있는 섬을 만들려고 한다. 이들은 평화운동 시위자 중 소수다. 그렇지만 녹색운동에서는 상당한 부분을 차지하고 있다. 이들은 노동분업에 바탕을 둔 산업사회의 대안을 만들려고 한다.

이들은 모든 현대의 과학기술은 악이며 산업사회의 창출은 역사의 일탈이라 믿고 있다. 컨베이어 벨트 위에서의 노동의 해체를 혐오하며, 상업적 소비기업에 반대하여 시골로 가서, 유기농 식품을 재배하며, 내일은 협동조합 주점을 내고, 그 다음 날은 가사정리를 하겠다는 것으로 이는 전문적인 분업의 거부다. 인간적인 노동을 더욱 인간적으로 만들겠다는 것이며, 조립 라인을 새로운 형태의 집단적 작업으로 대체하겠다는 것이다. 그렇지만 이탈이 개혁의 길은 아니다. 끊임없는 활동의 변화는 풍요 속에서만 가능하다. 우리 사회에는 경제적 합리성의 요구에 따른 전문화를 포기한 고상한 동기와 목표를 가진 일이 있지만 이는 객관적으로 기생적이다. 이 대안 조직은 장학금이나 부모의 지원으로 살아가기 때문에, 노동 대중이 고상한 동기를 인정하지 않으면 이 역시 기생적이다.

브란트는 그의 연설에서 대안을 찾는 젊은이들이 자기들의 목표가 사민당의 목표와 모순되지 않는데 왜 사민당을 빠져나가느냐고 물었다. 나는 그가 잘못 알고 있다고 생각한다. 노동생활의 인간화(Humanisierung des Aebeitslebens) 동기는 상충되지 않지만 이들의 정치적 혹은 반정치적 목표가 상충된다. 사회민주주의는 산업사회의 산물이다. 현대 세계를 세계사적 일탈이라고 보는 이들과 타협할 수 없다. 따라서 지구상의 수십억을 괜찮게 먹여 살리는 것이 산업사회가 아니라면 불가능하며, 모든 대안은 반동적이라는 것을 분명히 밝혀야 한다. 사회 주변부에 외딴 섬을 만드는 것이 참여는 아니다. 참여란 더 큰 전체로 참여하는 것을 말한다. 현실적 지역 정치로서 시민운동 형태의 녹색당 일부의 진정한 참여는 '더 많은 민주주의'에 기여할 수 있다. 칩거는 민주주의로부터 칩거며, 종종 민주주의의 법 불복종으로 나아간다. 법은 전체로서 사회를 묶어주는 근본이다. 사회에서 빠져나가는 사람은 쉽게 법을 경시한다.

사회민주주의의 통합 과제를 복잡하게 만드는 논쟁은 지킬 것이 많은 보수화된 노동자 유권자 대중과 '새로운' 사회계층에서 충원되는 비판적 젊은이들 간의 것이 아니다. 이는 기존 사회로부터 '이탈자들'(Aussteigern)과 노동자, 자영업자, 사무직과 공공 부문 종사자를 포함하는 모든 근로대중 간의 태도와 이익 간의 갈등이다. 이탈자들의 문제와 동기를 이해하는 정당은 이들 중 일부를 수용할 수 있지만, 이들의 세계관을 분명한 논리로 확실하게 반대하는 한에서 그렇다. 분명한 금을 긋기를 피하는 정당은 스스로 해체될 수 있을 뿐이다.

매우 다른 문제이기 때문에 사민당과 평화운동의 관계에 관해서는 언급하지 않았다. 이탈자 대중이 조금이나마 정치적 관심을 가지고 있을 때는 평화운동을 지지하지만, 이는 이들의 범위를 훨씬 넘어서서 진행되고 있다. 일방적인 핵무기 배치 포기로 위협을 피할 수 있다는 믿음과 핵 위협 공포의 증대가 매우 상이한 배경과 연령대의 많은 사람들에게 영향을 주었다.

군비 증강 문제의 본질을 논할 계제는 아니지만, 유럽에서 소련의 중거리 미사일 감축과 효과적인 동서 간 균형을 결합시킬 수 있는 최선의 방법으로서 군비증강과 협상의 필요성을 과거나 현재 모두 확신하고 있다.

슈미트 총리의 발의와 1979년 사민당 베를린 당대회 결의에 동의한다. 평화운동은 크게 성장하였고, 2중궤도 결정에 명백하게 반대하고 있다. 오로지 대부분의 평화운동 지지자들과 달리 평화운동에 관계하는 공산주의들만이 소련의 유럽 내 핵 무장을 정당화한다. 이들은 운동을 조종하려고 한다. 그러나 이들 주도로 대중을 결집시킬 수 없고 따르는 사람도 소수다. 그러나 전체로서 운동은 협상은 환영하고 서부 유럽의 군비증강은 배제하려고 한다. 평화와 독립을 보장할 균형의 필요를 인정하지 않음으로써 협상 성공 가능성을 약화시키고 있다.

이런 상황에서 사민당이 해야 할 일은 두 가지다. 베를린 당대회 결의의 고수와 연방정부 정책 지지에 의심을 남기지 말아야 하며, 평화운동에서 좋은 의지를 가진 모든 사람들과 아주 심도 있는 토론을 이끌면서 서독과 미국의 협상 의지를 진정으로 가지고 있다는 것과 군비증강의 필요성을 납득시켜야 한다. 그런데 사민당 내의 평화주의자들이 군비증강을 근본적으로 반대하고 다음 당대회에서 베를린 결의를 수정하려고 하기 때문에 더욱 어렵다. 그래서 당 지도부, 특히 당수의 태도가 가장 중요하다.

사민당 반대 언론과 동맹국 및 중립국 언론은 브란트가 실제로는 군비증강과 자신이 찬성한 베를린 결의의 반대자라고 보도하고 있다. 에곤 바르처럼 그도 최근에 2중궤도 결정이 협상과 균형의 유일한 방법이며 협상은 이를 기초로 지금 시작될 것이라고 강조했다. 그렇지만, 브란트는 한동안 당내 활동과 특히 10월 10일 본 시위 전날 비판적인 부작위 행위로 중립주의적 태도를 취했다. 브란트가 공산주의와 공동행위 금지 규정을 내세우면서 사민당원의 시위 참가를 규정에 반한다고 했어야 한다는 당내 우파의 의견에 동의하지 않는다. 시위에서 공산주의자들의 참가는 전혀 의미 없다. 그러나 사민당의 시위 참가는 연방 정부의 정책과 사민당이 채택한 정책에 반한다. 에르하르트 에플러 등 당 지도부의 참가에 관해서는 당수나 지도부가 시위자들이 내세운 것이 최선의 평화의 길이라 생각에 동의하지 않는다고 사전에 공개적으로 언급함으로써 당원들의 참가 열의를 떨어뜨려야 했다. 브란트는 그렇게 하길 원하지 않았고, 이는 당내 갈등을 악화시켰다.

브란트의 부작위의 동기가 평화운동 발전 중요성과 사민당이 운동 지지자들과의 토론 주도 필요성 인정에 근거하고 있다고 이해한다. 참여 거부는 토론을 더 어렵게 만들 것이다. 이것이 그의 논거라면 받아들일 수 없다. 효과적인 토론이 되자면 자기주장에 모호한 점을 전혀 남기지 않아야 한다. 브란트의 최근 연설을 필두로 사민당의 공식 입장은 분명하다. 그리고 넓은 전선에서 토론이 이루어져야 한다. 평화운동에는 좋은 뜻을 가진 사람들이 훨씬 더 많고 이들은 민주주의 공동체체로 통합되어야 하고 그렇게 될 수 있기 때문이다.

당내외의 평화주의자들과의 논쟁은 당의 긴요한 이익의 입장에서 사민당이 받아들여야 한다. 일시적으로는 손해의 위험이 있지만 협상지향적인 평화 정책과 방위 정책 병행의 필요성에 대한 넓은 합의 회복에 기여할 것이다. '녹색운동'과 '대안세력'의 젊은이들과의 논쟁은 환경정책의 개선, 노동조건의 인간화, 사민당 사회정책의 다른 결점 수정에 대한 구체적이고 건설적인 기여와 민주적 과정에 대하여 무지하면서 노동분업의 산업사회에 적대적인 이탈자들의 이념과 실천을 분명하게 구별시켜주어야 한다. 이렇게 선이 분명하게 그어진다면, 고데스베르크 이후 광범위한 사회적 연합을 유지해온 핵심 세력 어느 누구도 잃어버리지 않을 것이다. 이에 실패한다면, 사민당의 숙련 노동자 및 모든 노동계급 기반은 약화될 것이다. 사회당의 미래는 분업에 바탕을 둔 산업사회의 민주적이고 발전의 정당이란 자기 정체성을 분명히 하는 데 달려 있다.

1973년 하노버에서 열린 당대회에서 브란트는 서독이 산업사회에서 서비스 중심의 사회로 발전하고 있다고 말했다. 그리고 당원 구성도 옛 당원이 3분1로 줄어들었다고 말했다. 고데스베르크 강령 채택은 이런 변화에 따른 것이라는 입장이다. 당은 숙련 노동자 중심의 계급 정당 즉, 노동자당에서 이들과 지식인 기술자, 사무직, 서비스 산업 및 공공 부문 종사자의 연합체인 국민정당으로 바뀌었다는 것이다.

이런 논리의 연장선상에서 브란트는 새로운 변화의 흐름을 받아드려야 한다는 입장이다. 사회구조의 변화 특히 젊은 세대의 환경운동과 평화운동에 참여하는 원인과 명분을 살펴보고, 지금까지 사민당이 추구해온 물질적인 삶의 질의 향상과는 다른 가치지향적이고 참여지향적인 삶의 질의 요구 등 젊은 세대의 요구에 대하여 해답을 제시하여야 한다는 것이다. 말하자면 가치지향적 삶의 질 향상 요구에 귀를 기울여야 한다는 입장이다. 그리고 이것이 원래 노동운동이 지향하는 바로 이들의 요구를 수용하여 가치지향적 정책 수립으로 나가야 한다는 것이다. 이에 더하여 브란트는 같은 해 11월 11일자 차이트 신문지상에 "우리는 개방이 필요하다"(Wir brauchen die Öffnung)는 제목으로 같은 내용의 글을 기고하면서 가치와 사람들에 대하여 당의 문호를 더 개방하여야 한다고 주장하고 있다.115)

뢰벤탈은 사민당의 정체성 위기는 지지도 하락과 지방선거 연패가 증명하고 있다는 것에서 출발하고 있다. 사민당은 산업사회의 근간인 숙련 노동자를 핵심 지지층으로 하고 숙련 노동자, 기술 지식인과 새로운 집단으로서 서비스 산업, 사무직, 공공 부문 종사자들의 연합으로, 숙련 노동자가 근간이라는 산업사회의 산물이라는 것이다. 여기서 참여적인 젊은 세대와 세계관이 갈라진다는 것이다.

이들은 산업사회는 역사의 일탈이라고 본다. 노동을 비인간화하고 있다. 이들은 기존의 노동조합을 나이든 사람들의 기득권 조직으로 보았다. 뢰벤탈은 산업사회를 부정하는 세계관이 다른 이들을 기존 사회의 '이탈자'로 규정하고 사민당은 이들과 선을 확실히 그어야 한다고 주장하고 있다. 사민당이 선의에서 평화운동에 참여하는 대다수 대중들과 토론을 통하여 2중궤도 결의가 평화로 가는 최선의 길임을 토론을 통하여 이들의 주장과 그 차이를 분명히 하고 설득함으로써 이들을 당내로 통합하여야 한다는 것이다. 즉, 당의 기존의 정체성을 분명히 하는 것이 당의 살 길이라는 것이다.

정체성을 둘러싼 당내의 치열한 노선투쟁에서 상반되는 입장을 두 사람

---

115) *Die Zeit*, 1981. 11. 11.

은 부드럽게 표현하고 있지만 대립 각은 날카롭다. 기득권과 반기득권, 인간화를 표방한 물질지향적 노선과 가치지향적 노선, 결국은 지지 기반을 어디에 두느냐에 따른 정체성 문제로 귀결될 것이다. 그리고 뢰벤탈이 사회당의 임무는 사민당-자민당 연립정부의 정책과 베를린 당대회 결의를 지지하여야 한다는 주장에서 보듯이, 이는 단기적으로는 1982년에 예정된 당대회를 겨냥한 것일 것이다. 친(親) 슈미트 총리 대 반(反) 슈미트 총리 세력 간의 대결과 연정 붕괴 결정의 장을 예고하고 있는 것이다.

3) 1982년 뮌헨 당대회: 노선의 동거

1982년 2월 연방의회에서 슈미트 총리의 신임은 확인되었지만, 당내에서 슈미트 총리를 지지하던 중도와 우파 세력은 주도권 싸움에서 밀려나고 있었다. 환경과 평화를 내세운 좌파 세력이 주도권을 잡아가게 된다. 이는 확인해준 것이 그 해 4월 뮌헨에서 열린 당대회였다.

당대회는 '일자리 창출, 평화 확보, 자유 보전'(Arbeit schaffen, Frieden sichern, Freiheit bewahren)이라는 슬로건 하에 4월 19일에서 23일까지 뮌헨의 올림픽홀에서 열렸다. 슬로건처럼 논의의 중심은 고용 정책, 에너지 정책, 평화와 안보 정책이었다.[116]

대회 목표는 일치단결과 사회민주주의의 제시였다. 브란트는 보고서 발표를 통하여 과거의 단결로 돌아갈 것과 정책 개혁에서 본래의 모습을 찾을 것을 촉구하였다. 그는 필요한 것은 방향성이며, 따라서 당대회는 '앞으로 전진'(Aufbruch nach vorn)해야 한다고 말했다.

그는 사민당은 전보다 더 노동자의 당, 노동자를 지켜주는 당이냐 여부로 평가되기 때문에 중점을 경제와 사회 정책에 두어야 된다고 말했다. 국

---

116) Werner Milert/Ingeborg Wahle-Homann, "Der Parteitag der SPD - Aufbruch nach vorn", www.fes.de

제적으로 어려운 상황에서는 성과의 보전과 개혁이 추진되어야 한다. 세계적 경제위기를 적극적 구조개혁에 활용하여야 하며, 공동결정제도뿐만 아니라 생산자본 소유에 노동자의 참여라는 새로운 정치 과제에도 더 많은 관심을 기울여야 한다는 것이다. 그리고 법치, 여성 평등, 세대 간 대화, 환경정책과 외국인과의 관계는 보수적이 아니라 개혁적 의식에서 접근하고 해결되어야 과제라고 보았다.

브란트가 당수 보고서에서 사민당이 새로운 모습을 보여주기를 바란 반면에 슈미트 총리는 정부 정책에 대한 이해와 지지 확보에 중점을 두, 정부 내에서 민주적으로 정당한 의사 결정의 운신 폭이 널리 생각하는 것보다 훨씬 협소하다고 말했다. 따라서 재정이 수반되는 모든 약속에는 매우 신중하여야 한다고 권고했다. 현재 정책 운선순위는 대량실업 해결, 일자리 창출, 경제성장의 충분한 회복이며, 이에는 더 많은 민간 및 공공의 투자가 필요하며, 이것이 바로 '공동체 주도'(Gemeinschaftsinitiative)가 목표로 하는 것이라고 말했다.

그는 노동조합이 조언을 주고 대화를 통하여 장을 마련해준 데 대하여 감사를 표하고 통합노조의 중요성과 책임감을 강조했다. 그는 앞으로도 공동경제의 원칙을 지지하겠다고 확언하고, 외국인 문제에 대해서는 외국인 혐오에 대항하는 정당, 노동조합, 교회 및 청년 단체의 합동 홍보 운동을 요청하였다.

외교와 평화 정책에서 그는 전날 브란트가 말했던 것처럼 슈미트는 나토 2중궤도 결정에 대한 자신의 신념을 재확인하고, 에너지 정책에 위험 분산 원칙 추구를 지지하며, 핵에너지를 포함한 모든 에너지를 이 원칙에 따라 이용할 것이라 말했다. 그래서 핵발전소 건설 유예에 반대한다고 말했다. 그는 '정치적 이성, 진지한 현실주의'(politische Vernunft, nüchternen Realismus)적 접근을 당부했다.

고용정책 문제에 관해서는 노조의 입장이 많이 반영된 결의가 채택되었다. 결의안에는 다양한 노동시간 단축에 이어서 다음 내용이 포함되어 있었다; 정부의 '공동체 주도' 지지; 작업장에서 불가결한 권리, 대등한 공동 결정, 생산재 소유에 종업원의 참가를 포함한 경제민주주의, 적극적인 정부 경제 정책, 중기 정부의 투자와 완전고용 정책 지지; 환경 개선 투자-고용과 환경 목표가 반드시 상치되는 않는다; "일자리의 영구적 보장뿐만 아니라 이를 인간화"시키는 전향적 기술과 구조정책 등. 이외에 청년에 대한 직업훈련, 적극적 노동시장 정책, 임시직의 일반적인 금지를 내용으로 하고 있다. 또한 노조의 노동시간 단축 요구와 단체협상의 중요성을 강조하고, "노조의 적극적인 임금 정책을 고용 위기 시의 속죄양으로 만들려는" 모든 시도는 단호히 반대한다는 내용도 들어 있다.

그리고 재정 자 대책으로서의 긴축정책은 정치, 경제적으로 옳지 않다고 거부하였다. 경기순환에 따른 재정 부족과 초과 지출은 차입으로 대응한다는 것이다. 그런 한편으로 '약자와의 강한 연대'(die Solidarität der Starken mit den Schwachen)를 요구하고 있다. 이에는 고소득자에 대한 추가과세, 노동시장에 공과금, 조세 특혜 폐지 등이 포함되어 있다.

정치적 이성으로 경제와 고용 정책에 접근한 것과는 대조적으로 진지한 현실주의(?)에서 에너지와 안보 정책에 접근하였다. 에너지 정책에서는 핵발전소 신규 건설 2년 유예가 논의되었다. 에플러 등은 기존 에너지의 설비 과잉을 언급하며 유예를 지지한 반면에, 호르스트 엠케, 아돌프 슈미트(Adolf Schmidt)[117] 등은 이에 반대하였다. 실무그룹은 표결에서 2:3으로 유예 취소를 지지하였다.

나토의 2중궤도 결정에 관한 찬반토의는 치열했다. 에곤 바르는 기존 안보 정책 기초의 재검토가 필요하다고 말하면서, 이런 맥락에서 미국의 케네디와 맥나마라의 핵무기 사용포기 고려에 관해서도 언급했다. 그렇지만 바르나 한스 아펠(Hans Apel), 호른스트 엠케(Horst Ehmke)나 카르스텐 보이크트(Karsten Voigt)가 이중궤도 결정을 배척하지 않았다. 반면에 군비증강

---

117) 아돌프 슈미트는 금속노조의 광산 및 에너지 노조위원장 출신으로 1979년 당대회에서 유예 해제에 찬성하였다.

반대론자인 에플러, 라퐁텐, 울리히 클로제(Ulrich Klose)는 공격적으로 나왔다. 에플러와 라퐁텐의 유예안이 승리하였다. 이 내용은 다음과 같다; "사민당은… 중단거리 미사일 배치 유예를 요구한다. 협상을 위하여 사민당은 소련이 협상 기간 동안 유럽 겨냥 핵탄두 숫자를 1978년 수준으로 감축할 것을 요구한다. 감축 기간 중에 미국의 신형 미사일 유럽 배치 준비는 중단되어야 한다." 이 유예 기간 중에 소련이 협상 계속 의지를 보여줄지 아니면 거부할지에 관한 격렬한 공방이 있었다. 그러나 유예 결의는 1983년 당대회까지 조건부였다.

폐막사에서 브란트는 사민당이 "노동자와 진보적 부르주아, 젊은 세대와 지적인 독일과 연대를 재확립하기로 결심했다"고 말했다. 그는 자민당과의 연립정부 수립 추진을 인정한 "어려울 때가 검증의 기회다"라는 그의 뮌헨 선언을 다시 다짐했다.

당대회는 아직 노골적으로 좌파노선을 내놓고 있지는 않았고, 고용정책 결의는 구체성이 떨어지지만, 현 사민당-자민당 연립정부의 시장지향적 정책과는 기본적으로 부딪히고 있었다. 경제불황을 주기적 경기변동으로 보고 있다는 것이다. 그래서 재정적자를 차입금으로 대응할 수 있으며 이는 경기순환상 호황기에 보충할 수 있다는 것으로 자민당의 람스도르프 경제장관이 주장하고 있는 재정지출 축소와 긴축정책과 정면에서 부딪힌다. 물가 안정을 중시하는 슈미트 총리의 노선과도 충돌한다.

브란트 그리고 결의안이 완전고용 정책으로의 복귀를 담고 있지만 슈미트 총리가 1976년 총선에서 5% 실업률보다는 5% 물가가 중요하다고 말한 것과 배치되며, 람스도르프의 고용정책과도 배치된다. 그리고 이미 1979년에 집권한 영국의 대처 총리나 1981년 집권한 미국 레이건 대통령 정부의 규제완화와 노동시장 유연화를 특징으로 하는 신자유주의 경제정책이 세계 경제를 주도하고 있는 상황에서 해외 경제 의존도가 높은 서독에서 지속 가능성이 있는지 의문시 되는 정책노선이다.

또한 소위 부자세, 고용 관련 공과금 부과, 조세 특혜 폐지 등은 공공 부문과 민간 부문의 투자를 전제로 한 공동경제에 기조에서 민간 부문 투자를 위축시킬 수 있다. 그리고 공동결정제도 확대, 직장폐쇄 금지 등은 기업의 즉각 반발을 야기할 내용이었다. 이미 1974년 공동결정 확대 추진에 대하여 경제계는 노동조합 국가를 만들려는 의도라고 반발하지 않았던가? 그리고 국제간 자본 이동의 자유화를 내건 신자유주의에 대하여 어떻게 대응할 지도 의문이다. 신자유주의적 흐름에 대한 언급이나 비판이 없는 것은 아마 사민당이 정체성 문제로 당내 문제에 골몰하고 있고 대외 정책과 관련해서는 중거리 핵미사일 배치 문제가 초미의 과제였을 것이다.

핵발전소 신규 건설 유예 문제도 전통적 지지 기반인 노동조합과의 타협에서 1979년 결의를 재확인한 것이다. 1981년 10월 이후 서독의 정치권, 특히 사민당을 뜨겁게 달구었던 나토의 2중궤도 결의안에 대한 당대회 결의는 정면에서의 반대가 아닌 1983년 당대회에 최종 결정하기로 하고 배치 유예를 결의하였다. 그런데 소련에 대해서는 미국이나 나토 그리고 슈미트 정부의 노선인 제로 옵션 정책에서 뒷걸음친 협상기간 중 1978년 수준으로의 감축 요구에 그쳤다. 당내 갈등을 확대하지 않고 이런 타협적인 자세를 보인 것은 브란트가 폐막사에서 말한 뮌헨 선언의 재확인에서 볼 수 있듯이 자민당과의 연립정부의 유지도 중요한 요인일 것이었을 것이다. 브란트의 사람이라고 할 수 있는 호른스트 엠케, 카르스텐 보이크트가 2중궤도 결정을 배척하지 않는 것을 보아 짐작할 수 있다.

4) 1983년 두 차례 당대회: 좌경화

이미 당대회 결의에 대한 반발은 나타나고 있었다. 당대회 결정을 정부 정책에 포함시키는 것과 관련하여 슈미트 총리는 뮌헨에서 그의 권위나 다른 헌법상 임무를 포기하지 않을 것임을 확인해주었다. 슈미트의 정책에 배치되는 결의와 세력의 위축을 본 자민당 당수 겐셔도 연립정부 내에서

'일관된 시장지향적 입장' 관철을 밝혔다.

이후 니더작센, 함부르크 지방선거 패배가 이어지면서 사민당-자민당 연립정부의 존립이 어려울 것이 전망되었다.[118] 바로 이런 시점인 9월 10일 앞에서 언급한 것처럼 슈미트 총리와 사민당이 받아들일 수 없는 공공부문 지출 억제와 재정 긴축을 주요 내용으로 하는 람스도르프 페이퍼가 공개되면서 연정이 붕괴되고, 10일 1일 콜 총리 취임과 조기선거 체제로 들어간 것은 이미 언급한 바다. 이에 따라 사민당은 1983년 1월 21일 도르트문트에서 임시 당대회에서 총리후보를 거부한 슈미트 대신 한스 포겔(Hans-Jochen Vogel)을 총리후보로 선출하고 선거강령을 채택한다.

당시 서독 총선은 1983년 말 이전에 개시될 미국의 퍼싱II 중거리 핵미사일 배치를 둘러싼 결정적인 시기란 점에서 나토와 바르샤바 진영의 국제적 관심사였다. 따라서 선거강령을 살펴보기 전에 1982년 가을부터 총선까지 중거리 핵미사일을 둘러싼 동서 진영 특히 소련의 움직임을 살펴보는 것이 필요할 것이다.

소련 입장에서는 1981년 10월 12일 본 집회에 참여하고, 4월 뮌헨 전당대회에서 미국의 중거리 핵 마사일 배치 유보 요구를 결의한 사민당의 승리를 원하는 것은 당연했다. 소련에서는 브레즈네프 공산당 서기장이 사망하고, 1982년 11월 12일 유리 안드로포프가 서기장에 취임하였다. 취임을 계기로 대대적인 평화 공세로 나왔다.

우선 소련은 1982년 가을 재개된 제네바 협상 중 11월에 전략무기 협상과 관련하여 다음과 같은 제의를 하였다.

---

118) 선거 결과는 다음과 같다. (득표률: %)

		사민당	기민련	자민당	90/녹색
니더작센	1978.6.4	42,2	48,7	4,2	3,9
	1982.3.21	36,5	50,7	5,9	6,5
함부르크	1978.6.4	51,5	37,6	4,8	4,5
	1982.6.6	42,7	43,2	4,9	7,7

www.wahlen-in-detschland.de 자료를 기초로 작성

- 미국의 미사일 배치 계획 취소의 대가로 소련은 서유럽을 겨냥한 중거리 미사일 숫자를 영국과 프랑스가 보유한 것과 같은 숫자로 감축한다.
- 유럽에서 철수하는 소련 미사일은 우랄산맥 동부에 재배치한다.
- 무기 숫자에 관한 협상에서는 지상발사 미사일과 핵무기 탑재 가능 폭격기 숫자를 분리한다.

그리고 그 해 12월 12일 소련 건립 60주년 행사에서 안드로포프는 미국을 침략자라 규정하고, 핵전쟁이 발발해서는 안 되며, 모든 종류의 무기를 상호 감축하자고 제의하였다. 이어서 1983년 1월 5일부터 이틀간 프라하에서 열린 바르샤바조약기구 회의의 성명서로 소위 안드로포프의 "프라하 선언"(대제안; Grand Proposal)이 발표되었다. 이는 서유럽 내, 특히 서독의 평화운동과 서독 총선을 겨냥한 것이었다. 이는 포겔의 모스크바 방문, 사민당의 선거강령에서 충분히 확인할 수 있다.

상호관계에서 군사력을 사용하지 않을 것임을 확약하는 나토와 바르샤바조약기구 사이의 공식조약을 촉구한다는 이 선언은 대체로 다음과 같이 요약할 수 있다. 1970년대 국제관계 개선에서 가시적인 진전이 현재 악화되어 왔다. 이는 "힘, 압력, 내정 개입, 민족독립 침해를 추구하는 제국주의 진영" 특히 "핵무기 선제 사용으로 핵전쟁에서 승리할 수 있다는 전제" 하에 군비증강을 추구하고 있는 미국에 의한 것이라고 주장하면서, "동서 진영의 상이한 이념을 가진 정당, 조직 운동"을 포함한 "평화애호 세력"이 이들 검은 세력의 반대편에 가담하였다고 주장하였다. 그리고 "지구상의 문명과 생명을 보존하기 위한 대규모 국제적인 협력"을 촉구하였다.

동서 군축에 관해서 바르샤바조약기구는 핵무기를 선제 사용하지 않겠다고 하면서, 감축과 궁극적인 폐기를 목표로 한 전략무기의 "상호 양적 동결", 비핵지대, 핵무기 확신 금지, 외국 군사기지 철폐 등 다양한 제안과 호소를 하고 있다. 또한 "단계적인 핵무기 축소 계획안 수립", 핵 실험 금지, 화학 무기, 중성자 무기, 방사능 무기, 우주 공간에 무기 배치의 금지와 폐기 등을 촉구하고 있다.[119]

이 선언에 대하여 나토 측은 나토나 바르샤바조약기구 회원국이 모두 서명한 헬싱키 선언, 유엔헌장, 기타 국제조약이 유사한 조항에 새로운 것을 추가한 것이 없는 것이라 반응하면서도 예민한 시점이라 신중하게 대응하였다.

그렇지만 이미 고용정책과 중거리 미사일 배치가 총선 이슈의 중심이 된 3월 8일 서독 총선을 겨냥한 것이라 서독의 총리후보와 정당은 가만히 있을 수 없었다.

자민당의 겐셔는 진지하게 검토한다는 입장을 표명하면서 사민당과 포겔 총리후보 및 녹색당의 이슈 독점을 막으려 했다. 그리고 기민련의 콜은 서방 측과 같은 입장에서 프라하 선언의 내용은 이미 서독이 동유럽 진영과 맺은 모든 조약에 이와 유사한 무력 사용 포기 조항이 있다고 말하면서, 소련의 체코슬로바키아 침공, 폴란드의 계엄령 선포 그리고 아프가니스탄 침공이라는 현실에 의미를 두는 그 어떤 내용도 없다고 말했다. 그는 슈미트의 제로 옵션 노선을 지지하면서 동맹과의 연대를 강조하였다.

사민당의 포겔 총리후보 예정자는 프라하 선언을 받아들일 태도를 보이면서, 새로운 것은 없지만 전향적이라고 말했다. 포겔은 서독에 이익이 되도록 강대국을 다룰 수 있는 지도자로서의 이미지를 만들고자 1983년 1월 워싱턴과 모스크바 방문에 나섰다. 워싱턴 방문은 소기의 성과를 거두지 못하였다. 이어서 에곤 바르를 대동하고 그는 모스크바를 방문하였다. 여기서는 안드로포프와 15분의 단독회담도 가지는 등 환대를 받았다. 그는 소련이 바른 방향으로 가고 있다. 미국이 이에 응해야 한다. 슈미트의 제로 옵션은 이상적이지만 실현 가능성이 없다. 1979년 이후 사민당이 뒷받침해 왔던 슈미트의 제로 옵션을 부정하고 나선 것이다. 우리는 우리를 겨냥한

---

119) "The Prague Summit and the Warsaw Pact's Grand Proposal", www.osaarchivum.org

소련 진영의 미사일을 원치 않으며, 우리 땅에 소련을 겨냥한 미사일 배치도 바라지 않는다는 발언을 하였다.

이런 상황 전개 속에서 포겔이 평화와 안보정책에 관하여 사전 분위기 조성을 한 바탕에서 1월 21일 도르트문트에서 3월 8일 총선을 위한 임시 당대회를 열고, 포겔 총리후보 선출과 선거강령을 채택하였다. 선거강령을 살펴보면, 이번 총선의 이슈인 고용정책과 평화와 안보정책에서 그 전해 열린 뮌헨 당대회와 그 동안 안드로포프의 프라하 선언과 이에 대한 포겔과 사민당의 입장을 그대로 반영하고 있다. 내용을 간략하게 살펴보면 다음과 같다.

우선 자민당의 연정 해소와 기민련/기사연-자민당 연립정부 구성을 도덕성과 민주적 정당성이 결여되었다고 비난하고 있지만, 이는 사실 1972년 브란트 총리 불신임 동의안 제출과 그 후 벌어진 일련의 과정을 거쳐 총선을 통하여 재집권하는 과정과 별반 차이 없는 기본법 68조에 근거한 합헌적인 절차였다. 이를 비롯하여 특히 평화안보 정책은 환경운동과 평화운동 참여자들을 겨냥한 것이었다.

사회복지비 지출로 인한 연방 예산 급증과 적자 재정에 대해서는 기민련/기사연의 봉쇄정책(Blockadepolitik)으로 인한 초과 지출에도 책임이 있다고 규정하였다.[120] 향후 경제 전망을 하면서 새로운 경제위기로 경제상황은 더 악화될 수 있다. 그러나 시장의 자기 치유력이 이런 경제적, 생태적 문제를 해결할 수 없고 오히려 악화시킬 것이라면서 시장 주도 경제와 금을 그었다. 평화와 안보정책에 관해서는 긴장완화 정책과 적극적 평화 확보를 위하여 이상적인 선택은 없다고 하여 역시 제로 옵션 정책의 폐기를 예고하였다. 그리고 사민주의 운동은 사회질서의 확고한 계획이 아니라, 더 많

---

[120] 기민련/기사연 선거강령에서는 1949년-1969년 20년 동안 기민련/기사연 정부의 차입금은 140억 마르크였는데, 헬무트 슈미트 총리 정부 8년 동안의 차입금은 2천억 마르크라고 비판하고 있으며, 콜 총리가 집권하지 않았다면 1983년 노동부의 적자는 133억 마르크로 연금보험이 파산했을 것이라고 주장하고 있다.

은 자유와 더 많은 정의, 더 많은 연대를 둘러싼 끊임없는 고투라고 선언하였다.

궁핍과 후견으로부터의 자유, 정의와 부담의 분배, 강자나 약자 모두 서로 책임을 공유하는 연대가 사민당의 목표이며 이를 실현하기 위하여 협동조합 구상을 되살려야 한다고 선언하였다. 이는 고데스베르크 이전 노선으로 복귀하겠다는 의지 표명이었을 것이다. 그래서 사민당은 경쟁사회를 반대하고, 연대사회를 지향한다고 선언하였다. 따라서 약자의 양보를 요구하고, 노동자와 그 가족, 세입자와 연금 생활자, 사회부조 대상자, 학생의 희생만을 요구해서는 안 된다.

평화와 안보 정책에 관해서 사민당은 서방 동맹을 지지하지만, 독일 이익의 입장에서 동방정책 개입과 서독 머리 위에서 내리는 군사결정을 허용하지 않을 것이며, 독일이 자신의 이해를 결정하고 이를 대표하여야 한다고 선언하였다. 이런 기본노선에 따라 다음과 같은 정책을 제시하였다.

- 국제적 연대 하에 고용 문제를 해결하기 위한 국제 고용협약 체결
- 국내적으로 실업을 극복을 위한 연대협약 요구. 연방은행 추가 금리 인하와 성장 기회 창출을 위한 통화정책 수립
- 국가부채에 의한 것일지라도 실업자에 대한 재정 지원을 할 것임
- 고소득자에 대한 추가 과세 즉 부유세 부활
- 신규 고용과 성장이 가능한 환경과 서비스 분야 투자
- 일자리 창출 민간투자 강력한 세제혜택
- 구조조정으로 인한 지역 불균형 해소를 위하여 예를 들면 조선과 해운업 지원
- 철강 산업의 장기적 보호
- 주당 35시간으로 노동시간 단축
- 완전히 대등한 공동결정 제도 실현 노력
- 직장 폐쇄 거부

- 노동생활의 인간화 계속 추진
- 모든 형태의 파견노동 금지
- 토지투기 금지 입법화
- 반사회적 임대계약 해지와 적당하지 못한 임대료 상승에 대한 임차인의 무조건 보호
- 사회평화 보장: 경제적 위기가 사회적 진보, 참여의 권리, 여성을 위한 기회균등, 사회정의 축소에 남용되지 않도록 할 것
- 반노조 정책 단호히 반대
- 세대간 연대 유지를 위한 노령보험 유지
- 부는 인간의 지식과 능력, 창조력의 산물이라는 철학에서 교육제도 개방과 평등한 교육 기회 제공
- 아동수당 계속 시행
- 모든 정책에서 환경보호 우선시
- 에너지 정책 기조 탈석유화
- 핵에너지의 제한된 사용과, 장기적으로 핵에너지를 폐지할 수 있는 전제조건을 창출을 위하여 석탄 우선시
- 헌법적 권리로 대중시위 참여 권리 보장. 여론 형성을 위한 대중시위에 폭력 대응 무조건 반대
- 정치적 동기를 가진 테러리즘의 특히 위험한 폭력행위에 반대
- 양심적 군 복무 거부자 보호
- 대외 안보는 대서양동맹 속에서만 실현될 수 있다. 그러나 동맹에서 개별 파트너의 이해는 항상 일치하지는 않는다. 적극적 평화정책은 안전과 긴장완화다. 안보는 적 앞에서가 아니라 오직 적과 함께 이룰 수 있다. 이러한 선택과 관련하여 효과적인 군축은 조약 당사자 관계를 통해서만 달성된다.
- 중성자무기에 대한 우리의 거부는 분명하다
- 모든 핵무기추구의 포기와 그에 상응한 핵 실험 금지협약 요구

- 세균무기와 화학무기의 생산과 저장 금지
- 동서 간 균형에서 모든 핵무기와 또 프랑스와 영국의 핵무기도 고려되어야 한다
- 소련과 바르샤바조약은 안드로포프와 프라하선언에 의해 올바른 방향으로 움직였다. 미국과 나토는 협상 상대로서 움직여야 한다
- 새로운 단거리 미사일체계에 대한 합의된 배치 금지 선언을 요구
- 동독과 관계에서는 동독의 독립성과 자율성을 인정하는 동서독기본조약과 기타 조약체제를 유지한다.[121]

---

121) 기민련/기사연 선거강령의 평화와 안보정책 및 동독 정책 내용은 다음과 같다.
- 오직 서방 동맹 속에서만 유럽과 세계의 평화와 자유는 유지될 수 있으며, 대서양 동맹은 서독의 자유를 지켜주는 자유 공동체다. 콜 총리 취임 이래로 그 동안 악화되었던 미국과의 관계가 복원되었다. 이런 바탕에서 기민련/기사연의 안보정책은 소련의 군사적 우위에 대항할 효과적 방위 능력과 심리적 태세, 군축과 군비 통제, 대화와 협상이다.
- 긴장이 있기 때문에 완화가 필요하다. 긴장의 유일한 원인은 소련이 군사적 승리를 이용하여 독일의 다른 부분과 동부 유럽 인민들에게 사회체제와 군사동맹을 강요하였다는 사실이다.
- 나토의 2중궤도 결정은 군축의 로드맵으로 이의 목적은 나토 지역에 미사일 배치 선언으로 실제로 배치된 소련의 미사일을 철거시키는 것이다. 사민당의 입장은 제네바 협상에서 서방의 협상력을 약화시키고 서독의 안보를 위험하게 만든다. 사민당의 입장은 궁극적으로 위험한 가치중립적 입장이다.
- 기민련/기사연은 모든 독일인의 이익을 대표하고 있으며 독일의 계속성(Kontinuität)만이 택할 수 있는 정책이다. 적극적으로 독일 국민의 통일권리를 진작시킬 것이다. 동서독 간의 경계선은 국제법상의 국경선이 아니다. 전체로서 독일은 여전히 우리의 조국이다. 독일 통합의 회복이 우리 정책 최고의 목표(überragende Ziel)다.
- 동서독간 조약상의 모든 의무를 준수할 것이다. 그러나 독일민주공화국에 대해서도 같은 것을 기대한다. 균형과 조약상 성실성의 기초 위에서 실질적인 성과를 목표로 동독과의 조약상 관계를 심화시키고 발전시킬 준비가 되어 있다.
- 동부 유럽 및 동독과의 모든 조약은 최종적인 규정이 아니라 기본법 전문

강령은 마지막으로 비효과적인 소수분파 집단이나 나머지 기타 정당에 투표하지 말 것을 촉구하였다.[122]

강령은 1979년 당대회, 1982년 당대회의 좌경화 분위기, 노조와의 타협 등을 그대로 반영하고 있다. 평화와 안보 정책에 관해서는 바르샤바조약기구의 공동성명, 소위 안드로포프 선언 내용을 충실히 따르고 있다. 환경운동과 평화운동의 주장을 포괄한 환경 및 안보정책을 내세우면서 소수분파 집단에 투표하지 말 것을 호소하고 있다. 사민당의 진보정치 독점이 깨어지고 있는 사회 상황의 변화에서 결국 앞으로의 선거 전략을 특히 녹색당으로의 지지자 이탈 방지에 두고 있음을 보여주고 있다. 이는 앞서서 있었던 1980년의 총선 그리고 지방선거에서 사민당에서 이탈한 표가 그대로 녹색당의 득표가 되었다는 것에서 확인되었다. 그리고 이번 총선에서 녹색당은 페트라 켈리가 나토 2중궤도 결의안 폐지를 들고 나왔다.

미국과 소련, 유럽의 동서 진영의 관심 속에 서독 총선이 1983년 3월 6일 실시되었다. 선거결과는 헬무트 콜의 기민련/기사연(연합)의 압승이었다. 연합은 1980년 총선보다 7.6% 늘어난 52.1%로 과반수를 넘는 압승을 거두었다. 사민당은 4.1%가 감소한 40.4% 득표에 의석수도 26석이나 줄어든 202석 확보에 그치면서 오랜 야당으로 돌아가게 되었다. 자민당은 지역구에서는 의석 확보에 실패하고 비례투표에서 3.6% 감소한 7.0%를 득표하여 35석을 확보하고 연정에 참여하여 여당으로 남았다. 녹색당은 지역구에서는 4.1%로 의석 획득에 실패하였지만, 비례투표에서 자민당에 근접한 5.6%를 득표하여 28석의 의석을 확보하여 의회 진출에 성공하였다. 전후 처음으로 기민련/기사연, 사민당, 자민당 3당 독과점 체제가 깨지면서 이질적인 녹색당이 가담하는 다당체제가 만들어졌다. 단순 수치상으로 사민당 이탈

    - "전체 독일인은 자유로운 자기결정에 따라 독일의 통일과 자유를 달성할 사명을 가진다" - 의 의미에서 언젠가는 비폭력적으로 극복될 잠정적인 것이다. www.kas.de

122) "Wahlparteitag, 21. Januar, 1983". www.fes.de

표가 녹색당으로 간 셈이었다. 브란트가 당을 더 개방하였지만 슈뢰더의 우려대로 젊은 유권자들은 사민당을 외면하였다.

오래 동안 사민당 의원들을 이끌어오던 베너(Herbert Wehner)는 이번 총선에 출마하지 않았다. 물론 브란트가 당수직을 유지하고 있었지만, 슈미트 총리의 퇴임, 베너의 은퇴로 사민당은 전후 세대 중심으로 재편되어 당의 정체성을 모색하면서 새로운 시대를 맞이하게 되었다. 베너의 후임은 포겔이 맡았다.

그런데 총선 후에도 퍼싱Ⅱ 배치 반대운동은 여전하였다. 미국이 일방적으로 배치할 수 있는 것이 아니라 서독의 반입 승인이 필요하였다. 의회에서의 최종결정은 11월 22일로 예정되어 있었다. 반대운동은 시민 불복종 운동으로 번져나갔다. 7월에 콜 총리와 겐셔 외무장관이 유럽에 퍼싱Ⅱ가 배치되지 않도록 미국이 소련과 협상해달라고 요청하기까지 하였다. 그러나 미국 레이건 정부는 소련이 먼저 SS-20 철수에 동의하지 않는 한 어떠한 협정도 거부한다는 단호한 입장을 표했다. 10월 22일에는 브란트까지 참가한 서독에서 30만 명이 모이는 대규모 반대시위가 벌여졌다. 미국과 소련은 대립구도는 더욱 예리해졌다. 그 해 9월에는 대한항공 여객기가 소련 전투기에 의해 격추당해서 269명이 사망하는 사고가 있었다.[123] 그리고 1월 25일에는 2천여 명의 미국 해병대가 잘 알려지지 않은 카리브해의 작은 섬나라 그레나다를 침공하였다.[124]

---

123) 당시 서독의 평화운동 단체는 당시 소련의 공식적 입장에 동조하여 대한항공 여객기가 미국을 위한 스파이 활동을 했다고 주장하였다. 그러나 소련 붕괴 후 1991년 "이스베스차"의 사건 관련 연재 기사에서 당시 요격기 조종사와의 인터뷰에서 민간의 보잉 여객기임을 육안으로 확인하였으나 여객기와의 교신하는 등 필요한 아무런 조치를 취하지 않았음이 확인되었고, 그 후 당시 옐친 러시아 대통령은 KGB를 비롯한 관계자 간의 통신을 공개하였다. 비행기의 블랙박스를 회수하였지만 비밀로 부쳤다는 것이다. 미국과 소련의 극한 대립 속에서 항로를 벗어난 민간 항공기에 대한 국제법상의 절차에 따른 사전 조치 없이 행하여진 격추로 판명되었다.

124) 1982년에 소련공산당 서기장에 취임한 안드로포프는 유럽 내 미국의 퍼싱Ⅱ 중

총선 패배와 평화운동 고조 분위기 속에서 그리고 연방의회 최종 표결을 앞둔 1983년 11월 18일 사민당은 쾰른에서 임시 당대회를 열었다. 의제는 2중궤도 결정에 대한 당론 결정이란 단일 의제였다. 내외의 관심 속에 열린 대회였지만 핵무기 배치 거부 동의안은 400 대 14 기권 3으로 거의 만장일치로 가결되어 결과는 싱거웠다. 사민당은 전후 가장 중요한 계기가 될 결정인 군비증강 반대 결정을 내린 것이다. 그러나 이는 본격적으로는 1979년 베를린 당대회부터 표면으로 부상한 노선투쟁의 결정판으로 이 결과 당은 그 후 10여 년 동안 정체성과 노선으로 문제로 방황하게 된다.

당 지도부를 비롯한 슈미트의 연설이 있은 후 마지막 날 표결이 있었다. 당수 브란트의 연설부터 시작되었다. 슈피겔(Der Spiegel)지가 "믿을 수 없을 정도로 강한(unglaublich stark) 브란트의 복귀였다"라고 보도하였듯이,[125] 그의 전통적인 추종자들인 젊은이와 좌파가 환호했다. 전 사회주의청년단 단장 슈뢰더는 결과를 놓고 "브란트만이 할 수 있다. 새로운 다수가 우리에게 브란트의 평화정책으로 복귀라는 관점(Perspektive)을 주었다"고 말했다. 이처럼 대회의 분위기는 브란트의 지지 하에 젊은 세대와 좌파가 주도하였다. 슈피겔은 브란트가 지시하고 원내 대표인 포겔이 이를 따라서 이행했다고 보도했다.

브란트는 10월 22일 본에서의 평화 시위에 참여하였을 뿐만 아니라 이미 1980년 1월 슈피겔과의 인터뷰에서 1979년 베를린 당대회에서 군비증강 결의에 찬성한 것은 자신의 깊은 신념(innerste Überzeugung)에 반하면서 한 것이라고 말했다. 그리고 1983년 여름에 군비증강에 찬성표를 던진

거리 핵미사일 배치를 앞두고 제네바에서 재개된 전략무기 협상 전략으로 그레나다, 수리남 등 카리브 해에 퍼싱 II 배치 전에 대응 미사일 배치를 구상하고 있었다. 유럽 내 배치 퍼싱 II와 일괄 철수(trade-off) 카드로 구상된 것이었다. 이후 그레나다에 쿠데타가 일어나고 친소 정부가 수립되면서 쿠바와 북한 등지에서 기술자가 파견되어 군사시설을 건설하던 중에 미군의 침공이 있었다.

125) *Der Spiegel*, 1983. 12. 5

것은 후임자인 슈미트에 대한 신의에서 한 것이라고 말했다.

표결이 있기 전에 분위기는 이미 군비 증강 반대 분위기였다. 이런 분위기 속에서 라퐁텐은 서독 내에서의 핵무기 사용 결정을 미국 대통령에게만 맡겨둔다는 것은 참을 수 없다고 말했다. 이에 대하여 브란트는 라퐁텐이 서독의 나토 탈퇴를 요구하고 있다면, 이는 빗나간 것이라고 말했다. 당내 평화운동의 정신적 지도자 에플러는 미국의 죽음의 유토피아를 추구하고 있다고 비난하였다. 맹목적이고 비현실적으로 세계를 죽음으로 몰고 가는 포토막 강변의 불안한 쁘띠부르주아에게 현실의 위험 분석은 없다고 말했다.

나토의 2중궤도 결정의 창안자(Erfinder des NATO-Doppelbeschlusses) 슈미트 전 총리가 연설을 통하여 1979년 12월의 2중궤도 결정을 지금도 확고히 믿고 있다고 자기 입장을 밝혔다. 그리고 이는 미국의 중거리 미사일 배치와 군비 협상 요인 간의 불가분의 관련성 설정에 노력을 했을 뿐만 아니라, 지금도 유럽에서 핵무기의 제한과 단계적 철수 통한 균형 복원의 유효한 수단이라고 보기 때문이라고 그 근거를 역설하였지만 당대회 분위기는 이미 그를 떠났다. 그의 정부에서의 국방장관이던 한스 아펠(Hans Apel)를 포함한 14명만이 마지막까지 그를 지켰던 것이다.

사민당 당대회 후인 11월 22일 의회에서 미국 미사일의 서독 내 반입 승인에 대한 표결이 있었다. 사민당이 반대하기로 당론을 정한 것이어서 결과는 예정된 것이었다. 슈미트와 그의 동지들은 기권하였다.

1970년대 중반부터 시작된 당 노선 좌경화가 결론이 나는 현장이었다. 에르하르트 에플러, 오스카 라퐁텐 등이 오래 동안 추구해오고 노선 변경의 수혜자가 누구냐에 관해서는 이론이 있지만 대체로 평화운동과 정치 스펙트럼에서는 녹색당이라고 보아야 할 것이다. 브란트가 말한 더 개방된 사민당을 젊은 사람들은 뢰벤탈이 말한 대로 지나가 버린 것이다.

앞에서 말했지만 나토의 2중궤도 결의를 둘러싼 당내의 노선 투쟁은 근본적인 사민당의 정체성에 관한 것이었다. 사민당은 현실적 집권에 몰두하는 권력정치의 정당이라기보다는 마르크스주의에 기초한 노동운동의 연장선상에서의 계급정당으로서 정치운동 조직이었다. 이들은 혁명이 아닌 의회민주주의에 바탕을 둔 개혁을 통하여 이상을 실현하고자 해왔다. 이런 맥락에서 바이마르 공화국의 사실상 설계자면서도 계급노선에 충실하면서 연정에 참여하는 방식으로 권력 전면에 나서지 않았다.

2차 대전 후 서독에 재건하면서도 같은 노선을 견지하였다. 1950년대를 지나면서 사회구조의 변화에 맞추어 사민당은 고데스베르크 강령을 채택하면서 마르크스주의에 기초한 체제비판적인 노동자 계급의 정당에서 마르크스주의를 청산하였다. 노동자와 중, 하층의 사회적 동맹에 바탕을 둔 집권을 목표로 국민정당으로 변신하였다. 대외 정책과 안보정책에서도 종래의 중립주의의 옷을 벗으려고 노력하였다.

1960년 6월 브란트, 프리츠 에를러와 함께 사민당을 이끄는 삼두마차 중 한 사람으로서 '옛 공산주의자'라고 널리 비난 받아온 당의 이데올로그 헤르베르트 베너는 의회에서 아데나워의 서방으로의 통합 정책이 외교와 재통일 정책의 기본이라고 말했다. 나토로의 통합에 반대하여온 중립과 평화주의 노선을 견지하여온 2차 대전 후의 노선을 과감히 버린 것이다. 이어서 1966년 보수당과의 연립정권에 참여한 사민당의 브란트 총리 역시 이러 노선 상에서 외교장관 업무를 수행하였다. 물론 당시 키징거 정부의 대동독 화해 제스처에서 더 나가기는 하였지만 기본적으로는 보수당 정부의 외교정책 노선을 따랐다. 연립 정부에 참여하면서 고데스베르크 강령의 명분에서뿐만 아니라 실질에서도 시장경제를 신봉하고 대서양 동맹 내에서의 안보정책을 추구하는 믿을 수 있는 정당임을 보여주었던 것이다.

이는 1969년 브란트 총리의 사민당 주도 정부에서도 계속되었다. 브란트나 베너가 중도를 잡아야 과반수를 획득하여 집권할 수 있다는 발언은 부르주아 사회에서 사회주의자는 현실과 외교정책에서 국가의 이익에 주의를 기울일 때만 과반수를 얻을 수 있다는 표현이었다.

이런 사민당의 브란트 정부는 새로운 동방정책과 사회정책의 커다란 성과를 거두었다. 특히 평화와 안보에서 동독과의 관계는 조약에 의한 질서

잡힌 관계로 안정화되었고, 소련을 정점으로 한 동유럽 진영과의 관계는 화해와 평화공존으로 서독의 평화와 안전이 보장된 것 같았다. 이들은 미국과 소련의 전략무기제한 협정과 군축을 통하여 영구적인 평화체제로 더욱 나갈 것이라 기대하였다.

그러나 1973년 오일쇼크 이후 정부를 물려받은 슈미트 총리 시대의 서독은 경제기적 즉 고도 성장기가 끝나고 경제위기가 이어지면서 고통 분담의 시대가 왔다. 사민당의 변함없는 기반인 노동조합은 기득권 세력화하고, 제도 속으로 장정을 통해 사민당에 대거 입당한 젊은 신좌파 지식인들이 당의 중심을 향하고 있었다. 여기에다 동서 진영은 데탕트에서 대립 구도 전환하고 있었다. 소련의 중거리 핵미사일 SS-20 배치에 대응하기 위한 조치로 1979년 12월 나토의 2중궤도 결의에 의해 유럽 지역에 퍼싱II를 비롯한 미국의 신형 핵미사일 배치가 예정되었다.

이를 계기로 서독 내에 중거리 핵미사일 배치를 반대하는 평화운동의 물결이 커지면서 사민당도 이에서 벗어날 수 없었다. 1979년 베를린 당대회에서 본격적으로 현재화하면서 4년 만인 1983년 쾰른 당대회에서 이에 반대하는 당론을 거의 만장일치로 채택하였다. 사민당이 의회와 거리로 나가서 외친 것은 바로 정체성 문제였다. 진정한 정치적 평화운동으로서의 사민당의 정체성 문제였다. 슈미트 총리 정부와 당의 긴장 관계는 바로 집권당으로서의 요구와 적어도 부분적으로는 평화운동에 동조하는 당 간의 긴장이었다. 집권보다는 사민당 본래의 가치에 충실하여야 한다는 것이다. 독일의 이익은 독립된 데탕트 정책을 지키는 것으로 사민당-자민당 연립은 무용해졌다는 에곤 바르의 발언에서도 알 수 있다. 경제성장, 사회보장, 군비 지출관의 관계에 관한 논의가 많이 쏟아지고, '군비지출보다는 사회안전'이란 구호 아래 방위 예산 삭감을 요구에서 나타나듯이, 많은 사민당 당원들이 과도한 국방비 지출을 제3세계 개발 원조와 복지로 돌릴 것을 요구하였다.

또한 사민당은 일찍이 유럽 통합을 주장하였듯이 주권을 가진 개별적인 국민국가 간의 관계가 아닌 통합유럽 속에서 평화와 안전 보장을 추구해왔다. 이런 논리선상에서 군축과 군비통제를 통한 유럽 안보 구축을 목표로 하는 유럽안보협력회의 성사에 노력해 왔던 것이다. 그리고 사민당은 미국과 소련간의 전략무기제한 협정을 이 방향으로 가는 과정으로 보고 제네바 협상에 커다란 기대를 걸고 있었다. 이런 맥락에서 전통적으로 사민당 내에는 중립화 주장이 이어져왔다. 독립된, 평화적인 중립화 유럽 주장이었다.126)

레이건 정부의 등장 이후 전략무기제한협정Ⅱ의 비준 거부로 미국의 협상 의지에 대한 신뢰성이 의문시 되었다. 반(反)미 내지는 미국과 유럽 간 관계의 핵심인 반(反)나토로 해석될 만한 주장이 쏟아져 나왔다. 1983년 쾰른 당대회에서 라퐁텐은 제한적인 핵전쟁으로부터 보호하기 위하여 서독의 나토 탈퇴를 요구하였다. 사민당 사회민주주의 여성 그룹(Arbeitsgemeinschaft Sozialdemokratischer Frauen: ASF)은 세계 평화를 위험하게 하는 것은 소련이 아니라 책임 있는 위치에 있는 미국인 소수의 권력욕이라고 주장하였다. 에곤 바르는 미사일 반입을 승인한다면 이는 미국인에게 소련에 도달할 수 있는 무기를 주는 것이라고 주장하였다.127)

좌경화하였다고는 하지만, 중도의 현실주의에서 탈피한 사민당은 1983년 11월 베를린 당대회를 기점으로 1980년대 중반을 맞이하게 된다. 2중궤도 결정을 계기로 터져 나온 정체성을 어떻게 설정할지는 과제로 남게 된다. 앞으로 살펴보게 되겠지만, 정체성 문제로 80년대를 넘어서 독일이 재통일 된 90년대 중반까지도 당은 혼미 상태에 빠지게 된다.

사민당을 뒤흔들었던 동서 진영 간의 대립은 1982년 가을 안드로포프,

---

126) 재통일 정책을 정책으로 수용하던 당내 중도 내지는 우파는 1983년 쾰른 당대회에서 극소수로 밀려나고, 사민당 내에 더 큰 유럽의 맥락에서 독일 재통일에 대해서는 부정적인 입장이 강했다.

127) 반미 문제에 관해서 사민당은 당내 좌파 그룹인 프랑크푸르트 그룹의 "우리가 반대하는 것은 미국이 아니라 미국의 현행 군비증강 및 핵 정책이다"라는 논리로 이를 진화하고자 하였다. 그리고 1983년 9월 빌리 브란트와 사민당 정치인들이 워싱턴을 방문하여 미국 의회의 핵 동결운동에 참석하여 미국의 진보 세력에게 사민당의 입장을 설명하였다.

1984년 2월 체르넨코로 이어지는 노쇠한 소련 지도부는 별다른 변화의 요인을 만들어내지 못하다가 1985년 3월 체르넨코의 사망과 고르바초프의 등장으로 새로운 국면을 맞이하게 된다. 고르바초프는 소련 국내 문제를 인정하면서 이를 해결하기 위하여 페레스트로이카라는 정치 개혁 정책과 경제 개방 정책인 글라스노스트를 내세우고 서방에 대하여 적극적인 접촉으로 나오게 된다.

1986년 10월 레이캬비크에서 레이건과 고르바초프는 회담을 가지게 된다. 합의는 없었지만 이를 계기로 전략무기 제한 협상이 다시 시작되어 합의는 없었지만 고르바초프는 제로 옵션을 받아들일 수 있다는 입장을 표명하였다. 이후 1986년 중거리미사일 협상이 합의되고 1991년 미국과 소련은 전략무기감축협정(START)에 최종적으로 서명하였다. 슈미트의 구상인 제로 옵션이 12년 만에 실현된 것이다. 그러나 그 사이에 동부 유럽의 공산당 정부가 벨벳 혁명으로 무너지고 동독도 1989년 붕괴되면서 독일은 재통일 되고 소련도 전략무기제한 협정이 서명된 해의 12월에 해체되면서 냉전을 종식되었다.

통일 전까지 서독의 사정을 살펴보면, 경제는 성장률에서 1980년대 평균 2.6%로 1970년대의 2.7%와 거의 같다. 그러나 실업률은 1980년 이후 급증하여 1985년에 9%에 달하며 1980년대 10년간 평균 8.22%로 1970년대 10년간 평균 3.9%에 비하면 대단히 높다. 1985년 고용형태를 보면 임시직이 정규직을 넘어섰다. 산업별 취업자를 보면, 1980년에 이미 산업노동자보다 서비스업, 사무직, 공공 부문 종사자가 더 많아졌다.

그리고 1980년대에서 1990년대에 걸치는 기간은 세계적으로도 신자유주의가 맹위를 떨치던 때였다. 서독 역시 이를 피할 수는 없었다. 이런 상황에서 실업자는 늘어만 갔다. 노동조합 조직율도 1980년을 정점으로 하여 점차 낮아졌다. 전체 노동자의 수치는 1980년 38.3%에서 1990년 34.9%로 떨어졌다.

이런 대내외의 상황 변화를 두고 사민당은 어떤 정체성을 찾을 것인가?

| 제5장 | **혼돈과 새로운 노선 모색 그리고 통일**

1. 격변의 시대

 헬무트 슈미트 전총리에게 충격을 가져다 준 1983년 쾰른 당대회 이후 사민당이 맞이한 국내외 사정의 변화는 복잡해졌을 뿐만 아니라, 희망과 자신감을 가지고 정부에 참여하였던 1960년대 중반 그리고 정부를 이끌어 나가던 1970년대와는 엄청나게 다른 것이었다. 물론 1970년 내내 경제위기 관리에 매달렸지만, 슈미트 전총리가 집권 중에 과시하였듯이 사민당-자민당 연립정부는 다른 나라에 비하여 매우 잘 관리하였다.
 그러나 1970년대 두 차례 오일쇼크에 이은 경제위기로 서독 경제는 고도성장기가 끝나고 저성장의 성숙한 경제로 접어들었다. 오일쇼크에 이은 경제 위기 시의 경제정책이 이제는 정상적인 정책으로 보였다. 자유, 정의, 연대의 가치가 실현된 사회를 이상으로 한 사민당의 정책인 성장, 완전고용, 건전재정, 사회복지와 기회균등을 내용으로 하는 사회정책은 변화하는 환경에서 새로운 방향을 모색하여야 할 단계에 와 있었다.
 고용에서는 이미 대량실업이 문제되고 있었다. 1984년 227만 명, 9.1%을 정점으로 하면서 실업자 200만 명 전후의 시대가 열리고 1997년에는 300만 명을 돌파하고 실업률은 11%에 달하게 된다. 1980년대 10년간 서독의 평균 경제성장률은 2.6% 그리고 1990년대 10년간은 1.4%로 1950년대, 60년대 기적의 시대는 신화가 되었다. 유로로 환산한 국가부채를 보면, 1965년 431억 유로, 1970년 629억 유로가 1975년에는 1,292억 유로, 1985

년 3,868억 유로로 큰 폭으로 증가하고 있다. 제도 확충으로 인한 복지비 지출 또한 계속 증가하고 있었다. 1960년 국민총생산 대비 17.1%였던 사회보장비 지출은 1975년 27.8%로 늘어났고 증가를 계속하여 1998년에는 연방정부 예산의 53.1%에 달하게 되었다.[1]

한편 미국과 영국은 대처와 레이건 집권 이후 긴축과 정부 지출 삭감, 규제완화와 감세 그리고 노동시장 유연화를 주요 내용으로 하는 신자유주의를 내세우면서 스태그플레이션에서 벗어나 성장률 면에서 서독을 능가하였다.[2] 고용도 점차 늘어나고 있었다. 영국의 경우 1980, 81년 연속 마이너스 성장에서 벗어나 계속 성장하면서 1988년에는 성장률이 5.6%에 달하게 된다. 미국의 경우도 1982년 마이너스였던 성장률은 이후 회복되어 레이건 집권 기간 중 3% 이상 성장을 유지하였다. 특히 이들 양국은 금융자본을 앞세우고 탈규제화를 주장하면서 세계화에 나서고 있었다.

안보와 평화정책에서도 상황의 변화는 예상을 훨씬 앞서나가고 있었다. 제로옵션의 한 축이었던 미국과 소련 간의 전략무기제한 협정은 새로이 집권한 레이건 미국 대통령의 비준 거부로 협상 자체가 정지되어버렸다. 이후 서독 연방의회의 미국 퍼싱II 서독 반입에 대하여 사민당이 쾰른 당대회에서 당론으로 반대하기로 하였다는 것은 앞에서 말했다.

소련에서는 브레즈네프 사후 안드로포프, 체르넨코로 이어지는 짧은 장로 정치를 거쳐 1985년 3월 미하일 고르바초프가 소련공산당 서기장에 취임하면서 정치와 경제에서 개혁개방 정책을 선언하면서 분위기가 일신되

---

1) 통계는 모두 독일 연방통계청 자료; www.detatis.de
2) 영국 대처의 경우 재정 지출 축소를 통한 작은 정부, 민영화와 규제완화, 노동시장 유연화, 사회보장 축소를 주요 내용으로 하고 있었으며 금융 부문의 민영화와 외환 부문 규제 전폐 이른바 빅뱅은 이후 국제화한 금융산업 시대의 길을 본격적으로 열었다. 미국의 경우는 재정 지출 축소, 규제완화, 감세를 주 내용으로 하고 있었다. 1981년 소위 감세법에 의해 개인소득 최고세율이 70%에서 28%로 인하되었고, 법인세율은 48%에서 34%로 인하되었다.

었다. 전략무기 감축 제네바 협상이 재개되고, 1986년 10월 아이슬란드의 레이캬비크에서 고르바초프는 레이건 미국 대통령과 만나 전략 핵무기 50% 감축과 중거리 핵미사일 전량 폐기에 관하여 기본적으로 합의하였다. 1987년 12월에 중거리 핵미사일 전량 폐기 합의가 성립되었다.

이런 서독과 사민당의 '핵 앞의 불안'에서 고조되던 평화운동과 사민당의 좌경화 그리고 고르바초프의 소련이 동서화해를 주도할 것 같았던 이 당시 겉으로 들어난 상황과 소련과 동유럽 진영의 사정은 전혀 달랐다. 사실 브레즈네프 말기부터 고르바초프로 이어지는 과정이 냉전 해체로 가는 서막인 줄은 아무도 몰랐다. 아무도 모르는 것이 아니라 아는 사람, 특히 소련 내부 핵심 지도부와 동부 유럽 진영 지도자들은 알고 있었다. 통일 후 동독의 무너지는 과정을 조사한 독일 연방의회 앙케트위원회(Enquete-Kommission) 조사보고서에 의하면, 브레즈네프는 말년 7~8년을 거의 시체처럼 지냈다는 것이다. 그리고 1970년대 말 수년간 계속된 흉작과 1979년 12월 27 아프가니스탄 침공 후 군사비 지출로 인하여 경제가 급격히 악화하였다는 것이다. 이는 코메콘 경제 전체의 악화로 이어졌다. 당시 경제 사정이 급격히 나빠지고 있던 동독에 대하여 1978년 15억 루블 차관을 지원하였지만, 사정이 비슷한 루마니아와 폴란드에는 지원할 수 없었다. 그래서 두 나라는 서방에 대하여 디폴트 선언까지 검토하였다. 이런 사정에서 1981년 폴란드의 연대운동에 따른 계엄령 선포 시에 직접적인 군사개입을 할 수 없었다. 외화 획득을 위하여 동부 유럽 동맹국에 대하여 코메콘 가격 기준 석유 공급을 줄이기 시작하였다. 이처럼 소련 경제가 와해되기 시작하면서 동 유럽 동맹국에 대한 통제력이 약해지기 시작하였다.

동독은 소련의 지원을 받기 어렵게 되자 서독의 지원을 받게 되었다. 1983년, 1984년 각기 10억 마르크, 9억5천 마르크의 차관을 받아들이고 해외차입에 대하여 서독으로부터 지급보증까지 받았다. 이를 대가로 동독은 국경에 설치한 자동발사 장치를 제거하여 국경 통제 방침을 변경하고 동독 주민의 서독 이주 신청에 '신속한' 허가 절차를 도입하였다. 이는 미국과 소련의 제네바 협상이 결렬되고, 서독 본에서 30만 명의 평화운동 시위가 벌어진 직후의 일이다. 이를 동독 통일사회당 서기장 호네커와 서독의 콜 수상은 이를 손해관리정책(Schadenbegrenzung), 이성연합(Koalition der Vernunft), 책임공동체(Verantwortungsgemeinschaft)라 불렀다.3)

이런 가운데 호네커가 1984년 8월 모스크바를 방문하여 체르넨코 서기장을 만났을 때 그는 손해 관리 정책이나 이성연합은 선전 문구에 불과하며, 콜의 "독일에서 더 이상 평화를 위협하는 위험은 없어야 한다"는 발언은 위선이며 이데올로기적 은폐라고 비판하였다. 이에 호네커는 서독 방문을 취소하였다.

1987년 이후 소련은 경제위기에 처했다. 군축회담을 진행하고, 서방과 교역 확대에 나서면서 경제 지원과 인도주의 분야의 양보를 연계시키는 미국과 서방의 협상 전략에 응하지 않을 수 없었다. 고르바초프와 세바르드나제(Schewardnadse) 소련 외무장관은 바르샤바 동맹국의 동의를 받지 않고 그리고 특히 동독의 이익을 침해하면서 인권 문제에 관하여 계속 양보하였다. 1989년 1월 빈에서 개최된 유럽안보협력회의의 후속 회의에서 결의한 최종 문서가 비준을 받은 이후, 동독 정부는 서방 세계의 공세에 의해서뿐만 아니라 바르샤바 동맹국 내에서 자신의 입지 약화로 여행 및 이주의 자

---

3) 이 차관 제공과 관련하여 1984년 8월 25일 콜 정부의 예닝거(Phillip Jenninger) 정무장관은 10억 마르크 차관과 인도주의적 양보라는 취지의 성명서를 발표하였다. 서독 정부는 기본 원칙과 법적 입장을 확고하게 견지하면서 새로운 사고와 유연한 자세로 접근하겠다고 말했다. 그리고 책임공동체(Verantwortungsgemeinschaft)와 이성연합(Koalition der Vernunft) 개념은 군축에만 한정될 수는 없고 사람들을 더욱 안심시키는 것도 포함되며, 그래서 분단된 독일인들의 부담 완화는 매우 극히 중요하다는 것이다. 차관 제공은 일반적인 사업상의 거래가 아닌 다른 철학을 가진 것으로, 동서독 관계의 활성화를 언급하면서, 이미 많은 긍정적인 반응이 오고 있다고 말했다. 구체적으로 동독 측의 여행 완화 조치를 들면서 동독과 모든 문제와 관한 대화를 포함하여 현 노선을 계속하겠다고 밝혔다.; 출처 서독 공보처(Presse- und Informationsamtes der Bundesregierung)

유에 관한 문제를 더 이상 회피할 수 없음을 명확하게 인식하였다. 바르샤바 동맹국 간의 이해관계 충돌이 절정에 도달한 시기는 1989년 9월 10일 헝가리-오스트리아 국경이 동독 주민들에게 개방될 때였다. 대량 이주와 대중 항의로 동독은 붕괴되기 시작하였다. 국가의 권위가 흔들리고, 11월 9일 장벽이 무너졌다. 소련이 군사적 지원을 거부하면서 동독 통일사회당은 무너졌다.4) 그리고 동서독 통합으로 나갔던 것이다.

이런 변화하는 상황을 두고 등장한 기민련/기사연의 콜총리는 1983년 선거강령에서는 사민당 정부의 재정 팽창에 의한 국가 부채의 급증과 조세부담 증가를 부각시키면서, 재정건전, 조세부담 완화, 규제타파를 내세웠다.5) 그리고 동반자 관계를 내세웠다. 결국 긴축정책에 따른 고통분담과 성장을 위한 투자 촉진을 위하여 감세정책을 펴겠다는 뜻을 표한 것이다.

경제를 둘러싼 서독 주변의 이런 급격한 흐름과 철의 장막 동쪽에서 진행되고 있는 사태의 발전 앞에서 사민당은 앞에서 살펴보았듯이, 1983년 선거강령에서 당면한 실업 문제에 대하여 처방이 없음을 인정하고 있다. 즉, 실업 문제가 시대의 가장 중요한 과제이지만, 사민당에게는 빠르고 효과적인 처방이 없다는 것이다. 그러면서 고소득자에 대한 소득세 추가 인상 즉 소위 부유세 도입을 공약하고 있으며, 공동결정제도 확대와 직장폐쇄 거부, 파견노동의 전반적 금지를 공약하고 있다.

감세와 노동시장 유연화의 흐름과 어떻게 조화시킬 것인가에 대한 고민보다는 사민주의의 기본가치로 채택된 노선에 충실한 공약이 아닐까? 파

---

4) Bericht der Enquete-Kommission, "Aufarbeitung von Geschichte und Folgen der SED -Diktatur(1992-1994)" 및 Schlußbericht der Enquete-Kommission, "Überwindung der Folgen der SED-Diktatur im Prozess der deutschen Einheit(1995-1998)", www.bundestag.de.; "독일통일실태 보고서(Ⅱ) - 독일 연방하원 앙케트위원회 보고서", 2009. 6. 한국수출입은행.

5) CDU/CSU 정부 하의 1949-1969년 기간, 즉 20년 동안 국가부채는 140억 마르크였지만, 헬무트 슈미트 총리 하의 1974년 - 1982년 기간 즉, 8년 동안 부채는 2천억 마르크였다고 주장하였다.

견노동 금지를 공약하고 있지만, 이미 서독의 경우도 고용구조가 변하고 있어서 1985년에 임시근로자 비율이 정규직 비율을 넘어서고 있다.6) 그리고 금융자본의 국제화를 앞세운 세계화는 지금까지 경험해보지 못한 강도의 경쟁을 예고하고 있는데 경쟁을 반대하고 있다.

그리고 소련과 동독을 비롯한 동부 유럽 진영이 경제 위기와 소련의 통제력과 결속력 약화 앞에서 사민당의 안보와 평화정책은 현실성을 가지고 있었던 것인가에 대한 의문이 든다.

2. 브란트 당수의 퇴임과 구시대의 마감: 지도력의 혼란

쾰른 당대회 이후 사민당은 좌경화를 계속하면서 당내에서 중도 세력과 노선을 정리해나갔다. 1984년 5월 에센에서 열린 당대회에서 슈미트와 뜻을 같이했던 사람들은 다시 한 번 망신을 당했다. 슈미트 정부에서 국방장관을 하고, 쾰른 당대회에서 슈미트와 함께 나토의 2중궤도 결정 철회에 반대하였고, 의회 표결에서 슈미트와 함께 기권하였던 한스 에펠이 희생되었다. 의원단 부대표로 이듬해 연방의원으로 당선되는 에펠은 당 집행부 선거에서 440 대의원 표 중 255표를 얻어서 36명 중 22번째였다. 노동장관이었던 헤르베르트 에렌베르크(Herbert Ehrenberg)는 당 지도부에 들어가지 못했다. 이 당대회에서는 새로운 강령 작성이 결의되었다. 사민당을 마르크스주의에 기초한 노동계급의 정당에서 마르크스주의를 청산한 국민정당으로 전환시킨 고데스베르크 강령을 대체할 강령을 작성하기로 한 것이다. 브란트 당수가 주관하기로 하였다.

---

6) 1985년 전체 취업자에서 공무원을 제외하고 정규직이 38.3%, 임시직이 39.4%다. 출처: Press and Office, Empoyers and Unions("도이치 현대사3"에서 재인용)

1987년 총선을 앞두고 열린 1986년 8월 뉘른베르크 당 대회는 특별한 이슈도 없었다. 요하네스 라우 노르트라인-베스트팔렌 주지사를 총리후보로 선출한 것 이외에 그리 주목할 만한 것이 없었다. 425 대의원 표 가운데서 429표를 얻어서 거의 만장일치지만 그리 감동적인 것은 없었다. 그가 총선 후 녹색당과의 연정구성을 거부하였기에 노선을 둘러싼 갈등도 없었다. 노선 문제는 지난 당대회에서 새로운 강령 작성 작업을 결정하였기 때문에 현재화할 이유가 없었던 것이다. 라우 총리후보, 브란트 당 체제는 사민당으로서 마지막 전전세대 체제였다.

'모두를 위한 미래 – 사회정의와 평화를 위해 일하겠다'(Zukunft für alle – arbeiten für soziale Gerechtigkeit und Frieden)는 슬로건을 내세운 선거강령도 종래까지의 주장 외에 특별한 것이 없었다.[7] 대량실업에 대하여는 기업, 노동조합, 국가 및 교회, 단체, 자조집단의 협력을 말하는 이성동맹(Bündnis der Vernunft)과 유럽공동체에 기초하여 완전고용을 강력하게 추진하겠다는 내용을 담고 있을 뿐 구체적인 내용은 없었다. 노동조합과 지역을 염두에 두고 이미 경쟁력을 잃고 사양화하고 있는 석탄, 철강, 조선, 섬유산업에 특별한 관심을 표명하였다.

특별한 내용은 그리고 원자력 없는 안전하고 환경친화적 에너지 공급으로 에너지 정책을 전환하겠다는 공약이다. 그 해 4월 26일 소련의 체르노빌 원자력발전소가 폭발하는 미증유의 사건이 있었다. 당 지도부 하노버에서 회의를 갖고 5월 26일 원자력 발전소 없는 안전한 에너지 공급으로의 에너지 정책 전환(Übergang zu einer sicheren Energieversorgung ohne Atomkraft)을 선언하였다. 이 내용을 선거강령에 담아서 원자력 에너지 폐지 정책, 화석 에너지 비축 축소, 원자력 발전소의 추가 건설 및 가동 허가 금지를 공약을 내세웠다.

안보정책에 관해서는 미국에 대해서는 퍼싱II 및 중거리 미사일과 순항

---

[7] "Zukunft für alle – arbeiten für soziale Gerechtigkeit und Frieden; Regierungsprogramm 1987-1990 der SPD", www.fes.de

미사일 배치 중단과 축소를 요구하고, 이에 대응하여 소련에 대해서는 동독과 소련 내에 배치된 미사일의 즉각 철수와 1979년 수준으로의 SS-20 감축을 요구하고 있어서 1983년 쾰른 당대회 결의를 반복하고 있다. 그리고 집권한다면, 의회에 1983년 11월 23일 연방의회의 미국 미사일 반입 승인 결의 취소를 제의하겠다면서 기존의 결정을 뒤집겠다는 의지를 보여주고 있다.

당시로서는 누구도 예상하지 못하였겠지만 동독의 붕괴를 불과 3년 앞에 둔 1986년 8월 사민당의 동독과 민족 정책은 변함이 없었다. 자결권 실현의 가능성은 열려 있지만 동서독이 서로 다른 동맹에 속해 있는 한 동서독은 서로 독립된 두 개의 국가로 존재할 것임을 다시 확인하고 있다. 독일 분단 극복은 유럽 전체의 평화질서 속에서만 극복될 수 있으며, 사민당은 이 분단 극복 정책을 유지할 것이라고 밝혔다. 특이한 점은 1961년 설치되어 동독의 반인권적 범죄를 기록하고 있던 잘츠기터(Salzgitter)에 있는 중앙기록보존소(Erfassungsstelle)의 해체를 공약으로 제시하고 있다는 점이다. 이의 해체는 1961년 설치 이후 동독이 줄기차게 요구해왔다.

라우 총리후보와 이 강령을 앞세우고 사민당은 1987년 1월 25일 총선에 나섰다. 결과는 37.8% 득표로 1961년 수준으로 내려앉았다. 녹색당은 8.3%를 얻어서, 9.1% 득표의 자민당 턱밑까지 상승하였다. 환경과 평화의 호소에도 젊은 유권자들은 사민당을 지나서 녹색당으로 간 것이다. 단순 수치만 보면 사민당과 녹색당의 득표를 합하면 사민당이 최대 득표한 1972년의 45.8%와 비슷한 숫자다.

사민당 총선 패배 후인 그 해 6월 14일 본에서 브란트 당수 퇴임과 새로운 당수 선출을 위한 임시 당대회가 열렸다. 지난 여름부터 그는 당수 직을 그만 두겠다고 말해왔기 때문에 이미 예상된 것이었다. 그는 고별연설에서 사민당이 항상 옳지는 않았지만, 전쟁을 시작하고 국민을 노예 상태로 몰아넣은 편에 서지는 않았다고 말했다.[8] 현재 사민당의 임무는 세계에서 독일의 이익이 무시되는 것이 대항하여 그리고 수치스런 높은 실업과 불공정한 석유 소비에 대항하여야 한다면서, 그는 계몽적 이성, 사회적/생태적 휴머니즘, 민주적 문화를 키워드로 제시하였다. 그리고 자유, 책임, 운동의 힘(Bewegungskraft), 평화와 희망을 주제로 말했다. 연설의 기본노선은 1983년 이후 당대회, 선거강령과 같은 맥락이다. 그러면서도 사민당의 가치관과 관련하여 몇 가지 중요한 내용을 담고 있다.

사민당의 가치 즉, 자유, 정의, 연대에서 자유와 사회정의 즉 평등은 상호 대립되는 선택의 문제가 아니다. 인권과 평등을 위한 투쟁은 더 많은 사람들이 자유를 경험하고 삶의 넓은 사회 분야에서 민주주의의 핵심 가치와 정의가 스며들게 하는 것이며, 무엇보다도 연대는 약자를 더 자유롭도록 돕는 것이라고 했다.

그래서 1969년 총리 취임 이후 사민당은 더 많은 민주주의를 내세우면서 교육에서 법률 정책, 노사관계에 이르기까지 개혁에 나섰으나 기대에 미치지는 못했다. 그러나 많은 것을 변화시켜서 새로운 현실을 만들어냈다. 때가 되면 민주주의와 사회개혁을 더 추진해야 하는 것이다.

그리고 사민당이 노동계급의 계급정당에서 국민정당으로 전환한 것은 진보에 대한 새로운 이해를 전제로 한 것이다. 사민당의 대의에 동의하는 모든 사람들에게 당을 개방하여야 한다. 당의 단합과 결속을 위하여 당수가 더 권위주의적이어야 한다는 요구는 받아들일 수 없다. 자유로운 토론, 단결된 행동과 공격에 대한 단호한 방어가 중요하다고 믿고 있다. 당이 폐쇄적이어서는 젊은이들에게 접근할 수 없으며, 당은 노동-문화-학문의 연합으로 가야 한다. 말하자면 국민정당에 요구되는 것은 다원주의며, 자유로운 토론과 참여를 통하여 당론을 결정하고 이를 지켜나가야 한다는 것이다. 그리고 노동의 가치와 존엄성 등 모든 가치는 변화의 법칙이 대상으로 상대적이다. 새로운 강령 작성과 관련해서도 이런 입장에서 강령, 심지어 역사책만으로는 다수를 얻을 수 없다. 정치에서는 옳았었다는 것보다는 옳다는

---

8) "Abschiedsrede des Parteivorsitzenden Willy Brandt beim außerordentlichen Parteitag der SPD in der Bonner Beethovenhalle am 14. Juni. 1987", https://www.willy-brandt.de

것이 더 중요하다. 사민당은 끊임없이 국민의 정당으로 거듭나야 한다.

중도에 도달하지 않고는 과반수를 획득할 수 없지만, 많은 사람들과의 조화의 필요성이 중도 개념 차지에 이용될 수도 있음을 알아야 하며, 이는 정도가 아니다.

그리고 경쟁과 시장경제 원칙을 받아들이면서 기업가적이고 자조적인 참여를 더욱 강조하기를 권한다. 경제민주화는 관료제의 확대나 권력이 아닌 노동자, 소비자, 공동체 시민의 공동결정이 요구되며, 국가가 모든 것을 하고 통제할 수 없으며 이를 원해서도 안 된다. 과도한 국가의 개입을 경계하며, 그 예가 공직금지조치다.

국가의 안정을 위해서 두 개의 주요 정당이 결정적으로 중요하다. 서로 각을 세울 때도 양 당의 관계는 중요하다. 75년 전인 1912년 초에 사민당은 제국의회에서 가장 강력한 정파였다. 전부냐 아니냐(alles oder nichts) 혹은 자기고립(Selbstisolierung)이 사민당의 지도원칙이었다. 1919년 바이마르 공화국을 출범시킨 3개 정당이 독일을 많은 것에서 구해낼 수 있었지만, 자체의 약점 때문에 실패했다. 정당 간의 결탁이 횡행하였다. 편협한 민족주의자, 보수적인 무소속, 반동적인 교회계 정치인 연합이 탄생하였다. 이런 진영 정신과 폐쇄된 사고는 독일과 유럽에 많은 불행을 가져다주었다. 즉, 나치의 발흥과 2차 세계대전으로 독일과 유럽에 엄청난 비극을 가져다주었다는 것이다.

민족 문제에 관해서 '계속성과 혁신'(Kontinuität und Erneuerung)을 주장하고 있다. 독일제국의 계속성 논리를 기초로 이를 넘어설 것을 요구하고 있는 것이다. 그래서 그는 좌파의 입장에서 이데올로기적 편향에서 자유로울 수 없는 사람들이나 지정학적 두려움에 자신을 잃어버린 사람들은 집권 기회를 넘어설 수 없다고 주장하였다.

이외에 그는 군축과 관련하여 고르바초프 소련 서기장 등장으로 이한 소련의 변화를 흥분되고 숨 막히는 과정이라고 커다란 기대감을 표시하면서 두 번째 찾아온 데탕트 기회를 놓치지 말 것을 충고하였다. 1987년 6월 시점에서 소련 자체가 붕괴되고 있다고는 생각할 수 없었던 것이다.

브란트의 퇴임은 전전 세대의 전면 퇴장으로 사민당에는 노선의 혼란과 함께 지도력의 혼란이 겹치게 된다. 쿠르트 슈마허(1946-1952 사망 시), 에리히 올렌하우어(1954-1963년 사망 시), 빌리 브란트(1964-1987)처럼 권위를 가지고 오랜 기간 당을 이끌던 시대가 끝났다. 이후의 당수는 2009년 11월부터 2017년 3월까지 7년 동안 당수를 역임한 지크마르 가브리엘(Sigmar Gabriel) 이전까지 대략 2-3년마다 당수가 교체되었다. 1993년의 요하네스 라우, 2008년의 프랑크-발터 슈타인마이어(Frank-Walter Steinmeier) 당수 권한대행 체제와 같은 지도부 공백기간까지 있었다.

이는 권위주의 시대가 가고 브란트의 표현처럼 개방된 정당 그리고 반권위주의적 전후 세대의 전면 등장에 따른 현상으로 보아야 할지 아니면, 급변하고 있던 현실 앞에서 당의 노선 혼란에 따른 현상으로 보아야 할 것인지를 두고 본다면 후자가 맞을 것이다. 이는 앞으로 논의하겠지만, 1984년에 착수한 강령은 1989년 베를린에서 채택되는데, 동독 붕괴와 동 유럽 공산 진영의 민주화 현실이 반영되지 않아 채택되자마자 개정이 요구되어 1998년에 결국 일부 수정되게 되었다. 그 후 슈뢰더의 신중도 노선 채택에 따른 당내 반발로 라퐁텐 등의 탈당, 당의 지지율 지속적 하락 등이 이런 노선 혼란과 관계있다고 보아야 할 것이다.

중앙당의 이런 현상의 원인 중 하나는 당의 분권화로 중앙당에 대한 관심 저하도 한 몫 하였다. 분권화는 강력한 중앙집권 정부가 요구되는 보편적 복지제도가 사민당 정부 수립 이후 제도화가 진전되어 뿌리를 내리고, 1983년 중거리 핵 마사일 배치를 둘러싼 평화운동 고조가 미사일 배치 이후 식어가면서 전국적인 이슈가 없어진 탓도 있을 것이다. 이런 분권화 속에서 1982년 당시에는 서독의 11개 연방 주 가운데서 3개주에서 사민당이 집권하고 있었고, 통일 후인 1993년에는 16개 주 중 11개 중에서 집권하고 있어서 연방상원(Bundesrat)을 장악하고 있었다. 앞에서 언급하였듯이 1985년 헤센 주에서는 중앙당의 입장과 배치되게 녹색당과 연립정부를 구성하였다.

이런 상황에서 사민당이 새로운 강령 채택을 통하여 당의 노선을 재정립할 필요성을 크게 느끼지 못하였다. 역사적으로 사민당은 전형적인 중앙집권적 정당이고, 이념적으로 단일노선의 일체성을 가진 정당이었다. 그러나 당시 사민당은 흔히 느슨하게 연결된 무정부 상태 혹은 조직적으로 분권화와 파편화 상태에 있다고 묘사되었다. 당의 지역 단위는 지역적으로 독립되어 있었고, 전국적 협력은 사회주의청년단과 같은 조직과 실무그룹에 의해 상당한 방해를 받았다. 더욱이 좌파, 중도와 우파는 각각의 조직망으로 조직되어 있었다.9)

당내의 노선 갈등 그리고 이런 당 조직 상황에서 향후 노선을 정할 새로운 강령 작성 작업은 많은 시간을 요했다. 마르크스주의에 기초한 계급정당에서 마르크스주의를 청산한 국민정당으로의 코페르니쿠스적 전환을 한 1959년의 고데스베르크 강령이 1954년에 새로운 강령 작성을 결정하고 초안이 1957년에 나오고, 당내 토론 과정을 거쳐 2년 후에 채택되었던 것에 비하면, 1984년 에센 당대회에서 결정된 새로운 강령 작업은 너무도 많은 시간이 필요했다.

노선의 혼란, 지도력의 혼란 속에서 사민당은 동독 붕괴와 동 유럽 공산권의 붕괴로 인한 적어도 유럽 지역에서의 냉전 해체라는 역사적 현실 변화를 맞게 되었다. 이는 1987년의 브란트나 동독 통일사회당과 당 대 당 교류에 힘을 쏟던 에곤 바르 등 사민당의 주요 인물들이 전혀 예상하지 못하던 상황이었다. 실권 이후의 사민당의 동방정책, 통일 과정에서의 사민당의 입장과 변화 등에 관해서 따로 살펴보아야 할 것이다.

---

9) "Die programmatische Entwicklung der SPD von 1989 bis 2007: Eine vergleichende Analyse der Grundsatzprogramme von 1989 (Berliner Programm) und 2007 (Hamburger Programm)", Vorgelegt von Tor Kristian Brænde, 2009, pp. 25-26; 오슬로대학 홈페이지(https://www.duo.uio.no)

3. 베를린 강령 채택

1) 초안 작업: 고데스베르크 강령 재확인과 반전

새로운 강령 작업은 에센 당대회에서 브란트 당수 휘하에 기본가치위원회(Grundwertekommission)가 결성된 지 2년 후인 1986년 "이르제 강령 초안"(Irseer Programmentwurf)이 제출되었다.10).

이르제 강령 초안 작업에 나선 기본가치위원회는 고데스베르크 강령의 다음 내용을 미래의 강령에서 재확인하는 것이 올바르고 필요하다고 생각하였다. 즉,
- 민주주의 지지 확약
- 기본법과 따라서 기본법 국가의 지지 확약
- 영구적이지만 결코 완결되지 않은 과제로서 민주사회주의 지지 확약
- 당의 이념성 개방 확약
- 자유, 정의 및 연대라는 기본 가치 지지 확약
- 국민정당 결정
- 모든 산업사회 경제의 중요한 수단으로서 시장경제 인정

기존 강령에서 다음 강령으로의 연속성 문제에 관해서 위원회는 그리 어렵지 않게 접근하였다. 이는 누구도 사민당원과 논쟁하지 않는 국가의 경

---

10) 사민당이 강령작성위원회(Grundwetekommission)을 열었던 뮌헨 남서부의 알고이어 별장(Allgäuer Nest)이 소재한 이르제(Irsee) 호수의 이름을 따서 이르제 초안 또는 이르제 결의라 불렀다..

제와 통치에 대한 확약인 것이었다. 그리고 어려운 시대의 지침을 제시하기로 하였다. 이 제안서의 대강은 다음과 같다:

어려운 시대에 경쟁하는 양 당이 모두 사회개혁을 요구하는 기본가치로 오히려 개혁을 막고 있다. 강령이 이를 막고 있다는 것이다. 이를 종식시키기 위하여, 에플러는 이번에 만드는 강령은 사민당이 지적 매력을 증명할 수 있는 기념물이 되어야 하며, "기민련/기사연의 반대편에 있는 과반수를 위한 강령"을 위한 고유하고도 특색 있는 정신을 만들기 위해 노력하여야 한다고 말했다.

브란트는 "지금 과학기술뿐만 아니라 국제관계, 사회적 관점과 문화적 행태에서 심각한 변혁의 시대를 목격하고 있다"고 말하고 있다. 이에 대하여 토마스 마이어(Thomas Meyer)는 이르제 초안이 고데스베르크 강령이 할 수 없었던 것 즉, 전통적인 진보 이해의 의미와 한계라는 역사적으로 새로운 문제에 대하여 답변하고 있다고 말했다. 이런 맥락에서 사민당이 독일의 통일된 정당으로 아직 정착하지 못하고 있는 것은 말이 안 된다. 더욱이 사민당은 무엇을 바라는가라는 것 같은 경멸스런 질문에 대해서 쉽게 답할 수 없는 당 강령을 누가 인정할 수 있겠는가? 물론 사민당의 원로들이야 처음부터 모든 사람들이 브란트의 베스트셀러처럼 세계를 보지는 않을 것임을 알고 있었다. 이를 해결하기 위하여 작성된 이르제 초안은 공개 전에 알려진 것보다 나쁘지 않다.

제출된 것은 사회민주주의적 변혁 문서다. '인간 삶의 기본적 요건', '세대간의 연대', '문화사회로 가는 길', '젊은이들의 전진'을 주제로 하고 있다.

오스카 라퐁텐은 이에 대하여 이렇게 말하고 있다. "사회를 가해자와 피해자로 양분할 수 없다." 그래서 강령은 기업과 권력의 세계를 사민당과 경쟁자 간 정책의 결과가 아니라 모든 관심이 필요한 기존의 상태 – 위험과 악화, 위협과 요구 – 의 합으로 보여주고 있는 것이다. 사민당은 첫 번째로 희망을 제시하는 당으로 보여주어야 한다. 사민당을 격려해주고 희망의 표지를 세워주고자 한다. 사민당은 임금생활자, 은퇴자, 공장주인과 학생회를 "함께 책임지는 연대활동"에 초대한다.

"우리가 접근하는 사람들은… 민주적으로 책임지는 통제가 그 역할을 한다면… 많은 경우 위험에 성공적으로 도전할 수 있다는 것을 보여줄 것이다."(리하르트 뢰벤탈) 그런 맥락에서 녹색당과 관련하여 "사회학적으로 녹색당은 중간계급 중 정치적으로 과격한 부분을 대표하고 있다. 따라서 '녹색'공포, 돌풍과 사고는 의식 수준에서 급진화한 중간계급의 두려움, 감정, 접근 방식일 뿐이다. 사민당이 증가하고 있는 중도 유권자 과반수를 얻을 수 있는 능력을 갖고자 한다면(원하고 있다), 덜 과격하면서도 더 신뢰할 수 있는 방법으로 그런 요구에 맞추어야 한다."(라퐁텐)

당내 좌파와 우파는 강령의 의미는 다음과 같다고 상기시키고 있다. 즉, 감상주의와 도덕주의는 청산되어야 한다. 어떤 잠재적 유권자도 흑백논리에 방해를 받을 것이다. 이들은 더 이상 사민당의 희망의 메시지를 듣지 않으며 기민당과의 경쟁에서 자유로운 낙관주의를 확인하고자 하지 않는다.

사민당은 재난 정서가 녹색당에 가도록 해서는 안 된다. 거기에 자신의 낭패를 묻어둔 사람들은 사민당을 떠난다. 공포의 그림, 비참과 도덕적 분노 때문에 모든 서비스를 정치에 맡기고자 하는 사람들은 특히 그렇다. 결국, 도덕성이 사민주의로 가는 차표다. 사민당은 비판은 함께 하면서 사민당을 위하여 해야 한다. 그래서 사민당은 누구도 좇아내지 않는 자신의 도덕성을 표현하는 방법에 동의하여야 한다. 강령 타협안을 위하여 강령 작성자들은 거의 10년이 지난 후에야 이념적 중도를 결정하였다.

라퐁텐의 희망은 가해자와 피해자로 나누지 않는 것이다. 사민주의의 위험과 기회의 균형 논리에 따를 때, 시장경제, 법치 및 군비축소의 이상이 현실의 관행에서 너무 떨어져서는 안 된다는 것은 받아들일 수 없다. 이것이 사실과 가치의 해결 불가능한 차이의 원인이 될 수 없기 때문이다. 따라서 사민당 강령 기안자들은 정치적 이상주의를 현실의 모든 것으로 선전하지 않고 사민당을 묶어내는 접착제로 사용하여야 한다는 자기 다짐을 하여야 한다.

"우리에게 필요한 강령은 이상향을 그리고 상상력을 자극하는 것이다 그러면서도 실현 가능하여야 한다."(브레멘주 사민당 의장 브뤼크너(Brückner))

마지막으로 위원회는 초안 작성과 관련하여 이렇게 마무리했다. 위원회가 '여론 주도자'라는 주장은 처음부터 건전한 절충주의와 마주쳤다. 강령에 포함되지 않는다는 허튼 소리는 없었다. 가치 보수주의자, 생태주의자, 여권운동가, 심지어 어린이도 이르제 초안에 가득한 자기들에게 익숙한 이론을 찾을 수 있으며, 자기들의 정신적 요구가 충족되었음을 알 수 있다. 즉, "선인과 악인은 정해져 있지 않다." "오랜 질병과 새로운 질병은 장기적으로 인간의 고통 없이 자연이 지속될 수 없다는 것을 보여주고 있다." "인간적인 사회를 바라는 사람이라면 병든 사회를 극복하여야 한다." "젊은이들에게는 미래가 열려 있는 것이 중요하다." 위원회는 합리적 목적이 없어서 합리적이지 못하고 따라서 제기된 문제 자체에 답이 있는 이슈(인도주의, 여성, 청년, 미래에 관한 문제)에 대해서는 변함없는 문제의식을 기록하였다. 위원회는 그 기술에서 실용성에 기울어지는 듯한 것을 없애고 개별적 장에서 대상자들의 흥미를 유발시키고자 하였다. 강령이 학문적 냄새를 풍겼다는 비난은 부당하다고 생각한다. 사민당과 특별한 관계를 가진 학자들에게서 나온 경우 특히 그렇다.

초안이 미래를 약속하지만 이는 지상에 천국을 만들 수 있다는 의미는 아니다. 초안에서 이야기하는 미래는 모든 인종과 계급의 사람들을 결속시키는 미래, 모든 사민당의 노력에 바치는 시럽으로서 미래 만들기, 당이 모두에게 보장하는 약속인 미래의 기회, 누구도 피할 수 없는 의무로서 미래에 대한 책임을 말한다.

사민당은 미래에 대하여 책임을 지고 있다. 그래서 모든 사람들은 미래 때문에 사민당을 지지하여야 하는 것이다. 이 강령 초안은 사민당 미래 음악의 악보로서 지식인들은 이를 전향적 미래관이라 생각할 수 있다. 우리는 이를 사민당 최후의 뻔뻔스러움(letzte Frechheit)이라고 생각한다.[11]

그러나 이런 자부심에도 불구하고, 이 강령 초안에 대한 개선안과 비판으로 인하여 새로운 강령작성위원회(Programmkommission)가 구성되어 당

---

11) 이르제 강령 초안제출의견서("사민당 강령 - 고데스베르크에서 이르제까지". SPD Programm-VON GODESBER ZU IRSEE), www.fes-de

저변에서 치열한 토론 과정을 거치게 된다. 라퐁텐을 위원장으로 하고 에르하르트 에플러, 페터 폰 외르첸(Peter von Oertzen), 요하노 슈트라써(Johano Strasser). 하인츠 라프(Heinz Rapp), 하이데마리에 비초레크-초일(Heidemarie Wieczorek-Zeul) 등 성향이 상이한 위원으로 구성되어 내부 갈등이 없을 수 없었다.

라퐁텐은 이미 언급하였듯이 1979년 당시 슈미트 총리 정부가 지지하던 나토 2중궤도에 결의에 강력하게 반대하면서 에플러와 함께 당내의 평화주의운동을 주도한 인물이다. 1983년 쾰른 당대회에서 나토 탈퇴까지 주장하고, 2005년 '아젠다 2010'(Agenda 2010)에 반대하여 탈당하였다. 에플러는 당내 좌파의 핵심인물로서 1982년 10월 본에서의 25만 평화운동 시위에 연설한 인물이다.

페터 폰 외르첸은 학자 출신으로서 좀 복잡하다. 그는 1960년대 기성체제에 반대하는 비순응주의(Nonkonformismus) 학자이며 정치인으로 알려진 인물이다. 그는 충실한 마르크스주의자지만 마르크스주의를 정치 분석의 틀로서 이해하였다. 1959년 고데스베르크 강령 채택에 반대하였고, 1972년 공직금지조치, 1979년의 2중궤도 결정 등 당시 사민당의 당론에 반대하였다.[12]

---

12) 그의 정치적 성향은 사회주의학생동맹(SDS) 전국의장을 역임한 것에서 알 수 있듯이 사민당 내 좌파 그룹에 속했다. 일생을 통하여 충실한 마르크스주의자로서 그는 마르크스주의를 신조(dogma)의 집합체가 아닌 사회적 조건의 급진적 개혁을 위한 통찰력을 얻기 위한 실천적 목적을 가진 정치적 분석의 도구로서 이해하였다. 이런 입장을 견지해온 그는 사회주의청년단, 당내 좌파 및 노동조합주의자, 제하이머 그룹과 카날 그룹 내의 당내 우파 등의 광범위한 존경을 받았다.
　이런 입장에서 그는 1959우의 고데스베르크 강령에 반대하여 사민당이 그의 학문적 경력을 거부하면서 사회학 연구를 위한 그의 당 간부 진입을 막았다. 그리고 1979년 이후 재무장과 군비 증강에 반대하여 사민당 내의 전투적 반공주의 세력의 분노를 샀지만, 동독 통일사회당과 서구 진보조직의 도구가 되지는 않을 정도로 영민하였다. 일생을 통하여 그는 권위주의적 레닌주의와 공포주의적 스탈린주의를 가차없이 비판하는 한편, 좌파적 다원주의를 메카시적으로 공격하는 전문적인 공산주

요하노 슈트라써는 사회주의청년단 출신의 소설가다. 그는 1970년대 말 에플러, 프라이무트 두베(Freimut Duve), 클라우스 트루베(Klaus Traube) 등과 함께 사민당 내에서 녹색운동파였다. 그는 사민당의 퇴조를 슈미트 총리 하의 사민당이 이런 흐름을 수용할 수 없었기 때문이라고 주장하였다. 그 역시 그 후 슈뢰더의 아젠다 2010과 하르츠IV를 신자유주의의 입장이라고 반대하였다.

하인츠 라프는 이 당시 독일 가톨릭 중앙위원회 위원이었다. 하이데마리에 비초레크 초일은 개신교도로서 기독교적 신념을 항상 '나의 지침'으로 삼는 여성이다. 그녀는 사민당의 의회 내 좌파에 속하며, 통일 후 에 슈뢰더 총리 정부에서 경제협력개발장관을 지냈다. 2004년 독일제국 군대의 나미비아 종족 그룹 대학살 100주년 행사에 참석하여 독일의 범죄에 대한 용서를 구하는 연설을 하여 당시 적-녹 연립정부의 녹색당 출신 요시카 피셔(Joschka Fischer) 외무장관을 당혹스럽게 만들었다. 2006년 남수단의 다르푸르 사태에 대하여 독일 정부 방침과는 반대되는 유엔 평화유지군 참가 주장, 2004년 이라크 전쟁을 범죄라는 언급, 2006년 이스라엘의 레바논 침공을 국제법 하에서 도저히 용납할 수 없는 행위라는 발언 등, 후의 일이기

자 사냥꾼들(berufsmäßigen Kommunistenfresser)에 항상 맞섰다. 니더작센 주 문화장관 시절 그는 고데스베르크 강령 채택 이후 당에서 축출된 마르크스주의자인 볼프강 아벤트로트의 전 조수 4명을 교수로 임용하였다. 이를 두고 '학문의 자유 동맹'(Bund Freiheit der Wissenschaft) 교수들은 이를 자기들에 대한 도전으로 보았다. 빌리 브란트 총리 재임 시인 1972년부터 시행된 공직금지(Berufsverbot) 조치에 대해서도 처음에 그는 독일공산당을 대상으로 한 것으로 보고 이에 찬성하였으나, 곧 독자적이거나 트로츠키주의 성향의 사회주의들에게도 영향을 준다는 것을 알고 이들의 복직 운동을 벌였다. 그 후에 그는 공직금지조치를 긍정한 것을 자신의 최대 정치적 실수로 보았다.

그는 통일 후인 2005년 '아젠다 2010'(Agenda 2010)에 반대하여 탈당하면서 그는 사회주의자로 남겠다고 했다. 독일 사용자연합에 충성을 공개한 사민당은 올바른 좌파가 아니며, 현재로서 사민당보다 대자본의 생각을 대변하는 정당은 없다고 말했다; Süddeutsche Zeitung, 2017. 12. 10.

는 하지만 사민당의 공식적인 입장과 다른 주장을 하여온 어떻게 보면 튀는 인물이었다.

이런 위원들이 모인 새로운 강령 작성 작업에 많은 시간이 소요되었다는 것은 당연할 것이다. 이들의 쉽게 타협할 수 없는 다양한 성향에 더하여 1986년 이후의 독일과 유럽 그리고 세계의 상황은 이르제 초안에서 브란트가 말한 격변 이상의 격한 변화가 진행되고 있었기 때문에 더욱 더 많은 시간이 소요되었을 것이다.

사회적 시장경제에 대한 반론은 1984년 강령 작성 작업 시작 이래 꾸준히 제기되어온 문제였다. 생산수단 국유화를 주장하면서 고데스베르크 강령 채택을 반대하던 외르첸은 주요산업과 의약산업 국유화를 강력하게 주장하였다. 포겔 당수와 라퐁텐 위원장의 솜씨로 새로운 강령은 마르크스주의 경제정책을 물리치고 사회적 시장경제를 수용한 고데스베르크 강령을 재확인하였다

이르제 초안이 제출되고, 다시 위원회가 구성되어 강령 작업을 한 지 3년 반만인 1989년 12월 20일 베를린에서 당대회가 열려 새로운 강령을 채택하였다. 이른바 베를린 강령이 채택된 것이다. 그런데 1989년은 강령 작성 작업을 시작할 때 전혀 예상하지 못하던 세계사적 변혁이 발생하였다. 물론 앞에서 언급하였듯이 1980년대 내내 소련을 중심으로 발밑에서는 역사적 용암이 힘을 축적하면서 분출을 준비하고 있었다. 1989년 6월 4일 개방 10년을 맞이한 멀리 동아시아의 중국에서는 천안문 광장의 민주화 시위대를 향하여 탱크가 발포하면서 유혈사태가 발생하였다. 중국 방식의 강권적 탄압으로 민주 중국은 없던 일이 되고 말았다.

그런데 천안문 사태가 발생한 바로 그 날 동부 유럽 일부 지역에서 자유선거가 실시되고 자유노조가 득세하고, 그 해 여름이 가기 전에 공산정권을 붕괴하고 민주주의 폴란드가 출범하였다. 그 이전인 5월 7일 동독에서도 동부 유럽의 흐름에 맞추어 선거를 실시하지 않을 수 없었다. 그러나 선거부정이 폭로되고 이는 항의 시위로 이어졌다. 6월 27일에는 헝가리가

오스트리아의 국경을 개방하였다. 냉전 종식을 알리는 조치였다. 600명 이상의 동독 주민들이 이 기회를 활용하여 탈출에 나섰다. 사격 명령이 내려져 있었지만 헝가리 국경수비대는 개입하지 않았다. 동독이 국경을 봉쇄하자 10월 9일 라이프치히에서는 7만 명이 모여 월요 시위를 시작하였다. 이날의 시위는 1953년 시위 이후 최대 규모였다. 11월 4일에는 베를린의 알렉산더 광장에서 동독 사상 최대 규모의 시위가 있었다. 동독 당국의 기대와는 달리 소련을 군대를 동원할 힘도 의사도 없었다. 이어서 11월 9일 베를린 장벽이 동베를린 대중들에 의해 무너지고 그날 저녁에는 분단의 경계선이 무너졌다.

그 사이에 동독 지역에서 사민당 재건 노력이 있었다. 8월 26일 사민당 창당을 비밀리에 추진하기로 하였다. 10월 7일 동독 창건 40주년 군사 퍼레이드가 있던 날 40명의 동독 사람들이 슈반테(Schwante)의 목사관에서 동독 사민당(SDP: Sozialdemokratische Partei)을 창당하였다. 그리고 10월 23일에는 동독 사민당 창당 발기인 중 한 사람인 슈테펜 라이헤(Steffen Reiche)가 서독 본의 사민당을 방문하여 포겔 당수와 만났다. 당시 동독 사민당은 물론 서독 사민당은 아직 통일을 예상하지 못하고 동서독의 평화공존이 오래 갈 것으로 예상했다.

2) 베를린 강령: 불행하고 비관적인 강령

이런 엄청난 변화와 그리고 동독의 사민당의 창당과 동독과 서독 사민당의 접촉이 있었지만, 베를린 장벽 붕괴 1개월 반이 지난 후에 열린 당대회에서 채택된 강령에는 이런 변화를 담아내지 못하였다. 사민당도 새로운 강령이 이미 대응할 수 없는 세계사적 대변혁으로 베를린 강령은 불행하였다고 소개하고 있다.

게다가 12월 18일 헬무트 콜 총리가 언론의 집중적인 관심 속에 동독의 드레스덴을 방문하면서 베를린 강령은 언론에서 밀려났다. 사민당 내부에서도 반응이 크지 않았다. 심지어 5년 후인 1994년에 한스-요헨 포겔조차도 베를린 강령이 당내에서 비밀문서처럼 취급되어 왔다고 불평할 정도였다.

사민당은 스스로 새로운 강령이 고데스베르크 강령의 핵심적 결정을 재확인하면서도 새로운 도전에 답하고 있다고 스스로 평가하고 있다. 이는 1970년대, 80년대의 환경, 경제 및 정치적 발전 - 경제위기의 경험에서 성장의 자연적 한계의 인식 및 생태적 관계의 중요성에 이르기까지 - 을 담고 있다고 주장하고 있다. 불행한 강령이기는 하지만 현대 사민당 정책의 기초를 만들어 가는데 실용적인 이정표가 되었다고 한다.

1989년에 초안이 공개되면서 12월 20일 채택되기까지의 과정을 보면 이런 점은 충분히 짐작할 수 있다. 초안이 공개된 것은 3월이었다. 이미 대중과 사민당 내의 관심은 동독의 변화 과정이었다. 그래서 사민당은 당초에 브레멘에서 당대회를 열기로 하였으나 사정이 급박하게 돌아가자 갑자기 당대회 장소를 베를린으로 변경하였다.

이런 사정 속에 제시된 강령 초안에는 역사적 격변 내용을 거의 담고 있지 못했다. 그래서 당대회에서는 강령에 "유럽에서의 독일인. 독일 사민당 베를린 선언"(Die Deutschen in Europa. Berliner Erklärung der Sozialdemokratischen Partei Deutschlands)이 보충되었다.[13] 사민당의 민족 정책 즉, 독일 정책에서 자세히 이야기하겠지만, 이 선언은 "독일 땅에서 민주주의 혁명이 벌어지고 있다"(Auf deutschem Boden eine demokratische Revolution im Gang)로 시작되는 4페이지짜리 짧은 내용으로 동서독 기본조약이 민족문제의 근거로서, 통일(Einheit)은 독일 국민들의 자기결정권 행사에 따르는 것이라고 선언하고 있다. 그리고 지금까지 사민당의 정책 노선인 폴란드 서부 국경선의 무조건 승인, 유럽의 평화질서 내에서 민족국가

---

13) "Die Deutschen in Europa. Berliner Erklärung der Sozialdemokratischen Partei Deutschlands", www.fes.de

의 극복을 주장하고 있다. 그리고 이미 베를린 장벽이 무너진 시점에서 독일 통일 정책으로서 조약공동체-국가연합 그리고 그 후의 통일 방식에 대해서는 두 개 국가의 독일인들의 자결권 행사에 의해 결정되어야 한다고 선언하고 있다.

그러나 베를린 강령은 1989년 이후의 격변, 대외 정책 조건의 변화, 세계화의 진전, 1990년 동독 사민당과의 통합 이후 사민당 내부의 사정에 부응하지 못하여 1998년 4월 17일 라이프치히 당대회에서 일부 내용이 개정되었다. 특히 Ⅱ장 '정책 기초'(Die Grundlagen unserer Politik)와 Ⅲ장 '공동 안보에서의 평화'(Frieden in gemeinsamer Sicherheit) 내용 개정이 있었다.

전문 격인 1장에서 강령은 새로운 진보를 이렇게 정의하고 있다.

> 양이 아니라 질을, 인간생활의 높은 질을 목표로 하는 진보… 진보는 무엇보다 기술과 경제에서 사고전환, 방향전환, 선택과 구성을 요구한다… 우리는 안과 밖을 향해 평화를 보장하고 인간과 자연의 생명을 보존하고 위협을 극복하고 희망을 일깨우는 진보를 필요로 한다. 우리는 우리 사회를 더 자유롭게 만들고 정의롭고 연대적으로 만드는 진보를 필요로 한다. 이러한 진보 없이는 퇴보의 길이 열릴 것이다.

이어서 베를린 강령은 민주사회주의를, 자유와 평등 그리고 연대를 사회의 민주화와 사회적 경제적 개혁을 통해 실현할 수 있는 과제로서 이해한 고데스베르크 강령을 확인하며, 이 강령에서 규정한 좌파 국민정당(linke Volkspartei)의 길을 가겠다고 선언하고 있다. 그 주요 내용은 다음과 같다.

집권 시기를 평가하면서 자연적 생활조건 보호에 필요한 비중을 두지 못하여 극단주의적인 민주주의의 적들이 창출되었다고 반성하고, 동유럽 국가들과의 화해와 평화의 보장을 치적이라 평가하였다.

1989년의 공산주의 세계체제가 무너지고 동서대립도 끝났다. 이에 따라 독일민주공화국(동독) 시민들의 민주적 자기결정권 행사로 독일의 국가적 분할을 끝났다. 적대적인 두 개의 주된 흐름인 사회민주주의자와 공산주의자로의 노동운동의 분열의 20세기였지만, 공산주의 붕괴로 공산주의와의 대립에서 박해를 받았던 사회민주주의 기본 확신을 증명해주었다.

사회민주주의자들은 다시는 국민들에게 전쟁과 예속화 그리고 폭력적 지배가 아니라 권리가 없는 프롤레타리아트로부터 자기의식적인 시민들로 만들려고 하는 것에 대해 경의를 표한다. 사회민주당은 출범한 이래 평화와 국제적 협력을 위해 노력해온 사회민주주의 전통의 국제주의는 유일하게 책임질 수 있는 현실정책이 되었다.

그리고 사민당의 정신적 뿌리를 기독교와 인본주의적 철학, 계몽주의, 마르크스주의 역사 및 사회이론 그리고 노동운동의 경험에 두고 있다고 선언하여, 고데스베르크 강령에서 청산했던 마르크스주의를 사회민주주의의 여러 뿌리 중 하나로 복권시켰다.

인간 그리고 인간과 자연에 관해서, 인간은 이성적, 자연적 존재이자, 개인적, 사회적 존재다. 그리고 자연의 일부로서 인간은 단지 자연 속에서 그리고 자연과 함께 생활할 수 있을 뿐이다. 인간의 개인성은 같은 인간과 함께 사는 공동체 속에서만 발전할 수 있다.

정치는 인간의 공동생활에서 필수적인 차원이다. 여기서 국가는 자기 목적이 아니라 사회의 구성을 위한 수단이다. 정당은 동시에 제안자이고 매개자다. 실재적이고 명목적인 강제의 실행보다 더 많은 것일 수 있는 정치는 시민들의 의식과 참여에 의해 담보되고 관철되어야 한다.

자유, 평등, 연대는 민주적 사회주의의 기본가치라고 전통적 사민당의 가치를 재확인하고 있다.

여기서 자유는 각자의 자유이며, 다르게 생각하는 존재의 자유이다. 소수를 위한 자유는 특권이다. 다른 사람의 자유는 개인의 자유의 경계이고 조건이다. 따라서 자유는 개인의 능력을 발전시키고 사회와 정치에 책임 있게 협력할 수 있는 기회를 요구한다. 이를 위하여 기회의 평등과 포괄적인 사회보장이 필요한 것이다.

정의는 모든 사람의 동등한 존엄에 기초하고 있다. 정의는 평등한 자유, 법 앞의 평등, 정치적 사회적 참여와 사회보장에서의 기회 평등을 요구한다. 연대는 자유와 평등을 위한 투쟁 속에서 노동운동을 각인시켰고 고무했다. 연대 없이는 어떤 인간적인 사회도 없다. 서로를 위해 대신하고 다른 사람의 자유를 원할 때만, 자유와 평등으로서 인간적으로 서로 함께 살 수 있다. 여기서 더 나가 제3세계와의 연대, 세대 간의 연대도 요구한다.

자유, 평등, 연대는 서로 조건 지으며 서로를 지지한다. 그것은 등급에서 동일하고, 서로 그 의미를 해명해주고, 보충하고, 제한한다.

경제력의 집중은 시장과 부족한 자원을 둘러싼 세계적 경쟁과정을 피할 수 없는 것처럼 보인다. 빨라지는 세계적 자본의 흐름을 배경으로 거대한 다국적 기업집단은 세계적인 이윤전략을 세우고, 민주적 통제를 무력화하고, 정치적 결정을 강제하고 있다. 이는 자연 파괴와 남북 간의 갈등을 심화시키고 있다. 이에 국가는 사회적 후속조치와 뒤떨어진 환경보호를 통해, 생태적으로나 사회적으로 무책임한 경제에 의해 파괴된 것을 복구해야 한다. 그리고 개인과 사회의 관계에서 다른 사람과의 연대 속에서 지각될 때만 비로소 개인은 더 많은 자유와 개인적 발전으로 이끌 수 있다.

평화 문제에 관해서 강령은 인류는 여전히 모두 살아남거나 아니면 모두 멸망할 수 있다고 규정하고 있다. 이런 상황에서 평화의 안전에 대한 새로운 접근을 요구한다. 전쟁은 어떠한 정치의 수단도 될 수 없다는 것이다.

평화로운 하나의 세계는 모든 나라를 위한 자기결정권을 요구한다. 각국은 자기 고유의 이익을 위하여 다른 나라의 안전을 위해 공동책임을 받아들여야 하며, 이것이 공동 안전보장의 원칙이다. 이 원칙은 상대의 존재권리와 평화능력을 인정할 것을 요구한다.

사민당의 목표는 군사동맹을 유럽 평화질서를 통해 해소하는 것이다. 동유럽의 붕괴는 동맹의 군사적 의미를 줄이고 정치적 의미를 높였으며,

정치적 의미에 새로운 기능을 부여하였다. 평화는 정치적 과제이지 어떤 무기기술의 과제가 아니다. 유럽에서의 비(非)핵무기 및 비(非)화학무기 지대 설치는 공동의 안전보장에 기여할 것이다.

1925년의 하이델베르크 강령의 유럽합중국(Die Vereinigten Staaten von Europa) 창설은 여전히 사민당의 목표다. 사민당은 유럽에서 평화의 상태를 추구했으며, 독일 국민은 자유로운 자기결정으로 통일을 추구했다. 양 독일 국가에서 사람들은 제도적인 공동체의 형식을 넘어 하나가 된 유럽을 결정하였다. 전체로서의 독일과 베를린에 대한 4강국의 최종적 결정권의 유보는 전체 유럽의 평화질서를 통해 해체되어야 한다.14)

사민당은 여성과 남성, 노령자와 청년 간의 연대적 관계가 그 어느 때보다 더욱 중요해졌으며, 공동생활은 유지되고 확대되고 보호되고 지원받아야 한다. 경쟁이 아니라 경험의 교환과 연대성이 청년과 노령자 간의 관계를 규정해야 할 것이다. 우리는 (가족과 함께) 모든 형태의 생활공동체가 보호되어야 하고 법적 보장을 받아야 한다고 본다. 어떤 생활공동체도 차별되어서는 안 되며, 동성애도 차별되지 말아야 한다.

노동에 대한 권리는 인권이다. 노동에 대한 권리는 완전고용을 배려하기 위한 민주적이고 사회적인 법치국가의 책임이다. 실업은 개인적이고

---

14) 중부 유럽 비핵지대 설치 구상은 1983년 에곤 바르가 스웨덴 총리 오로프 팔메(Olof Plame)의 구상이라 제안한 것이다. 당시 스웨덴에서는 팔메 구상이란 근거 없는 이야기란 논란이 있었지만, 공동안보라는 제목의 팔메 본인이 위원장인 팔메 위원회 보고서가 나온 것은 1982년이다. 이 보고서의 공동안보 주요 내용은 다음과 같다:
- 자기 영토 방위 이외 목적의 군사력 사용의 세계적 불법화
- 협소하게 정의된 방위를 강조하기 위하여 군사력의 재조정과 축소
- 외국군의 철수와 궁극적인 군사블록 해체를 목적으로 한 나토와 바르샤바조약의 사회, 경제적 관계 개선
- 자원의 군사력 개발에서 에서 제3세계 및 국내의 경제 및 환경 개발로 전환
- 지역 및 국제적 평화 유지와 협력 기구 강화
- 비군사적인 효과적인 이행 수단을 가진 인권, 시민의 자유, 기본적인 경제적 권리와 민족 자결권에 관한 분명한 국제적 기준 채택
- 핵전쟁 위협을 종식시키기 위하여 세계적으로 핵무기와 이의 생산시설 단계적 폐기

보험으로 해결할 수 있는 시한부의 위험이 결코 아니라, 사회적으로 야기된 따라서 정치적으로 해결해야 하는 문제이다.

  노동시간 단축은 또한 미래에는 더 나은 삶의 질에 본질적으로 기여할 것이며, 완전고용에 기여할 것이다. 줄어든 일상의 노동시간에서 정당한 소득분배는 더욱 중요하다. 모든 고용관계를 단일한 노동법의 보호 아래 두기 위해 노동법전을 요구한다. 모든 형태의 사회적으로 필요한 노동은 동등하며 남녀 간에 평등하게 분배되어야 한다. 가사나 공동체에서 일하는 사람들이 노동생활에서 불이익을 받아서는 안 된다. 사회적 필요 노동에 대하여 인간화, 질적 발전 그리고 민주화를 요구한다. 생계노동과 마찬가지로 가사 및 가족노동은 양성의 책임이다.

  교육은 개인의 발전을 위한 고유한 가치를 가진다. 교육은 자연에 다가가도록 하고, 동료인간에 대한 책임을 가져다주고, 연대적 행동을 훈련시키는 것이어야 한다. 교육은 모두에게 개방되어 있어야 한다. 사민당은 일반교육과 정치교육, 직업교육을 통합하려고 한다.

  사회정책은 전체 사회를 위한 주도 이념으로서 연대성을 진작시킨다. 연대는 자신의 책임을 대체하지 않으며, 후견으로 그치는 게 아니며, 자기부조에 이바지하여야 한다. 기본법의 사회국가조항은 국가에게 사회적 책임과 사회적 정의에 대한 의무를 부과하고 있다.

  경제는 공공복리에 기여해야 하며, 자연적 생활토대를 소중히 하고 보호하는 재화와 서비스로 모든 사람을 풍족하게 배려해야 한다. 사람이 자본에게 봉사하는 게 아니라 자본이 사람에게 봉사해야 한다. 자본의 경제권력에 대한 민주적 통제는 행위능력이 있는 국가와 강력한 노동조합 그리고 공동결정제도를 요구하고 있다.

  경쟁경제는 자본의 이익에 반대하는 기본조건을 공동으로 관철할 수 있다면, 공공복리를 위하여 나갈 수 있다. 이것은 본질적으로 산업국가에서는, 국가 조세제도와 노동조합의 대항권력, 또한 신사회운동과 관련된 넓은 개혁연대의 기초 위에서의 결정과 사회적 합의의 분산화를 통해 일어날 수 있다.

  세계경제가 경제적 강자와 방약무인에게 넘어가지 않도록 하는 것이 모든 나라의 공통된 이해이다. 국가적이고 국제적인 통제기제가 확실히 준비되어, 국제 지향적 자본이 자신의 사회적 생태적 책임과 조절의무를 방기하지 않도록 해야 한다. 공정한 세계무역은 비준될 수 있는 국제적 규칙에 의해 보장될 수 있다. 외환투기와 해로운 환율변동을 줄이기 위해 민주적으로 통제되는 국제적 통화질서가 필요하다.

공정하고 민주적으로 정당화된 세계경제질서의 건설은 지역연합을 통해서 진척된다. 유럽공동체는 세계시장에서의 자기주장과 영향력의 기회를 제공했다. 유럽공동체는 단일한 경제권, 통화권 그리고 사회공간을 함께 성장시킬 것이 틀림없다.

환경의 위기는 세계적이다. 환경의 위기를 국내적으로 접근하면서도, 국제적으로 시급한 과제로 추진하려고 한다. 선진국은 그들의 자연적 생활토대의 이러한 파괴를 추구해왔다. 따라서 주된 책임은 선진국에게 있으며, 그래서 자연적 생활토대의 세계적인 회복을 위한 비용을 부담하여야 한다. 에너지에 대한 절약적이고 합리적인 접근이 없이는 어떤 생태적 회복도 없다.

모든 성장이 진보적인 것은 아니다. 성장은 자연적 생활토대를 보호하고, 생활 및 노동의 질을 개선하고, 의존성을 줄이며, 자기결정을 장려하고, 생명과 건강을 보호하며, 평화를 보장하고, 모든 사람을 위한 생명과 미래 기회를 높이고, 창조성과 고유한 창의를 지지하는 모든 것이어야 한다. 따라서 생산과 분배체계, 법, 문화, 교육체제에서의 구조 변화가 필요하다.

이 구조변화의 목표는 다음과 같다.

- 산업사회의 생태적 회복,
- 대량실업의 해결,
- 노동관계의 개선,
- 경제적 성과능력의 유지,
- 지역에서 동등한 가치를 갖는 생활관계의 창출,
- 군비확장 중단과 민수품 생산으로의 전환.

경제민주화와 관련하여, 생태적이고 사회적으로 책임질 수 있는 경제는, 민주적 결정이 이윤과 경제권력에 앞서 관철되는 곳에서만이 이루어질 수 있다. 주장과 소유(Sagen und Haben)에 모두가 참여하기를 원한다. 이것은 모든 영역에 대한 노동자와 노동조합의 공동결정을 의미하고, 생산재(Produktivvermögen)에 대한 모두의 참여를 의미한다.

고데스베르크 강령의 '가능한 만큼의 경쟁을 – 필요한 만큼의 계획을!'(Wettbewerb soweit wie möglich – Planung soweit wie nötig!)을 재확인하면서 민주적으로 설정된 테두리 내에서 시장과 경쟁은 필수불가결한 것이다라고 선언하고 있다.

시장을 통해 경제적 결정의 예측할 수 없는 다면성이 효과적으로 조정된다. 경제민주주의는 기업의 창의와 성과를 필요로 하고, 우리는 이것을 인정하고 장려한다. 경제민주주의는 또한 사회적, 생태적 책임을 증명해야 한다.

토지는 자연의 일부이고 우리 생활의 본질적 토대이다. 투기 방지를 위하여, 토지수용법과 보상법의 간소화, 지자체의 가격 상한제, 선매권, 공공개발에 따른 공정보상, 토지 이득세, 토지처분에서 지상권 우선의 조치가 필요하다.

더 많은 민주주의를 위하여 국가는 사회와 경제에서 민주주의와 사회정의를 실현하고, 이를 위해 필요한 결정과정의 공개성을 보장해야 한다. 그러나 국가는 모든 사회적 문제를 해결할 수 없다. 국가에 과도하게 요구하는 것은, 그 효율성을 빼앗고 통제할 수도 자금조달도 불가능한 과도한 관료제를 가져온다. 사민당은 사회의 국가화에 반대한다.

자치를 강화하여야 하며 연방제는 유지되어야 한다. 유럽연합이 유럽합중국으로 발전되기를 바란다. 의회민주주의와 다수결을 재확인하고 있다.

그리고 사민당은 지상에서의 낙원을 약속하지 않지만 공동으로 우리는 위험을 회피하고, 위험을 줄이고, 새롭고 개선된 질서에 도달할 수 있다고 선언하고 있다.

긴 시간을 소요하였지만, 이르제 초안의 기본 방침을 거의 그대로 수용하면서 1998년 개정을 통하여 1989년 당시의 변화된 상황을 수용하고 있다. 1989년의 베를린 강령은 마르크스주의를 사민주의의 뿌리 중의 하나로 일정부분 복권하고 있지만, 핵심은 구사회운동과 신사회운동, 즉 구 사민주의와 환경, 평화, 여성운동의 변증법적 종합이라 볼 수 있다. 그리고 경제와 고용 문제에 관하여 과거의 강령과 선거에서 주장해오던 완전고용, 건전 재정, 그리고 사회복지 관련 내용은 양적으로도 적을 뿐만 아니라 선언적 내용에 그치고 있다고 할 수 있다. 저성장에 장기적인 대량실업이 고착화된 상황에서 구체적인 정책을 제시할 계제가 되지 못한 것일 수도 있지만 전체적으로 비관적인 전망 속에서 자신 있는 노선을 제시하고 못하고 있다. 또한 이 강령 작성에 젊은 세대로서 케인즈 노선에 서 있는 베를린 네트 그룹이 참여했다는 것도 한 원인이 될 것이다.

오랜 토론과 수정을 거친 베를린 강령은 이미 세계경제를 무한 경쟁으로 몰아넣고 있는 신자유주의 경제질서와 통일, 냉전 해소라는 현실 앞에서 사민당 내부의 '신중도'(Neue Mitte) 움직임과 부딪히게 된다.

4. 사민당의 민족 문제와 통일

1) 전체로서 유럽 평화질서 속에서 독일: 극복 대상으로서 민족

1989년 봄부터 시작된 동독의 변화에 사민당이 보수당에 비해 상대적으로 기민하게 대응하지 못한 것은 독일 정책 내지는 민족 문제에 대한 사민당의 정착된 논리와 식섭 관련이 있다. 논리의 전환이 쉽지 않았다.

사민당의 민족 정책은 창당부터 시작되었다. 사민당의 전신인 '독일노동자협회'(ADAV. 1863년)와 '사회민주노동자당'(SDAP. 1869년)이 창당되었을 때는 독일이 아직 통일되지 않았을 때였다. 당시의 민족주의 열기 속에서 통일 운동이 달아오르고 있었다는 것은 앞에서 언급한 그대로다. 당시에 라살레가 이끄는 독일노동자협회는 오스트리아를 제외한 통일 논의인 프로이센 중심의 소독일주의를 지지하고 있었고, 사회주의노동자당은 오스트리아를 포함한 대독일주의 입장에 서 있었다. 그리고 이런 두 흐름에서 보듯이 독일 민족이란 개념 자체가 원래 애매한 것이었다.

이 두 노선 문제는 1871년 프랑스와의 전쟁 승리 후 독일제국 선포로 정리되었다. 1875년 고타에서 사회민주노동당으로 통합되면서 통일과 관련된 민족 문제는 해소되었다. 그러나 마르크스주의에 기초한 노동운동을 기반으로 하고 있고, 이에 더하여 프롤레타리아의 국제연대를 기본으로 하는 인터내셔널을 주도하면서 세계평화를 주창하고 있는 독일 사민당에게 민족 문제는 극복 대상이었다.

그러나 1914년 1차 대전 직전 제국의회의 제1당인 사민당이 민족과 국민을 앞세운 전쟁 예산에 찬성함으로써 사실상 국제연대를 배신하였다. 1차 대전 이후 국제연맹 체제 속에서도 유럽의 안정을 해치는 민족 문제를 사민당은 전체로서의 유럽 속에서 담아내는 논리를 개발하였다. 1925년 하이델베르크 강령에서 사민당은 모든 대륙의 인민들의 이익연대를 얻기 위하여 유럽합중국(Vereinigten Staaten von Europa) 창설을 지지한다고 선언하였다. 그렇지만 사민당은 나치의 대두와 2차 대전의 발발을 막지 못한다. 허구의 민족 이익이 2차 세계대전을 야기했다고 보았다.

2차 대전 후 쿠르트 슈마허의 지도하에 재건된 사민당은 마르크스주의를 견지하면서도, 강력한 반공산주의를 내세웠다. 그러나 1954년 슈마허 사후에 사민당 내에서는 중립화 평화주의자들의 목소리가 커졌다. 1958년 초 사민당은 서독군의 핵무장 저지와 서독 내 미군 핵무기 철수를 목표로 반핵투쟁(Kampf dem Atomtod)에 나섰다.

고데스베르크 강령이 채택되던 1959년 3월 베너가 중심이 되어 작성한 전후 최초의 중립화 통일방안인 독일통일방안(Deutschlandplan)을 발표하였다. 이에 따르면, 중부 유럽에 미국과 소련이 보장하는 비무장, 비핵지대 설치를 전제로 한 3단계 독일 통일 방안을 제시하고 있다. 그러나 앞에서 언급하였듯이 동서 양진영 간의 접촉이 성과 없이 끝나고, 소련과 동독은 베를린 장벽을 세워 베를린 봉쇄에 나섰다. 중립화 통일방안이 허망한 몽상이었음을 알려주었다. 베너는 불과 1년 만인 1960년 6월 30일 연방하원 연설에서 사민당이 적극적으로 서방화를 추진하고 독일정책에서 기민련(CDU)과 공조하겠다는 의사를 밝혔다.

1960년 11월 하노버 당대회에서 총리 후보로 선출된 빌리 브란트 베를린 시장은 여기서 더 나갔다. 그는 서독군의 핵무장을 반대하지만 '반핵투쟁'식 접근방식에도 반대한다고 밝혔다. 그리고 아데나워의 외교정책 범위 내에서 움직이면서 정부의 기존 외교정책을 수용하겠다는 뜻을 표명하였다. 그는 사민당의 국방정책은 현실을 바꾸기 위하여 현실을 받아들인다는 것이라고 소개하면서 서독은 나토의 보호를 필요로 하며 회원국으로서 의무를 다하겠다고 약속했다. 그리고 고데스베르크 강령의 방향 결정에 결정적인 영향을 준 베너는 당대회에서 사민당은 나토가 유럽 평화의 보증인임을 인정하며, 자유선거가 독일 통일의 첫걸음임을 수용한다고 밝혔다.

그러나 사민당은 집권을 전후한 상승기에 독일 정책에 변화를 보였다. 1968년 뉘른베르크 대회에서 브란트는 "우리는 동독을 외국으로 볼 수 없지만… 통일이 국제정세 상 여의치 않은 이상, 국민의 이익과 평화를 위하여 두 부분의 독일의 공존과 협력 관계를 정립할 필요가 있다"라고 말했다. 분단과 사실상 두 개의 국가 존재 그리고 다른 편의 독일의 존재를 인정하여야 한다는 것이었다.

그 이전인 1963년 브란트의 정책을 보충하는 형식을 통한 에곤 바르의 '접촉을 통한 변화'(Wandel durch Annäherung) 강연은 사민당의 분단 현실 인정과 이를 전제로 한 새로운 동방정책의 신호탄이 되었다. 두 개의 독일 국가 인정하는 것임을 부인하지 않으면서도 이는 불가피하다고 주장하였다. 그러나 그 후의 동서독 기본조약에 이은 각종 협정과 조약, 발언 그리고 전체로서 유럽에서의 독일이라는 사민당의 정책을 보면 동독을 국가로 인정하는 것이었다. 브란트의 두 개의 독일 간의 관계가 '특수한 관계'라는 것은 아직은 동서 진영 간의 데탕트가 물밑에서 움직이고 있고, 서독 내부에는 여전히 냉전의 기류가 그대로 흐르고 있었으며, 강력한 보수 정당인 기민련/기사연의 독일 정책으로 인한 일종의 국내정치에서의 전략적 고려에서 나온 것으로 보아야 할 것이다.

이런 맥락에서 사민당의 '계속성'에 관한 입장은 모호했다. 이는 용어 사용에서 단적으로 드러난다. 사민당은 재통일(Wiederverreinigung)이란 용어는 사용하지 않고 줄 곳 통합(Einheit)이란 용어를 사용하였다. 재통일이란 1937년 이전 상태로의 복귀를 의미하는 것으로 폴란드, 체코슬로바키아와의 국경, 국적 문제 등 여러 가지 현실적인 문제 그리고 특히 중부 유럽의 강국 독일의 등장으로 인한 유럽의 평화 문제 등이 제기될 수 있는 것이었다. 총리 취임사에서 브란트는 2차 대전과 히틀러 정권으로 인하여 야기된 문제는 유럽 평화질서 내에서만 해결될 수 있다고 밝혔다. 사민당의 정책에서 민족, 재통일이 들어올 수 있는 여지는 극히 협소하였다.

1972년 기본조약 체결을 앞두고 브란트 총리 정부는 기본법 전문에 규정된 통일 의무에 대하여 국가는 통일을 위하여 독일인들이 자기결권을 행사할 수 있는 조건을 만들 의무를 가지고 있으며, 국경과 영토 문제에 관해서는 점령 4강국이 최종결정권을 가지고 있다고 피해갔던 것이다.15)

반면에 기민련은 1978년 당 강령(Grundsatzprogramm) 그리고 선거강령 특히 통일 직전인 1988년 선거강령에서 동서독 기본조약을 비롯하여 소련 및 동유럽 국가와 체결한 조약을 준수하겠다고 선언하면서 이를 인정하고

---

15) 서독 기본법 전문은 "전체 독일인은 자유로운 자기결정에 따라 독일의 통일과 자유를 달성할 과제를 가진다"(Das gesamte Deutsche Volk bleibt aufgefordert, in freier Selbstbestimmung die Einheit und Freiheit Deutschlands zu vollenden)라고 규정되어 있다.

있다. 그러나 이들 조약과 이들 조약에서 정한 국경은 최종적인 적인 것이 아님을 밝히고 있다. 전체 독일국민의 자유와 통일 성취는 독일정책의 과제며, 국가의 계속성(Kontinuatät) 논리에서 서독은 1937년 독일제국의 연장선상에 있으며, 서독이 전체 독일을 대표한다는 것을 포기하지 않았다.16) 이런 논리의 연장선상에서 기민련 정부는 동독 주민의 국적 문제 관해서도 적극적으로 독일 국적을 인정하였다.17)

이런 노선을 견지하면서 콜 정부는 동독과의 대화와 협력에 힘을 기울였다. 1984년 차관 공여 무렵에 콜 총리는 정식으로 동독의 호네커 서기장을 초청하였다. 그러나 이 초청이 소련 체르넨코 서기장의 반대로 무산되었다. 1984년 당시 차관과 관련하여 제5장 주3)에 언급된 예닝거 정무장관의 성명에는 '신뢰 대 신뢰'(Vertrauen gegen Vertrauen) 원칙이 언급되어 있다. 그가 성과로 들은 동서독 주민, 특히 동독 주민의 여행 완화 조치가 차관 공여 대가 중 하나임을 암시하고 있다. 그리고 차관 공여와 관해서 콜 정부는 동독 정책 노선을 분명히 하고 있다. 즉, 동서독 간에는 근본적이 차이가 있다. 동서독이 모두 유럽의 안정에 기여할 수 있지만, 서독의 동독 정책은 소련과 다른 바르샤바조약 회원국을 포함한 넓은 정책의 일부다. 양국은 각각 자기가 속한 동맹의 신뢰할 만한 회원국이며 앞으로도 그럴 것이다. 평화 정책은 서방과는 우호를 동방과는 이해를 필요로 한다. 그래서 서독은 대화와 협력에 초점을 맞추고 있다는 것이다.

한편 동독은 1972년 기본조약 체결 후에 스탈린의 민족이론에 따라 2민족 2국론을 정립하고 헌법 개정을 통하여 이를 규범화하였음은 이미 살펴

---

16) "1978 Grundsatzprogramm" 및 "1988 Wahlprogramm", 콘라트 아데나워 재단 (www.kas.de)

17) 그렇지만 콜 정부는 1984년 가을 체코슬로바키아·폴란드·루마니아·헝가리 등 4개 동구권 국가의 서독 대사관으로 들어온 동독 주민들이 집단 망명을 요구하였으나, 이들 국가의 출국비자 발급 전망이 없는 등 여러 외교적 문제로 이들의 보호를 포기하였다.

본 그대로다.

대연정이나 사민당-자민당 연립 정부 하에서 사민당의 독일정책은 당시 유럽의 동서 데탕트 흐름에 따르면서 현실을 인정하는 평화공존 정책의 유지였다. 이런 입장에서 적극적인 새로운 동방정책 하에서 평화공존을 전제로 한 동서독 기본조약과 모스크바조약을 비롯한 동유럽과의 일련의 조약 체결로 나갔던 것이다. 동독을 상대로 하는 독일정책과 소련을 비롯한 동유럽을 상대로 한 정책은 하나의 정책으로 전체 유럽의 평화질서 속에서의 평화공존을 전제로 한 안보 체제의 구축이었다. 독일 정책은 말하자면 하위 정책이었던 셈이다. 그리고 대연정 시절 브란트 외무장관이 정부의 입장과는 달리 헬싱키 프로세스에 적극적으로 참여한 것도 바로 이런 맥락에 서였다.

사민당은 집권 시기는 물론이고 야당으로 돌아가서도 민족국가를 넘어서는 유럽합중국, 그리고 헬싱키 프로세스의 성과인 동서 진영과 중립국이 참여하는 유럽안보협력회의를 축으로 하는 공동안보(Gemeinsame Sicherheit) 개념을 발전시켜나갔다. 이에는 두 가지 개념 즉, 민족국가의 부활이 아닌 주권을 상당히 포기하는 유럽합중국 구상과 당의 격심한 노선 갈등으로 결국은 실권으로 이어진 1980년대 초반의 중부 유럽 비핵지대 구축이 중심축이 된다. 이는 베를린 강령에 그대로 반영되었다.

2) 서독 사민당과 동독 사회주의통일당의 협력: 유럽 평화질서

이런 노선에서 사민당은 실권 후에도 유럽 평화질서 구축에 나섰던 것이다. 그리고 이를 위하여 동독의 통일사회당과도 독자적인 접촉을 계속하였다. 1985년 여름 사민당과 동독 사회주의통일당은 중부 유럽에 핵 및 화학무기 자유지대 구축 공동선언문을 발표하였다. 이어서 브란트 당수는 그 해 9월 동베를린을 방문하여 호네커와 만나 중부 유럽에 비핵지대 설치 실

현을 위한 공동실무위원회 구성하기로 합의했다.[18]

이에 따라 그 이듬해인 1986년 3월 사민당의 기본가치위원회(Grundwertekommission)와 동독의 사회주의통일당 중앙위원회 산하의 사회과학연구소(Akademie für Gesellschaftwissenschaften)가 사민당 측에서 에플러, 뢰벤탈 등이 참여한 공동실무팀을 구성하였다. 이들은 4차례 회담을 가진 후에 1987년 8월 "이념 투쟁과 공동 안보"(Der Streit der Ideologien und die Gemeinsame Sicherheit)라는 제목의 보고서를 내놓았다.

제목이 말해주듯이, 평화유지가 모든 정책의 기본요건이라고 규정하고, 이를 위하여 대화, 군축, 타협, 이익의 조정, 데탕트 과정의 활성화가 필요하다는 것이다. 평화, 군비경쟁 종식, 긴장완화는 양 체제, 모든 국가, 인류에 이익이 된다. 이를 현실로 만들기 위해서는 핵 폐기, 생명과 모든 사람들에게 존엄한 생존 보장, 생명계의 보전과 생태 위기의 극복, 제3세계의 빈곤과의 투쟁, 부채 감축과 경제적 어려움 극복에 모두가 참여하고 공동의 과제로서 이해하고 인식하는 것이 필요하다는 것이다. 이어서 이 보고서는 이렇게 주장하고 있다:

질적으로 상이하고 반대되는 사회경제와 정치 체제의 공존과 갈등이 국제 관계의 본질적 특징이다. 평화가 확보되고 역사가 계속될 때만, 더 좋은 사회 체제를 위한 투쟁이 가능하다. 따라서 사회 체제간의 싸움은 오직 평화적인 경쟁이고 비폭력적이어야 한다. 각 체제는 실례로서 장점을 보여주어서 경계선 안팎의 사람들을 납득시킬 수 있다. 상호 이익을

---

18) 이 합의에 따라 공동실무팀이 구성되고 사민당은 이에 힘을 쏟았지만, 동독의 호네커 측이 여기에 환호한 것 같지는 않다. 비록 1984년에는 소련 측의 요청에 따라 무산되었지만 호네커 서기장의 서독 공식 초청은 여전히 유효한데다, 1983년과 1984년 두 해에 걸쳐 동독에 19억5천만 마르크의 차관을 제공한 콜 총리와 호네커 측이 모두 '책임공동체', '이성연합'이라 부르는 콜 총리 정부와의 동서독 관계에 더 비중을 둔 것으로 보인다. 이는 당시 브란트의 방문에 관한 "빌리 연호는 드물었다는" 제목의 차이트지 보도 기사에서도 짐작할 수 있다; 차이트(Die Zeit), 1985. 9. 27.

위한 동서 간의 대등한 협력은 유럽의 긴장완화에 기여하며, 이는 70년대의 긴장완화 경험이 증명하고 있다.

사민당과 사회주의통일당은 유럽의 우호적 협력, 신뢰와 선린관계를 원한다. 오늘날 이의 중요한 기초는 유럽안보협력회의(CSCE)다. 두 개의 독일은 역사적 의무와 지정학적 상황에 의해 이에 기여하여야 한다. 군축을 통한 적극적인 평화 유지 정책을 위해서는 대립되는 체제 간의 평화적인 경쟁 이외에는 대안이 없다. 체제 간의 투쟁은 군축과 결부될 때 양 체제의 사회적 진보를 촉진하고 가속화할 수 있다.

독일 공산주의자와 사민주의자들은 우리 시대의 평화란 상호 균형이 아니라 함께 합의하고 조직화할 수 있다는 것을 합의하였다.

사회민주주의자들은 스스로를 서구 민주주의의 일부라고 생각하며, 여러 형태의 권력분립과 권력통제에 바탕을 둔 다원적으로 조직된 민주주의가 구속력을 가진 틀이며, 이 속에서 민주사회주의의 이상을 실현하고자 하고 있다. 마르크스-레닌주의자들에게 민주주의는 그 본질에서 결정적인 생산수단 및 이와 결부된 정치권력의 소유관계를 통한 권력 행사의 형식이다. 따라서 중요한 생산수단의 공동소유로의 이전과 다른 근로 인민과 연합한 노동계급의 정치권력이 포괄적인 민주적 권리의 기초다. 그들은 노동계급의 실질적인 참여를 민주주의라고 이해하고 있다.

사민주의자들은 인권이 절대적 가치를 가지고 있으며 보호되어야 한다고 보고 있으며, 이런 기본권과 민주사회주의의 기본가치 위에 사회적 안전 및 생활과 교육에서의 기회평등 정책의 기초를 두고 있다. 마르크스-레닌주의자들은 사회주의 사회에서는 과학기술의 진보와 사회적 진보가 분리할 수 없을 정도로 결합되어 있으며 따라서 인간의 중심이라고 주장하고 있다.

공산주의자들과 사민주의자들이 상대방의 근본적인 결정을 존중하고 적의 이미지를 만들지 않고서 진행된다면, 이런 기본 노선에 대한 논쟁이 체제간의 생산적 경쟁의 일부가 될 수 있다. 양 체제는 각자의 성과에 의해 판단되어야 할 것이다. 공산주의자들은 자기들의 사회주의가 완전고용, 사회안전, 노동자들의 참여 등에서 고유한 장점이 있다고 확신하고 있다.

사민당과 통일사회당은 각자의 가치와 원칙 실현의 기본조건이 평화이며, 평화를 위한 협력에 이들 가치의 부정이 요구되지도 않고 부정은 또한 바람직하지도 않다는 것에 합의하였다. 양 당의 희망은 한 체제가 다른 체제를 폐지하는 데 있는 것이 아니며, 양 체제의 개혁 능력에 중점을 두고 있다. 공존과 공동안보(gemeisame Sicherheit)는 따라서 무한정 적용될 것이다.

양 체제는 팽창이나 폭력적 팽창 의도가 있는 것처럼 상대에게 비쳐지는 것을 막기 위해 노력하여야 한다. 서방에는 마르크스-레닌주의 세계혁명 이론이 혁명수출에 해당되며 소련의 힘의 주장 합리화에 기여하고 있다는 두려움이 있다. 공산체제에서 이에 상응하는 불안은 마르크스의 자본주의적 상품생산 분석, 레닌의 독점자본 관련 저작과 현재의 반공주의 전략과 정책의 해석에 근거하고 있다. 이런 불안은 제거되어야 한다.

서로 협상하고 협력하면서도 평화, 합의 의지, 인권과 다른 분야에서의 민주주의에 대한 침해라고 보는 것에 대한 공개적이고 분명하게 비판하는 것이 규범이 되어야 한다.

그리고 정치적 분쟁 문화의 원칙을 이렇게 제시하였다. 사회체제는 정적인 것이 아니다. 변화는 나라마다 다르다. 양 체제는 각자가 발전하고 개혁할 수 있도록 하여야 한다. 비판과 협력은 서로 배척적인 것이 아니다. 상대 체제의 사회적 조건에 대한 비판은 증명할 수 있는 사실에 기초하여야 한다. 이는 먼저 상대방의 논리에서 생각해보는 노력에 뒷받침되어야 한다.

일방적인 적의 이미지 선전과 위협의 상기 대신 상대방에 대한 현실적이고 차별화된 분석이 아주 필요하다. 이념 논쟁에서 상대방의 내정 간섭 방식으로 수행되어서는 안 된다. 체제 경쟁에 관한 공개적 논의는 각 체제 안에서 이루어질 수 있도록 하여야 한다. 평화 유지와 체제 경쟁 과정에서 동서독 시민에 대한 충분한 인식은 점점 더 중요해지고 있다. 이를 위하여 서로 상대방에서 나온 정기간행물과 출판물의 유통을 쉽게 만들어야 한다. 모든 조직과 개인 간의 대화가 중요해지고 있다. 이에는 방문과 답방, 체제 저편에서 열리는 세미나, 고학, 문화, 정치 행사 참가가 포함된다.

요컨대 유럽안보협력회의 틀 안에서 핵무기 폐기와 군축에 의한 유럽평화질서 구축을 위하여 동독과 서독 양 체제가 서로를 인정하고 평화공존 속에서 체제경쟁을 하자는 것이다. 상대 인정에는 서구의 민주주의와 마르크스-레닌주의에 바탕을 둔 동독의 민주주의가 서로 주장하는 각 체제의 고유한 가치를 인정하자는 것이다.

당연히 여당은 반발하였다. 9월에 호네커 서기장의 공식방문이 예정되어 있어서 콜 총리는 공개적으로 비판하지 않았지만, 기민련은 비판적으로 대응하였다. 동독의 기관지 "노이에 도이칠란트"(Neue Deutschland) 기사에 대한 비판적 입장에서 이는 동독에 대한 유화책이며, 사회주의통일당 독재의 정당화와 인정이며, 독일 통일 목표의 포기라는 것이다. 핵무기 시대에 평화공존에 기여할 것이라는 긍정적인 반응도 소개하면서, 이는 사민당을 독일 정책의 입장을 포기하게 만든 경향과 그릇된 전제의 산물이라는 것이었다. 간행물이나 출판물 유통 등의 내용은 통일사회당이 양보한 것 같지만 지키지 않을 내용이다. 재통일 문제에 관해서는 보고서에서 "장기간 함께 존재할 것이다"라는 표현 이외에는 전혀 언급이 없고, 기본법 전문의 재통일 과제에 관한 언급도 없다고 비판했다.[19]

그리고 이 문서가 서독 사람들의 관심을 크게 끌지도 못하고, 동독에서는 다른 중요한 주제는 거의 논의하지 않고 평화 문제만 거론하고 있다고 에플러가 1년 뒤인 1988년 9월 라디오 인터뷰에서 말하면서 1년 전 공개했을 때 사민당의 생각대로 나아가지 않음을 인정하였다. 게다가 동독 내의 시민운동이나 사회단체에는 전파되지도 않았던 것이다. [20]

아무튼 사민당은 공동실무팀 작업 과정 중인 1986년 4월 동독의 사회주의통일당 창당 40주년 행사인 사회주의통일당 제11차 당대회에 축하사절을 보냈다.

---

19) 기민련 홈페이지(www.cdu.de)

20) 독일라디오방송(Deutschlandfunk Radio)과 에어하르트 에플러 인터뷰. http://germanhistorydocs.ghi-dc.org/

그런데 이후의 사태 발전은 사민당이 평화 문제, 평화공존 실현에 골몰하는 동안에 사민당의 예상보다 훨씬 빠르고도 깊었다. 그 해 9월 7일 동독의 호네커 서기장이 동독 국가 수립, 그리고 동서독 기본조약 체결 이후 국가 최고지도자로서 처음으로 서독을 공식 방문하였다.21) 9월 8일 콜

에리히 호네커 서독 방문(1987. 9. 7-11)
출처: bundesarchiv(www.bild.bundesarchiv.de)

총리와 호네커 서기장은 공동성명을 발표하였다.

이 성명에서 두 사람은 양국이 유럽에서 평화공존을 위하여 특별한 노력을 기울이며, 독일 땅에서 절대로 다시 전쟁이 일어나서는 안 된다는데 합의했다고 밝혔다. 그리고 민족 문제를 포함하여 기본조약 정신에 따라 평등을 바탕으로 정상적인 선린관계를 발전시켜나가기로 했다. 여행 완화, 가족 결합 등 인도주의적 문제를 포함하여 여러 가지 문제를 논의하였다. 환경보호, 자본재, 에너지, 환경 기술 분야의 교류에 노력을 더 기울이기로

---

21) 1984년 콜 총리의 공식 방문 요청에 대하여 호네커 측이 응하고자 하였지만 당시 소련의 체르넨코 서기장 측의 반대로 실현되지 못했다. 고르바초프가 집권한 후인 1986년 4월 당시 베를린 문제로 양국 간의 이견이 있는 후에 방문 문제에 대하여 고르바초프는 부정적인 태도를 보였다. 1987년 총선 승리 후 콜 총리 측은 적극적인 독일정책을 펴면서 호네커에게 다시 초청장을 보냈다. 당시에 라인란트-팔츠 주지사 포겔이 개인적으로 호네커에게 초청장을 보내었다. 이번에는 소련이나 사회주의통일당 중앙위원회와 협의 없이 호네커가 독자적으로 방문을 결정하였으며, 여기에 대하여 고르바초프의 반대는 없었다.

하였다. 그리고 양국에 상이한 사회체제가 존재하며, 서로가 다른 동맹에 소속되어 있다는 것을 인식하고 동서 관계의 상황과 전망에 관하여 각각의 견해를 밝혔다. 그리고 유럽에서 안정되고 지속적인 평화를 위하여 유럽안보협력회의에 더 중요성을 부여하기로 하였다. 무기통제와 군축에 관해서는 평등과 균등의 원칙에서 가능한 낮은 단계에서 안정적인 힘의 균형이 유지되어야 하며 어떠한 불균형도 해소되어야 한다는 것이 강조되었다.[22]

그리고 9월 15일 통일사회당 정치국은 호네커의 방문 성과를 브리핑을 통하여 이렇게 밝혔다. 이 방문은 기본조약 체결 후 양국 관계에서 가장 중요한 것이었다. 개별적 주권국가 수반에 대한 의전에 따라 두 개의 독일 국가의 독립과 대등한 지위를 세계에 알렸으며, 국제법에 따른 양국 관계의 성격과 양국의 주권을 강조하였다. 그리고 콜 총리는 '법적 지위'와 '민족 통일'에 관하여 언급하지 않았다고 설명했다. 호네커의 평화, 군축, 데탕트에 대한 적극적인 자세로 서독 내의 독일 공산당, 평화운동과 모든 민주와 평화우호 세력이 힘을 받았으며, 사민당의 정책에 긍정적인 영향을 주었다. 중부 유럽에 비핵지대 그리고 유럽에 비(非)화학무기 지대 창설 안을 소개하였다고 밝혔다.[23]

서독은 그의 방문을 실무방문(Der Arbeitsbesuch) 의전에 맞추어 진행하면서 동독 국가수반의 서독 방문이 동독에 대한 국가 승인이라고 해석되지 않도록 노력하였다. 그렇지만, 동독은 국가원수에 대한 의전이라고 주장하면서, 의전과 그 밖의 일정 진행 등을 동독은 서독에 의한 동독의 국가 승인이라고 홍보하고 이에 고무되었던 것이다. 그리고 그 동안 서독의 공산당과 평화운동과의 연계를 고백한 것이었다.

그런데 이 공식적 일정보다 호네커의 고향 자르란트의 노이키르헨 방문에서 그의 발언이 더 주목을 끌었다. 그는 분단에 관해 말하면서, "이런 상

---

22) German Historical Institute. www.ghi-dc.org
23) German Historical Institute. www.ghi-dc.org

황 아래서 국경선은 원래 있어야 할 상태는 아니다"라고 결론짓고, 동서독의 협력을 통하여 "동독과 폴란드의 국경이 우리를 묶어주듯이 국경이 우리를 더 이상 갈라놓지 않을" 날이 온다는 것을 확신했다.24) 베를린 장벽이 무너지고 동독이 국가로서 소멸하는 것을 예견하고 있었는지는 모르지만 불과 2년 후에 그런 일이 현실화되었다.

3) 동독 시민혁명과 사민당의 베를린 선언: 뒤늦은 3단계 통일 방안

사민당으로서는 의욕에 차고 분주했던 1987년이 지나고 1988년으로 해가 바뀌었다. 1989년의 격변을 예비하고 있음인지 1988년은 사민당이나 서독은 소강 사태로 지나갔다.

이제 운명의 1989년을 맞이하였다. 1981년 레흐 바웬사가 이끄는 자유노조가 전국으로 확산되면서 시작된 폴란드의 민주화 운동은 이미 1988년에 자유노조의 파업이 시작되면서 1989년의 혁명을 예고하였다. 2월부터 시작된 공산당 정부와의 원탁회의는 6월에 자유총선을 실시하기로 4월에 합의에 이르렀다. 중국에서 탱크가 천안문 광장으로 진입하여 민주화 시위를 유혈 진압을 시작한 6월 4일 총선에서 자유노조가 압승을 거두면서 폴란드인민공화국은 붕괴되고 폴란드 3공화국이 탄생하였다.25) 이를 기점으로 헝가리에서는 5월에 국경이 개방되고 8월에 노동당 정권이 무너지면서 10월에 민주공화국이 탄생하였다.

동독에서는 1989년 8월 헝가리의 국경 개방으로 동독 주민들은 헝가리

---

24) BPB(Bundeszentrale für politische Bildung(www.bpb.de)
25) 사민당은 폴란드공산당(폴란드통일노동당: PVAP)과 '유럽의 평화와 군축'(Frieden und Abrüstung in Europa) 공동작업팀(gemeinsame Arbeitsgruppe SPD-PVAP)을 구성하여 폴란드 공사정권이 무너지던 1989년 6월 27일 본에서 작업보고서를 발표하였다.; 보고서 "Materialen Frieden und Abrüstung in Europa", www.fes.de.

를 거쳐 서독으로 대대적으로 이주하기 시작하였다.26) 9월에 3만 명 이상이 빠져나가자 동독 정부는 헝가리와의 국경을 폐쇄하였다. 그 후 체코슬로바키아를 통한 탈주가 이어지자 11월에는 체코슬로바키아와의 국경도 폐쇄하였다. 9월 25일 라이프치히에서 8천명이 참석하여 시작된 월요시위는 참여자가 늘어나기 시작하면서 민중혁명의 조짐을 보였다.

10월 7일 동독 창건 40주년 기념식이 거행되었다. 동독 건국 이래 최대의 군사 퍼레이드였다. 군사 퍼레이드는 대외 과시용일 수도 있겠지만, 그 후의 사태 발전을 보면 동독 내부에서 꿈틀거리던 민주화 운동을 향한 대내 과시용 목적이 더 컸던 것으로 보인다. 1968년 체코슬로바키아 사태 때 소련군과 함께 나토군의 일원으로 프라하로 진입했던 것은 말할 것도 없고 1953년 동베를린 소요 때 소련군과 함께 무력 진압에 나섰던 기억을 상기시키기 위한 것으로 보였다 여기에 참석한 고르바초프 소련 공산당 서기장이 개혁 필요성을 역설하였다. 그런데 고르바초프는 7월 6일 동독이 위기에 빠질 때 동독을 지원한다는 소련 측의 확약을 파기하면서 동독에서 소요를 방지하기 위한 소련 군부대의 개입을 거부했다.27)

---

26) 사실 그 이전에도 교회를 중심으로 반체제 시위가 계속 이어졌다. 물론 슈타지를 비롯한 동독 당국은 이를 탄압해왔다. 1988년 1월 17일 로자 룩셈부르크와 칼 리프크네히트(Karl Liebknecht)에 대한 추모식에서에 "자유란 항상 달리 생각하는 자의 자유이다"(Freiheit ist immer nur Freiheit des anders Denkenden: 로자 룩셈부르크)라는 구호 아래 데모를 벌이려고 하는 시위군중이 합류하자, 슈타지가 서방 언론 카메라 앞에서 100명을 체포하였다. 이들은 대부분 동독국적법 그룹(Gruppe Staatsbürgerschaftsrecht der DDR) 소속이었다. 이에 전국에서 수천 명이 항의 시위에 나섰다. 당국은 2월 2일에 구금된 사람들을 출국시켜 사태를 수습하였다. 10월에는 동독 보안당국의 교회신문 검열에 항의하는 200여 명의 시위자를 난폭하게 해산하는 사건이 있었다.
27) 고르바초프는 바르샤바조약 회원 국내소요 시에 군사력을 동원하여 개입하겠다는 소위 '브레즈네프 독트린'과는 거리를 두고, 회원국의 국내 문제는 각국의 독자적인 결정에 맡기겠다는 자신의 방침을 농담조로 시나트라의 '마이웨이'(My Way)에 빗대어 '시나트라 독트린'이라 불렀다.

베를린 장벽 개방(1989. 11. 9)
출처: bundesarchiv(www.bild.bundesarchiv.de)

　40주년 기념식 밖에서는 수많은 동독 주민들이 시위에 나섰다. 월요시위 참가자는 점점 불어났다. 10월 16일 12만 명에 달했고, 10월 23일에는 호네커가 축출되고 에곤 크렌츠(Egon Krenz)가 서기장으로 취임하였다. 10월 23일 월요시위 참가자는 30만 명으로 늘어나고 여기서 "우리가 인민이다"(Wir sind das Volk!)라는 구호가 등장하였다. 11월 4일 베를린에서는 100만 명이 시위를 벌였다. 그리고 11월 9일 밤에서 10일 새벽에 걸쳐 베를린 장벽이 무너지고 브란덴부르크 문이 개방되었다.
　베를린 장벽이 무너지고 동서독 국경이 개방되면서 동서독 주민은 정서적으로 이미 통일되었다. 그러나 독일 통일에는 국제정치적으로 해결해야 할 과제와 동서독 양국의 국내적 절차가 필요했다.
　그런데 동독의 사태가 급변하고 있던 상황에서 사민당은 지금까지의 논리 선상에 있었다. 장벽이 무너지기 3주 전인 10월 17일 브란트는 모스크바에서 고르바초프를 만났다. 이 자리에서 브란트는 고르바초프에게 "재통일이란 과거로의 복귀를 의미한다. 이는 첫째 불가능하고 이는 우리의 목표가 아니다"라고 말했다. 이를 모스크바를 안심시키기 위한 전략이라고 보는 사람도 있지만 이는 기존의 논리에서 나온 표현이었을 것이다. 준비되지 않은 상태에서 그리고 1980년대에 강화되고, 1983년 쾰른 당대회에서 거의 만장일치로 결정된 평화논리와 그 이후 이의 실천을 통해 더욱 굳어진 논리에서 나온 표현이었을 것이다.

이런 태도와 혼란은 이후로도 계속된다. 당초 브레멘에서 개최하기로 하였던 새로운 강령 채택을 위한 당대회를 급히 12월20일 베를린으로 변경하여 개최하였지만, 강령은 급변 사태를 반영하지 못하고 일종의 부록 성격의 선언으로 보충하는 데 그쳤다. 강령은 앞에서 살펴보았지만, 사회적 시장경제를 기본으로 하는 고데스베르크 강령을 재확인하고 마르크스주의를 당의 여러 뿌리 중 하나로 복권시키는 것을 제외하고는 1983년 쾰른 당대회 결의 이후의 사민당의 일관된 평화주의 노선을 담고 있었다.

이 대회에서 나온 '유럽에서의 독일인. 사민당 베를린 선언'은 동독의 붕괴 상황 앞에서 사민당이 내놓은 독일정책이며 통일정책이었다. 제목이 말해주듯이 기존의 논리인 전체로서의 유럽 평화질서 속에서 독일 문제 해결 방안의 제시였다.

독일 땅에서 민주주의 혁명이 벌어지고 있다는 선언으로 시작하는 Ⅰ장과 Ⅱ장은 분단 이후 사민당의 입장을 이야기하고 있다. 여기에는 1946년 동독에서 사민당과 공산당이 강제로 통합되었던 내용도 기술하고 있다. 그리고 사민당의 민족 문제는 동서독 기본조약과 부속의 독일 통일 서신에 근거하고 있으며 유럽의 평화 위에서 독일 국민의 자유로운 자결권에 의해 통일 회복이 실현된다는 희망을 견지해왔다고 규정하고 있다. 이어지는 내용은 다음과 같다:

Ⅲ장에서 유럽의 통합 속에서 독일 통일이란 논리를 전개하고 있다. 즉, 독일의 통합(Einheit)과 자유의 완수, 즉 독일 통일(Einigung)은 유럽의 통합과 밀접하게 결부되어 있으며, 이중 어느 하나가 희생된다면 달성될 수

없다. 독일의 특수성을 거론하면서 1937년 경계로의 회복을 말하는 사람은 유럽과 독일의 통합을 막는 사람들이다. 독일의 이익과 마찬가지로 유럽의 이익은 폴란드 서부국경의 무조건적 승인을 요구하고 있다. 사민당은 더 이상 국경이 문제 되지 않는 연대적 유럽을 원한다. 더 이상 전쟁이 불가능하며, 자연적 생활기초와 남북 간 격차 극복을 지향하는 유럽을 원한다.

사민당은 과거의 민족국가로의 회귀를 바라지 않는다. 과거 거짓 민족 이익이 유럽에 유혈 전쟁을 야기하였다. 독일의 새로운 민족주의는 동독의 경제 문제, 두 개 국가의 현실적 과제 어느 것도 해결하지 못할 것이다.

사민당은 통일된 유럽을 원한다. 헬싱키에서 시작된 유럽안보협력 과정이 미래의 길을 제시하고 있다. 1925년 이후 사민당 강령에 제시된 유럽합중국(Die Vereinigten Staaten von Europa)은 지금도 실현될 수 있다.

[IV장 통일 방안] 유럽과 독일 통합의 길에서 유효한 것은 두 개의 독일 국가 간의 협력을 더욱 긴밀하고 포용성 있게 형성하여 지체 없이 새로운 성격을 부여하는 것이다. 이는 기본조약의 기초에서 개별적 합의, 조약공동체, 국가연합, 궁극적으로는 연방국가적 통일의 형태로 나타날 것이다. 이런 과정의 형태와 속도가 지금 개별적으로 결정될 수는 없다. 언제 그런 길을 갈지는 두 개 독일 국가의 국민들이 결정할 것이다.

사민당은 곧 국가연합이 실현되기를 원한다. 이 국가연합은 현 헌법질서에서 실현 가능하다. 이는 다수결이나 후견의 위험을 피할 수 있는 방식으로 유럽 평화질서의 성취와 유럽합중국의 출범에 기초한 조약체계와 경제공동체 내의 두 개의 주권국가 실현이 가능하다.

국가연합은 특히 경제 및 사회정책, 환경, 교통, 에너지, 장거리 통신, 문화 분야에서 공동정책과 입법을 개발하고 이에 필요한 대등한 자격의 위원회를 설치하며, 연합기관은 베를린에 둔다.

어떤 목표를 가지고 어떤 방식으로 자기결정권을 행사할 지는 동독의 독일인들이 결정한다. 사민당은 이들의 결정을 존중할 것이다. 지금 동독의 독일인들은 자유, 직접, 비밀 선거, 자유언론, 독립된 재판, 독립된 노동조합을 실현했다. 이들만이 자기들의 경제와 재산권 질서를 결정할 수 있다.

Ⅴ장에서는 개혁과 개혁자를 보호하고, 민주주의를 경제적으로 보장하기 위한 동독 지역에 대한 당장의 지원 정책을 제시하고 있다. 의료에서 에너지 등 각종 지원을 제안하고 있다. 그리고 통화정책 협력, 인프라 사업 지원, 공동투자와 공동사업을 위한 환경 조성 등을 제시하고 있다.

그리고 국가연합 전단계로서 조약공동체 구축을 위한 협정 체결을 제안하였다. 이에는 각종 기구와 제도의 설치, 주거지 자유 선택, 통화공동체 준비, 동독과 유럽공동체(EC) 간의 새로운 관계 설정, 양독 간의 현행 모든 거래 제한 철폐(COCOM 리스트 등)가 포함되어 있다.

그리고 사민당의 노선대로 무기 현대화 대신 민간경제 현대화 정책으로, 병영 대신 동독에 사회적 주택 건설과 주택 현대화, 연결 도로망 건설과 장기간 군 복무 대신 청년 재교육을 제시하고 있다.

Ⅵ장에서는 베를린 정책으로 서베를린 주민에게 서독 선거권 부여를 제시하고 이어서 Ⅶ장에서 독일 통일에 대한 주변국 우려에 대해서는 유럽 협력을 통한 민족국가 극복을 제시하고 있다. 사민당은 유럽공동체가 민주적이고 사회적인 연합으로 발전되고 전체 유럽의 긴밀한 협력의 굳건한 기초가 되도록 장래에도 기여할 것이다.

이어서 Ⅷ장에서 사민당의 유럽평화질서의 근본인 유럽안보협력회의가 유럽의 평화질서를 창출할 것이다. 그리고 동서독 공동의 삶도 이 체제에 편입될 것이다. [통일에 대한 우려 해소를 위하여] 4강국의 최종유보권은 유지되어야 한다.

사민당은 1990년 35개국의 군축을 위한 정상 회담을 지지한다. 빈 군축 협정 후에 공격능력을 최소한 50% 감축 추가 협상이 합의되어야 한다. 이의 실현으로 기존의 동맹 체제가 전체 유럽 안보체제로 대체될 수 있다. 사민당의 목표는 군사동맹을 유럽평화질서로 대체하는 것이다.[28]

지금까지 사민당의 민족 문제에 대한 노선을 재확인한 바탕에서 통일 방

---

28) "유럽에서의 독일인. 사민당 베를린 선언"(Die Deutschen in Europa. Berliner Erklärung der Sozialdemokratischen Partei Deutschlands), (www.fes-de)

안을 제시하고 있다. 즉, 전체로서의 유럽평화질서 속에서 민족주의를 극복하며, 양독 국민들의 자기결정권 행사에 의해 통일된다고 해서 이것이 1937년의 독일 회복이 아니라는 것이다. 그런 맥락에서 폴란드의 서부 국경을 무조건 인정하겠다는 것이다.

통일 방안으로는 기본조약에 기초하여 다양한 분야의 개별적 합의 - 조약공동체 - 동서독이 각기 주권을 가지는 국가연합 - 연방이라는 3단계를 설정하고 있지만, 국가연합 이후 어떤 형태로 언제 통합할 것인가는 양 독일 국민의 자기결정권에 의해 결정되며, 전승 4강국의 전체로서의 독일과 베를린에 관한 최종결정권 유보는 인정한다는 것이다. 4강국의 최종 결정을 전제로 동서독 주민이 자기결정권을 행사하여 이 내용을 담은 새로운 헌법을 제정하고, 이 헌법이 발효로 통일이 이루어져야 한다는 것이다.[29]

그런데 사민당의 이 선언이 나오기 전에 이미 동독과 서독 정부의 공식적인 통일 방안이 제시되었다. 동독의 새로운 각료회의 의장 한스 모드로브(Hans Modrow)가 10월 17일 조약공동체 통합방안을 내놓았고,[30] 콜 총리가 11월 24일 연방의회에서 조약공동체-국가연합-독일 국민들의 자기결정

---

29) 베를린 장벽 붕괴 후 1980년 3월 동독 자유 총선 사이의 기간 중에 논쟁이 되는 통일 절차는 서독 기본법 제23조의 연방 편입 방식이냐 제146조에 따라 새로운 헌법을 제정하여 새로운 헌법에 따라 통일 하느냐에 관한 것이었다. 동독 총선거에서 제시된 각 당의 통일 방안은 결국 양자로 나누어진다. 서독 기본법의 23조와 146조의 규정은 다음과 같다;

제23조(기본법의 적용 범위): 이 기본법은 우선 바덴, 바이에른, 브레멘, 베를린, 함부르크, 헷센, 니더작센, 노르트라인-베스트팔렌, 라인란트-팔츠, 슐레스비히-홀슈타인, 뷔르템베르크-바덴, 뷔르템베르크-호헨쫄레른 주 영역에 적용된다. 독일의 그 밖의 지역에 대해서는 편입 후에 기본법이 효력을 발생한다.

제146조(기본법의 유효기간): 이 기본법은 독일 국민이 자유로운 결정으로 의결한 헌법이 효력을 발생하는 날에 그 효력을 상실한다.

30) 1989년 12월 16일 사회주의통일당(SED)은 사회주의통일당-민주사회당(SED-PDS: Partei des Demokratischen Sozialismus)으로 바꾸었다가 총선을 앞 둔 1990년 2월에 다시 민사당(PDS)로 바꾸었다.

권 행사에 의한 통일을 내용으로 하는 10개항 통일방안을 발표했다. 콜 총리는 예민한 재통일이나 동부 국경이나 동맹 문제는 피해나갔다.31)

---

31) 10개항 통일방안은 1989년 11월 21일 콜 총리의 외교정책 보좌관 호르스트 텔칙(Horst Teltschik)이 소련 공산당 중앙위원회의 독일 담당 위원인 니콜라이 포르투갈로프(Nikolai Portugalov)와 면담 후 소련 지도부의 현 상황에 대한 입장을 들은 후에 24일 예산을 다루는 연방의회에서 발표하기로 하고 콜 총리와 텔칙이 비밀리에 작성하고 총리 부인이 타이핑한 것으로, 기민련이나 자민당의 겐셔 외무장관을 비롯하여 정부 내에서도 자세한 내용을 모르는 상태에서 의회에서 콜 총리의 연설을 통해 공개되었다. 그 내용은 다음과 같이 요약할 수 있다.
   (1) 즉각적인 인도주의적 조치
       동독으로의 여행의 자유. 이는 인도주의적 그리고 의료 분야에서의 지원에 필요한 선결조건이다.
   (2) 종합적 경제 지원
       이를 위해서는 동독의 낙후된 전화통신망과 철도망 등의 완전한 보수와 확장이 필요하며, 하노버-베를린 혹은 모스크바-바르샤바-베를린-파리 선과 같은 연결이 재개되어야 한다.
   (3) 양국 간의 협력 강화
       동독 정치 및 경제 체제의 근본적인 개혁이 이행되는 조건에서의 광범위한 협력 확대로 구체적으로는 사회주의통일당의 통치 종식, 자유, 비밀 선거 도입, 야당에 권리 부여, 국가의 민주체제 유지, 정치범죄법 폐지, 정치범 석방, 관료주의적 계획경제 폐지가 포함된다.
   (4) 조약공동체(Vertragsgemeinschaft)
       우선 조약공동체를 추진하며, 이에는 촘촘한 합의 망 그리고 가까운 장래의 공동 기구와 제도가 포함된다. 기존의 혹은 새로이 구성되는 위원회가 경제, 교통, 환경, 과학기술, 보건 혹은 문화 분야의 새로운 업무를 맡을 수 있을 것이다.
   (5) 연합구조(Konföderativer Strukturen)의 창설
       독일에 연방국가 질서 구축을 위하여 국가연합 구조 창설을 생각해볼 수 있다. 이 단계의 선결조건은 동독에 합법적이고 선거에 의해 선출된 정부다. 상설 자문, 정치적 조정을 위한 공동 정부위원회, 공동 기술위원회, 공동 의회 기구 구성이 가능할 것이다. 동독에서 이런 발전이 있다면 독일 통일은 가시화될 수 있다.

그리고 11월 4일 베를린에서 100만 명이 시위에 나서고, 며칠 후 베를린 장벽이 붕괴되면서 동서독 국경이 개방된 시점에는 이미 동서독, 특히 동독의 독일인들은 정서적으로 통일로 가고 있었다. 그 후의 통일로 가는 과정에서 양독 주민들의 요구 수준은 예상보다 훨씬 앞선 조기 통일로 나갔다. 12월 13일부터 동독의 월요 시위 구호는 '우리가 인민이다!'(Wir sind das Volk)에서 '우리는 하나의 인민이다', '독일, 하나의 조국'(Deutschland,

(6) 독일 통일 과정의 전체 유럽 발전으로 통합
(7) 개혁 지향적 동유럽 진영의 유럽공동체(EC) 가입
유럽의 경제적, 사회적 격차가 축소될 수 있도록 동독과 함께 개혁 지향적 동유럽 진영 국가들이 유럽공동체에 가입하여 서구 시장에 접근할 수 있어야 한다. 중부와 동남부 유럽 국가도 필요한 요건을 충족한다면, 이들의 유럽의회, 특히 유럽인권조약 가입도 환영 받아야 한다.
(8) 유럽안보협력회의 과정의 이행
이 과정 속에서 회원국은 인권, 경제협력, 문화유산과 환경 문제에 합의하여야 한다.
(9) 군축과 무기통제
유럽의 분열과 독일 분단 극복은 광범위하고 즉각적인 군축과 무기통제 착수를 요구하고 있다. 무엇보다도 미국과 소련 양 초강대국의 핵 능력은 전술적 최소 수준으로 감축되어야 한다. 유럽의 재래식 공격력은 해체되어야 하고 화학무기는 전세계적으로 금지되어야 한다.
(10) 독일 통일
이 정책은 유럽의 평화 상태에 영향을 줄 것이다. 여기서 독일 민족은 자유로운 자기결정으로 통일을 회복할 수 있다. 독일의 국가 통합의 회복은 연방정부의 목표다.

10개항 방안에 대하여 기민련/기사연은 환영하였다. 물론 자민당의 겐셔 외무장관의 분노는 자신이 모르는 사이에 작성된 것이라 당연한 것이었다. 사민당의 보이크트 카르스텐도 이를 받아들였다. 기본법 전문의 통일 과제를 반대해오던 녹색당은 유럽에 대한 위험이라고 반대하면서 두 개 국가 방안을 주장하였다. 자민당의 람스도르프, 오스카 라퐁텐을 비롯한 사민당 내 브란트 '손자 세대'는 콜 총리의 방안에 비판적이었다. 12월 1일 10개항 방안에 대한 표결이 있었다. 기민련/기사연, 자민당은 이에 동의하였고, 사민당은 동부 국경에 대한 언급이 없다는 이유로 기권하였다.

einig Vaterland)으로 바뀌었다.

12월 20일에 나온 사민당의 통일 방안은 시간상으로 늦었다고 보아야 할 것이다. 그렇지만, 논리적 완결성은 가지고 있다. 이 선언의 논리와 제기된 문제인 동맹 문제, 유럽안보협력회의와의 관계, 동부 국경선 문제, 전승 4강국의 최종 결정권 유보 문제는 이후에 독일 통일과 관련된 이해당사국 간의 근본적인 문제로 결국 조정과 타협의 문제다. 당시의 시점에서 동서독 일반 대중들의 관심의 우선순위에서는 밀려나 있었다. 대중들의 입장에서 통일 방안에서 동독의 모드로브 의장의 방안, 콜 총리의 10개항 통일방안, 사민당의 방안 간의 차별성을 쉽게 찾기 어려웠다.

대중의 정서보다 사민당의 기존 유럽평화질서, 동서독 두 개 국가의 평화공존 논리에 집착하면서 때로는 통일을 반대하는 정당으로 비쳐지기도 하였다. 이후 동독에 재건된 사민당과의 통합에 시간을 소요하고, 통일 방식을 결정짓는 3월 동독 자유 총선에서도 단계적 통일 방안을 들고 나오며, 선거운동 참여도 기민련에 비해 상대적으로 적극성이 떨어지면서 저조한 결과를 냈다.

국제적으로도 독일 통일에 직접적인 관계를 가지는 4강국이나 나토 회원국, 유럽안보협력회의 회원국들 모두 다자 간 혹은 양자 간 회의와 협상에서 독일 통일을 접근하는 자세는 사민당이 브란트의 새로운 동방정책 그리고 1980년대에 주장하고 이론화한 이상적 전체로서의 유럽평화질서 관점이 아니라 자국의 이해에서 나온 것이었다.

이의 단적인 실례는 고르바초프의 소련이었다. 동부 유럽의 붕괴로 바르샤바조약이 사실상 해체되면서 유럽안보협력회의를 중심으로 한 유럽평화질서에 의해 나토가 해소될 계기가 마련되었다. 미국은 통일독일이 나토에 남아야 한다는 것을 공개적으로 요구하였다. 나토가 소련을 가상 적으로 하는 군사동맹이 더욱 분명해지면서, 나토에 잔류하는 것을 전제로 한 독일통일에 소련이 반대할 것임은 당연한 일이고 사실도 그랬다. 그러나 1990년 거의 국가 부도 상태에 빠진 소련은 서독의 대규모 차관 공여에 통

라이프치히 통일 지지 및 반대 시위(1989. 12.11)
독일, 통일조국(Deutschland einig Vaterland)/재통일? 고맙지만 아니다! 우리는 스스로 살아야 한다(Wiedervereinigung? Nein Danke! Wir müssen uns selbst helfen).
출처: Archiv Bürgerbewegung Leipzig e.V.

일독일의 나토 잔류에 동의해주었다.[32]

동서독 간의 평화공존 틀을 만들어낸 15년의 집권 경험이 있고, 언제든

---

[32] 후에 독일에서 비밀 해제된 문서에 따르면, 1990년 봄에 소련의 경제 상황은 급속히 악화되어 고르바초프는 금 심지어 다이아몬드 광업권까지 매각할 수밖에 없었으며, 국가는 국제적으로 부도 직전까지 갔다. 이런 상황에서 고르바초프는 차관 확보에 나서지 않을 수 없었다. 당시에 미국과 영국은 병든 소련 경제에 자금을 공여할 의사가 없었고, 프랑스는 재정이 취약했다. 가능한 나라는 서독 밖에 없었다. 서독에게 절묘한 시기가 온 것이다. 협상을 통하여 서독은 무이자의 150억 마르크 차관을 제공하였다. 물론 나토 잔류 문제 등 여러 가지 끈이 달린 자금이었다. 비밀리에 합의한 것이지만 이런 내용이 흘러나와 언론에 보도되자 겐셔 외무장관을 비롯한 서독 당국자는 강력하게 부인하였다. 동독 주둔 소련군 35만 명 철수 비용을 합하여 통일과 관련하여 독일이 소련에 제공한 자금은 550억 마르크에 달했다. 슈피겔(*Der Spiegel*, 2010. 9. 29. 소련은 1990년 9월 30일 한국(노태우 정부)과 외교관계를 수립하였으며, 이 때 한국의 30억 달러 차관 제공이 있었다.

제5장 혼돈과 새로운 노선 모색 그리고 통일 ▌ 373

지 집권할 수 있는 제1 야당으로 완결적인 이상주의적 논리를 가진 사민당은 통일 과정에서 소외되고, 콜 총리와 겐셔 외무장관의 정부가 통일 과정을 주도하게 되었다. 이는 이후 총선에서 사민당에게 부담을 주게 된다.

4) 동서독 통일: 준비되지 않은 사민당

여기서 통일 과정을 자세히 논의할 필요는 없을 것이지만 간략하게 정리해보면 다음과 같다. 콜 총리의 서독 정부의 공식적인 통일방안이 나오면서 이해 당사국들은 지금까지의 태도와는 달리 부정적이었다. 소련의 고르바초프와 셰바르드나제는 12월 5일 10개항 통일방안을 최후통첩이며 주권국가 내정에 대한 뻔뻔스런 간섭이라고 비판하였다. 영국과 프랑스는 노골적으로 강력한 통일 독일의 출현이 유럽의 안정을 해칠 우려가 있다고 이 방안에 비판적이었다. 미국은 통일 독일이 나토에 잔류한다는 조건으로 이에 대하여 일단은 긍정적인 반응을 보였다. 폴란드도 국경 문제와 관련한 예민한 당사국으로서 발언권을 요구하였다.

동독의 모드로브도 현실과 독일민주공화국의 주권을 무시하고 있다고 이 방안을 거부하였다. 그러나 동독의 권력과는 달리 이 방안은 동독 주민들을 고무시켰다. 12월 13일부터 동독의 월요 시위 구호는 '우리가 인민이다!'(Wir sind das Volk)에서 '우리는 하나의 인민이다', '독일, 하나의 조국'(Deutschland, einig Vaterland)으로 바뀌었다. 무조건 통일을 요구하기에 이른 것이다. 동독 대중들의 정서는 논리와 절차에 훨씬 앞서 가면서 통일의 길로 달려가고 있었다. 동독의 모드로브는 1990년 2월 1일 소련 방문 후에 중립국으로 재통일하는 4단계 통일 방안을 제시하고,[33] 2월 4일 사회

---

33) 4단계 통일방안은 다음과 같다:
   1. 동서독 양국이 통일 연방국가 결성을 위해 군사적 중립 즉, 나토와 바르샤바조약을 탈퇴하고,

주의통일당 당명도 민주사회당으로 바꾸고 상황에 대처하고자 하였으나 이마저도 대중의 흐름에 한참 뒤쳐진 것이었다.

4강국도 동독의 사태 발전에 당혹스러워 하면서 독일 통일 방안을 진지하게 모색하게 되었다. 1990년 2월 14일 캐나다 오타와에서 열린 나토와 바르샤바조약 회원국 외무장관 회담이 열려서 2+4+35 협상으로 독일 통일을 논의하기로 합의하였다.[34]

이런 상황에서 통일의 시기와 방식을 결정할 총선 일정을 일종의 정당, 사회단체 연석회의인 원탁회의에서 5월 6일로 합의하였으나, 민사당은 상황이 자신들에게 더욱 불리해질 것으로 우려하여 3월 18일에 조기총선으로 나가기로 결정하였다.

서독도 이에 10개항의 단계적 통일 방안은 이미 그 현실성을 상실하고 조기 통일 방안을 찾게 되었다. 이를 위하여 기민련은 기본법 제23조에 의하여 총선 후 새로 구성되는 동독 의회가 독일연방공화국 편입을 결의하면 바로 통일이 실현되는 조기의 편입 방식, 민주적 절차에 의하여 선출된 동독 의회가 자기결정권을 행사하여 기본법 23조에 따라 독일연방공화국에 편입(Beitritt)을 결의하면 바로 통일이 실현되는 방안을 제시하였다.[35] 이를

---

   2.   경제와 화폐·교통망 및 법률제도를 통합하며,
   3.   의회 위원회와 지역의회, 일정한 정책분야에서의 집행기구 등 공동기구 설치, 말하자면 국가연합을 구성하고,
   4.   최종적으로 설립된 공동 기구에 양국의 주권을 이양하여 연방국가를 출범한다는 것이었다.

34) 2+4+35에서 2는 동독과 서독, 4는 전승 4강국, 35는 유럽안보협력회의 구성국가를 말한다. 독일 통일이란 유럽에서 2차 대전의 종결을 의미한다. 2차 대전 종결은 평화조약 체결에 의하는 것이 일반적이지만, 그 동안 특히 4강국과 서독은 물밑 협상을 통하여 평화조약의 경우 당사국이 많아지면서 - 예를 들자면 아프리카의 이디오피아, 이집트, 모로코 등도 해당 - 합의에 이르기가 쉽지 않고, 시간이 너무 오래 소요될 수 있고, 동독에서의 사태 진전이 빠른 결론을 요구하고 있다는 점에 모두 동의하여, 동독과 서독 간의 합의를 4강국이 승인해주고 유럽안보협력회의가 최종적으로 이를 확인하여 종결하기로 합의한 것이다.

공약으로 내건 동독 지역의 보수정치세력 연합인 '독일을 위한 연합'(Alianz für Deutschland)을 결성하게 하여 동독 총선에 적극적으로 개입하였다.36) 단기간에 급조된 정치 세력 연합인 '독일을 위한 연합'은 선거강령조차 급조된 "더 이상 사회주의는 아니다"(Nie wieder Sozialismus)라는 1페이지짜리 약식강령을 내놓고 선거전에 들어갔다. 이 강령은 13가지 약속을 간략하게 정리하여 내놓았는데 한 마디로 동독 대중의 조기통일 열망을 자극하는 서독 기본법 제23조에 따르는 연방편입으로의 조기 통일 공약이었다.37)

사회주의통일당-민주사회당(SED-PDS)에서 당명을 바꾼 민사당(PDS)은

---

35) 이미 자르란트 주의 사례가 있다. 종전 후 프랑스 점령 지구인 자르란트를 프랑스가 독일로부터 분리하여 경제적으로 통합하려고 하였으나 독일과 주민들의 반발 1955년 자르란트 지위협정이 주민투표에서 부결되자 프랑스는 이를 포기하였으며, 자르란트는 양국 간의 협정과 기본법 23조에 따라 1957년 1월 1일 부로 연방 주의 하나로 서독에 편입되었다.

36) 동독 기민련(CDU-Ost: DDR Christlich-Demokratische Union), 독일사회연합(DSU: Parteien Deutsche Soziale Union)과 '민주주의 출발'(DA: Demokratischer Aufbruch)이 1990년 2월 5일 결성한 선거연합이다. 동독 기민련은 종전 후 소련 점령지구에서 반파시스트 민주 진영(Antifaschistisch-demokratischen Block)에 가담하는 조건, 즉 소련식 통치를 수용한다는 조건 하에 창당이 허용된 4개 정당으로 말하자면 들러리 정당(독일 공산당(KPD), 사민당(SPD), 기민련(CDU), 민주당(LDP: Liberal Democratic Party of Germany) 중 하나로 베를린 장벽 붕괴 후 재창당되었다. '민주주의 출발'(DA) 총선 후 동독 기민련과 합당하고 그리고 통일 하루 전에 동서 기민당은 합당하였다. 독일 사회연합은 명칭이 말해주듯이 급히 창당된 서독 기사연의 자매당이다.

37) '연합'의 주요 공약은 다음과 같다:
  - 서독 기본법에 기초한 통일
  - 조속한 서독 마르크 도입. 동독 마르크의 서독 마르크 1:1 교환 보장
  - 사유재산권 보장, 상거래의 자유
  - 서독과 외국으로부터 투자 장벽 철폐
  - 서독과의 법률 통합
  - 연방 주 복구
  - 기타 사회정책. (콘라트 아데나워 재단 홈페이지, www.kas.de)

통일 후에 자신의 신분과 미래에 불안을 느끼는 동독 주민, 특히 사회주의 통일당 관련 사람들의 불안 심리를 파고드는 공약을 내놓았다. 통일 정책은 단계적 정책으로 시간을 벌겠다는 논리를 밑에 깔고 있었다. "우리는 좌파 사회주의 정당이다"라는 자기규정과 함께 '독일 문제의 유럽적 해결'이라는 제목으로 통일 방안을 내놓았다. 여기에는 소련의 페레스트로이카 정책이 열어놓은 가능성을 활용하여 통일 문제에 접근하자는 논리다. 민사당은 조약공동체-국가연합-중립화, 비군사화 연방국가로의 통일이라는 3단계 통일 방안을 제시하고 있다.38) 그리고 공동체 재산소유를 포함하여 모

---

38) 민사당의 선거강령은 다음과 같이 요약할 수 있다:
　- 우리는 좌파 사회주의 정당이다.
　노동운동 및 인본주의 전통에 이바지하며, 사회 및 생태지향적 시장경제를 도입하며, 과감한 동서 간 군축, 인간 간의 연대와 책임 있는 자연과 인간의 관계 지지하고, 신나치, 인종주의, 반유태주의에 반대한다.
　Ⅰ. 독일 문제의 유럽적 해결
　페레스트로이카가 우호적인 인민 상호간의 세계적인 새로운 가능성을 열어 놓았다. 이를 급진적 군축과 국제 관계의 비군사화, 공정하고 연대적인 세계경제 창출, 생태위기의 해결, 유럽 분열의 해소와 진보적이고 사회적이며 민주적인 독일 창설 위에서 독일 통일에 활용하여야 한다.
　통일에서,
　1. 동독의 공동체적 가치와 성과가 포기되어서는 안 된다.
　2. 변화가 동독 내에서만 일어나서는 안 된다. 대량실업, 생존 불안, 경쟁 일색인 사회, 공직 취임 금지, 공산당 금지, 직장폐쇄, 낙태 금지, 주택과 토지 투기, 신나치 단체 허용, 오데르-나이세의 불가침에 대한 불안과 다른 인민의 희생 위에 사는 삶을 원하지 않는다.
　3. 독일민주공화국이 주권국가로서 통일과정에 참여해야 한다. 서독의 결정에 의해 이 목표가 실현되어서는 안 된다. 이후에 사적 및 공동체 재산소유, 토지와 주택 이용, 기업과 다른 시설과 관련하여 문제되고 많은 부정적인 결과를 야기할 서독의 법률이 동독 시민들에게 적용되어야 한다. 이런 취지에서 독일 민족 분열의 신속한 극복을 제의한다.
　[3단계] 통일방안
　　1) 양국의 실현 가능한 공동 이해와 결부된 경제, 통화, 사회적 결합 속에서

든 소유권 형식을 법적으로 보호하겠다는 공약을 내걸었다. 당시 부분적으로 개인의 소유권을 일부 인정하고 있고, 국유와 사회적 소유, 개인의 사적 소유권 등 여러 형태의 소유권 제도를 유지하고 있던 동독 현실에서 현행 소유권 제도와 관련하여 불안해하는 동독 주민들, 특히 동독 체제의 기득권 세력의 정서를 겨냥한 공약이었다.

사민당은 기본법 제46조에 의한 헌법 제정과 당론인 단계적 통일을 공약으로 내건 동독 사민당을 지지하지만 개입 강도는 기민련에 비해 상당히 떨어졌다. 이는 조기통일을 공약한 기민련과 동독의 자매정당은 통합을 전제로 하고 있었던 반면에, 사민당은 여전히 베를린 선언의 통일방안에 기초하여 동독의 사민당은 제휴 정당이지 아직은 합당 대상이 아니었다. 사민당의 단계적 통일 방안은 동서독이 동등한 자격으로 구성되는 제헌의회가 새로운 통일헌법을 제정하고, 현재의 동서독 헌법 효력을 정지시키고 새로운 통일 국가를 만든다는 것이었다.

'그래 독일 통일 – 유럽을 위한 기회'(Ja zur deutschen Einheit – eine Chance

---

    체제 확대를 지향하는 조약공동체 구성
   2) 단일 통화 아래 국가연합 구조 형성
   3) 유럽 통합 환경 하에서 중립적이고 비군사화 연방국가로 신속한 이행
II. 민주화와 법치국가화
   1. 인권 보장
   2. 발전방향을 담은 신헌법 제정
   3. 노동법 제정
III. 사회안전
   1. 주요 생산수단에 대한 공동체 소유권 보호
   2. 헌법상 노동권 보장
   3. 자유로운 개인 중소기업 발전
   4. 모든 소유형식의 법적 보호
   5. 경쟁력 있고 생태 지향적인 농업 발전
   6. 퇴행적이지 않는 민주적 토지 개혁. (로자 룩셈부르크재단 Rosa-Luxemburg-Stiftung) 홈페이지(https://www.rosalux.de)

für Europa)라는 슬로건 하의 사민당의 선거강령은 앞의 두 당에 비하여 충분히 준비된 가장 논리적인 강령이다. 사민당의 전통적 가치인 자유, 정의, 연대를 지지한다고 선언하고 통일을 독일의 새로운 탄생과 유럽 통합의 기회라고 규정하였다. 그리고 통일은 4강국과 우리 이웃 나라의 권리와 이익이 보전되는 유럽 통합안 개발, 통일이 혼란스런 결합이 아닌 질서 있게 함께 성장하는 전체 독일 기구와 제도의 개발, 시장경제, 공동결정과 사회안전이 분산되지 않도록 동독 법률제도의 신중한 개혁, 5개의 연방 주의 자치 정부가 탄생할 수 있도록 하는 동독의 행정개혁이라는 4가지 요소의 조정을 통해서 진행되어야 한다고 주장하였다.

유럽통합의 일정을 이렇게 제시하고 있다.

- 1990년 3월. 선출된 동독 의회 소집일 동서독 의회 인접국과의 국경 인정 공동선언
- 1990년 4월. 인접국 참여 하에 4강국과 동서독 6개국 회의에서 미래의 통일 독일을 위한 안보 정책 틀 합의
- 1990년 가을. 장기적으로 나토와 바르샤바조약을 대체할 범유럽 안보 질서 논의를 위하여 유럽안보협력회의 개최

그리고 통일 일방안과 일정을 상세하게 제시하고 있다.

- 1990. 3. 동독 의회 1950년 11월 1일자 '인권과 기본 자유 보호 조약' (유럽인권조약) 승인 선언. 두 개의 독일 국가가 독일 연방국가가 되어 독일인의 통합의 실현하겠다는 굳은 의지 표명. 잠정 기간 중의 기본법 채택. 새로운 헌법 제정을 위한 헌법위원회 구성. 정부 구성
- 1990. 4. 양국 정부 통일조약 협상 개시. 모든 수준에서의 합동위원회 구성. 의회 공동 위원회 구성. 동독 의회 연방 주 설치법 입법
- 1990.4/5. 통합평의회(Der Rat zur deutschen Einheit) 설치. 독일 통합 구체화 역할. 두 개의 독일 국가의 발전에 따른 공동기구. 통일 및 제3국과의 관계에 관한 모든 문제 협의. 입법권은 없음. 서독 기본법에 기초

하여 공동 기본법 작성. 두 개의 독일 의회와 정부가 동등하게 참가.
- 1990.5. 지방자치단체 선거. 지역 자치정부 구성. 지구(Kreis)를 지방자치단체(Landkreis)로 변경.
- 1990. 여름. 동독 5개 연방 주 선거. 주 헌법 제정. 전체 연방 주의 헌법 작업 완료 후에는 일정이 통합협의회가 이끌어 나간다. 국민투표로 헌법이 확정되고, 그 후에 전체 독일 총선이 실시되며, 독일 연방의회 개회일 서독 연방의회와 동독 의회는 해산한다.

통합을 위한 동독의 법질서 개혁에는 다음 내용이 포함되어 있다.

- 통일을 위한 3단계로 진행: 사회 통합, 통화 통합, 경제 통합. 많은 분야에서 서독과 유럽공동체의 규정이 적용된다.
- 소유권 개혁, 가격 개혁, 은행 개혁, 사회통합 입법, 임차인 보호
- 경제 입법, 세법, 공동결정법, 라히프치히 증권거래소와 함께 자본시장 설치
- 임대차법, 주택시장 관련 입법

자유롭고 연대적인 공동체 계획에서 사회정책을 비롯하여 서독 사민당 선거강령에서 볼 수 있는 공약을 제시한 다음 총선에 참여하는 민사당, 연합에 대한 사민당의 입장을 밝혔다.

민사당에 대해서는 어떤 상황에서도 사민당은 민사당과 연합하지 않겠다고 선언하고 있다. 민사당이 말하는 생태지향적 시장경제, 인권, 민주주의를 신뢰하지 않으며, 과거 사회주의통일당의 후신으로 아직 자기혁신이 이루어지지 않은 정당으로 "이들이 운전하면서 타이어를 교체할 수 있다"고 믿지 않는다는 것이었다. 공포와 헛된 약속으로 정치하고 있다라고 주장하고 있다.

'독일을 위한 연합'(Allianz für Deutschland. CDU, DA, DSU)에 대해서는

이들은 순전히 선거를 위하여 결합한 세력으로서 유럽과 평화를 가지고 도박을 하기 때문에 위험하다는 입장을 표현하고 있다.39)

동독 사민당의 경우 선거강령에서도 서독 사민당의 노선을 그대로 따르고 있었다. 사민당의 입장에서 보면, 민사당이 제시한 3단계 통일방안은 사실상 민사당 안과 차별성이 거의 없어서 민사당과의 차별화가 절실하였다. 1982년 야당으로 밀려난 후 사민당의 노선 그리고 사회주의통일당과의 관계, 특히 1987년 8월에 내놓은 사회주의통일당과의 공동보고서는 사민당의 아킬레스건이었다. 동독 주민의 통일 열기 앞에서 통일 반대 세력으로 보일 수 있는 여지가 충분하였다. 그리고 이는 '연합'을 중심으로 한 보수세력의 색깔 공세로 이어질 수 있는 도화선이었다. 그래서 사민당은 선거강령에서 거듭 민사당과 사민당의 노선은 전혀 다르다고 주장하고 있다.

사민당은 사회민주주의를 위해 선거운동을 하고 있다. 사회주의통일당의 국가사회주의와 하등 관계가 없으며 또한 민사당의 민주사회주의와 같지 않다. 사회주의란 이름 아래 우리를 사회주의통일당과 민사당과 한 통속으로 모는 사람들은 민주주의자를 암살하고 파괴하는 자들이다.40)

선거 전에 들어가자 동독 대중들의 열기 속에 총선 분위기는 금방 달아올랐다. 그리고 선거 쟁점은 단순했다. 서독 기본법 23조에 에 의한 즉시 통일이냐 146조에 의한 단계적 통일이냐의 양자택일 문제로 단순화하였다. 당초 사민당이 우세할 것이라는 예상과 달리 3월 18일 선거결과는 서독 기본법 23조에 의한 조기통일을 주장하던 '연합'세력의 과반수에 조금 못 미치는 48.0%(기민련 40.8%. 사회연합 6.3%, 독일 출발 0.9%)를 득표하였다. 사민당이 21.9% 그리고 민사당이 16.4%를 얻었다.

---

39) "동독 사민당 선거강령"(Ja zur deutschen Einheit – eine Chance für Europa Wahlprogramm der SPD zum ersten frei gewählten Parlament der DDR), www.fes.de
40) 앞의 동독 사민당 선거강령

투표율 93.4%가 말해주듯이 동독 주민들이 조기 통일 열기가 신뢰성이 확인되지 않은 급조된 정치세력에게 표를 던진 것이다. 콜 총리를 비롯한 서독 보수세력의 엄청난 지원이 있었고, 슈피겔지가 투표 3일 전에 '출발 독일'의 대표인 볼프강 슈느르(Wolfgang Schnur)가 과거에 동독 국가보안부(MfS)의 비밀요원으로 활동하였다는 것을 폭로하였지만 큰 흐름에 영향을 주지는 못했다.41) 이보다는 오히려 서독 사민당 총리후보인 라퐁텐이 1989년 12월 18일 베를린 당대회에서 통일 독일이 나토 회원국으로 남는다는 것이 말도 안 되는 넌센스라는 연설 등 사민당이 통일에 회의적으로 비쳐졌다는 것이 사민당에게 부정적으로 작용하였다.

　아무튼 연합이 과반수를 확보하지는 못하였지만 사민당이 연정 참여에 합의하여 4월 1일 기민련의 로타르 드 메지에르(Lothar de Maizière)를 총리로 하고 3분의 2를 넘는 의석을 확보한 연립정부가 출범하여 통일 업무를 신속하게 처리하였다.

　동서독은 국내적으로 1990년 7월 1일 경제사회통합조약(Staatsvertrag zur Währungs-, Wirtschafts und Sozialunion), 8월 31일 정치통합조약(Vertrag zwischen Bundesrepublik Deutschkand und der DDR über die Herstellung der Einheit Deutschlands)42)을 체결하고, 국제적으로는 2+4조약(Zwei-plus-Vier-Vertrag)이43) 9월 12일 모스크바에서 체결됨으로써 모든 절차를 마치고 정치통합

---

41) 당시의 혼란에서 사민당도 벗어날 수 없었다. 동독 사민당의 대표인 이브라임 뵈메(Ibrahim Böhme)도 후에 국가보안부의 비밀요원임이 드러나서 1992년 사민당에서 제명되었다.

42) 두 조약의 내용에 관해서는 독일 법무부 홈페이지(www.gesetze-im-internet.de), 디터 브루멘비츠(최창동 편저), "분단국가의 법적 지위", (법률행정연구원, 1996), pp.94-112, 및 허영 편, "독일통일의 법적 조명", (박영사, 1994) pp.286-308.

43) 이 조약의 정식 명칭은 "독일에 관한 최종 해결에 관한 조약"(Vertrag über die abschließende Regelung in bezug auf Deutschland)이다. 이 조약에는 독일과 폴란드의 현 국경선 확인, 3~4년 이내에 독일군 병력 37만 명으로 감축, 1994년 12월 말까지 동독 주둔 소련군 철수, 독일 통일이 동맹체제에 속할 수 있는 권리에 영향을 주지

독일의 최종적 주권 회복: 2+4 조약 조인(1990. 9. 12)
(좌에서 우로) 제임스 베이커(James Baker. 미국 국무장관), 더글라스 허드(Douglas Hurd. 영국 외무장관), 에두아르드 셰바르드나제(Eduard Shevardnadze. 소련 외무장관), 롤랑 뒤마(Roland Dumas. 프랑스 외무장관), 로타르 드 메지에르(Lothar de Maizière. 동독), 한스 디트리히 겐셔(Hans-Dietrich Genscher. 서독). 출처: picture-alliance/dpa

조약에 따라 10월 3일 베를린의 과거 제국의회 앞에서 통일된 독일연방공화국 국기가 게양되면서 독일 통일은 완료되었다. 그리고 11월 9일 파리에서 열린 유럽안보협력회의 회원국 34개국의 추인을 받는 형식으로 국제적인 절차는 모두 종결되었다.44) 독일은 통일되었을 뿐만 아니라 2차 대전 이후 4강국에 의해 제약 받아 온 주권을 완전히 회복하였다. 그리고 유럽에서 2차 대전 전후 문제는 완전히 종결되었다.

그런데 통일이 사민당에게 어떤 영향을 줄 것인가에 대한 1차적 확인인 3월 동독 총선거로 사민당에게 참패를 가져다주었다. 통일 후 통일 독일

않는다는 것 등을 규정하고 있다. 이어서 10월 1일 뉴욕에서 독일에 대한 4개국의 권리와 책임의 포기선언이 있었다. 1945년 2차 대전 이후 전승 4강국이 유보하고 있던 전체로서의 독일과 베를린에 관한 최종결정권 포기를 선언한 것이다; 독일 외무부 홈페이지(www.auswaertiges-amt.de); 디터 브루멘비츠(최창동 편저), "분단국가의 법적 지위", pp.83-87.

44) 형식적이긴 하지만 11월 9일 파리에서 열린 유럽안보협력회의 회원국 34개국의 추인 받는 형식으로 국제적인 절차는 모두 종결되었다

의회 구성을 위하여 통일 직후인 12월 2일 연방선거가 실시되었다. 결과는 사민당의 득표가 1987년의 서독 총선 37%보다 더 하락한 33,5 득표로 참패였다. 기민련/기사연은 44,3%에서 43,8%로 약간 하락, 그리고 자민당은 9,1%에서 11,0%로 상승하였다. 반면에 지난 번 서독 총선에서 8,3%를 득표하여 자민당을 턱 밑까지 추격하였던 녹색당(B 90/Grüne1)는 5,0%에 그쳤다. 민사당(PDS)은 2.4% 득표하였다. 결국 지난 3월 동독 총선 결과의 재확인이었다. 당시 녹색당은 2% 득표였다. 조기 통일과 단계적 통일 세력으로 나눠진 것이며 조기 통일 세력이 단계적 통일세력을 압도하였다.

당시의 선거 쟁점은 통일비용으로 콜 측은 증세에 반대하였다. 반면에 라퐁텐을 총리후보로 내세운 사민당은 증세를 주장하였다. 3월에 조기통일로 표를 몰아주었던 동독 주민들이 이 선거에 대한 입장은 어떠했을까? 아마도 3월 선거에서 민사당이 공약으로 내걸었던 동독 주민들의 불안과 우려가 현실로 다가오고 있다는 정서를 바탕으로 총선에 임했을 것이다. 그리고 동독이 무너질 때 이미 무너지고 있던 동부 지역의 경제는 더욱 무너지고 있었다. 경제의 붕괴는 당연히 실업자를 생산하게 되는 것이다.

구 서독 지역의 경우 실업률은 1985년 9.1%로 정점을 찍은 후 점차 낮아져서 1990년에는 7.2%였다. 1991년 6.3%에서 시작하여 1990년대는 계속 늘어 1997년에 11.0%에 달했다. 반면에 구 동독 지역의 경우 1991년 10.3%에서 늘어나 1997년에는 19.5%에 달했다.

그리고 3월 동독 총선 후 7월의 경제사회통합조약, 그리고 8월의 정치통합조약이 체결되어 절차상의 통일은 사실상 끝났다. 이 과정에서 경제사회통합조약에 따라 7월 17일 국유재산의 민간 처분을 임무로 하는 신탁청(Treuhandanstalt)이 발족되어 업무에 들어갔다. 과거 동독은 사회주의 경제로 개인소유권이 인정되지 않다가 1970년에 와서 부분적으로 주택을 포함하여 예외적으로 일부 자신에 대한 사적 소유가 이루어지고 있었지만, 대부분이 국유 내지는 사회 소유였다. 여기에다 통일 열기 속에서 1945년 이후 동독에서 이루어진 법률행위에 대한 조치가 제대로 되지 않은 상태로

서독의 법률이 적용되게 되었다. 즉, 정치통합조약 제8조에 서독 법률이 독일 전체에 적용된다고 규정하고 있다. 9조에 서독법이나 유럽공동체법에 어긋나지 않는 한 계속 유효하다고 규정하고 있지만 전면적인 서독법의 적용을 규정하고 있는 셈이다.

이런 상황에서 민사당의 3월 공약에서 말한 모든 소유형식의 법적 보호와 민주적 토지 개혁이 의미하는 바는 바로 구 동독 지역 주민들에게는 과거 동독 공무원, 군인의 일자리 불안, 국영기업인 직장의 민영화로 인한 실업, 국가 소유 내지는 사회 소유인 살고 있는 집을 빼앗길 수 있으며, 경작하고 있던 농지는 어떻게 될까 하는 불안을 말하고 있었던 것이다. 그 불안이 이제 현실로 다가왔다.

1990년 6월 동서독 양국은 과거 동독에서 몰수된 재산에 대하여 보상 이전에 반환이라는 원칙에 합의하였고, 9월 23일 동독 인민회의는 미확정 재산권 규율법(VermG)을 공포하였다.[45] 이 법에 따르면, 보상을 전혀 하지 않았거나 규정보다 적은 액수의 보상금을 지불하고 개인의 재산을 수용할 경우, 경제적인 이유의 불가피한 특정 상황이 발생했던 경우, 권력 남용, 부정부패, 사기 매입, 국가 기관 또는 제3자의 공갈 협박 등으로 인한 부당한 방법으로 취득한 경우가 아닌 경우에 반환을 원칙으로 하였다.[46] 그러나 소유권을 둘러싼 45년 전 소유자가 제기한 소송이 통일 후 5년 동안 400만 건이 넘을 정도로 혼란스러운 것으로, 통일 당시 자기 재산으로 알고 있던 사람들에게는 불안한 상황이었다.

그리고 총선에서 구 서독 지역 유권자들에게는 수도 없이 들은 통일비용 문제가 이슈였다. 이 비용을 어떻게 조달할 것인가 문제였다. 이에 대하여

---

45) 법률의 정식 명칭은 '재산 문제 규율에 관한 법률'(Gesetz zur Regelung offener Vermögensfragen: Vermögensgesetz – VermG)로 통일 후에는 연방 법률로 편입되어, 현재도 유효한 법률이다. 독일 법무부 홈페이지(www.gesetze-im-internet.de).

46) 유타 림바흐(Jutta Limbach), "법적 관점에서 본 독일 통일", (프리드리히 에버트재단 한국사무소 www.fes-korea)

콜 총리는 증세를 통해 조달하지 않겠다고 나왔고 사민당은 증세가 불가피하다는 입장이었다.

아직 재산권 문제가 표면화되지 않는 상황에서 시작된 1990년 12월 2일 총선 선거운동에서 구 동독 지역 주민들의 문제는 아마도 민사당의 공약이 잘 반영하고 있을 것이다. 이의 내용을 보면, 차별금지를 주요 공약으로 내걸고 있다. 이는 구 동독 체제 연루자 내지는 강제에 의한 것일지라도 체제 협조자들의 불안을 보여주는 것이었다. 이들이 우려하는 것은 과거 서독의 법률이 적용되면서, 긴급사태법, 공직취임금지조치, 반테러법 등에 근거한 불이익이었다. 민사당은 이들 법률의 폐지를 요구하였다. 그리고 동독 지역 경제 파탄과 민영화에 따른 대량실업 대책, 농업 경제 파탄에 따른 부채 탕감을 공약으로 내걸었다. 실업 대책으로 구 동독 지역의 기반시설 개량, 경제 구조 조정 및 재정정책을 일자리 정책과 연계시키겠으며, 노동시간 단축 등을 공약으로 내놓았다. 그리고 2차 대전 후 동독지역에 실시된 토지개혁을 최종적인 것이라 선언하여 재산권 문제에 대한 입장을 표명하였다.[47]

그런데 사민당 선거강령은 1980년대의 기본노선에서 그다지 벗어나지 않았다. 선거 강령의 제목 '생태적이고 사회적이며 경제적으로 강한 새로운 길'(Die Neues Weg-ökologisch, sozial, wirtschaftlich stark)이 말해주듯이 생태 문제에 중점을 두고 있다. 강령 개념의 중심은 산업사회의 생태친화적 개혁이라는 것이다. 건강한 환경 없이는 지속 가능한 복지는 있을 수 없다. 환경에 대한 투자가 독일을 더 풍요롭게 해 주며, 생존을 보장하고 일자리를 창출할 것이라는 것이다. 성급하고 경제정책적으로 확실하지 않는 통화통합이 구 동독 지역 경제에 전혀 새로운 기회를 제공하지 못하다고 전제하면서 논리를 전개하였다.

이런 정책노선의 연장에서 환경세(생태친화적 에너지소비세)의 도입과 핵

---

47) "민사당(PDS) 선거강령(Wahlprogramm)". 로자 룩셈부르크 재단 홈페이지 (www.rosalux.de)

에너지 탈피를 지향하면서 신규 핵발전소의 설계나 건설을 중단하겠다고 밝혔다. 1회용 음료 포장 등에 환경부담금을 부과하며 이를 환경에 투자하겠다고 하였다.

그리고 이미 6월에 동독과 서독 양국이 보상보다 반환을 우선하기로 합의하고, 9월에 동독에서 미확정 재산권 규율법을 제정하여 시행하고 있는데, 사민당은 이와 다른 정책을 내놓았다. 즉, 1946-1949년 기간 중에 수행된 토지개혁의 결과를 보장하겠다. 그리고 1949년 이후 불법적 몰수를 바로잡기 위해서는 소유자에 대한 보상이 우선시 되어야 하고, 소유권 회복은 오직 특별한 경우에만 허용되어야 한다. 모든 법률 및 조직 형태의 소유권과 공동체 형식 - 조합 혹은 사적 - 이 가능하고 또한 장려되어야 한다는 것이었다.

그리고 실업 대책으로는 환경투자와 보호 그리고 구 동독 지역의 사회기반 시설 개량과 신규 건설과 고용을 연계시키겠으며, 노동시간 단축을 내놓았다. 사회정책과 여성정책과 관련한 임신중절에 대해서는 생성 중인 생명을 보호하고 여성의 자기결정과 자기책임을 존중하는 임신중절 정책을 펴겠다고 하여 여성의 자기결정과 자기책임을 강조하고 있다.48)

구 동독 지역 개발에 필요한 재원은 증세로 마련하겠다고 밝혔다. 즉, 앞으로 수년 동안 구 서독 지역 주민들은 가시적인 연대기여금을 부담할 것이다, 연방공화국 시민은 이에 대한 준비가 되어 있다. 분단을 극복하려는 사람들은 분담하여야 한다. 연대기여금 명목으로 증세하겠다는 논리다. 또

---

48) 임신중절에 대하여 여당은 "태아는 처음부터 인간이며 이는 헌법의 보호를 받고 있다"는 입장에서 1975년 헌법재판소에서 기각된 임신중절 기한 규정(3개월)에 반대한다는 입장이었다. 이는 통일조약에서 동독이 낙태를 합법화하고 있는 것을 고려하여 1992년까지 구 동독 지역에는 동독 형법을 적용하며 1992년 말까지 통일된 법규정을 만들기로 규정하였다. 이에 따라 1992년 7월에 서독 형법의 낙태 규정을 개정하여 임신 후 12주 이내에 의사와 협의를 통하여 임신중절이 가능하도록 하였다. 이후 헌법재판소가 1993년 8월에 이 규정이 위헌이라고 결정하여 1975년 규정으로 복귀하였다. 허영 편, "독일통일의 법적 조명", (박영사, 1994) p.104.

한 이 논리의 연장선상에서 증세 없이 구 동독 지역 개발에 나서겠다는 콜 총리와 기민당 정책은 결국 국가 채무를 증가시킬 것이며, 이는 장기적으로 이자상환으로 인해 일자리 만들기 사업 축소로 나타날 것이며, 부채의 이자는 결국 납세자들이 부담하게 된다는 것이다. 통일 비용을 수백만 일반 시민들에게 일방적으로 전가하는 한편, 많은 자산을 가진 사람들은 오히려 높은 이자로부터 추가 이익을 얻는다.

그리고 평화정책과 관련하여, 군사적 진영은 그 기능을 상실하였으므로 해체하여야 한다고 주장하였다. 사민당 정권의 목표는 유럽안보협력회의 하에서 유럽안보체제 창설을 위한 조약 체결이며, 이에 따른 군사동맹 해체다. 나토에서 독일의 대등한 협력 동반자 관계를 요구하며, 다른 나토 국가에서와 마찬가지로 어떤 권리 하에서도 외국 공격군의 주둔은 허용될 수 없으며, 동맹의 적용 범위 외 지역에 대한 나토와 서유럽연합의 군사적 투입과 추가 임무를 거부한다고 밝혔다. 그리고 전체 유럽의 입장에서 민족국가 극복 노선에서 사민당은 유럽연합 의회 등의 권한 강화를 추진하고, 각국의 연방 주나 지방자치단체의 권한을 강화하여 중앙정부의 권한을 약화시키겠다는 공약을 내놓았다. 즉, 우리 시대의 커다란 문제에 관해서는 큰 민족국가도 너무 작으며, 현장의 일상적인 문제에 관해서는 큰 민족국가가 통합되어 있지 않다는 것이다.[49]

기민련/기사연은 통일비용을 공공 분야 기업의 민영화를 통하여 조성하겠다고 공약하고, 사민당과 달리 오히려 저소득 근로자와 기업에 대한 감세 정책을 내놓았다. 일자리 안전과 일자리창출을 촉진하는 투자친화적 조세제도의 필요에서 법인세를 개혁하겠다는 것이다.

내용과 방향은 다르지만 여당 역시 환경과 생태 문제를 공약으로 제시하였다. 환경보호는 환경세도입 등을 제외하면, 사민당과 달리 기후변화, 바다, 열대 우림 보호 등 국제적인 문제와 관련하여 국제협력 강화에 중점을

---

49) "사민당 1990년 연방선거강령"(1990 Bundeswahlprogramm), (www.fes.de)

두고 있다. 핵에너지 문제에 대해서는 사민당과 달리 책임 의식 하에 핵에너지를 이용하며, 안전 기준에 미달한 핵발전소는 폐쇄하고 핵발전소는 계속 유지하겠다는 입장이었다.

유럽 정책과 관련하여 여당은 독일은 조국이고 유럽은 독일의 미래며, 자유, 법치, 민주주의가 새로운 유럽 통일의 신념이며, 유럽연합은 전체 유럽 통합의 기초가 되어야 한다. 특히, 통일된 독일에게 독일-프랑스 우호는 유럽 통합의 엔진이라고 규정하였다. 기민련은 유럽 정신에서 정말로 진정한 동반자로서 유럽 내의 독일을 원한다고 밝히며, 구체적으로1992년까지 유럽 단일시장을 완성시키며, 유럽 통합을 위하여 독립된 유럽중앙은행 창설과 유럽 단일 통화 창설을 제시하였다.

민족 문제와 관련하여 콜 총리의 여당은 예민한 문제일 수도 있는 과거 독일 영토 지역에 거주하고 있는 독일계 주민에 관하여 언급했다. 즉, 독일 동부 국경의 최종결정이 전쟁과 부당한 추방에 의해 고향 땅을 떠날 수밖에 없었던 독일 사람들을 특히 아프게 했다는 것을 알고 있다. 중부, 동부 및 동남부 유럽 국가 내의 독일인들의 생활조건 개선을 지원해줌으로써, 이들이 조상의 고향인 현지에서 살아갈 수 있게 해주겠다면서 이들에 대한 연대를 표시하였다.

평화정책과 관련하여 소련과 관계가 중요하지만 독일은 나토의 일원이며, 유럽 평화는 미국과의 결합을 요구하고 있으며, 독일군은 나토와 불가분이라고 선언하였다.[50]

1990년 12월 총선에 임해서 콜 총리의 여당은 사민당과 통일비용 조달 문제, 핵발전소 문제, 유럽 평화질서와 나토 문제 등에서 차별성을 보이지만 대체로 통일 분위기를 활용한 공약을 내놓았다. 그런데 사민당 선거강령은 당시 동서독 주민들의 정서와 얼마나 맞아떨어졌는지 의문이다.

당시 사민당은 선거강령과 선거운동에서 1983년 퀼른 당대회와 1989년

---

50) "기민련 선거강령", 아데나워재단 홈페이지(www.kas.de).

베를린 강령의 논리에 매달리면서 이상주의적으로 비쳐질 수 있는 생태 문제를 최우선시하였다. 당시 통일로 예상되는 대량실업 문제에 대하여 환경 투자와 결부시킨 일자리 창출을 이야기하였지만, 당시로서는 비상대책이 필요한 시점이었다. 구 서독 지역 주민들에게는 통일에 따른 연대의식에서 증세를 요구하고 있던 점 그리고 구 동독 지역 주민들의 이익과 정서를 대변해주지 못하였다는 점이 선거 참패로 나타났다.

사민당은 동독 주민들에 의한 통일 과정에서 때로는 반통일적으로 비치는 논리와 발언을 내놓았다. 그리고 3월 동독 총선과 12월 통일 독일 총선에서 사민당은 재산권 문제와 차별 문제, 구 동독 국가기관과 연루에 따른 실업의 불안 등의 이슈에 대하여 구 동독 주민의 이익과 정서를 적극적으로 대변해주지 못하고 이에 대한 구체적인 해결 방안을 제시하지 못하였다. 이후 구 동독 지역 주민들이 이를 잊지 않았다. 이는 선거에서 나타났다. 이는 선거 참패보다 동독 지역에서의 선거 결과가 사민당에게는 아픈 대목이다. 사민당이 구 서독 지역에서 35.7%를 득표한 반면에, 구 동독 지역에서는 24.3% 밖에 득표하지 못했다. 사민당이 기대했던 작센과 튀링겐 같은 분단 이전 거점은 존재하지 않았다. 그리고 사회주의통일당의 후신인 민사당(PDS)은 구 서독 지역에서는 0.35%밖에 득표하지 못했지만, 구 동독 지역에서는 11.1%나 득표하여 녹색당에 앞서는 제4당으로 살아남았다.

통일 독일에서 사민당에게는 민족 문제에 어떻게 접근할까라는 문제를 가져다주었다. 그리고 10년 동안 평화운동에 몰두하면서 유럽의 평화질서에 의한 군사동맹 체제 대체를 주장해온 사민당으로서 통일된 독일의 나토 잔류와 그 동안 사민당과 때로는 같은 입장을 취해온 소련이 2+4 조약을 통하여 독일의 나토 잔류를 공식적으로 동의한 상황을 어떻게 접근해야 할 것인가. 이에 더하여 통일 2년 후에는 소련의 해체로 냉전이 종식되면서, 브란트의 새로운 동방정책에서부터 사민당의 유럽 정책과 독일 정책의 기본노선인 평화공존 노선을 수정이라는 과제를 사민당은 안게 되었다. 1980년대 긴장완화의 2번 째 파동이 왔다는 사민당의 인식은 단기적인 인식임이 드러난 것이다. 새로운 세계관 정립이 요구되었다. 브란트가 발의하여 사민당의 당론에서 빠지지 않는 남북문제는 향후 어떻게 될 것인가?

유럽연합 의회 등의 기관과 연방 주정부나 지방 정부의 권한 강화와 중앙정부 약화를 통해 민족국가 체제를 극복하겠다고 하지만, 당시 유럽은 새로운 민족주의 물결이 몰려오고 있었다. 소련 자체가 에스토니아를 시작으로 연방 해체 과정에 들어갔다. 에스토니아에서는 1989년에 1939년 8월 23일 히틀러의 나치 독일과 스탈린의 소련이 체결한 독-소 불가침조약, 소위 리벤트로프-몰로토프 비밀의정서가 공개되면서 소련의 발트 3국 점령이 불법적이었음이 밝혀졌다. 1988년부터 재정과 경제적 주권을 요구하던 에스토니아의 이른바 노래혁명은 점차 독립운동으로 전화되며, 1991년에 소련 인민회의에서 위의 조약의 불법성이 결의되고 이를 계기로 에스토니아는 독립 과정으로 들어갔다. 여기에 러시아 연방이 독립을 선언하면서 소련 해체는 가속화되었다.

소련 해체 그리고 냉전 체제의 해체에 따른 중부와 동부 및 동남부 유럽에서 공산주의 강권 정권과 소련에 의해 숨죽이고 있던 민족주의가 부활하면서 새로운 과제를 제기하였다. 전체적으로는 유럽 통합을 지향하겠지만, 중단기적으로 민족국가 수립과 유럽의 분열에 대한 새로운 시각이 필요하게 된 것이다.

이런 과제를 안고 사민당은 통일 독일에서 1990년대를 맞이하게 된다.

| 제6장 | **통일 그리고 새로운 사민당**

1. 새로운 도전과 낡은 대응: 1991년 브레멘 당대회

   1989년 베를린 장벽 붕괴 이후 1990년 10월 3일 통일 그리고 12월 2일 통일 독일 총선과 새로운 통일 정부 출범으로 독일은 기본법 전문의 통일 과제를 완성하였다. 독일 통일은 2+4 조약의 정식 명칭, '독일에 관한 최종 해결에 관한 조약'이 말해주듯이 2차 대전 패전으로 인한 전승 4강국의 점령과 주권 제한과 분단이 완전히 종식을 의미하는 것이었다. 물론 유럽에서 2차 대전의 종결을 의미하는 것이기도 하였다.
   콜 총리의 정부와 기민련/기사연은, 동독 민주화를 성공시킨 동독 주민의 고조된 통일 정서에 편승하여, 1990년 3월 총선에서 자매세력인 연합이 1페이지짜리 선거강령으로 승리한 것에서 볼 수 있듯이 준비 없이 통일 독일의 첫 정부를 만들어냈다. 물론 콜 총리의 국민 특히 동독 주민들의 통일 의지와 국제 정치, 특히 4강국의 정책 변화에 기민하고도 적극적으로 대응하고 때로는 논리를 만들어낸 공로는 지대하다.
   전체 유럽 틀 속에서 독일 문제와 민족 문제 해결 논리를 고수하면서 때로는 통일을 반대하는 세력으로 보이기도 하였던 사민당은 특히 동독 주민들의 정서를 제대로 읽어내지 못하면서 선거에 참패하였다. 뿐만 아니라 기본노선을 고수하면서 1990년 통합 과정에 적극적으로 참여하지 못함으로써 통일 전부터 이미 서독 법률이 특별한 경우가 아니면 동독에 그대로 적용되면서 재산권 문제, 동독 체제 연루자의 공직 추방을 비롯한 45년 동안 동독 체제에서 일어났던 거의 모든 것이 부정되는 상황 발생에 아무런 역할을 하지 못하였다. 동독이 공산주의 국가라는 점과 통일 전에 동독 경제가 붕괴되고 있었다는 상황에서 재산권 문제와 공직 추방이 동독 주민들에게 대량 실업과 박탈감을 가져다주었음은 충분히 이해할 만하다. 이런 사태의 책임에서 사민당이 자유로울 수는 없다.

국민들의 경우도 구서독 주민들의 경우 45년 분단은 사민당 정부의 새로운 동방정책과 동서독 기본조약 체결 이후 동서독 주민의 접촉과 교류로 상호를 이해를 높여왔다고는 하지만 통일이 가지다 줄 우려와 충격은 예상 이상이었다. 이미 통일비용 문제는 1990년 12월 총선 이슈로 등장하였다. 그리고 붕괴된 동독 지역에서 일자리를 찾아 서독 지역으로 들어온 이들은 10여 년 동안 계속된 서독 지역의 실업 문제를 가중시킬 것이 명약관화하였다.

이미 3월 동독 총선이나 12월 통일 독일 총선에서 민사당이 제기한 재산권, 공직 추방 문제는 구동독 주민들의 먹고사는 문제였다.

이제 흥분과 불안, 우려의 1990년이 가고 1991년 왔다. 모두들 현실로 돌아오기 시작한 것이다. 사민당은 5월 28일에서 31일 사이에 브레멘에서 통일 후 첫 당대회를 열었다. 총선에 대한 평가, 이에 바탕을 둔 당 노선 문제 그리고 구 동서독 양 지역 통합 문제가 제1 이슈가 될 것임은 누구나 예상할 수 있었다. 그런데 당대회를 뜨겁게 만든 이슈는 유엔 깃발 아래 독일군의 평화유지 임무 문제였다.

이는 사민당이 1989년부터 이어지고 있는 국제질서, 특히 유럽에서의 국제질서의 변화가 어디까지 발전될지에 대한 깊은 통찰이 없었던 데서 나온 현상이라고 보아야 할 것이다. 앞에서 언급했듯이 에스토니아에서 점화된 소련의 붕괴가 이미 가시화되고 있었다. 8월 19일 소련 보수파의 쿠데타 시도가 실패하고, 8월 29일 소련 최고소비에트는 소련공산당의 활동 정지를 결정하였다. 에스토니아를 비롯한 발트 3국의 독립, 우크라이나 독립이 이어지고 12월 21일 러시아연방을 비롯한 11개국이 독립국가연합(CIS) 결성을 선언하면서 소련은 해체되었다. 동서간 군사적 대립을 전제로 한 사민당의 긴장완화와 평화공존 정책 논리의 기반 자체가 사라져버린 것이다. 또한 동유럽 진영 해체, 소련 해체로 동부와 동남부 유럽을 중심으로 제기된 새로운 민족문제는 전체로서 유럽 평화질서의 틀 속에서 민족국가 극복 논리를 전개해 온 사민당의 평화논리에 새로운 도전이었다.

그리고 독일 통일 과정이 한창 진행 중이던 1990년 8월 이라크의 쿠웨이트 침공으로 1차 걸프 전쟁이 발발하였다. 미국 주도의 다국적 연합군이 창설되었다. 독일은 유엔 결의에 따라 재정 지원을 하였고, 해군이 기뢰 방어 작전에 투입되었다. 전쟁 후에 이라크의 화생방 무기 통제 작전에 가담하여 사찰 팀에게 인력과 수송을 지원하였다. 종래까지의 재정 지원만 하던 소위 '수표 외교'가 새로운 단계로 전환된 것이다. 주권을 완전히 회복한 유럽 제1일의 경제강국 통일 독일에게 국제사회는 더 큰 국제적 역할을 요구하고, 이에서 비롯된 1차적인 문제가 독일군의 역할 문제였던 것이다.

이런 국제적 환경의 변화 그리고 통일 과정에서 표출된 구 동독 주민을 중심으로 한 독일의 민족 문제 등에 대하여 사민당은 새로운 사고와 논리를 개발하여야 했다. 그런데 1991년 5월 브레멘 당대회는 차이트지의 표현대로 "세대교체는 완성하였지만, 주제 변화는 아직"이었다.[1]

비외른 엥홀름(Björn Engholm)이 470의 대의원 표 중 458표라는 절대다수의 지지 속에 새로운 당수로 선출되었다. 원로인 라우와 함께 동독 출신의 만프레드 슈톨페(Manfred Stolpe), 볼프강 티르제(Wolfgang Thierse), 레기네 힐데브란트(Regine Hildebrandt) 그리고 주지사인 게하르트 슈뢰더(니더작센), 루돌프 샤르핑(Rudolf Albert Scharping, 라인란트 팔츠)이 지도부에 진입하였다. 한편으로 에곤 바르, 에어하르트 에플러, 클라우스 폰 도한니(Klaus von Dohnanyi)는 당 지도부를 떠났다. 열정적인 호르스트 엠케는 사실상 버림을 받았다. 여전히 사민당원들의 사랑을 받고 있던 브란트의 조

---

1) "Wieder einmal ein neuer Anfang", *Die Zeit*, 1991. 5. 24; "Viel Abschied, wenig Anfang", *Die Zeit*, 1991. 6. 1; "Eine schwere Prüfung", *Der Spiegel*, 1991. 5. 27.

언도 이제는 받아들여지지 않을 정도로 완전한 세대교체가 이루어졌다. 그런데 논의는 과거 논리의 연장선상에서 독일군 평화유지 임무를 중심으로 이루어졌다. 그렇지만, 현실로 등장한 양 지역 통합 문제, 이의 연장선상에서의 국회와 정부의 베를린 이전 문제 등은 부차적 문제 혹은 당리당략적 문제로 다루어졌다.

독일군의 평화유지 임무에 관하여, 빌리 브란트는 "우리는 구석에서 벗어나야 한다"(Wir müssen aus der Ecke raus)고 선언하고 평화유지 임무 문제를 2차적인 것으로 격하시켜, 평화유지 임무 이상을 요구하였다. 유엔이 지휘하고 독일이 동의한다면, 군사적 개입에 참여하여야 한다고 주장하였다. 새로운 시대, 새로운 통일 독일에 대한 이해를 요구하였다. 그리고 냉전 종식을 앞 둔 상황에서 평화주의에 대한 새로운 사고가 필요하다는 것이다. 즉, 스위스조차 유럽공동체 가입을 고려하고 있는 시대에, 목가적 스위스로 도피할 수 있다고 생각한다면 이는 더욱 기괴할 것이다. 독일이 의식적으로 큰 스위스가 될 수 있다는 것, 이는 공감이 가지만 오래 가지는 못한다.

에곤 바르, 80년대 사민당의 평화주의를 대표하는 에어하르트 에플러, 요하네스 라우, 한스-요헨 포겔도 이런 입장에 동의하였다. 이들은 이번 당대회에서 이들의 시각에서 통일과 함께 독일 자체, 유럽, 세계와 화해하고 과거를 떠나보냈다는 것이 가시화하길 바랐다. 에플러는 "조만간 독일은 유엔의 지붕 아래서 나토 영역 밖에서의 군사 작전에 동의할 것이다. 지금은 너무 이를 뿐이다"라고 말했다. 이제 독일에게는 과거와 같은 특별한 길이 없다면서, 다시 특별한 길을 찾아 역사에 너무 집착해서는 안 된다는 것이다.

당내 좌파는 장래에 독일군이 유엔 지휘가 아닌 미국 대통령의 이야기를 들어야 하는 걸프 전쟁 유형의 임무에 참가할 수도 있는 정부의 생각을 간단하게 거부하였다. '팍스 아메리카나의 용병'이 될 수 있다는 것이었다.

평화유지 임무 문제는 나토 이외 지역에 독일군 배치는 헌법 하에서 허용될 수 없으며, 독일군은 유엔 하에서 평화유지 임무에도 참가할 수 없다

이라크 전쟁 반대(1991. 1. 26)
출처: REGIERUNGonline/Schambeck

고 선언하였던 1988년 8월 뮌스터 당대회 결의에서 후퇴하여, 1991년 브레멘 당대회에서 독일의 평화유지 임무 참가는 가능하지만, 그 범위를 넘는 참가는 엄격하게 반대하는 선에서 타협을 보았다. 1992년 6월 사민당 의원단은 기본법 24조와 87조a 수정법을 발의하였다. 수정법 24조에 따르면, 독일은 독일군을 전투 명령이 없는 유엔 평화유지 임무를 맡을 수 있다. 또한 비무장 병력을 오염방지 작전, 인도주의적 원조, 재난 구제에 파견할 수 있다. 87조a는 독일 평화유지군은 자기 방어를 위하여 경무장만 하여야 하며, 직업군인과 단기복무 병사가 이런 작전에 지원할 수 있다고 규정하고 있다. 그러나 이 문제는 다음에 살펴보겠지만 이듬해 소위 '페터스베르크 전환'과 이에 따른 임시당대회에서 평화유지 임무 참가 허용 폭이 대폭 확대된다. 또한 기본법 수정에 대해서도 그리 적극성을 보이지 않았다.

베를린으로 의회와 정부 이전에 관한 논의는 구 동독 출신들을 실망시

컸다. 통합의 입장에서 접근하지 않고 당략의 입장에서 엥홀름 당수는 베를린으로의 행정수도 이전에 대하여 부정적이었다. 조직이 취약한 구 동독 지역 내 당 조직 강화를 위하여 당의 주요 기구 이전에도 반대하였다 이에 대하여 볼프강 티르제(Wolfgang Thierse) 부당수 같은 구 동독 지역 출신의 사민당에 대한 순진한 이미지를 무너뜨렸다. "어떻게 행정수도 문제를 당리당략에서 다루겠다는 생각이 나올 수 있는가? 그것도 독일 정책에 무게를 두었던 대 개혁정당 사민당에서." 그러나 그는 이미 혼란의 원인으로 구 서독 지역 사민당원들의 전문성이 거론되는 것을 많이 들었다. 즉 "노르트라인란트-베스트팔렌 당지부가 당 내에서 가장 크다는 이유만으로 다른 지역을 통제하는 것이 현실이었다."[2] 게다가 통합 관련 정부의 재정 정책과 관련하여 사민당이 집권한 주의 주지사들이 주의 이익을 내세우면서 통일된 당의 입장을 내놓지 못했다. 역시 구 동독 지역 출신 당원들을 실망시킨 장면이었다.

포겔 당수의 사임 정도로 끝난 6개월 전 총선 패배에 대한 평가도 제대로 이루어지지 않은 상태에서 3년 후의 총선에서의 연정에 관한 논의가 있었다. 사민당은 통일 후유증이 현실화하면서 여당의 지지율이 하락하고 주의회선거에서 사민당이 좋은 성적을 거두는 상황에서 다음 총선에 대하여 벌써 낙관적인 분위기였다. 16개 연방 주 중 9개 주에서 사민당이 단독 혹은 연정을 통하여 집권하고 있었다. 그래서 지난 총선 패배의 책임을 져야 할 라퐁텐에 대한 책임 추궁이 제대로 이루어지지 않음으로써 라퐁텐이 다시 총리후보로 나서겠다는 이야기가 흘러나오고, 당 지도부와의 갈등 구조를 연출하였다.

그런데 연정 파트너 논의와 관련하여 재미있는 대목은 주 정부의 연정 상황이었다. 노르트라인-베스트팔렌, 자르, 슐레스비히-홀스타인, 브레멘 주에서는 단독 집권, 함부르크와 라인란트-팔츠에서는 녹색당과 자민당과

---

2) "Eine schwere Prüfung", *Der Spiegel*, 1991. 5. 27.

연립을 저울질하다 자민당과 연립, 니더작센과 헷센에서는 녹색당과 연립, 베를린에서는 기민당과 연립 주정부를 구성하고 있었다. 브레멘 당대회 당시 브란덴부르크주에서는 자민당, 알리안츠90과의 연립 가능성 이야기도 있었다. "우리는 누구와도 연립이 가능하다"(Wir sind rund um koalitionsfähig)고 물러나는 당수 포겔은 말하였다. 중앙당의 분위기와는 사뭇 다르다. 지방만 본다면 베를린 강령이 선언하고 있는 좌파 정당과는 거리가 멀다. 이 역시 구 동독 당원들을 놀라게 할 상황이었다.

그런데 여기서 끝나지 않았다. 주지사들의 발언을 보면 어리둥절했을 것이다.

헤르타 도이블러-그멜린 부당수가 이 사민당은 연방상원에서 정부의 세법을 거부할 것이라고 공언하자,3) 브레멘 지사는 연방 주가 연방 야당의 명령수령자가 되지는 않겠다고 말했다. 슈뢰더 니더작센주 지사는 주는 자체 이익을 위하여 연방 총리와 협력해야 한다는 것이었다. 이념보다는 돈을 앞세우는 슈뢰더는 실용적이었다.

완전한 세대교체로 반권위주의적 68세대의 전면 등장과 카리스마를 가진 구 세대의 퇴장으로 사민당은 좋게 표현한다면 지방 조직의 자율화지만 중앙당의 지도력 약화를 보여주고 있는 것이다.

---

3) 독일의 연방상원은 기본법 51조에 따라 주 정부가 임면권을 가지는 주 정부의 구성원으로 구성되며, 주는 최소 3표의 표결권을 가지면, 인구 200만 이상 주는 4표, 600만 이상 주는 5표, 700만 이상 주는 6표의 표결권을 가진다. 각주의 표결은 통일적으로 행사할 수 있다. 연방 기본법 77조에 따라 상원의 동의가 필요한 법률과 동의가 필요 없는 법률로 나누어지며, 필요 없는 경우도 하원에서 의결 후 상원으로 보내지며, 상원은 여기에 이의를 제기할 수 있다. 사민당은 야당이면서도 1991년 당시 16개 주 중 9개 주에서 집권하면서 연방상원을 지배함으로써 콜 정부의 법률을 통제할 수 있었다.

2. 로스토크 사건과 망명권 타협

그런데 중동을 비롯한 해외로 평화유지군 파견 문제를 덮어버리는 사건이 독일, 구 동독 지역에서 발생하였다. 1992년 8월 22일부터 26일 사이에 메클렌부르크-포어폼메른 주 로스토크 리히텐하겐 소재 난민접수센터와 베트남 노동자들의 거주지인 소위 해바라기집(Sonnenblumenhaus) 공격을 비롯한 독일 전역에서 2차 대전 후 최악의 대규모 외국인 혐오 소요사태가 발생하였다.

리히텐하겐 사건의 경우 우익 세력이 가담한 수백 명의 소요세력이 시설에 불을 질렀다. 이 때 3천 명에 달하는 구경꾼들이 이들에게 박수를 보내면서 경찰의 진압을 방해하였다. 화염병 공격으로 불이 붙은 숙소에는 100명의 베트남인들이 있었다. 공격이 한창일 때 경찰은 완전히 철수하여 이들은 전혀 보호를 받지 못한 채 불타는 숙소에서 빠져 나오지 못했다.

이는 1990년대 초부터 제기된 망명권 논쟁과 관련된 것이었다. 리히텐하겐 사건에 관해서도 당시 콜 정부나 보수당이 집권한 주 정부는 수용능력을 넘어서는 난민 문제나 이들의 '망명권 남용'을 문제 삼았다.

그런데 이 문제는 난민이나 망명권 그 자체에 그치는 문제가 아니었다. 독일 통일은 예견대로 경제에 충격을 주었다. 국제적으로 신자유주의는 세계경제의 흐름이었다. 신자유주의는 규제완화를 전제로 세계화, 금융과 무역에서 단일 세계시장을 지향하고 있었다. 신자유주의는 통일 전 서독 경제에 사실상 국경 개방을 요구하고 있었다. 완전고용과 건전 재정, 복지국가를 지향하면서 경제주체의 조화로운 협력을 바탕으로 한 서독의 사회적 시장경제 자체가 1973년 1차 오일쇼크 이후의 저성장 그리고 이에 따른 대량실업의 장기화에 따라 새로운 결단을 요구하고 있었다. 이에 더하여 통일로 붕괴된 동독 경제를 흡수하면서 독일 경제는 경제통합이라는 새로운 과제를 안게 되었다.

경제성장률은 통일 전인 1989년 3.9%에서 1990년 5.3%로 이전의 불황에서 점차 벗어나는 모습을 보였지만, 통일 후인 1992년 1,9%에서 1993년에는 -1.0%, 1994년 2.5%, 1995년 1.7% 등으로 악화되었다. 이에 따라 실업률은 1990년 7.2%, 1991년 7.3%, 1992년 8.5%에서 1993년 9.8%, 1994년 10.6%로 악화되고 있었다. 그런데 문제는 구 서독 지역과 구 동독 지역 간의 실업률 격차였다. 1991년 구 서독 지역이 6.3%인데 비하여 구 동독 지역은 10.3%, 1992년 6.6%대 14.8%, 1993년 8.2%대 15.8%, 1994년 9.2% 대 16.0%로 확대되고 있다는 점이다.[4)]

독일에는 동유럽 블록 해체로 난민들이 몰려들고 있었고 특히 이들은 구 동독 지역을 경유지로 하여 독일로 유입되었다. 이에 더하여 과거 동독 시절 계약 노동자로 동독에서 일하던 공산 진영 출신 노동자들이 동독 경제 붕괴와 통일로 새로운 유형의 난민으로 동독 지역의 난민수용소에서 독일 기본법이 정한 망명권을 통한 합법적 체류 허가를 기다리고 있었다. 이 중에는 베트남 사람들이 있었고, 이들 중 368명이 메클렌부르크-포어폼메른 주의 로스토크의 리히텐하겐(Lichtenhagen)의 난민수용소에 수용되어 있었다.

당시에 난민조직인 '망명운동'(Pro Asyl)의 대변인을 맡고 있던 헤르베르트 로이닝거(Herbert Leuninger) 신부는 당시의 정황을 이렇게 설명하고 있다.[5)]

당시 독일 기본법의 망명권은 서독 기본법에 망명권이 그대로 살아 있었다. 기본법 16조는 독일의 나치 치하의 경험과 과거사 반성에 기초하여 망명권을 폭넓게 인정하고 있었다. 즉, 16조 2항에 정치적으로 박해 받는 사

---

4) "Datenreport 2002", 독일 통계청(www.datates.de)
5) Herbert Leununger, "ASYLKOMPROMISS VON 1992", Zeit-online, 2012. 12. 6.

람은 망명권을 가진다고 규정하고 있어서 정치적으로 박해 받고 있다는 망명 신청자의 주장을 거의 그대로 인정하고 있었다. 1973년 서독에서 외국인 노동자들을 받아들이던 고용허가가 중단되자 외국인들은 이 조항을 통하여 서독에 합법적으로 체류할 수 있었다.

이런 관행과 전통 탓에 통일 이전에 터키 쿠데타로 인한 1970년대의 터키 망명자나 1980년대 아프카니스탄의 탈레반 집권 이후의 망명자 급증, 그리고 독일 통일과 동유럽 공산권 붕괴 이후 동유럽의 난민 유입과 베트남 사람 등 동독 시절 계약 노동자들의 망명 대기가 크게 문제되지는 않았다. 물론 이들을 수용하고 있던 지방정부의 재정 부담은 문제가 되고 있었지만 사회 문제로 크게 부각되지는 않았다. 그리고 기민련/기사연, 특히 전통적으로 국제적 연대를 표방해온 사민당은 노선뿐만 아니라 외국계 유권자들의 표를 고려하지 않을 수 없었다.

당시의 콜 총리의 연방 정부와 지방 정부는 난민수용소 설치 시에 주민들과의 소통이나 발생될 수 있는 문제를 고려하지 않았다. 그래서 동독 지역의 비어 있는 공공시설이나 학교 체육관 등을 활용하여 집단 수용하였다. 그런데 이들 시설이 인구 밀접지역 내에 있는 경우가 많았다. 로스토크의 경우도 그 한 사례였다. 그리고 망명이 허용된 사람들의 경우 문화적 동질성이 어느 정도 있는 동유럽인들의 경우 독일 사회에 쉽게 동화되었다. 이들과 달리 종교나 문화적으로 이질적인 아시아나 아프리카 사람들의 경우 지역주민들과 격리되어 있었다.

그러나 이 정도까지는 문제가 폭발력을 가지지는 않았다. 문제는 정치권과 언론이었다. 기민련은 이를 선거 전략에 활용하였다. 1986년 바이에른 주의회 선거에 앞서서 기사연은 망명권 문제 제기를 요구하였다. 당시 콜 총리는 처음에는 이에 반응을 보이지 않았다. 1987년 연방 총선거에서 기민련/기사연은 기본법의 망명권 폐지를 요구하였다. 당시 사민당 총리후보 요하네스 라우는 1986년 9월 홍보물에서 동독의 호네커 정권으로 하여금 쇠네펠트 공항을 통하여 서베를린으로 난민 입국을 막도록 하였다고 자랑하였다.

통일 후인 1991년 구 서독 지역 주는 동유럽의 40만 명과 구 동독 지역으로부터의 30만 명의 이주자 문제와 씨름을 벌였다. 그런데 문제된 사람들은 동유럽을 통하여 유입된 25만6천 명의 망명 신청자들이었다. 이들을 받아들일 수밖에 없는 지방정부는 비용 문제로 신음하고, 이들에 대하여 주민들은 불안해하거나 내놓고 공격적인 태도를 보였다.

1991년 브레멘 시의회선거에서 기민련 사무총장 폴커 뤼에(Volker Rühe)가 이런 분위기를 선거운동에 활용하였다. 그는 회람문서에서 당에게 주의회를 비롯한 각급 의회에서 망명신청자 수의 놀라운 증가에 관해 연설하고, 현지 사민당에게 기본법의 망명권 조항 수정에 왜 반대하는지 싸움을 걸 것을 요구하였다. 뤼에는 대중의 분노를 불러일으키는 방법에 관한 지침을 보내고, 의회의 결의와 보도자료 초안도 보내주었다. 이에 따르면, 기민련 선출직 공직자는 난민 보호에 지출되는 비용이면 얼마나 많은 유치원을 지원할 수 있으며, 긴급 피난처가 된 학교와 체육관 때문에 얼마나 많은 휴강이 발생하였는가의 문제를 제기하여야 한다는 것이다. 사민당이 계속 기본권 수정에 반대한다면, 모든 망명권 신청자는 사민당 망명권 신청자라고 뤼에는 강조하였다.

당시 분위기와 기민련의 이런 선거전략은 선거 결과에 그대로 반영되었다. 1992년 4월 주의회선거에서 극우파가 기세를 올렸다. 바덴-뷔르템베르크 주에서는 '공화파'(Republikaner)가 10.9%, 슐레스비히-홀슈타인 주에서는 '독일인민연맹'(DVU: Deutsche Volksunion)이 6.3%를 얻었다.

정치권과 마찬가지로 언론도 선동적인 보도로 나왔다. "거의 1분에 한 명의 망명 신청자" "언제 배가 침몰하나?"(빌트). "제3 천년 전쟁에서 수천 명이 배를 밀고 있어"(슈피겔). 다른 언론도 "파도"(Wellen), "홍수"(Fluten), "만선"(volle Boot), "쇄도"(Ströme)라는 표현을 사용하였다.

사민당도 압력을 받고 있었다. 사민당 단체장도 이미 오래 전부터 망명신청자를 돌 볼 여유가 없다고 불평하였다. 이제 난민 문제가 여론조사에서도 독일인들의 첫 번째 우려 사항이 되었다. 상황이 더욱 악화되고 있던 차에, 1992년 8월에 로스토크의 리히텐하겐 사건이 발생하였다. 수많은 구경꾼들이 모여 박수를 쳤다는 것은 충격적이었다.

이 때 사민당의 비외른 엥홀름 당수가 당 지도부를 본 근처의 페테스베르크로 초청하였다. 여기서 그는 일정 조건 하에 기본법 관련 조항을 수정하겠다는 노선 변경을 알렸다.6) 몇 시간 후에 백 명이 베트남인들이 불길 속에 갇혔다. 자이터스 내무장관은 로스토크 사건에서 망명권 남용에 대하여 행동하여야 한다는 결론을 끌어냈다. 헤르베르트 로이닝거는 그 날 일어난 모든 것이 "정치와 폭력적 군중 간의 이상한 상호작용"이라고 말했다.

이 때 엥홀름은 독일군의 평화유지 임무와 관련하여 유엔이 개혁된다면 우리는 전투 행위를 생각해보아야 한다. 그러나 현재로서 유엔의 개혁을 이처럼 지속적으로 원하는 주요 세력은 사민당 밖에 없다고 말했다. 유엔 평화유지 임무와 망명권 수정을 연계시키겠다는 의사를 밝힌 것이다. 여기서 합의된 내용은 유엔의 독점적 무력 창설과 세계기구의 대폭 개혁을 제안이었다. 만일 유엔 사무총장이 가능한 많은 회원국의 군사력을 유엔헌장 43조에 따라 유엔 지휘 하에 두기를 바라고 독일에도 이 안을 가지고 온다면, 사민당은 관련 협정을 준비하고 필요하다면 헌법상 요건을 마련하겠다고 했다. 그러나 당시 당내 반발은 주로 망명권 수정에 관한 것이었다.

엥홀름의 노선 전환에 대하여 당내 좌파는 임시당대회를 강력하게 요구하였다. 11월 16일 본의 베토벤홀에서 사민당 임시당대회가 열렸다. 당대회 밖에서는 연방 당무 책임자인 칼 하인츠 블레싱이 기본법의 난민 조항 개정에 반대하는 사회주의청년단의 대회장 입장을 막고 있었다. 대규모 경찰력이 입구를 폐쇄하였다. 이틀 동안의 토론 후에 표결이 있었다. 과반수가 기본권 수정에 찬성하였다. 대신 사민당은 이민자 종합대책을 요구하였다.

이런 흐름 탓인지 독일군의 평화유지 임무에 관한 결의는 페테스베르크

---

6) 이른바 '페테스베르크 전환'(Petesberg Wende).

에서 채택된 안보다 훨씬 약화된 안이 채택되었다. 즉, 유엔 헌장 43조에 따라 만일 유엔 사무총장이 독일군을 유엔 지휘 하에 두길 원한다면 사민당은 이에 동의할 지 여부를 검토할 것이라는 내용을 담고 있었다. 그러나 독일군을 '유엔 우산 밑'에 혹은 걸프 전쟁 모델에 따른 권한 아래 배치한다는 것은 제외되었다.

망명권 타협(Asylkompromiss)이라 불리는 엥홀름의 망명권 조항 수정으로 노선 전환은 1994년 총선을 겨냥한 집권능력 과시였다. 말하자면 엥홀름은 집권능력이 있는 실용주의자로서 연립정부 구성 의지를 보여준 것이다. 차이트지는 이를 보도하면서 노선 전환을 위험한 것이라고 보았다.

> 사민당은 엄청난 전통을 가진 오랜 당이지만, 젊은이들의 반란이 있고 때로는 반권위주의적이고 또 어떤 때는 무감각한 권력 의식이 있는 정당이다. 어떤 때는 급진적으로 윤리의식적이고 어떤 때는 냉정한 현실정치적이다. 불굴의 민주주의적이라는 것이 의심들 때도 있고, 자신감과 자부심을 가진 정당이다. 베벨의 당, 슈마허의 당, 브란트의 당인 이런 사민당이 엥홀름의 당이 되지는 않을 것이라고 보인다.[7]

이제 망명권 타협의 마지막 과정은 의회 표결을 통한 기본법 수정이다. 이를 위하여 12월 5일 사민당, 기민련/기사연, 자민당이 마지막 협상에 들어갔다. 기민련/기사당 강경파와 사민당 당대회 결의 간에 간격이 너무 커서 협상이 중단되었다. 슈뢰더는 협상파기도 생각하였다. 6일 협상이 재개되었다. 뮌헨에서 크리스마스 촛불을 든 40만 명이 극우파와 외국인 혐오에 반대하는 시위를 벌이던 시간에 기민련/기사연의 볼프강 쇼이블레(Wolfgang Schäuble)와 사민당의 한스-울리히 클로제(Hans-Ulrich Klose)가 타협을 언론에 공표하였다.[8]

---

7) 차이트(*Die Zeit*), 1992. 11. 20.

이듬해인 1993년 5월 26일 만 명의 시위자들이 본의 의사당을 둘러싸고 있는 가운데 마지막 독회가 있었다. 12시간의 토론 끝에 기본법 수정 표결에서는 찬성 521표, 반대 132표였다. 사민당 의원 거의 절반, 민사당과 동독의 연합 90 그리고 공동여당인 자민당 의원 7명이 반대하였다.

당시 사민당이 엥홀름 당수의 갑작스런 사임으로 당 지도력의 혼란 탓인지, 1991년 브레멘 당대회 결의에 따라 사민당이 1992년 6월 제출한 평화유지 임무 관련 기본법 24조와 87조a 수정안에 대한 논의는 없었다.9)

엥홀름 당수 사임은 바르셀 사건과 관련된 것이었다. 한 편의 범죄 드라마와 같은 독일 정치 최대의 스캔들로 불리는 1987년 바르셀(Barschel) 사건10) 당시, 사전에 알고 있으면서 주의회 조사에서 허위 증언하였다는 것

---

8) 이에 반발하여 귄터 그라스(Günter Grass)는 자신의 사민당 당원증을 반환했다.
9) 1993년 루돌프 샤르핑(Rudolf Scharping)이 당수로 선출된 후에도 기본법 수정을 진전시키지는 않았다. 1993년 8월말 사민당 외교위원회 비공개 회의에서 독일군의 전투 임무는 거부되었다. 오직 금수조치 이행을 위해서 독일군, 세관 공무원, 국경경비대가 필요한 경우 무기 사용을 허용하기로 하였다. 샤르핑 당수는 이들 제한이 헌법에 규정되는 것을 바라지 않고, 사민당의 정치노선으로서 이해하였다; www.fes.de
10) '바르셀-파이퍼' 사건(Barschel-Pfeiffer Affair)으로 알려진 이 사건은 1987년 당시 슐레스비히-홀슈타인 주지사인 우베 바르셀(Uwe Barschel)과 그의 측근 참모인 홍보 보좌관 바이너 파이퍼(Reiner Pfeiffer)가 주도한 사건으로 주의회 조사위원회가 그 규모와 결과에서 전후 독일 최대의 정치권 신뢰 위기를 야기했던 사건 중 하나로 표현했다. 1987년 9월 13일로 예정된 슐레스비히-홀슈타인 주의회 선거를 앞두고 당시 기사련 출신 주지사인 우베 바르켈이 파이퍼에게 지시하여 여론조사에서 앞서가는 사민당의 비외른 엥홀름을 상대로 탈세, 동성애자, 문란한 혼외정사, 에이즈 감염자라는 등 40가지 허위사실을 조작하여 퍼뜨리고, 사설탐정 회사와 계약하여 엥홀름을 미행하고 도청하였으며, 9월 7일 슈피겔지가 이에 대한 의혹을 보도하자 이를 전면 부정하고 오히려 자신의 사무실에 도청장치를 설치하여 이를 엥홀름 측이 설치한 것이라 역공세를 폈다. 선거 전날 파이퍼가 공증한 진술서를 통하여 공개하였다. 이 사건으로 9월 13일 선거에서 기민련이 42.6%, 사민당이 45.3%를 얻었으나, 2주일 후 바르셀이 공직에서 사퇴하여 스위스 제네바의 호텔에서 자살함으로써 사건 전모는 주의회의 조사에도 불구하고 완전히 밝혀지지 않았다. 당시 슈피겔의 보

이 뒤늦게 폭로되어, 엥홀름은 홀스타인-슐레스비히 주지사 직과 당수직을 비롯하여 모든 공직에 물러나는 것은 물론 정계를 은퇴하였다.

엥홀름의 사임은 어떻게 보면 당시 사민당의 집권을 목표로 한 현실주의 실상을 잘 보여주고 있다고 할 수 있다. 통일 후 콜 총리의 지지도가 하락하면서 엥홀름 당수는 여론조사에서 콜 총리를 늘 앞서면서 사민당을 고무시켰다. 브레멘 당대회의 연정 파트너 논의나 페테스베르크 전환도 이런 낙관적인 분위기에서 나온 것이다. 그러면서도 좌파 이념정당의 궤도를 이탈한 원칙 없는 노선 변화를 보여주었던 것이다. 앞에서 언급한 차이트지의 평도 이를 바탕에 깔고 있었다.[11]

집권이 예상되는 시점에서 당수의 사임이 사민당에게 불운일 수도 있지만 빌리 브란트 은퇴 후 당수의 잦은 교체 또한 사민당 내부의 노선 갈등을 말해주고 있는 것이다. 이는 망명권 타협 결의를 둘러싼 1992년 11월 임시 당대회 토론이나 1993년 5월 연방의회에서 관련 기본법 수정 결의에서 당론에 반발하여 사민당 의원 절반이 반대하였다는 것에서 확인할 수 있었다.

도에 의하면, 선거에서 사민당의 승리가 예상되고 있었고, 승리하는 경우 녹색당과 연립이 예상되었다. 바르셀과 특별한 관계를 유지해오던 화학산업이 반 사민당 대책에 관계하였다. 독일 최대의 생활용품 콘체른인 슈바르츠코프(Schwarzkopf)가 이에 가담하여 사설탐정 회사 고용의 자금 등에 연루된 사실 등이 일부 드러났다. 슈바르츠코프 그룹과 관련이 있는 획스트사는 과거에 브란트-셸 정부를 무너뜨리기 위한 작업에 참여하기도 하였다. 이 사건은 정당-정치인-각급 정부-각급 의회-기업의 검은 고리가 드러나면서 특히 정치에 대한 신뢰도를 바닥으로 떨어뜨렸다. 1993년 5월에 슈피겔지가 이 사건의 피해자인 엥홀름이 주의회에서 증언한 선거 전 날이 아닌 6일전에 사민당의 변호사인 페터 슐츠로부터 흑색선전의 내막을 들었다고 보도하면서 허위증언으로 인한 그의 정직성이 문제 되면서 공직 사퇴 압력을 받다가 5월 4일 당수직을 비롯해 모든 공직에서 사퇴하였다. *Der Spiegel*, 37/1987(1987. 9. 7); *Der Spiegel*, 38/1987(14.09.1987); *Der Spiegel*, 12/1993.

11) 차이트(*Die Zeit*), 1992. 11. 20.

3. 오스카 라퐁텐의 재등장

독일 정당 역사상 처음으로 1993년 6월 11일 실시된 지역별 당원(Ortesverein) 직접투표에서 루돌프 샤르핑(Rudolf Scharping) 라인란트 팔츠 주지사가 87만 평당원 중 56%가 참가한 투표(Urwahl)에서 약 40%의 지지를 얻어 경선에 나섰던 게하르트 슈뢰더(Gerhard Schröder) 니더작센주 주지사(33%)와 여성하원 의원인 하이데마리에 비초레크 초일(Heidemarie Wieczorek-Zeul) 후보(27%)를 따돌렸다. 이어서 에센에서 6월 25일 열린 임시당대회에서 샤르핑을 당수로 승인하였다.

이미 전국적으로 알려진 슈뢰더 지사나 초일과는 달리 당수직에 두 번 도전하였다고 하지만 독일 중앙정치와는 지금까지 거리가 먼 인물이었다. 그 자신도 빌리 브란트의 손자세대를 자처하였지만, 그에 대한 평가는 정치적 보스나 승부사보다는 관리자에 가깝다는 것이다. 일찍이 당수 직 출마 준비를 해온 슈뢰더나 브레멘 당대회에서 엥홀름과 각을 세우면서 당수직에 대한 강한 의욕을 보인 라퐁텐 그리고 베를린 강령 작성에 관여하였던 비초렉 초일과 달리 노선 성향이 뚜렷하지 않는 중도 성향의 현실주의자였다.

기층 당원들은 좌파 성향의 비초레크 초일이나 1989년 베를린 당대회에서 나토 탈퇴까지 거론하였으나 통일 후에는 나토의 확장을 주장할 정도로 노선의 진폭이 크고, 1990년 12월 총선 패배의 책임을 져야 할 라퐁텐 그리고 어려운 경제 사정 하에서도 지나치게 친자본적인 슈뢰더 대신 샤르핑을 선택하였다. 그에게 기대하는 것은 위기에 처한 당을 제자리에 돌려놓을 수 있는 관리 솜씨 이상의 것이었다.

전임자 엥홀름은 독일군의 유엔 평화유지군 임무 문제와 망명권 타협 문제에서 본인은 집권을 꿈꾸면서 집권 능력을 보여주겠다는 의도에서 보수당 정권과 타협적인 결론을 내려놓고, 당의 단결 명분 하에 애매한 논리를 내세웠다. 그 결과 당대회와 의회표결에서 당의 분열을 가져다주었다. 샤르핑을 지지한 기층당원들은 모든 것을 분명히 해줄 그를 통하여 사민당의 권력 의지의 복귀를 기대하였다.

이런 기대에 부응하여 그는 당내 논의의 개방과 분명한 입장 정립에 노력하였다. 논의의 중심은 유엔 평화유지 임무 중 독일군의 장래 전투 행위 승인, 조직범죄에 대응하기 위하여 헌법이 보장하는 주거의 불가침 제한(대규모 도청), 사회복지비 긴축 의지였다. 그는 많은 당원들이 아직 완전히 소화하지 못한 당의 망명권 타협 이후 다시 한 번 자유주의적이고 사회적이며 반군사주의적인 기본원칙 일부의 포기가 분명히 있어야 했다. 그는 이에 더 나가서 비스바덴 당대회에서 사민당이 그의 노선을 무조건적으로 지지하지 않는다면, 당이 1994년에 정권을 잡는다 해도 '그릇된 기반'에서 정권을 잡을 것이라 경고하였다. 대중들의 심각한 실망이 뒤따르면서 오랜 사민당의 전망이 처음부터 손상될 것이라면서, 현실주의적 노선을 요구하고 있었다.[12]

당내 좌파인 프랑크푸르트 그룹은 샤르핑의 등장과 그의 입장에 경악하였다. 우파인 제하이머 그룹은 그에게 기대하면서 사민당이 노선을 빨리 정하여야 한다는 것이다. 고데스베르크 당시처럼, 사민당은 지금 다시 한 번 국제적 책임감을 가진 정당으로 자신을 보여주고 있다는 것이다. 이번에는 나토에 관한 것이 아니라 유엔에 관한 것이다. 샤르핑의 등장과 사민당 노선의 우경화를 보면서 언론은 새로운 고데스베르크 강령 채택과 같은 전환을 기대하였다.[13]

---

[12] "새로운 고데스베르크'(Ein neues Godesberg)", 슈피겔(Der Spiegel), 27/1993(1993. 7. 5.)

[13] 차이트(Die Zeit), 1993. 6. 25; 슈피겔(Der Spiegel), 27/1993(1993. 7. 5.);

샤르핑 당수 하의 사민당 입장은 그 해 11월 비스바덴 당대회에서 채택된 1994년 총선 선거강령으로 요약된다.14) 특히 정권을 잡는다면 브란트 정부의 칼 실러와 같은 슈퍼 경제장관으로 취임할 것으로 예상된 슈뢰더가 경제 관련 정책 작성을 주도하였다고 알려져 있다.

강령은 개혁의 방향으로 '모두를 위한 노동', '모두를 위한 사회정의', '모두를 위한 건강한 환경'을 개혁의 기본 방향으로 제시하고 있다. 이에 이어 정책을 '일자리 창출', '사회적이고 생태적인 사회', '안정적이고 효율적인 사회국가', '독일 통합의 완성', '여성을 위한 정책', '안전한 토대 위의 현대국가', '평화롭고 공정한 시민의 사회', '안전하고 평화로운 세계' 등 7개 분야의 정책을 제시하고 있다.

환경 분야에서 탈핵 에너지 정책을 추진하면서 핵발전소의 신규 혹은 대체 건설에 반대한다는 지금까지의 사민당의 정책노선을 확인하고 있다. 경제의 생태적 혁신은 민간경제의 성과와 기업의 경쟁력 제고를 환경 보호, 건강, 새로운 일자리 창출과 결합시키는 정책이며, 구 동독 지역의 부흥 정책과 일자리 창출 정책과 연계시키겠다는 것도 종래의 정책노선과 크게 다르지 않았다.

동서독 통합 정책에서는 현실에서 벌어지고 있는 재산권 반환, 이와 결부된 주택, 임대료 문제 등에 관한 정책을 제시하고 있다. 즉, 주거지에서 퇴출을 방지하고, 서독 지역 재산소유자와 동독 지역 재산 상실자 간의 분열은 없애겠으며, 임대료 차별 금지를 공약하였다.

당내 노선 주된 토론주제인 안보와 독일군의 유엔평화유지 임무와 관련해서는 독일의 안정과 안보는 나토와 유럽연합 두 개의 축에 기초하고 있다고 규정하였다. 그리고 평화유지 임무에 관해서 사민당은 독일군이 자의적으로 개입하는 무장세력이 되지 않는다는 것을 보장한다. 방위동맹으로서 나토에서의 임무를 인식하고 있다. 여기에 머물 것이다. 독일군은 유엔

---

14) "독일을 위한 개혁"(Reformen für Deutschland); www.fes.de.

을 지원하여 평화유지와 인도주의적 정책을 수행할 수 있다. 이를 위하여 사민당은 신뢰할 수 있는 법적 근거를 만들겠다고 공약하였다.

고용과 관련하여 그 동안 사민당이 주장하여온 '고전적인' 완전고용 정책노선에 관해서는 언급이 거의 없다. 앞에서 언급하였듯이 분단 시대 1, 2차 오일쇼크 이후 악화되기 시작한 고용은 1982년 실업률 7.5%를 기록한 이후 더욱 악화되어 통일 후에는 9% 전후에 구 동서독 지역 간 격차는 거의 2배에 달하여 완전고용 정책이란 이미 현실성을 상실하였다. 에센 당대회에서 사민당이 현실과 타협의 구체적 결과 중 하나가 선거강령인 셈이다.

샤르핑, 라퐁텐과 함께 총선 트로이카라 불리는 게하르트 슈뢰더는 선거강령보다 한 발짝 더 나간 약속을 하였다. 선거를 9일 앞 둔 1994년 10월 7일 차이트지의 그에 관한 기사를 보면, 말 그대로 노골적인 친기업적 입장을 내보이고 있다. 집권 300일 정책에 포함된 내용은 혁신과 중소기업틀의 개선, 10만 개의 태양열 지붕, 낡은 차 폐차에 1,000마르크 지원 그리고 건전 재정정책이었다. 직간접적으로 독일 일자리의 1/7 내지 1/6을 제공하는 자동차 산업이 독일 경제의 중추이기 때문에 슈뢰더는 자신이 자동차업계의 심부름꾼으로 불린다는 것에 개의치 않는다고 한다. 수명을 다한 자동차에 보조금 지급이 신차 조기구입을 유도하지만, 생태 재생에 기여한다고 주장하였다.

그리고 차이트는 슈뢰더 주지사가 니더작센에서 일자리 유지를 예거 90(Jäger-90) 전차 생산, 수출과 연결시킨 사례를 들고 있다.[15] 신문은 언급하고 있지 않지만, 독일군의 평화유지 임무에서 전투행위 문제에 관한 당내의 뜨거운 논쟁, 고용 유지를 위한 무기 생산과 수출은 평화주의 정당인 사민당이 집권하고 있는 주, 그리고 연방 총리에 대한 의지가 강력한 슈뢰더 주지사와 도저히 어울리지 않는 조합으로 보인다. 아마 당시 현실주의 정당 사민당의 상황이었을 것이다.

---

15) *Die Zeit*, 1994. 10. 7.

그러나 선거 결과는 이들을 실망시켰다. 득표율에서 사민당은 33.5%을 득표하여 4년 전보다 2.9% 늘어났지만 정권 획득에는 실패하였다. 기민련/기사연이 43.8%에서 41.5%, 자민당이 11.0%에서 6.9%로 연립정부 지지율은 대폭 줄어들었다. 연립정부에 실망한 유권자들은 사민당보다는 녹색당과 민사당으로 발길을 돌렸다. 녹색당은 지난 선거보다 3.5% 증가한 7.3%를 득표하여 통일의 충격에서 벗어나 제3당으로 올라섰고, 구 동독 사회주의통일당(SED)의 후신인 민사당 역시 2% 증가한 4.4%를 득표하였다.

좌파 진보정당 사민당은 통일 전 녹색당과 경쟁에서 이제는 녹색당, 민사당과 경쟁하게 된 것이다. 그리고 주목할 점은 구 동독지역에서 민사당이 강력하게 살아나고 있다는 점이다. 통일 전후한 시기에 사민당이 보여준 반통일 정서의 후유증이 그대로 살아 있으며, 구 동독 주민의 이익을 대변해 주는 좌파 정당으로서의 위상을 찾아가고 있다는 의미였을 것이다. 예를 들면, 로스토크 사건이 일어났던 메클렌부르크-포어폼메른 주의 정당별 득표를 보면 기민련 38.5%, 사민당 28.8%, 자민당 3.4%, 녹색당 3.6%, 민사당 23.6%다. 민사당은 거의 사민당 득표에 육박하였다. 이런 현상은 브란덴부르크, 작센, 작센-안할트, 튀링겐 등 신 연방 주에서 모두 확인할 수 있다. 그리고 동, 서 베를린이 통합된 베를린에서도 나타났다. 과거 프로이센 지역인 이 지역은 바이마르 공화국 시절 사민당의 강력한 근거지였다.

독일 전체적으로는 1993년 경제가 전년 대비 -1.1%였다가 1994년에 2.7%로 상승세를 보임으로써 여당의 지지율 하락을 이 정도에서 막아주었다. 사민당의 입장에서는 포겔, 엥홀름, 샤르핑 당수로 이어지는 지도력의 혼란 그리고 그 근저에 있는 당내 노선 갈등의 이런 선거 결과를 가져왔다고 할 것이다. 여기에 통일 후유증이 겹친 것이다. 1993년의 에센 임시 당대회, 비스바덴 당대회를 통하여 강한 집권의지를 보이면서 우경화한 결과인지는 두고 볼 일이다. 그리고 보수 연립여당의 지지율 하락에 사민당은 더욱 집권 의지를 다잡게 된다.

그러나 그 후의 상황이 사민당에게 유리하게 돌아가지는 않았다. 사민당의 지지율은 추락하면서 30%대까지 내려갔다. 그 해 봄에 실시되었던 브레멘, 헤센, 노르트라인-베스트팔렌 주의회 선거에서도 사민당의 득표율은 모두 하락하였다. 충격적인 것은 10월 22일 실시된 베를린 주의회 선거에서 사민당은 1990년 12월 2일의 선거 때보다 6.8%나 감소된 23.6% 득표로 참패한 것이다. 더욱 심각한 문제는 베를린 동부 지역에서는 민사당 36.3%, 기민련 23.6%에 이어 20.2%로 3위로 밀려났다는 것이다. 당은 우울과 자조적인 분위기에 빠졌다.

대체로 승리를 낙관하던 1년 전 총선 패배는 샤르핑 당수 문제라는 것이 당원들 사이의 지배적인 의견이었다. 특히 그의 연설 솜씨, 그리고 언론에 비친 그의 이미지가 패배의 커다란 원인이라는 것이었다. 그러나 당내는 당의 단결 명분에 공개적으로 당수 교체가 거론될 수 없었다. 130년 사민당 역사에서 본인의 의사에 반하여 당원들에 의해 당수가 교체된 경우도 없었다. 전후만 해도 슈마허와 에리히홀러 당수의 경우 사망으로 브란트 당수는 본인의 사임으로 그 이후의 당수 교체도 선거 패배나 엥홀름처럼 정직성 문제로 본인의 사임에 의해 후임 당수가 선출되었다.

이런 분위기 속에 총선이 끝난 지 1년 후인 1995년 11월 만하임에서 당 대회가 개최되었다. 샤르핑 당수는 당수직을 유지하겠다는 의지를 가지고 있었고, 대의원들도 그렇게 생각하고 있었다. 당대회에서 샤르핑 당수의 지루한 연설에 대의원들은 떼를 지어 대회장을 벗어날 정도로 당의 기강은 물론이고 사기 자체가 죽었다. 이런 분위기를 역전시킨 것이 11월 15일 라퐁텐의 연설이었다. 그는 대의원들이 듣고 싶어 하는 말을 했다. "여비서, 간호사, 숙련노동자들은 모두 세금을 잘 내고 있다. 고소득자들은 많은 공제를 받고 있다. 부자들은 자기들이 세금 한 푼 안 낸다고 자랑하고 있다. 이런 우리나라를 누가 신뢰하겠는가?" 그들은 기립 박수를 보내면서 환호했다.

다음 날인 11월 16일 대의원들은 190 대 321로 샤르핑을 버리고 그를 택했다. 언론은 이를 오스카 라퐁텐의 쿠데타로 표현하였다. 야망을 가진

오스카 라퐁텐의 재등장: 당수로 선임(1997. 1. 24)
출처: REGIERUNGonline

인물이었지만 그는 당의 전통과 단합을 위하여 당수 경선에 나갈 생각이 애초에 없었다고 한다. 그 날 밤 대의원들의 간청에 의해서 다음날 아침 경선에 나가기로 결심하였다고 그는 후에 당시의 상황을 밝혔다.[16)

역시 경쟁자인 게하르트 슈뢰더가 밀려났다는 평이 있었지만, 그 해 여름에 라퐁텐은 자기가 당수가 된다면 1998년 총리후보는 슈뢰더가 되어야 한다고 슈뢰더와 약속하였다고 한다. 현실적인 선거 전략상 라퐁텐과 슈뢰더는 멋진 팀이다. 라퐁텐은 당을 결속시킬 수 있지만, 사민당을 40% 지지대로 올려줄 열쇠를 쥔 중산층을 양극화시킨다. 슈뢰더가 당내에서는 인기가 없지만 친기업적 인물로 중도 보수를 열광시킬 수 있는 인물이었다.[17)

보수당은 라퐁텐의 사민당 당권 장악을 통한 사민당, 녹색당, 민사당의 좌파 단결을 우려하여 인민전선(Volksfront)을 결성하려 한다고 비난하였다.

---

16) 차이트(*Die Zeit*), 2017. 8. 9.
17) 슈피겔(*Der Spiegel*), 47/1995, 1995. 11. 20.

그도 그럴 것이 라퐁텐은 녹색당과의 연립, 즉 적-녹 연립을 원하고 있었으며, 민사당에 대해서도 우호적이었다. 당시 작센-안할트 주 정부는 민사당 용인 하에 사민당과 녹색당의 소수 연립정부였는데 라퐁텐은 이를 지지하고 있었다. 연립정부 구성 시 민사당을 배제하지 않을 것이라는 것이다.

그런데 이는 사민당 내에서도 분쟁의 원인이 될 수 있었다. 이미 12월에 한 때 영향력 있는 화학노조 위원장이었던 당내 우파의 헤르만 라페(Hermann Rappe)는 민사당 출신 장관이 참여하는 메클렌부르크-포어폼메른 주의 사민당 정부가 라퐁텐의 용인과 후원 하에 탄생 가능했을 것으로 보았다. 그는 이렇다면, "1998년 권력 복귀 희망은 단념하여야 한다"고 말했다.18)

"우리는 독일의 유럽당"이라고 선언하고, 대담한 적색 정책으로의 회귀로 라퐁텐이 사민당의 정체성을 다시 확립하려고 하였지만, 슈뢰더와의 약속이 말해주고, 당대회에서 그가 밝힌 정책 노선을 보면, 라퐁텐은 집권을 위한 현실주의적 노선이다. 그리고 통일 후 사민당 내의 논의도 그 이전 시대까지의 치열한 노선 싸움은 없었다. 좌경으로 복귀라고 평가되는 1989년에 채택된 베를린 강령 노선은 통일 이후 거의 거론되지 않고 있다. 독일군의 유엔 평화유지 임무, 망명권 관련 타협 과정을 보면 평화주의 정당, 연대에 바탕을 둔 브란트 위원회가 이론화한 남-북 문제를 주창하는 사민당의 모습은 찾아볼 수 없다. 이보다는 오로지 집권을 목표로 당리당략적 차원에서 누구와도 타협할 수 있는 대중정당의 냄새까지 느낄 수 있다. 사민당이 집권하고 있는 주 정부의 연립 파트너를 보면 이렇게 판단할 수밖에 없다.

당수 선출 전날 연설에서 라퐁텐은 경제정책에서 1990년 총선 때와 같이 국내 수요의 안정화와 노동시간 단축을 요구하고, 공동으로 창출된 성과의 공정한 분배를 요구하였다. 그러면서, "바람직한 것 중에서 이제는 얻

---

18) 슈피겔(Der Spiegel), 47/1995, 1995. 11. 20.

을 수 없는 것이 많다"면서 현실주의적 입장을 보여주었다. 그리고 사민당의 개혁 정책의 핵심은 환경세제 개혁이라고 하면서, 고용, 복지국가와 국가 경쟁력을 환경을 중심으로 한 방에 해결하겠다는 것이다. 에너지 소비세 증세에 의한 노동외 비용 축소는 노동비용을 줄이고, 환경에 대한 부담을 줄이며, 새롭고, 질 좋은 성장을 통하여 사회적 과제에 대한 국가의 재정 여유를 가져다준다는 것이다.

독일군의 평화유지 임무와 관련해서는 유연한 자세를 보였다. 보스니아 헤르체고비나 평화협정의 군사적 보장에 전투기 투입을 거부하고 독일군이 전투 임무를 받아들여서는 안 된다는 것을 관철하였다. 반면에 의원대표인 샤르핑은 체면을 살릴 수 있었다. 연방의회에 '평화유지 임무' 표결이 있다면, 의원단은 완전히 동의할 수도 있다는 것이다. 이제 사민당은 라퐁텐, 슈뢰더의 쌍두마차로 체제를 정비하고 1998년 집권을 위한 장정에 들어갔다.

4. 집권 그리고 더욱 우경화

1) 사회적 국가의 지속 가능성 문제

앞에서 잠깐 언급하였듯이 통일 후 독일 경제는 통일 특수로 잠시 성장세를 보였다. 1994년에 정부 재정 투입으로 반짝 성장을 보이긴 하였지만 1993년 이후 여타 유럽연합 회원국보다 성장률에서 1% 낮은 장기 불황으로 빠졌다. 이의 원인으로는 막대한 통일비용, 경직적인 노동시장 구조, 과도한 사회보장지출, 기업에 대한 과도한 규제, 경제구조 개혁의 지연, 낙후된 산업구조 등의 국내적 구조적 문제를 들고 있다.

이에 더하여 동서 대립 붕괴 후 동부 유럽의 세계시장 편입 등으로 가속화한 세계화와 비용을 중심으로 한 새로운 입지경쟁으로 독일의 경제 위기가 가중되었다. 이는 강력한 세계화의 도전 앞에 독일의 경쟁력 약화를 말해주는 것이다. 독일 국내 요인도 결국은 비용문제로 요약될 수 있다. 이는 독일 국내총생산(GDP)의 25% 내외에 달하던 수출이 1990년부터 감소했다는 사실에서 확인할 수 있다.[19]

이에 대하여 기업은 공장 이전 등을 통하여 이를 극복하고자 하였다. 이에 따라 전통적인 노사관계도 변화하기 시작하였다. 한 예가 1993년 독일의 대표적 자동차 업체 중 하나인 폭스바겐의 단체협약이다. 폭스바겐은 당시 일본 업체에 비해 노동생산성이 30~40% 낮은 상황에서 노동 비용이 낮은 동 유럽으로 공장 이전을 검토하였다. 이에 노동조합은 파격적으로 '5,000 x 5,000' 협약을 전격 수용했다. 근로자 5,000명이 기존 대비 21% 낮은 5,000마르크의 저임금안을 받아들인 것이다. 이에 더하여 근무시간도 주당 28.8시간에서 35시간으로 늘렸고 품질 기준을 맞추지 못하면 수당 없이 초과 근무하기로 합의하였다. 이의 핵심은 인력 감축 대신 작업과 가동의 신축성에 중점을 두는 노동비용의 감축이었다. 이 협약에 따르면 전체 노동력의 노동시간을 20% 줄이고, 이에 따른 임금 손실은 부분적으로만 보상한다는 것이었다. 이에 대한 반대급부로 회사는 협약의 효력기간인 2년 동안 해고를 자제하기로 하였다. 이의 성과는 1993년 영업이익 증가율 - 8.7%에서 1998년 1.7%로의 전환이었다.

---

19) 독일 무역 현황(단위: 10억 유로)

	수출	수입	무역수지
1990	348.1	293.2	54.9
1991	340.4	329.2	11.2
1992	343.2	326.0	17.2
1993	321.3	289.9	31.6
1994	353.1	315.4	37.6

출처: 독일통계청

이에 더 나가서 사용자단체들은 1990년대 중반 '단체협약 정책의 전환'을 요구하였다. 핵심적인 내용은 주당 노동시간 연장과 모든 형태의 노동 유연화, 특별 상여금 및 임금 삭감이었다. 개별 기업 차원에서는 새로운 비용절감 프로그램, 아웃소싱, 직장폐쇄, 생산기지 이전 등으로 노동자를 위협하였다.

물론 노동자들도 이에 대항하였다. 노동쟁의가 드물고, 쟁의가 있어도 참가자가 적은 독일에서 1990-1994년 기간 중의 노동쟁의 발생 수와 참가자 수는 그 전후 시기와 비교하면 월등히 많았다.[20]

그러나 폭스바겐 사례처럼 노동조합은 점차 이를 수용하게 되었다. 이는 1990년대 중반 이후 단체협약 적용 비율이 줄어들었다. 1998년에 서독 지역 76%, 동독 지역 63%로 줄어든 것이 2000년에는 각각 70%, 55%로 하락하고, 하락세는 2000년대에도 계속된다. 이러한 추세와 함께 단체협약 상 예외 조항도 확대되었다. 그 결과 기업 차원에서 단체협약에 벗어나는 조치를 취할 수 있게 되었다. 개별기업 임금협약 또는 노동자평의회와 기업 간 합의 등이 가능하게 된 것이다. 물론 이러한 합의는 원칙적으로 단체협약 당사자들의 승인을 전제로 한다. 원래 1990년대 말 이후 기업들은 비용절감을 통한 경쟁력 강화 목적으로 단체협약에 대한 예외 조치를 요구하였다. 그 결과, 노동자평의회와 노동자들은 인건비와 관련한 경영진의 제안을 수용하지 않을 경우 생산기지 이전 또는 직장폐쇄 등의 위협을 받게 되었다.[21]

---

20) 독일의 노동쟁의

기간	사업장수	참가자수	총파업일수
1985~1989	123	85,222	85,222
1990~1994	849	280,983	446,255
1995~1998	183	446,255	103,648

출처: 독일 통계청; "독일 자동차산업 노사관계사"(박홍재 편, 한국자동차산업연구소, 2005. 7.) 재인용

21) Heiner und Peter Birke, "Die Gewerkschaften in der Bundesrepublik Deutschland",

전통적으로 단체협상을 중시해온 입장에서 단체협상뿐만 아니라 사민당의 정책에서 가장 중요한 것 중 하나인 일자리 안전이 위협받게 되었다. 그러나 1995년 11월의 만하임 당대회에서 노동운동이 처한 현실에 관한 논의나 언급은 그다지 없었다.

그런데 장기 불황으로 수출이 감소하고, 경제성장률이 하락 내지는 마이너스를 기록한다는 것이 문제가 아니었다. 문제는 장기화한 높은 실업률이었다. 임금소득자가 일방적으로 국가의 부담을 떠안게 되었다는 것이다. 말하자면 소득 재분배의 균형이 무너졌다는 것이다.

이는 복지국가를 지향하여 제도를 개선하고 급부를 늘려온 결과일 수도 있다. 1990년대 당시 독일에서 생산되는 부가가치 총액의 반을 조세와 사회보장제도를 통하여 국가가 재분배하였다. 이는 국내총생산의 3분의 1정도를 차지하는 대외무역보다 더 영향력이 있었다.[22]

그런데 불황과 경제적으로 붕괴된 동독과의 통일로 10% 대의 대량실업이 장기화하면서 재분배의 균형이 무너진 것이다.[23] 그 원인은 취업하지 않고 지내는 것과 불법노동에 대한 유인 요인이 너무 강했다. 부담을 떠안은 임금소득자들은 결국 사민당의 지지기반인 임금노동자들인 셈이다. 이들의 부담 확대와 장기화는 사민당의 기본가치인 연대에 바탕을 둔 사회의 결속을 떨어뜨릴 수 있는 것이다.

세계화 시대에 치열해진 경쟁 앞에서 비용 특히 노동비용을 낮추어 산업입지로서 독일의 경쟁력 확보와 소득 재분배 균형 복원을 통한 사회적 연대 회복이라는 두 개의 축이 보수 정당은 물론이거니와 사민당에게도 초미의 개혁 과제로 대두되었다. 결국 노동 개혁과 사회보장 제도의 개혁으로

---

www.fes.de

22) 1995년 독일의 GDP는 1조8천13억 유로며, 정부 지출은 9천5백5억 유로로 GDP의 52.8%, 그리고 무역은 7천228억 유로였다; 독일통계청.

23) 이 점에 대하여 사민당은 동독 마르크와 서독 마르크의 1:1 교환을 비롯하여 콜 정부의 잘못된 통일정책을 주된 원인 중 하나로 꼽고 있다.

모두 사민당의 정치적 기반을 흔들 수 있는 사민당의 기본가치와 직결되는 문제였다. 어쩌면 통일 전 1980년대에 시작되어 통일 후인 1990년대에도 계속되는 장기불황기에 야당 사민당이 관념적으로 보았거나 회피해왔던 기본가치와 직결된 문제는 정권 장악을 목표로 한 사민당에게는 정면 대결하여야 할 새로운 시대의 도전이었다.

그리고 이 도전은 1969년 사민당의 빌리 브란트 총리 정권이 출범할 때와는 다른 조건 하에서 대결하여야 할 과제였다. 동서 대결의 종식, 소련을 정점으로 하는 공산주의 진영의 붕괴와 통일에 이어서 유럽통합이라는 새로운 상황이 전개된 것이다. 1925년 하이델베르크 강령을 통하여 유럽합중국 이상을 선언한 이래 유럽통합은 사민당의 당론이었다. 통일이며, 민족문제, 평화 등의 문제를 전체로서의 유럽질서 속에서 해결하여야 한다는 것이 사민당의 지론이며, 정책논리의 출발점이었다. 이런 유럽의 통합을 위한 유럽통합조약 일명 마스트리히트조약(Maastricht Treaty)이 1993년 11월 1일부터 발효하게 되었다. 특히 제3조 4항의 유럽 단일통화 유로 도입에 관한 규정, 그 중에서도 재정 수렴조건은 국가 재정 운용과 직접적인 관계를 가지고 있었다. 이의 골자는 "연간 재정적자는 국내총생산(GDP)의 3% 이하로, 정부부채는 GDP의 60% 이하로 유지해야 한다"는 것이다.[24]

---

24) 마스트리히트조약(Maastricht Treaty: Treaty on European Union(유럽 연합에 관한 조약))은 유럽연합의 기초가 되는 조약으로 1993년 11월 1일 발효되었다. Ⅵ장(경제 및 통화정책)에 따른 유럽통화동맹(유로존) 가맹조건은 다음과 같다:
- 환율 수렴조건: 유럽통화제도의 환율조정장치를 따라야 하며 동맹 가입에 선행하는 2년 동안 통화가 평가절하를 겪은 적이 없어야 한다.
- 인플레이션 수렴조건: 통화동맹에 참가하려는 국가들 중 물가상승률이 가장 낮은 세 국가의 평균보다 물가상승률이 1.5% 이상 높으면 안 된다.
- 금리 수렴조건: 통화동맹에 참가하려는 국가들 중 물가상승률이 가장 낮은 세 국가의 평균보다 장기금리가 2% 이상 높으면 안 된다.
- 재정 수렴조건: 연간 재정적자는 국내총생산(GDP)의 3% 이하로, 정부부채는

그리고 신자유주의는 시장자유화 특히 금융시장 자유화를 요구하면서 이제 거역할 수 없는 시대의 흐름처럼 세계경제를 주도하고 있었다. 이는 1997년 아시아 금융시장을 파탄을 통하여 굴복시켰다. 더구나 상품과 서비스에서 세계시장 단일화를 목표로 하는 세계무역기구(WTO)가 1995년 출범하였다.

이런 상황에서 집권 기민련/기사연의 콜 총리 정부의 성과 부진이 장기적으로는 반드시 사민당에게 득이 될 수는 없었다. 브란트-슈미트 시대처럼 사회복지비 지출을 위한 재정적자를 적극적으로 해석하여 무한정 확대할 수 없게 되었다. 그렇지만 사민당은 지배적인 연방상원을 통하여 특히 경제난 타개를 위한 집권당의 입법을 저지하였다(Blockadepolitik). 특히 1996년 감세와 임금외 비용 축소를 통한 노동비용 감축을 내용으로 하는 일괄 경제개혁안(ein ökonomisches Reformpaket)을 거부하였다. 콜 총리 정부는, 특히 사민당의 라퐁텐 당수를 겨냥하여, 사민당이 파괴적으로 행동한다고 비난하였다. 이로 인해 정부를 포함하여 노동조합, 독일사용자연합이 참여하는 '일을 위한 연합'(Das Bündnis für Arbeit)은 구체적인 성과를 내지 못하고 얼마 지나지 않아 좌초하고 말았다.

1996년 당시 실업률이 12.1%에 달하고, 정부 부채는 1994년의 8천4백1억22만 유로에서 증가하여 1996년에는 전년대비 20% 급증한 1조692억4천7백만 유로로 정부 지출의 17%에 달했다. 이런 상황에서 경제개혁안 거부나 협조 요청보다 비난은 정부나 사민당 모두 1998년 총선을 겨냥한 당리당략에 따른 행동이라고 볼 수밖에 없다. 1994년 총선에서 승리를 낙관하였다가 비록 패배하긴 하였지만, 국내의 경제적 상황은 정부 부채 급증에서 보듯이 개선의 여지가 보이지 않아서, 사민당의 다음 총선 낙관 분위기

GDP의 60% 이하로 유지해야 한다. 이 조건을 만족시키지 못하더라도 이에 '근접'해야 한다.

1999년 1월 1일부터 유로화가 공식적으로 도입되었으며, 독일은 2001년 12월 31일 마르크화 법정통화를 폐지하였다.

는 여전했다. 의석은 비록 과반수를 확보하였지만 연립여당이 총선에서 득표율 과반수 확보에 실패하고, 연방상원을 사민당이 지배하고 있는 상황에서 콜 총리 정부의 경제난 타개를 위한 정책은 제약을 받을 수밖에 없었다. 결국 선거 승리를 위하여 유럽의 환자 독일 경제의 입원기간을 연장하고 있던 것이다.

그러나 앞에서 말한 새로운 시대에 사민당의 당내 논의는 과거 고데스베르크 강령을 논의하던 1950년대나 신동방정책을 중심으로 한 1960년대, 중거리 핵미사일 배치를 계기로 한 1970년대 1980년대의 환경운동과 평화운동을 둘러싼 치열한 당내 논쟁은 없었다. 좌파, 중도, 우파 그룹이 소멸된 것 같지는 않지만, 그런 치열함은 찾아볼 수 없었다. 브레멘 당대회 이후 완전한 세대교체를 이룬 후 당 지도부를 구성하고 있는 소위 브란트 손자세대인 68세대 사이에서는 당의 기본가치를 중심으로 한 선배 세대에서와 같은 날카로운 논의가 없었다. 이들은 혁명을 꿈꾸던 세대였다. 샤르핑 당수를 퇴진시킨 표면적 이유에서 드러났듯이 이들은 미디어 시대의 이미지를 중시하는 정치에 몰입하고 있었다. 이념이 퇴장한 무대에는 이미지를 앞세운 소위 개인플레이가 우세하였다. 더욱이 정권교체가 확실한 상황에서는 더욱 그랬다.

이런 사민당 내부 사정과 관련하여 이제는 물러나 있는 1980년대 사민당 평화주의 운동 지도자인 에어하르트 에플러가 총선을 2년 앞둔 시기에 슈피겔과 가진 대담은 유의미한 내용을 담고 있다. 우선 에플러는 정치권 전체의 상황을 우려하였다. 그가 말은 하지 않고 있지만 이는 통일 후 총선에서 기성 정당 전체의 득표율이 하락하고 있는 데서 확인할 수 있을 것이다. 그의 대담 내용은 다음과 같이 요약할 수 있을 것이다.

> 사민당이 연방상원에 너무 비중을 두고 있고 그래서 정치의 중심을 잃어버렸다는 데 그 원인이 있다. 사민당은 점점 더 연방 주 중심이 되고 있다. 지역 정치 지도자들, 적어도 일부는 자기들의 특수한 이해와 당의

이해를 혼동하고 있다. 야당이 연방상원에서 과반수를 차지하고 있을 때 대부분 이렇다.

사민당 같은 당은 다툼의 여지가 전혀 없는 지도자나 10여 명으로 이루어진 집단 지도부를 필요로 한다. 빌리 브란트조차 반발을 받지 않은 것이 아니며 항상 일각의 비판을 받았다. 문제는 지도자만의 문제가 아니라 타협일 수 있는 것을 추진하겠다는 의지다.

오늘날 당에 반대하거나 당의 노선으로 생각되는 것에 반대주장을 하는 사람에게만 언론이 관심을 둔다. 게하르트 슈뢰더가 그런 사람이다. 니더작센 선거에서 승리하여야 하기 때문에, 나는 2년 빨리 지도부에서 물러나면서 게하르트 슈뢰더를 지도부에 올려놓았다. 지금이라면 내가 슈뢰더를 올려놓을지는 모르겠다. 내일 무엇을 지지하고 모레 무엇을 지지할지 모르는 사민당 정치인은 결국에 가서는 성공하지 못할 것이다.

친(親)기업인 것을 좋아할 수는 있다. 모든 사민당 지도자들은 기업이 돌아가는 것을 알기 위하여 기업인들과 좋은 관계를 유지하여야 한다. 그러나 예를 들면 헨켈 씨가 지금 무슨 새로운 생각을 가지고 있는 지에만 관심을 가져서는 안 된다. 사민당원은 필요하다면 그런 방향에 대하여 아니다라고 말할 수 있어야 한다.

나는 이 [68]세대에 많은 것을 기대하였다. 이들이 무언가를 해낼 것이라고 생각했다. 그러나 그렇지 못했다. 68세대에서 많은 것이 무너졌다… 배낭에 실용주의적 짐만 채우고 있기 때문에. 무엇보다도 68세대는 마음 속에 전혀 다른 세계를 그리고 있다.

당을 활성화하고 되돌려놓을 사업이 두 가지 있다고 본다. 하나는 단일 통화를 가진 유럽뿐만 아니라 세계화한 세계 경제에서 우리가 일하게 될 다음 20년 기간에 복지국가는 어떤 모습을 가져야 할 것인가이다. 또 하나는 사민당의 모든 실용주의적 문건에 자리 잡은 생태 변화와 일자리 창출을 결합시키는 최선의 방법은 무엇인가다. 라퐁텐이 요구하고 있는 국제 협력은 이런 우리의 과제를 해결해주지 못한다.[25]

---

25) 이런 점에서 본다면, 1996년 11월 28일 연방하원의 다음해 예산 심의에서 오스카 라퐁텐 당수가 물가 안정, 성장, 높은 수준의 고용과 대외 수지균형을 목표로

생각과 행동, 이론과 실천, 계획과 운영 사이에 역사상 일찍이 없었던 격차가 있다. 이는 우리가 무엇을 할지 모른다는 것이 아니라 아는 것을 하지 않는다는 것이다. 이는 보수 정당보다는 사민당 같은 정당에게 훨씬 더 곤혹스럽다.26)

아무튼 1995년 만하임 당대회 이후 라퐁텐과 슈뢰더의 쌍두마차는 총선을 향하여 달려 나가고 있었다. 그러나 양자 간의 간격은 그대로 유지되고 있었다. 1997년 12월 노령연금 정책 결의를 위한 하노버 임시당대회 전후에 이는 그대로 노출되었다. 1996년에 보험료 부담 비율이 심리적 경계선인 20%를 넘자 콜 정부가 축소안을 가지고 야당인 사민당과 협상을 요청하였지만 사민당은 이를 거부하였다. 대신 사민당은 루돌프 드라이슬러(Rudolf Dreißler)를 위원장으로 하는 '연금개혁위원회'(Kommission zur Altersicherung)을 구성하여 개혁안을 만들었다. 이를 승인하기 위하여 하노버에서 임시 당대회가 열렸다. 이 개혁안의 내용은 급여 축소 대신 구조적 개혁, 구동독 지역 연금에 대한 재정 지원과 보험료 납부 기반 확대였다. 대의원들은 전통적인 당의 사회보장 정책 노선에 기초한 이 보고서 내용을 지지하였다. 그러나 5월에 위원회 보고서가 당에 제출된 직후에 슈뢰더는 당의 노선과는 다른 입장을 밝혔다. 그는 관대한 소득대체 성격의 연금 급여액을 축소하여 기본적인 빈곤 예방 성격의 연금으로 바꾸고 사적 퇴직연금 장려로 개인의 책임 여지를 확대할 것을 제의하였다. 당시 당의 전문가들은 슈뢰더의 제안을 당의 노선과는 관계없는 의견으로 무시하였다.

이 당대회에서는 새로운 사회민주주의 시대를 강화하겠다는 라퐁텐의 입장대로, 핵에너지 탈피를 승인하고, 복지 급여 축소에 반대하는 연방상

한 사민당 집권 시절인 1967년에 제정하였던 '안정과 성장에 관한 법률'(Stabilitäts-und Wachstumsgesetz)을 정책의 원칙이라고 말하였던 것은 새로운 개념 설정과는 거리가 있다 할 것이다. 13/141-Plenarprotokoll vom 27.11.1996, Deutscher Bundestag(https://archive.org)

26) 슈피겔(*Der Spiegel*), 35/1996, 1996. 8. 26

원의 봉쇄 정책이 뒷받침되었다. 라퐁텐은 차기 총리 관련 여론조사에서는 슈뢰더에 못 미치지만, 사민당 지지자들에게는 좋은 평판을 얻고 있었다. 그렇지만 언론은 그에게 냉담하였다. 그의 첫째 관심은 당의 단합이었다. 이런 당내 분위기와는 달리 슈뢰더는 이미 언론에서 뉴스 가치와 여론조사 상 지지율, 특히 기민련 지지자들 사이에서 지지율은 급상승하고 있었다. 여기에 사민당의 고민이 있었다. 집권이냐 아니면 에플러가 말한 대로 좌파 진보정당으로서의 새로운 노선 정립이냐?

2) 슈뢰더의 신중도: 16년만의 집권

1998년 4월 라이프치히에서 선거강령과 총리후보 결정을 위한 임시 당대회가 열렸다. 에플러의 우려와는 달리 사민당은 집권에 최우선순위를 두면서 슈뢰더를 총리후보로 선택하고 선거강령을 채택하였다. 그리고 통일과 동서대립 해소를 전제하지 않았던 1989년 12월의 베를린 강령을 일부 수정하였다. 이는 일부 수정이지 기본적인 노선을 수정한 것은 아니었다.

이에 앞서서 3월 슈뢰더가 지사로 있는 니더작센 주의회 선거에서 사민당은 1994년 선거보다 3.6% 늘어난 47.9% 득표로 35.9%일 기민련에 압승을 거두었다. 당시 선거 전에 슈뢰더는 득표율이 지난 선거보다 2% 하락하면, 자기는 총리후보로 나서지 않겠다고 배수진을 쳤었다. 이 결과가 나오자 슈뢰더는 한껏 고무되었다. 이런 결과를 두고 슈뢰더의 경쟁자인 라퐁텐 당수는 총리후보에 나서기를 포기하고 슈뢰더가 총리후보라고 밝혔다.

그리고 슈피겔의 여론조사에서도 사민당은 상승세로 3월 중순 기민련/기사연 : 사민당의 지지도는 35% : 41로 2월말보다 격차가 벌어졌으며, 여기에 좌파인 녹색당과 민사당의 지지율 합계가 11~15% 수준을 유지하고 있어서 사민당의 승리는 기정사실화되고 있었다. 더욱이 슈뢰더의 지지율은 콜 총리나 볼프강 쇼이블레(Wolfgang Schäuble)에 훨씬 앞서 있었다. 슈피겔 조사에 따르면 3월말 가상대결에서 슈뢰더 : 콜은 53% : 33, 슈뢰더 : 쇼이블레 50% : 38였다.27)

이런 분위기에서 있었던 총리후보 선거에서 슈뢰더는 93.01%로 총리후보에 당선되어 라이프치히 당대회에서 당의 승인을 받은 것이다. 당대회 분위기에 대한 당시 언론 보도는 종전의 당대회와는 달리 미국의 대통령 후보 결정 전당대회를 방불케 한다고 보도하였다. TV 등 언론 용 행사로 화려하다고 보도하였다. 당시 언론의 총아인 슈뢰더를 위한 행사였다.

그런데 1863년 라살레가 노동계급의 정당한 이익을 대변하기 위하여 사민당의 전신인 독일노동자협회를 창설한 라이프치히에서 게하르트 슈뢰더 총리후보는 연설에서 신중도 노선을 당대표들과 대중들에게 거침없이 내놓았다. 당대회에 참석한 대의원들은 그가 처음 신중도(neue Mitte)에 관해 언급하였을 때 박수가 없었다고 한다. 그리고 그 내용도 그가 "사회적 국가가 제공할 안전은 더 이상 옛날과 같지 않게 될 것이다"(Die Sicherheiten, die der Sozialstaat bieten wird, werden nicht mehr die alten sein)라고 말했을 때 비로소 신중도의 의미를 이해한 것 같았다는 것이다.28)

전후 독일인 난민촌 출신으로 자수성가한 슈뢰더는 당시 사민당 당직자들이나 활동가들이 원하는 후보가 아니었다. 결국 슈뢰더는 전에 항상 사민당의 강령과 전통에 무관심하며 이를 싫어한다고까지 밝혔다. 대기업 보스의 친구로 불리는 그는 이 때문에 사민당 내에서는 그에 대한 의혹이 있었다. 사실 당시 사민당을 대표하는 사람으로서 라퐁텐은 슈뢰더에 한창 앞서 있었다. 이전부터 시작되었지만 슈뢰더를 총리후보로 결정한 이 당대회를 통하여 사민당의 쌍두마차 양자의 분열은 시작되었으며, 단순히 두 지도자의 분열이 아니라 독일 좌파 정치세력의 분열의 시작으로 오늘날까

---

27) *Der Spiegel*, 13/1998, 1998. 3. 23.

28) 슈피겔의 기사 제목은 '할리우드쇼'(Hollywood an der Pleiße)였다. 그리고 차이트는 "슈뢰더의 '설교' 시에는 밑으로부터의 순종적인 것처럼 위장된 높은 불신을 보여주었다"라고 보도하였다; *Der Spiegel*, 17/1998(1998. 4. 20); *Die Zeit*, 1998. 4. 23.

지도 그 영향을 미치고 있다.

이런 상황에서 채택된 선거강령은 한 노선으로 수렴되지 못하고 슈뢰더 총리후보의 신중도 정책과 당의 전통적 정책 노선이 동거하고 있다고 볼 수 있다.

'일, 혁신 그리고 정의'(Arbeit, Innovation und Gerechtigkeit)를 제목으로 하는 선거강령은 이번 총선의 제일 큰 이슈가 실업과 고용 문제라는 데서 이를 가장 앞에 내세우고, 혁신을 통해서 이를 해결하겠다는 것이다. 뒤에서 보겠지만, 사회정의에 부응하는 해결을 하겠다는 것이라기보다는 사민당의 전통적인 가치를 명분으로 내세웠을 뿐이라는 느낌이 든다.[29]

'실업 대신 일'(Arbeit statt Arbeitlogigkeit)이라는 표현처럼 실업자 대책으로 실업수당이나 실업부조 정책이 실업대책이 아니라, 일자리 창출 정책이 실업대책이라는 것이다. 이를 위해서 기존의 기업은 번성하고 적응할 수 있고 새로운 기업이 설립되어 성장할 수 있는 조건을 조성하여야 한다. 세계화와 유럽통합 시대에 기업은 경쟁력을 갖출 수 있도록 하여야 한다. 경쟁력 있는 가격에 최고의 생산성과 최고의 품질, 여기에 독일 경제의 미래가 있으며, 결국, 경쟁력은 비용과 기술 그리고 이를 수행할 수 있는 자금과 국내 시장 조건이다. 노동비용의 축소와 감세가 주축이며, 노동비용 축소에는 임금과 임금외 비용이다. 그리고 사회보장의 축소다. 감세와 사회보장 축소는 건전 재정을 명분으로 한 긴축 재정정책일 수밖에 없다. 바람직한 모든 것이 재정적으로 가능하지는 않다면서 긴축재정을 예고하고 있다.[30] 모두 사민당의 전통적 가치에 기초한 정책에 때로는 상충된다. 이를 정의라는 명분으로 포장하고 있다.

중요한 기업정책은 다음과 같다.

---

29) "SPD-Programm für dieBundestagswahl 1988"; www.fes.de.
30) 주24)의 마스트리히트조약 통화연맹 가맹조건인 연간 재정적자 국내총생산(GDP)의 3% 이하, 정부부채 GDP의 60% 이하로 유지를 위하여 부채를 축소하지 않을 수 없었다.

- 국제적으로 비교할 만한 수준으로 법인세율 인하를 통한 투자능력 강화
- 중소기업 투자능력 강화를 위하여 사업소득세 인하
- 법정 임금비용 인하. 중소기업의 부담 완화
- 환경세제 개혁을 통하여 부담 완화
- 국가의 현대화와 과도한 관료주의 축소: 즉, 규제완화
- 새로운 형태의 고용 허용
- 노동시장에서의 법과 질서 회복: 사회적 덤핑, 임금 덤핑, 불법 고용과 조직적 불법 노동 근절
- 노동시간 단축과 지능형 노동 조직: 기업의 규모와 분야에 따른 지능적이고 유연한 노동의 조직. 기계와 시설 가동 향상
- 임금 자율 보장: 개별 기업의 상이한 성과와 고용 수요 및 부문, 지역, 기업의 상이한 조건을 고려한 단체임금협약

실업 대신 일, 그리고 기브 앤드 테이크 원칙(Grundsatz des gegenseitigen Gebens und Nehmens)에 따른 공정한 이익균형이 노동, 혁신, 정의의 기초라는 취지에서 주요한 고용정책은 다음과 같다.

- 임금협상 당사자의 기회균등 보장
- 종업원의 생산자본 참여를 위한 기본조건 개선
- 기업 내 유보금의 종업원 분배 장려
- 공동결정제도의 확대
- 불법고용 및 불법 노동과 투쟁
- 국내 및 유럽 내 입법을 통하여 동일한 장소에서 동일노동 동일임금 원칙의 관철
- 6개월 이상 취업하지 못한 모든 실업자를 위하여 관련자와 함께 노동당국은 일자리로 복귀를 위한 맞춤 계획 개발
- 실업자를 고용한 기업에 임금비용 보조와 교육훈련보조금 지급

- 직업교육 후 청년에게는 부분퇴직(Altersteilzeit)자 자리나 시간제 취업 알선
- 장기실업자에 기존 취업자의 육아 휴가나 추가교육으로 일정 기간 빈 자리 취업 기회 제공
- 소득세율 인하: 근로소득 최저세율 현행 25.9%에서 15%, 최고세율 53%에서 49%로 인하

사회보장과 관련해서, 현대 사회국가의 목표는 후견이 아닌 자기책임(Eigenverantwortung)과 자기주도(Eigeninitiative)를 장려하는 것이라고 규정하고, 연대와 개인성(Individualität)의 관계를 항상 결정하여야 한다는 것이다. 그리고 대량실업이 사회보장제도의 연대성을 약화시켰다. 보험료 납부자의 감소와 급부 수령자의 증가에 의해 실업은 사회국가의 재정 기초를 무너뜨리고 있다. 새로운 일자리 정책으로 사민당 정부는 보험료 납부자와 급부 수령자 간의 관계를 정상화하겠다고 약속했다. 전체적으로 보험료 안정화를 통한 노령연금 보장이 목표로, 정책의 중심은 자기책임과 자기주도다.

- 노령자의 경우 노령연금이 주어지지만 주택 소유와 생명보험에 의한 개인적 자기 보호가 필요. 취업기간 중 자산재고, 생산자본, 사업수익에 취업자의 참여 강화
- 평생 노동기간, 즉 정년 연장
- 보험료 납부액과 급부 연동 연금제도
- 보험료 납부 및 급부 대상을 단속적 취업자, 위장 자영업자를 포함한 자영업자로 확대
- 현 정부에서 최종 급여의 70%에서 64%로 축소하기로 한 노령연금 계획 수정

생산성과 최고의 품질을 위하여 그리고 고용대책으로서 과학기술, 교육 및 직업교육과 평생교육정책을 내놓고 있다. 이는 또한 지금까지 사민당

의 선거강령과 크게 다르지 않다. 그러나 종래의 평등과 정의에 논리에서 보편교육을 주장하던 것과는 달리 미래에는 물적 자본보다 인적 자본이 더 중요할 것이다, 즉, 과학기술, 생산성, 품질이라는 국가경쟁력 확보 차원에서 접근하고 있다. 개인의 부담 증가와 성과를 강조하고 있다.

- 5년 안에 교육, 연구, 과학에 대한 미래투자 배가
- 시장에서 통할 수 있는 새로운 생산에서의 연구성과 장려
- 포괄적인 교육개혁: 목표는 더 많은 성과, 기회의 균등, 모든 교과 과정의 동일한 가치, 선별 대신 지원 원칙이며, 효율과 경쟁을 위하여 규제 완화. 더 많은 유연성, 더 많은 전파력과 실용성을 위하여 더 적은 규제

그리고 통일 이래 취약한 지역인 구 동독 지역에 대한 별도의 정책을 제시하였다. 종래와 같은 연대의 논리에서 내부통합 완수를 목표로 '구 동독 지역의 미래'(Zukunfut Ost)라는 제목의 10개 정책을 제시하였다. 이 구 동독 지역 정책을 비롯하여 기타의 정책은 과거의 정책을 확인하고 있었다.

대외정책은 더욱 특별한 변화가 없다. 나토를 독일 안보의 주된 축이라 규정하고 있듯이 현상유지에 더 중점을 두었다. 이는 망명권이나 독일군의 유엔 평화유지 임무에 관해서는 기본법 수정에 당론으로 동의하였거나, 당대회를 통하여 당의 방침을 결정한 내용을 재확인하고 있다. 안정적인 정책 운영을 통한 집권 능력을 보여주고자 하였을 것이다.

그러나 망명권과 관련하여 당대회의 소동과 격론 그리고 관련 기본법 수정 의회 표결 시 당론에 반대하여 사민당 의원 절반이 반대하였던 것과는 달리 선거강령 채택 과정에는 별다른 격론이 없었다. 기본가치나 노선보다는 라퐁텐 당수가 말하였듯이 당의 단합이 중요하였는지 아니면 집권이 더 중요했는지는 모르지만, 언론의 보도는 앞에서 언급했듯이 그리 호의적이지는 않았다.

선거강령의 특히 경제, 노동, 복지 정책의 전체 흐름은 1999년 6월 슈뢰

더가 영국 노동당 출신 토니 블레어(Tony Blair) 총리와 함께 발표한 선언문 "제3의 길"(Europe: The Third Way/Die Neue Mitte)[31])에 제시된 정책방향과 거의 일치하고 있다는 것이다. 당시 콜 총리의 기민련/기사연-자민당 연립 정권은 유럽통화동맹 참여를 위하여 재정적자 축소와 이를 위한 사회복지 지출의 축소와 개인의 연금기여금 분담률 즉 보험료 인상 등을 통한 정부 지출 삭감 정책을 취했다. 실업문제는 '공급측 처방'을 통하여 투자활성화 유도로 대응하였다. 이에 대하여 라퐁텐 당수가 '수요측 처방'을 통한 실업문제 대처와 기업보다는 중·저 소득층에게 유리한 조세개혁을 주장한 반면에, 후보 슈뢰더는 대기업에 유리한 정책을 주장하였다. 선거강령은 양자를 포괄하지 못하고 병립시켰던 것이다.

사민당은 에어하르트 에플러의 우려처럼 당의 정체성을 또 다시 혼란에 빠뜨리고 슈피겔의 기사처럼 당과 독일 좌파 분열의 원인인 시한폭탄이 될 슈뢰더와 제3의 길을 품고 총선을 맞이하게 된다.

9월 27일 총선 결과는 40/9% 득표로 예상대로 사민당의 승리였다. 기민련/기사연은 4년 전보다 6.3% 줄어든 35.1%, 연립여당인 자민당은 0.7% 줄어든 6,2% 득표로 아슬아슬하게 의회에 남았다. 전체로서 헬무트 콜 정부는 7% 줄어든 41.3% 득표로 유권자의 심판을 받고 정권을 상실하였다. 사민당은 16년 만에 녹색당과 연립정권을 구성하여 집권하게 되었다. 전후 최장수 총리인 헬무트 콜은 처음으로 선거에 의해 교체되었고, 비례투표에서 구 서독 지역에서 1.1% 득표에 그쳤지만 구 동독 지역에서 19.5%를 득표하여 전체적으로 5.1%를 얻은 민사당은 연방의회 교섭단체 자격을 얻었다.

---

31) Tony Blair and Gerhard Schroeder, "Europe: The Third Way/Die Neue Mitte"; www.fes.de

| 제7장 | **신중도 시대: 집권과 개혁 그리고 정체성의 혼미**

1. 슈뢰더 총리 정부 1기

1) 신세대, 신중도 정부 출범

1998년 10월 20일 녹색당과 연정합의[1]를 체결하고 게하르트 슈뢰더 총리의 소위 적-녹 연립정부가 16년 만의 흥분과 기대 속에 출범하였다.

그 해 11월 10일 연방의회에서 취임연설에 나섰다. 일반적으로는 선거강령, 녹색당과의 연정 합의문에 제시된 정책을 언급하였지만, 법인세율 인하라든가 당과 라퐁텐 당수 겸 재무장관이 중점을 두고 있는 환경세 등 중요한 내용에서 당과 합의한 선거강령과는 다른 정책을 제시한 경우가 상당히 있었다. 그의 연설 중에 특기할 만한 내용은 다음과 같다.

엄청난 과제를 앞에 두고 있다. 경제적 성과가 모든 것의 시작이다. 국가와 경제를 현대화하고, 사회정의를 회복시키고 이를 보장하며, 유럽을

---

1) "연정합의서"(Koalitionsvereinbarung zwischen der Sozialdemokratischen Partei Deutschlands und Bündnis 90/Die GRÜNEN)에 특이한 점은 이주민 정책과 관련하여 "돌이킬 수 없는 이주 과정이 과거에 진행되었음"을 확인하고, "우리 헌법의 가치를 존중하며 오랫동안 여기서 살아온 이주자들의 통합"에 노력할 것을 명확히 하여, 집권 정책노선에 처음으로 이주의 현실 및 이주민 통합 문제를 언급하였다는 점이다; www.fes.de.

경제, 사회, 정치적으로 통합하여 공동통화가 성공을 거둘 수 있도록 하여야 한다. 독일 내부 통합을 촉진하여야 한다. 무엇보다도 실업을 극복하고, 기존 일자리를 유지시키고 새로운 일자리를 만들어내야 한다. 이를 위해서는 새로운 기업, 새로운 제품, 새로운 시장, 무엇보다도 더 빠른 혁신이 필요하다. 더 좋은 교육과 노동비용을 경감시켜줄 재정 및 조세 정책이 필요하다.

그러나 출발 조건이 전혀 유리하지 않다고 밝혔다. 연방 부채는 1조 마르크를 넘었고, 현행 예산에서 이자 부담이 8백억 마르크 이상으로, 지급할 이자가 조세와 부담금 수입의 4분의 1이라는 것이다. 따라서 긴축 재정을 전제로, 사회적 급부는 실질적으로 필요한 사람에게 집중되어야 한다고 선언하였다. 그래서 모든 것을 다르게 하려는 것이 아니라 더 잘 하려고 한다는 것이다.

우리 세대는 부흥기와의 문화적 결별을 목격하고 참여했다. 이들 중 많은 사람들은 7,80년대의 시민운동에 참여했다. 과거 동독의 인권운동 출신이 이 정부에 참여하고 있다. 이 세대는 시민적 그리고 도덕적 용기의 전통 속에 있다. 이 세대는 권위주의적 구조에 맞서는 봉기와 새로운 사회적 정치적 도덕을 시험하면서 자랐다. 이제 자기들 세대가 국가 운영 전면에 나섰다는 것이다.

가장 긴급하고 고통스런 문제는 대량실업이다. 이는 심리적 파탄과 사회구조의 붕괴를 야기한다. 우리 사회에 연간 1,770억 마르크의 부담을 준다. 이를 향한 첫 걸음이 조세개혁이다. 조세 개혁의 필요성이나 찬반에 좌우되지 않고 조세개혁을 추진하겠다.

개혁은 경제적 필요에 대한 인식에 바탕을 두고 있다. 중소기업 및 적극적 취업자와 그 가족의 부담 경감에 초점을 두고 있다. 법인세 최고율을 35%로 인하하겠다. 에너지세는 오직 법정 임금비용 낮추는 데만 사용할 것이다.

현대 재정, 경제 정책에서 공급 지향이냐 수요 지향이냐 논쟁은 무의미하며, 둘은 모순되지 않는다. 우파나 좌파의 경제정책이 아닌 현대의 사회적 시장경제 정책을 지지한다. 시장 개방과 규제완화, 혁신과 미래 산업 지원을 통하여 상품, 새로운 시장, 새로운 거래 방법 공급 조건을 개선하겠다.

실업은 사회의 모든 구성원이 참여하여야 해결할 수 있다. 조세 정책, 감세, 미래에 대한 투자, 임금정책이 서로 보완해 주어야 한다. [노동조합, 사용자연합, 정부가 참여하는] '일과 직업교육 연합'(Bündnis für Arbeit und für Ausbildung)을 만들겠다.[2] 실업과 싸우는 항구적인 기구로 활용될 것이다. 주고 받기 간의 공정한 균형(fairen Ausgleich zwischen Geben und Nehmen)이 이 연합의 특징이다. 조세개혁, 임금외 노동비용 축소, 청년실업 대책으로 정부는 이 연합에 충분한 선행투자를 할 것이다.

연금 생활자를 어렵게 만든 지난 정부의 정책을 중단할 것이다. 그러나 이는 개혁이 아니다. 신중도의 사회정책은 현대의 사회적 시장경제에 맞추어 우리 사회와 경제의 생태적, 연대적 혁신이다. 직업 군(群) 간의 연대뿐만 아니라 세대 간의 연대 협약으로, 앞으로 제출할 연금개혁안은 연대와 사회 현실에 접근하는 것이 목표다.

새로운 연금정책의 4개 축은 법정 연금보험, 기업연금, 사적 연금(세제 등을 통하여 국가가 장려), 종업원의 생산자본과 기업이 생산한 부가가치 분배 참여다. 법정 연금 재원을 확대할 것이며 보험 혜택을 받지 못하는 사람들에게 국가가 재정 지원할 것이다. 노후 생활보장(Lebensversicherungen)

---

2) 노·사·정 협의기구를 말한다. 슈뢰더는 이웃 나라에서 이런 기구가 성과를 내고 있다고 말하고 있는데, 바로 네덜란드 병에 효과가 있었다는 네덜란드의 사회경제 협의회(SER: The Social and Economic Council of the Netherland)를 말하고 있다. 1982년 말 네덜란드는 경제위기에 대한 해법을 모색하여, 노사는 실업 증가를 막고, 노동시장 유연성을 증대시키며 기업의 이윤을 증가시키기 위한 바세나르 협약(Wassehaar Accord)을 체결하였다. 1983~93년 동안 네덜란드 노사정은 경제·사회정책의 목표, 방법 등을 논의하면서 일련의 협약을 체결하였다. 이 협약은 기업채산성, 투자증대, 고용증가, 일자리 나누기 및 복지개혁을 추구하는 가운데 자발적 임금 자제를 최우선시하는 것을 특징으로 한다(임상원, "네덜란드의 사회협약과 사회적 협의기구", 2006. 3. 4, 노동연구원; www.klr.re.kr). 우리나라에서도 IMF 관리체제가 시작된 1998년 김대중 정부 하에서 노사정위원회가 설치되어 상설기구로 지금까지 운영되고 있다.

에서 우리는 경쟁과 투명성을 강화할 것이다. 기업연금의 지속 가능한 혁신은 '일과 직업교육 연합'에서 확고히 합의되어야 한다. 생산자본에 종업원의 참여를 지원할 것이다. 급여와 소득에 대한 납세자의 부담 완화를 통하여 이 분야에서 단체 임금협상 당사자들에게 상당한 협상 여지를 만들어줄 것이다.

연금 개혁에 단속적 취업도 고려하여야 한다. 출산, 육아, 유급노동과 학습으로 인하여 여성이 불이익을 받아서는 안 된다. 산업이 강하고, 기술에서 혁신적이며, 정의롭고, 서비스 지향적인 사회로 진입하는 길을 찾고 싶다면, 우리는 사적인 일 혹은 가사를 특히 열등하다고 차별해서는 안 된다. 가사 도움과 노인 보호, 포장과 주차 서비스는 누구도 부끄러워해서는 안 되는 공공 서비스다. 이런 서비스를 이용하고자 하는 사람이 늘고 있다. 그래서 소위 620 마르크 일자리를 없애지 않는 또 다른 이유이기도 하다. 그러나 우리는 이 일자리를 복지제도 속에 포함시킬 것이다.

대학을 강화하고, 기초연구자 유출을 막는 동시에 활용을 목표로 하는 연구를 지속적으로 장려하여야 한다. 대학과 전문대학에도 경쟁이 있어야 한다. 대학은 과거보다 훨씬 더 창업을 장려하여야 한다. 연구와 학습은 예산과 자율에 의해 관료화를 줄이고 더욱 경쟁력을 갖추어야 한다.

새로운 연방 주(구 동독 지역)의 사람들과의 연대는 계속되어야 한다. 구체적으로 1993년의 연대협약은 앞으로도 경제발전의 재정적 주춧돌이라는 것이다. 신 연방 주에 대한 보조금 지원을 우선시하고, 사회기반시설 자금 지원 확대하며, 구 동독 지역 기업의 혁신 능력 강화와 이들 기업의 특수한 문제에 맞춘 자금 지원 형식 개발하겠다.

시민의 민주적 참여권을 강화할 것이다. 정책결정이 더 이상 사법부로 넘어가지 않고 사전에 양식 있는 관련 시민들의 참여를 강화하도록 우리는 집단소송과 관련하여 환경단체와 대화할 것이다.

적법 체류자는 동료 시민이다. 국적법을 현대화하여 영주자, 여기서 태어난 이들의 자녀가 완전한 국적을 얻을 수 있는 조건을 규정하겠다.[3]

---

[3] 독일 내에 거주하는 외국인은 1999년 734만 명으로 전체 인구의 8.9%에 달했다. 이에 따라 독일은 국적법에서 혈통주의에서 탈피한 새로운 국적법을 모색하게 되고,

베를린으로 정부와 의회 이전을 추진하겠다. 베를린에는 과거 유산이 있다. 독일의 대기업은 특별한 정도로 이런 과거 문제에 직면해 있다. 그래서 나는 강제 노동자의 정당한 요구에 보상하기 위한 공동기금 설치를 논의하려고 관련 기업을 초청하였었다. 이는 부정의에 대한 보상에 관한 것이 아니라 국내외에서 우리의 기업 따라서 노동자들을 보호에 관한 것이다.

독일은 서방동맹과 유럽연합의 일원임을 무조건 인정하여야 한다. 오늘날 우리는 우리가 필요로 하기 때문이 아니라 우리가 원하기 때문에 민주주의자들이며 유럽인이다. 동맹 틀 안에서 우리의 의무를 다할 것이며, 우리는 유럽과 세계의 믿을 수 있는 동반자로 남을 것이다.

코소보에서 독일군의 임무는 자연재해 구난에서 적극적인 민주화 지원까지 넓은 범위에 걸쳐 있다. 코소보에서 인권의 실현을 위하여 군사적 위협만으로는 불충분하며, 불가피하다면 군사력 사용이 필요하다는 것을 잘 알고 있다. 독립적인 단위부대를 유엔 평화유지군으로 보내겠다. 사무총장 권한 강화에 기여하겠다. 유럽 공동의 유엔 안보리 상임이사국 자리가 불가능하고, 만일 가능하다면, 독일의 상임이사국 자리를 받아들이겠다.

유럽통합은 우리 정책의 중심이다. 유럽통화동맹은 불가역적 사실이다. 유로화는 우리에게 가격과 성과의 완전한 비교가능성을 가져다주었다. 한 나라의 독자적인 노력의 시대는 끝났다. 장기적으로 오직 유럽의 맥락에서 성공하여야 하고 성공할 수 있다. 공동통화는 안정되고 안정을 유지하여야 한다. 재무장관은 세계 금융시장의 혼란을 진정시키기 위하여 효율적인 국제협약의 필요성을 지적한 첫 번째 사람 중 하나다. 이는 세계은

슈뢰더 총리가 밝힌 대로 개정 작업에 들어가서 2000년에 국적법 개정하였다. 기존의 국적법은 혈통주의에 바탕을 둔 1913년 국적법 전통을 그대로 이어온 것이었다. 그러나 1999년 1월에 2중국적을 허용하는 국적법 개정안이 의회에 제출되었지만, 야당인 기민련/기사연의 격렬한 반대에 부딪혔다. 2월 헤센 주의회 선거를 앞두고 야당은 선거전략으로 2중국적 반대 서명운동에 들어가서 5백만의 서명을 받고 헤센 주의회 선거에서 사민당이 패배함으로써 연방상원에서 과반수 의석을 상실하여, 당초 개정안 추진이 어렵게 되었다. 이후 당초안보다 많이 후퇴한 야당과의 절충안이 통과되어, 2000년 1월부터 발효하게 되었다.

행, 미국 연방준비위원회에 이르기까지 유럽 및 북미의 협력국들과 함께 독일중앙은행이 해야 할 일이다. 그리고 특히 국제 금융 위기 때문에 유럽이 한 목 소리를 낼 수 있도록 노력하여야 한다.4)

그는 재정, 경제 정책에서 라퐁텐이 대표하고 있는 전통적 사회민주주의적 정책인 수요 측면 정책보다는 공급 측면 정책을 강조하면서 중요한 것은 좌파, 우파의 정책이 아니라 현실이라고 규정하고 있다. 연대에 바탕을 둔 전통적인 사회민주주의의 가치보다는 세계화, 유럽통합, 경쟁력, 기업의 부담 경감, 자조, 자기책임 등을 강조하고 있다. 사회정책과 관련하여, 연금의 경우 사민당의 전통적인 정책은 노후 생활보장(Lebensversicherungen)을 위하여 최종급여의 70% 유지와 부과 방식에 의한 공적연금을 기본으로 하고 있으나, 나중에 보지만 그는 70%을 철칙으로 보지 않았다. 노후 생활보장보다는 연금 재정 안정화로 정책 중심을 돌렸다. 여기에 자조와 자기책임에 기초한 적립 방식의 사적연금을 도입하겠다고 하여 사민당의 전통적 정책노선에 배치되는 정책 방향을 제시하고 있다. 여기에 평생직장을 전제로 한 기업연금을 임의적인 것으로 만들면서 평생직장은 흘러간 시대의 이야기라고 치부하였다. 사회정책의 방향은 궁극적으로 노동시장 유연화를 바탕에 깔고 있다 할 것이다. 그리고 법인세 인하 목표를 선거강령 작성 당시 당과 합의한 것보다 보다 대폭 낮은 35%로 제시하였다. 교육정책에서도 경쟁을 도입하겠다고 하여 보편교육을 추구해온 사민당의 정책노선과는 상치되고 있다. 그리고 1990년대 초반에 당내 그리고 평화주의 운동 세력에서 격렬한 논쟁을 일으켰던 독일군의 평화유지 임무에 관해서 전투행위 참여를 시사하는 정책 방향을 제시하고 있다.

---

4) "독일 연방의회 의사록"(Plenarprotokoll 14/3), 1998. 11. 10.; 독일 연방의회 (www.dipbt.bundestag.de)

2) 당-정 인적 청산과 신중도 개혁 개시

슈뢰더 총리의 이런 정책 방향 제시는 이 정부 출범 초기부터 당내에서 갈등을 일으키면서 내각에 균열을 가져왔다. 균열을 가져왔다기보다는 슈뢰더 총리가 이를 유도하면서 당내 인적 쇄신을 통한 조직 장악에 나섰다고 보아야 할 것이다. 대중적 인기는 있었지만, 당내에서 주류는 아니었다. 이념은 모호하고 따라서 인적인 면에서 주도권을 잡고 있지는 못하고 있었다. 그래서 그의 정책 노선이 어떤 경우에는 모호하기도 하였던 것이다. 그래서 그는 당 조직을 장악하고 이를 기반으로 당의 기본노선 변경으로 나서게 된다.

슈뢰더 정부 출범 146일 만인 1998년 3월 11일 사민당 당수 겸 재무장관 오스카 라퐁텐이 장관, 당수, 의원 직 사임을 공식적으로 발표하였다. 슈뢰더와 함께 사민당을 이끌어온 쌍두마차로 지난 총선을 이끌었고, 공인된 케인즈주의자로서 그는 수요측면 중심의 조세, 재정 정책을 추진하여 왔다. 총선 승리 후에는 녹색당과의 연정협상도 주도하여 왔으며, 녹색당의 법인세 인하 요구를 단호히 거부하였다. 정부 출범 후에는 공약대로 그리고 슈뢰더 총리가 취임사에 언급한 콜 정부의 일련의 법률 폐지, 노동자의 질병요양 첫 6주간 급여 100% 보장, 소기업의 해고보호 제한 개정, 청년실업 감축 비상정책, 악천후 수당 도입, 외국인 건설 노동자 도입과 일과 직업교육 연합, 즉 노·사·정 기구를 부활시켰다.

그러나 앞에서 언급하였듯이 취임 연설에서 당과의 합의와 달리 슈뢰더 총리는 법인세율 35% 인하를 제시하고, 라퐁텐 당수가 조세, 재정 정책에서 중점을 두고 있는 환경세에 관해서도 당초와는 달리 갤런 당 6페니로 제한하겠다는 등의 구체적인 내용뿐만 아니라 전반적으로 당과 라퐁텐 당수의 정책노선과는 배치되는 내용을 노골적으로 내놓고 있었다.

여기에다 주)3 내용과 같이 1999년 2월 헤센 주의회 선거 전 국적법 개정과 기민련/기사연의 2중국적 반대서명이 힘을 얻고 있던 상황에서 라퐁텐은 기민련/기사연과 국적법 개정안 합의를 요구하였지만, 연립 정부와 의원단은 이를 거부하였다. 사민당은 헤센 주의회 선거에 패배하고 연방상원의 과반수 지위를 잃었다. 이런 사정이 중첩되던 중에 3월 10일 각료회의에서 슈뢰더는 라퐁텐과 함께 반기업적 정책을 만들 수는 없다고 말했다. 다음 날 빌트지에서 그는 사임 위협으로 라퐁텐을 공격하였다. 3월 11일 페테스베르크에서 열린 국제금융 구조에 관한 선진국 및 신흥경제 재무부 및 중앙은행 고위관리자 세미나(G33 세미나)에서 독일 측이 통화제도 개혁에 대한 중요한 진전을 약속하던 날 라퐁텐은 재무장관 사임을 발표하였다.

사민당-녹색당 연립정부는 대대적인 금융시장 탈규제가 고조되던 때에 속도를 내라는 여론, 전문가, 야당의 요구에 굴복하기보다는 오히려 속도를 늦추었다. 라퐁텐이 이에 앞장섰다. 라퐁텐은 앞에서 말했듯이 케인즈주의자로서 재무부를 이끌면서 세계 금융체제를 새로이 조직하고자 하여 세계 금융체제가 카지노판(weltweiten Spielcasino)이 되는 것에 반대하였다. 그러나 그의 입장으로 인해 그는 독일 정부 내에서뿐만 아니라 세계적으로 고립되어 갔다. 금융산업, 미국 정부 그리고 언론은 그에게 반대하였다. 당시 시대정신이 라퐁텐에 반대하고 있었다. 라퐁텐의 사임은 결국 올 것이 온 것이었다. 그런데 라퐁텐이 사임한 날은 유고슬로비아 사태가 급격히 악화되어 나토가 군사공격을 결정한 날로, 슈뢰더 총리가 독일군의 전투임무 참여를 발표한 날이었다. 사민당의 독일군 유엔 평화유지군 임무 수행에 관한 금기가 허물어진 날이다.[5] 슈뢰더 총리 정부의 본격적인 '개혁' 개시일인 셈이다.

---

5) 슈뢰더 총리는 이 날 TV 연설을 통해서 "이 순간부터, 나는 우리 시민들에게 우리 장병들과 함께 있어주기를 요청한다. 장병들과 장병들의 가족은 우리가 이 어렵고 위험한 작전을 펴고 있는 우리 장병들을 보호하기 위하여 최선을 다하고 있다는 것을 알아야 한다"라고 말했다.

라퐁텐의 사임 후 당내 주요 인물 교체가 이어졌다. 그런데 인사와 관련해서 슈뢰더는 1998년 4월 당대회에서 총리후보 결정 직후부터 예비 내각을 비롯하여 정부에 당과는 상의 없이 자기 사람을 심어오고 있었다.

슈뢰더 정부의 개혁정책의 핵심인 노동시장과 사회정책 개혁을 추진할 노동복지부(Bundesministerium für Arbeit und Sozialordnung) 예비장관으로 그는 당대회 직후에 발터 리스터(Walter Riester)를 지명하였다. 당 의원단은 그의 지명을 반기지 않았다. 의원이 아니라 독일 최대 노동조합인 금속노동조합(IG Metall) 부위원장 출신으로 노동조합 안에서, 그는 독자적으로 현대화를 추구하였기 때문이다.

슈뢰더는 당내에서 16년 동안 콜 정부 사회정책 비판을 주도해온 의원단이 선호하는 루돌프 드라이슬러(Rudolf Dreißler)를 무시하였다. 그는 콜 정부의 연금개혁안에 반대하여 사민당이 만든 1996년 '연금개혁위원회' 위원장으로서 1997년 5월 연금 급부 삭감이 아닌 구조개혁을 내용으로 하는 보고서를 제출했던 인물이다. 따라서 슈뢰더는 당과 당의 개혁안을 무시한 것으로 보였다. 발터 리스터를 지명할 때 슈뢰더는 드라이슬러에게 연방고용청장과 주 이스라엘 대사 자리를 제의하였지만 그는 거부하였다. 드라이슬러는 1998년 11월 의원단 부대표에 재선되었으나, 노동시장과 연금 문제 책임은 여성 의원들의 지지를 받는 우파인 제하이머 그룹에 속하는 울마 슈미트(Ulla Schmidt)가 맡게 되었다. 그리고 건강보험을 비롯하여 보건 개혁을 맡을 보건장관 직은 녹색당에게 주었다.

슈뢰더는 3월 12일 당수에 취임하면서 당과 원내 의원단의 주요 직책을 자기 사람들로 교체하였다. 사무총장을 라퐁텐이 임명했던 좌파의 오트마르 슈라이너(Ottmar Schreiner)에서 측근인 프란츠 뮌터페링((Franz Müntefering)으로 교체하여 당과의 관계를 정상화하였다. 사실 당 대표자회의에 자주 참석하지 않을 정도로 그는 니더작센 지사 시절부터 당과의 관계는 좋지 않았다. 의원단과의 관계도 마찬가지였다. 그리고 그의 조세개혁을 주도할 재무장관에는 슈뢰더와 같이 사회주의청년단(JUSOS) 출신의 한스 아이헬(Hans

Eichel)을 임명하였다.

의원단은 슈뢰더 총리와 라퐁텐 당수 양 측으로부터 간섭을 받았다. 라퐁텐 사임 후에도 근본적으로는 노선 차이는 없었지만, 페터 슈트룩(Peter Struck) 의원 대표와의 관계는 원만하지 않았다. 문제는 총리실을 관장하는 특임장관(Minister für Besondere Aufgaben)인 보도 홈바흐(Bodo Hombach)였다. 이 해 6월 슈뢰더는 그를 프랑크-발터 슈타인마이어(Frank-Walter Steinmeier)로 교체하였다. 정부, 당, 의원단 간의 조정이 가능한 토대를 마련한 것이다.

주요 인물들을 교체한 슈뢰더는 이제 공개적으로 정책을 띄우면서 당의 조직, 특히 좌파를 무력화시키면서 당의 조직 장악에 나섰다. 설득보다는 정책노선을 공개하여 기정사실화하여 충격을 주면서 당을 양분하여 반대파를 무력화시키는 전략전술을 구사하였다.6) 지금까지 사민당의 정책 전환 시의 전통과는 다른 방식이었다. 과거에는 당내의 격렬한 논쟁과 타협 그리고 최종적으로는 당대회 결의를 통하여 당의 정책 노선이 결정되었다.

이런 전략 앞에서 좌파는 라퐁텐의 사임으로 구심점과 방향을 잃고 와해되었다. 좌파는 1년 후인 2000년 6월에 30년 동안 당내 좌파의 중심이었던 '프랑크푸르트 그룹'(Frankfurter Kreis)이 '민주좌파 포럼 21'(Forum Demokratische Linke 21)로 대체되었다. 이후 좌파 포럼의 신임 위원장인 30세의 연방의원 안드레아 날레스(Andrea Nahles)는 정부를 비판하고, 당의 '사회적 양심'을 대표하는 활동에 더 이상 중점을 두지 않고, 대신 당의 현대화에 참여하고 사민당 중도와 연합하기를 원한다고 했다. 슈뢰더 당수와 협상하겠다는 의사 표명인 셈이다.

유럽의회 선거를 앞둔 1999년 6월 17일 런던에서 슈뢰더 총리는 토니 블레어(Tony Blair) 노동당 출신 영국 총리와 공동으로 "유럽: 제3의 길/ 신

---

6) 이런 그의 정치 방식이 독일 특히 사민당 내에서는 흔치 않는 것이었는지 앞에서 언급한 에플러와의 대담에서 슈피겔 기자는 슈뢰더를 '정치적 동물'(political animal)이라는 영어로 표현하였다. 이에 대하여 에플러는 언급을 피했다; 슈피겔(*Der Spiegel*), 35/1996, 1996. 8. 26.

중도"(Europe: The Third Way/Die Neue Mitte)란 제목의 문건을 발표하였다. 독일 총선 선거강령이나 그의 취임연설 중의 슈뢰더의 정책 방향의 서론 내지는 기본지침에 해당될 것이다.

내용을 살펴보면, 우선 서론에서 슈뢰더, 블레어 두 사람은 "대부분의 사람들은 이미 오래 전에 좌파와 우파의 도그마로 표현되는 세계관을 버렸다"고 선언하면서 탈이념 노선으로 가겠다는 것을 시사하였다. 그리고 사회민주주의의 전통적 가치인 공정, 사회정의, 자유와 기회의 평등, 연대와 타인에 대한 책임은 영원한 가치지만, 이들 가치를 오늘날에 맞게 하기 위해서는 현실성 있고 전향적인 정책이 필요하다는 것이다. 선거에 얽매이지 않는 현대화가 필요하다고 선언하였다.

사회정의의 진작이 때로는 결과의 평등 강제와 혼동되어, 결과에 대한 보상과 책임의 중요성이 무시되고, 창의와 다양성 그리고 수월성의 치하보다는 범용의 방향으로 나갔다. 이에는 따라서 많은 비용이 필요했다. 사회정의 달성이 공공지출 수준으로 평가되었다. 이제 이의 효율성이 검증되어야 하고 사람들의 자조에 얼마나 기여하느냐에 의해 평가되어야 한다. 그래서 개인적 성취와 성공, 기업가 정신, 개인의 책임과 공동체 정신 등 시민에게 중요한 가치가 국가의 사회보장 정책에 종속되고 말았다. 자신과 가족, 이웃과 사회에 대한 개인의 책임이 국가에 전가될 수 없다. 개인의 책임과 자조가 필요하다.

이를 정책으로 실현하기 위하여 두 사람은 효율, 경쟁, 높은 성과 개념의 고취에 나서겠다고 선언하였다. 공공 분야에서 모든 수준에서 관료주의는 축소되어야 하고 권한 최저 수준으로 이양되어야 한다. 그리고 공공 부분에서 성과 목표가 설정되어야 한다. 즉, 규제완화와 공공 부문의 효율성을 강조하고 있다.

사회의 모든 수준에서 진취적 정신과 기업가 정신이 장려되어야 한다. 이를 위하여 잘 훈련된 노동력, 새로운 기회를 열어주고 추진력을 북돋우어 줄 사회보장 제도, 기업가 정신 발휘에 긍정적인 환경, 소기업의 용이한 창업과 생존 환경, 기업의 성공을 치하해주는 분위기, 종업원과 사용자가 성공 보상을 공유할 수 있는 일터에서의 실질적인 협력관계가 필요하다.

이 선언은 불확실성 앞에서 고용 증대와 취업 기회 확대가 사회결속에 대한 최선의 보장이라 규정하고, 공급 측면에서 융통성과 유연성을 전제로 한, 대담하고 경쟁적인 시장 구조, 지속 가능한 성장을 촉진할 수 있는 조세정책을 제시하고 있다. 이에 따라 조세 개혁과 감세가 더 넓은 사회적 목표 달성에 극히 중요한 역할을 할 수 있다는 인식 하에, 법인세 감면, 기업에 관한 과세제도의 단순화, 노동자와 노동자 가족의 세 부담 완화와 환경세 도입을 제시하고 있다.

사회민주주의자들은 성장과 높은 실업 해소 목표가 성공적인 수요 관리만으로 달성될 것이라는 인상을 종종 주었지만, 현대 사회민주주의자들은 공급 측면의 정책이 중심이고 상호보완적 역할을 한다는 것을 인정하고 있다. 따라서 사회보장 제도와 보다 더 고용친화적 조세 및 기여금 구조 개혁을 통한 임금외 노동비용 감소가 특별한 중요성을 가진다.

이에 따라 국가의 역할이 달려져야 한다. 유연한 시장에서 국가 정책의 최우선 순위는 인적 및 사회적 자본에 대한 투자다. 이를 통하여 개인이 자신의 능력을 향상시키고 자신의 잠재력을 발휘할 수 있도록 해주는 구조를 구축할 책임을 지고 있다. 각급 학교 교육과 각 능력별 학생의 기준이 상향되어야 한다. 지금까지의 보편적 교육 목표가 바뀌어야 한다. 그리고 중소기업 활성화를 위하여 규제와 임금 외 노동비용 부담을 완화해야 한다.

[정부 재정적자와 관련해서] 황금률 하에서 투자 재원조달을 위한 정부의 차입은 경제의 공급 측면 강화에 중요한 역할을 할 수 있다. 그러나 채무 증가는 미래 세대의 부당한 부담으로 재분배를 왜곡할 수 있다. 공공부문의 높은 채무 변제에 사용되는 자금은 교육, 훈련 혹은 교통 인프라에

대한 투자 증대를 포함하여 다른 우선 순위 사업에 투자할 수 없는 자금이다.[좌파의 공급 측면 정책 관점에서 고강도로 정부 부채를 축소하고 증가시키지 않는 것이 필수적이라는 것이다.]

[노동시장 정책에 관해서는] 국가가 경제적 실패의 희생자를 수동적으로 받아들이는 기관이 아니라 적극적인 고용 알선기관이 되어야 한다. 따라서 모든 정책 수단은 삶의 기회를 개선하고, 자조를 북돋우며, 개인적 책임을 진작시켜야 한다. 이에 따라 연금과 건강보험 제도 현대화를 추진하여야 한다. 실업자에게 일자리와 교육훈련을 제공하는 정책을 노동정책의 우선순위에 두어야 한다. 사람들에게 동기를 유발할 수 있도록 조세와 복지 급부 제도를 현대화하고 간소화하여야 한다. 장기 실업자와 기타 소외 집단에게 권리와 책임이 함께 가는 원칙에 따라 노동시장에 재진입할 수 있는 기회를 주는 맞춤 정책을 도입하여야 한다.[7]

요컨대 새로운 시대의 도전에 맞서기 위해서는 지금까지 사회민주주의의 가치를 옛 혹은 낡은 것으로 규정하고 현대화하여야 한다는 것이다. 경제정책에서 수요 측면을 중시하고, 분배와 국가의 역할이 강조되는 사회적 국가에서 자기 자기책임과 자기주도를 강조하면서 공급 측면 중시 정책으로 전환을 요구하고 있다. 이에 대하여 당내 기층 조직에서 '제3의 길'을 신자유주의적 노선으로 규정하고, 사민주의의 기본 가치를 배신하는 길이라고 비판하며 거부 운동을 전개하였다. 지도적 이론가인 에르하르트 에플러는 "사민주의의 정통성과 가치에 위배되며, 136년 역사와의 단절"이라고 날카롭게 비판했다. 또한 '제3의 길'이 표방한 시장 자유주의적 정책은 마치 자민당(FDP) 문서 같다는 비난과 함께 시장근본주의에 굴복한 문서라는 비판을 받았다.[8]

이렇게 공개적인 정책 방향을 제시하고 슈뢰더 총리는 복지정책과 조세

---

7) Tony Blair and Gerhard Schroeder, "Europe: The Third Way/Die Neue Mitte"; www.fes.de

8) 이삼열, "유럽 사회민주당의 위기와 혁신 과제", (프리드리히 에버트 재단 한국 사무소, 2011. 3.)

정책 개혁에 들어갔다.

3) 연금 개혁과 조세 개혁

우선 복지정책 개혁의 핵심은 노령연금이었다. 총리 측이 6월 15일 내놓은 정책은 1997년 사민당 연금개혁위원회가 작성하고, 당이 채택한 개혁안과는 달랐다. 당시 안은 최종 소득 70% 수준의 급부는 침해할 수 없는 것이라고 전제한 비스마르크 연금제도 틀 안에서의 제한적 개혁안이었다. 그리고 연금재정 안정을 위하여 보험료 납부자 범위 확대를 포함한 재정구조 개혁이 필요하다는 것이었다. 반면 총리 측이 내놓은 안은 사적 연금보험 도입을 연금 개혁의 핵심이라 반복적으로 강조하면서, 70% 급부는 더 이상 성역이 아니다. 공적 연금 급부의 축소가 사적 연금보험 성장의 전제조건이자 장기적 보험재정 안정화를 보장하는 요건이라는 것이었다. 장기적으로 보험료 부담 안정화를 위하여 급부 수준을 70%에서 67%로 하향하고, 이때도 임금 순증가 기준이 아니라 2년 동안 물가 감안하겠다는 것이다. 사민당은 생활수준 유지 공적 연금 원칙과 비스마르크 식 연금제도 유지라는 지금까지 사민당의 정책노선과의 사실상 결별을 의미했다. 사적 연금 경우도 종업원은 의무적으로 임금 총액의 2.5% 부담하는 반면에, 사용자의 의무적 부담은 없었다. 이는 동일 부담 원칙의 폐기였다.

이 안에 대하여 사민당, 녹색당, 노동조합과 야당이 반대하였다. 금속노동조합 위원장 클라우스 츠비켈(Klaus Zwickel)은 개혁안은 사민당 정부의 수치라고 비난하였다. 당연히 사용자연합과 보험업계는 환영하였다. 이 안 내용은 당에 제출되기 전에 페터 슈트룩 의원 대표를 제외하고는 아무도 몰랐다. 슈뢰더 총리가 비밀리에 작성하여 기습적으로 공개한 것이다. 더구나 긴축정책을 통하여 연방정부 부채를 축소시키겠다는 취지의 예산혁신법(Haushaltssanierungsgesetz)안과 함께 제출되었다. 연금개혁안과 연계되어 있어서 의원단은 함께 승인하지 않을 수 없었다.

그런데 최종적으로 당에 제출된 연금개혁법안은 당초안보다 훨씬 더 급진적이었다. 급부 수준을 당초안의 67%보다 낮은 64%로 낮춘 것으로 1996년 콜 정부의 개혁안보다 더 낮은 수준이었다. 이는 임금총액을 기준으로 한 것으로, 세 후 임금(순임금)을 기준으로 할 경우 45년 동안 공적연금보험에 가입하고 2040년에 퇴직한 평균 소득자는 세 후 임금의 58%, 그리고 2050년에는 54%만 받게 된다. 콜 정부의 노동장관 노베르트 블륌(Norbert Blüm)의 계획은 1999년부터 연금 급부 수준을 단계적으로 낮춘다는 계획이었다. 이 때 사민당이 이를 거부하였다. 70%는 노후 생활보장이라는 사민당의 연금정책의 기본으로 연금 급부를 이 이하로 낮춘다는 것은 사민당의 기본원칙을 허무는 것으로 용납할 수 없다는 것이 그 이유였다.

사적 연금 종업원의 부담률 4%는 원안보다 높았으나, 다만 의무 가입이 아닌 자발적인 것으로 가입 시 정부가 보조해주기로 하였다. 그런데 자기책임이 강조되는 자발적 사적연금은 모든 미래 연금생활자들의 법정 연금을 감액시킨다. 사적연금 미가입자는 장래에 노령연금 감액의 불이익을 받게 된다. 기업은 2030년까지 10-11%를 초과하지 않는 부담률을 보장 받으면서 임금외 노동비용을 낮게 유지할 수 있게 되었다. 반면에 종업원의 부담은 사적연금으로 인하여 급여총액의 14-15%를 부담하게 된다.

이 안이 당 의원단 회의에서는 1차는 대표인 페터 슈트룩이 와병으로 불참하자 드라이슬러가 사회를 맡아서 거부당했지만 2차에서 70%의 찬성으로 승인되었다. 7월 3일 당 집행위원회에서도 승인되었지만, 표차는 적었고, 그 내용에서 기권과 반대를 합치면 찬성보다 많았다. 최종적으로 2000년 11월 리스터 안에 대한 사민당 의원회의에서 의원 298명 중 반대 10명, 기권 10명으로 승인되었다. 몇 달 전 반대 30%보다 훨씬 낮은 수치다.

노동조합과의 합의도 있었다. 2000년 12월 17일 합의에서 노동조합은 안정화 목표를 지지한다고 언명하였다. 물론 주고 받기가 있었다. 슈뢰더 정부는 노동조합에 대하여 사적 연금 부담과 관련하여 사용자와 협상 시 노조의 권한을 강화하는 내용을 포함시키기로 하고, 새로운 조정 방식에 의해 연금 급부 수준 하향을 최소화하기로 양보해 주었다.

이제 과거 정책은 폐기되고 새로운 안이 사민당의 공식 정책이 되었다. 그뿐만이 아니다. 당의 강령과는 배치된다. 가령 1989년의 베를린 강령의 "연대는 자신의 책임을 대체하지 않으며", "우리는 기본적인 생활위험의 개인화에 반대한다"와 정면으로 배치된다. 연금 개혁은 지금까지 사민당이 유지해온 사회정책의 기본원칙을 허물어뜨린 것이었다.

사민당 내에서 이런 과정을 거친 연금개혁법안(Deutschland erneuern – Rentenreform 2000)이 연방의회에 제출되었다. 2001년 5월 11일 연방의회에서 "법정연금보험 개혁과 연금자산보전에 관한 기본법"(약칭: 노령연금법. Grundgesetzes zu dem Gesetz zur Reform der gesetzlichen Rentenversicherung und zur Förderung eines kapitalgedeckten Altersvorsorgevermögens: Altersvermögensgesetz)이라는 긴 이름의 법률이 찬성 294, 반대 250, 기권 4로 통과되었다. 이어서 연방상원의 동의를 얻게 되어 2002년 1월 1일부터 발효하게 되었다. 초안이 나온 지 2년여 만에 개혁이 실현된 것이다.

조세 개혁은 사회정책 및 노동시장정책 개혁과 함께 슈뢰더 정부 개혁의 3대 축이었다. 모두 사민당의 기본가치와 직접 관련된 것이었다. 사회정책과 노동정책 변화에는 대중들이 민감하게 반응한 반면, 조세정책은 이 두 정책과 밀접하게 관련되어 있는 핵심적인 정책이지만 슈뢰더 정부의 정책 개혁 방안이 증세가 아닌 개인의 소득세를 포함한 감세였기 때문에, 대중들의 반응은 앞의 두 정책에 비하여 상대적으로 둔감했다. 기업이나 자본가들이야 환영할 만한 일이지만, 이들은 이에 대한 반응 수위를 조절하고 있었다. 예민하게 반응한 집단은 세수 감소로 재정이 어려워질 연방 주였다. 어느 정당이 집권하고 있느냐와 관계없었다. 기민련/기사당은 부채에 의한 세수 감소 보전에 반대한다고 주장하였지만, 이는 명분일 따름이었다.

정부 부채는 마스트리히트조약 통화동맹 가맹조건에 의해 제한될 수밖에 없었기 때문이다.

슈뢰더 정부 출범과 라퐁텐이 재무장관이던 시절인 1998년 12월 재무부에 기업 관련 조세개혁을 위한 브륄러위원회(Brühler Kommission: Kommission zur Reform der Unternehmensbesteuerung)를 설치하여 운영에 들어갔다. 위원회는 1999년 4월 말에 세제개혁안을 제출하였다. 이를 바탕으로 2000년 2월 9일 독일정부가 세제개혁안 발표하였다. 조세개혁(Die Steuerreform 2000)과 함께 감세법(Steuersenkungsgesetz)을 연방의회에 제출하여 그 해 7월에 연방하원을 통과하였으나, 야당이 지배하고 있던 연방상원의 동의를 얻지 못하였다.

연방하원을 통과한 안은 법인세율을 기존 40%에서 25%로 인하하고 소득세 최고세율을 53%에서 45%로, 최저세율을 25.9%에서 15%로 인하하는 안이었다. 이는1998 선거강령의 최고세율 49%, 최저 15% 감세계획보다 낮고, 1998년 10월 20일 녹색당과 합의한 연정협약의 48.5%, 19.9%보다 더 낮았다. 그런데 이에 대하여 찬-기업적인 자민당은 반대하지 않았지만, 재정 사정이 좋지 않은 연방 주는 적극적으로 반대에 나섰다. 심지어 사민당이 주 정부에 참여하고 있는 베를린(대연정), 브란덴부르크(대연정), 브레멘(채무가 많은 주. 대연정), 멕클렌-포어폼메른(사민당-민사당 연정) 주에서도 반대에 나섰다. 연방상원의 동의를 얻지 못했던 것은 바로 이런 사정에 기인한 것이다.

이런 배경 하에서 슈뢰더 총리는 야당과 협상을 벌였다. 총리는 우편통신, 공항 등 연방 보유 주식 매각 규모와 매각 수익의 연방 이전 비율을 가지고 협상을 벌였다. 세율 인하의 적정성보다는 연방 주의 세수 보전, 연방 보유 자산 민영화 수익을 어떤 비율로 분배하느냐를 두고 협상을 벌인 것이다. 이런 과정을 거쳐 2001년에 1단계 시행을 시작으로, 2004년에 2단계, 2005년에 3단계 시행을 내용하는 최종안이 2000년 7월 14일에 연방상원의 동의를 얻어서 최종적으로 확정되었다.[9]

감세와 긴축재정으로 이제 국가 재정 기능은 사민당이 전통적으로 정의하던 것과는 달라질 수밖에 없게 되었다. 베를린 강령에서는 "경제의 조정을 위한 중요한 수단은 공공재정이다. 세금과 교부금, 재정계획과 재정에 의한 경기 부양, 공공계약과 투자, 화폐 및 신용정책 등은 서로 대응하기 때문에, 정치적 목표 제시에 기여한다. 그리고 재정정책은 고용에 대한 책임을 정당화할 것이다. 경기가 나쁠 때에도 그 과제가 축소되어서는 안 된다."라고 선언하고 있다. 그래서 비록 이것이 부채가 필요할지라도, [재정은] 분명히 경제적 발전을 안정화할 것이라는 것이었다. 그리고 조세개혁은 사민당의 기본원칙인 조세의 소득 재분배 기능보다는 경기부양에 초점을 맞춘 조세정책의 전환이었다. 임금소득자의 세 부담을 낮추기 위하여 소득세 최저세율과 과세 대상을 상향 조정하겠다고 하지만, 이는 소득재분배 논리에서 나온 것이 아니라 슈뢰더가 이야기하였듯이 국내 소비 진작이며, 연금정책의 자조, 자기책임에 기초한 사적연금 도입 논리와 이어지는 것이다.

이번 조세개혁에서는 법인에서 주식 처분에서 발생한 자본이득에 대한 특별규정과 외국 법인 지점의 면세 조정을 통하여 내외국 법인에 대하여 동등한 대우와 전면적 개방을 예고하고 있었다. 베를린 강령에서 "그 동안 자본주의 경제는 국가적 경계를 넘어섰다. 다국적 기업집단은 이것을 통해 사회의 비용에 대한 이익을 취하고 책임은 회피했다… 시장의 국제화는 국가의 이자 및 화폐정책을 제한하고, 경기정책에 영향을 미친다. 국가적 경쟁력의 상실이 국제적 규칙에 의해 보상되지 않으면, 강자의 권리만 지배하게 된다. 모든 국민경제는 위기에 빠지게 된다"는 노선과는 어떻게 조화시킬 것인가. 강자의 논리가 지배하는 사회를 지향하는 것인가?

---

9) 개혁 내용 개요에 관해서는 "독일 연방정부의 2003년 세제개혁안"(2003. 7. 18; 한국조세연구원 http://www.kipf.re.kr) 참고.

4) 2002 당대회: 하르츠 보고서 및 중도정치 이념 추인

이제 개혁의 큰 줄기인 노동개혁이 남았다. 2002년 2월 22일 노동시장 개혁을 위하여 폭스바겐 노동이사 출신인 페터 하르츠(Peter Hartz)를 위원장으로 하는 '하르츠위원회'(노동시장의 현대적 서비스를 위한 위원회, Kommission für moderne Dienstleistungen am Arbeitsmarkt. 약칭: 하르츠위원회, Hartz-Kommission)가 구성되었다. 1980년대부터 계속되어 온 알선 스캔들로 2002년 1월 연방 감사원이 통계 조작 등을 밝혀내면서 드러나게 된 2000년 노동청의 취업 알선 스캔들(Der Vermittlungsskandal)을 계기로 노동시장의 유연화와 노동청 업무 개혁을 목표로 구성되었다. 그러나 하르츠 자신이 2010년 한 인터뷰에서 위원회의 성공은 베르텔스만 재단(Bertelsmann Stiftung)[10]의 도움 덕이라고 말하였던 것을 보면, 이 위원회는 슈뢰더 총리가 사전에 이미 준비하고 있었다. 이미 2002년 1월부터 이 재단과 비공개 작업을 하고 있었던 것이다.

이런 사전 작업에 더하여 하르츠위원회 구성을 보면 8월에 나온 보고서에서 밝히고 있듯이 기업, 경제단체, 노동조합, 정계, 학계, 경영 컨설턴트, 지방 인사로 구성되었다. 즉, 노베르트 벤젤(Norbert Bensel) 다이믈러크라이슬러 서비스사 이사, 욥스트 피들러(Jobst Fiedler) 롤란트 베르거사 전략 담당 자문역, 페터 크라직(Peter Kraljic) 맥켄지사 이사, 에게르트 포셰라우(Eggert Voscherau), 바스프사 이사 등 노동운동 입장에서 보면 제3자가 많이 참여하고 있었다.

하르츠위원회는 2002년 8월에 보고서를 발표하는데, 이는 6월 2일 베를

---

10) 다국적 미디어그룹인 베르텔스만 유럽합자주식회사(Bertelsmann SE & Co. KGaA)가 출연한 재단으로 재단의 목표를 "사회개혁에 기여하는 것"이라고 밝히고 있다.; www.bertelsmann-stiftung.de.

린에서 열렸던 사민당 임시 당대회에서 9월 22일 총선에 대비한 선거강령이 채택된 후였다. 그리고 기민련의 콜 전 총리와 관련된 기부금 사건[11], 사민당의 쾰른 시 쓰레기소각장 건설과 관련 뇌물사건[12], 자민당의 반유태인 선전물과 관련된 기부금 사건[13] 그리고 녹색당, 민사당 의원과 관련된 루프트한자 보너스 마일리지 사건[14] 등으로 네가티브 선거전이 한창인 시

---

11) 1999년 11월 5일 기민련 재무책임자 발터 라이슬러 키프(Walther Leisler Kiep)가 1991년 무기거래상 칼하인츠 슈라이버(Karlheinz Schreiber)의 기부금 100만 마르크 탈세 혐의로 아욱스부르크 검찰에 출두하면서 드러나기 시작한 사건으로, 그 후 헬무트 콜 전총리가 TV 대담에서 1993-1998년 사이에 불법적으로 200만 마르크를 받았음을 시인하였다. 2001년 1월 베를린 행정법원은 기민련이 스위스 비밀금고에서 헤센 주 당으로 간 1800만 마르크를 신고일 이후에 회계 보고한 혐의로 기민련에 4100만 마르크의 벌금형을 선고하고, 이후 베를린 지방법원 이 사건 조사 종결 동의함으로써 사건 처리는 끝났다. 그러나 2015년 쇼이블레 재무장관이 언론에 밝힌 바로는 사민당의 집권을 우려한 당시 서독 전경련이 관련된 플리크 그룹 사건으로 1954년부터 진행된 뿌리가 길며 천만 마르크 이상이 드러나지 않은 규모와 범위에서 훨씬 더 큰 사건이지만 전모는 밝혀지지 않았다.; Der Spiegel, 2000. 9. 11; Handelsblatt, 2001. 3. 2.

12) 1994년부터 진행된 쾰른시의 8억 마르크짜리 대규모 쓰레기소각장 공사와 운영 수주와 관련하여 2천만 마르크 이상 뇌물이 사민당 연방의원실의 간부와 쾰른시 시의 회의장 등에게 전달된 사건; Der Spiegel, 2002. 6. 13

13) 자민당 정치인 위르겐 묄러만(Jürgen W. Möllemann)이 2002년 선거용으로 발간한 반-이스라엘 소책자 관련 비용 98만 마르크와 관련하여, 그의 사망 후 자민당이 미망인에게 기부금 영수증을 발행해 주면서 문제가 된 사건으로 기부금, 반유태 문제 등이 얽힌 사건; Handelsblatt, 2004. 1. 6

14) 빌트(Bild)지가 녹색당 전 부당수 셈 외즈데미르(Cem Özdemir), 베를린 상원 경제분과의 민사당 그레고르 기지(Gregor Gysi), 환경장관 위르겐 트리틴(Jürgen Trittin) 등 정치인들이 루프트한자 항공사가 출장 시의 항공권에 제공한 보너스 마일리지를 사적인 여행에 사용하여 사기와 배임죄를 범했다고 주장하는 보도를 내면서 문제화한 사건으로, 검찰은 사기와 배임 혐의로 이들을 조사하였다. 볼프강 티르제 연방의회 의장은 오직 자발적으로 합의한 규칙 위반에 관한 것이라고 강조하였고, 사민당 사무총장 뮌터페링은 2002년 빌트 신문을 형사 고발하였다. 기지는 2002년 7월 31일

하르츠 개혁을 설명하는 슈뢰더 총리와 하르츠(2002. 9. 10)
출처: REGIERUNGonline/Bienert

점에 나온 것으로 복지 정책 개혁 과정처럼 기습적으로 일단 방향을 제시하고 반응을 보면서 타협 과정을 거쳐 총선 후에 시행하겠다는 슈뢰더 총리의 전략에서 나온 것으로 보인다.

아무튼 하르츠위원회 보고서는 '노동시장에 대한 현대적 서비스'(Moderne Dienstleistungen am Arbeitsmarkt)라는 제목이 말해주듯이 노동시장의 현대화 즉 유연화가 목적이었다. 노동청의 구조개혁과 노동시장 개혁 크게 두 축으로 나누어졌다. 노동청의 경우에는 취업 알선으로 업무를 특성화하고 민간 취업 알선기관과 경쟁 체제를 도입하는 것을 기본 방향으로 하고 있다. 취업 알선과 실업급여와 사회부조 업무인 실업자 복지 업무를 통합을 추진하기로 하였다. 노동청은 민간 경영방식을 도입하여 고객지향적 서비스 기관화하고 관료주의를 배제하며, 직원 신분을 공무원에서 민간인 신분으로 전환한다는 것이다. 취업 알선은 '성과 없이

모든 공직에서 사임하였고, 셈 오즈데미르는 2002년 7월 25일 녹색당 의원단 국내대변인을 사퇴하고 2002년 총선 출마를 포기하였다. 이 사건은 9월 총선에서 활용되었다; *Der Spiegel*, 2002. 8. 6.

는 보상 없다' 등 지원과 요구 원칙 아래 실업자가 장래의 취업에 관하여 스스로가 선택할 수 있도록-시간제 임시직, 직업 훈련, 정상 취업- 자조활동 지원을 통하여 취업할 수 있도록 지원한다는 것이다. 현재 취업자와 사용자의 부담을 줄이기 위하여 미신고 노동이나 불법노동을 양성화하겠다는 것이다. 그리고 일자리 창출을 위하여 저임금의 미니잡(Minijob) 개발, 1인 기업 혹은 가족기업의 창업 지원 등을 제시하고 있다.15)

슈뢰더 정부는 하르츠보고서를 채택하고, 대중 상대로 발표회를 가졌다. 이에 대하여 기민련과 민사당은 선거 운동이라 비판하였다. 여론조사에서 기민련/기사연에 뒤지는 사민당으로서는 그런 희망을 가졌을 법하지만, 입법화가 필요한 내용이라 이 의회에서는 성과를 내기 어려웠다. 더구나 기민련의 앙겔라 메르켈 당수가 보고서를 '실패 문서'라고 비판하기는 하였지만, 기민련/기사연은 이 안을 환영하였다. 사용자단체(Arbeitgeberverband Gesamtmetall)는 노동시장의 유연화와 탈규제와 특히 더 많은 일자리 창출 문제에만 중점을 둔 것으로 오히려 더 나갔어야 한다고 비판하였다. 금속연맹의 클라우스 츠비켈(Klaus Zwickel) 위원장은 시간제 일자리 확대를 비판하였다. 그는 결국 사용자가 커다란 압력을 행사한 것이라고 비판하였다.16) 슈뢰더 정부는 9월 11일 연방의회에 제출하였다. 총선을 열흘 앞둔 시점으로 당시 의회에서는 심의가 불가능한 상태였다.

6월에 채택된 선거강령은 이미 입법화가 끝나 시행에 들어간 조세개혁과 연금개혁은 슈뢰더 총리 정부의 개혁 성과로 홍보로 활용하면서, 사민당은 노동시장 개혁을 비롯한 지속적 개혁을 위하여 슈뢰더 총리의 적·녹 연립정부에게 계속 정권을 맡겨 달라는 논리를 전개하였다.

6월 2일 베를린에서 열린 임시 당대회 분위기와 여기서 채택된 선거강령은 슈뢰더 총리가 이미 당을 완전히 장악하고 있음을 보여주는 것이었다.

---

15) "하르츠위원회 보고서"(Moderne Dienstleistugen am Abeitsmarkt); 독일노동부 (www.bmas.de)

16) *Der Spiegel*, 2002. 8. 16

연금 개혁과 특히 조세개혁에서 주고 받기 전술을 구사하였듯이 당내에서도 이를 활용하고 있음을 알 수 있었다. 독일 독일노동조합총연맹(DGB) 위원장 좀머(Michael Sommer)는 종전까지 적-녹을 더 이상 신뢰하지 않는다는 암시를 주었다. 그러나 당대회에서 그는 자민당 묄러만의 반유대주의를 비난하면서, 반유대주의는 노동조합에 대한 공격, 노동자 권리의 와해로 나왔다. 그래서 과반수를 확보하여 집권을 계속하여야 한다는 것이다. "싸운다면 녹-적에 미래가 있고 기회가 있다는 것을 확신한다"라면서 타협적 자세로 나왔다. 대의원들은 슈뢰더 총리가 독일노총에 무슨 제의를 했을 것으로 짐작했다. 연금개혁 문제와 관련하여 슈뢰더와 타협한 좌파의 대표 안드레아 날레스 역시 슈뢰더 연설 후에 "항상 있어온 비판과 함께 나는 적-황의 몇 년 동안 다른 사람들에게 분노하기보다는 한스 아이헬(Hans Eichel), 오토 쉴리(Otto Schily)나 게하르트 슈뢰더와 개인사를 가지고 논쟁하는 편을 택하겠다." 때로는 과반수 확보를 위하여 싸워야 한다고 말했다. "게하르트 슈뢰더의 진정한 말은 부자만이, 가난한 나라를 먹여 살릴 수 있다는 것이다(Nur Reiche können sich einen armen Staat leisten). 옳은 말이다."17)

오스카 라퐁텐의 입지도 거의 없어졌다.

이 날 채택된 '혁신과 단결'(Erneuerung und Zusammenhalt)이란 제하의 선거강령은 전문에서 지난 4년 동안 독일은 경제적으로 활력 있고, 현대적이고, 공정하고 세계에 대하여 개방적이 되었고, 정체는 극복되었다고 선언하였다. 독일은 혁신과 단결의 정책을 필요로 하며, 이것이 중도정치라는 것이다. 그리고 슈뢰더 총리에 대해서는 새로운 정치이념(neue politische Idee)과 새로운 정치스타일로 독일을 성공적으로 21세기로 이끌었다고 평가하였다. 이미 시행에 들어간 조세개혁과 연금개혁을 포함한 사회정책 등을 감안하면 특별하게 새로운 정책을 제시한 것은 없다. 하르츠위원회의

---

17) "임시 당대회 회의록"(Protokoll des außerordentlichen Bundesparteitages der SPD. 2.6.2002), www.fes.de

보고서가 나오기 전이어서 노동시장 개혁에 대해서는 방향만 제시하고 있다. 그래서 종래까지의 완전고용을 목표로 하는 고용 정책을 제일 먼저 제시하던 것과는 달리 이번 강령은 유럽과 세계에서 독일의 역할이라는 제하의 대외정책을 먼저 제시하고 있다.

세계에서 독일의 역할은 바뀌었다. 독일의 목소리는 중요해졌다. 평화정책에서의 독일의 역할은 유럽의 심장부에 있는 지정학적 위치, 유럽연합, 유엔, 대서양동맹 회원국이라는 것에서 나온다. 독일의 평화정책은 독일의 가치와 신념 그리고 국가 이익에 의해 결정된다. 통일로 독일은 국가주권을 완전히 회복하였을 뿐만 아니라 국제적 연대의 권리와 의무도 되찾았다. 독일은 정상적인 유럽 국가다. 독일은 유엔의 결정과 독일 연방의회의 결정에 의해 정당화되고 우리 장병들에게 대하여 책임질 수 있는 경우에 독일은 독일군을 해외에 파견할 것이다. 대량살상과 폭력적 분쟁 가속화의 위험이 있거나 일어난 경우에 책임을 위축시켜서는 안 된다. 이는 우리 역사에 얻은 교훈이다.

예방은 지역 내의 정치적 분쟁 해결, 무기 통제, 군축, 신뢰 구축, 경제 개발, 사회적 평등이 요구된다. 포괄이고도 효과적인 평화정책에는 강력한 군사적 능력도 필요하다. 21세기 초에 그런 평화유지 정책에 대한 독일군의 기여는 더욱 더 중요했다.

세계화는 현실이다. 이를 막겠다는 것은 환상이다. 이를 마음대로 움직이게 한다는 것은 위험하다. 이를 설계하고 그 잠재력을 활용하는 것이 중요하다. 독일은 사회적, 생태적 시장경제를 목표로 하는 세계경제 질서를 원한다. 개도국을 위하여 더 공정한 세계무역을 지지하며, 새로운 세계무역 라운드와 관련해서는 더 많은 시장 개방을 지지한다. 이는 관세 인하, 비관세 거래, 환경보호, 종업원의 권리에 대한 관심이 중요하다. 경제성장과 고용의 동력으로서 안정적으로 기능하는 금융시장 보장을 지지하면서, 유럽의 국제 금융시장 규제 정책이 세계적인 협정으로 발전되어야 한다.

개도국에 대한 개발협력을 위하여 현재 세계적 목표인 국내총생산의 0.7% 지원에 한참 못 미치고 있다. 독일은 2006년까지 0.33%로 늘리겠다.

독일은 유럽에 속해 있으며 유럽은 독일에 속해 있다. 유럽의 통합의 바탕인 안정이 유럽의 평화와 번영의 기초다. 유럽의 이상은 고유한 가치를 가지고 있지만 또한 세계화에 대하여 책임을 지고 있다.

경제 및 통화동맹 도입으로 유럽연합은 거대한 내국 시장을 가진 대규모 경제가 되었다. 고용을 촉진시키기 위하여 통화와 재정 정책 협력의 필요성과 기회가 더 커졌다. 유럽중앙은행, 단체협상 당사자, 회원국 정부 간의 긴밀한 협력을 바라며, 이 목적은 지속 가능하며, 인플레이션이 없으며 환경친화적 성장과 높은 고용 수준이다.

유럽연합 공동의 외교 및 안보 정책은 대등한 대서양 간 협력체제, 유럽과 러시아 간의 협력, 유럽안보협력기구 및 유엔 등 국제기구에서 한 목소리를 내기 위한 전제조건이다. 장래에는 나토가 전체로서 참여하지 않아도 유럽은 위기관리에서 독자적으로 군사행동을 할 것이다. 유럽연합 공동의 국경경찰이 조직범죄와 불법이민에 대하여 효과적으로 유럽을 보호할 수 있을 것이다.

유럽연합 중부 및 동부 유럽으로 확대는 유럽연합과 독일에 득이 된다. 러시아의 민주화와 사회적 시장경제화를 지원할 것이다. 러시아의 세계무역기구 및 선진 7개국회의(G-7) 참여를 지원할 것이다.

독일군의 개혁을 계속할 것이다. 여기에는 인력과 장비에 투자, 인력 구조와 급여의 불균형 해소, 현대적 관리 원칙 도입이 포함된다.

경제와 고용정책에 관해서는 지속 가능한 경제성장, 고용, 사회정의가 정책의 중심과제다.

[경쟁력 있는 산업입지로서 독일의] 자동차, 화학, 에너지경제, 전자 및 기계산업 - 세계시장에서 높은 경쟁력을 갖고 있다. 이것은 계속 유지되어야 한다. 그리고 미래 기술과 지식에 기반한 서비스의 발전과 적용을 위한 매력적인 입지를 만들어갈 것이다.

중소기업 정책으로 창업을 위한 기본조건을 개선하고 자영업자의 문화를 강화할 것이다. 우리는 독일에서 더 많은 중소기업과 더 많은 자영업을 필요로 한다. 중소기업은행을 설립할 것이다.

신규로 증가하는 국가 부채를 우리는 지속적으로 줄일 것이며, 2006년에는 연방재정의 균형을 달성하는 것이 목표다. 따라서 우리는 또한 미래에도 지불할 수 없는 약속을 하지 않을 것이다. 조세개혁으로 우리는 역사에서 가장 큰 세율 인하를 추진할 것이다. 노동자, 가족, 중소기업의 부담을 완화할 것이다. 독일의 자본사회는 마침내 그리고 국제적으로도 경쟁력 있는 조세제도를 갖게 되었다. 2003년과 2005년에는 소득세의 경우 더 많은 경감조치가 시행될 것이다: 소득세 면세 기준이 2005년에는 7,158유로(14,000마르크)에서 7,664유로(15,000마르크)로 상향될 것이다. 소득세 최저세율은 25.9%(1998년)에서 15%로 인하될 것이다. 두 자녀 가족은 2005년까지 약 2,448유로(4,788마르크)를 경감 받게 할 것이다. 최고세율은 53%에서 42%로 인하된다.

환경세 개혁으로 임금외 노동비용은 줄어들었고, 에너지소비와 환경부담도 억제되었다. 환경세 개혁의 마지막 단계는 2003년 1월 1일 시행될 것이다. 이후에는 추가 인상이 없을 것이다. 에너지주도적인 기업을 위한 예외조치를 유지하도록 노력할 것이다.

'노동시장의 현대적 서비스를 위한 위원회'(하르츠위원회)를 구성하였으며, 이 위원회는 2002년 여름까지 연방노동청 혁신과 미래 작업방식에 대한 구체적인 제안을 제시할 것이다.

사회평화를 위하여 해고보호는 5인 이상을 고용하는 소기업에 다시 적용될 것이며, 질병 시의 완전한 임금 지불, 악천후수당도 다시 적용될 것이며, 파견법은 무기한 적용된다. 일과 직업교육 연합(Bündnis für Arbeit und für Ausbildung)을 구성 운영할 것이다.

이전보다 더 실질적으로 불법고용 및 불법 노동과 싸울 것이다. 사회적 덤핑 방지를 위하여 국내 및 유럽 내 입법을 통하여 동일한 장소에서 동일노동 동일임금 원칙이 관철되어야 한다. 불법 하도급업체의 원청업체에 대한 손해배상 청구가 가능하도록 제재가 강화되어야 한다.

조세개혁의 목표는 새로운 일자리, 더 공정한 조세, 세법의 단순화다. 이에는 임금과 소득세율 인하, 아동수당 인상, 법인세율 인하, 취업자와 가족의 세 부담 완화와 기업의 투자능력 강화에 초점을 맞추고 있다. 교육재정에 높은 개인 부담 원칙을 도입하며, 환경세제 개혁을 통하여 [환경세

68세대 정치인 그 때와 지금(2003. 2. 10)
(좌에서 우로) 오토 쉴리(Otto Schily. 내무장관), 요시카 피셔(Joschka Fischer. 외무장관. 68 당시 투석하는 모습), 게하르트 슈뢰더(총리), 위르겐 트리틴(Jürgen Trittin. 환경장관), 루돌프 샤르핑(Rudolf Scharping. 국방장관. 당시 '양키 베트남에서 나가라'에서 지금 '양키 아프가니스탄으로'). 들고 있는 현수막(국제연대 영원히)은 좌파에서 색이 바랬다.
출처: picture-alliance / ZB

세입을 재원으로] 부담을 완화할 것이다.[18]

슈뢰더 총리의 신중도 정책 노선을 사민당의 새로운 이념으로 승인해주었다. 결국 당대회는 슈뢰더 총리의 새로운 이념을 승인해주고 이 노선에 따라 추진되어 이미 시행에 들어갔거나 시행될 슈뢰더 정부의 개혁정책을 총선용 선거강령으로 승인해준 것이다. 그 동안 사민당의 기본가치 중 하나인 완전고용은 단계적으로 실현할 목표로서 추상화되었다. 그러나 연금개혁을 둘러싼 당내의 반발에서 볼 수 있듯이 당의 갈등은 휴지기로 들어갔지만, 계기가 되면 언제든지 다시 폭발할 수 있는 것이었다.

2002년 독일 총선 이슈는 역시 실업문제를 중심으로 한 경제 문제였다. 경제협력기구(OECD)가 실시한 2002년 국제학업성취도조사(PISA)에서 독

---

18) "Regierungsprogramm 2002 - 2006"; www.fes.de

일 학생들의 수준이 실망스럽게 나와서 독일 교육 제도에 대한 비난과 분노가 있었지만, 역시 경제 문제였다. 헬무트 콜 정부 시절의 경제불황과 대량실업문제를 비판하면서 1998년 총선에서 승리한 사민당의 게하르트 슈뢰더 총리의 적-녹 연립정부 아래서도 독일의 경제 시정은 개선될 기미를 보이지 않았다. 더구나 마스트리히트조약 발효와 유럽경제통화동맹이 발족하면서 차입에 의한 경기부양도 제한적일 수밖에 없었다. 독일 경제 성장률은 슈뢰더 총리 정부 기간 중 2%로, 1995년 불변가격으로는 1%대로 정체 상태였다. 실업률 역시 10%를 넘는 대량실업 시대가 계속되고 있었다. 슈뢰더의 개혁정책은 조세와 복지 정책 관련 법률 개정은 2002년에 이루어졌고, 노동시장 개혁안은 9월에 연방의회에 제출된 상태였다.[19]

실제로 선거관련 여론조사를 보면, 포르사(FORSA) 조사에서 투표 1주일 전인 9월 11일까지 사민당+녹색당의 지지율은 기민련/기사연+자민당에 뒤

---

19) 슈뢰더 정부 하의 독일의 성장률, 실업률 및 유럽 국가와의 비교.

		1997	1998	1999	2000	2001	2002
성장률(%)		1.5(0.6)	2.2(0.9)	2.2(1.3)	2.4(2.1)	1.9(0.2)	3.1(1.6)
실업률	전체	13.3	12.8	12.2	10.9	10.2	10.3
	구 서독 지역	10.8	10.3	9.6	8.4	8.0	8.5
	구 동독 지역	19.5	19.5	19.0	18.8	18.9	
정부부채		1,119,076	1,153,413	1,183,063	1,198,145	1,203,887	1,253,195

성장률: 경상가격(1995년 불변가격). 정부부채: 백만 유로. 자료: 독일 통계청 (www.destatis.de)

유럽 국가 간 비교(2003)

	성장률(%)	실업률(%)	국가부채(%)
유럽연합(15개국)	0.8	8.0	64.3
독일	-0.1	9.3	64.2
영국	2.2	5.0	39.8
프랑스	0.5	9.4	63.7
네덜란드	-0.9	3.8	54.1
스웨덴	1.5	5.6	52.0

국가부채: GDP 대비. 자료: 독일 통계청(www.destatis.de)

쳐져 있었다. 5월까지는 그 차이가 10%에 달했다.[20] 앞에서 언급했던 자금 관련 스캔들의 분위기 속에서도, 독일 선거에서 처음으로 TV 토론이 2차례 실시된 미디어 선거에서 언론 총리(Median- Kanzler) 슈뢰더 총리의 개인기가 돋보였던 선거였다. 사민당은 38.5%를 득표하여 기민련/기사연과 득표율 같았지만 제1당을 유지하였다. 녹색당이 8.6%, 자민당이 7.4% 득표하여 재집권에는 성공하였지만, 지난 번 총선보다 사민당 지지율이 2.4% 줄어든 반면에 기민련/기사연은 3.4% 증가하였다. 험난한 앞날을 예고하고 있다.

2. 슈뢰더 총리 정부 2기

1) 아젠다 2010: 독일과 사민당 기본가치 개혁 시도

총선 승리 후인 2002년 10월 29일 슈뢰더 총리는 취임연설에서 최우선 개혁 과제는 노동시장과 교육이라고 선언하였다. 이 총선에서 적-녹 연립 정부는 사회적, 생태적 혁신을 계속하라는 위임을 받았다고 말했다. 독일 국가와 사민당의 기본가치와 관련하여 그는 "우리 정치 세대는 세계화 시대에 정의(Gerechtigkeit)를 재정의하고 이를 정치적으로 조직하여야 하는 과제를 안고 있다"고 선언하여, 이념 재정립과 이에 따라 많은 저항에도 불구하고 특히 복지제도와 노동시장 정책 개혁에 나서겠다는 의지를 밝혔다. 선거강령이나 강령을 채택한 당대회에서 이미 밝힌 내용이어서 특별한 내용이 추가되지는 않았지만 주요한 내용은 다음과 같이 요약할 수 있다.

---

20) FORSA의 "이번 일요일 투표가 실시된다면" 조사결과; www.wahlrecht.de

독일 국민들은 경제적으로 어려운 시기 시대를 살고 있으며, 국제 테러의 위험, 지역 분쟁의 위험과 노령화와 취업난으로 복지제도의 변화, 긴축, 높은 효율성과 더 큰 정의가 강요되고 있다는 것을 알고 있다. 그래서 건전한 부, 지속 가능한 개발, 새로운 정의를 바란다면, 일정한 국가의 급부를 삭감하여야 하며, 기존의 사회보장 급부 수준 유지가 불가능하다는 것을 이해할 것이다.

비스마르크 시대나 30, 40, 혹은 50년 전에 시작된 사회보장제도 중 일부는 지금은 그 긴급성과 정당성을 상실했다. 전지전능한 복지국가는 대단히 비쌀 뿐만 아니라 결국 비효율적이며 비인간적이다. 자조와 책임 공유 문화를 원한다. 그래서 자유롭고 사회적인 시민사회 강화를 지원하고 있다. 그렇다고 국가가 고유의 임무에서 물러나야 된다는 것은 아니다. 더 적은 관료주의, 더 적은 권위가 필요하지만 반드시 더 작은 국가가 필요한 것은 아니다. 자기책임과 기업가적 책임이 필요하다. 우리는 노동시장, 교육과 직업훈련, 사회제도의 대대적 개혁을 앞에 두고 있다.

이번 국회의 첫째 과제는 노동시장 개혁이다. 너무 높은 실업률, 지나치게 많은 잔업, 너무 많은 미신고 노동과 너무 많이 비어 있는 일자리가 우리의 문제다. 하르츠 위원회는 30년 동안의 검토 끝에 전면적이고 일관된 노동시장 개혁 개념을 성공적으로 제시하였다. 이를 유보 없이 이행할 것이다.

정치와 관련하여 법이 지배하는 민주주의 강화와 민주적 참여의 발전과 진작을 위하여 국민 발안, 주민투표, 연방 수준의 국민투표 도입 목표를 고수할 것이다. 그리고 [나토의 코소보 개입 결정인] 1989년 11월 9일과 [미국 뉴욕 세계무역센터 공격 등 알카에다에 의한 테러의] 2001년 9월 11일 세계의 안보는 극적으로 변했다. 독일군은 카불, 보스니아-헤르츠고비나, 마케도니아, 코소보, 조지아에서 평화와 안보의 희망을 구현하였다.[21]

결국은 하르츠 개혁을 예고한 것이다. 슈뢰더 총리는 전략에 따라 이념

---

21) 독일 연방정부 아카이브 archiv.bundesregierung.de

재정립과 이에 기초한 개혁을 본격적으로 추진하였다. 지금까지 연금개혁, 조세개혁이라 불리던 것을 포함하여 2003년 3월 14일 연방의회 연설을 통하여 자신의 새로운 이념에 바탕을 둔 '아젠다 2010'(Agenda 2010)이라는 일괄개혁 개념을 발표하고 이의 추진의사를 거듭 천명하였다.22) 이 연설은 아젠다 2010 개념을 의회와 대중들에게 전면적으로 알렸다는데 의미가 있었을 것이다. 내용은 취임연설 등을 통하여 이미 알려진 것이었다. 지금까지의 개혁은 사회적 국가(복지국가) 본질의 유지에 관한 것이었지 생사에 관한 것은 아니라고 하면서, 사회적 시장경제까지라도 현대화하여야 하며, 그렇지 않으면, 시장의 힘에 의해 현대화(개혁)될 수밖에 없다면서, 이제 급진적 개혁이 필요하며, 개혁에 속도를 내겠다는 결의를 보여주고 있다.

결국은 '성장약화와 싸움'으로 성장을 위한 투자조건 개선으로 여기에는 복지제도 개혁, 조세제도 개혁을 통한 임금외 비용 축소를 통한 기업의 부담 완화가 필요하다는 것이다. 슈뢰더 정부의 개혁은 여기에서 더 나가서 노동시장 유연화를 통하여 노동비용 자체를 낮추고, 투자에 대하여 조세 등을 통하여 지원에 나서겠다는 것이다. 전체적으로 친기업적 성격을 분명히 하고 있다.

조세개혁과 관련하여 소득세 최저세율을 25.9%에서 15%로 최고세율은 53%에서 42%로 인하하겠다는 계획에 대하여 기민련/기사연 의원들의 반응은 완전히 새롭고, 놀랍다는 것이었다. 노동시장 개혁은 지나치게 촘촘한 노동관계 규제망을 개혁하여 경쟁에 필요한 유연성과 차별성을 보장하는 방향으로 나가겠다고 밝혔다. 새로운 형태의 고용과 자영업에 노동시장

---

22) 아젠다 2010 개념은 200년 3월 포르투갈 리스본에서 열린 유럽의회에서 나온 유럽 연합의 2000-2010년 기간 발전 전략 내지는 개념(리스본 전략, 리스본 아젠다 혹은 리스본 프로세스)에서 나온 것이다. 이는 유럽연합을 2010년까지 "더 많고도 더 좋은 일자리, 사회적 결속과 환경에 대한 존경심을 가진 지속 가능한 경제성장 능력을 가진 세계에서 가장 역동적인 경쟁력을 가진 지식기반 경제"로 만든다는 개념에서 출발하고 있다.

을 개방하고, 시간제 일자리와 비정규직 고용을 관료적 규제로부터 자유롭게 만들겠다는 것이다. 고용 보호를 종업원과 사용자 양자에게 더 용이하도록 만들며, 5인 이상 고용하는 소기업에게 고용의 장벽이라는 점에서 임시직은 고용 보호 대상에서 제외하겠다는 등의 내용을 밝혔다. 그리고 임금 자율은 권리가 아니라 의무로, 경제와 사회를 위하여 단체 협상 양 당사자의 의무라고 규정하면서, 단체협약으로 경영진에게 고용을 촉진하고 보장할 수 있어야 한다고 말했다.

슈뢰더 총리의 아젠다 2010 연설에 대하여, 기민련의 앙겔라 메르켈 당수는 개혁 근거에는 동의하지만, 대단한 내용은 아니고 대부분 이미 알고 있는 것이라고 일단은 비판적인 자세를 취하였다. 메르켈은 사민당 의원석의 차가운 침묵이 흥미롭다고 말했다. 물론 슈뢰더의 연설 중에 사민당과 녹색당 의원석의 박수가 있었지만, 메르켈의 눈에는 그 열기가 낮게 보였던 것이다. 아젠다 2010이 사민당 내에서 충분한 토론과 의견 수렴 과정을 거치지 않았다는 것을 시사하고 있다.[23]

2003년 6월 1일 사민당은 아젠다 2010 채택을 위하여 베를린에서 임시 당대회를 열었다. 이미 기정사실화 한 것을 당에 제시하여 승인을 요구하는 슈뢰더의 방식은 연금개혁이나 세제개혁 때와 같았다. 격렬한 토론과 의견 수렴 그리고 타협안 작성과 당 대회 승인이라는 사민당의 전통과는 거리가 먼 과정이 반복되고 있었다. 당 집행위원회가 아젠다 2010 안건을 제출하였다. 내용 자체는 이미 2002년의 선거강령, 총리 취임연설, 총리의 연방의회 연설에서 이미 알려져 있지만, 당 대회 안건에는 사민당의 기본 가치, 정책 노선에 관한 내용이 포함되어 있어서 이 부분을 중심으로 살펴보아야 할 것이다.

먼저 기존의 일자리 보장과 새로운 일자리 창출, 사회보장제도의 안정

---

23) "독일 연방의회 의사록"(Plenarprotokoll 15/32), 2003. 3. 14; 독일 연방의회 (www.dipbt.bundestag.de)

슈뢰더 총리 아젠다 2010 발표(2003. 3. 14)
출처: www.150-jahre-spd.de

화, 구 동서독 지역 간의 균형 추진, 가정과 일의 결합, 남녀평등의 실현, 교육과 연구에 투자, 지속 가능한 경제와 재정 정책을 통하여 미래 세대를 위한 준비가 사민당의 의무이자 책임이라고 선언하였다.

자유, 정의, 연대는 사민당의 기본가치이며 140년 이상 사민당 정책의 기초다. 고데스베르크 강령은 사회적 시장경제에 기초한 공동체와 사회, 경제 개혁을 통하여 자유, 정의, 연대를 실현하기 위한 출발이었다. 이 출발이 많은 사회민주주의자들에게는 고통스러웠다. 그러나 빌리 브란트 아래서 성공적인 집권정책의 기초였다. 이는 경영에서 종업원의 공동결정권을 확대하였고, 개별적인 인구 집단의 차별을 없앴으며, 사회적 시장경제를 혁신하고, 동유럽과의 데탕트의 새로운 기준을 설정하였다. 데탕트 정책으로 사민당은 동서 갈등 극복의 기초를 마련했으며, 이는 1989년 동유럽 공산체제의 붕괴와 독일통일로 나아갔다.

이어서 경제와 재정 상태를 진단하고 전망하였다.

사회보장제도의 구조적 문제는 소득 상실로 악화되었다. 낮은 고용률이 사회보장에 문제를 조성하고 있다. 보험료 납부자가 줄면, 부담률은 높아진다. 임금외 노동비용 상승으로 노동비용은 상승하고, 일자리는 더 없어지고 더 이상 채워지지 않는다. 세수는 줄어들고 있다. 투자와 소비지출도 급격히 감소되었다. 연방, 주, 지방자치단체의 부채는 연방정부의 긴축 전략에도 불구하고 더욱 증가하였다. 세계경제 위기와 자동안정 수단에24) 의해 2002년에 마스트리히트 조약 기준을 충족하지 못할 것이다.25)

인구의 노령화와 출산율 감소로 경제활동인구 감소하여 2001년 노령 연금 수령 1인에 대하여 보험료 납부자가 3명이었으나, 2030년에는 2인 미만으로 감소할 것이다. 평균 연금수령기간은 1980년에서 2030년 기간 중 12년에서 18년으로 50% 증가할 것이다. 구조적 개혁이 계속되어야 한다.

유럽의 내국시장화와 세계화는 경제와 사회의 현실이다. 수출 지향 경제에 많은 기회를 가져다 줄 것이다. 이는 국제적 경쟁에서 기업이 생산성을 제고하여야 한다는 것이다. 기업은 종전보다 더 자유롭게 입지를 선정한다. 미래의 지식기반 경제에서는, 속도, 자본, 네트워크에서의 협력 능력이 기업과 경제의 성공을 결정한다. 따라서 혁신과 변화 의지 및 교육과

---

24) 자동안정수단(automatische Stabilisatoren): 경기를 냉각시키거나 부양을 위하여 공공 분야의 수입과 지출을 조절하는 메커니즘으로 의회나 정부의 결정이 필요 없다는 의미에서 자동적으로 작동한다. 예를 들면, 불황기에는 실업자가 늘어남으로써 실업보험 지출이 늘어나며, 이는 총수요를 증가시켜, 불황에 대항한 경제 안정에 기여한다.

25) 마스트리히트조약에 근거하여 1997년 암스테르담에서 유럽경제통화동맹 회원국의 예산원칙이 수렴기준 준수될 수 있도록 하는 것을 목적으로 유럽연합 안정과 성장협약(Stabilitäts- und Wachstumspakt)이 체결되었다. 경제 불황기나 자연재해 등 특별한 사정이 있는 경우를 예외로 하고, 이 협약은 공공 예산 적자가 GDP의 3%(적자 비율)를 초과하는 회원국에 벌칙을 부과하기로 하였다. 회원국의 GDP 하락이 0.75% 이하인 경우에는, 적자 비율 초과 회원국은 일정 기간 내에 예산을 수정하여야 한다. 이를 이행하지 못하면, EU 의회가 처음에는 무이자 예치 형태로 벌칙을 부과한다. GDP의 0.2%에서 0.5% 사이의 벌칙은 예산 적자가 계속되는 경우 2년 후에는 벌과금으로 전환된다. 실제로 2003년에 독일의 과도한 예산 적자에 대하여 절차가 진행되어 조기경보("청서" blauer Brief)가 결정되고 정책수단이 권고되었다. 2007년에 이 절차는 최종적으로 중지되었다. 적자 비율에 더하여 부채 비율이 적용된다. 이에 따르면 GDP 대비 부채 비율이 60%를 초과할 수 없다; 독일 정치교육센터(Bundeszentrale für politische Bildung) www.bpb.de.

질, 기동성이 우리나라의 경제 및 사회 전망에 가장 중요하다. 90년대에 이미 세계화, 유럽화, 인구변화는 가시화되었다. 콜 정부는 사회보장과 부채를 넘어서는 통일비용을 지출하는 과오를 범했다. 우리 정부는 이에 개혁에 착수하였다. 그러나 이것으로는 불충분하며 근본적인 행동이 필요하다는 것이 분명해졌다. 우리는 현재 구조적, 경제적 위기에 처해 있다. 양자는 서로 부딪히지 않도록 잘 결합되어야 한다. 아젠다 2010에서 중요한 것은 바로 이 점이다.

이런 조건을 두고 사민당은 어떻게 할 것인가?

사민당의 핵심 가치에 바탕을 둔 정책의 구체적 목표가 무엇인지를 결정하여야 한다. 이는 특히 사회정의의 내용이 무엇인지 새로운 정의가 필요하다. 급격하게 변화는 조건 아래서 정의 목표 실현을 위한 최선의 수단이 무엇인지를 거듭 재정의해야 한다. 계속되는 대량실업과 사회보장제도, 국가의 심각한 재정 위기 앞에서 관리와 배분에 고정된 모든 정태적 정의 개념은 정의롭지 못하다. 지금 어느 것도 바꿀 수 없다는 것은 정의롭지 못할 것이다. 정의를 원한다면, 바꿀 용기를 가져야 한다. 그래서 일, 성장, 교육, 직업교육과 혁신, 노동시장과 취업 알선의 현대화, 사회보장의 미래 보장을 위하여 아젠다 2010 추진이 필요하다.

대안은 분명하다. 우리가 우리의 사회적 시장경제를 현대화하던가 아니면 사회를 밀어 부치는 시장의 무제한적 힘에 의해 우리가 현대화되든가다. 강한 종업원 대표와 노동조합은 여전히 우리나라 안정에 핵심요소다. 그래서 우리는 공동결정제도, 단체협상과 단체협약을 받아들이는 것이다. 경영자들에게 고용 보장 조건을 제공하기 위해서 단체협상에서 방안이 합의되어야 한다.

사회적 국가(복지국가)의 개혁은 사회민주주의 계획이다. 이 개혁은 가능하면 많은 사람들에게 자기 책임 하에 살아갈 수 있게 해주는 것이며, 권리와 책임, 지원과 요구 간의 새로운 균형에 관한 것이다. 기업인, 종업원, 자유직업인, 연금생활자 등 사회의 모든 세력이 각자의 임무를 다해야 한다.

조세개혁 등에 의한 투자 정책으로 우리는 더 많은 성장과 일자리를 만들어내고 있다. 노동시장과 취업 알선업무의 현대화와 사회보장제도, 특히 보건 분야에 구조개혁 정책 도입에 의해서도 투자와 성장의 여지를 만들어낼 수 있다. 지속 가능성, 혁신 경제와 사회정의, 환경친화, 재정건전성과의 연계가 이 과제의 지향점이다.

사회에 대한 책임, 연대, 기회의 평등은 중요한 가치다. 남녀 간의 평등한 기회. 청년과 노령자 간의 기회평등, 일터와 사회에서 노령자의 기술과, 경험, 잠재능력 활용은 어린이와 가족에게 필요한 역할 주는 것만큼이나 중요하다.

성장은 현대적이고 지속 가능한 복지국가 건설뿐만 아니라 실업 축소에 의해 평가될 것이다. 그래서 성장과 일자리 정책을 추진하는 것이다. 조세와 부담을 경감시키고, 투자를 촉진하며, 지방자치단체의 재정 능력을 강화할 것이다.

세계화된 세계에서 독일의 사회보장제도를 유지하고자 한다. 그러나 변화된 조건에 적응하는 동시에 세계적 기준에서 더 공정한 생활조건을 지원할 때만 가능하다. 사회정책은 더 공정하고, 효율적이며, 더 자조적으로 공정성과 효율성의 관점에서 개혁할 것이며, 지원과 요구 원칙(Prinzip des Fördern und Fordern)에 입각할 것이다. 보건 분야에도 경쟁체제 도입을 진지하게 고려하겠다. 하르츠 개혁 시행으로 미래를 위한 연금 보장을 위한 1단계 개혁은 이미 이 방향으로 시행되고 있다.[26]

이런 개혁을 통하여 경제적으로 강하고 사회적으로 정의로운 독일을 만들겠다는 것이다.

당 대회에서 80% 찬성으로 승인되었지만, 이 결의안 기본방향과는 배치되는 안건이 많이 제출되었다. 2004년까지 최고세율 인하하지 말 것, 부유세 재도입, 상속세율 인상, 유한회사의 자본이득에 대한 면세 폐지, 유럽 차원에서 토빈세 도입 노력, 밑에서 위로의 재분배 중단, 투자 소득세 25%

---

26) "Beschlüsse Bundesparteitag Berlin 2003", www.spd.de

공제 중단, 외국 거주 독일 시민에 대한 과세 요구 등의 내용을 담고 있었다. 정부 또는 사민당 의원단으로 이관되었을 뿐 당대회에서 추가 논의는 없었다. 승인된 안에는 연금 개혁에서 사민당의 정책노선인 노후의 생활보장(Lebenssicherung) 기준은 실종되었다. 그리고 "모든 성장이 진보적인 것은 아니다"라는 베를린 강령과 배치되는 성장 우선의 논리에 대한 검토 과정도 없었다. 당의 노선 갈등이 바닥에서 달아오르고 있지만, 전체적으로 당은 좌경화 복귀라는 베를린 강령은 물론이고, 이번 안건에서 전제하고 있는 마르크스주의를 청산한 고데스베르크 강령에서도 한참 벗어나 있다. 11월 보쿰에서 열리는 임시 당대회에서도 나오는 이야기지만 사민당은 슈뢰더 총리를 비롯한 정부 주도로 이루어지고 있는 개혁 내용에 관해서 잘 알고 있지 못하였다. 그래서 당대회에서 나오는 반대 의견도 원론에서 더 나가지 못하였다. 이는 사회 일반의 경우도 마찬가지였다. 조세개혁에서 두드러졌지만 슈뢰더 총리는 야당과의 타협, 직접 이해 당사자인 연방 주 정부와의 타협에 공을 들이고 사민당에 대해서는 전술적으로 접근하여 당대회를 통하여 개혁안을 승인하지 않을 수 없는 분위기로 몰고 갔다.

2) 하르츠 IV: 사회의 반발과 사민당 노선 갈등 점화

이제 전열을 정비하여 몰아 부칠 채비에 나섰다. 12월 여야 간의 타협과 연방의회 표결을 앞두고 사민당은 11월 17-19일 사이에 당내 결의를 재확인하는 임시 당대회를 보쿰에서 열었다. 아젠다 2010 개혁안은 지난 6월 베를린 임시 당대회에서의 내용과 그다지 다르지 않았다. 그런데 이번에는 비록 날카롭지는 않지만 당 강령과 기본가치에 관한 안건이 상당히 나왔다. 그리고 당 대표부 선출 과정에서 예상외의 결과가 나왔다. 슈뢰더 당수는 80.8%의 지지로 재신임을 받았다. 그런데 문제는 개혁을 지휘하고 있는 경제재무장관 볼프강 클레멘트(Wolfgang Clement)는 56.7%, 사무총장을 지낸 올라프 숄츠(Olaf Scholz)는 50.8%를 득표하여 망신을 받았다. 슈뢰더와 당의 의원단 대표 뮌터페링은 이를 조직적 쿠데타로 보고 젊은 지크마르 가브리엘(Sigmar Gabriel)을 주모자로 보았지만, 달리 할 수 있는 것이 없었다.

아직 당 지도부의 노선을 대놓고 비판할 수 있는 분위기는 아니었다. 예전의 활력을 되찾지 못한 것이다. 이 날의 상황을 가브리엘은 "아무도 슈뢰더 연설의 보호막 아래서 나오지 않은 것은 비겁하다. 비판은 사회정의에 대한 바람, 최고세율에 대한 공격 경고, 부유세 재도입 요구 사이의 어딘가에 있었다. 결국은 복지국가의 현대화에 대한 정당화였다"고 표현했다.

언론은 당 대회의 연설, 토론, 안건 모두 비현실적인 것으로 보았다. 그리고 개혁논쟁에서 당은 분열되었다. 더 이상 좌우가 아니라 다양한 이익집단으로 때로는 목적을 위하여 일시적 연합하기도 하는 예측 불가능한 조직이 되었다는 것이다. 90년대 이전 각 그룹마다 숙고된 논리와 정책 대안을 가지고 논쟁을 벌이면서 타협해나가던 분위기는 찾아볼 수 없었다. 그러면서 아젠다 2010, 특히 하르츠 개혁안을 계기로 사민당은 노선을 중심으로 재편되고 있었다.27)

이렇게 당 내부가 뜨거워지고 있는 가운데 슈뢰더 총리 정부는 야당과 몇 달에 걸친 협상, 노동조합과 사용자 단체와 논의 끝에 타협을 거친 후인 12월 19일 연방의회에서 하르츠 Ⅲ, Ⅳ 관련 법안 표결 절차에 들어갔다. 10회의 기명투표를 통하여 연방의회는 이를 승인하였다. 모든 의안에 대하여 반대한 세력은 민사당 뿐이었다. 연방상원이 대상자에게 특별한 고통을 주는 일부 내용 – 실업자와 질병자 – 에 대한 타협이 이루어질 때까지 5개 의안에 동의를 거부하면서 하르츠 Ⅳ의 이행은 미루어지고, 하르츠 Ⅲ 개혁은 2004년 1월 1일부터 시행에 들어갔다. 이 개혁은 취업 알선 업무 중심으로의 노동청 개혁에 관한 것이어서 정치권이나 대중의 반발은 그다지 없었다.

---

27) *Der Spiegel*, 2003. 11. 18; *Die Zeit*, 2003. 11. 20.

하르츠 Ⅳ에 관해서는 2004년 6월 2일 지방자치단체가 지출하는 실업자 생활보조금을 연방예산에서 32억 유로를 보전해주겠다는 정부 타협안을 연방의회가 수용하고, 6월 9일 연방상원이 이에 동의함으로써 2005년 시행에 들어갈 수 있게 되었다. 그런데 상원에서 구 동독 지역의 신 연방 5개주와 베를린이 이에 반대하였다.

아젠다 2010에 따른 하르츠 개혁이 표면상으로 여야 간 타협에 의해 순조롭게 실행에 옮겨진 것 같지만 실상은 그렇지 못하다. 2003년 11월 보쿰 임시 당대회에서 슈뢰더 측근인 숄츠 당 사무총장과 클레멘테 경제재정 장관의 수모에서 보듯이 사민당의 내분은 표면화되고 있었다. 이는 의회 표결에서도 극히 소수이긴 하지만 일부가 반대표를 던졌다.

하르츠 Ⅳ의 구체적 내용이 공개되고 사민당원 사이는 물론, 대중들에게 알려지면서 대중들 그리고 노동조합과 사민당원들의 반발이 본격화되었다. 반발을 사게 되는 주요 내용은 이렇다.

장기실업자에 대한 실업급여와 사회부조(Sozialhilfe)를 통합하며, 1인 월 374유로를 기준으로 하고, 여기에 주거비와 의료비 보조가 추가된다. 2005년 이전까지는 12-36개월 동안 종전 세후 임금의 60-70%를 지급한다. 이후의 실업급여는 두 가지로 나누어지며, 실업급여Ⅰ은 2008년 이후 12개월로 단축되고, 50세 이상은 15 개월, 55세 이상은 18개월 그리고 58세 이상 24 개월 지급된다. 실업급여Ⅱ는 저축 등 재산 보유 수준, 연금보험, 배우자의 소득에 따라 수급 여부가 결정된다. 기준 해당자는 공법상의 약정을 맺어야 한다. 그 내용은, 어떤 종류의 법정 일자리라도 수용하며, 헌법상 권리가 제한된다(이동의 자유, 가족과 혼인 및 인간 존엄의 자유). 이를 받아들이지 않는 경우에는 실업급여가 감액 지급되거나 지급되지 않는다. 일자리에서 소득이 있는 경우에는 실업 급여에서 공제한다. 그러나 일정 기준에 따라 추가 소득 금액은 건드리지 않는다. 실업급여Ⅱ는 일종의 기본소득인 셈이다.

일반적으로는 임금 하락을 부추기고 기업의 정규직 고용을 기피하게 함으로써 비정규직 내지는 임시직 확대를 조장한다는 비판이지만, 사민당이나 노동조합의 입장에서는 토니 블레어와 공동문건에 나와 있듯이 사민당의 전통적인 국가관인 사회국가 개혁으로 기본가치에 반하는 것이었다. 사민당과 노동조합을 비롯한 전통적인 좌파 진영의 반발은 사민당원 탈당과 노동조합 탈퇴 행렬로 가시화되었다. 이는 지방선거에 그대로 반영되었다. 2003년 2월 실시된 헤센과 니더작센 주의회 선거 결과는 사민당에게 충격을 주기에 충분하였다. 헤센 주 선거에서 사민당은 4년 전보다 10.3%나 줄어든 29.1% 득표에 그쳤다. 반면 기민당은 5.4 %늘어난 48.8%를 득표하였다. 같은 날 실시된 슈뢰더 총리의 본거지 니더작센 주는 더 참담하였다. 4.5% 감소한 33.4% 득표로 1당의 지위와 주 정부를 기민련(48.3%)에게 내줄 수밖에 없었다.28)

이런 선거 결과 그리고 여론조사에서 사민당은 계속 하향세였다. 포르자(Forsa Institute)의 조사 결과를 보면 2002년 9월 22일 총선 이후 지지도에서 기민련/기사연에 뒤졌다. 심지어 그 해 12월 조사에서는 50% : 27%라는 결과까지 나왔다. 이런 추세는 2003년에도 계속되어, 연방의회에서 사민당-녹색당 의원 표만으로 연방의회에서 하르츠 IV 관련 법안이 통과된 10월 19일 직후인 10월 28일 조사에서 사민당 지지율은 24%로 떨어지고 1주일 후에는 23%라는 충격적인 결과까지 나왔다. 이런 29% 대 지지율 추세는 2004년에도 이어졌다.

이런 상황에서 지난 2003년 11월 당대회에서 이미 수면 위로 드러났지만 사민당 당내 반발은 본격화하고 있었다. 그 이전에 연방의원 7명(Christine Lucyga, Florian Pronold, Ottmar Schreiner, Sigrid Skarpelis-Sperk, Rüdiger Veit, Klaus Wiesehügel, Waltraud Wolf)이 당의 정책 변경을 요구하며 서명운동을 벌여 2만 5천 명의 서명을 받았다. 당원의 10%인 67,000명의

---

28) www.wahlen-in detschland. de

서명에 도달하지 못하여 실패하였지만, 사민당에서는 지금까지 없었던 특별한 사건이었다. 2003년에는 일부 당원들이 '우리가 당이다'(Wir sind die Partei)라는 명칭의 온라인 사이트를 개설하여 당 정책 변경을 요구하였다.

당원들이 당을 떠나고 있었다. 1998년에서 2007년 사이에 사민당은 당원의 40%를 잃었다. 2002년에서 2005년 사이에 가장 많은 당원이 이탈했는데(탈당사태), 2002년에서 2005년 사이에 94,000명의 당원이 당을 떠났다. '아젠다 2010년'의 해인 2003년에는 당원수가 45,000명이나 줄었다. 2003년 3월 아젠다 2010 연설 후 3개월 동안 2002년 1년보다 더 많은 수가 탈당했다. 1976년 100만 명을 훨씬 넘었던 사민당 당원수가 2003년 12월 말에 65만 명 그 이듬해에는 60만 명대로 줄어들었다.[29] 전통적인 사민당 파트너인 노동조합도 아젠다 2010 도입 후 사민당과 거리를 두었다. 2003년에 사민당과 노동조합의 관계는 최악이었다.

커지는 당내 갈등, 당원들의 요구, 아젠다 2010에 대한 당내 반발에 대한 슈뢰더 총리의 사임 위협은 사민당 내에서 그의 권위와 신뢰를 떨어뜨렸다.

2004년에 5개주 주의회 선거와 유럽의회 선거가 예정되어 있는데, 당 지지율은 추락하고 있어서 당의 위기감이 고조되고 있었다. 그리고 당내의 비판은 당초 좌파에서 우파를 포함한 전체로 확산되고 있었다. 결국 그는 2월 6일 당수직에서 물러나겠다고 발표하였다. 이와 함께 당수직은 뮌터페링에게 물려주겠다고 밝혔다. 새로운 당수를 선출하기 위한 임시 당대회가 3월 21일 베를린에서 열렸다.

이 날 임시사회를 맡은 하이데마리에 비초레크-초일 부당수가 "사민당을 떠나 좌파로 간다면, 이는 야당에 도움을 줄 뿐이다. 노동조합주의자로서 세계화에서 힘을 강화시키고자 하는 사람은 누구나 노동운동의 정치조직인 사민당을 강화해야만 이를 성취할 수 있다. 사회운동의 정치적 중심을 약화시키는 사람은 보수세력을 강화시킬 것이다"라고 개회사에서 사민

---

29) Oskar Niedermayer, "Parteimitglieder in Deutschland: Version 2017 NEU", www.polsoz.fu-erlin.de.

당을 떠나는 사람들과 노동조합을 향해서 주장하였지만 공허한 이야기였다. 슈뢰더 총리는 "지도부 교체가 우리의 정책이 필요하며 옳다는 사실을 바꾸는 것은 아니다. 그래서 프란츠 뮌터페링과 나는 하나다. 결정된 것이 바뀌지는 않을 것이다. 우리는 아젠다 2010의 길을 갈 것이다. 개혁은 필요하다. 이는 사민당의 노선이며, 혁신이고 정의다"라고 주장하여 당의 노선이나 아젠다 2010의 수정이나 후퇴가 아님을 분명히 했다. 개혁에 관한 소통의 어려움이 있기 때문에 뮌터페링과 역할 분담에 합의했다는 것이다. 뮌터페링도 개혁의 후퇴는 있을 수 없다고 말한다. 그는 개혁 과정을 더 지원하려고 한다고 말하면서 당내 논쟁 중지를 요구했다.

슈뢰더의 사임과 뮌터페링의 당수직 승계도 지금까지의 슈뢰더의 일처리 방식에서 전혀 벗어나지 않은 비민주적이고 권위주의적이었다. 1월 초에 이미 두 사람은 사임과 승계에 관해 협의하고 하고 2월 중순 당 대표자 회의에서 논의할 때까지 비밀에 부쳤다. 사전 작업을 충분하고 당대회에 임했다. 당대회에서 뮌터페링은 95.11%로 당선되었다. 과거 브란트의 당수 당선에 근접한 것이다. 결국 역할 분담을 통한 슈뢰더를 정점으로 한 2중 권력구조였다. 슈뢰더 총리의 아젠더 2010은 중단 없이 추진될 것이고, 뮌터페링 당수의 요구에서 볼 수 있듯이 이제 싹트고 있던 모든 정책 토론을 이 당대회를 계기로 오히려 질식된다. 이는 앞에서 살펴본 것처럼 이해 6월에 하르츠 IV 관련 법률은 야당과의 타협과 협조 속에 연방하원과 상원의 관문을 모두 통과하였다.

이제부터 사민당은 본격적인 도전에 직면하게 된다. 하르츠 개혁에 반대하는 지식인과 대중들이 본격적으로 거리 시위에 나섰다. 2003년에 산발적인 소규모가 시위가 11월 1일 노동조합 후원 하에 베를린에서 10만 명이 참가한 대규모 시위로 발전하였다. 이 시위는 해를 넘기면서 계속되면서 라이프치히에서 1989년 동독 민주화 시위의 이름을 딴 '월요시위'로 정례화되었다. 8월 30일에는 전국 200개 도시에서 20만 명이 참가하였다. 특히 이날 라이프치히에서는 사민당 당수를 지낸 오스카 라퐁텐이 참가하여 연설했다. 10월 중순이 되면서 시위자 수는 격감하였다.

월요시위 절정기에 이에 반대하는 사민당원들을 중심으로 하고 노동조합 활동가들이 가담한 '선거대안-노동과 사회정의'(Arbeit & soziale Gerechtigkeit-Die Wahlalternative: WASG)라는 단체가 출범하였다. 하르츠 반대 시위 조직에서는 선거대안의 정당화를 권고하고 나섰다. 이 조직은 2005년 1월에 정당으로 출범하였다. 1970년대 핵발전소 반대운동을 통하여 환경운동 세력이 녹색당을 창당한 것과 비슷한 양상이지만 이번의 경우는 좌파 색을 분명히 하고 나섰다.

이런 사회 상황은 여론조사 결과와 마찬가지로 지방선거, 유럽의회 선거 모두 사민당에게 패배를 가져다주었다. 자를란트 주 선거 패배를 두고 사민당 집행위원회는 오스카 라퐁텐에게 책임이 있다고 비난하였다. 라퐁텐과 사민당의 결별을 재촉하고 있었던 셈이다.30)

해가 바뀐 2005년 5월 22일 독일 최대의 주인 노르트라인-베스트팔렌 주의회 선거가 있었다. 노르트라인-베스트팔렌 주 선거 역시 사민당은 패

---

30) 주의회 선거(득표율:%)

		사민당	기민련	녹색당	자민당	민사당
튀링겐	1999.9.12.	18.5	51.0	1.9	1.1	21.3
	2004.6.13	14.5	43.0	4.5	3.6	26.1
자를란트	1999.9.5.	44.4	45.5	3.2	2.6	0.8
	2004.9.5.	30.8	47.5	5.6	5.2	2.3
작센	1999.9.19	10.7	56.9	2.6	1.1	22.2
	2004.9.19.	9.8	41.1	5.1	5.9	23.6
브란덴부르크	1999.9.5.	39.3	26.5	1.9	3.3	23.3
	2004.9.19.	31.9	19.4	3.6	9.5	28.0

출처: 독일연방선거국(Der Bundeswahlleiter)

유럽의회 선거(득표율: %)

	사민당	기민련	기사연	녹색당	자민당	민사당
1999.6.13.	30.7	39.3	9.4	6.4	3.0	5.8
2004.6.13.	21.5	36.5	9.0	11.9	6.1	6.1

출처: 독일연방선거국(Der Bundeswahlleiter)

배하였다. 패배하였을 뿐만 아니라 1966년 이후 처음으로 집권에서 밀려나고 기민련-자민당 연립정부가 출범하였다. 1월 22일 정당으로 탈바꿈한 '선거대안'(WASG)은 하르츠 개혁 심판을 선거운동의 기본 개념으로 내세우고 이 선거에 참여하여 2.2%를 득표하였다. 비록 주의회 진출은 실패하였지만, 성공적이었다고 평가되고 있다.

노르트라인-베스트팔렌 주의회 선거 결과는 사민당에게 뼈아픈 것이었다. 선거 결과 발표 직후에 사민당의 뮌터페링 당수와 슈뢰더 총리는 개혁을 계속하기 위하여 2005년 가을에 조기총선을 실시하겠다고 발표하였다. 사민당의 주지사 후보 슈타인브뤼크(Steinbrück)는 패배의 원인 중에서 많은 사람들이 노동시장과 복지 개혁 정책인 하르츠 IV의 패배자라고 느끼고 있다는 점이라고 말했다. 더욱 충격적인 것은 선거 후 공영방송(ARD)의 시사 프로그램(Tagesschau)이 실시한 여론조사에서 노동자들이 기민련에게 더 많은 표를 주었다는 것이다. 그리고 노르트라인-베스트팔렌 통계국 자료에 따르면, 18-25세 연령대를 제외한 모든 연령대에서 사민당은 기민련에 패배하였으며 남녀 모두 35-45세 연령대에서 지지자 이탈이 가장 많았다. 결국 하르츠 IV가 결정적인 영향을 준 것이다.

3) 총선, 사민당 분열

5월 24일 라퐁텐은 40년 동안 몸담아 왔던 사민당을 탈당하였다. 사민당이 베를린 강령에서 벗어났기 때문이라고 탈당 이유를 밝히고, 가을 총선에서 선거대안과 민사당의 연합을 지지하겠다고 선언하였다. 사민당의 전통적인 좌파는 모두 당을 떠났다. 사민당에게 본격적인 좌파 정당의 정통성 경쟁 시대가 다가온 것이다.[31]

---

31) 2007년 민사당과 선거대안이 합당하여 탄생한 좌파당의 2011년 강령 1장(우리는 어디에서 왔고, 우리는 누구인가)에서 "사민당과 녹색당은 사회정의와 생태적 지속 가

9월 18일로 총선일자가 확정되면서 사민당은 총선 준비에 들어갔다. 8월 31일 선거강령 채택을 위한 임시 당대회가 열렸다. 라퐁텐을 비롯한 좌파 중심인물들이 모두 당을 떠난 탓인지 당대회 분위기는 토론이 있는 분위기는 아니었다. '아무것도 결정된 것은 없다. 모든 것이 열려 있다'는 당대회 슬로건도 허무하기 그지없었다. 지지율에서 기민련/기사연과 격차가 많이 나는 30%를 기록하고 있어서인지 선거강령 외에 결의 안건을 보면, 패배를 예상하고 있는 듯한 느낌을 주고 있다.32)

대회의 결의안과 선거강령에서 사민당은 앙겔라 메르켈의 기민연/기사연이 몰고 가려는 사회는 사회적으로 무관심하며, 이기적인 사회로 규정하였다. 이와 달리 사민당은 사민당의 기본가치에 기초한 것으로, 개인의 자유가 사용될 수 있도록 물질적 조건이 보장되는 사회, 분배적 정의와 기회의 평등이 하나인 정의가 실현되는 사회, 약자에 대한 강자의 책임은 후견이 아닌 자기결정을 동반하는 연대적 사회를 실현하고자 한다는 것이다.33) 이 날의 결의도 사민당 의원단에 요청하는 것으로 '부가세율 인상 반대-탈세와의 싸움', '유럽연합 단일세율의 부가세 도입 노력', 정부의 '최저임금 노력지지' 등이 있다.

'독일을 신뢰한다'(VERTRAUEN IN DEUTSCHLAND)는 제목으로 채택된

능성 그리고 평화적 세계에 대한 주민 대다수의 이해의 기본원칙으로부터 빠른 속도로 이탈하였다. 하르츠(Hartz-IV)와 아젠다2010은 많은 사회적인 사람들과 좌파에 신념을 가지고 있는 사람들로 하여금 사민당과 녹색당으로부터 결국 단절하도록 이끌었고, 새로운 정치세력인 선거대안-노동과 사회정의(Wahlalternative Arbeit und soziale Gerechtigkeit: WASG)의 발전으로 이끌었다. 2007년에 좌파정당인 PDS와 WASG는 새로운 정당인 좌파당DIE LINKE으로 하나가 되었다. 좌파당은 2004년에 결성된 유럽좌파 정당의 일부다'라고 선언하여 자기들이 정통 좌파 정당임을 주장하고 있다; "좌파당 강령"(Programm der Partei DIE LINKE), www.rosalux.de

32) 포르자(Forsa)의 8월 29일 조사에서 기민련/기사연 대 사민당의 지지율은 43% : 30%였다; www.wahlrecht.de

33) "Beschlussbuch des außerordentlichen Bundesparteitages 2005", Berlin; www.spd.de

선거강령(Wahlmanifest der SPD)에는 2002년 선거강령과 달리 신중도 노선의 정당성에 관한 주장은 없다. 그렇지만, 아젠다 2010은 장기적으로 가장 중요한 개혁 계획으로, 세계화 경제와 노령화에 대한 올바른 대응이며, 일부는 성공하였고, 많은 것이 효과를 내기 시작하였으며, 아직 시작하여야 할 것이 많이 남아 있다고 주장하면서 아젠다 2010을 정당화하고 있다. 그러면서도 하르츠는 단 한 번 언급하고 있다. 즉, 하르츠 IV 개혁으로 실업급여와 사회부조를 통합함으로써, 일할 능력이 있는 모든 장기실업자에게 기본적 생활보장 제도를 도입하였다는 것이다. 하르츠 IV가 총선에 도움이 되지 않는다는 것을 간접적으로 보여주는 것이다.

선거강령 자체는 슈뢰더 정부 수립 이후의 각종 개혁 특히 이를 종합한 아젠다 2010에 제시되고, 강령 내용처럼 이미 실시되어 정부의 평가대로 성과를 내고 있거나 시행에 들어갈 내용이 대부분이어서 특이한 내용은 없다.34) 그 내용을 살펴보기 보다는 좌파당/민사당의 각 당 선거강령 비교자료 내용 중 사민당 관련 내용을 살펴보는 것이 더 의미가 있을 것이다. 먼저 사민당에 대하여 이렇게 평가하고 있다.

사민당은 깊은 신뢰성 격차에 빠져 있다. 한편으로 지난 정부의 정책(아젠다 2010, 하르츠 VI)를 옹호하는 동시에 흑-황의 대안임을 보여주고자 한다. 사민당은 1998년부터 자기들이 독일을 적-녹 연립으로 복귀시켰다고 주장하고 있다. 해결되지 않은 심각한 주요 문제에 관해서, 이 당은 이렇게 주장하고 있다. "우리는 우리가 성취한 것을 자랑스럽게 생각하고 있다… 사민당과 함께 독일은 승자의 길을 가고 있다. 게하르트 슈뢰더 총리는 우리나라를 좋은 미래로 인도하고 있다. 사민당이 남긴 것은 적-황 정권 앞에서의 공포의 운동이다. 이들은 자체의 결점으로 인하여 신뢰할 수 없다"는 것이다. 이는 또한 좌파당/민사당에 대해서도 적용하고 있다. "좌파

---

34) "Vertrauen in Deutschland – Das Wahlmanifest der SPD"; www.spd.de

당/민사당은 무책임한 포퓰리스트적이며 엄청난 예산이 드는 주장을 하고 있다"고 비난하고 있다.

선거대안/민사당은 신자유주의와 사회국가 이념 선상에서는 사민당을 중도라 규정하였다. 그리고 자유주의 권위주의 선상에서는 권위주의에 가깝다고 평가하였다. 사회정의와 관련하여 사민당이 부유세 도입을 주장하고 있지만 이는 상징적일 뿐, 밑으로부터 위로의 재분배에 근본적인 변화를 의미하지 않는다고 불신하고 있다.35)

좌파당과의 관계는 선거강령에서 "사민주의 정책은 두 개의 정치적 일탈 - 사회적 무관심과 포퓰리스트적 환상 - 과격한 경쟁에 처해 있다"고 주장하고 있고, 당대회 결의에서는 이 두 '정치적 이탈'을 "사회민주주의 이념은 이성과 구체적인 열정의 길이다. 이는 메르켈, 베스트벨레(자민당), 라퐁텐, 기지 등의 이론가 및 포퓰리스트와 우리를 구별하게 해 준다"고 구체적으로 적시하고 있다. 강령에서 자기들의 노선은 사회적 시장경제를 신봉하는 사회민주주의로 신자유주의와는 다름을 강조하기 위하여 신자유주의를 이렇게 비판하고 있다.

이들은 시장의 힘이 방해 받지 않고 작동되면, 성장, 일자리, 번영은 저절로 온다고 믿고 있다. 이는 틀렸다. 더 많은 부정의에 더해 더 많은 불안정이 모두에게 더 많은 번영을 가져다주지 않는다.36)

9월 18일 선거가 실시되고, 사민당은 1% 차이로 패배하였다. 기민련/기사연이 여론조사만큼 득표에서 압도하지 못하고 오히려 지난 번 총선보다 3.3% 줄어든 35.2%에 그치고, 사민당이 4.3% 하락한 34.2%를 득표하였다. 결과만 본다면, 사민당은 선거 이틀 전 각종 여론조사에서 7~9% 뒤졌는데

---

35) "Bundestagswahl 2005 - Wahlprogramme der Parteien im Vergleich"; www.rosalux.de
36) "Vertrauen in Deutschland - Das Wahlmanifest der SPD"; www.spd.de

도 1% 차이로 패배한 자체는 선방이라 할 수 있지만, 기민련/기사연도 전후 최악의 성적표를 받아서, 양대 정당의 득표는 합해서 7.6% 줄어들었다. 여러 해석이 나오지만 이런 추세는 그 후로도 계속된다. 좌파당은 지난 총선보다 4.7% 증가한 8.7%를 득표하여 제4당의 위치를 확보하였을 뿐만 아니라 사민당과의 좌파 정당의 정통성 경쟁에서 일단 성공하고 다음을 기약할 수 있게 되었다. 그런데 야당의 유력한 연정 파트너 자민당이 9.8%를 득표하여 기민련/기사연+자민당이 과반수에 훨씬 미치지 못함으로써 차기 정권을 두고 다양한 조합이 거론되었다.

이번 총선 2주일 전까지 언론과 여론조사는 사민당의 참패를 예상하였다. 그런데 결과는 기민련/기사당의 신승으로 귀결되었다. 독일이 당면한 가장 큰 문제인 실업과 경제문제 등 어디서나 슈뢰더 정부에 유리한 점이 없었고, 4달 전의 노르트라인-베스트팔렌 주의회 선거 이후 사민당에 유리한 어떠한 사정 변화도 없었다. 사민당 역시 노선 변경이나 정책을 바꾼 것도 없었다. 독일 선거사상 가장 놀랍다는 이런 총선 결과에 대해서는 '정치적 동물' 게하르트 슈뢰더 총리의 열정의 성과고, 야당의 안일 내지는 전략상 과오라고 보는 것이 일반적인 것 같다.[37]

3. 21세기의 사민당 기본가치

1) 대연정 참여

이런 상황에서 슈뢰더 총리는 총리에 욕심을 내었지만, 결국 기민련/기

---

37) Matthias Jung, "Bundestagswahl 2005 – Versagen der Demoskopen?", Vorstand der Forschungsgruppe Wahlen e.V., Mannheim 26.6.2009;

사당과 사민당 간에 2005년 11월 11일 '독일을 위하여 함께. 용기와 인도주의를 가지고'(Gemeinsam für Deutschland. Mit Mut und Menschlichkeit)라는 제목의 연립정부 구성 합의가 성립되면서 1966년 이후 전후 두 번째 대연정 정부가 탄생하게 되었다.

이 합의서는 각료 배분에서 보듯이 기민련/기사연과 사민당이 대등한 입장에서 합의하였다. 총선 전에 좌파당/민사당의 강령 비교에서 평하였듯이 정책에 대한 양 측의 차이가 별로 없어서 정책 합의에는 그다지 어려움이 없었을 것이다. 특히 연금 개혁을 비롯한 사회보장제도나 노동시장 개혁에서는 아젠다 2010을 기민련/기사연이 별 이의 없이 받아들였다. 더구나 하르츠 IV와 관련해서는 합의서에 "실업급여와 사회부조의 통합은 올바른 길임을 인식"하고, 유연한 조정과 개선을 통하여 "하르츠 VI 전체 과정을 최적화"하기로 합의하였다. 그런 한편으로 기민련/기사연이 요구한 부가세율이 인상에 사민당은 합의해 주었다.[38] 후에 당대회에서 뮌터페링 당수는 이를 두고 쉬운 일이 아니었다고 말하고 있다.

이어서 사민당은 11월 14일 칼스루에 임시당대회에서 연정합의를 승인했다. 이 당대회는 연정합의를 승인하고 새로운 당대표로 뮌터페링 당수가 후임자로 지명한 마티아스 플라첵(Matthias Platzeck) 브란데부르크 주지사를 선출하였다.

이 당대회는 첫 날 슈뢰더 총리가 연설이 끝난 후 10분 간 기립박수를 받는 장면과 뮌터페링 당수가 개막연설에서 사민당과 슈뢰더 총리는 하나라는 표현에서 볼 수 있듯이 사민당이 슈뢰더의 당임을 확인해주는 당대회였다. 총선 결과는 전적으로 그의 성과였다. 당대회에서 뮌터페링은 사민당에게는 "아젠다 2010 추진과 발칸과 아프가니스탄에 참여할지를 결정을 거부하여야 하는 평화정책 결정이라는 두 가지 과제가 남아

---

38) "Koalitionsvertrag von CDU, CSU und SPD", 독일연방정부 홈페이지 (www.bundesregierung.de)

있다"고 전제하고, "영향력 없이 야당으로 가기보다는 힘을 가지고 공동통치하는 것이 더 낫기 때문에, 나라를 위하여 대등한 조건에서 대연정에 참여하기로 했다"고 말했다. 그리고 협상 과정에서 단체협상 자율, 고소득에 대한 소득세율 인상, 가족공제 도입, 동독지역 실업급여Ⅱ 인상, 20인 이하 기업의 해고 보호, 탈 원전을 지켜냈다고 스스로 평가했다. 슈뢰더 총리 역시 대연정은 아젠다 2010에서 출발한 것이며, 독일 정치의 병폐인 정략적인 봉쇄, 의사진행 방해, 음해(Schwarze-Peter-Spiel)를 양당이 의지만 있으면 극복할 수 있을 것이라고 말했다. 내각 배분에서 사민당은 특히 아젠다 2010 추진을 관장할 재정부, 경제부, 노동사회부, 보건부와 평화정책 부서인 외무부 장관을 맡기로 하여 명분을 확보한 셈이다.[39]

이제 전통적으로 특히 전후 지금까지 사민당 당내 논의에서 빠지지 않는 기본가치에 대한 논의는 사라졌다. 연금에 관하여 연정합의서에는 노후의 생활보장(Lebenssicherung) 대신 생활수준 보장(Sicherung des Lebensstandards)이란 표현을 사용하면서 이를 위하여 기업연금과 사적연금에 의한 보충이 필수적이라고 적고 있다. 또한 전체로서 유럽 평화질서 속에서 민족 문제를 극복하여야 한다는 하이델베르크 강령 이래로 사민당이 고민해온 민족문제에 관한 언급은 선거강령이나 연정합의서 어디에서도 찾아볼 수 없게 되었다. 좌파당은 민족문제에서 사민당이 기민련/기사연에 가깝다고 지적한 것도 이런 맥락에서였을 것이다.

사민당의 대연정 참여가 독일과 국민을 위한 아젠다 2010 실현을 위하여 올바른 선택이었는지는 시민 대중이 그리고 사민당 당원이 판단할 일이다. 2009년까지 연정 참여 여부와는 관련 없이 선거마다 사민당의 득표율 하락과 당원의 이탈을 보면 대중과 당원들은 올바른 선택이라고 판단하지 않았다.[40] 이는 위기라고 표현할 수밖에 없을 것이다. 1997년부터 슈뢰더

---

[39] "Protokoll Bundesparteitag Karlsruhe, 14.-16. November 2005"; www.spd.de

당시 총리후보를 중심으로 진행되어온 기본가치의 현대화는 1989년의 베를린 강령 수정으로 이어지게 된다. 강령 수정, 즉 슈뢰더가 주장해 오던 소위 기본가치(Grundwerte) 현대화는 이런 위기 상황에서 당 지도부의 의도와는 방향을 달리하게 된다.

40) 독일 역대 총선 정당별 지지율 변화

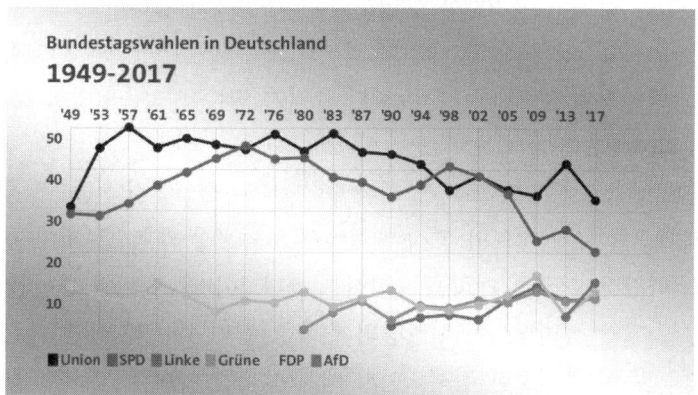

출처: www.tagesschau.de

독일 정당별 당원수 변화

	사민당	기민련	기사연	자민당	녹색당	좌파당
2005	590.485	571.881	170.117	65.022	45.105	61.270
2006	561.239	553.896	166.928	64.880 -	44.677	60.338
2007	539.861	536.668	166.392	64.078	44.320	71.711
2008	520.970	528.972	162.232	65.600	45.089	75.968
2009	512.520	521.149	159.198	72.116	48.171	78.046
2010	502.062	505.314	153.890	68.541	52.991	73.658
2011	489.638	489.896	150.585	63.123	59.074	69.458
2012	477.037	476.347	147.965	58.675	59.653	63.761
2013	473.66	467.076	148.380	57.263	61.359	63.756
2014	459.902	457.488	146.536	54.967	60.329	60.551
2015	442.814	444.400	144.360	53.197	59.418	58.989
2016	432.706	431.920	142.412	53.896	61.596	58.910

출처: Oskar Niedermayer 앞의 글

2) 브레멘 초안: 연대적 중도?

앞에서 언급한 것처럼 게하르트 슈뢰더는 총리후보로 선출된 이후 기본 가치의 현대화를 주창하여왔다. 그는 1998년 선거강령에 신중도 정치와 개인의 책임을 강조하는 정책을 삽입하였다. 총선에서 승리하고, 집권 불과 5개월 만에 사민당 당수 겸 슈뢰더 정부의 재무장관이던 라퐁텐이 장관과 당수 및 의원직을 사퇴한 이후 슈뢰더 총리가 당수에 선출되면서 그의 당 장악은 확고해졌다.

그리고 영국 노동당의 토니 블레어 총리와의 "제3의 길/신중도" 공동문건 발표와 사회보장 제도와 조세 개혁에서 노동시장 개혁으로까지 거침없이 밀고 나갔다. 하르츠 개혁을 포함한 아젠다 2010은 슈뢰더 노선의 종합판이었다. 그의 정책노선이 사민당의 현행 강령인 1989년 베를린 강령의 기본가치 및 이에 기초한 정책노선과 배치될 뿐만 아니라 정부의 정책 노선이 당 강령의 노선에 우선하는 현상까지 발생하였다.

이런 배경에서 슈뢰더는 당권을 장악한 후 그의 요구에 따라 당은 1999년 12월 당대회 결의로 샤르핑을 위원장으로 하는 당 강령위원회를 구성하고 활동에 들어갔다. 샤르핑은 2001년 7월 말 에베트 재단 행사에서 강령 개정을 준비하고 있다고 공개하였다. 여기서 그는 복지국가를 버리지는 않겠지만 시민의 자기 책임을 강조하는 방향으로 근본적으로 현대화할 것이라고 말했다. 그러면서 현대 미디어 사회에서 강령의 중요성과 구속력이 약화되었다는 것을 인정하면서도 사민당은 강령정당으로 남을 것이라고 말했다. 결국 강령 개정 작업의 방향은 아젠다 2010과 궤를 같이 할 것임을 시사한 것이다.

2001년 11월 19일에서 22일 사이에 뉘른베르크에서 열린 당대회에서 강령위원회의 중간보고서가 발표되었다.[41] 방향과 그 내용은 당의 기존의 선거강령이나 슈뢰더 정부의 정책과 거의 유사하여 특별히 살펴볼 필요는 없을 것이다. 특이한 내용은 변화하는 세계의 특징을 세계화, 유럽화 외에 개인화(Individualisierung)를 들고 있고, 기본가치 중 정의와 관련해서 "정의는 또한 사회가 부담해야 하는 부담의 더 평등한 분배를 요구하고 있다"라는 점 정도일 것이다. 당대회는 이 보고서를 기초로 지역에서 논의를 계속하기로 하고 2002년 총선을 활용하여 각계와 강령 내용 관련 대화를 가지기로 하였다.

그러나 뉘른베르크 당대회에서 총선 후 강령초안을 제출하기로 하였으나, 총선 후의 당의 사정은 앞에서 본 바처럼 어려운 국면에 빠지면서, 아젠다 2010과 하르츠 Ⅵ 개혁과 관련하여 당의 기초조직에서 슈뢰더 당수의 입지가 예전 같지 않았다. 11월 당대회에서 당수직이 뮌터페링에서 플라첵으로 승계된 것은 그 이전 당집행위원회의 예비선거에서 뮌터페링이 추천한 차기 사무총장 후보 칼 요세프 바서회벨(Karl-Josef Wasserhövel)이 슈뢰더에 반대하는 세력이 미는 당내 좌파 지도자 안드레아 날레스에 23대 14로 패배하자, 뮌터페링이 더 이상 당수직을 맡지 않겠다고 선언하면서 플라첵이 당수로 선임되었다. 날레스가 사무총장 직을 거부하면서 플라첵이 지명한 후베르투스 하일(Hubertus Heil)이 사무총장이 되었다.

2005년 11월 칼스루에 당대회에서 슈뢰더가 10분 기립박수를 받고, 플리첵이 역대 두 번째인 97.04% 득표로 당수에 당선되어, 겉으로는 당이 슈뢰더의 당으로 단합된 모습을 보였다. 그러나 이미 당의 기층에서는 슈뢰더 노선 반대가 머리를 들고 있었던 것이다. 당이 동요하면 우선 얼굴이 바뀐다. 이는 1990년대 슈뢰더 당수 선출 이전에 사민당이 겪은 일이다. 이번에도 플라첵 당수는 7개월 만인 2006년 4월 건강을 이유로 당수를 사임하고, 5월에 쿠르트 벡(Kurt Beck)이 신임 당수로 선출되면서 강령 개정 작업이 다시 시작되었다.

---

41) "Beschlussbuch, Parteitag der SPD in Nürnberg 19. bis 22. November 2001", www.spd.de

여러 토론과 논의를 거쳐 2007년 1월 7일 당집행위원회에서 '21세기 사민당'(Soziale Demokratie Im 21. Jahrhundert)이란 제목의 강령 초안이 채택되었다.42) 이 강령초안은 마지막 부분 '우리의 길'(Unser Weg)에서 "우리는 연대적 중도 당이다"(Wir sind die Partei der solidarischen Mitte)이라고 선언하고 있듯이 슈뢰더의 중도 노선을 기초로 한 우경화한 노선을 택하고 있었다. 초안 발표에 8년이 걸렸다고 하지만, 과거의 강령 작업과는 달리 당내의 오랜 토론은 없었다. 초안도 강령 결정 당대회를 불과 10개월 앞 둔 1월에 말 그대로 밀실에서 결정하였다.

초안이 발표되자, 예상과 달리 당내의 강한 반대와 사회의 비판에 부딪혔다. 언론은 이 초안이 "신자유주의 영향을 깊게 받아서 당의 전통적 목표와는 벗어나 있다. 핵심 문제인 사민당의 정의 개념이 분명하게 보여주고 있다"고 하면서, [7월에 발표된] 기민련 강령초안의 '기회의 사회'(Chancengesellschaft)와 사민당 초안의 '예방적 복지국가'(Vorsorgender Sozialstaat)는 쌍둥이라고 혹평하였다. 그리고 "사민당이 계급과 계층을 계속 이야기하려면, 이것을 알아야 한다. 즉 오늘날 반사회적 조세정책으로 빈부의 격차가 더 벌어지고 있다(자녀가 많은 저소득 가족에 부가세 부담이 늘어나는 한편으로, 법인 승계자를 위하여 상속세를 면제해주고 있다)."43)

노동조합 역시 이에 반대하였다. 신중도 노선을 노골적으로 표방하고 있는 이 강령 초안을 긍정적으로 받아들일 수는 없었다. 노동조합의 경우도 조직적인 위기감을 느끼고 있었다. 조직률은 서독 시절 사민당 정부 하인 1980년 38.7%를 정점으로 하여 하락하다가 통일 1년 후인 1991년에 37.1%로 반짝 상승한 후 역시 계속하여 2000년대에는 20%대로 떨어졌다. 조합

---

42) "Soziale Demokratie Im 21. Jahrhundert, 'Bremer Entwurf' für ein neues Grundsatzprogramm der Sozialdemokratischen Partei Deutschlands", 2007. 1. 7; www.fes.de

43) *Die Zeit*, 2007. 6. 15

원 수에서도 1991년 1,180만 명이었던 것이 계속 줄어들어서 2000년대에는 700만 명, 강령 초안이 나올 무렵에는 600만 명대로 줄어들었다.44)

3) 함부르크 강령: 21세기 민주사회주의

당내 반대는 당의 기반조직에서 몇 달에 걸쳐 945건의 수정안이 제출되었다는 데서도 확인할 수 있다. 이런 수정안을 바탕으로 9월에 들어서 당내 좌파의 지도자 날레스(Andrea Nahles), 동독 출신의 전국회의장 티르제(Wolfgang Thierse)와 당 사무총장 하일(Hubertus Heil)이 참여하여 최종 수정안을 작성하여 공개하였다. 이 강령 개정안은 그 해 10월 26일 함부르크에서 열린 당대회에 제출되었다. 강령 심의는 대회 마지막 날인 28일에 있었다. 500명 이상이 참가하여 5시간에 걸친 토의를 거쳐 일부 수정한 후 표결에서 반대 2표로 거의 만장일치에 가깝게 강령으로 채택되었다. 함부르크 강령의 주요 내용은 다음과 같다.

경제적 역동성, 사회적 정의와 생태적 이성이 하나가 된 지속적인 진보를 위해 노력하고 있다. 우리는 예방적 복지국가를 발전시키고, 빈곤과 싸우고, 사람들에게 자결의 삶에 대한 평등한 기회를 열어 주고, 공정한 참여를 보장하고, 커다란 생활위험을 확실하게 피할 수 있도록 노력한다고 전제하면서 논리를 전개하고 있다.

자본주의 세계화에는 민주주의와 정의가 결여되어 있다. 그래서 세계화된 자본주의는 자유롭고 연대적인 세계의 목표와 대립된다. 그것은 낡은 부정의를 강화하고 새로운 부정의를 창출한다. 그러므로 우리는 자본주의 세계화에 대한 사회적 대답을 제시하는 정치를 위해 우리나라와 유

---

44) 하이너 드립부쉬, 페터 비르케, "독일의 노동조합", 2004, 프리드리히 에버트 재단 한국 사무소

럽에서 그리고 세계에서 싸우고 있다.

더 많은 사람들이 [경제적으로] 이전보다 세계화와 국제적 경쟁에 의해 직접 대면하게 되었다. 세계화는 민주적 국민국가의 구성가능성을 줄이며, 많은 사람들은 국가의 권력상실을 감지한다. 우리의 민주주의는 신뢰위기에 처해 있다. 전통적인 당과의 연대는 줄어들었다. 사회민주주의자는 살 만한 가치가 있는 미래에 관한 우리의 관념을 이끌어내야 한다. 과거 산업사회와 20세기 국민국가의 시기로 되돌아갈 수 있는 길은 없다. 민주정책을 통한 세계화를 구성하는 것이다.

독일 사회민주주의는 언제나 국제적 자유운동의 일부였으며, 노동자의 해방운동과 전제국가를 극복해야 하는 민주운동, 양자였다. 언제나 국제주의적이고 유럽적인 지향을 해왔다. 사민당은 처음부터 민주주의 정당이었다. 사회민주주의는 우리나라의 정치문화를 결정적으로 규정하였다. 사회민주주의 안에서 다양한 출신의, 다양한 종교적 세계관적 확신을 가진 여성과 남성은 협력한다. 사회민주주의는 1959년의 고데스베르크 강령이래, 그 뿌리에서 유대교와 기독교, 인본주의와 계몽주의, 마르크스주의적 사회분석과 노동운동의 경험을 가진 좌파 국민정당(linke Volkspartei)이다. 좌파 국민정당은 여성운동과 신사회운동의 중요한 자극에도 빚을 지고 있다.

자유, 평등, 우애라는 프랑스혁명의 기본요구는 유럽 민주주의의 기초이다. 그 이후 평등한 자유의 목표는 현대에 정의의 본질로 되었고, 자유, 정의, 연대는 자유롭고 민주주의적인 사회주의의 기본가치가 되었으며, 지금도 그렇다. 보수주의자(Konservative)와 자유주의자(Liberale)는 기본가치를 종종 대립적으로 파악한다. 자유가 많을수록 그 만큼 정의가 적다는 것이고, 정의가 많을수록 그 만큼 자유가 적다는 것이다. 사회민주주의의 이해에서 양자는 통일을 이룬다.

자유는 자결의 삶을 살 수 있는 가능성을 의미한다. 정의는 모든 사람의 동등한 존엄성에 기초하고 있다. 정의는 소득과 재산, 권력의 동등한 분배를 요구한다. 분배에서 커다란 불평등은 삶의 기회의 평등을 위협하기 때문이다. 연대는 상호 연대감, 소속감, 도움을 의미한다. 연대는 강자와 약자 간에, 세대 간에, 민족 간에도 해당된다.

우리의 역사는 민주사회주의(Demokratischer Sozialismus) 사상과 자유롭고 평등한 사람들의 사회에 의해 규정되었으며, 우리의 기본가치 속에서 실현된다. 이것은 시민적, 정치적, 사회적, 경제적 기본권리가 모든 사람에게 보장되고, 모든 사람이 착취, 억압, 폭력이 없는 생활을 사회적 인간적 안정 속으로 가져갈 수 있는 경제, 국가, 사회의 질서를 요구한다.

독일은 이민국가이다. 이민은 우리나라를 경제적 문화적으로 풍요롭게 만들었다. 이민은 계속될 것이고, 우리는 우리 사회가 그에 관해 준비가 되어 있기를 바란다.

20세기에 사회적 시장경제와 함께 뛰어난 성공모델이 창출되었다. 이것은 경제적 강점을 광범한 계층의 복지와 결합시켰다. 무제한적 세계적 금융시장과 자본시장은 이렇게 보장된 질서를 무너뜨렸다. 시장은 정치에 의해 규정될 필요가 있다. 최대한의 경쟁과 필요한 만큼의 국가 규제가 타당한 기준이다.

경제 민주주의는 삶에 대한 기본권의 요구를 충족하기 위해서 필수불가결하다. 소유에는 책임이 뒤따른다. 재산권의 사용에는 동시에 공공복리에 기여하여야 한다. 기업과 사업체에서의 공동결정, 자율적 임금교섭과 파업권은 사회적 시장경제에 기본적인 것이다. 강력한 노동조합은 우리에게 반드시 필요하다. 단체협상 자율은 무조건 타당하다.

사회민주주의 조세정책은 불평등을 줄이고 기회의 평등을 장려하는 것이다. 건전한 재정정책은 미래 세대의 희생을 대가로 오늘을 살지 않겠다는 것을 의미한다. 대자산과 유산상속에 대한 정당한 과세를 원한다.

상품과 금융시장 간의 국제적 연계가 증가하고 있기 때문에, 이에 대한 국제적인 규제가 더욱 중요하게 되었다. 법적 안정과 신뢰를 개선하기 위기 우리는 다른 국가들과 국제기구와 공동으로 대처하기를 원한다.

우리는 탈 원전 길을 실현할 것이다. 재생 에너지는 언제나 거대하고 장기간 사용할 수 있는 친숙한 에너지원(源)이다.

오늘날의 완전고용은 다음을 의미한다: 모든 사람은 좋은 일자리에 대한 기회와 그에 필요한 자격을 언제나 새롭게 가져야 한다. 자격취득과 평생교육, 육아와 가족노동, 무보수명예직과 정치적 노동 등을 위해 필요한 시간은 그에 상응하여 인정받아야 하고, 따라서 사회적 연대 안에서 사회적으로 보장되어야 한다. 안정성과 유연성을 조화시키고 변화의 과정에서 안정성을 보장하기 위해 우리는 현대적인 노동시간정책을 개발하고 실업보험을 고용보험으로 바꾸려고 한다.

우리는 사회국가를 예방적 복지국가(vorsorgende Sozialstaat)로 더욱 발전시킨다. 예방적 복지국가는 궁핍과 싸우고 사람을 활력 있게 하고, 자신의 생활을 스스로 결정할 수 있게 만든다. 예방적 복지국가가 우위에 두는 과제는 사회에서 모든 사람의 통합이다. 따라서 예방적 복지국가는 경제정책과 재정정책, 노동시장정책과 교육정책, 보건정책, 가족정책과 동등한 지위에 관한 정책, 혹은 이민자의 통합과 같은 다양한 과제를 서로 결합한다. 법정 연금보험은 빈곤을 막는 노령보험을 떠받치는 기둥이다. 연금보험은 물론 기업연금이나 공적으로 장려되는 사적 보험에 의해 보충되어야 한다. 연금은 기여금에 계속 연동되어야 한다.

사회적 참여와 교육은 19세기 노동운동의 첫 번째 목표였다. 이러한 목표는 현재의 변화된 조건 아래에서 다시 정치적 실천의 중심으로 들어와야 한다. 국가는 모든 사람이 출신과 관계없이 교육에 대해 기회평등을 보장하여야 한다.[45]

이렇게 탄생한 함부르크 강령에 대하여 좌경화란 평이 일반적이다. 좌경화라기보다는 베를린 강령을 계승하였다고 보는 것이 타당할 것이다. 베를린 강령의 경우, 비록 베를린 장벽이 무너진 1개월 후에 채택되었다고는 하지만, 냉전 종식이 불확실하던 시점에, 특히 1980년대 미국과 소련 간의 군비경쟁이 다시 뜨거워진 절정기의 중거리 핵미사일 서독 배치를 둘러싼 평화운동의 결과로 좌경화하였다. 강령 작업이 한창이던 시점에 예상 못하던 통일, 소련과 동유럽 공산주의 블록 해체 등의 상황 아래서 당과 이후 집권한 슈뢰더 총리 정부는 강령 자체에 관심이 없거나 무시하여 베를린

---

[45] "Hamburger Programm, Das Grundsatzprogramm der SPD"; www.spd.de

강령은 사민당 표현대로 불행한 강령이었다.

10년 후 아니 "연대적 중도를 넓히고 사회민주주의를 위하여 연대적 중도가 승리하기를 바란다"는 노골적인 중도 내지는 신자유주의의 영향을 강하게 받은 브레멘 강령초안이 2007년 1월 7일 발표된 지, 1년도 안 된 사이에 좌경으로 복귀한 의미는 무엇일까? 더구나 2년 전 박수 속에 아젠더 2010 추진을 위하여 참여한다는 대연정 합의문을 채택하고 분명 우향으로 가고 있는 연립정부에 참여하고 있는 사민당에게 베를린 강령 노선으로 복귀한 함부르크 강령은 어떤 의미일까?

쿠르트 벡 당수는 민주사회주의를 강조하고 당원 상대 여론조사에 따라 부의 분배를 강조하게 되었다고 밝혔다. 기층 당원의 요구에 따라 좌경화하였다는 이야기로 들릴 수도 있다. 이보다는 지식인들이 등을 돌리고 당원들이 떠난 사민당에 "더 이상 대안을 내놓을 수 있는 지적 능력이 없다"는 슈피겔의 비판이 더 설득력이 있다.[46] 그러기에 주)40의 표에서 보듯이 새로이 채택된 강령도 이후에 약효를 발휘하지 못하였다.

---

46) *Der Spiegel*, 2007. 9.27.

에필로그

　독일 사회민주당은 함부르크 강령에도 자랑스럽게 적고 있듯이 가장 오랜 역사를 가진 정당이다. 2007년 스스로를 좌파 정당이라고 규정하고 있듯이 가장 오랜 진보적 이념 정당이다. 그리고 노동운동의 일부로서 창당되었다.

　이념 정당이었던 까닭에 끊임없이 현실을 분석하고 이념을 제시해왔다. 전후 4년 마다 치러지는 총선에 대비한 우리로서는 공약집이라고 할 수 있는 선거강령도 그 깊이와 양에서 우리에게 놀라움을 주기에 충분하다. 4년마다 세계와 독일의 시대를 자기들의 이념 잣대로 분석하고 이를 바탕으로 거대 담론이랄 수 있는 정책에서 구체적인 삶과 관련된 정책을 제시하여 왔다. 멀리는 사실상 창당 선언문일 수 있는 고타 강령, 에르푸르트 강령, 가까이는 고데스베르크 강령에서 베를린 강령, 함부르크 강령은 각 시대의 당의 기본원칙이다. 당의 지혜와 외부의 지성 그리고 당원들의 여론을 수렴하여 시대를 분석하고 당의 향후 진로와 정책 방향을 제시하고 있다. 강령 하나하나가 시대를 구분 짓는 역사적 문건이고 명문이었다. 그래서 사민당은 강령정당(Programmpartei)임을 자부하고 있다.

　노동운동의 일부로서 창당되었다는 이야기는 처음부터 조직에 기반을 둔 정당이었다. 당원정당이라는 뜻이다. 그래서 창당 불과 8년만인 1871년 비스마르크 시대의 제국의회에 13명의 의석을 차지한 이후 사회주의 탄압법의 혹독한 시련을 거쳤다. 그 후 1890년에는 불합리한 선거제도 탓에 의석수에서는 다섯 번째였지만 최다득표 정당이 되었다. 이후 항상 최다득표 당의 지위를 유지하다가 제국의회의 마지막 선거인 1912년 선거에서 득표와 의석에서 모두 제1당이 되었다. 이는 바이마르 공화국에서도 1932년 정치적 혼란 속에 나치스가 대두하기까지 사민당은 1당으로서 바이마르 공화국을 이끌어가고, 전후 서독에서 마르크스주의를 노선으로 재건된 사민당이 제2당으로서, 제1당으로서 집권할 수 있었던 것은 바로 창당 때부터 전통인 탄탄한 당원조직에 기초하고 있었기 때문이다. 사민당은 당원정당(Mitgliederpartei)이다.

사민당은 강령정당, 당원정당으로서 모델정당이었다. 독일 사민당 창당 후 유럽 각지에서 독일 사민당을 모델로 한 사민당이 창당되었다. 레닌도 1898년에 창당된 러시아 사민당 (사회민주노동당) 당원이었다. 러시아 사민당 다수파가 멘셰비키고 소수파가 볼셰비키였다.

이런 자랑스런 전통을 가진 사민당이 1990년대에 슈뢰더 총리의 5년 집권 이후의 사정을 보면 득표에서 1세기 전만도 못하다. 왜 그런가?

1959년 고데스베르크 강령을 채택하면서 사민당은 사회적 시장경제를 수용하면서 노동계급의 정당(Partei der Arbeiterklasse)에서 국민정당(Partei des Volkes)으로 전환을 선언하고 대중 앞으로 다가섰다. 그리고 보수당과 대연정에 참여하여 집권능력을 보여준 후 1969년 사민당이 주도하는 연립정부를 구성하여 1983년까지 집권하면서, 경제 발전을 비롯하여 오늘날까지도 독일 복지제도의 기본이 되는 사회정책의 제도화 등 모든 부문을 일신하여 사회국가 서독을 서방 세계의 주도국 반열에 올려놓았다.

그러나 1990년 통일 이후 강령 정당 사민당의 강령인 베를린 강령은 누구도 관심을 가지지 않고, 슈뢰더 총리의 경우 '경멸'하기까지 하였다. 슈뢰더 총리의 신자유주의와 타협한 신중도 노선 하에서 베를린 강령은 빛바랜 깃발이었다. 당원정당 사민당에서 탈당 행렬이 이어지고, 국민정당 사민당을 국민들은 외면하였다.

진보적 이념정당은 그 정당의 이념이 그리는 허황한 유토피아가 아닌 실현 가능한 이상향(Idealtypus)를 제시할 수 있어야 한다. 사민당은 1863년 창당에서부터 노동계급이 자본가와 대등한 사회 실현을 목표 내세웠다. 그리고 이의 실현은 의회민주주의를 통해서였다. 그래서 라살레의 경우 보통선거를 포함한 선거제도 개혁을 주장하였던 것이다. 1차 대전 패전으로 인한 경제, 사회적 상황과 히틀러에 의해 허무하게 무너졌지만, 이상적인 민주주의 헌법으로 불리는 바이마르 헌법과 이에 기초한 바이마르 공화국은 당시의 압도적인 제1당 사민당의 이상이 만들어낸 것이었다. 그리고 전후 주권을 제약 당한 채 비이성적인 냉전구도 속에서 경제적 기적을 만들어냈지만 동서 대결 구조에서 항상 실존적 위험 아래 살고 있던 서독 국민들에게 새로운 동방정책으로 평화와 안전을 보장하고 그리고 사회적 국가의 제도를 정착시킨 것도 사민당의 오랜 기본가치의 실현이었다.

베를린 강령 초안제출 의견서에서 브레멘주 사민당 의장 브뤼크너의 말처럼 "[진보정당]에게 필요한 강령은 이상향을 그리고 상상력을 자극하는 것이다 – 그러면서도 실현 가능해야 한다." 베를린 강령 작업 당시에도 사민당에는 이미 상상력 빈곤 즉 이상향을 그리는 능력의 부재가 노출되었다. 당시 동유럽 특히 동독에서 시민들의 움직임이 어떻게 발전될 것인가에 대한 예측 능력이 없었다. 특히 분단 상황이 상대적이라는 것을 인식하지 못했다. 1989년 12월 베를린 당대회 당시에도 통일은 생각하지 못하고 조약공동체를 주장하고 있었다는 것을 보면 사민당의 사고의 바퀴는 멈추어 있었던 것이다.

이런 준비되지 않은 상태에서 통일과 부딪힌 국민정당 사민당을 동독 주민(Volk)은 신뢰하지 않았다. 2017년 총선에서 사민당은 구 동독 지역에서 득표도 득표지만 브란덴부르크 주에서만 3등이고 나머지 4개 주에서는 4위의 정당이다.[1] 안타깝게도 통일 20년이 다 되어가는 오늘날도 여전하다. 상상력 부재에 따른 이상 사회를 그려내지 못한 결과는 이렇게 오래고도 쉽게 치유될 수 없는 상처를 남겨주었다.

함부르크 강령 작성 과정도 마찬가지이다. 굳어져 있는 당 지도부가 초안을 공개한 시기가 당대회 10개월 전이라 그럴 수도 있다 하겠지만, 945건이나 되는 제안을 보면 치열함도 미래지향적인 것도 없다. 결국 빛바랜 베를린 강령 노선으로 퇴보하고 만 것이다. 과거를 먹고 사는 진보정당이 된 셈이다. 사민당이 비판하던 공산당의 교조주의란 과거를 팔고 살아가는 방식인 것이다. 2007년 11월 14일이나 21일의 포르자 여론조사를 보면, 당원들은 어떤지 모르지만 대중들은 사민당의 함부르크 강령 채택에 감동 받지 않았다.

사민당은 자유운동과 노동운동의 일부임에 자부심을 가지고 있다. 운동은 신념에 대한 확신, 자기희생과 역동성을 그 특징으로 하고 있다. 그래서 사민당은 비스마르크 시대의 사회주의 탄압법의 시련도 견디어냈고, 나치스의 탄압을 해외 망명지에서 아니면 슈마허처럼 다하우 수용소에서의 모든 시련도 겪으면서 반나치 운동에 참여하기도 하였다. 전후도 이들에게는

1) 구 동독 지역 총선 정당별 득표율(%)

		사민당	기민련/기민련	자민당	녹색당	좌파당	독일의 대안
브란덴부르크	2017	17,6	26.7	7.1	5.0	17.2	20.2
	2013	23.1	24.8	2.5	4.7	22.4	6.0
메클렌부르크-포어포메른	2017	15.1	33.1	6.2	4.3	17.8	18.6
	2013	17.8	42.5	2.2	4.3	21.5	5.6
작센	2017	10.5	26.9	8.2	4.6	16.1	27.0
	2013	14.6	42.6	3.1	4.9	20.0	6.8
작센-안할트	2017	15.2	30.5	7.8	3.7	17.8	19.6
	2013	18.2	41.2	2.6	4.0	23.9	4.2
튀링겐	2017	13.2	28.8	7.8	4.1	16.9	22.7
	2013	16.1	38.8	2.6	4.9	23.4	6.2
베를린	2017	17,9	22.7	8.9	12.6	18.8	12.0
	2013	24.6	28.5	3.6	12.3	18.5	4.9

출처: www.wahlen-in-deutschaland.de. 베를린에는 구 동-베를린이 포함되어 있어 참고로 포함시켰음

역시 시련이었다. 냉전과 분단 상황 하에서 사민당은 매카시즘의 대상이었다. 이를 타개한 것이 고데스베르크 강령 채택이었다. 마르크스주의를 청산하고 현실정치와 운동을 결합하고자 하였다. 이는 사민당에게 집권의 길을 열어주었지만 운동 청산을 강요하고 있었다. 시험무대는 원자력 발전소 건설을 계기로 등장한 젊은 세대의 환경운동과 1979년부터 시작된 나토의 중거리 핵미사일 배치 2중궤도 결정을 계기로 일어난 평화운동이었다. 집권당임에도 평화운동의 사민당 정치인들은 거리로 나섰다. 브란트 당수도 나섰지만 브란트는 '국가와 거리 사이에서'(Zwischen Staat und Straße) 적절한 위치를 취하면서 이를 조절하였다. 이 과정에서 포겔, 라퐁텐, 슈뢰더 등 혁명을 외치던 젊은 68세대가 대거 사민당에 들어왔다. 이들은 사민당의 미래였다. 이들이 사민당을 더욱 역동적으로 만들 것으로 기대되었다. 그러나 90년대에 들어오면서 사민당은 국가 안으로 들어왔다. 운동을 버린 것이다. 난민 문제인 90년대의 망명권 문제를 제기한 로스토크 사건에서 사민당이 국제주의, 국제적 연대보다는 국내 정치적 타협을 취한 것은 이의 한 예일 것이다. 이후 독일군의 평화유지군 파견 문제에 관해서는 1980년대의 평화운동을 위하여 거리로 나섰던 사민당의 모습은 전혀 찾아볼 수 없었다.

민족 문제에 관하여 전후 90년대까지 사민당의 논리는 전체로서의 유럽의 평화질서 속에서 민족 문제 극복이었다. 그러나 90년대 말 이후의 당대회나 선거강령에서 이런 논리는 사라졌다. 코소보 사태에 대해서도 20세기 말에 새로이 등장한 유럽의 민족 문제에 대하여 평화주의 논리나 민족 문제에 대한 논리보다는 주권을 완전히 회복한 유럽의 강국 독일의 국가이익에서 접근하고 있다는 느낌을 지울 수 없다.

90년대에 들어오면서 68세대가 당의 전면에 등장하면서 이들은 기대를 모았다. 신좌파의 세례 하에서 반권위주의적 혁명을 꿈꾸던 이 세대는 기대와는 달리 슈뢰더에게서 보듯이 이전 세대보다 훨씬 더 권위주의적이고 뿐만 아니라 반민주적이었다. 강령정당, 당원정당 사민당은 당내의 자유롭고 활발한 토론을 통하여 의견을 수렴하고 타협하면서 당의 단결을 자랑했다. 마르크스주의를 청산한 고데스베르크 강령 작성 작업에서도 일부 마르크스주의자들을 출당시키기는 하였지만, 이런 전통에서 벗어나지 않았다. 80년대 중엽 이후 평화주의를 둘러싸고 브란트와 뢰벤탈이 공개적으로 각을 세우고 에플러 심지어 브란트까지 거리로 나섰을 때도 이런 전통은 유지되었다. 그러나 90년대 들어서 68세대가 당 지도부를 장악한 이후 이런 전통은 사라지고 있었다. 신중도 노선, 아젠다 2010, 하르츠 개혁과 관련하여 슈뢰더는 기본가치의 현대화 내지는 재정의를 거의 일방적으로 요구하였을 뿐, 당내에서 심도 있는 토론 과정은 없었다. 라퐁텐이 탈당하면서 80년대의 녹색당 출범 시와는 달리 본격적인 좌파 정통성 경쟁이 시작되었다. 좌파당은 자신이 1863년 이래의 사회민주주의 운동의 정통성을 가지고 있다고 주장하기에 이르렀다.

전후 사민당을 이끌었던 재건의 주역, 슈마허는 물론이고, 망명을 거친 아이흘러, 망명과 체포를 경험한 브란트, 브란트 및 슈미트와 삼두마차를 형성하여 당을 이끌던 베너도 독일 공산당 출신으로 소련 망명 중에 스탈린의 대숙청의 현실을 눈으로 보았다. 이런 경력에 바탕을 둔 권위를 가진 이들이 당을 이끌 때 사민당은 자유롭고 활발한 당내 토론을 자랑하였다. 브란트의 말처럼 결국은 타협으로 가는 것이지만 그 과정의 토론이 때로는 격렬하기까지 하였다. 그런데, 반권위주의적 혁명 세대 68세대는 오히려 반민주적이고 권위주의적이다. 이들은 독일 경제기적의 시대, 비록 냉전 시대이기는 하였지만 나치 공포와는 다른 민주주의 시대에 성장하였다. 그리고 브란트-슈미트 정부 하의 개혁과 제도화로 이들이 자연스럽게 기득권 세력화한 것은 아닐까? 공동결정권, 단체협상권을 보장 받은 노조에 대하여 오일쇼크로 실업자들이 증가하였을 때 청년실업자들은 노조원들을 늙은 기득권 아저씨들이라 불렀다는 것은 사민당의 새로운 세대에게도 해당되는 것이 아닌가? 이는 당원 감소에서 젊은 세대의 입당이 현저히 줄어든 것이 이를 증명하고 있다.

2005년 총선 패배에서부터 구체적으로 드러난 사민당의 위기는 이런 배경에서 좌표를 만들어내지 못하고, 아니 좌표를 만들어낼 의지와 능력 부재가 누적되면서 나타난 필연적 귀결이다. 일찍이 1966년 대연정 참여는 사민당의 집권능력을 증명하면서, 다음 총선 승리와 사민당 주도 하의 사회적 국가 건설로 가는 도약대였다. 반면에 2005년의 대연정 참여, 그리고 2018년 대연정 참여는 내일의 도약을 위한 것이 아니라 위기의 사민당이 기득권 체제 안에 살아남으려는 발버둥이다.

2017년 총선에서 20.5% 득표로 참패하고 대연정 문제가 제기된 후 연말에 사회주의청년단(JUSOS)이 발표한 '신호를 듣자! – 독일사회민주당은 21세기를 위해 새롭게 출발해야 한다'(Hört die Signale! – Die SPD für das 21. Jahrhundert neu aufstellen)는 제목의 성명서가 이를 잘 말해주고 있다.

사민당은 근본적으로 새로운 시작을 해야 할지, 아니면 자신의 몰락을 지켜 봐야할지의 갈림길에 서 있다. 우리는 사민당의 일관된 새로운 방향 설정과 새로운 건설을 원한다. 이것은 절박하고 필요한 작업이다.

1998년 이후 우리 지지자의 절반을 잃었다는 사실을 인정해야 한다. 게다가 같은 시간에 우리는 우리 당원의 40% 이상을 잃었다. [이번 총선에서] 24살까지의 청년층에서는 – 여기서 사민당은 연방공화국의 역사에서 전통적으로 강세였는데 – 평균 이하의 득표를 했을 뿐이다. 단지 60세 이상의 노령층에서 사민당은 평균 이상의 득표를 했고 특히 그 중 남성에서 25%의 강세를 나타냈을 뿐이다. 따라서 최근의 정부참여와 선거캠페인의 평가에서 필요한 분석이 이루어질 필요는 없고, 오히려 원칙적인 문제를 따져봐야 할 것이다. 과거의 잘못된 개념의 포기와 지난 20세기의 강령적인 기본방향과의 근본적인 단절이 이를 위해 필수적이다. 강령의 혁신으로 개인적이고 조직적인 새로운 시작이 이루어질 수 있다.

신자유주의는 난파하였다. 그리고 그와 함께 사회민주주의의 '제3의 길'과 '신중도'의 정책도 난파하였다. 2007년에는 아젠다-개혁의 인상과 세계경제위기 앞에서 함부르크강령은 신자유주의적 세계화의 실패와 무엇보다 급속히 가속화되고 있는 디지털화의 결과로 인한 근본적인 사회적 변동에 대한 중요한 전망이 결여되었다. 따라서 지금이 바로 사민당에서 새로운 기본강령에 관한 광범한 토론이 이루어지기 위한 올바른 시점이다.

사회민주주의는 또한 더 나은 미래와 진보의 운동에 대한 흔들리지 않는 믿음에 언제나 머물러야 한다. 사민당은 오늘날에도 다시 진보의 당이 될 때만이 성공할 수 있다. 이를 위해 사민당은 무엇보다 중심적인 미래 문제에 훨씬 더 강하게 초점을 맞추어야 하고, 좌파 국민정당으로서 다시 시대의 문제에 대한 올바른 해답을 위한 토론의 장이 되어야 하고, 용감한 추진력으로 정책적 토론을 주도해야 한다. 과거의 해결을 미래의 해답으로서 파는 시도를 거부해야 한다. 지난 세기 60~70년대의 민족국가적으로 둘러쳐진 계급타협으로의 회귀는 성공할 수 없다.

강령상의 새로운 방향이 필요하다. 중심적 정치영역을 위한 우리의 기본가치와 구체적 제안의 토대 위에서 일관된 전체 이야기 사이의 다리를 놓는 것이 필요하다. 정의는 사회보장을 부흥시키고, 신뢰를 확보하는 것이다. 정의는 분배문제를 새롭게 제시하는 것이다. 정의는 모두를 위해 사회보장을 보장하는 것이다. 정의는 내용과 전략이 통일될 때만 이루어질 수 있다. 내용의 혁신은 조직의 혁신 없이는 불가능하다.

당원 정당으로서 사민당의 정치적 성공은 다른 정당들과 달리 강력하고 시대에 맞는 구조에 의존한다. 강령 정당이 되어야 한다는 요구에서 사민당은 강령의 토론을 참여적으로 이끌어야 하는 것을 고려해야 한다.

역사에서 사민당의 노선과 강령 그리고 정책은 세계의 진보세력은 물론이고 보수세력에게도 깊은 영향을 주었다. 오늘날과 같은 무기력을 털어내고 활기찬 논쟁을 통해 현실을 해석하고 이상향을 제시할 것인지 아니면 역사책에 나오는 과거 시대의 흘러간 정당으로 치부되고 말 것인지 아직은 지켜보아야 할 것 같다.

참고문헌

단행본

김동순,『최근 독일경제 부흥요인 분석과 정책적 시사점』, 국회예산정책처 2015
김상호,『독일 공적연금제도의 개혁 추이와 기업연금』, 프리드리히 에버트 재단 주한협력사무소 2005
김영윤,『통일 전 서독의 대동독 정책』, 프리드리히 에버트 재단 주한협력사무소 1998
김영윤 양현모 편,『독일, 통일에서 통합으로 - 문답으로 알아보는 독일 통일』, 통일부 2009
김정기 외,『전후 분단국가의 언론정책 - 독일의 동방정책과 한국의 북방정책 비교 연구』, 한국언론연구원 1995
데니스 L. 바크, 데이빗 R. 그레스(서지원 역),『도이치 현대사』1, 2, 3, 4, 비봉출판사 2004
박형중,『70년대 사민/자민 연정의 신동방·독일정책과 정치 논쟁(FES-Information-Series)』, 프리드리히 에버트 재단 2001
배영수, 김경현, 김기순, 김호연, 이기영,『서양사강의』, 한울아카데미 2007
배진영,『베를린 장벽 붕괴 후 10년 - 통일 독일의 경제』, 프리드리히 에버트 재단 주한협력사무소 1999
법무부,『독일형법』, 법무부 2006
베른트 파울렌바흐,『독일 사회민주당의 역사』, 한울아카데미 2017
_____,『독일 사회민주주 150년』, 프리드리히 에버트 재단 한국사무소 2013
세계노동운동사연구회,『세계노동운동사』, 세계노동운동사연구회wolamohi.com
손기웅 외,『동서독 정치범 석방거래 및 정책적 시사점』, 통일부 2008
신두철,『독일 정당체제의 변화와 재편성. 국민 정당의 몰락?』, 프리드리히 에버트 재단 한국사무소 2012
신진욱,『독일 사회민주당의 고데스베르크 강령과 한국 정치』, 프리드리히 에버트 재단 한국사무소 2015
아르네 하이제,『세계화 시대 속 '사회적 시장경제'』, 프리드리히 에버트 재단 한국사무

소 2014
안석교,『아젠다 2010- 경제개혁의 배경, 내용 및 전망』, 프리드리히 에버트 재단 한국사무소 2004
여인곤, 김국신, 신상진, 배정호, 박영호,『대북포용정책의 효율적 추진을 위한 주변 안보·외교환경 조성방안』, 통일연구원 2000
이명헌,『독일의 재정제도』, 한국조세연구원 2011
이삼열,『유럽 사회민주당의 위기와 혁신 과제』, 프리드리히 에버트 재단 한국사무소 2011
이상호,『독일 노동운동의 자기정체성 모색과 현실적 딜레마』, 노동연구원 2005
장명봉,『분단국가의 통일과 헌법』, 국민대출판부 2000
최창동,『분단국가의 법적 지위』, 법률행정연구원 1996
통일부,『독일통일총서』 17, 18, 19, 통일부, 2016
통일원,『법률로 본 독일통일』, 통일원 1995
페터 가이,『1949-1989 독일연방공화국과 독일민주공화국의 경제교류』, 프리드리히 에버트 재단 2003
프레데릭 들루슈 편,『새 유럽의 역사』, 까치 1995
프리드리히 에버트 재단/ 토비아스 곰베르트 외(한상익 역),『사회민주주의 총서 1 - 사회민주주의의 기초』, 한울, 2012
_____/ 시몬 바우트 외(김종욱 역),『사회민주주 총서 2 - 경제와 사회민주주의』, 한울 2012
하이너 드립부쉬, 페터 비르케,『독일의 노동조합』, 프리드리히 에버트 재단 한국사무소 2014
한스 헤르만 헤르틀레(한국수출입은행 역),『독일통일실태 보고서(Ⅱ) - 독일 연방하원 앙케이트위원회 보고서』, 한국수출입은행 2009
허영 편저,『독일통일의 법적 조명』, 박영사 1994
Alfred Pfaller, *Gesellschaftliche Polarisierung in Deutschland*, 2012 (www.fes.de.)
Allianz für Deutschland, *Wahlaufruf und Sofortprogramm der Allianz für Deutschland zur Volkskammerwahl in der DDR am 18. März 1990* (www.kas.de. 1990)
Andreas Vogtmeier, *Egon Bahr und die deutsche Frage*, Bonn: Verlag J.H.W.Dietz Nachfolger 1996 (www.fes.de)
Antonia Gohr, *Was tun, wenn man die Regierungsmacht verloren hat? Die SPD-Sozialpolitik in den 80er Jahren*, ZeS-Arbeitspapier, (www.socium.uni-bremen.de, 2000)

Arbeitskreis Mittelstand, *Die Wirtschaft entfesseln: Bürokratie konsequent abbauen*, (Friedrich-Ebert-Stiftung, 2003)

Bernd Faulenbach, Markus Meckel, Hermann Weber(Hg.), *Die Partei hatte immer recht-Aufarbeitung von Geschichte und Folgen der SED-Diktatur*, (www.fes.de, 1994)

Bundesrat, *Gesetws zur Änderung der Handwerksordnung und zur Förderung von Kleinunternehmen*, (www.bgbl.de, 2003)

_____, *Unterrichtung durch den Bundesrat-Drittes Gesetz für moderne Dienstleistungen am Arbeitsmarkt*, (www.bgbl.de, 2003)

BÜNDNIS90/DIE GRÜNEN, *Die Zukunft ist grün. Grundsatzprogramm von BÜNDNIS 90/DIE GRÜNEN*, (www.rosalux.de 2002)

CDU, *Freiheit und Verandwortung im vereinten Deutschland*, (www.kas. 1996)

_____, *Grundsatzprogramm Freiheit, Solidarität, Gerechtigkeit*, (www.kas.de, 1978)

_____, *Wahlprogramm der Christlich Demokratischen Union*, (www.kas.de, 1983)

_____, *Wahlprogramm der Christlich Demokratischen Union Deutschlands zur gesamtdeutschen Bundestagswahl am 2. Dezember 1990*, (www.kas.de))

_____, *CSU und SPD, Gemeinsam für Deutschland. Mit Mut und Menschlichkeit-Koalitionsvertrag von CDU, CSU und SPD. 11. November 2005*, (www.bundesregierung.de)

Der Fraktionen der SPD, CDU/CSU, FDP, *Entwurf eines Dritten Gesetzes zur Änderung des Diätengesetzes*, (Bonn, Deutscher Bundestag, 1968)

Der Fraktionen SPD und BÜNDNIS 90/DIE GRÜNEN, *Entwurf eines Zweiten Gesetzes für moderne Dienstleistungen am Arbeitsmarkt* 2002, (dip21.bundestag.de)

Deutscher Bundestag, *100. Sitzung*(17. Mai 1974), (dipbt.bundestag.de)

_____, Bericht der Enquete-Kommission, *Aufarbeitung von Geschichte und Folgen der SED-Diktatur in Deutschland*"(1994),(dip21.bundestag.de)

_____, *Plenarprotokoll 9/57*(9. Oktober 1981), (dip21.bundestag.de)

_____, *Plenarprotokoll 13/102*(26.April 1996), (dip21.bundestag.de)

_____, *Plenarprotokoll 14/3*(10. November 1998), (dip21.bundestag.de)

_____, *Plenarporotokoll 11/177*(28. November 1989), (dip21.bundestag.de)

_____, *Plenarprotokoll 14/168*(11. Mai 2001), (dip21.bundestag.de)

_____, *Plenarprotokoll 15/32*(14. März 2003), (dip21.bundestag.de)

_____, *Plenarprotokoll 15/84*(19. Dezember 2003), (dip21.bundestag.de)

Declaration of the Socialist International(1951), (www.socialistinternational.org,)

Die Linke, *Programm der Partei DIE LINKE*(2011), (www.rosalux.de)

Eckart Huhn, *Die Passierscheinvereinbarungen des Berliner Senats mit der Regierung der DDR 1963 bis 1966*, Inaugural-Dissertation zur Erlangung des Grades eines Doktors der Philosophie, (FernUniversität Hagen, 2009)

Eduard Benstein, *Voraussetzungen des Sozialismus und die Aufgaben der Sozialdemokratie*(1899), (www.marxists.org)

Egon Bahr, *Wandel durch Annäherung*(1963), (www.fes.de)

_____, *Zu meiner Zeit*. München: Karl Blessing Verlag 1996 (www.cvce.eu)

_____, *Willy Brandts europäische Außenpolitik*, Bundeskanzler-Willy-Brandt-Stiftung 1998; (www.willy-brandt.de)

Enquete-Kommission, Schlußbericht der Enquete-Kommission *"Überwindung der Folgen der SED-Diktatur im Prozeß der deutschen Einheit"*, Deutscher Bundestag 1998

Ernst Ulrich von Weizsäcker, *Bürgerschaftliches Engagement unter den Bedingungen der Globalisierung*, Friedrich-Ebert-Stiftung 2004

Ferdinand Lassalle, *Arbeiter-Programm*, Verlag von Erdmann Dubber in Hamburg 1909

_____, *Offenes Antwortschreiben an das Zentralkomitee zur Berufung eines Allgemeinen Deutschen Arbeiter-Kongresses zu Leipzig*(1863. 3. 1.), (Marxists' Internet Archive)

Friedrich Ebert, *Rede zur Eröffnung der Nationalversammlung in Weimar am 6. Februar 1919,*(www.geschichte-abitur.de)

Friedrich-Ebert-Stiftung Gesprächskreis Sozialpolitik, *Neue Wege zur Flexibilisierung des Renteneintritts*, Friedrich-Ebert-Stiftung 2006 (www.fes.de)

Friedrich Engels, *Zur Kritik des sozialdemokratischen Programmentwurfs,* 1891, (www.mlwerke.de)

Gemeinsamen Arbeitgruppe SPD-PVAP(Vereinigte Politische Arbeiterpartei), *Materialien Frieden und Abrüstung in Europa* 1985, (www.fes.de)

General Secretariat of the Council and of the Commission, *TREATY ON EUROPEAN UNION 7 February 1992*, (europa.eu/european-union)

Georg Erber, Harald Hagemann, *Zur Produktivitätsentwicklung Deutschlands im internationalen Vergleich*, Friedrich-Ebert-Stiftung 2012 (www.fes.de)

Georgios Chatzoudis, *Die Deutschlandpolitik der SPD in der zweiten Hälfte des Jahres 1989*, Friedrich-Ebert-Stiftung 2005

Gérard Bökenkamp/Detmar Doering/Jürgen Frölich/Ewald Grothe((Hrsg.), *30 Jahre "Lambsdorff-Papier"*, Friedrich-Naumann-Stiftung 2012

Gerhard Schröder, *Regierungserklärung*, (www.bundesregierung.de 2003)

Gesetz gegen die gemeingefährlichen Bestrebungen der Sozialdemokratie(Sozialistengesetz), (www.documentArchiv.de)

Gesetz zur Verbesserung der Haushaltsstruktur 1975, (www.juris.de)

Grundwertekommission beim Parteivorstand der SPD, *Der Globalisierung ein europäisches Gesicht geben - Materialien zur Programmdiskussion*, (www.fes.de, 2000)

Heiner Dribbusch, Peter Birke, *Die Gewerkschaften in der Bundesrepublik Deutschland*, (www.fes.de, 2012)

Helga Grebing, Gregor Schöllgen und Heinrich August Winkler(hrg.), *Willy Brandt Berliner Ausgabe band 5*, J.H.W. Dietz Nachf. GmbH, 2002

Helmut Schmidt, *Regierungserklärung*(17. Mai 1974), (www.fes.de)

_____, *Regierungserklärung* 1980, (www.fes.de)

_____, *The 1977 Alastair Buchan memorial lecture*, (www.researchgate.net)

_____, *Vorrang für den Frieden. Regierungserklärung*(17. Januar, 1980), (www.fes.de)

Horst Ehmke, Karlheinz Koppe, Herbert Wehner(hrsg.), *Zwanzig Jahre Ostpolitik. Bilanz und Perspektiven*, verlag Neue Gesellschaft 1986 (www.fes.de)

Johannes Goebel, Martin Orth, Dr. Helen Sibum Hrg., *Facts about germany 2015* (www.facts-about-germany.de)

Jochen Weichold/ Horst Dietzel, *Bundestagswahl 2005 - Wahlprogramme der Parteien im Vergleich*, Rosa-Luxemburg-Stiftung 2005 (www.rosalux.de)

Karl Marx, *Kritik des Gothaer Programms* (www.marxists.org)

Kommission zum Abbau der Arbeitslosigkeit und zur Umstrukturierung der Bundesanstalt für Arbeit, *Moderne Dienstleistungen am Arbeitsmarkt - Bericht der Kommission*, 16. August 2002, (www.bpb.de)

Kurt Georg Kiesinger, *Rede beim Staatsakt der Bundesregierung zum Tag der Deutschen Einheit im Bundestag*, 17. Juni 1967, (1000dok.digitale-sammlungen.de, 2011)

Kurt Georg. Kiesinger, *Regierungserklärung*, 13. Dezember, 1969, Geschichte der CDU (www.cdu-geschichte.de)

Linke Liste/PDS, *Wahlprogram Der Linken Liste/PDS zur Bundestagswahl 1990* (www.rosalux.de)

Michael Dauderstädt, *Staatsschulden, Demokratie und Ungleichheit*, Friedrich-Ebert-Stiftung, 2012

Michael Dauderstädt, *Deutschland: Schlusslicht im alten Europa?*, (www.fes.de, 2004)

Philippe Van Parijs, *Agenda 2010: a model for Europe?*, (greeneuropeanjournal.eu. www.greeneuropeanjournal.eu, 2013)

Presse- und Informationsamt der Bundesregierungen(hrg.), *Dokumentation zur Ostpolitik des Bundesregierung. Verträge und Vereinbarungen*, Bonner Universitäts Buchdruckerei 1986 (www.fes.de)

Quadripartite Agreement on Berlin, Berlin, 3 September 1971 (treaties.un.org)

Robert L. Hutchings, *The Prague Summit and the Warsaw Pact's "Grand Proposal(1983)"*, (osaarchivum.org)

Ruth Weinzierl, *Der Asylkompromiss 1993 auf dem Prüfstand*, Deutsches Institut für Menschenrechte 2009 (www.institut-fuer-menschenrechte.de)

SAP(Sozialdemokratische Arbeiterpartei), *Eisenacher Programm(1869)*, (www.marxists.org)

SAPD(Sozialistische Arbeiterpartei Deutschlands), *Das Gothaer Programm(1875)*, (www.marxists.org)

Sozialdemokratischen Partei Deutschlands und Bündnis 90/Die GRÜNEN, *Aufbruch und Erneuerung - Deutschlands Weg ins 21. Jahrhundert - Koalitionsvereinbarung zwischen der Sozialdemokratischen Partei Deutschlands und Bündnis 90/Die GRÜNEN*. 20. Oktober 1998, (www.bundesregierung.de)

SPD, *Bilanz einer Wende. Dokumentation der Deutschland- und Ostpolitik: nach 13 Jahren vor dem Ende?*,(www.fes.de)

Das Erfurter Programm(1891), (www.marxists.org)

Das Görlitzer Programm(1921), (www.marxists.org)

Das Heidelberger Programm(1925), (www.marxists.org)

Prager Manifest-Grundsatzprogramm der SPD(1934), (harte—zeiten.de)

Das Godesberger Programm(1959), (www.spd.de)

Das SPD-Programm VON GODESBERG ZU IRSEE - Entwurf für ein neues Grundsatzprogramm der Sozialdemokratischen Partei Deutschlands, 1986, (www.fes.de)

Das Berliner programm(1989), (www.spd.de.)

Das Hamburger Programm(2007), (SPD www.spd.de)

Die Deutschen in Europa. Berliner Erklärung der Sozialdemokratischen Partei Deutschlands,(www.fes.de)

Die Sozialdemokraten in der Bundesgierung und im Bundestag 1970-1972, (www.fes.de)

Politik Juni 1986, (www.fes.de, 1986)

Soziale Demokratie Im 21. Jahrhundert-Bremer Entwurf" für ein neues Grundsatzprogramm(2007), (www.fes.de)

SPD-Parteivorstand, *Das Wahlprogramm der SPD 1953*, (www.fes.de)

Bundestagswahl 1957, (www.fes.de)

Regierungsprogramm 1961, (www.fes.de)

Bundestagswahl 1965, (www.fes.de)

Regierungsprogramm 1969, (www.fes.de)

Regierungsprogramm 1972, (www.fes.de)

Regierungsprogramm 1976, (www.fes.de)

Regierungsprogramm 1980, (www.fes.de)

Regierungsprogramm 1983, (www.fes.de)

Regierungsprogramm 1987, (www.fes.de)

Ja zur deutschen Einheit - eine Chance für Europa. Wahlprogramm der SPD zum ersten frei gewählten Parlament der DDR(1990), (www.fes.de)

Regierungsprogramm 1990, (www.fes.de)

Regierungsprogramm 1994, (www.fes.de)

Das Wahlmanifest der SPD 1998, (www.fes.de)

Das Wahlmanifest der SPD 2002, (www.fes.de)

Das Wahlmanifest der SPD 2005, (www.fes.de)

Das Wahlmanifest der SPD 2009, (www.fes.de)

Karlsruher Parteitag(23./27. Nov. 1964), (www.fes.de)

Dortmunder Parteitag(1./5. June 1966), (www.fes.de)

Außerordentlicher Parteitag der SPD in Bonn-Bad Godesberg 18./20. Nov. 1971, (www.fes.de, 1971)

Parteitag in München(1982), (www.fes.de)

Parteitag in Nürnberg(1968), (www.fes.de)

Protokoll Parteitag Bonn 12. April 1999, (www.spd.de)

Beschlüsse - Parteitag der SPD in Nürnberg 19. bis 22. November 2001, (www.spd.de)

Protokoll des außerordentlichen Bundesparteitages der SPD. 2. 6. 2002, (www.fes.de)
Beschlüsse- Parteitag der SPD in Bochum. 17. bis 19. November 2003, (www.spd.de)
Beschlüsse - Außerordentlicher Parteitag Berlin 2003, (www.spd.de)
Protokoll des außerordentlichen Bundesparteitages der SPD. 21. März 2004, (www.fes.de)
Beschlüsse- Außerordentlicher Bundesparteitag der SPD in Berlin. 31. August 2005, (www.spd.de)
Protokoll Bundesparteitag Karlsruhe. 14.- 16. November 2005, (www.spd.de)
Beschlüsse- Außerordentlicher Bundesparteitag der SPD in Berlin. 14. Mai. 2006, (www.spd.de)
Protokoll Bundesparteitag Hamburg, 26. - 28. Oktober 2007, (www.spd.de)
Beschlüsse des ordentlichen Bundesparteitages der SPD in Dresden, 13. - 15. November 2009, (www.spd.de)
Der Streit der Ideologien und die gemeinsame Sicherheit, 1987, (www.fes.de)
SPD-Parteivorstand(hrg.), *Ost- und Deutschland-Politik. Der Deutsche-Sowjetische Vertrag*, Köln: Druckhaus Deutz, 1970 (www.fes.de)
Statistischen Bundesamtes, *Datenreport 2002*, Statistisches Bundesamt 2003
_____, *Datenreport 2004*, Statistisches Bundesamt 2005
_____, *Datenreport 2016*, Statistisches Bundesamt 2017
_____, *Export, import, Globalisierung 2011*, Statistisches Bundesamt, Wiesbaden 2012
Takeshi Yamamoto, *The Road to the Conference on Security and Cooperation in Europe, 1969-1973: Britain, France and West Germany*, PhD International History (London School of Economics and Political Science, 2007)
Tilman P. Fichter/Siegward Lönnendonker, *Geschichte des SDS*, (Bielefeld, AISTHESIS VERLAG, 2018)
Tony Blair and Gerhard Schroeder, Europe: *The Third Way/Die Neue Mitte*, 1998, (www.fes.de)
Tor Kristian Brænde, *Die programmatische Entwicklung der SPD von 1989 bis 2007: Eine vergleichende Analyse der Grundsatzprogramme von 1989(Berliner Programm) und 2007(Hamburger Programm)*, Oslo University 2009 (www.duo.uio.no)
Ulrich Cichy, *Hartz-Agenda 2010 und andere Konzepte*, 2004, (www.fes.de)
Werner Krause/ Mario Bungert/ Michael Oberstadt/ Bernd Raschke/ Hartwig Schlaberg/ Wolfgang Stärcke, *Willy Brandt Ein politisches Leben 1913-1992*, Friedrich-Ebert-

Stiftung. 2004 (www.fes.de)
Willy Brandt, *Abschiedsrede*, (www.fes.de, 1987)
_____, *Abschiedsrede des Parteivorsitzendent beim außerordentlichen Parteitag der SPD in der Bonner Beethovenhalle am 14. Juni 1987*, (www.fes.de)
_____, *Regierungserklärung*, 28. Oktober 1969, (www.fes.de)
Wolfram Adolphi(Hrsg.), Michael Schumann, *Hoffnungs PDS*, Berlin: Karl Dietz Verlag 2004 (www.rosalux.de)

논문 외

구춘권, "이주의 증가와 독일 이주민정책의 변화", 『국제지역연구』, 21권 1호, 2012 봄, 서울대학교 국제대학원 국제학연구소, 2012
권무수, "동·서독 통일정책 개관", 『사회과학연구』, vol.2 No1 1990, 국민대학교 사회과학연구소
김금수, "근현대 노동자의 생활 수준", 『김금수의 세계노동운동사 [10]』, 한국노동사회연구소 (http://klsi.org)
김도협, "현행 독일선거법제에 관한 고찰", 『인하대학교 법학연구』, 제17집 제2호, 인하대학교 법학연구소 2014
김영희, "주권의 완전회복 – 10년 걸려 탄생된 서독비상사태법", 중앙일보, 1968.06.18
김우준, "독일 슈뢰더 정권의 신중도 노선 등장 배경과 평가", 『국제정치논총』, 41(2), 한국국제정치학회 2001
김흥종, 김균태, "독일 경기침체의 원인과 시사점", 『오늘의 세계경제』, 제 05-12호, 대외경제정책연구원 2005
미하엘 슈미트케(정인 역), "문화혁명인가 문화충격인가? 독일에서 학생 급진주의와 1968년", 사회실천연구소 2014. 12.
박수혁, "통독에 있어서의 동서독 헌법 통일", 『법제연구』, 제2권 제1호, 한국법제연구원 1992
송석윤, "서독의 기본법 제정 과정: 연합국의 영향과 관련하여", 『법사학연구』, 제29호, 한국법사학회 2016
안효상, "제1 인터내셔널 창립 150주년", 『월간 좌파』
양태건 역, "1850년 프로이센 헌법", 『서울대학교 법학』, 제54권 제2호, 서울대학교 법

학연구소 2013
에릭 블랑(미래 역), "1917년의 기원: 카우츠키, 국가, 러시아 혁명", 다른 세상을 향한 연대 (www.anotherworld.kr)
오향미, "독일제국의 민주주의: 입헌군주정 하에서의 의회주의의 시도",『세계지역연구논총』, 제23집 2호, 한국세계지역학회 2005
유진숙, "독일 사민당과 제3의 길: 합리적 선택 제도주의적 갈",『미래정치연구』, 2014년 제4권 1호, 명지대학교 미래정치연구소 2014
이진복, "협치의 권력구조: 분권형 대통령제", 민주정책연구원, 2016
＿＿＿, "기회주의와 제2인터내셔널의 붕괴", 민주정책연구원
＿＿＿, "10강 제국주의, 1차 대전, 공황, 파시즘, 2차 대전: 19세기 말~20세기 전반기", 민주정책연구원
이진모, "사회주의 노동운동과 폭력",『인문과학연구』
이동기, "독일 분단과 통일과정에서의 '탈민족' 담론과 정치",『민족공동체의 현실과 전망』
＿＿＿, "유럽 냉전의 개요 ― '탈냉전'의 관점에서",『세계정치』, 22권 1호, 서울대학교 국제문제연구소 2015
＿＿＿, "평화와 인권 ‐ 서독 정부의 대동독 인권정책과 대북 인권정책을 위한 합의",『통일과 평화』, 3집 1호, 서울대학교 통일평화연구원 2011
임동원, "햇볕정책과 동방정책 ; 현재와 미래를 위한 성찰", (한국외대역사문화연구소 학술회의 특강 2017.5.26.)
임운택, "68년 독일사회주의학생동맹의 교훈", 대학원신문 251호 2008.6.3
임정희, "68혁명과 신사회운동 : 저항과 대안",『초록정치연대의 지속적 토론을 위하여』, 2006
유타 림바흐, "법적 관점에서 본 독일 통일", 1998년 9월 4일 민족통일연구원과 프리드리히 에버트 재단이 공동으로 주최한 학술회의 발표 자료
정상수, "빌헬름시대 독일의 제국주의",『독일학연구』, Vol.6, 서울대학교 인문대학 독일학연구소 1997
정은숙, "'헬싱키 프로세스'와 남북관계", KDI『북한경제리뷰』2008. 2
조성훈, "1873년 금융위기가 독일 노동자들에 미친 영향",『경제논집』, 제55권 제1호, 서울대학교 경제연구소 2016
칼 마르크스(이수흔 역), "고타강령 비판",『맑스 엥겔스 저작집』, 제4권, 박종철출판사 1997

프랭크랜드(E. Gene Frankland:모심과 살림연구소 역), "독일 녹색당의 탄생과 몰락 그리고 재건", 모심과 살림연구소 1992(mosimsalim.or.kr)

프리드리히 엥겔스(박기순 역), "1891년 사회민주주의당 강령초안 비판을 위하여", 『맑스 엥겔스 저작집』, 제5권, 박종철출판사 1997

한국조세연구원, "독일 연방정부의 2003년 세제개혁안(2003. 7. 18)", 한국조세연구원 2003 (www.kipf.re.kr)

한스 기스만, "독일의 '동방정책'과 한국 통일: 유사점과 차이점 및 교훈", 2001년 5월 17일 인하대학교와 프리드리히 에버트 재단이 공동으로 개최한 "평화 공존을 위한 대북 포용 정책의 성과와 전망" 국제학술대회에서 발표한 논문.

홀저 네링, "안보의 정치: 냉전 초기 영국과 서독의 반핵운동", 『아시아리뷰』 제5권 제2호(통권 10호), 서울대학교 아시아연구소 2016

후베르투스 크나베(월간조선 역), "침투당한 공화국 - 서독 내 슈타지 발췌(1-5)", 『월간조선』, 2002.9.-2003. 3.)

Alfred Grosser, "Diese Krise ist die schwerste", *Der Spiegel*, October 19, 1981

Anna Becker, Andreas Lotz, "Zweiter Kalter Krieg und Friedensbewegung: Der NATO-Doppelbeschluss in deutschdeutscher und internationaler Perspektive (26.-28.03.2009)", Institut für Zeitgeschichte 2009 (www.ifz-muenchen.de)

"Auffassung der Bundesregierung zu den Ostverträgen (Januar 1972)- Legende: Im Januar 1972, bedingt durch die Einwände der Opposition gegen die Unterzeichnung der Verträge von Moskau und Warschau, verteidigt die Regierung der Bundesrepublik Deutschland ihre Ostpolitik", (www.cvce.eu)

Axel Schildt, "Das letzte Jahrzehnt der Bonner Republik. Überlegungen zur Erforschung der 1980er Jahre", Institut für Zeitgeschichte 2012 (www.ifz-muenchen.de)

"Bundestagsdebatte zur Nachrüstung(1981)", Deutsche Geschichte in Dokument und Bildern (www.dgdb.de.)

"Bonusmeilen-Affäre-Sünder im Visier der Staatsanwälte", *Der Spiegel* 06.08.2002

Christopher Beckmann, "Friedensnote der Regierung Erhard(1966. 3. 25)", (core.ac.uk.)

Christoph Bertram, "Wandel durch Entfernung- Am 18. und 19. November legt die SPD in Köln ihre Position zu den Genfer Verhandlungen und zur Nachrüstung fest", *Die Zeit* 18. November 1983

Christoph Bertram, "So war das mit Schmidt Christoph Bertram erinnert sich an Helmut Schmidt", *Die Zeit* 11. Dezember 2008

Christoph Egle and Christian Henkes, "Between Tradition and Revisionism ‐ The Programmatic Debate in the SPD", (www.fes.de, 2004)

David C. Geyer(ed.), "Germany and Berlin, 1969‐1972", *Foreign Relations of the United States, 1969‐1976:* Volume XL', United States Government Printing Office, Washington 2007

Egon Bahr, "Die Deutschlandpolitik der SPD nach dem Kriege", (www.fes.de, 1993)

"Elegantes Dreigestirn ‐ Die Sozialdemokraten haben einen Kanzlerkandidaten ‐ aber die Diskussion, ob Engholm der geeignete Herausforderer Kohls ist, geht weiter", *Der Spiegel*, 5/1992(27.01.1992)

Erich Honecker et al., "Sozialistische Bruderhilfe und der Sturz Ulbrichts(21. Januar 1971)", *Deutsche Geschichte in Dokument und Bildern* (www.dgdb.de, 1971)

Ernst‐Otto Czempiel, "Eine neue Ordnung für Europa(1998)", (www.fes.de)

"FLUGBLATT‐AFFÄRE‐Möllemann‐Witwe erhält Spendenquittung von der FDP", *Handelsblatt* 2004. 1. 6

Friedrich‐Ebert‐Stiftung, Berniner Büro, "Das Verfemte Dokument. zum 10. Jahrestag des SPD/SED‐Papierss 'Der Streit der Ideologien und die GemeinsameSicherheit'", (www.fes.de)

Friedrich‐Ebert‐Stiftung, "For debate in the 1970s/ 80s ‐ Publications", FES Library 2006 (www.fes.de)

Fritz J. Raddatz, "SPD: Auf dem Parteitag hielt Gerhard Schröder eine päpstliche Rede", *Zeit* 1998. 4. 23.

Gerhard Schröder, "Die SPD hat kein Konzept", *Der Spiegel*, 1979/44

Götz Voppel, "Die Bundesrepublik Deutschland im Weltwirtschaftssystem 1949‐ 1989",(archiv.nationalatlas.de)

Grundwertekommission, "Das Zusammenleben der Kulturen in einer globalen Gesellschaft ‐ Risiken, Gefährungen, Perspektiven(1996)", (www.fes.de)

Hartmut Tofaute, "Sonderfonds als Instrumente zur Finanzierung der Kosten der deutschen Einigung", (www.fes.de)

Herbert Leuninger, "ASYLKOMPROMISS VON 1992", Herbert‐Leuninger‐Online‐Archiv 2012 (www.proasyl.de)

Holger Bussek et al.(eds.), "Verfassung des Deutschen Reichs(1871)", *Deutsche Verfassungen*, Berlin 2004

Horst Dietzel,"Über den 'dritten Weg' zur 'neuen Mitte'? Eine Zäsur in der Entwicklung der SPD", (www.rosalux.de. 1998)

Ilse Fischer, "Die SPD(West) und die deutsche Einheit 1989/90", Deutschlandarchiv 2017 (bpb.de)

Ingeborg Wahle-Homann, "Bericht: Das 'Forum Frieden' der SPD im Bonner Erich-Ollenhauer-Haus am 27. 8. 1981", (www.fes.de.)

Jan Hansen, "Zwischen Staat und Straße. Der Nachrüstungsstreit in der deutschen Sozialdemokratie(1979-1983)", (www.fes.de.)

Jens Behnecke, "'Die Dinge sind in Fluss geraten…'Die Friedensinitiative der Regierung Erhard 1966", Justus-Liebig-Universität Gießen vorgelegt von Jens Behnecke aus Wetzlar, Gießen 2011

Joachim Nawrocki, "Honeckers innerdeutsche Abgrenzung", *Die Zeit* 2. Februar. 1975

Jürgen Leinemann, "Hollywood an der Pleiße ", *Der Spiegel* 17/1998

Jusos in der SPD, "SPDerneuern-Hört die Signale! - Die SPD für das 21. Jahrhundert neu aufstellen(2017)", (www.jusos.de)

Jutta Hinrichs / Elvira Giebel-Felten, "Die Entwicklung des Arbeitsmarktes 1962-2001", Konrad-Adenauer-Stiftung, 2002 (www.kas.de)

Kevin G. Horbatiuk, "Anti-Terrorism: The West German Approach", *Fordham International Law Journal*, Volume 3, Issue 2, 1979 (ir.lawnet.fordham.edu.)

Klaus Funken, "Sozialdemokratisches Trauma: Kölner Parteitag 1983", (www.heise.de)

Klaus Wiegrefe, "Germany's Unlikely Diplomatic Triumph", *Der Spiegel*, September 29, 2010

"Kohl und die Affäre", *Der Spiegel*, 11.09.2000

"Konferenz über Sicherheit und Zusammenarbeit in Europa Schlussakte(1. August 1975)", Organisation für Sicherheit und Zusammenarbeit in Europa (www.osce.org)

Lutz Plümer Hg., "Bielefelder Appell", Institut für Zeitgeschichte 1980 (www.ifz-muenchen.de)

Manfred Funke, "Ära Adenauer: Eine Profilskizze zu Politik und Zeitgeist 1949-1963", (www.kas.de, 1993)

Margitta von Schwartzenberg, "Endgültiges Ergebnis der Wahl zum 15. Deutschen Bundestag am 22. September 2002", *Wirtschaft und Statistik*, 10/2002, (www.destatis.de)

Martin Hering, "The New Approach to Welfare State Reform in German Social Democracy: Paper prepared for presentation at the workshop 'Third Ways in Europe', European

Consortium for Political Research Joint Sessions, Grenoble, April 6-11, 2001", (ecpr.eu)

Matthias Gebauer, "20 Millionen für die Kölner Müllpaten", *Der Spiegel*, 13.06.2002

Matthias Geis, "Jung, forsch, berechenbar: Von den Spitzenvertretern der Parteijugend ist nichts Neues zu erwarten", *Die Zeit*, 29. November 1996

Matthias Jung,"Bundestagswahl 2005 - Versagen der Demoskopen", 2009, (www.forschungsgruppe.de.)

Michael Dauderstädt und Julian Dederke, "Die deutsche Agenda 2010 als Vorbild für Europa?", Friedrich-Ebert-Stiftung 2012 (www.fes.de)

Michael Hennes, "Hintergründe Zur außenpolitischen Profilsuche der SPD(1980)", (www.fes.de.)

Michael Reschke, Christian Krell, Jochen Dahm et al., "History of Social Democracy", Friedrich-Ebert-Stiftung 2003 (www.fes.de)

Michael Schneider, "Der Konflikt um die Notstandsgesetze", (www.fes.de)

Oskar Niedermayer, "Parteimitglieder in Deutschland: Version 2017 NEU", (www.polsoz.fu-berlin.de)

Otto Grag Lamsdorf, "Konzept für eine Politik zur Überwindung der Wachstumsschwäche zur Bekämpfung der Arbeitslosigkeit(1982)", (www.naumann.de.)

Philipp Gassert, "Arbeit am Konsens im Streit um den Frieden. Die Nuklearkrise der 1980er Jahre als Medium gesellschaftlicher Selbstverständigung", *Archiv für Sozialgeschichte*, 52, 2012, (www.fes.de)

"Quadripartite Agreement on Berlin (Berlin, 3 September 1971)", (www.nytimes.com)

"Reykjavik Signal, Declaration adopted by Foreign Ministers and Representatives of Countries participating in the NATO Defence Program, Reykjavik, 24th-25th, June, 1968", (www.nato.int)

Robert Peschke, "Moderne Dienstleistungen am Arbeitsmarkt- Eine Bestandsaufnahme und kritische Sichtung der Lösungsansätze der Hartz-Kommission", 2004, (docplayer.org,)

Rolf Zundel, "Anschlag auf die Parteien oder Ventil der Verdrossenheit?", *Die Zeit*, August 5, 1977

Rosa Luxemburg, "The Junius Pamphlet - The Crisis of German Social Democracy", 1915, (www.marxists.org)

Richard Löwenthal, "Identität und Zukunft der SPD", *Neuen Gesellschaft*, Oktober 1981,

Bonn

Rüdiger Scheidges, "Kohls letztes Geheimnis", *Handelsblatt*, 2015. 8. 19

"'Schröder – das ist Lotterie'–Interview mit Erhard Eppler über die Führungsschwäche seiner Partei", *Der Spiegel*, 35/1996

Silke Hasselmann, "Protokoll einer Eskalation – 25 Jahre Rostock–Lichtenhagen", *Deutschlandfunk*, 22.08.2017 (www.deutschlandfunk.de)

"Sowjetischer Grundriß eines Friedensvertrages – Erste 'Stalin Note'(10. März 1952)", *Deutsche Geschichte in Dokumenten und Bildern* (DGDB. germanhistorydocs.ghi-dc.org) "Sowjet-Union/Kossigyn", *Der Spiegel*, 28/1967

SPD: „Ohne Willy Brandt sind wir weg", *Der Spiegel*, 01.04.1974

Tagesschau, "Bundestagswahl 2005", (wahl.tagesschau.de)

"The Bielefeld Appeal(December 1980)", *Deutsche Geschichte in Dokumenten und Bildern* (DGDB. germanhistorydocs.ghi-dc.org))

Thorben Albrecht, "Die Wahlen in Deutschland. Folgen für die SPD", 2009, (www.fes.de.)

Ulrich Borsdorf, "Bericht: Der SPD–Parteitag in Berlin vom 3. bis 7. Dezember 1979", (www.fes.de.)

Ulrich Pfeiffer et al.,"Internationaler Standortwettbewerb –Wie kann Deutschland Globalisierungsgewinner bleiben ?" – Thesenpapier des Managerkreises der Friedrich-Ebert-Stiftung, (www.fes.de, 2007)

Ulrich von Alemann, "Die politischen Parteien in der Glaubwürdigkeitskrise?", (www.fes.de, 1988)

"Vertrag über die abschlieβende Regelung in Bezug Deurschland", *Bendesgesetzblatt*, Jahrgang 1990, Teil II, (www.bgbl.de)

Vivianne Rau, "Willy Brandt und Helmut Schmidt: Geschichte einer schwierigen Freundschaft", 2016, (www.fes.de)

W Fischer, "Hyperinflation in the Weimar Republic", (researchonline.jcu.edu.au, 2011)

"Waterkantgate: 'Beschaffen Sie mir eine Wanze'", *Der Spiegel*, 38/1987, 07.09.1987

"'Waterkantgate': Spitzel gegen den Spitzenmann", *Der Spiegel*, 37/1987, 07.09.1987

Werner Abelhauser, "Zur Entstehunmg der 'MAGNET–THEORIE' in der Deurschlandpolitk – Ein Bericht von Hans Schlange–Schöningen über einen Staatsbesuch in Thüringen im Mai 1946", Institut für Zeitgeschichte, 1974 (vfz.ifz-münchen.de)

Werner Eichhorst, Susanne Koch, Ulrich Walwei, "ZEITGESPRÄCH – Flexibilisierung des

Arbeitsmarktes - Wunderwaffe gegen die Arbeitslosigkeit?", (www.econbiz.de)

Werner Milert/ Ingeborg Wahle-Homann, "Der Parteitag der SPD - Aufbruch nach vorn?" Bericht: 1982 Müchener Parteitag, (www.fes.de)

Willy Brandt, "Preface, in: The Peace Party SPD. Arguments, Basic Positions and Statements on the German Peace Policy 1981" (Forum Frieden), ed. v. Board of the SPD, Bonn 1981

_____, "Rede auf dem Symposion des SPD-Parteivorstandes anlässlich des 10. Todestages Willi Eichlers im Erich-Ollenhauer-Haus in Bonn 21. Oktober 1981", *Die Neue Gesellschaft*, 28 (1981) 12, S. 1065 - 1069 (www.fes.de)

_____, "Wir brauchen die Öffnung", *Die Zeit*, 11. Dezember 1981

Winfried Süß, "Der bedrängte Wohlfahrtsstaat. Deutsche und europäische Perspektiven auf die Sozialpolitik der 1970er-Jahre", Institut für Zeitgeschichte 2007

Wirtschaftsdienst: *Zeitschrift für Wirtschaftspolitik* Vol. 84, 2004. 9, (archiv.wirtschaftsdienst.eu)

Wolfgang Schollwer, "Denkschrift zur deutschen Frage, 'Verklammerung und Wiedervereinigung'", Friedrich-Naumann-Stiftung 1962

_____, "Material zur Klausurtagung des Vorstandes der Freien Demokratischen Partei, Deutschland- und Außenpolitik", Friedrich-Naumann-Stiftung 1967

Wolfgang Schroeder, "Soziale Demokratie und Gewerkschaften", (www.fes-online-akademie.de)

"Zerrissene Truppe - Die Sozialdemokraten können ihre Mehrheit im Bundesrat nicht nutzen: Länderinteressen gehen vor Parteiräson", *Der Spiegel*, 6/1992, 03.02.1992

"Wenn am nächsten Sonntag Bundestagswahl wäre…"(이번 일요일 총선거가 있다면…)(여론조사), (www.wahlrecht.de) (www.wahlen-in deutschlande,de)(선거결과)

용어정리

Abgrenzung Politik: 분계정책(分界政策)
Akademie für Gesellschaftswissenschaften: 사회과학연구소
Alleinvertretungsanspruch: 단독대표 원칙
Allgemeine deutsche Arbeiterverbrüderung: 독일노동자우애단
Allgemeiner Deutscher Arbeiterverein(ADAV): 독일노동자협회
Alianz für Deutschland: 독일을 위한 연합
Allied Control Council: 연합국 관리위원회
Altersteilzeit: 부분퇴직
anderen Teil Deutschlands: 독일의 다른 부분/동독
Antifaschistisch-demokratischen Block: 반파시스트 민주 진영
Antirevisionistischer Flügel: 반수정주의파
Arbeit & soziale Gerechtigkeit-Die Wahlalternative(WASG): 선거대안-노동과 사회정의
Arbeiter-Programm: 노동자강령
Arbeiter: 노동자
Arbeitnehmer: 종업원/취업자
Arbeitsgemeinschaft: 실무그룹
Arbeitsgemeinschaft für Arbeitnehmerfragen: 노동문제 실무그룹
Arbeitsgemeinschaft Sozialdemokratischer Frauen: 사회민주주의 여성그룹
Asylkompromiss: 망명권 타협
Außerordentlicher Parteitag: 임시 당대회
Außerparlamentarische Opposition: APO): 의회 밖 야당
automatische Stabilisatoren: 자동안정수단
BBU: 연방환경동맹
BNU: 서독자연환경보호연맹
Beitritt: 편입
Beruftverbot: 공직채용금지조치
Besatzungsstatut: 점령조례
Betriebsverfassungsgesetze: 기업기본법

Bewegung 2. Juni: 6월2일 운동
Blockadepolitik: 입법 저지 정략
Brühler Kommission: Kommission zur Reform der Unternehmensbesteuerung: 기업 관련 조세개혁을 위한 브륄러 위원회
Bund der Deutschen: 독일인연합
Bund der Gerechten: 의인동맹(義人同盟)
Bundes der Kommunisten: 공산주의자동맹
Bundesgrenzschutz: 국경경찰대
Bundesamt für Verfassungsschutz: 연방헌법수호청
Bundeskriminalamt: 연방경찰청
Bundesministeriums für gesamtdeutsche Fragen: 전독부(全獨部)
Bundesminister für innerdeutsche Beziehungen: 내독부(內獨部)
Bundesrat: 연방상원
Bundestag: 연방의회
Bundesverband der Deutschen Industrie(BDI): 독일전경련
Bundesvereinigung der Deutschen Arbeitgeberverbände(BDA): 독일사용자연합
Bündnis der Vernunft: 이성동맹
Bündnis für Arbeit: 일을 위한 연합
Bündnis für Arbeit und für Ausbildung: 일과 직업교육 연합
Bürger: 시민
Burgfriede: 성내평화
Chancengesellschaft: 기회의 사회
Communist International(Comintern): 코민테른/공산주의인터내셔널/제3인터내셔널
Council of Europe: 유럽이사회
Council for Mutual Economic Assistance(COMECON): 상호경제원조회의
Council of the European Union/European Commission: 유럽 집행위원회
CSCE: 유럽안보협력회의
Demokratischer Aufbruch(DA): 민주주의 출발
Deutsche Angestelltengewerkschaft(DAG): 독일사무원노동조합
Deutscher Beamtenbund(DBB): 독일공무원노동조합
Deutscher Gewerkschaftsbund(DGB): 독일전국노동조합연맹

Deutsche Kommunistische Partei(DKP): 독일공산당/서독공산당

Deutsche Volksunion(DVU): 독일인민연맹

Deutschlandplan: 독일통일방안

Deutschland erneuern - Rentenreform 2000: 연금개혁법안

Die Deutschen in Europa. Berliner Erklärung der Sozialdemokratischen Partei Deutschlands: 독일사회민주당 베를린 선언

Die Passierscheinvereinbarungen des Berliner Senats mit der Regierung der DDR: 베를린 행정당국과 독일민주주의공화국 정부 간의 통행협정/베를린통행협정

Die Vereinigten Staaten von Europa: 유럽합중국

Dokumente zur künftigen politischen Entwicklung Deutschlands(Frankfurter Dokumente): 독일의 장래 정치 발전을 위한 문서/프랑크푸르트 문서

Doppelbeschluß: 2중궤도 결정

EMS: 유럽통화제도

Eigeninitiative: 자기주도

Eigenverantwortung: 자기책임

Einheit: 통합

Einigung: 통일

Enquete-Kommission: 앙케트위원회

Erfassungsstelle: 중앙기록보존소

Ermächtigungsgesetz: 전권위임법(수권법)

European Coal and Steel Community: 유럽석탄철강위원회

European Council: 유럽평의회(정부 수반 참여)

European Defence Community Treaty: 유럽방위공동체조약

European Parliament: 유럽의회

Forum Demokratische Linke 21: 민주좌파 포럼 21

Four Power Agreement on Berlin. Quadripartite Agreement on Berlin: 베를린에 관한 4강국 협정

Frankfurter Kreis: 프랑크푸르트 그룹

Frankfurter Nationalversammlung: 프랑크푸르트국민의회

Freie Gewerkschaften: 자유노동조합

Freikorps: 자유군단

Friedensnote: 평화문서

Gemeinsame Sicherheit: 공동안보

Gesamdtdeutsche Volkspartei: GVP): 전독일인민당

Gesamtschule: 종합학교

Geschichtsdeterminismus: 결정론적 역사관/역사결정론

Gesetz gegen die gemeingefährlichen Bestrebungen der Sozialdemokratie: 사회주의자탄압법 (사회민주주의 공익을 해칠 우려가 있는 시도에 대응하기 위한 법률)

Gesetz zur Regelung offener Vermögensfragen (Vermögensgesetz-VermG): 공공 재산문제 규율에 관한 법률, 미확정 재산권 규율법

Godesberger Flügel: 고데스베르크파

Grand Proposal: 안드로포프 선언/프라하 선언/대제안 '프라하 선언'(대제안; Grand Proposal)

Grundgesetz: 기본법

Grundgesetzes zu dem Gesetz zur Reform der gesetzlichen Rentenversicherung und zur Förderung eines kapitalgedeckten Altersvorsorgevermögens(Altersvermögensgesetz) 법정연금보험 개혁과 연금자산보전에 관한 기본법/ 노령연금법

Grundsatz des gegenseitigen Gebens und Nehmens: 기브 앤드 테이크 원칙

Grundsatzprogramm: 당 강령

Grundwerte: 기본가치

Grundwertekommission: 기본가치위원회

Harmel Report: 하르멜 보고서

Haushaltungsgesetz: 예산구조에 관한 법률

Haushaltssanierungsgesetz: 예산혁신법

Humanisierung des Aebeitslebens: 노동생활 인간화

Individualisierung: 개인화

Individualität: 개인성

International Institution for Strategic studies(IISS): 국제전략연구소

International Workingmen's Association((First International): 제1인터내셔널

Invaliditätsversicherung: 장애보험

Jungsozialisten(JUSOS): 사회주의청년단

Kampf dem Atomtod: 반핵투쟁

Kanalarbeiter: 운하 노동자 그룹
Koalition der Vernunft: 이성연합
Koalitionsvereinbarung: 연정합의서
Kommission für moderne Dienstleistungen am Arbeitsmarkt(Hartz-Kommission): 노동시장 현대화 위원회/하르츠위원회
Kommission zur Alterssicherung: 연금개혁위원회
Kommunistische Partei Deutschlands(KPD): 서독 공산당
Konföderativer Strukturen: 연합구조
Konservative: 보수주의자
Kontaktsperregeset: 변호사의 접촉 금지 개정 법률
Kontinuität: 계속성
Konzierte Aktion: 조화적 행동
Kreis: 지구
Kuratorium Notstand der Demokratie: 민주주의 비상사태 위원회
Langzeit-Kommission: 장기위원회
Lebensversicherungen: 노후 생활보장
Leverkusener Kreis: 레버쿠젠 그룹
Liberale: 자유주의자
Marsch durch die Institutionen: 제도 속으로의 장정
Minister für Besondere Aufgaben: 특임장관
Ministerium für Staatssicherheit(MfS/Stasi): 국가보안부
Mitgliederpartei: 당원정당
Münchener Abkommen: 뮌헨협정
Nation: 민족
Nationaldemokratische Partei Deutschlands: NPD): 국가민주당
Nationalsozialistische Deutsche Arbeiterpartei: 나치당/국가사회주의노동자당
Nationstaat: 국민국가
NATO: 북대서양조약기구
neue Mitte: 새로운 중도
Neue Normalität: 새로운 정상성
Neue Sozialbewegungen: 신사회운동

Nonkonformismus: 비순응주의
Non-Proliferation Treaty(NPT): 핵확산금지조약
Notstandsgesetze: 비상사태법
Null-Lösung: 제로 옵션
ökonomisches Reformpaket: 일괄 경제개혁안
Parlamentarische Linke(PL): 의회 내 좌파 그룹
Partei der Arbeiterklasse: 노동자 계급정당
Partei des Demokratischen Sozialismus(PDS): 민주사회(주의)당/민사당
Partei des Volkes: 국민정당
Parteien Deutsche Soziale Union(DSU): 독일사회연합
Parteitag: 당대회
Parteivorstand: 당집행위원회
Personalvertretungsgesetze: 종업원대표법
Politik der Stärke: 힘의 우위 정책
Produktivvermögen: 생산재
Programmkommission: 강령작성위원회
Programmpartei: 강령정당
Radikalenerlass: 극단주의자 처리 지침
Rat zur deutschen Einheit: 통합협의회
Reform Sozialistische(Refos): 개혁적 사회주의파
Regierungserklärung: 총리 취임연설
Regierungsprogramm: 총선 선거강령
Republikaner: 공화파
Reykjavik Signal: 레이캬비크 시그널
Rote Armee Fraktion: 적군파
SALT: 전략무기제한협정
SDS: 사회주의학생동맹
SHB: 사회주의대학연맹
Schadenbegrenzung: 손해관리정책
Sicherung des Lebensstandards: 생활수준 보장
Selbstbestimmung: 자기결정/자결

Social and Economic Council of the Netherland(SER): 네덜란드 사회경제협의회
social fascism: 사회파시즘
soziale Marktwirtschaft: 사회적 시장경제
sozialen Rechtsstaat: 사회적 법치 국가
Sozialhilfe: 사회부조
sozialistischer Arbeiter-und Bauernstaat: 노동자, 농민의 사회주의국가
Demokratischer Sozialismus: 민주사회주의
Socialist International(Second International): 제2인터내셔널
Sonnenblumenhaus: 해바라기집
Sozialistische Arbeiterpartei(SAP): 사회주의노동자당
Sozialdemokratische Arbeiterpartei(SDAP): 사회민주노동자당
Sozialistische Einheitspartei Deutschlands(SED): 사회주의통일당
Sozialdemokratische Partei(SDP): 동독 사민당
Sozialdemokratische Partei Deutschlands(SPD): 독일사회민주당/사회민주당/사민당
Staatsmonopolistischer Kapitalismus(Stamokap): 국가독점자본주의파
Staatsvertrag zur Währungs-, Wirtschafts und Sozialunion: 경제사회통합조약
Stabilitäts- und Wachstumsgesetz: 경제안정 및 성장촉진법
Steuersenkungsgesetz: 감세법
Treuhandanstalt: 신탁청
Unabhängige Sozialdemokratische Partei Deutschlands:USPD) 독립사회민주당
Verfassung: 헌법
Verantwortungsgemeinschaft: 책임공동체
Verklammerung: 두 개의 독일이 주권을 포기하지 않는 상태
Vertrag über die abschließende Regelung in bezug auf Deutschland: 독일에 관한 최종 해결에 관한 조약
Vertrag über die Beziehungen zwischen der Bundesrepublik Deutschland und den Drei Mächten (Deutschlandvertrag): 독일연방공화국과 4강국 간의 관계에 관한 조약(독일조약)
Vertrag über Fragen des Verkehrs zwischen der Bundesrepublik Deutschland und der Deutschen Demokratischen Republik: 독일연방공화국과 독일민주공화국 간의 통행 문제에 관한 조약/통행조약

Vertrag über die Grundlagen der Beziehungen zwischen der Bundesrepublik Deutschland und der Deutschen Demokratischen Republik (Grundlagenvertrag): 독일연방공화국과 독일민주공화국 간의 관계의 기본에 관한 조약/기본조약

Vertrag über Freundschaft, Zusammenarbeit und gegenseitigen Beistand zwischen der Deutschen Demokratischen Republik und der Union der Sozialistischen Sowjetrepubliken: 동독-소련 간 우호, 협력 및 상호원조 조약

Vertrag zwischen Bundesrepublik Deutschkand und der DDR über die Herstellung derEinheit Deutschlands: 정치통합조약

Vertrag zwischen der Bundesrepublik und der Volksrepublik Polen über die Grundlagen der Normalisierun ihrer gegenseitigen Beziehungen: 독일연방공화국과 폴란드인민공화국의 관계 정상화 기본조약/바르샤바조약

Vertrag über die dier gegenseitigen Beziehungen zwischen der Bundesrepublik und der Tschechoslowakischen Sozialistischen Republk: 체코슬로바키아사회주의공화국과의 조약(독일연방공화국과 체코슬로바키아사회주의공화국 간의 상호 관계에 관한 조약/프라하조약

Vertrag zwischen der Bundesrepublik Deutschland und der Union der Sozialistischen: 모스크바조약

Vertragsgemeinschaft: 조약공동체

Vertriebenenministerium: 이산가족업무부

Volk: 인민/국민

Volksfront: 인민전선

Volkspartei: 인민당

Vorsorgender Sozialstaat: 예방적 복지국가

Vorwärts: 전진(사민당 기관지)

Wahlprogramm: 선거강령

Wandel durch Annäherung : 접촉을 통한 변화

WATO: 바르샤바조약기구

Wiederverreinigung: 재통일

WSI: 경제사회연구소

Zollverein: 관세동맹

Zwei-plus-Vier-Vertrag: 2+4조약

찾아보기

| 인명 찾아보기 |

(ㄱ)

가브리엘, 지크마르   333, 470
겐셔   155, 234, 287, 307, 373
고르바초프, 미하일   322, 324, 326, 361, 364, 365, 372
고물카, 블라디슬라프   185, 189
골비처   279
괴링, 헤르만   82
괴벨스, 요제프   80, 81
그라스, 귄터   144, 265, 406
그로미코, 안드레   104, 134, 194, 203
그로테볼, 오토   88, 97, 98
기욤, 귄터   137, 234
기지   479

(ㄴ)

날레스, 안드레아   442, 455, 485, 487
노스케, 구스타프   55
니묄러, 마르틴   276
흐루시쵸프, 니키타   140
닉슨   162, 164, 190, 210, 212

(ㄷ)

달라디에, 에두아르   198
대처   282, 324
데스텡, 지스카르   253
도이블러-그멜린, 헤르타   399

도한니, 클라우스 폰   395
두베, 프라이무트   340
두치케, 루디   142
드골   190
드라이슬러, 루돌프   424, 441, 447
드렉슬러, 안톤   71
드렝크만   260

(ㄹ)

라살레   20, 25
라우, 요하네스   123, 329, 333, 395, 396, 402
라이헤, 슈테펜   342
라페, 헤르만   230, 415
라퐁텐, 오스카   274, 306, 318, 321, 336, 339, 341, 382, 398, 408, 415, 423, 433, 439, 449, 455, 474, 476, 479, 497
라프, 하인츠   339, 340
람스도르프   287, 306
레닌   52, 61, 202, 494
레이건   274, 276, 281, 282, 316
로렌츠, 페터   260
로이닝거, 헤르베르트   401, 404
뢰벤탈   293, 297, 302, 318, 357, 498
룩셈부르크, 로자   47, 49, 55, 364
뤼에, 폴커   403
뤼프케   140, 162
리스터, 발터   441

리프크네히트, 빌헬름   20, 22, 25, 32
리프크네히트, 칼   49, 54, 364
뢰벤탈, 리하르트   337

(ㅁ)

마르쿠제, 허버트   142
마르크스, 빌헬름   70
마르크스, 칼   19, 31, 202
마르크스와 엥겔스   19
마이어, 빌리   155
마이어, 토마스   336
마인스, 홀거   260
마인호프, 울리케   152, 260
맥나마라   305
메르켈, 앙겔라   454, 464, 477, 479
메지에르, 로타르 드   382
메히터샤이머, 알프레트   279
멘데, 에리히   139, 156, 207, 209
멜리스, 빌헬름   115
모드로브, 한스   369, 374
묄러   156
묄러만   455
무솔리니   198
뮌터페링, 프란츠   441, 452, 470, 473, 474, 481
뮐러, 귄터   207, 218, 224
뮐러, 헤르만   72, 73, 74

(ㅂ)

바더, 안드레아스   152, 260
바덴, 막스 폰   54
바르, 에곤   134, 136, 155, 192, 199, 203, 209, 211, 273, 310, 320, 347, 353, 395, 396
바르첼   207

바서회벨, 칼 요세프   485
바스티안, 게라트   279
바우어, 막스   122
바웬사, 레흐   363
바이체커   232
바이틀링   18
바쿠닌   18
베너, 헤르베르트   114, 117, 126, 132, 136, 141, 144, 160, 208, 220, 232, 235, 236, 274, 279, 289, 316, 319, 353, 498
베른슈타인   37, 40, 46, 61
베벨, 아우구스트   20, 22, 32
베스트벨레   479
벡, 쿠르트   485, 491
벤젤, 노베르트   451
벨라폰테, 해리   279
벨스, 오토   76, 84, 85, 88, 109
보른, 빌헬름   278, 279
보이크트, 카르스텐   274, 305, 307
볼프, 마르쿠스   209
뵈메, 이브라임   382
뵐, 하인리히   265, 279
부박, 지크프리트   261
뷔난트, 칼   208
뷜로브, 베른하르트 폰   43
브라우네, 하인리히   116
브라운, 오토   62, 70, 78, 88
브라케   32
브라하트, 프란츠   78
브란트, 페터   143
브란트, 빌리   109, 114, 122, 125, 127, 128, 130, 133, 134, 139, 159, 167, 174, 186, 190, 191, 194, 199, 204, 207, 218, 232, 236, 274, 293, 301,

303, 317, 333, 336, 353, 356, 365, 396, 465, 497, 498
브레즈네프 138, 189, 201, 204, 210, 212, 277, 308, 325
브뤼닝, 하인리히 73, 74, 76
브뤼크너 337, 495
블랑키 18
블레싱, 칼 하인츠 404
블레어, 토니 431, 442, 484
블륌, 노베르트 447
비셰스키 269
비스마르크 22, 28
비초레크-초일, 하이데마리에 340, 409, 473
빌헬름 1세 23
빌헬름 2세 44, 51, 54, 70

(ㅅ)

생거, 프리츠 116
샤르핑, 루돌프 395, 406, 408, 412, 459, 484
셰바르드나제 326, 374
세베링, 칼 78
셸 194, 209, 235
쇠틀레, 에르빈 115
쇠프베르거 226
쇼이블레, 볼프강 405, 425, 452
숄베르, 볼프강 155
숄츠, 올라프 469, 471
쉘, 발터 155
쉴러, 칼 114, 144, 145
쉴리, 오토 455, 459
슈느르, 볼프강 382
슈라이너, 오트마르 441
슈뢰더, 게하르트 162, 258, 274, 292,

317, 340, 395, 399, 408, 410, 411, 423, 425, 433, 442, 455, 459, 474, 481, 484, 497
슈마허, 쿠르트 85, 88, 97, 98, 102, 105, 106, 168, 236, 333, 352, 496
슈미트, 울라 441
슈미트, 카를로 125
슈미트, 헬무트 115, 186, 218, 219, 221, 224, 232, 235, 236, 272, 273, 277, 304, 318
슈바이처 22
슈타르케 156
슈타이너, 율리우스 208
슈타인마이어, 프랑크-발터 333, 442
슈타인브뤼크 476
슈테펜, 요헨 220
슈토프, 빌리 193, 199
슈톨페, 만프레드 395
슈트라써, 요하노 339, 340
슈트라써, 그레고어 82
슈트라우스, 프란츠 요제프 132, 133, 144, 162, 275
슈트레제만 67, 73
슈트룩, 페터 442, 446, 447
슐라이허, 쿠르트 폰 77, 79, 81
슐레이어, 한스 마르틴 261
스탈린, 요시프 64, 98
생-시몽 18
실러 218, 222

(ㅇ)

아가르츠, 빅토르 126
아네나워, 콘라트 96, 100, 102, 115, 129, 131, 168, 235, 353
아도르노, 테오도르 142

아른트, 아돌프　116, 226
아벤트로트, 볼프강　122, 126, 130, 142, 340
아우크슈타인　129, 132
아이헬, 한스　441, 455
아이흘러, 빌리　113, 114, 116, 293, 498
아익호른, 에밀　58
아펠, 한스　305, 318, 328
안드로포프, 유리　308, 310, 322
알베르츠, 하인리히　279
애틀리　107
야스퍼스, 칼　144
에렌베르크, 헤르베르트　328
에틀러, 프리츠　114, 136, 319
에버트, 프리드리히　54, 62, 68
에슬린　260
에어하르트, 루트비히　102, 114, 132, 133, 139, 142, 191
에카르트, 디트리히　71
에플러, 에어하르트　123, 218, 219, 255, 274, 278, 279, 291, 300, 306, 318, 336, 339, 357, 360, 395, 396, 422, 425, 431, 445, 498
엔슬린, 구드룬　152
엠케, 호르스트　305, 307, 395
엥겔스, 프리드리히　32, 39, 202
엥홀름, 비외른　226, 292, 398, 395, 404, 409, 412
예닝거　326, 355
오웬, 로버트　18
오이켄　145
올렌하우어, 에리히　88, 98, 109, 114, 117, 236, 333
외르첸, 페터 폰　122, 339, 341
외즈데미르, 셈　452

울브리히트, 발터　80, 97, 127, 136, 157, 199, 201, 212, 269
임레, 너지　116

(ㅈ)
자레스, 칼　62, 70
자우트만　264
자이터스　404
좀머　455
진, 게오르그 아우구스트　122
진더만, 쿠르트 알프레드　80

(ㅊ)
처칠　93
체르넨코　322, 355, 361
체임벌린, 네빌　198
츠비켈, 클라우스　446, 454

(ㅋ)
카우츠키, 베네딕트　116
카우츠키, 칼　37, 40, 46, 62
카이젠, 빌헬름　122
카터, 지미　273, 281
케넌, 조지　92, 236
케네디, 존　131, 305
켈리, 페트라　279, 289
코시긴　194
코프, 힌리히 빌헬름　122
콜, 미하엘　210
콜, 헬무트　134, 165, 248, 289, 310, 326, 355, 360, 369, 425, 460
쿠친스키, 위르겐　270
퀼만-슈툼, 크누트 폰　207
크나베, 베르투스　275
크나베, 후베르투스　209

크뇌링겐, 발데마르 폰 115
크라직, 페터 451
크렌츠, 에곤 365
크리스피엔, 아르투르 65, 76, 88
클라스펠트, 베아테 144
클레멘테 469, 471
클레이 95
클로제, 울리히 306, 405
키신저, 헨리 162
키징거 144, 170
킨바움, 게하르트 207
킹, 코레타 279

(ㅌ)

텔만, 에른스트 70, 83, 87
텔칙, 호르스트 370
될케, 빌헬름 22
트루먼 93, 103
트루베, 클라우스 340
트리틴, 위르겐 452, 459
티르제, 볼프강 395, 398, 452, 487

(ㅍ)

파울렌바흐 165
파펜, 프란츠 폰 77
팔메, 오로프 347
페더, 고트프리트 71
페렌바흐 57
페르디난트 대공 49
펠덴구트, 칼 255
포겔, 한스-요헨 264, 289, 308, 309, 316, 341, 342, 396, 398, 412, 497
포겔, 한스 85
포르투갈로프, 니콜라이 370
포셰라우, 에게르트 451

퐁피두 190
푸리에 18
프루동 18
프리크 82
프린치프 49
플라첵, 마티아스 481, 485
플렉트하임, 오시프 126
플르방, 르네 188
피들러, 욥스트 451
피셔, 요시카 340, 459
피크, 빌헬름 97
피크스 236
필빙거 245

(ㅎ)

하르츠, 페터 451
하버마스, 위르겐 142
하이네만, 구스타프 103, 121, 162, 212
하일, 후베르투스 485, 487
하젠클레버, 빌헬름 22, 25
헨켈 423
헬름즈, 빌헬름 207
호네커, 에리히 139, 203, 270, 326, 355, 356, 360, 361, 402
호르크하이머, 막스 142
홈바흐, 보도 442
후겐베르크, 알프레드 74
후르시쵸프 123, 124
후쿠야마 5
후프카, 헤르베르트 207
휜, 하인츠 233
히틀러, 아돌프 69, 71, 82, 198
힌덴부르크, 파울 폰 62, 70, 74, 76
힐데브란트, 레기네 395
힐퍼딩, 루돌프 62, 65, 74, 85

| 사항 찾아보기 |

(ㄱ)
가능한 한 시장에, 필요한 만큼의 계획을 114, 119
가족기업 454
감세법 449
강령상의 새로운 방향 450, 500
강령위원회 484
강령정당 484, 493
개량주의 26, 31, 47
개발원조 269
개인화 485
개혁적 사회주의 분파 292
건설적 불신임 동의안 289
재정정책의 건전성 노선 174
결과의 평등 222
경기부양 450
경쟁력 438
경제 민주주의 305, 489
경제민주화 332
경제사회통합조약 382, 384
경제성장 228
경제안정 및 성장촉진법 145, 171
경제위원회 95
계속성 354
고데스베르크 강령 63, 117, 130, 143, 169, 228, 465, 494
고데스베르크 파 291
고용 알선기관 445
고타 강령 26, 27, 29
고타 강령 비판 24, 26, 31
공개답변서 20
공동결정제도 239
공동관리경제 99

공동선언문(중부유럽에 핵 및 화학무기 자유지대 구축을 위한) 356
공동안보 356
공동체 주도 304
공산당 55, 75
공산당 계열 257
공산당 선언 19
공산당과 사민당 통합을 위한 사민당원의 찬반투표 98
공산당의 21개 요건 61
공산주의 인터내셔널 강령 64
공산주의 인터내셔널(코민테른) 61
공산주의자동맹 19
공상적 사회주의 18
공장법 35
공제조합 35
공직채용금지법 225
공직취임금지조치 386
공화제 41
과소소비론 47
과잉생산 47
관세 및 무역에 관한 일반 협정(GATT) 241
관세동맹 17
괴를리츠 강령 42, 59, 69
교육진흥법 223
구 동독 지역의 미래라는 제목의 10개 정책 430
국가경쟁력 확보 430
국가독점자본주의 파 292
국가민주당 161
국가부채 323
국가사회주의독일노동자당 69, 71, 78
국가연합 367
국가연합 통일론 157, 201

국가연합을 위한 10개항의 정책선언 158
국가의 계속성 논리 355
국경경찰대 260
국민국가 248
국민정당 26, 61, 121, 293, 494
국적법 개정 438
국제 노동운동 61
국제연맹 69
국제적 자유운동 488
국제전략연구소(IISS) 강연(슈미트 총리, 1977년) 272
국제주의 31
국회의사당 83
군복을 착용하고 있는 시민 176
군비축소 241
군사력의 균형 251
군함 대신 어린이 급식 73
그레나다 침공 316
그루페47 143
극단주의자 처리 지침 224
극우파 403
금본위제 66
금태환 69
기독교민주연합(CDU) 95
기민련/기사연(CDU/CSU) 96
기민련의 1978년 당강령 354
기본가치 420, 495
기본가치의 현대화 483
기본법 96
기본소득 471
기업기본법 179, 239
기욤 간첩 사건 186, 216
기회의 사회 486
기회평등 222

긴 전보 92
긴급사태법 386
긴축재정 427
긴축재정정책 238
긴축정책 218, 247
김대중 정부 하 노사정위원회(1998년) 435

(ㄴ)
나미비아 종족 대학살 340
나의 투쟁 69
나치당 69, 71
나치당의 24개조 강령 72
나토 187
나토와 바르샤바조약 회원국 외무장관 회담 375
나토의 2중궤도 결정 273
나폴레옹 전쟁 15
낙태법 220, 223
남-북 정책 269
남독일연맹 28
남북기본합의서 214
남북한 정상회담(2018년) 7
내독부 171
네덜란드의 사회경제협의회 435
노동-문화-학문의 연합 331
노동계급의 정당 494
노동비용의 축소 427
노동생활의 인간화 240, 299
노동시간 단축 348
노동시장 개혁 462, 463
노동시장 유연화 438, 463
노동운동 493
노동자 계급의 정당 121, 293
노동자강령 20

노동자의 해방운동　488
노동조합 탈퇴　472
노래혁명　391
노령 및 장애 보험법　24
노령연금　424, 446
노사공동결정제도　223
노후 생활보장　438, 469, 482
녹색당　144, 152
녹색당이 가담하는 다당체제　315
녹색명부　258
녹색운동　275, 301
누진소득세제　31, 32
뉴욕 외무장관 회의　103
니카라과 내전　269
닉슨 독트린　230

(ㄷ)

다국적군　140
다원식 마르크스주의　42
다하우 수용소　85
단독대표 원칙　131
당원정당　494
당의 분권화　334
대공황　72
대규모 반대시위(퍼싱-II 배치에 대한)　316
대독일주의　15
대량실업　323, 329, 434
대안세력　301
대연정　102, 128, 131, 143, 162, 208, 356, 494
대처리즘　282
대체적인 균형 정책　277
대한항공 여객기 격추사건　316
더 많은 민주주의　295

데탕트　133, 332
도르트문트 행동강령　114
도스안　68, 69
독립사민당 잔류파　62
독립사회민주당　49, 53
독일의 재무장　187
독일 복지제도　494
독일 사회민주당　493
독일공무원노동조합　285
독일공산당　205
독일군의 평화유지 임무　394
독일노동자당　69
독일노동자대회 중앙위원회　20
독일노동자우애단　18, 19
독일노동자협회　20, 26
독일마르크(DM)화 발행(1948년 6월)　95
독일민주공화국(DDR)　97, 159, 170
독일사무원노동조합　285
독일사회주의학생동맹　126, 130, 216
독일식 경제 모델　252
독일에 대한 최종 해결에 관한 조약　393
독일연방공화국(BRD)　170
독일을 위한 연합　376
독일의 다른 부분　153
독일전국노동조합연맹(DGB)　124
독일조약　105, 111, 148
독일통일에 관한 서한(1970년)　194
돌격대　77
동독 기민련　376
동독 사민당　342
동독 슈타지　208
동독 창건 40주년 기념식　364
동독 출입 협약　205

동독 헌법 개정 271
동방정책 130, 169, 208
동베를린에서 일어난 노동자 봉기(1953년 6월) 110
동서독 간 통행협정 207
동서독 기본조약 186, 210, 214, 215, 343, 354
동서독 양자 간의 부속협정 205
동서독 특수관계 271
동서독 유엔 가입 212
동서화해(데탕트) 188, 189
동일 부담 원칙 446
동일노동 동일임금 41
두 개의 국가 170, 353
두 개의 주권국가 367
두 번째 대연정 481

(ㄹ)

라살레 파 25
라이프치히 월요시위 342
라이히스마르크(제국마르크, 1925년) 69
라인란트 문제 73
라퐁텐의 사민당 탈당 498
람스도르프 페이퍼 288, 308
런던 채무회의 101
레버쿠젠 그룹 291
레이거노믹스 282
레이캬비크 325
레이캬비크 시그널 183, 189, 191, 192
레이캬비크에서 레이건과 고르바초프 회담 322
렌텐마르크(1924년) 69
렌텐방크 69
로자 룩셈부르크 재단 378

루르 지방 점령 66, 67
루르 철강파업 73
루프트한자 보너스 마일리지 사건 452
리벤트로프–몰로토프 비밀의정서 391
리히텐하겐 사건 400

(ㅁ)

마르크스–레닌주의 52
마르크스주의 26
마르크스주의 청산 497
마르크스주의적 사고와 결별 117
마르크화 평가절상 162, 163, 172
마셜 플랜 110
마스트리히트조약 420
마스트리히트 조약 기준 466
망명 사민당 85
망명권 400, 497
망명권 타협 405
망명운동 401
멜레머 테제 114
모스크바에서 베너의 발언 233
모스크바조약 194
모스크바회담 89
무기통제 241
무역수지 253
뮌헨올림픽 이스라엘 인질극 사건 260
뮌헨올림픽에서 아랍 테러단 222
뮌헨폭동 69
뮌헨협정 198
미국–북한 정상회담 7
미국과 중국 관계정상화 266
미국의 재정적자와 국제수지 적자 267
미확정 재산권 규율법 385
민사당(민주사회당 PDS) 376, 412
민족문제 157, 332, 497

민족국가 31, 367
민족문서 139
민족속물주의 61
민주사회당 375
민주사회주의 489, 491
민주운동 488
민주좌파 포럼21 442
민주주의 폴란드 341
민주주의 혁명 366
민주주의비상사태위원회 149
민주화 187

(ㅂ)
바더-마인호프단 152
바르샤바조약 195
바르샤바조약기구 187
바르셀 사건 406
바이마르 공화국 55
바이마르 공화국 헌법 55, 495
바이마르 연립정부 77
바이존 95
바젤 선언 45
반권위주의적 혁명 497
반수정주의 파 292
반유태인 선전물과 관련된 기부금 사건 452
반테러법 386
반핵운동 254
반핵투쟁 124, 126
배상금 65
법인세 220, 434
법인세율 인하 428
법치국가 178
베르사이유 조약 56
베르텔스만 재단 451

베를린 강령 341, 448, 469, 495
베를린 강령 일부 수정 425
베를린 교통공사 80
베를린 문제 89
베를린 봉쇄조치 95
베를린 장벽 125, 342
베를린 최후통첩 124
베를린 통행협정 139
베를린에 관한 4강국 협정 203, 204, 210
베를린으로 정부와 의회 이전 437
베를린으로의 행정수도 이전 398
베이비 부머 세대 284
베트남 디엔비엔푸 130
베트남 전쟁 160
베트남 전쟁 종결 266
베트남 전쟁 종결 선언 231
변호사의 접촉 금지 개정 법률 263
보어전쟁 44
보통선거권 31
보호무역주의 33
복지국가 462
복지비 지출 247
볼세비키 혁명 24, 51
봉쇄정책(기민련/기사연의) 311
부유세 306, 327
부헨발트 강제수용소 88, 199
부활절시위(1968년) 149
북대서양조약기구(나토) 94
분계정책 269
분단 영구화 100
분배문제 새롭게 제시 500
불법이민 457
불신임동의안 207
붉은 금요일 81

브란트 당수 퇴임   330
브란트 손자세대   408, 422
브란트와 고르바초프의 모스크바 회동
   (1989년 10월 17일)   365
브란트 총리   282
브란트 총리 정부   354
브란트 총리가 무릎을 꿇은 사건   197
브란트 총리가 제시한 20개 항   200
브란트 신임동의안   186, 211
브란트-슈미트 시대   421
브란트의 복귀   317
브레스트-리토프스크 조약(1918년)   52
브레즈네프 독트린   160, 364
브륄러위원회   449
비상대권   71, 76
비상사태법   83, 144, 147
비순응주의   339
비핵지대 설치 법안   125
빈 회의   15
빌헬름스하펜 수병 반란   53

(ㅅ)

4강국의 서베를린 협상   192
4단계 통일 방안   374
4D 정책   187
사민당-녹색당 연립정부   440
사민당과 노동조합의 관계   473
사민당원 탈당   472
사민당의 기본가치   465
사민당의 위기   499
사민당의 정체성과 미래   293
사민당 참패   480
사민당 재창당   97
4월 테제   233
사적 연금   435

사적 연금보험   446, 447
사회국가   494
사회민주노동자당   20, 21, 26
사회민주당   23
사회민주주의 10년   165
사회민주주의(사회민주당)의   정체성
   291, 293
사회배외주의   52
사회보장제도   462
사회부조   471
사회입법   24, 25
사회적 국가(사회국가)   467
사회적 법치국가   222, 231
사회적 시장경제   114, 284, 489, 494
사회적 주택 건설   178
사회주의 문제   40, 46
사회주의 인터내셔널   112
사회주의노동자당   23, 26, 37
사회주의대학연합   148
사회주의자탄압법   23, 24, 28, 34
사회주의적 독일민족   270
사회주의청년단   217, 226, 234, 258, 290
사회주의통일당(SED)   98, 100
사회주의통일당   제30차   중앙위원회
   157
사회주의학생동맹   143, 148
사회파시즘   65, 75
산업사회   302
산업재해보험법   24
산재보험   223
3국 간섭   44
3B 정책   44
3단계 독일 통일 방안   353, 377
상호경제원조회의(코메콘)   94
새로운 민족문제   395

새로운 연금정책 435
새로운 중도 155, 227, 426, 442, 499
새로운 사회계층 299
생산수단의 사적 소유 227
생산협동조합 21, 30
생성(임신) 중인 생명보호 의무 224, 387
생활수준 보장 482
서독 95
서독 공산당 205
서독 내 미군 핵무기 배치 123
서독과 소련 간 조약(모스크바조약) 193
서독에 공산당 합법화 205
서독 공식 방문(호네커, 1987년) 361
서독의 재무장 103
서독의 지원 325
서독자연환경보호연맹 256
서독환경동맹 290
서비스 산업 285
선거강령 168, 231, 248, 493
선거대안-노동과 사회정의 475, 476
선거대안/민사당 479
선진 10개국(G-10)회의 162
선진 7개국(G7) 정상회담 253
성내 평화 49
세계무역기구(WTO) 421
세계시민 109
세계정책 37, 44
세계화 324, 438, 456
세계화 시대 419
세력 균형 188
세제개혁 219, 222
소독일주의 15
소득세율 인하 429

소련 해체 391, 395
소련과 우호, 협력 및 상호원조 조약 체결 272
소련의 경제위기 326
소련의 중거리 미사일 배치 272
소련의 중립화 통일 논의 101
소비에트 53
소선구제 도입 논의 132
소수정부 288
손해관리정책 326
솔리데리티(연대) 운동 274
숄베르 정책보고서 164
수정주의 논쟁 42, 46
슈뢰더 정부 439
슈뢰더 사임과 뮌터페링의 당수직 승계 474
슈미트 정부 237, 246, 282
슈미트의 제로 옵션 310
슈피겔 사건 131
슐리펜 계획 52
스탈린 노트 101, 103
스탈린그라드 전투 91
스탈린의 민족이론 355
스파르타쿠스단 49, 67
스파르타쿠스단 봉기 55, 58
시나트라 독트린 364
시장 개방 456
신 정상상태 290
신동방정책 153, 159
신뢰 대 신뢰 원칙 355
신사회운동 286, 488
신자유주의 253, 324, 486, 499
신자유주의 정책 282
신좌파 238, 290, 497
신중도 155, 426, 442, 499

신중도노선   155, 227
신탁청   384
실업 대신 일   427
실업급여   471
10개항 통일방안   370, 374
11월 혁명   51

(ㅇ)
아이제나하 강령   26
아이제나하 파   25
아젠다 2010   463, 464, 467, 469, 474, 478, 481
아프가니스탄 침공   268, 274
안드로포프 선언   315
안보논쟁   238
앙골라   268
앙케트위원회 조사보고서   325
얄타회담   89, 90, 92
양극 체제   108
에너지 소비세   416, 434
에너지 정책   254
에너지 정책 전환   329
에어하르트 총리 정부   132
에버트 재단   484
에어푸르트 강령 초안 비판   41
에어푸르트 강령   26, 27, 37, 63, 199
8시간 노동제   21, 40
여성운동   488
역사의 종언   5
연금 재정 안정화   438
연금개혁법   447, 448
연금개혁위원회   424, 441
연금과 건강보험 제도 현대화   445
연금법   223
연대기여금   387

연대사회   312
연대적 중도   491
연대협약   436
연방부채   217, 434
연방경찰청   260
연방국가   99
연방의회의 선언문   210
연방환경동맹(BBU)   256
연속과 집중   238
연정합의   433
영안   73
SS-20   272
예방적 복지국가   486, 487
예산구조에 관한 법률   247
예산혁신법   446
오데르-나이세 선   154, 193
오스카 라퐁텐의 쿠데타   413
오스트로-마르크스주의   65
오스트리아의 4대국 점령 종료   123
오스트리아 국경개방   342
오일쇼크   222
완전고용   284, 347, 489
우리가 인민이다   365
우편협약(1971년 9월 30일)   205
운하노동자그룹   291
울브리히트의 10개항 선언   158
울브리히트 사퇴 지원 서신   201
월요시위   364, 474
유고슬로비아 사태   440
유럽공동체   184
유럽방위공동체조약   103, 105
유럽석탄철강위원회   102
유럽안보협력회의   205, 212, 241, 356, 358
유럽안보회의   184

유럽에서 2차대전 전후문제의 완전 종결
　　　383
유럽에서의 독일인, 독일 사민당 베를린
　　　선언　343, 366
유럽이사회　102
유럽자유무역협정(EFTA)　242
유럽통합　420
유럽통화동맹　431, 437
유럽통화제도　253
유럽합중국　63, 102, 249, 347, 352, 367
유엔 동시 가입　230
유엔평화유지 임무　410
6월 2일 운동　260
68세대　497
68학생운동　143, 149
의료보험법　24
의인동맹　18
의회 내 좌파 그룹　292
의회 밖 야당　144, 151, 216, 229, 255
의회평의회　96, 99
2국가론　158
이념투쟁과 공동안보　357
2단계의 공산주의 사회　31
이르제 강령 초안　335
이민국가　489
2민족 2국가론　271, 355
2+4+35 협상　375
2+4조약　382
이산가족업무부　174
이성동맹　329
이성연합　326
이슬람공화국　268
21세기 사민당　486
이주 노동자　147
2차 대전의 종결　393

2차 오일쇼크　237, 252
2차 테러 파동　222
2005년 대연정　499
인간적인 일터 만들기　223
인구의 노령화와 출산율 감소　466
인민대표위원회　54
인민전선　414
일과 직업교육 연합　435
일괄 경제개혁안　421
1민족 2국가론　170
일을 위한 연합　421
1인 기업　454
1차 걸프 전쟁　395
1차 오일쇼크　216, 231, 246
1차 테러 파동　222
임금철칙　31, 32
임대차보호제도　240
임신중절　387

(ㅈ)

자기주도　429
자기책임　429
자동차 운행 관련 행정명령　231
자본론 제1권　19
자본주의 세계화　487
자본주의의 일반적 위기　270
자석이론　131
자유, 정의, 연대　331, 465
자유군단　55
자유노동조합　23
자유노조　341
자유로운 인민국가　21
자유주의　421
작은 계엄령　23
장기위원회　227

재산세   220
재정확대   218
재통일   354
저임금의 미니잡   454
적-녹 연립정부   433
전권위임법   83, 84
전독부   139, 171
전략무기감축협정   322
전략무기제한협정   276
전략무기제한협정 비준 절차 거부   281
전략무기제한협정(SALT I) 조인   210
전략무기제한협정(SALT II) 협상   272
전략무기제한협정 추진   192
전략적 균형   250
전승 4대국 연합군 관리위원회   89, 90
전쟁 배상금   66, 73
전진(Vorwärts)   109
전체로서의 독일과 베를린에 대한 4강국의 최종적 결정권   347
점령 3강국(4강국)의 최종결정권 보유   105
점령조례   96
접촉을 통한 변화   134, 353
정책 페이퍼(독일정책과 외교정책)   156
정치통합조약   382, 384
제1 인터내셔널   19, 27
제2 인터내셔널   40
제2차 베를린 위기   124, 129
제3 인터내셔널   61
제3의 길   431, 442
제국주의   37, 44
제네바 외무장관 회담   125
제도 속으로의 장정   289, 298
제하이머 그룹   441
제헌의회   96

제헌의회 선거   55
조기의 편입 방식   375
조세개혁   444, 448, 463
조세부담률   247
조세의 소득재분배 기능   450
조약공동체   368
조약공동체 통합방안   369
조약공동체-국가연합   344
조정적 시장경제   284
조화적 행동   145, 172
종업원대표법   179, 239
종합학교   223
좋은 시절   45
좌경화   490
좌파 국민정당   344, 488
좌파 정당의 정통성 경쟁 시대   476, 498
좌파당   144, 152, 479, 498
좌파정치   107
주데텐 합병   188
주요산업 국유화   100
중거리 탄도미사일 배치   144
중국공산당   94
중국-미국 국교 회복   230
중단거리 미사일 배치 유예   306
중립주의자   101
중립화 통일방안   353
중성자탄   273
중앙기록보존소   330
중앙위원회   88
중앙집권 국가   99
중앙집권적 정당   334
중화인민공화국   94
지원과 요구 원칙   468
직업보건안전법   240
직장폐쇄 금지   307

집단안보협력회의　189

(ㅊ)

책임공동체　326
천안문광장 민주화 시위　341, 363
철강과 조선의 생산 쿼터　102
철의 장막　93
청년실업　284
체제변화　226
체코슬로바키아인민공화국　93
최종결정권　89
최종의정서　205
친위대　77

(ㅋ)

카르텔 해체　187
케인즈주의 총수요 관리정책　145
케인즈주의자　439
코민테른 제6차대회　64
콘라트 아데나워 재단　376
콜 전 총리와 관련된 기부금 사건　452
콜 정부　355
쾰른 시 쓰레기소각장 건설과 관련 뇌물 사건　452
쿠바 미사일 위기　130
크레펠트 호소문　275
키일 항 수병들 봉기　53

(ㅌ)

탈군사화　187
탈나치화　187
탈당사태　473, 494
탈핵 에너지 정책　387, 410
테러 전담 부대의 확대와 보강　261
테헤란 미국대사관 점거(1979년)　268

통일비용　385, 394
통제된 평화공존　159
통합　354
통행조약　211
통행협정　127
통화공동체　368
트로츠키 파　64
트루먼독트린　93

(ㅍ)

파리 코뮌　27
파리 평화협정　231
파시즘　64
파펜 총리 정부 불신임　79
팔레스타인 해방기구　269
페레스트로이카 정책　377
페테스베르크 전환　404, 407
평생직장　438
평화문서　180
평화와 군축위원회　279
평화운동　238, 275, 284, 497
평화주의자　101
포츠담회담　90, 92
폭스바겐 사례　418
폴란드 제3공화국 탄생　363
폴란드 망명정부　93
폴란드 인민해방위원회　93
폴란드의 민주화 운동　363
폴란드의 연대운동　325
폴란드인민공화국　93
프라하 선언　85, 309, 310
프랑스 혁명　15, 488
프랑크푸르트 그룹　409, 442
프랑크푸르트 문서　96
프랑크푸르트 학파　142

프랑크푸르트 국민의회　16
프로이센 쿠데타　77
프롤레타리아 국제연대　49, 352
플르방 계획　188
피의 1주일　28

(ㅎ)
하르멜 보고서　190
하르츠 Ⅲ, Ⅳ 관련 법안 표결　470
하르츠 Ⅳ　470, 471, 478, 481
하르츠 개혁 반대　474
하르츠위원회　451, 458
하르츠위원회 보고서　453
하이델베르크 강령　62, 71, 98, 102, 107, 352
하이퍼인플레이션　67
학생운동　285
한국의 노태우 정부　373
한국동란　94
한국의 러시아에 대한 30억 달러 차관 제공　373
한독근로자채용협정　147
할슈타인 원칙　131, 139, 141, 154
함부르크 강령　487, 496
해군법　44, 48
핵발전소　254
핵발전소 건설 2년 유예　291
핵확산금지조약　185, 191, 192
헌법재판소 판결(1973년 동서독기본조약에 대한)　215
헝가리-오스트리아 국경 동독주민들에게 개방　327
헝가리 대중봉기　116
헝가리의 국경 개방　363
헝가리인민공화국　93

헬싱키 의정서　192
현대화　443
협동조합론　25
형법 등 관련 법률 개정　261
호네커 서독 방문 취소　326
환경세　386
환경운동　254, 255, 257, 497
후르시쵸프의 평화 공세　133
힘메로트 비망록　103
힘의 균형　44
힘의 우위 정책　131, 251

독일 사회민주당의 역사와 독일 사회의 변화 **1**
독일 사회민주당의 역사

초판 제1쇄 펴낸날 : 2018. 6. 30

지은이 : 전종덕 · 김정로

펴낸이 : 김 철 미

펴낸곳 : 백산서당

등록 : 제10-42(1979.12.29)
주소 : 서울 은평구 통일로 885(갈현동, 준빌딩 3층)
전화 : 02)2268-0012(代)
팩스 : 02)2268-0048
이메일 : bshj@chol.com

※ 저작권자와의 협의 아래 인지는 생략합니다.

값 35,000원

ⓒ 전종덕 · 김정로

ISBN 978-89-7327-526-7 93340